Zeitgeschichte

Dirk Kunert

Ein Weltkrieg wird programmiert

Hitler, Roosevelt, Stalin:
Die Vorgeschichte des Zweiten Weltkriegs
nach Primärquellen

Zeitgeschichte

Zeitgeschichte
Ullstein Buch Nr. 33077
im Verlag Ullstein GmbH,
Frankfurt/M – Berlin
Aus dem englischen Manuskript
übersetzt von Ursula von Gordon

Ungekürzte Ausgabe:

Umschlaggestaltung:
Theodor Bayer-Eynck
Alle Rechte vorbehalten
Mit freundlicher Genehmigung des
Arndt-Verlags, Kiel
© 1984 Arndt-Verlag, Kiel
Printed in Germany 1986
Druck und Verarbeitung:
Clausen & Bosse, Leck
ISBN 3 548 33077 0

November 1986

CIP-Kurztitelaufnahme
der Deutschen Bibliothek

Kunert, Dirk:
Ein Weltkrieg wird programmiert: Hitler,
Roosevelt, Stalin: d. Vorgeschichte d.
2. Weltkriegs nach Primärquellen / Dirk
Kunert. [Aus d. engl. Ms. übers. von
Ursula von Gordon]. – Ungekürzte Ausg. –
Frankfurt/M; Berlin: Ullstein, 1986.
  (Ullstein-Buch;
   Nr. 33077: Zeitgeschichte)
   ISBN 3-548-33077-0

NE: GT

Einleitung

Der Ausnahmezustand, den der erste Weltkrieg ausgelöst hatte und durch seine totale materielle und psychische Mobilisierung in den Zwischenkriegsjahren nicht wieder zum Normalzustand einpendeln ließ, fordert seine eigenen Erklärungsgesetze, denn es gibt "keine Norm, die auf ein Chaos anwendbar wäre". (1) Und die Virtuosen der Macht – Hitler, Roosevelt und Stalin – stellten sich selbst außerhalb normaler Moralvorstellungen, jenseits der traditionellen okzidentalen Moralwelt, weil sie den Anspruch auf Einmaligkeit erhoben, entweder als Person, in der sich das "Genie" verwirklichte (2), oder als Hüter einer universellen Doktrin mit weltimmanentem Erlösungsanspruch. Die Exklusivität in ihrer Amoralität läßt normale Moralmaßstäbe ins Anachronistische versinken. Hier handelt es sich nicht um Interpretation, sondern um Selbstanspruch und -deutung der Akteure.

Die Geschichte der "Ursachen" des zweiten Weltkrieges ist nicht die Geschichte des Nationalsozialismus in all seinen Verschachtelungen und Ausfächerungen. Die Geschichte der "Ursachen" des zweiten Weltkrieges ist die Geschichte der multilateralen zwischenstaatlichen Beziehungen, in ihrer Verknotung der ideologischen Bewegungsregime – Nationalsozialismus, New Deal und Bolschewismus – mit geopolitischen Imperativen, und der sie begleitenden subjektiv erfaßten Angstvisionen und Erwartungen.

Die "Ursachen" und "Ursprünge" des zweiten Weltkrieges können nicht von der Katastrophe von 1945 her erklärt und gedeutet werden, sondern vom Einstieg in die Katastrophe und Krise des ersten Weltkrieges und in die Bewegungsabläufe, die sich auf diese Weichenstellung oft träge, schwer und massiv zubewegten. Die Aufgabe des Historikers ist nicht die des Moralpädagogen oder des nachträglichen Beobachters, der glaubt, die Pose des

Anklägers beim "Weltgericht" einnehmen zu können. Nicht als Richter und Geschworener, sondern als Zeuge im Prozeß der Beweisaufnahme tritt der Historiker auf, der sich gleichzeitig immer dessen bewußt bleiben sollte, daß das letzte Kreuzverhör noch nicht stattgefunden hat und daher das Urteil (in welcher Instanz eigentlich?) noch nicht gefällt ist.

Das juristisch-politische Urteil des Nürnberger und Tokioer Tribunals war das Urteil des siegreichen Klägers, und der Historiker, der sich durch das Labyrinth der Archive tastend vorwärts bewegt, sollte sich nicht zum "fellow traveller" des im gleißenden Licht ausgesprochenen Urteils machen und nicht aus der Perspektive eines ideologischen Sozialdarwinismus richten, nach dem das "Überleben des Stärkeren" das historische Urteil gleichzeitig vorbestimmt. Die historische Urteilssuche und -findung muß sich im Rahmen der geschichtlich konkreten Situation mit all ihren Zufälligkeiten und Unwägbarkeiten vollziehen und sollte nicht vom Ende her im Lichte des Ergebnisablaufes aufgeschlüsselt werden, im Analogieschluß eines gezielten, immanenten, natürlichen, gleichförmigen und notwendigen Entwicklungsprozesses. Selbst der stammes- und entwicklungsgeschichtliche Prozeß ist, vor dem Hintergrund der biologischen Verhaltensforschung, nicht zielgerichtet, sondern historisch offen. Der Historiker verfolgt den empirischen Prozeß über den historischen Zeitablauf. Und das plötzliche Einbrechen von unvorhergesehenen Ereignissen schafft eine Kette von historischen Veränderungen, die auch jene Akteure betreffen und beeinflussen, deren Visionen anscheinend planungsähnliche Elemente enthielten. (3)

Aber nicht nur das juristische Tribunalurteil präjudizierte die historische Forschung nach dem zweiten Weltkrieg. Auch der universelle Anspruch auf Einmaligkeit der konkurrierenden Weltanschauungssysteme und Machtblöcke versuchte seine letzte Rechtfertigung aus dem "Ausnahmezustand" des Kampfes abzuleiten. Die Negation des "imperialistischen Faschismus" wurde aufgehoben durch die Negation des im Namen der Menschheit geführten totalen Krieges und mündete im Auserwähltheitsanspruch der "Großen Allianz". Daß diese Mächtekoalition schließlich auseinanderbrach, war nur ein weiterer Beweis, daß handelnde Menschen die politische Komplexität in ihrer Freund-Feind-Stellung immer wieder zur gestaltwerdenden Wesentlichkeit machen.

Der Krieg hatte zur Dämonisierung des Feindes geführt. Der "Faschismus" war nicht öffentlicher Gegner im alten Stil des europäischen Völkerrechts (justus hostis), sondern der absolute Feind (injustus hostis) und letzthin der "Kriminelle", gegen den sich die "demokratische Menschheit" oder das mit der Universalgeschichte sich identifizierende "internationale Proletariat" verbündet hatte wie der Nationalsozialismus gegen das "Weltjudentum". Die Rekriminalisierung der Politik spiegelte sich im Nürnberger und Tokioer Tribunalspruch als Anklage "Verbrechen gegen die Menschlichkeit" wider. Die Ausnahmesituation, aus der die Totalisierung des Krieges und des Schiedsspruches sich rechtfertigten, und der absolut verbrecherische Feind konnten schließlich nicht mit der Elle der konventionellen Geschichtsschreibung gemessen werden, die letzthin, selbst wenn auf weiten Strecken eine Detailflut von empirischen Untersuchungen grundsätzliche Revisionen an der ursprünglichen Darstellung erzwingen müßte, aus der Moralnische nicht heraustreten konnte oder durfte. Selbst wesentliche Korrekturen mußten in das alte Muster hineingepreßt werden, denn das ptolemäische Geschichtsbild durfte im Wesentlichen nicht hinterfragt und angetastet werden, weil das "absolute Böse" angesichts der Legitimitätsbemühungen der Siegermächte in ihrem Anspruch auf Exklusivität nicht relativiert werden durfte, nach dem Motto von Duc de Broglie: "Hüte dich davor, allzuviel erklären zu wollen, denn sonst wird allzuviel entschuldigt." (4)

Das "Frageverbot" war begleitet von einer höchst zweifelhaften Ursachenforschung, die den präjudizierten Ausgangspunkt noch untermauerte. Aber der Begriff der "Ursache" sollte besser in die Diskussion um den zweiten Weltkrieg, wie auch in die Historiographie des Untergangs des Römischen Reiches, der Renaissance, der Reformation, der Französischen Revolution, des Amerikanischen Bürgerkrieges, der Russischen Revolutionen von 1917, nicht hineingetragen werden, es sei denn, man ist sich der Metapher immer bewußt. Er verengt nämlich die Sicht, schmuggelt das naturwissenschaftliche Kausalprinzip in den Bereich der menschlichen "Weltoffenheit" hinein und simplifiziert dadurch die Vielfalt in der menschlichen Erfahrungswelt. Nach der einen treibenden Kraft, der causa causans, im geschichtlichen Ablauf zu suchen, ist methodologisch fragwürdig. In den echt experimentellen Wissenschaften können einzelne Zusammenhänge isoliert werden. Für den Historiker gilt jedoch: Aus der ungeheuren von Menschen gestalteten Fülle der "Ursachen" die treibende Kraft zu bestimmen, die letzthin den Prozeß ausgelöst und vorangetrieben hat, mag den Mechaniker in der Geschichtsschreibung betören, den Doktrinär bestätigen, muß aber den für das Einmalige und Unerwartete Offenen langweilen. (5)

In der Welt der souveränen Staaten mit ihrer Befehls-, jedoch nicht Ordnungsunabhängigkeit steht massiv und unauflösbar das Sicherheitsdilemma. Das zwischenstaatliche Leben vollzieht sich in einem anarchischen Umfeld, und das internationale System, vom staatlich politischen System grundsätzlich durch die Abwesenheit eines Herrschers oder Souveräns (anarche) zu unterscheiden, entwickelt seine Eigenmotorik. (6)

Die Entwicklung der Staatenwelt in der neueren Geschichte fällt mit der Herausbildung des globalen Systems zusammen und manifestiert sich in zyklischen Abläufen, die wesentlich, wenn nicht ausschließlich durch den Aufstieg und Niedergang der maritimen Mächte charakterisiert sind. Seit dem 16. Jahrhundert haben in vier zyklischen Bewegungen zuerst die europäischen Seemächte Portugal, die Niederlande, Großbritannien zweimal und im sich daran anschließenden fünften Kreisablauf die Vereinigten Staaten das globale System geformt, es zeitweise beherrscht und ihm ihre Dominanz aufgeprägt.

Als Spanien das Erbe Portugals im Jahre 1580 antrat, wurde sein hoffnungsvoller Aufstieg zur herrschenden Seemacht mit der Niederlage der Armada 1588 jäh unterbrochen. Erneut in den Strudel kontinental-europäischer Auseinandersetzungen hineingerissen, konnte Madrid die einmal verlorene Dynamik nicht wiederentwickeln. England stieg zum ersten Mal nach dem Frieden von Utrecht zur maritimen Hegemonialmacht auf und wurde am Ende des 18. Jahrhunderts durch den amerikanischen Unabhängigkeitskrieg und durch das revolutionäre — später napoleonische — Frankreich vor eine akute Krise gestellt. Mit der Niederlage Napoleons und dem Wiener Friedensschluß lief der zweite Zyklus der britischen Hegemonialmachtstellung an, die um die Jahrhundertwende ihren rasanten, unaufhaltsamen Niedergang antrat.

Unsere Gegenwart steht möglicherweise im Schnittpunkt des auslaufenden fünften Zyklus und des beginnenden sechsten Kreislaufs. Jeder neue Zyklus wurde bisher durch weltumspannende politische und militärische Auseinandersetzungen eingeleitet. Der zweite Weltkrieg stellt im welthistorischen Gesamtzusammenhang keineswegs eine Ausnahme dar, sondern läßt sich in die Reihenabfolge und das Muster dieser sich seit Jahrhunderten abspielenden gewaltigen Umwälzungen im Globalsystem einordnen. Der Welthegemon, dessen bestimmendes Merkmal seine zeitweise unumstrittene Seeherrschaft ist, fordert immer wieder die Reaktion der Aufsteiger heraus. Die Monopolstellung ruft Gegenkräfte auf den Plan, und in der Niedergangsphase bestimmen multipolare und oligopolistische Elemente das Globalsystem. Die Abstiegsphase, die zusammenfällt mit dem Hegemonialanspruch eines neuen Herausforderers, ist immer begleitet von kriegerischen Verwicklungen und einer steigenden Flut nationalistischer Rivalitäten, bis sich das System wieder in den Zustand eines vom Hegemon geprägten Gleichgewichts einpendelt. (7) Die kontinentalen, semi-amphibischen Mächte Spanien, Frankreich und Deutschland, obgleich von der Ambition beseelt, haben in diesem Sinne nie Weltpolitik aktiv betrieben.

Im Globalsystem der vergangenen fünf Jahrhunderte waren die Nationalstaaten die dominierende Kraft, und der Staat als Organisationsform hat seine Dominanzstellung bis heute nicht verloren. (8) Der zweite Zyklus der britischen Globalhegemonie, die Pax Britannica, glitt Ende des 19. Jahrhunderts in seine Abstiegsphase. (9) Der britische Niedergang, den das außereuropäische Ereignis des Burenkrieges schlaglichtartig aufriß, fiel mit dem Aufstieg der insular-maritimen Vereinigten Staaten zusammen, die als unumstrittene Seemacht nach 1945 ihre Hegemonialposition festigten, um schließlich während der siebziger Jahre durch die Kontinentalmacht, die gleichzeitig ihren maritimen Anspruch erhob, nämlich die UdSSR, herausgefordert zu werden. (10)

Der britisch-amerikanische Rollenwechsel vollzog sich aber in einem internationalen Milieu, das einer sich anbahnenden radikalen Veränderung unterworfen wurde. Die traditionellen Elemente, die die vorausgegangenen zyklischen Bewegungsabläufe prägten, vermischten sich im Zeitraum 1917-1919 mit revolutionären, subversiven und umstürzlerischen Elementen. Die Vereinigten Staaten und Sowjetrußland rollten und wälzten sich als Flankenmächte auf Europa zu, aber nicht nur als Staaten alten Stils, sondern als Träger einer Weltmission, angetrieben vom Sendungsbewußtsein des "humanitären Demokratismus" und des "proletarischen Internationalismus". Diese Selbstdeutung, gekoppelt mit einem machtpolitischen Universalanspruch, drohte die traditionellen Ordnungssysteme (11) zu sprengen und revolutionäre Prinzipien, getragen von dem Missionsbewußtsein Wilsons und Lenins, in den Vordergrund zu schieben. Die Ausnahmesituation des großen Krieges diente den konkurrierenden Hegemonideologen als Selbstrechtfertigung. Das "Versailler Diktat" hinterfragte nicht nur das zentrale traditionelle Ordnungsprinzip der staatlichen Souveränität, der "Friedensvertrag" verankerte gleichzeitig die radikale Minderung der Souveränität "in praktisch sämtlichen Bereichen, also der Gebiets- und Wehrhoheit, der Finanz- und Gerichtshoheit des /deutschen/ Staates ..." (12) Diese Aussage ist abgedeckt durch die treffende Feststellung des Staatsrechtlers Ernst Rudolf Huber: "... Die dauernde einseitige Unterwerfung der Weimarer Republik unter die Bestimmungs- und Einmischungsmacht hegemonialer Mächte stellte mit der Souveränität auch die Verfassungsautonomie der Weimarer Republik vom Anfang bis zum Ende ihres Bestehens in Frage ..." (13)

Während am Konferenztisch im Pariser Vorort Versailles die deutsche Souveränität völkerrechtlich revolutionär untergraben wurde, drohten die ideologisch-theoretischen Maximen Lenins das gesamte internationale, d.h. zwischenstaatliche, System aus den Angeln zu heben. Während der Siegerspruch das politische Verhältnis partiell rekriminalisierte, und zwar in den zwischenstaatlichen Beziehungen zwischen der ehemaligen Entente und den Zentralmächten, warf der Bolschewismus der gesamten Staatenwelt den Fehdehandschuh hin. Das traditionelle Staatensystem wurde einer Totalverdammung unterworfen, um in der universellen Organisations- und Administrationsform einer globalen klassenlosen und letzthin staatenlosen Gesellschaft aufgehoben zu werden. (14)

Der erste totale Krieg, zwar noch nicht im Sinne der waffentechnischen Totaldestruktion, verlängerte den kriegerischen Ausnahmezustand, der sich als Kreuzzug gegen den kriminellen und absoluten Feind verstand, durch die partielle Revolution Wilsons, die sich in der Infragestellung der Souveränität Deutschlands im Versailler Vertrag konkretisierte, und mit dem theoretischen Bannstrahl Lenins gegen die gesamte, weltweite staatliche Ordnung. Die Teilrevolution Wilsons und die Totalrevolution Lenins belasteten die Zwischenkriegsjahre mit einer schweren Hypothek, die die Welt schließlich in den politischen Bankrott stürzen sollte. Der revolutionäre Prozeß, den der erste Weltkrieg ausgelöst hatte, schob sich über den bolschewistischen Coup und die Pariser Verträge unaufhaltsam weiter. Vor dem Hintergrund des Gesamtablaufes der traditionellen europäischen Staatengemeinschaft hatte sich die eigentliche Revolution längst und dramatisch vollzogen, noch ehe Faschismus, Nationalsozialismus und japanischer Expansionismus überhaupt die Ereignisabläufe mitbestimmen und beeinflussen konnten. Die Revolutionskinder von 1939-1945 drohten ihre Revolutionseltern von 1917-1919 zu fressen.

Die mit dem Ausklingen des 19. Jahrhunderts aus dem "Ende der amerikanischen Grenze" (Frederick Jackson Turner) geborene psychische Krise glitt langsam, aber beständig in den Versuch über, die ursprüngliche, den Kontinent umspannende Mission (15) zu universalisieren. Der amerikanische Innenraum, der als politisches Experimentierlabor gedient hatte, war ausgefüllt, und der Sendungsglaube weitete sich auf die weltpolitische Bühne als Exerzierfeld aus. Nach dem militärisch-politischen "Kreuzzug" (1917 - 1919) traten die Vereinigten Staaten während der zweiten Hälfte der dreißiger Jahre nach dem Zwischenspiel eines introvertierten Isolationismus wieder in eine Phase stimmungsmäßig extrovertierter Haltung, die sich im zyklischen Ablauf, der bis ins späte 18. Jahrhundert zurückverfolgt werden kann, immer in einem "kriegerischen Geist" offenbarte. Diese Aufbruchstimmung fiel mit der Phase des sich abzeichnenden wirtschaftlichen Aufschwungs zusammen. Diese im Rhythmus sich vollziehende Entwicklung des öffentlichen Meinungs- und Stimmungsbildes überschnitt sich spätestens ab 1937 mit der wachsenden Risikobereitschaft der vom Sendungsbewußtsein getragenen amerikanischen Elite. (16)

Die sowjetische Herausforderung an die Staatenwelt war fundamental radikal. Nicht Landverteilung, als Ordnung und Ortung (17), sondern der dialektische und historisch-materialistische Prozeß hin zur Klassen- und Konfliktauflösung, d.h. der Aufhebung des Politischen schlechthin, wird nun zur Achse, um die sich der geschichtlich lineare Entwicklungsprozeß dreht. (18)

Dazwischen stand das Reich, in seinem sozialdarwinistischen und rassistischen provinziellen Denken verhaftet, mit seinem anfänglichen Bestreben der "Territorialisierung der Nation". (19) Doch mit der Totalisierung des Krieges schlug diese Politik spätestens 1940/41 in eine neue Qualität um, nämlich die Nationalisierung des eroberten und noch zu erobernden Territoriums.

Das politisch-soziale Nationalregime der Vereinigten Staaten und Sowjetrußlands wurde, trotz aller grundsätzlichen Unterschiedlichkeiten in der Methode und Ausführung, mit dem ersten Weltkrieg als Kern eines "imperium mundi in statu nascendi", eines Weltreich-im-Werden, visionenhaft erkannt oder als unabänderliche Notwendigkeit fixiert. (20)

Obwohl faktisch noch als staatliche Organisation geformt, erhoben die Sowjetunion und die Vereinigten Staaten mit unterschiedlicher Schärfe und Dringlichkeit den Anspruch, Weltsouverän zu sein. Vermittelnde Institutionen, die den dramatischen Bruch mit den alten Ordnungsprinzipien weniger radikal erscheinen ließen, wurden 1919 eingeschoben: Auf der einen Seite der Völkerbund Wilsons als "Weltparlament" und Forum, in dem die auf Machtpolitik beruhenden zwischenstaatlichen Gegensätzlichkeiten im Konsens der Beteiligten aufgehoben werden sollten. Die "kollektive Sicherheit" als Fiktion trat an die Stelle der realpolitischen Institution des bisher praktizierten Gleichgewichts der Großmächte. Auf der anderen Seite die Komintern Lenins, die als revolutionäre Organisation den

Brückenschlag zwischen der vor-historischen Phase der zwischenstaatlichen Beziehungen und dem Endzustand der klassen- und staatenlosen Global-gesellschaft herstellen sollte. (21)

Die traditionellen Ordnungsprinzipien, die im Ansatz im "Europäischen Mächtekonzert" und in der "Gleichgewichtspolitik" institutionalisiert waren, wurden in Frage gestellt. Weder "kollektive Sicherheit" noch die "Korrelation der Kräfte" konnten eine gleichwertige Ersatzfunktion übernehmen, was letzthin auch nicht die Absicht der neuen – wenngleich konkurrierenden – Hegemonideologen war. Auch konnte die Forderung nach "nationaler Selbstbestimmung" nirgends stabilisierend wirken, nicht im normativen System Wilsons und schon gar nicht im taktisch bedingten Rahmenwerk Lenins. (22) Das Recht auf Selbstbestimmung drohte zum Spielball rivalisierender Mächte zu werden.

Deuteten Lenin in apostolischer Nachfolge von Marx und Stalin in apostolischer Nachfolge von Lenin – verstrickt im Sozialdarwinismus der "Kirchenväter" des 19. Jahrhunderts – die Geschichte über die Kettenreaktion von Kämpfen und Auseinandersetzungen (23) als von ökonomischen Gesetzen vorwärtsgetriebenen Revolutionsprozeß, so interpretierten Wilson – und in apostolischer Nachfolge vorrangig die Präsidenten der Demokratischen Partei – den politischen Ablauf von einer verweltlichten calvinistisch-puritanischen Warte und unter dem Blickwinkel eines technokratischen, positivistischen und elitären Missionsbewußtseins. (24)

Die staatliche Souveränität wurde, obwohl nicht pulverisiert, so doch gesprengt, und mit dem Dammbruch ergossen sich die ideologischen Bewegungsregime massiv in die weltpolitische Arena. Im kämpferischen, unversöhnlichen Spiralenprozeß des internationalen Bürgerkrieges bewahrheitete sich die Warnung Schmitts: "Der Krieg der absoluten Feindschaft kennt keine Hegung." (25)

Das "deutsche Problem" (26) ist nicht das "Ding an sich" in der internationalen Politik. Spanien, Frankreich und Deutschland wurden jeweils zum Problem, wenn sie die Aspirationen der zur Globalhegemonie strebenden Seemächte zu blockieren drohten. In der zweiten Hälfte unseres Jahrhunderts ballen sich die Militärpotentiale, dieses Mal der NATO und des Warschauer Paktes, wiederum im Herzen Europas.

Solange die Zentralfront immobilisiert, d.h. im Schwächezustand verfangen war, konnten die Mächte, die Hegemonialanspruch erhoben, das globale System nach ihrer Facon formen. Die britische Weltmachtstellung vom Frieden von Utrecht über den Wiener Kongreß bis in das politisch-strategische Zwielicht von Versailles hatte ihre tiefere Ursache in der zentraleuropäischen Machtzersplitterung. (27) Jeder geopolitische Lösungsversuch im Herzen Europas muß aus der Perspektive des potentiellen Hegemons immer eine Herausforderung darstellen. Das deutsche Problem der Nachkriegszeit – die Spaltung und politische Demobilisierung Deutschlands – ist verschachtelt im konkurrierenden Unterfangen der beiden grossen Flankenmächte, die Hegemonialposition entweder zu behaupten, zu erringen oder auszubauen.

Das deutsche Problem ist immer das Problem des "öffentlichen Gegners" im Sinne von justus hostis in der Vergangenheit – und in der Gegenwart des selbststilisierten absoluten Feindes, der den öffentlichen Gegner zum injustus hostis degradiert hat. Aber die deutsche Einheit oder alternativ das deutsche Streben nach staatlicher Einheit hat Bremswirkung auf die Weltherrschaftsaspirationen der rivalisierenden Großmächte. In der Vergangenheit hatte der deutsche Schwächezustand das Gleichgewicht auf globaler Ebene zur Fiktion gemacht. Die Forderung nach Gleichgewicht diente den anderen als Feigenblatt ihres jeweiligen Anspruches auf Globalhegemonie.

Wirkliche Gleichgewichtspolitik setzt die Lösung des deutschen Problems voraus.

Kapitel 1

Stalin und Sowjetrußland:
Krieg und Revolution

Die Grundlagen der sowjetischen Politik sind Ausfluß der marxistisch-leninistischen Lehre. Sie beruhen auf der selbsterzeugten kommunistischen Angst vor einer "kapitalistischen Einkreisung". In dieser Angst deutet der Marxismus-Leninismus die Welt im Sinne der manichäischen Zweiteilung: des historisch vorbestimmten Vernichtungskampfes zwischen unversöhnlichen Feinden.

Die ideologische Pseudorealität kann auf Dauer nicht mit der normalen menschlichen Realität zusammen existieren. Die ideologisch-strategische Zielsetzung, durch taktisch-defensive Maßnahmen vorangetrieben und abgesichert, bleibt offensiv und findet im "Auferstehungsakt" ihre endliche Verwirklichung. Der Kampf wird zum Erlösungsinstrument.

Die kommunistische Doktrin formt die Denkungsart der säkularisierten bolschewistischen Priesterklasse. Die zentralen ideologischen Prämissen, nach denen die Avantgarde seit der Oktoberrevolution 1917 gehandelt hat, wurden weder von Lenin noch von Stalin revidiert. Sie traten in apostolischer Nachfolge als Hüter der marxistischen Strategie auf die Weltbühne – mit Moskau als dem Eruptionsherd der Weltrevolution.

Obwohl sie unerschütterlich an den Grundgedanken des Marxismus festhielten, ließen sie die Ideologie nicht zur Zwangsjacke werden. Als Testamentsvollstrecker des Glaubensschöpfers bekräftigten Lenin und Stalin die sich ständig vollziehende und sich gegenseitig befruchtende Wechselwirkung von Theorie und Praxis, die auch für sie eine unauflösliche Einheit bildeten. Zwar setzten sie nahezu blindes Vertrauen in die ideologischen Prämissen, aber ihr Begriff des "schöpferischen Marxismus" bot stets einen Ausweg, der es ihnen erlaubte, "... die erforderlichen Kompromisse zu

13

schließen ... bei striktester Treue zu den Ideen des Kommunismus ..." (1)

Ideologische Aussagen und Erklärungen sind mehr als rhetorische Kniebeugen vor den Lehrsätzen des Marxismus. Die Theorie sieht die Wirklichkeit aus der Ferne und entstellt die Wahrnehmung der Umwelt. Die Leidenschaft und Begeisterungsfähigkeit der bolschewistischen Utopisten haben ihren Ursprung in der Heilsgewißheit, die die Ideologie garantiert. Ihr Fanatismus entspringt ihrem "geheimen Wissen", ihrer unumstößlichen Überzeugung, die Gesetze der Geschichte enträtselt zu haben. (2) Sie lassen sich von der Gewißheit leiten, daß ihre materialistisch-naturalistische Doktrin nur sie befähigt, alle Lebenserscheinungen entschlüsseln zu können. Ihre Berührungsangst gegenüber der Wirklichkeit ist unzertrennlich verzahnt mit ihrer Machtbesessenheit. Ihre Weltanschauung hat katastrophale Folgen nicht nur für das Leben der von ihnen eroberten Völker, sondern auch für den gesamten Aktionsbereich der internationalen Beziehungen. Ihr Haßobjekt steht unwandelbar fest: die *conditio humana*, die vernichtet und ausgerottet werden muß, um das einzig wahre humane Zeitalter einzuleiten, mit dem neuen Sowjetmenschen im weltumspannenden Garten Eden.

Karl Marx, von den Geistesströmungen des 19. Jahrhunderts geprägt, hatte die Notlage des Menschen als Entgleisung aus der Bahn seiner wahrhaften Natur diagnostiziert und auch sogleich die Therapie verordnet: "Die Geschichte aller bisherigen Gesellschaften ist die Geschichte von Klassenkämpfen." (3) Die Menschheit steht sich in der vorhistorischen Phase als "Unterdrücker" und "Unterdrückter" feindlich gegenüber, ständig sich bekriegend und bekämpfend bis zum geschichtlichen Wendepunkt "des revolutionären Umsturzes der Gesellschaft ..." (4) Die bürgerliche Epoche hatte die zwei "feindlichen Lager" — Proletariat und Bourgeoisie — entstehen lassen. Die bürgerlichen Produktionsverhältnisse schmiedeten die Waffen, die ihren Schöpfern den Untergang bringen sollten. Kurz: die Bourgeoisie schafft sich — laut Marx — "ihre eigenen Totengräber". Ihr Niedergang und der daraus resultierende Sieg des Proletariats sind gleichermaßen "unausweichlich". (5)

Nach Marx war die Ausbreitung des Kapitalismus weltweit geworden. Die Dynamik des kapitalistischen Systems werde "alle chinesischen Mauern" niederreißen (6) und über eine weltweite Arbeitsteilung schließlich zu einer gegenseitigen wirtschaftlichen Abhängigkeit der Menschheit führen. Dem Proletariat war die erlösende Rolle beschieden. Es war dazu bestimmt, die Aufhebung der bürgerlichen Weltordnung herbeizuführen. Bourgeoisie und Proletariat waren in zwei feindliche Lager gespalten, das "sozialistische" und das "kapitalistische". Damit stand die Menschheit vor einer historischen Wende. Seien die unabänderlichen "wissenschaftlichen" Gesetze des Geschichtsablaufes erst einmal dem Proletariat durch den pausenlosen Einsatz propagandistischer "Kritik" an bestehenden gesellschaftlichen Verhältnissen eingehämmert und als Handlungsgesetze erkannt worden, dann werde es sich seiner unvermeidlichen historischen Aufgabe bewußt. Von der Führerschaft der gnostischen Elite abgekapselt und sich selbst überlassen, werde das Proletariat nur zu "gewerkschaftlichen Maßnahmen", wie Lenin abwertend behauptete, fähig sein. Es war die oberste Aufgabe der revolutionären Elite, das Ideal des Kommunismus zu einer geschichtlichen "Notwendigkeit" zu machen. Die *libido dominandi*, der Wille zur Herrschaft, um "Theorie" und "Praxis" im revolutionären Akt zu vereinigen (7), bildete die Triebfeder für Marx ebenso wie für Lenin und Stalin und deren Nachfolger im Politbüro, dem Bunker der totalen Machtkontrolle.

Die marxistische Vision vom "totalen Menschen" kann nur durch einen völligen Umbruch im menschlichen Wesen und Denken verwirklicht werden. Um diesen Prozeß zur weltimmanenten "Lösung" voranzutreiben, war es die historische Aufgabe der Revolutionselite, das dem Zwang der Ereignisabläufe angemessene Regime zu schaffen. Dieses Instrument wurde als "die Organisation nicht der Ordnung, sondern des Kampfes" definiert. Als Folge seiner Weigerung, die *conditio humana* zu bejahen, und seiner fast pathologischen Haltung der Wirklichkeit gegenüber sieht sich der Marxist-Leninist in einen ständigen Konflikt mit seiner Umwelt verstrickt. Die Realisierung der revolutionären Vision hängt unmittelbar vom Ausgang langwieriger Kampfeshandlungen ab, die einerseits von der "sozialistischen Basis" als Sprungbrett ausgehen, andererseits von "Stellvertretern", den *pedes militares*, dem als Kanonenfutter in die Schlacht geworfenen "Proletariat", das einen schonungslosen Krieg gegen den Klassenfeind führt. Anstatt sich abwartend zu verhalten, daß die Geschichte ihren natürlichen und "wissenschaftlich-gesetzlich" postulierten unabwendbaren Verlauf nimmt, muß die revolutionäre Elite den Prozeß hin zur kommunistischen "Endlösung" beschleunigen. Diese willensbetonte, aktivistische Haltung verleitet sie immer wieder dazu, Risiken einzugehen.

Auf dem nationalen Schauplatz schüre der Haß des "Proletariats" auf die "bürgerliche Gesellschaft" den Klassenkampf. Im Zeitalter des "Imperialismus", der von Lenin definierten "höchsten Stufe des Kapitalismus", verlagere er sich auf die internationale Ebene der zwischenstaatlichen Beziehungen. In der Globalarena könne der Kampf zwischen den feindlichen "kapitalistischen" und "sozialistischen" Blöcken nur entschieden werden durch die Errichtung einer "Weltunion sozialistischer Sowjetrepubliken", welche die Menschheit unter der Hegemonie des internationalen Proletariats in einem Staat vereint." (8) Aber auf der Marschroute von der bürgerlichen Gesellschaft zur Diktatur des Proletariats türmten sich gewaltige Hindernisse auf. Gewaltsame Umwälzungen würden schließlich die überlebten bürgerlichen Institutionen vollends zerstören, wie Lenin apodiktisch bekräftigte: "... im Mittelpunkt der Lehre von Marx und Engels steht die gewaltsame Revolution." (9) Der Internationale Klassenkampf werde "eine Reihe schrecklicher Zusammenstöße" zwischen dem Sowjetstaat und den bürgerlichen Staaten entfesseln. Anläßlich des 8. Kongresses seiner Kaderpartei im Jahre 1919 beschwor Lenin die Schreckensvision eines "unausweichlichen" Zusammenstoßes herauf. Zwischen den beiden feindlichen Gesellschaftssystemen könne es auf Dauer kein friedliches Zusammenleben geben. Im Interesse der Weltrevolution werde sich der Sowjetstaat jedoch gezwungen sehen, "zwei Schritte rückwärts" zu tun. (10) Zugeständnisse bedeuteten weder eine grundsätzliche Sinnesänderung noch einen ewigen Frieden mit dem absoluten Feind. Rückzugsgefechte müßten als taktische Maßnahmen verstanden werden. "Atempausen" und Phasen "friedlicher Koexistenz" würden die sich hinziehende Zeitspanne des internationalen Klassenkampfes unterbrechen und so dem kommunistischen Lager ermöglichen, seine Kräfte für einen neuen Vorstoß in die "Kriegszone" des kapitalistischen Lagers zu sammeln. Taktische Rückzüge und zeitweilige Zugeständnisse stellten lediglich "eine neue Form des Krieges" dar. (11)

Nach Lenin "ist der Krieg ein Teil des Ganzen; das Ganze ist Politik." (12) Obgleich Lenin und Stalin unablässig Gewalt gegen den Klassenfeind (13) predigten, waren sie von panischer Furcht vor gegnerischer Gegengewalt besessen, was im Rückkopplungsverfahren den Einsatz brutaler Macht- und Terrorinstumente des bolschewistischen Systems gegen innere und äußere, wirkliche und imaginäre Feinde rechtfertigte. Ihre tiefverwurzelte paranoide Wahnvorstellung zwang die herrschende Clique, das Sowjetregime zu einer "totalitären Despotie" auszubauen. (14) Dadurch, daß sie die "Kapitalisten" als Todfeinde verteufelte, legitimierte die Sowjetführung nicht nur ihre eigene Existenz, sondern auch den dauernden militärischen Bereitschafts- und Mobilmachungszustand der geknechteten Massen. Der Mythos von Kampf und Krieg, in seiner heißen und kalten Spielart, speiste den Moloch des bolschewistischen Regimes.

Nach Lenins und Stalins Kalkulationen sollte die Politik der "friedlichen Koexistenz" den Weg durch die strategische Phase bahnen. (15) Dieses taktische, aber höchst notwendige Hilfsmittel der sowjetischen Außenpolitik war eine Weiterführung des verschachtelten Doppelbegriffs von Krieg und Revolution. Das fundamentale marxistisch-leninistische Axiom von der Verkettung von Krieg und Revolution bestimmte maßgeblich die sowjetische Politik der Zwischenkriegsjahre. Schon die Kirchenväter der "bewaffneten Doktrin", Marx und Engels, hatten Krieg und Revolution "in ihrer grundlegenden und fortdauernden Wechselbeziehung" scharfsinnig erkannt. (16) "Friedliche Koexistenz" wurde lediglich als eine weitere Form des Kampfes definiert, die zum Einsatz kommen sollte, wenn nackte Gewalt den Gegner zum Widerstand herausgefordert hätte. Wie Stalin wiederholt betonte, bestand das unumstößliche strategische Ziel darin, "... den Krieg gegen die Bourgeoisie zu gewinnen." (17)

Schon Lenin hatte die marxistische Doktrin des Klassenkampfes auf die zwischenstaatlichen Beziehungen gegensätzlicher Gesellschaftssysteme übertragen. (18) Die Gründergeneration des Bolschewismus rekrutierte sich aus "Spezialisten der Gewalt", und eines der hervorstechendsten Merkmale der Mitglieder des Politbüros war, neben ihrem verbissenen und kompromißlosen ideologischen Fanatismus, ihre reiche militärische und Kampferfahrung. (19) Wie schon Engels so hatte auch die frühe bolschewistische Führerschaft die sich gegenseitig beeinflussende Beziehung zwischen erfolgreicher Kriegführung und der jeweiligen in diese Kämpfe verwickelten Gesellschaftsformen als entscheidend für den Ausgang des geschichtlichen Prozesses erkannt. Von dieser Einsicht in den historischen Ablauf motiviert, machte die bolschewistische Elite sich an die Aufgabe, Sowjetrußland als Kernland der Weltrevolution zu einem "Kriegerstaat" zu schmieden, in lauernder Bereitschaft auf den Tag der Abrechnung mit dem absoluten Feind. Der Erfolg des sowjetischen Experiments hing letzthin von der Mechanisierung und Elektrifizierung, also von technischen Faktoren, ab; die Verwirklichung der weltrevolutionären Zielsetzung war entscheidend an Entwicklungen auf militärischem Gebiet, die Produktion von hochentwickelten Waffensystemen und damit an den unerläßlichen Aufbau der Schwerindustrie gebunden. Wie Engels bereits deutlich erkannt hatte, hing der Ausgang des Kampfes ab von der "... Erfindung besserer Waffen und der Umformung des Menschenmaterials, der Soldaten; die Rolle fähiger Generale ist im besten Fall darauf beschränkt, die Kampfmethoden den neuen Waffen und Kämpfern anzupassen." (20) Für das revolutionäre Ideal mußten Opfer erbracht werden. Die russischen Arbeiter und Bauern waren entbehrlich, solange nur das Soll der industriellen und landwirtschaftlichen Produktion erreicht wurde. Stalins Industrialisierung, Zwangskollektivierung und anschließende Säuberungsaktionen waren Vorbereitungen von ungeheurem Ausmaß für die Umwandlung der Sowjetunion in die Operationsbasis der Weltrevolution. (21) Während dieser Vorbereitungsphase durfte jedoch der revolutionäre Elan in der Außenwelt nicht nachlassen. Der Frontalangriff mußte zwar aufgeschoben werden, aber die Propaganda, Subversion und ideologische Kriegführung mußten weiterlaufen, um den Feind zu zermürben. Vor allem erwarteten Lenin und Stalin, durch ihre vorsätzliche Verschärfung der Spannungen innerhalb des kapitalistischen Lagers die Nutznießer eines Bruderkrieges zwischen den kapitalistischen Ländern zu werden.

Der bolschewistische Coup vom Oktober 1917, im wesentlichen durch den ersten Weltkrieg ausgelöst, leitete die Eröffnungsphase des langwierigen Konfliktes mit der kapitalistischen Welt ein. Lenin hatte die "Revolution" als den ersten Hammerschlag gegen das kapitalistische Lager bezeichnet: "Dieser Sieg ist noch nicht der Endsieg ... Wir haben einen Anfang gemacht ... der Weg ist frei und die Strecke gebahnt." (22) Der "Zweite imperialistische Krieg" verhieß als natürliche Folge den Vorstoß des Bolschewismus nach Europa und Asien.

Stalin hielt unbeirrt an den theoretischen Grundsatzaussagen des Meisters fest, stimmte jedoch gleichzeitig sein Vorgehen und seine Einsatzmittel auf die sich ständig wechselnde Lage ab. Lenin hatte das Rezept geliefert und die anzuwendenden Instrumente geschaffen. Die politischen wie auch die militärischen Waffen der sowjetischen Rüstungskammer wurden nun vervollkommnet. Die internationale revolutionäre Bewegung wurde vom Moskauer Hauptquartier immer straffer an die Zügel genommen. Die diplomatischen Transmissionsriemen dienten als Mittel nicht zur Konfliktlösung, sondern zum Anheizen der Gegensätze innerhalb des kapitalistischen Staatensystems einschließlich der an der Peripherie gelegenen Kolonien und Schutzgebiete. Offene und geheime Maßnahmen ergänzten einander. Die Streitkräfte wurden in Bereitschaft gehalten, um die Sowjets in die Lage zu versetzen, jedwede Gelegenheit nutzen zu können. Die Vision der Weltrevolution rechtfertigte sämtliche Methoden der Staatskunst und nötigenfalls die Waffengewalt. Nach dem Tode Lenins verdoppelte Stalin seine Anstrengungen, das Regime zu festigen, "... um die Diktatur des Proletariats in einem Land zu stärken, das dann als Basis für die Niederwerfung des Imperialismus in allen Ländern benutzt werden kann." (23)

Lenin hatte ursprünglich große Hoffnungen auf spontane Arbeiteraufstände in Mittel- und Westeuropa und auf revolutionäre Erhebungen unter den "unterdrückten" Kolonialvölkern gesetzt, von denen dann eine weltweite Kettenreaktion ausgehen sollte. Stalin dagegen unterstrich die Bedeutung unmittelbaren militärischen Eingreifens der Sowjetunion in Gebiete, die noch nicht in den sowjetischen Einflußbereich fielen. Die Rote Armee wurde zu einem Instrument ausgebaut, das die Revolution, soweit die Umstände offensive Vorstöße erlaubten, exportieren konnte, ohne daß die sozialistische Basis gefährdet wurde. Die Ausdehnung des sowjetischen Machtbereiches war unmittelbar gekoppelt an den forcierten Aufbau des militärisch-industriellen Komplexes. (24)

Zwar beteuerte Stalin immer wieder die sowjetische Bereitschaft zu friedlicher Koexistenz, aber den grundlegenden Lehrsatz von der Unvermeidlichkeit des Krieges mit dem kapitalistischen Feind erklärte er nie für nichtig. Anläßlich einer Geheimsitzung hoher Komintern-Funktionäre verkündete er 1925: "Europa ist im Verfall; ohne die Rote Armee kann die Revolution nirgends siegen. Nachdem wir in einem Land die Herrschaft errungen und unsere Stellung gefestigt haben, ist es nun unsere Aufgabe, eine Armee aufzubauen, die es mit der gesamten Macht der kapitalistischen Welt aufnehmen kann." (25)

Schon 1925 sah Stalin den "Zweiten imperialistischen Krieg" kommen, der einen weiteren Sprung in die "Kriegszone" des kapitalistischen Lagers verhieß. "Wenn der Krieg ausbricht, werden wir nicht untätig zuschauen können", unterwies er das Zentralkomitee der Partei. "Wir werden eingreifen müssen, aber als die letzten, so daß wir den Ausschlag geben werden ... Die Folgerung daraus ist: wir müssen auf alle Möglichkeiten vorbereitet sein; wir müssen unsere Armee in den Bereitschaftszustand versetzen ... die Rote Armee auf den erforderlichen Stand bringen. Die internationale Lage gebietet es." (26) Diese Vision von Krieg und Revolution, in der Sowjetrußland die Früchte zufielen, war der Antrieb für die Industrialisierung, deren Eröffnungsphase der Fünfjahresplan war. (27)

Stalin bekräftigte seinen Entschluß, die Rote Armee als Hauptinstrument zur Ausbreitung des Kommunismus zu mobilisieren. Er führte Lenins Unterscheidung zwischen "gerechten" und "ungerechten" Kriegen an und trat offen für "revolutionäre, anti-imperialistische Befreiungskriege" ein trotz der Tatsache, daß "ein solcher Krieg nicht nur nicht frei von 'den Schrecken des Blutvergießens', sondern besonders grausam ist." (28) 1934 und 1939, anläßlich des 17. und 18. Parteikongresses, deuteten Stalin und seine Helfershelfer die Absicht an, den "Zweiten imperialistischen Krieg", der immer näher rückte, in Revolutionskriege zu verwandeln und dadurch die territoriale Basis des sozialistischen Lagers auszudehnen. (29) Als Sowjetrußland in den "Zweiten imperialistischen Krieg" hineingezogen wurde, war es schließlich die Rote Armee, die das Sowjetsystem in die benachbarten Länder trug. "Der Grund dafür, daß Paris nun keine kommunistische Regierung hat, ist, daß unter den Umständen von 1945 die Sowjetarmee nicht französischen Boden erreichen konnte", erklärte Stalin nach dem zweiten Weltkrieg. (30)

1920 erläuterte Lenin offen die Haupttriebfedern der sowjetischen Außenpolitik. Seine Theorie der internationalen Beziehungen sollte seinen Nachfolgern als Anweisung und Wegweiser dienen. Den Kern seiner Rede vom 26. November bildete die Mahnung, "die Feindschaften und Widersprüche zwischen zwei Kapitalisten – zwei Systemen kapitalistischer Staaten – auszunutzen und den einen gegen den andern aufzuhetzen."

Von den vier "radikalen Feindschaften", die laut Lenin bestimmt waren, eine Reihe von Konfrontationen unter den kapitalistischen Ländern auszulösen, waren drei zu "prinzipiellen Feindschaften" geworden, die sich zu sofortiger Ausnutzung eigneten. Als erste und Sowjetrußland am nächsten stellte Lenin die "Gegensätze" zwischen Japan und den Vereinigten Staaten heraus. Krieg zwischen diesen beiden Staaten, die an die Küsten des Pazifiks grenzten, sei "unvermeidlich". Es sei die "Pflicht" der bolschewistischen Führung, die kapitalistischen Nationen dazu zu bringen, "sich gegenseitig bis aufs Messer zu bekämpfen." Er begrüßte den wachsenden Haß gegen die Vereinigten Staaten, und mit Befriedigung registrierte er, daß in Amerika Druck zugunsten einer Verständigung mit Moskau ausgeübt wurde.

Hinsichtlich Europas betonte Lenin die einzigartige Gelegenheit, die der Riß zwischen "der Entente und Deutschland" sowjetischen Machenschaften bot für einen Erfolg der kommunistischen Bestrebungen in Mittel- und Westeuropa. Er war überzeugt, daß Deutschland sich niemals auf die Dauer dem Versailler "Diktat" unterwerfen werde. Zwar war das Reich vorübergehend zu einer untergeordneten Position verurteilt worden, doch hatte dieses "besiegte Land ungeheure wirtschaftliche Reserven." Gemessen am Stand technischer und wirtschaftlicher Entwicklung rangierte Deutschland gleich hinter den Vereinigten Staaten. Um die Fesseln zu sprengen, die ihm in Versailles angelegt wurden, und um seine Unabhängigkeit wiederzugewinnen, werde das Reich – laut Lenin – nach "einem Bundesgenossen gegen den Weltimperialismus" Umschau halten. (31)

Als in den Nachkriegsjahren die Hoffnungen auf revolutionäre Umwälzungen in Mitteleuropa enttäuscht wurden, richtete Lenin, wie auch später seine Nachfolger, das Augenmerk auf die Kolonialvölker als Objekte sowjetischer Revolutionierungspolitik. Die imperialistische Ausdehnung auf "rückwärtige" Gebiete hatte den Klassenkampf intensiviert, weil sie ihn wahrhaft international machte. Besonderer Nachdruck wurde auf Agitation und Wühlarbeit in den Kolonialgebieten gelegt. Durch Schwächung und Unterminierung ihrer Herrschaft über die Kolonialreiche konnte der kapitalistischen Welt ein tödlicher Schlag versetzt werden. War sie erst einmal ihrer wirtschaftlichen Basis beraubt, war das soziopolitische System des internationalen Kapitalismus dem Untergang geweiht. Um den revolutionären Prozeß zu beschleunigen, war es nach Lenins Ansicht von größter Bedeutung, die "unterdrückten" Völker unter dem Banner kommunistisch geführter "nationaler Befreiungsbewegungen" zu sammeln. (32)

Aber hinsichtlich der europäischen und insbesondere der deutschen Situation war Lenin keineswegs mutlos. "Nationale Befreiungsbewegungen" gegen den Imperialismus konnten nicht nur in den Kolonialgebieten, sondern auch in Deutschland ins Leben gerufen werden. Obgleich Deutschland seiner soziopolitischen Struktur nach selbst "imperialistisch" war, so war es doch "unterdrückt", wie Lenin in seiner Novemberrede betonte. Seine Theorien über Klassenkampf, Revolution und Imperialismus, zuerst umrissen in seinem Pamphlet "Der Imperialismus – die höchste Stufe des Kapitalismus", ließen sich auch auf das besiegte Deutschland anwenden. In seinen frühen Schriften hatte Lenin bemerkt: "Besonders unerträglich ist das Joch der Unterdrückung und das Streben nach Annexion, d. h. die Verletzung der nationalen Unabhängigkeit." (33) Als Antwort auf Erklärungen von Luxemburg, Liebknecht und Mehring hatte Lenin schon Jahre zuvor deren Meinung gegeißelt, daß "nationale Befreiungskriege" ausnahmslos falsch seien, weil die Imperialisten und Reaktionäre Nutzen daraus ziehen würden. "Nationale Befreiungskriege" gegen die "imperialistischen Mächte sind nicht nur möglich und wahrscheinlich: sie sind unvermeidlich, fortschrittlich und revolutionär." Um erfolgreich zu sein, waren diese nationalen Kriege jedoch abhängig von einem "besonders günstigen Zusammentreffen internationaler Bedingungen ... " (34) Die Tatsache, daß Deutschland zu den hochindustrialisierten modernen Staaten zählte, beeinträchtigte sein revolutionäres Potential nicht. In der Welt standen die "unterdrückten Völker", die durch den Imperialismus in die "Weltgeschichte" hineingezogen worden waren, in unversöhnlicher Feindschaft den "herrschenden Nationen" gegenüber. In Europa stand das "unterdrückte" Deutschland seinen "Unterdrückern", Großbritannien und Frankreich oder, wie Lenin sagte, "der Entente", gegenüber. (35)

Aber es schwelte noch ein weiterer Konflikt. Ein tiefer Riß hatte sich zwischen den Vereinigten Staaten und der "übrigen kapitalistischen Welt" aufgetan. (36)

Ideologisch folgte Stalin den Spuren seines Meisters und sollte sich als geschickter und eifriger Schüler erweisen. In seinem "Politischen Bericht" vor dem Zentralkomitee vom 18. Dezember 1925 analysierte er die internationale Lage im Rahmen der Leninschen Theorie der internationalen Beziehungen mit ihren Hauptbestandteilen: Klassenkampf, Krieg und Revolution. Seit Lenins Grundsatzrede zum gleichen Thema von 1920 habe der Ablauf der Ereignisse zu "einem gewissen Gleichgewicht der Kräfte und einer gewissen Zeitspanne 'friedlicher Koexistenz' zwischen der bürgerlichen und der proletarischen Welt" geführt. Das erhöhte Ansehen Sowjetrußlands sei im wesentlichen die Folge "der inneren Schwäche, der Schwäche und Unentschlossenheit des Weltkapitalismus." Und Stalin entwickelte seine Theorie von den zwei feindlichen Lagern: "Lager des Imperialismus" und "Lager des Kampfes gegen den Imperialismus." Die "anglo-amerikanische Allianz" stand demnach an der Spitze des "imperialistischen Blocks" und die Sowjetunion in der vordersten Reihe der "vernichtenden" anti-imperialistischen Front. Während das eine Lager, mit dem Zentrum in Moskau, durch die unerschütterliche Entschlossenheit zusammengeschmiedet war, das feindliche System zu besiegen, war das kapitalistische Lager in sich uneins und bar jedes "Zusammengehörigkeitsgefühls". Fürs erste spekulierte Stalin auf eine "Atempause", als Folge eines "zeitweiligen Kräftegleichgewichts" in der Außenwelt. (37) Als getreuer Schüler formulierte Stalin aufs neue die Leninsche These von der "prinzipiellen Feindschaft" unter den Blöcken. (38)

Die leninistisch-stalinistische Spaltungsstrategie des Gegeneinanderkehrens der Kräfte der kapitalistischen Staaten entsprach zwar anfänglich einer defensiven Strategie mit offensiver Taktik, enthielt aber alle Elemente einer offensiven Strategie mit defensiver Taktik. (39)

Die internationale Politik drehte sich um die Achse der beiden sich feindlich gegenüberstehenden Machtkonstellationen. Solange das "Land des Sozialismus" von kapitalistischen Ländern umringt war, konnte eine nur unvollkommene, prekäre Koexistenz zwischen den gegensätzlichen Gesellschaftssystemen bestehen. Um seine Stellung zu stärken, war Sowjetrußland gezwungen, sich der einen oder anderen kapitalistischen Macht anzuschließen. Aber auch während der Phase der defensiven Strategie, bedingt durch Sowjetrußlands Unterlegenheit im Kräfteverhältnis, waren die Sowjetführer entschlossen, die vorhandenen Widersprüche zwischen einzelnen kapitalistischen Nationen zu ihrem eigenen Vorteil auszunutzen. Ihr Hauptbestreben war, die Spannungen zwischen diesen gegnerischen Mächten zu verschärfen. (40) Lenin und Stalin schätzten Deutschland und die Vereinigten Staaten als die wirtschaftlich und politisch stärksten Exponenten der kapitalistischen Einkreisung des sozialistischen Lagers ein. (41) Während Deutschland das Haupthindernis für eine sowjetische Expansion nach Europa darstellte, waren die Vereinigten Staaten das Haupthindernis für die Verwirklichung der globalen sowjetischen Ziele.

Wilsons Amerika wurde als "eine Form des rabiatesten Imperialismus, der schamlosesten Ausbeutung und Unterdrückung schwacher und kleiner Nationalitäten" verdammt. Nach Lenins Auffassung gab es für die Menschheit nur zwei Möglichkeiten: entweder den Sieg Sowjetrußlands in "jedem fortschrittlichen Land der Welt" oder den Triumph der Vereinigten Staaten als der "reaktionärsten" Vorhut des "Imperialismus". Amerika wurde als "brutalste" Ausgeburt des "Imperialismus" gebrandmarkt, darauf versessen, "die kleinen und schwachen Minderheiten zu erdrosseln und der Reaktion auf der ganzen Welt zum Durchbruch zu verhelfen." (42)

Die Sowjetführung erlag in ihrer Einschätzung der Hauptgegner in dem sich hinziehenden Ringen um die Weltherrschaft keinen Selbsttäuschungen.

Als Folge ihrer militärischen Unterlegenheit mußte jeder Frontalangriff auf den Hauptgegner mit der Zerstörung der "Basis des Sozialismus" enden. Es mußten deshalb Mittel und Wege gefunden werden, dieses Haupthindernis zu beseitigen, ohne die Sowjetunion selbst zu gefährden. Gegen Ende der zwanziger Jahre hatten sich die Aussichten auf Erfolg wesentlich verbessert. Das internationale kapitalistische System stürzte in eine schwere Wirtschaftskrise. Immer lautstärker identifizierte die kommunistische Propaganda Arbeitslosigkeit und Ausbeutung mit der amerikanischen kapitalistischen Ordnung. Die angeblichen Fortschritte des Fünfjahresplans wurden propagandistisch aufgebauscht, während die Vereinigten Staaten als von wirtschaftlichen und finanziellen Krisen geschüttelt hingestellt wurden.

Der dramatische Industrialisierungsprozeß und die Konsolidierung der Machtposition Stalins fielen zeitlich mit einem Linksruck in der sowjetischen Politik zusammen. Diese Tendenz spiegelte sich in dem revolutionären Aktionsprogramm wider, das im Juli/August 1928 auf dem sechsten Komintern-Kongreß in Moskau verkündet wurde. Eine ganze Reihe von Grundsatzerklärungen und Beschlüssen wurden verabschiedet, die auf umfassende politische Handlungsabsichten hinwiesen, nach denen die sowjetische Politik im allgemeinen und die Kominternagitation im besonderen während der kommenden Jahre ablaufen sollten. (43)

Kommunistische Parteien und "nationale Befreiungsbewegungen" erhielten Instruktionen, sich auf die "dritte Periode" vorzubereiten, in der die Gegensätze innerhalb des kapitalistischen Lagers sich verschärfen und zwangsläufig zum "Zweiten imperialistischen Krieg" führen würden, aus dem der Kommunismus als Sieger hervorgehen werde. (44) Der Komintern-Kongreß richtete seine Aufmerksamkeit auch auf die wachsende Bedeutung der Kommunistischen Partei der Vereinigten Staaten (CPUSA) im bevorstehenden Kampf, der mit dem Untergang des amerikanischen Imperialismus enden sollte. Die CPUSA, als Ableger der weltrevolutionären Bewegung in der westlichen Hemisphäre, wurde endgültig in einen Kampfverband der von Moskau kontrollierten Komintern umfunktioniert. (45) In seinem Kommentar zum Komintern-Programm von 1928 unterstrich Stalin die zentrale Bedeutung der Zwei-Lager-Theorie. Die Vereinigten Staaten hatten sich in die Führerstellung des imperialistischen Blocks vorgeschoben, dessen "wirtschaftliches Zentrum sich nach Amerika verlagert und der die 'Dollarrepublik' zum Oberausbeuter gemacht hatte." (46) Schon 1925 hatte der sowjetische Wirtschaftstheoretiker Eugen Varga diese Entwicklung vorausgesagt. Er hatte auch gleichzeitig prophezeit, daß der "internationale Endkampf zwischen Bourgeoisie und Proletariat unter der Führung der Vereinigten Staaten und der Union der Sozialistischen Sowjetrepubliken ausgetragen wird." (47)

Die wirtschaftliche, technologische und militärische "Rückständigkeit" der Sowjetunion schloß einen Frontalangriff auf Moskaus Hauptgegner aus. Die anti-amerikanische Strategie des Kreml orientierte sich jeweils an bestehenden Machtverhältnissen. Um die Vereinigten Staaten zu zermürben, setzte Moskau die Leninsche Spaltungsstrategie als Hebel an. Auf Grund der weitgespannten wirtschaftlichen, finanziellen und politischen Interessen Amerikas gab es überall Reibungspunkte. Moskau ließ nichts unversucht, seinen Hauptgegner in Konflikte und Krisensituationen zu verwickeln. In Übereinstimmung mit Lenins Weisungen tat der Kreml sein Äußerstes, um Japan und die Vereinigten Staaten gegeneinander aufzuhetzen. Moskaus Auseinandersetzung mit dem Hauptfeind erstreckte sich auf alle Bereiche: den wirtschaftlichen, ideologischen, politischen und psychologischen.

Obgleich die Vereinigten Staaten das letzte und entscheidende Angriffsziel der Sowjets bildeten, sollte dies den Kreml nicht von taktisch motivierten Annäherungsversuchen abhalten. Aus einer Politik der "friedlichen Koexistenz" mit Amerika würden sich für die Sowjetunion zahllose Vorteile ergeben. Das technische Können Amerikas war für Moskaus Industrialisierungs- und Aufrüstungsprogramm unentbehrlich, und Amerikas technologische und finanzielle Hilfeleistungen sollten der Kremlelite die Mittel verschaffen, die für den geplanten Feldzug gegen die Gegner im sowjetischen Vorfeld unerläßlich waren. (48)

Um Amerikas technologisches Arsenal anzuzapfen, stellten die Sowjets amerikanischen kapitalistischen Kreisen verlockende Gewinne in Aussicht. Der sowjetische Markt versprach unbegrenzte Möglichkeiten, wurde den amerikanischen "Plutokraten" immer wieder versichert. Als die japanische Expansionspolitik Washington zu einem Zeitpunkt in Panik versetzte, als die Wirtschaftskrise die Gemüter depressiv belastete, ließ der amerikanische Widerstand den sowjetischen Verlockungen gegenüber nach, um sich schließlich ganz aufzulösen. (49) Moskau hatte nicht die geringsten Skrupel, Vorteile aus Amerikas Notlage zu ziehen. Schon bald sollten sich die beiden Mächte in ihrer Feindschaft gegen Japan zusammenfinden. In Stalins innerster, kalkulierender Gedankenwelt lauerte eine noch verschlagenere Absicht. Seine ganze Außenpolitik beruhte auf der unumstößlichen Annahme, daß die kapitalistischen Staaten unfähig waren, auf Dauer friedliche Beziehungen zueinander aufrechtzuerhalten. Sowjetrußland sollte und durfte sich nie damit begnügen, ein gleichgültiger und selbstloser Zuschauer zu sein. Ihre ideologisch verankerte Aggressivität zwang die sowjetische Politkaste geradezu, sogenannte Gegensätze zwischen den Pazifikmächten, den Vereinigten Staaten und Japan, zu verschärfen. Stalin rechnete fest damit, daß die seit langem begehrte diplomatische Anerkennung durch Amerika ihm früher oder später in den Schoß fallen werde. Als Folge davon würde das sowjetische Prestige steigen, und die daraus resultierende sowjetisch-amerikanische Zusammenarbeit mußte darüber hinaus, zumindest nach den Berechnungen Moskaus, die Spannung zwischen Tokio und Washington verstärken.

Indem er diesen politischen Kurs einschlug, folgte Stalin den Direktiven Lenins von 1920. Der Meister, der die Methode der Spaltungspolitik virtuos beherrschte, hatte dieses Vermächtnis seinem Schüler als Ansporn hinterlassen, sein eigenes Aktionsprogramm daran zu orientieren. (50) Als Lenin seine Bereitschaft zeigte, westlichen Industriellen wirtschaftliche Konzessionen zu erteilen, verfolgte er die Absicht, Streitigkeiten unter den konkurrierenden kapitalistischen Nationen zu entfachen. Im Dezember 1920, kurz nach seiner richtungsweisenden Rede, hatte Lenin den Vereinigten Staaten den Vorschlag unterbreitet, einen militärischen Stützpunkt auf Kamtschatka zu errichten. Um das Angebot noch verführerischer zu machen, hatte er seine Bereitschaft angedeutet, amerikanischen Wirtschaftskreisen Bergbaukonzessionen für 50 bis 60 Jahre zu erteilen. Als Bündnispartner gegen Japan war das "militaristische Amerika" willkommen. Da er sich keinen Illusionen über die schleppenden sowjetischen Kriegsvorbereitungen hingab, hoffte er, daß die Vereinigten Staaten es allein mit Japan aufnehmen würden. "Politisch", empfahl Lenin, "müssen wir die Differenzen zwischen den Feinden nach Kräften ausnutzen." Schließlich könne man es sogar fertigbringen, eine zeitweilige sowjetische Notlage in einen Nachteil für Japan und Amerika zu verwandeln. "Endlich erleben wir eine Verschärfung der Feindschaft zwischen Japan und den Vereinigten Staaten, und infolgedessen läßt der Druck dieser Länder auf uns nach." (51) Im kritischen Zeitraum 1931-33 hatte sich die amerikanisch-japanische Feindschaft noch gesteigert, und Stalin lag auf der Lauer, seinen Vorteil wahrzunehmen.

In seiner grundsätzlichen Haltung Amerika gegenüber hatte sich nicht das geringste geändert. Über die Beziehungen zu den Vereinigten Staaten erklärte Stalin dem Schriftsteller Emil Ludwig unverblümt: "Wir werden nie vergessen, daß die Vereinigten Staaten ein kapitalistisches Land sind." (52) Die sozialistischen Experimentierversuche – der amerikanische New Deal und der deutsche Sozialdemokratismus – wurden von den Sowjets gleichermaßen als "sozialistischer Faschismus" abgestempelt. (53)

In den Jahren zwischen den Weltkriegen wurden sowohl den Vereinigten Staaten wie auch Deutschland in der sowjetischen Globalstrategie Hauptrollen zugeteilt. Beide Staaten wurden als Feinde und Vernichtungsziele betrachtet. Eine Zusammenarbeit mit ihnen wurde bestenfalls als vorübergehend angesehen. Deutschland blockierte Sowjetrußlands Hegemonialstreben in Europa. Die Vereinigten Staaten blockierten Sowjetrußlands Drang zur Weltherrschaft. Um Amerika besiegen zu können, mußte erst das Reich geschlagen werden. Das europäische Vorfeld mit all seinem Reichtum mußte erobert werden, um die Sowjetunion zur stärksten Macht, den Vereinigten Staaten überlegen, zu machen.

Trotz seiner militärischen Niederlage war Deutschland nach Meinung Lenins "eines der mächtigsten und fortschrittlichsten kapitalistischen Länder" geblieben. (54) Nach Konsolidierung ihrer Macht richteten die Bolschewisten ihr Hauptaugenmerk auf die Weimarer Republik. Im Herzland Europas hofften sie, ihren großen Durchbruch zu erzielen. Wenn erst einmal ein Sowjetdeutschland wirtschaftlich, politisch, militärisch und ideologisch fest mit der kommunistischen Metropole verbunden war, würde das restliche Europa von einem gigantischen Sowjetblock überschattet sein. Mit dem hochindustrialisierten Deutschland, dem fortschrittlichsten Volk des Kontinents, unter Moskaus Kontrolle war der Erfolg des sowjetischen Experiments garantiert. Ein unabhängiges, nicht-kommunistisches Reich bildete jedoch ein ernstliches Hindernis für Lenins und Stalins auf lange Sicht geplante Revolutionierungsstrategie. Die Weimarer Republik bildete den Angelpunkt der sowjetischen Europapolitik. "Zur Zeit ist es vorteilhafter, die Deutschen zu gebrauchen, als sie herauszufordern", schlußfolgerte Lenin 1920. Fürs erste waren Berlins und Moskaus Zielsetzungen "die gleichen". Deutschland verfolgte eine Revisionspolitik, während Sowjetrußland die Weltrevolution anstrebte. Sobald sich die Wege der beiden Staaten trennten, würden die Deutschen "unsere gefährlichsten und grimmigsten Feinde sein." Auch bei geschicktester Manipulation der europäischen Entwicklung könne nur die Zukunft erweisen, ob "aus den Trümmern Europas eine deutsche Vorherrschaft oder ein kommunistischer Staatenbund erstehen werde." (55) Lenin war überzeugt, daß der Endsieg des Kommunismus von der erfolgreichen Bolschewisierung Deutschlands abhing. (56) Dieser Überzeugung schloß sich auch Stalin an, als er dem deutschen Kommunisten Thalheimer schrieb: "Der Sieg der Revolution in Deutschland wird von größerer Bedeutung für das Proletariat Europas und Amerikas sein als der Sieg der russischen Revolution ... " (57)

Nach der Selbstzerfleischung Europas im ersten Weltkrieg blieb der Kontinent Mittelpunkt der Weltpolitik. Lenins Ansicht nach, die Stalin voll teilte, mußte die "radikale Feindschaft" zwischen Deutschland und "der Entente" das Versailler Friedensgebäude, das 1919 am Konferenztisch konstruiert wurde, eines Tages zum Einsturz bringen. Die "imperialistischen Mächte", Großbritannien, Frankreich und die Vereinigten Staaten, hatten Deutschland "unterdrückt". Dieser Zustand rechtfertigte einen Krieg "nationaler Befreiung" vom imperialistischen Joch, der offene und versteckte sowjetische Unterstützung erforderte. Ende der zwanziger Jahre erließ Stalin Anweisungen an die Komintern, den Einfluß der imperialistischen Mächte, vorrangig in den Kolonialgebieten, zu unterminieren. Die revolutionäre Taktik, "nationale Befreiungsbewegungen" zu mobilisieren, als folgerichtige Konsequenz der Beschlüsse des sechsten Komintern-Kongresses, sollte auch in Deutschland in Aktion gesetzt werden. (58) Deutschlands Absicht, die Revision des Versailler Vertrages gegen die "Entente" durchzusetzen, und der sowjetische Entschluß, das Reich in diesem Vorhaben zu ermutigen, kristallisierten sich als Kardinalpunkte der Nachkriegspolitik heraus. Stalins Weisungen, Deutschland zu einem "Befreiungskrieg" anzustacheln, fielen mit seinen Warnungen von 1927/28 zusammen, daß die Phase der "friedlichen Koexistenz" mittlerweile "Perioden imperialistischer Vorstöße" gewichen war. Der Aufbau der sowjetischen Industrie- und Militärkapazität mußte systematisch forciert werden, um das Land für den bevorstehenden "Zweiten imperialistischen Krieg" in volle Bereitschaft zu versetzen. (59)

Aber Stalin befand sich zu diesem Zeitpunkt in einer vertrackten Lage. Schon lange hatte er auf einen militärischen Zusammenstoß hingearbeitet, der zu umwälzenden Revolutionen innerhalb des kapitalistischen Blocks führen sollte. Jedoch nur eine langsam brennende Lunte konnte seinen Zwecken entsprechen. Ein verfrühter Kriegsausbruch würde die Sowjetunion unvorbereitet finden und nicht in der Lage, im günstigsten Augenblick einzugreifen, um die Früchte des Sieges zu ernten.

In ihrer gegenseitigen Feindschaft zu Polen trafen sich die Interessen Moskaus und Berlins, und sie sollte die Grundlage für ein Zweckbündnis bilden. Schon Lenin hatte erkannt, daß Polen als Köder für Deutschland gebraucht werden könne. (60)

Ende der zwanziger Jahre begann sich ein Riß zwischen Berlin und Moskau aufzutun. Der Daseinszweck der Stalinschen Deutschlandpolitik schien in Gefahr, als die Weimarer Republik sich ihren früheren Gegnern, Großbritannien und Frankreich, näherte. Stalin beschloß jetzt, sich die Wahl offenzuhalten und sozusagen einen Fuß in jedem Lager zu haben, um seine Spaltungsstrategie wirksamer inszenieren zu können. Anstatt sich nur mit dem besiegten Deutschland zu verbünden, dessen schwankende Politik Ungewißheit über seine letzten Ziele erzeugte, begann Stalin, auch mit den Siegern von Versailles zu kokettieren. (61)

1930 trat Litwinow an die Stelle Tschitscherins im Außenkommissariat. Damit ging die sowjetische Außenpolitik auch in eine neue Phase über, die sich ab 1934 schärfer ausprägen sollte. Angesichts der Annäherung der deutschen Außenpolitik an die Westmächte unter den Regierungen Brüning und Papen begann Moskau sich der französisch-tschechoslowakischen Konstellation zu nähern. Eine Versöhnung zwischen den kapitalistischen Ländern mußte im Kreml Besorgnis auslösen, weil sie Moskaus langgehegte Absichten durchkreuzen würde. Wie Lenin bereits 1920 gefordert hatte, mußten die kapitalistischen Nationen dazu gebracht werden, "sich bis aufs Messer zu bekämpfen." (62) Stalin faßte den Entschluß, Adolf Hitler, dem "Trommler" gegen das Versailler Diktat, an die Macht zu verhelfen. Das "unterdrückte" Deutschland und sein Führer würden ihre Kräfte gegen "die Entente" mobilisieren, um das Unrecht von 1919 wiedergutzumachen. (63)

Internationale Entwicklungen kündigten den "Zweiten imperialistischen Krieg" an, den Stalin seit 1927 prophezeit hatte, und das Politbüro mußte unter allen Umständen ein Zusammengehen von Deutschland und den Vereinigten Staaten zu verhindern suchen. Die wenigsten Konfliktmomente unter allen kapitalistischen Staaten bestanden zwischen Berlin und Washington. Eine Versöhnung zwischen Deutschland und "der Entente" war im Grunde unmöglich. Die Kluft zwischen Japan und den Vereinigten Staaten erweiterte sich ständig. Selbst in den Beziehungen zwischen Großbritannien und Amerika brachen Differenzen auf. Moskau tat alles, um Deutschland in seiner Haltung gegenüber London und Paris zu bestärken, und das Politbüro bemühte sich eifrigst, die Beziehungen zwischen Deutschland und den Vereinigten Staaten zu verschlechtern.

Um die beiden Völker gegeneinander aufzuhetzen, mobilisierten die Kreml-Akteure ihre Satelliten und Tarnorganisationen. Als die weltweit inszenierte Sacco-Vanzetti-Kampagne den deutschen Schauplatz erreichte, peitschte die Kommunistische Partei (KPD) die Haßgefühle gegen Amerika auf. Wachsamen Beobachtern entgingen die zukunftsträchtigen Folgen und Absichten dieses von Moskau angestifteten Propagandafeldzugs nicht. Der deutsche Botschafter in Moskau, von Dirksen, berichtete, daß führende sowjetische Kreise "höchst zufrieden sind mit den Ergebnissen der Sacco-Vanzetti-Bewegung" in Deutschland, die sämtliche Erwartungen des Kreml weit übertrafen. "Die Bedeutung dieser Bewegung", informierte von Dirksen die Wilhelmstraße, "liegt nicht nur in dem Bestreben, Mitglieder für die Kommunistische Partei zu werben", sondern vor allem in ihrem erfolgreichen Treiben, Deutschlands "internationale Beziehungen zu stören, vor allem mit Washington". Die Sowjets "frohlockten besonders" über die "verminderte Herzlichkeit" in den deutsch-amerikanischen Beziehungen. Stalin hatte angeblich voller Schadenfreude ausgerufen: "Noch eine solche Sacco-Vanzetti-Kampagne, und Deutschland wird ebenso isoliert sein wie 1914." (64)

Von größter Bedeutung für die Durchsetzung von Stalins Fernzielen war die Isolierung und Ächtung Deutschlands. War das Reich erst einmal isoliert und eingekreist und auf seine eigenen beschränkten Reserven angewiesen, dann war seine Niederlage im "Zweiten imperialistischen Krieg" besiegelt. Stalin rechnete jedoch fest damit, daß das Reich in einem Zermürbungskrieg verbissenen Widerstand leisten werde. Aber diese apokalyptische Vision lag noch in weiter Ferne. Als erste und unmittelbare Maßnahme, so mag Stalin spekuliert haben, könnte die von der Komintern geschürte anti-amerikanische Hetze US-Bankiers veranlassen, ihre sich auf Milliarden belaufenden Anleihen und Investitionen aus Deutschland abzuziehen. Die Zerrüttung des Finanzsystems und der Zusammenbruch des Arbeitsmarktes würden die Flammen der Revolution entfachen und der von Moskau gesteuerten kommunistischen Weltbewegung neuen Auftrieb geben. Und hinter den Kulissen stand Hitler, der die Massen gegen das Weimarer "System" und gegen das Versailler "Diktat" mobilisierte. Wie die kaiserlich-deutsche Regierung in Lenin ab 1915 den Katalysator ihrer Revolutionierungsstrategie im zaristischen Rußland glaubte gefunden zu haben (65), so setzte das bolschewistische Politbüro seine größten Hoffnungen auf den nationalsozialistischen Demagogen — als Trumpfkarte, die stechen werde. Hitlers unumstößlicher Entschluß, das in Versailles begangene Unrecht zu beseitigen, mußte das Reich unweigerlich mit "der Entente" in Konflikt bringen. Seine anti-jüdische Manie würde unausweichlich zu einem Zusammenstoß mit den Vereinigten Staaten als Exponenten des "Monopolkapitalismus" führen, der, nach marxistischer Lesart, von jüdischen Bankiers beherrscht war. Nach der nationalsozialistischen Machtergreifung sollten Stalins Komintern-inspirierte Bataillone — á la Sacco-Vanzetti-Agitation — an vorderster Front des "Anti-Faschismus"-Feldzugs kämpfen. Von allen Streitfragen, die während der dreißiger Jahre die erbittertste Feindseligkeit zwischen Deutschland und den Vereinigten Staaten hervorriefen, war es Hitlers Antisemitismus, der die Leidenschaften am stärksten aufwühlte.

Lenin und Stalin hatten schon früh erkannt, daß Sowjetrußland auf Dauer mit seinen gefährlichsten Gegnern nicht in einem Zustand "friedlicher Koexistenz" leben konnte. Das Reich und die Vereinigten Staaten türmten sich als gewaltige Hindernisse auf der Marschroute zur Weltherrschaft auf. Schritt für Schritt mußten diese absoluten Feinde geschwächt und zermürbt werden. Die Spaltungsstrategie und eine frühe Version der "Salami"-Taktik boten sich als die erfolgversprechendsten Mittel und Methoden an, das Fernziel zu erreichen. Alles mußte versucht werden, den Gegensatz zwischen Deutschland und den "Ententemächten" zu schüren und Japan in einen Krieg mit den Vereinigten Staaten zu verwickeln.

Kapitel 2

New Deal:
Hakenkreuz – Hammer und Sichel

Als zu Beginn des 17. Jahrhunderts die "Große Wanderung" über den Atlantik in die amerikanische Wildnis aufbrach, hatten die Puritaner eine Mission von kosmischer Bedeutung auf sich genommen. Ihre Botschaft sollte in alle Welt ausstrahlen, und ihre oberste Verpflichtung gegenüber Gott, die schwer auf ihnen lastete, sollte die Welt erretten: "... Ihr seid das Licht der Welt. Es kann eine Stadt, die auf dem Berge liegt, nicht verborgen bleiben." (1) Amerika sollte der Schauplatz der Wiedergeburt der Welt sein und als Vorposten in der Wildnis für jedermann ein moralisches Vorbild. Den Blick fest auf ihr religiöses, missionarisches, obschon nicht politisches Ziel gerichtet, schritten die amerikanischen Puritaner aufrecht dem Kommenden entgegen. Europa war die gescheiterte Vergangenheit – Amerika das Land der Zukunft. (2)

Trotz ihrer religiösen Schwärmerei und ihrer offenen und entschiedenen Ablehnung von politischer Tyrannei, Lastern, Unsitten und Ungerechtigkeiten, kurz, europäischer Korruption, verfielen sie nicht in Überheblichkeit und Radikalismus. Sie rangen unablässig mit dem Problem der Erbsünde und vergaßen nie die Sündhaftigkeit und Endlichkeit menschlichen Lebens. Ihre Umsicht, Vorsicht und Kompromißbereitschaft in weltlichen Dingen bewahrte sie vor Hochmut und allzu ehrgeizigen politischen Zielsetzungen. Ihre tiefe Frömmigkeit und das Bild, das sie vom tugendhaften Bürger entworfen hatten, bewahrte sie vor dem Extremismus, der dem puritanischen Denken immer innewohnte. Als "Kinder der Tradition", wie Darret Rutman (3) die Puritaner nennt, erwarteten sie nicht, daß das Gelobte Land auf dieser Erde geschaffen oder die menschliche Natur, sündig wie sie ist, geändert werden könne. Ihr Selbstverständnis und ihre Selbstdeutung fanden Ausdruck in grundlegenden Symbolen, die sich in der ureigenen politischen Tradition Amerikas widerspiegeln, und in der Volksversammlung, die unter göttlicher Führung beratschlägt, schließlich in einem tugendhaften Volk und der Verpflichtung, nach der transzendenten Wahrheit zu suchen. (4)

Als das religiöse Zeitalter dem politischen wich und eine schleichende Gleichgültigkeit die moralischen Grundlagen der Gesellschaft schwächte, lockerten sich auch die den menschlichen Wünschen und Gelüsten auferlegten Fesseln, und der missionarische Eifer, einst geläutert durch das Bewußtsein von der Herrschaft Gottes, nahm eine neue Ausprägung an. Statt weiter als tugendhafter Bürger zu leben und zu wirken, auf der ewigen Suche nach der transzendenten Wahrheit, und so der Welt als moralisches Beispiel zu dienen, machte sich die Vorstellung breit, die Welt und die menschliche Natur neu zu formen im Sinne des gleichberechtigten und demokratischen Bürgers. Mit diesem gewaltigen Sprung in der amerikanischen politischen Tradition verloren die symbolträchtigen Werte, die den Menschen so lange ein fester Halt gewesen waren, allmählich ihre prägende Gültigkeit. Der gläubige Puritaner verwandelte sich in den puritanischen Reformer und Eiferer, vergessend, daß der Sünde nur Einhalt geboten, sie aber nicht ausgerottet werden kann, und der von moralisierender Arroganz getrieben, seine eigene Vorstellung menschlichen Perfektionismus anderen aufzuzwingen versucht, in der innenpolitischen Arena und auf dem internationalen Schauplatz.

Schon in der zweiten Hälfte des 19. Jahrhunderts drohten die traditionellen amerikanischen Wertsetzungen, aus ihren Bahnen zu entgleisen. Aber selbst die sich wandelnde Weltanschauung war wieder nur eine Variation des ursprünglichen Themas: Puritanismus. Die oft extremen Züge des einstigen puritanischen Credos traten allmählich stärker hervor und gipfelten schließlich in den umfassenden und umwälzenden Maßnahmen der politisch eifernden und dirigistisch handelnden liberal-progressiven Entscheidungsträger des 20. Jahrhunderts. (5)

Schon in den frühen Anfängen hatten die Amerikaner den logischen Zusammenhang zwischen einem republikanischen Verfassungssystem und dem außenpolitischen Rahmenwerk deutlich erkannt. Die durch die Verfassung klar begrenzte Innenherrschaft fand ihre Parallele in dem eng gezogenen Aktionsspielraum der Außenpolitik. Im späten 19. Jahrhundert, als die politische Tradition drohte, aus ihren geschichtlichen Bahnen zu gleiten, als der Verfassung ein neuer Sinn unterlegt und die Regierung mit immer ausgreifenderen Vollmachten ausgestattet wurde, erfuhr auch die Wechselbeziehung zwischen Innen- und Außenpolitik eine neue radikale Auslegung. (6) Die Exekutive riß – im Namen der Demokratie und des Gleichheitsglaubens – immer mehr Macht an sich, und die altehrwürdige Maxime, durch beispielhaftes moralisches Vorleben der ganzen Welt zu dienen, wurde über Bord geworfen. Über lange Zeiträume war zur Erfüllung dieser traditionellen nationalen Pflicht die Politik der Nichteinmischung als angemessen betrachtet worden, doch schon bald sollten amerikanische Staatsmänner Visionen nachjagen, die sich mit religiösen Erwartungen, wie der Wiederkunft des Reiches Christi auf Erden, und Heilsvorstellungen verbanden. Die Auffassung eines aktivistischen Regiments im Inneren fand ihre Entsprechung in der neuen Theorie über Amerikas aktivistische außenpolitische Rolle. Der religiöse Auftrag, durch die Macht des Beispiels zu wirken, machte dem weltlich-religiösen Glauben Platz, die Welt für die Demokratie sichern zu müssen ("to make the world safe for democracy"). Der Sendungsglaube war geblieben, aber er hatte sich mit einem neuen revolutionären Inhalt gefüllt. Die Nation hatte die äußersten kontinentalamerikanischen Grenzen erreicht; jetzt wurde der Erdball zur politischen Arena. Eine Welle missionarischen Überschwangs löste eine Kettenreaktion von Interventionen aus, — immer im Namen der Demokratie und der Gleichheit. Die dirigistisch-progressivistischen Konquistadoren bliesen zum Aufbruch in den Heiligen Krieg für die "Demokratie". Um die Jahrhundertwende und danach "... standen Imperialismus und Fortschrittsglaube auf der Höhe ihrer Macht, weil sie beide Ausdruck derselben Philosophie des Herrschens waren, einer Tendenz, eine Tat nicht nach den Mitteln zu beurteilen, sondern nach den erzielten Ergebnissen, — ein Kult der Tat um der Tat willen ..." (7)

Mit dem Vorstoß in die Außenwelt, von der Festlandsbasis in die Inselwelt des Pazifik und des Karibischen Meeres, stieg das Sicherheitsgefühl, aber gleichzeitig griff eine Unsicherheitspsychose um sich. Eine ständig wachsende Zahl einflußreicher Amerikaner sprach sich immer lautstärker für einen Bruch mit der traditionellen Politik aus. Die Politik des Sichtreibenlassens mußte, nach innen wie nach außen, durch eine bewußte Kontrolle der Ereignisabläufe ersetzt werden. (8) Amerikas Hoffnungen mußten der Welt nicht durch beispielhaftes Vorleben, sondern, wenn nötig, durch Eingreifen demonstriert werden. Auf Theodore Roosevelts energische Einmischung in internationale Angelegenheiten folgte Woodrow Wilsons Verwerfung der traditionellen Politik der Nichteinmischung. Nach seiner calvinistischen Auffassung hatte ein göttlicher Wille Amerika an die Schwelle seiner historischen Bestimmung getragen. Amerika hatte ein Rendezvous mit der Menschheit. Was in der außenpolitischen Einstellung der Gründerväter und ihrer Nachfolger noch verborgen war, trat jetzt offen zutage, und alle Doppeldeutigkeiten und Zweifel, die früher mäßigend das Sendungsideal der Nation beeinflußt hatten, wurden nun fallengelassen.

Den grundlegenden Wandel in der amerikanischen Außenpolitik intonierte Wilson: "Die Isolation Amerikas ist zu Ende, nicht, weil wir beschlossen haben, Weltpolitik zu betreiben, sondern weil wir durch die blosse Schöpferkraft dieses Volkes und das Anwachsen unserer Macht zu einem entscheidenden Faktor in der Menschheitsgeschichte geworden sind; und nachdem wir ein solcher Faktor geworden sind, können wir nicht in der Isolation verharren, ob wir wollen oder nicht. Nicht unsere eigene Wahl, sondern die Abläufe der Geschichte haben das Ende der Isolation eingeläutet, und der Ablauf der Geschichte hat lediglich die Vorhersagen der Männer erfüllt, die unsere Republik gründeten." (9) Die Menschheit hatte die Fackel an die Amerikaner weitergegeben. Die Nation, und durch sie der Präsident, mußte die Herausforderung annehmen und der restlichen Welt den Weg weisen. (10) Amerika konnte die Bürde nicht zurückweisen. Es mußte als Weltpolizist auf der internationalen Landstraße die Runden machen. Die Überzeugung, für diese weltliche Mission auserwählt zu sein und die internationale Herrschaft der Moral errichten zu können, hatte etwas Berauschendes.

Wilsons moralischer Imperialismus endete im opportunistischen Nationalismus. Auf die euphorische Trunkenheit folgte die Katerstimmung, die sich in Gleichgültigkeit, ja Feindseligkeit der amerikanischen Öffentlichkeit gegenüber internationalen Problemen umschlug. Wie der vierte Kreuzzug mit der Plünderung von Byzanz endete und dadurch ein hohes Ideal diskreditierte, so endete Amerikas erster Kreuzzug in Habgier, Landraffen und nach der Devise: "Die Sieger teilen sich die Beute". In Versailles entpuppten sich die grandiosen Reden von Freiheit und Gerechtigkeit des Hohepriesters der internationalen Moral als hohl.

Die isolationistischen Selbsttäuschungen der zwanziger Jahre wurden von den interventionistischen Selbsttäuschungen der dreißiger Jahre hinweggefegt. Der messianische Eifer des sekularisierten amerikanischen Sendungsglaubens steigerte sich im New Deal (Wirtschafts- und sozialpolitisches Reformprogramm F. D. Roosevelts) ins fast Grenzenlose. Der innenpolitische Kampf gegen die Wirtschaftskrise fand sein außenpolitisches Pendant in dem Bestreben, ein internationales Milieu zu schaffen, das dem übersteigerten Sicherheitsbedürfnis gerecht würde. Damit verbunden war die verpflichtende Überzeugung, sich allen wirklichen und imaginären Vorhaben fremder Mächte entgegenwerfen zu müssen, die angeblich die eigene Sicherheit gefährdeten, wenn nötig mit dem Schwert in der Hand. Das von Wilson und seinem einstigen Ministerialdirektor im US-Marineamt (Assistant Secretary of the Navy) und späteren Nachfolger, Franklin D. Roosevelt, gesteuerte Staatsschiff segelte auf gleichlaufendem außenpolitischen Kurs. Aber die beiden Kapitäne benutzten nicht immer den gleichen Code, wenn sie dem amerikanischen Publikum ihre Ideale und Visionen vorspiegelten. Roosevelt spürte die völlig veränderte öffentliche Stimmung internationalen Fragen gegenüber und fühlte stets vorsichtig den Puls der Nation. Er sah sich deshalb, zumindest anfangs, genötigt, in gedämpftem Ton zu sprechen, wenn er vorgab, das Volk in sein Vertrauen zu ziehen, ihm aber, wenn er es für ratsam hielt, seine innersten Gedanken verhehlte. Wie sein Idol (11) so vertrat auch er die Überzeugung, daß der Präsident Herrscher war. Auch er richtete sein ganzes Mühen und Walten darauf, das Amt des Präsidenten in die Kraftzentrale der amerikanischen Politik zu verwandeln. War die außenpolitische Missionsaufgabe auch in seiner eigenen Gedankenwelt oft verschwommen, so hatte Roosevelt selbst doch, wie schon sein Demokratischer Vorgänger, den festen Vorsatz, seine historisch vorbestimmte Rolle zu Ende zu spielen.

Wie zur Zeit Theodore Roosevelts und Woodrow Wilsons war auch in der Epoche des New Deal das aktivistische innenpolitische Regierungsprogramm in einer aktivistischen Globalpolitik reflektiert, und der Weg war frei für den Interventionismus. Wieder einmal liefen in den dreißiger Jahren zwei Strömungen kaskadenartig zusammen: der innenpolitische Dirigismus und der messianisch-missionarische außenpolitische Eifer. Aber da die amerikanische Öffentlichkeit dem Isolationismus zuneigte, was sich hemmend auf die geplante Politik der Einmischung auswirkte, konnte Roosevelt seine politische Linie nicht auf geradem Wege verfolgen. Solange das Land alles andere als begeistert war, wieder einmal "die Welt für die Demokratie sicher zu machen", schwankte Roosevelts taktisches Finessieren zwischen Einschüchterung und Bluff hin und her. Ehe er sich aktiv in der internationalen Politik einschalten konnte, mußte er erst seine Machtposition im Inneren festigen. Bis dahin mußte er sich in außenpolitischen Angelegenheiten vorsichtig verhalten, immer darauf bedacht, sich nicht den Zorn und Unwillen der Isolationisten zuzuziehen. Bevor "Dr. Sieg-über-Faschismus-und-Aggression" sich auf die Weltbühne wagen konnte, mußte "Dr. New Deal" erst an der inneren Front eine Probe seines Könnens beim Lösen der gewaltigen sozialen und wirtschaftlichen Probleme des Landes ablegen. (12) Roosevelt sah sich daher anfangs gezwungen, eine Gratwanderung zwischen der isolationistischen Grundströmung und seiner projektierten internationalen Missionspolitik zu machen. Dieses taktische Vorgehen offenbarte sich in geheim inszenierter Machtpolitik (13) und einer Wechselbad-Therapie, der Europa unterzogen wurde. (14)

Sowohl der Präsident als auch sein engster Beraterkreis sahen eine direkte Wechselbeziehung zwischen einer Lösung der Wirtschaftsprobleme im Inneren und der Beseitigung der wachsenden äußeren Gefahr, die ihrer Ansicht nach von den "Aggressor"-Nationen ausging. (15) Obgleich der Präsident zeitweise in die Praktiken des Wirtschaftsnationalismus zurückfiel, besonders als er im Juli 1933 die amerikanische Delegation anwies, die Londoner Weltwirtschaftskonferenz zu sprengen, fand seine Regierung bald wieder auf den internationalistischen Pfad der Wilsonschen "Tradition" zurück, indem sie ihre Bemühungen, die Vereinigten Staaten in das internationale Wirtschaftsleben einzugliedern, verstärkte. Die "Ungerechtigkeiten", die der internationalen Wirtschaftsstruktur innewohnten, konnten wiedergutgemacht und ihre Übel behoben werden, sobald die Behinderungen des "freien Handelsverkehrs" erst einmal beseitigt waren. Nur dann konnte die Menschheit "hoffnungsvoll einem dauernden Frieden" entgegensehen. (17)

Trotz anfänglicher Unklarheiten in der Verfahrensweise zielte die New-Deal-Wirtschaftspolitik auf eine aktivere Beteiligung der Vereinigten Staaten am internationalen Wirtschaftsleben ab. Der amerikanische Außenminister Cordell Hull war von der Idee, eine neue globale Wirtschaftsordnung schaffen zu müssen, geradezu besessen, und diese feste Absicht wurde zu einem "offiziellen Bestandteil der Außenpolitik." (18) Hulls doktrinäre Verbissenheit machte die Regierung oft blind für die Realitäten der internationalen Situation der dreißiger Jahre. Wenn Dogma und Wirklichkeit zusammenstießen, dann fungierte die Ideologie oft unabhängig von den

Realitäten und drohte, die Oberhand zu gewinnen. Die Stoßrichtung der potentiellen Gegner Amerikas, die Autarkie und "Ko-Prosperitäts"-Sphären. in ihrem politischen Umfeld anstrebten, standen Hulls weltumspannenden Plänen im Wege und waren letzhin unvereinbar mit der amerikanischen Fernvision. Die politischen Auswirkungen, die sich mit der New-Deal-Wirtschaftspolitik verbanden, waren ebenso revolutionär, wie die des nationalsozialistischen Deutschland und des "imperialistischen" Japan, jedoch noch umfassender und ausgreifender, und sie offenbarten ebenso revolutionäre wie universalistische Tendenzen wie die der Sowjetunion. Die wachsende Aufmerksamkeit, welche die Roosevelt-Regierung der Außenpolitik nach 1937 widmete, war nicht allein — wenn überhaupt — die Folge der sich verschlechternden internationalen Lage. Die Abstraktionen von Demokratie und Gleichheit, die auch in der inneramerikanischen Auseinandersetzung als ideologisches Feigenblatt dienten, um den Gegner zu diskreditieren und in die Defensive zu zwingen, bildeten die Antriebsfedern für die abenteuerliche Führerrolle Roosevelts im Kreuzzug gegen "Reaktion" und "Aggression". Während die New-Deal-Elite sich als Avantgarde internationalistischer "progressiver" Revolutionäre auf Kollisionskurs mit den Nationalsozialisten, Faschisten und autokratischen Imperialisten als Vorhut der provinzionellen "reaktionären" Revolutionäre sah, hing sie gleichzeitig einem Bild von der Sowjetunion und von Stalin an, das für sie weder politisch-strategisch noch moralisch anstößig war. (19) Die fatale Fehleinschätzung der umwälzenden Auswirkungen der kommunistischen Ideologie hatte formenden Einfluß auf die New-Deal-Ideologie. Weil die Marxisten-Leninisten "Freiheit", "Gleichheit" und die Erfüllung menschlicher Bedürfnisse als ihre letzten Ziele verkündeten, sah man diese, im Gegensatz zu faschistischen Absichten, allzuoft als parallel zur "demokratischen Tradition" Amerikas verlaufend an, oder, wie Raymond Aron es einmal in einem anderen Zusammenhang treffend formulierte: "Der Hauptunterschied ... betrifft weniger den Inhalt als vielmehr den Stil ..." (20) Kein noch so schlagendes Beweismaterial, das der Stalinismus in seiner ganzen Brutalität in Fülle lieferte, konnte die New-Deal-Garde aus ihrer illusionären Vorstellungswelt herausreißen. Der Kommunismus, wie ihn weltfremde New-Deal-Idealisten und "Pragmatiker" verstanden, verschmolz oft mit der Vision der "liberalen" und "progressiven" Intellektuellen von der "neuen, heilen Welt". In diesem Sinne schufen sich der amerikanische "Progressismus" und "Liberalismus" der dreißiger Jahre im "Faschismus" das Gegenstück zum "Monopol-Kapitalismus" des Marxismus-Leninismus und zum "Weltjudentum", dem allgegenwärtigen Feind des Nationalsozialismus. Der "Antifaschismus", kommentierte ein Zeitgenosse, war zu einem amerikanischen "Kult" geworden; und Alfred M. Bingham schloß mit der Bemerkung: "Er ist fast so fanatisch wie der Faschismus selbst." (21)

Obwohl die Frage nach dem letzten Sinn des New-Deal-Programms in Roosevelts Antrittsrede vom März 1933 unbeantwortet blieb, ließ der Präsident seine Zuhörer nicht im geringsten Zweifel darüber, daß er fest entschlossen war, das umfassende Aktionsprogramm seiner Regierung in die Tat umzusetzen. Zwar berief er sich immer wieder auf den "amerikanischen Pioniergeist", aber am Ende seiner Ansprache hatte er die Bedeutung dieses geschichtsträchtigen Symbols fast in ihr Gegenteil verkehrt. Der amerikanische Treck hatte folgsam hinter dem Pionier-Präsidenten herzutrotten. Es war Franklin D. Roosevelt vorbehalten, den "amerikanischen Geist" zu deuten. In ihrer jüngsten Geschichte waren die Amerikaner "falschen Propheten" gefolgt. Sie hatten sich einer "Generation von Egoisten" ausgeliefert. Der neue amerikanische Präsident stilisierte sich zum Verkünder und Vollstrecker des Volkswillens. Ihm war die fast übermenschliche Aufgabe, für das Wohl des Volkes Sorge zu tragen, auferlegt. Das Wählervolk hatte ihn mit weitreichenden Vollmachten ausgestattet und forderte Taten, nicht in der fernen Zukunft, sondern "auf der Stelle." Auch in Friedenszeiten beanspruchte er die vollen Machtbefugnisse des Oberbefehlshabers. Die gewaltigen Schwierigkeiten, mit denen die Nation konfrontiert war, konnten gemeistert werden, aber nur, "wenn wir sie so anpacken, wie wir sie im Kriegsfalle anpacken ..." Er forderte die Amerikaner auf, vorwärts zu marschieren, "... wie eine gut ausgebildete Armee, die bereit ist, der allgemeinen Disziplin Opfer zu bringen, weil ohne Disziplin weder Fortschritt möglich ist, noch die Führung etwas erreichen kann." Die Nation war vor den "Altar der Geschichte" getreten und mußte die historisch nicht wiederkehrende Gelegenheit ergreifen "in gefolgsamer Pflichterfüllung, wie sie sonst nur in Kriegszeiten einem Volk abverlangt wird." Diktatorisch bestand der Oberbefehlshaber auf diszipliniertes und loyales Verhalten der Massen, weil nur Disziplin "eine Führerschaft möglich macht, die das Gute anstrebt." Als Präsident war Roosevelt bereit, "ohne Zögern das Kommando über die große Armee unseres Volkes zu übernehmen, die sich einem disziplinierten Angriff auf unsere gemeinsamen Probleme verschworen hat." Wenn sich das "checks and balance"-System, im Wechsel der Zeiten und angesichts der schwierigen und ungelösten Probleme, als überholt erweisen sollte, dann mußten die Gewichte zugunsten der Exekutive verlagert werden. Die verzweifelte wirtschaftliche und soziale Lage, der die Nation gegenüberstand, könnte ein "vorübergehendes Abweichen von dem üblichen Gleichgewichtsverfahren" des verfassungspolitischen Prozesses rechtfertigen. In "Erfüllung seiner Pflicht" war Roosevelt bereit, "ebenso weitreichende Machtbefugnisse" zu übernehmen, "um die Notlage zu bekämpfen, wie sie ihm übertragen würden, wenn ein Feind in unser Land einfiele." Das Wahlmandat kam einer Forderung "nach Disziplin und richtungsweisender Führung" gleich. Das Volk, dem sich der Präsident gegenüber in der Pose eines Herrschers aufspielte, hatte nur eines zu fürchten, nämlich "die Furcht selbst." (22)

Im Zeitalter des "Massenmenschen", der vor der Peitsche kriecht, mochte Roosevelt — durch Neigung, Geisteshaltung und Temperament zu dieser Rolle befähigt — als "Führer" begeistern. Als er den Amtseid ablegte, lag die Wirtschaftskrise wie ein schwerer Schatten auf dem Land, und der Meisterpsychologe spürte, daß die Nation dringend eines moralischen Auftriebs bedurfte. Seine Programme und Allheilmittel, die ihm rhetorisch so leicht über die Lippen kamen, sollten dem Land neuen Aufschwung geben. Abgesehen von platten Allgemeinheiten wurde der internationalen Lage nur ein flüchtiger Überblick gewidmet. Er sah keinen Anlaß, die Nation von den unmittelbaren und drängenden Aufgaben abzulenken. Hatte er erst einmal seine Machtstellung ausgebaut, dann konnte er vielleicht erhoffen, daß die Nation ihm geschlossen als Oberbefehlshaber folgen würde, wie eine Jolle im Kielwasser eines Kriegsschiffes.

Nachdem ein großer Teil der Massen dem Ansporn und den Einflüsterungen des Präsidenten erlegen war, wagte sich Roosevelt ins Rampenlicht, die für die "gesamte Menschheit" verbindlichen "Fundamentalfreiheiten" zu verkünden. Amerika, so tönte der Präsident, würde sich nie mit weniger zufrieden geben als mit der Erfüllung dieser Freiheitsvision. (23) Daß die sowjetischen Ketzer sich Amerikas zweitem Kreuzzug anschließen sollten, um "die Demokratie in der Welt sicherzustellen", tat der Nobilität des Vorhabens nicht den geringsten Abbruch. Im Gegenteil, es erfüllte die Kreuzzügler im Aufbruch zur Weltmission nur mit einem noch größeren Triumphgefühl. (24) In Roosevelts politisch-diplomatischem Umgang mit Sowjetrußland und dessen despotischem Führer trat die Phantasie an die Stelle der Wirklichkeit. Roosevelt hatte sich den internationalistisch-interventionistischen Grundsätzen Wilsons verschrieben. Allerdings war er wendig genug, diese Grundsätze zu verwässern, sobald der öffentliche Meinung und der Stimmungsdruck ihn zur Änderung seiner Strategie zwangen. Seine Sympathien gehörten jedoch den Verfechtern der kollektiven Sicherheit und des aktiven Eingreifens der Vereinigten Staaten in das internationale Geschehen. Angesichts des Meinungsklimas der frühen dreißiger Jahre mußte er seine Vorliebe für eine starke Flotte und seine internationalistischen Neigungen verheimlichen. Die isolationistische Stimmung in breiten Schichten der Öffentlichkeit zwang ihn wiederholt, seine wahren Überzeugungen zu kaschieren. (25) Seine wohlklingende Stimme, die Phantasie des Propheten, die Fähigkeit, sich verständlich zu machen, schwierige Problemstellungen auf eine einfache Formel zu bringen und Optimismus zu erwecken, das alles verschmolz bald zum Image von Roosevelt als charismatischem Führer. Die "Plauderei am Kamin" war symbolisch: sie strahlte Wärme aus in einer Atmosphäre bitterer Kälte.

Nicht jeder ließ sich täuschen oder war gar beeindruckt vom Charisma des Präsidenten. Auf viele wirkte Roosevelt oberflächlich, besonders auf diejenigen, die ihn aus nächster Nähe beobachten konnten. Ihm mangelte es an intellektuellem Tiefgang. Seine Fähigkeiten schienen weit überschätzt zu sein. Er war voller Dünkel, geblendet von seiner eigenen Größe, und er verstand es, seine Unzulänglichkeiten und seine Seichtheit zu verschleiern.

Wenn Entscheidungen zu fällen waren, war er oft schwankend und unschlüssig. Er neigte dazu, "Versuchsballons" loszulassen. Wenn ihm gegensätzliche Gesichtspunkte vorgetragen wurden, ließ er deren Exponenten im Glauben, er stimme mit ihnen überein. Endgültige Entscheidungen traf er "ziemlich impulsiv"; er hielt "an einer einmal getroffenen Entscheidung

fest" und zeigte dabei beträchtlichen Eigensinn, ja Starrsinn. (26) George
C. Marshall, Roosevelts Stabschef nach dem Kriegsausbruch 1939, änderte
seine anfangs abschätzige Meinung über den Präsidenten erst nach der Katastrophe von Pearl Harbor. Ihn erboste immer wieder die Nachlässigkeit,
mit der Roosevelt Verwaltungsangelegenheiten abwickelte, und ihn stimmte die Neigung des Präsidenten, sich auf Intuition und plötzliche Eingebungen zu verlassen, besorgt. Marshall hegte Zweifel, ob Roosevelt das Format
habe, das amerikanische Volk im Ernstfalle zu führen. (27) Henry L. Stimson, der abtrünnige Republikaner, der im Sommer 1940 als Kriegsminister
in das Roosevelt-Kabinett eintrat, sprach mit einem Seufzer der Resigna-
tion – und doch bewundernd – von Roosevelts "Genieblitzen", einer Gabe, die sowohl Vorteile, als auch gleichzeitig Nachteile mit sich brachte.
Seine Achtung vor Roosevelt machte ihn jedoch nicht blind für die offensichtlichen intellektuellen Unzulänglichkeiten und Schwächen des Präsidenten. Wenn Roosevelt "ein schwieriges Problem in kürzester Zeit und
mit der Hilfe erfahrener Ratgeber lösen soll," vermerkte Stimson in seinem
Tagebuch, "nun ja, er schaltet eben nicht, und es klappt nicht." (28)

Einer der scharfsinnigsten, klügsten und belesensten Kommentatoren
der amerikanischen politischen Szene, Arthur Krock von der New York
Times, erkannte ebenfalls Roosevelts Mangel an "intellektueller Tiefe" und
sein Unvermögen, "Probleme zu Ende zu denken." Roosevelt war leicht
für das zu gewinnen, was ihm als "clever" und "windig" erschien. Seine
Einstellung zur Politik war "zynisch" und in Verwaltungsangelegenheiten
entpuppte er sich als völlig unfähig. Diejenigen, die seine Maßnahmen kritisierten, ließ er den vollen Grimm seiner präsidialen Macht spüren, von der
er häufig fragwürdigen Gebrauch machte. Obwohl er den Eitelkeiten des
"kleinen Mannes" Vorschub leistete und sich als Beschützer des "vergesse-
nen Mannes" aufspielte, zog er seine Landsleute nie wirklich in sein Vertrauen, "die Tatsachen, die zu kennen sie ein Recht hatten, bemäntelnd
oder sie ihnen vorenthaltend." In der Durchsetzung seiner historischen
Mission erfüllten ihn Anmaßung und Arroganz. Seine eigenen Talente pries
er als "proteisch und absolut unentbehrlich für die Menschheit." (29) Roosevelt mangelte es an tiefverwurzelten sittlichen Überzeugungen und Wert-
begriffen, aber er konnte, um sich lieb Kind zu machen, für die "Leute da
draußen" moraltriefende Predigten deklamieren, die ihnen das Herz wärm-
ten. Aus der großen amerikanischen Tradition konnte er keinen Gewinn
ziehen, weil sowohl sein Wissen um als auch sein Verständnis für die Geschichte seiner eigenen Nation "flach und seicht" waren. (30) Was blieb,
war berechnende Geste. Er war der personifizierte "Pragmatiker", von Experiment zu Experiment eilend, gerühmt und beklatscht, sich in Ruhm und
Beifall badend. Eine psychologische Sichtweise würde diagnostizieren, daß
sein politischer Aktivismus die Befriedigung seines Ichs bedeutete, das er
wiederum mit der amerikanischen Sendung identifizierte. Wo die geistige
Substanz, die letztlich die staatsmännische Größe mitbestimmt, fehlte,
mußten Stil und technisch-manipulative Methode als Ersatz dienen. Er
setzte auf die Ergebenheit der Massen und deren Hang, sich vor der Obrig-

keit zu beugen. Sein Charakter war für viele Zeitgenossen undurchschaubar, weil er es immer wieder vermochte, seine wirklichen Motive hinter verschlossenem Visier zu verbergen. Roosevelt kompensierte seine eigenen Fehler und Schwächen, indem er heftige Attacken gegen jegliche Opposition führte. Diese Tendenz bewirkte zwangsläufig, daß er Ratgeber bevorzugte, die mit ihm "übereinstimmten." Er umgab sich mit einer geschlossenen Front von "Speichelleckern", die ihn vor Kritikern seiner Politik schützten. Da er die Absichten des wirklichen Roosevelt nach außen abschirmen mußte, neigte er zur Geheimnistuerei. Sein Agieren hinter den Kulissen führte oft zu unklaren Entscheidungen. (31) Nicht einmal Harry Hopkins, sein dilettantischer "Oberst House", vermochte die innersten Gedanken des Präsidenten zu lesen. (32) Harold Ickes, Innenminister und "Stechfliege" des New Deal, beschwerte sich einmal bitterlich: "... Sie wollen nicht frei heraus mit der Sprache, nicht einmal den Menschen gegenüber, die Ihnen ergeben sind ... Sie lassen sich nicht in die Karten sehen. Sie legen sie nie auf den Tisch." (32)

Nicht der Hang zur Heimlichkeit allein war ein hervorstechender Zug seines Wesens. Er neigte auch dazu, Vabanque zu spielen, im Privatleben (34) wie auch in der großen Politik, in der er ständig zwischen Programmen, Plänen und Experimenten hin und her pendelte. Oft wurde er Opfer seiner fatalen plötzlichen Eingebungen, und er setzte seine Hoffnungen darauf, daß niemand jemals seine geheimsten Gedanken werde lesen können, und daß niemand, aber ganz gewiß nicht die Öffentlichkeit, jemals entdecken würde, welchen Weg er in der internationalen Politik einzuschlagen beabsichtige. Da Roosevelt nicht einmal Hopkins, Ickes und die vielen anderen, die ihm treu ergeben waren, Einblick in seine Absichten gewährte, gaben hohe Beamte des Außenministeriums schon bald nach seiner Amtseinführung jeden Versuch auf, seine eigentlichen Gedanken zu entschlüsseln. Roosevelt war ihnen keine Hilfe. Er weihte sie nicht in seine Überlegungen ein, wenn er seinen politischen Kurs plante. Schon in der Anfangsphase gestaltete sich die Situation im Außenministerium äußerst schwierig, weil der Präsident sich außenpolitische Entscheidungen in einem Maße vorbehielt, daß "hier niemand wirklich weiß, was los ist." (35) Erschwerend kam noch hinzu, daß seine Weisungen oft unklar und verschwommen waren und offenbar erteilt wurden, "ohne ausreichendes Wissen über das was vorausgegangen war ..." (36) Die Neigung Roosevelts, zu internationalen Fragen oft widersprüchliche Erklärungen abzugeben, verschlimmerte die Verwirrung noch. Nach Aussage des Staatssekretärs im Außenministerium, Sumner Welles, schien Roosevelt schon Ende 1936 von der Idee "besessen" zu sein, daß die Kriegsgefahr, die in Europa und Asien aufzog, eine unmittelbare Bedrohung amerikanischer Interessen bedeute. (37) Louis B. Wehle dagegen, ein weiterer Vertrauter und Ratgeber des Squire von Hyde Park, gewann den Eindruck, daß Roosevelt vor Hitlers Angriff auf Polen "sonderbarerweise die Möglichkeit eines Krieges in Europa und die Aussichten, daß, sollte er ausbrechen, Amerika hineingezogen werden würde, unterschätzte ..." (38)

Roosevelt machte sich keine Illusion darüber, daß er Zeit benötigte, um die amerikanische Öffentlichkeit aus ihrer lethargischen Einstellung der Außenwelt gegenüber aufzurütteln, und daß die Masse des Volkes "erzogen" werden mußte, ehe er seine moralisierende Haltung gegenüber Deutschland und Japan in konkrete politische Maßnahmen umsetzen konnte. In den ersten Jahren seiner Amtszeit sah er sich daher in seiner Handlungsfreiheit eingeschränkt. Am Ende seines ersten Regierungsjahres war er noch vorwiegend mit innenpolitischen Problemen beschäftigt und gestand offen ein, daß er nicht wisse, "wie eine amerikanische Außenpolitik von Dauer zu erreichen sei." (39) Der Experimentator und Pragmatiker, der in der Innenpolitik von Programm zu Programm und von Projekt zu Projekt stolperte, ließ sich auch in der Außenpolitik auf "gewagtes und anhaltendes Experimentieren" ein. Zuerst waren die Mittel alles, und das Ziel verlor sich noch in Tagträumen von Größe und Weltherrschaft.

Roosevelts Hang zur Heimlichkeit trug erheblich zur steigenden Verunsicherung der internationalen Lage bei: Anhänger und potentielle Partner wurden dadurch oft getäuscht und potentielle Gegner irregeführt. Er sollte die schon schwierige Lage durch seine Empfänglichkeit für die Vorurteile, undurchdachten Vorschläge und plötzlichen Einfälle jenes Personenkreises, der dem Thron des Weißen Hauses am nächsten stand, noch schwieriger machen. Er war nur zu bereit, "sich für Maßnahmen ins Zeug zu legen, die leicht zum Kriege führen könnten, wies aber jedwede persönliche Verantwortung für einen solchen Krieg zurück." (40) Roosevelt glich dem alten Römer Crassus, der seine eigene Feuerwehr und sein eigenes Brandstifterkommando laufend im Einsatz hatte und beide Instrumentarien in einem ständigen Wechselspiel aktivierte.

Trotz wachsender Spannungen in Asien und zunehmender amerikanischer Besorgnis über die sich in diesen Regionen abzeichnenden Machtverschiebungen blieb für Roosevelt Europa der Mittelpunkt und die Drehscheibe der internationalen Politik. Die noch ungeklärte Frage war, ob Deutschland sich als vorherrschende Macht auf dem Kontinent erweisen würde. Seit der Jahrhundertwende galt das Reich als eine die amerikanische Sicherheit bedrohende Gefahr. Zu dieser Lagebeurteilung neigten in verstärktem Maße politische Entscheidungsträger und eine wachsende Zahl von Amerikanern, die formenden Einfluß auf die öffentliche Meinungsbildung ausübten. Deutschlands angebliches Streben nach Vorherrschaft mußte durchkreuzt werden. Großbritannien, das Bollwerk zwischen Alter und Neuer Welt, mußte als Garant des europäischen Gleichgewichts geschützt und die anglo-amerikanische Interessengemeinschaft gepflegt werden. Deutschland wurde als Hauptgefahr für den Frieden angeprangert und als ernsteste Bedrohung der amerikanischen Sicherheit gebrandmarkt. Vor allem amerikanische Seestrategen und Flottenenthusiasten hatten das Reich seit langem als Hauptfeind eingestuft. Ihre Einschätzung Deutschlands als potentieller Aggressor hatte einen bleibenden Eindruck bei zwei ehemaligen Ministerialdirektoren im US-Marineamt hinterlassen. Beide entstammten derselben Familie und beide sollten schließlich an die Schalthebel der Macht avancieren: Theodore und Franklin D. Roosevelt.(41)

Die Vorstellung, die der "Europa zuerst"-Strategie des Präsidenten Roosevelt zugrundelag, hatte bereits feste Form angenommen, als er unter Woodrow Wilson zum Ministerialdirektor (Assistant Secretary) ernannt wurde. In dieser Position arbeitete er engstens mit anti-deutschen Seestrategen zusammen. Seine anti-deutschen Vorurteile wurden lediglich bestärkt. Sein negatives Bild von Deutschland war durch Erfahrungen geformt worden, die er als Junge in einer Dorfschule in Deutschland gemacht hatte. Er glaubte, damals schon eine angeborene Aggressivität im Fühlen und Denken seiner deutschen Altersgenossen ausgemacht zu haben, die durch soldatische Erziehung nur noch betont worden war. Er hatte es seinen Schulkameraden sehr übelgenommen, daß sie die Amerikaner als "bloße Barbaren" hingestellt hatten. "Heimatkunde" sei in seiner Klasse in Form von Sandkasten-Kriegsspielen betrieben worden, die Erziehung der Schulkinder auf ein Hauptziel ausgerichtet gewesen: "... den unvermeidlichen Krieg mit Frankreich und den Aufbau des Reiches zur stärksten Weltmacht." (42) Seine "Abneigung gegen Deutschland ging auf seine Schulzeit dort zurück." (43) Die Schlagworte des ersten Weltkrieges — "Die Hunnen kommen" und "Hängt den Kaiser" — spiegelten sich in seinem heftigen Widerwillen gegen alles Deutsche wider. Die Erfahrungen des ersten Kreuzzuges ließen Roosevelts latenten Haß gegen Deutschland, der in seinen frühen Entwicklungsjahren aufgebrochen war, zur Feindschaft aus innerer Berufung werden.

Mit seiner Reaktion auf den Auftritt Hitlers und der national-sozialistischen Bewegung auf der deutschen politischen Bühne stand Roosevelt wieder da, wo er angefangen hatte. Der preußische Militarismus wurde zum Steigbügelhalter des Hitler-Regimes heraufstilisiert. Die braunen Sturmabteilungen waren für ihn eine moderne — wenn auch brutalere — Spielart des preußischen Junkertums. Klios Plastikchirurgie hatte eine neue Physiognomie kreiert: Hitler als Double des verhaßten Kaisers. Nachdem Roosevelt erst einmal seiner Nation sein Zerrbild und seine Karikatur des Deutschen aufgezwungen hatte, stieg bei ihm die Hoffnung, daß sie seiner Führung wie eine disziplinierte und treuergebene Armee in die zweite Runde des globalen Kreuzzuges zur Ausrottung der "Brutstätte des Militarismus ... der preußischen Militär-Clique ...", folgen würde. (44) Roosevelt war darüber erbost, daß Amerika den Deutschen 1918/1919 nicht unmißverständlich klargemacht hatte, daß sie den ersten Weltkrieg verloren hatten. Deutschlands Demütigung in Versailles war ihm nicht vollständig genug. (45) George F. Kennan war schockiert, daß der Präsident einer von vielen war, die nicht "genau den zweiten vom ersten Weltkrieg unterscheiden konnten." Für Roosevelt war das verhaßte Junkertum die "Hauptstütze von Hitlers Macht ..."(46) In den spätdreißiger Jahren hatte Roosevelt sich wieder im Gestrüpp seiner Vorurteile verfangen. Noch in Friedenszeiten wurde mit verletzenden Schlagworten aus dem rhetorischen Arsenal des ersten Weltkriegs agitiert. Anspielungen auf "die Hunnen" und "die Vandalen" gingen ihm leicht von den Lippen. (47)

Gleich zu Beginn der Rooseveltschen Präsidentschaft standen die Chancen, einen dauernden modus vivendi mit der Reichsregierung zu finden, äußerst schlecht. Von allen Streitpunkten, die die Vereinigten Staaten und das Reich trennten, kristallisierte sich die jüdische Frage bald als explosivste heraus. Die Schuldenfrage, unterschiedliche Auffassungen über kollektive Sicherheit und Bilateralismus bzw. Multilateralismus, – all diese Fragen verblaßten vor dem Hintergrund der Empörung, die die Drangsalierung der deutschen Juden hervorrief. Deutsch-amerikanische Verhandlungen über konkrete, wenn auch schwierige politische und wirtschaftliche Probleme litten unter den Auswirkungen öffentlicher und offizieller amerikanischer Entrüstung über die Unterdrückung der deutschen Juden. Besonders die einflußreiche "liberale" Mediengilde sollte dafür sorgen, daß das national-sozialistische Regime in die Ganovengalerie aufgenommen wurde. Die Kampflust der "Progressiven" gegen das Reich während der dreißiger Jahre konditionierte breite Schichten des amerikanischen Volkes psychologisch für die heiße Phase des zweiten Kreuzzuges. Indem man auf den neuentdeckten "braunen Esel", den Nationalsozialismus, einschlagen konnte, wurde das "liberale Gewissen" von den Brutalitäten und Massenmorden abgelenkt, die Stalins totalitäre und despotische Vernichtungsmaschinerie – auf vollen Touren laufend – inszenierte. (48)

Geistig unbedarfte, aber ehrgeizige und hochgestochene Intellektuelle wetteiferten nach 1933 miteinander, um Roosevelts Gehör zu finden. Die Entwicklungsjahre des New Deal hindurch standen Felix Frankfurter und seine "Boys" dem Präsidenten am nächsten. Der Harvard-Professor der Rechtswissenschaften versuchte, durch Fernsteuerung Einfluß zu nehmen. Er verschaffte seinen "Happy Hot Dogs", wie General Hugh S. Johnson – berühmt-berüchtigt durch die "National Recovery Administration" (NRA) und den "Blue Eagle" – die Harvard-Brigade spöttisch nannte, oft strategisch wichtige Posten in der Roosevelt-Regierung. (49) Doch schon bald wurden die "Frankfurter Würstchen" von Harry Hopkins, Roosevelts Alter ego, überrundet. (50) Admiral William D. Leahy hatte von den meisten Politsoldaten der "Palastgarde" eine recht negative Meinung, zeigte aber die größte Verachtung für den Busenfreund des Präsidenten, den er oft mit "Sie verdammter Salonbolschewist" (you goddam little pinko) titulierte. Auch Außenminister Hull schauderte es vor Hopkins Rezept für Utopia. (51)

Harry Hopkins missionarischer Eifer, der sich zuerst auf die innenpolitische Szene konzentrierte, ergoß sich später auch auf den internationalen Schauplatz. Gemeinsam übten er und Frankfurter – dieser schon von Anfang an – einen gewichtigen Einfluß auf die Außenpolitik der Roosevelt-Regierung aus. Frankfurter brüstete sich immer damit, die Folgen von Hitlers triumphalen Marsch auf die Reichskanzlei sofort richtig eingeschätzt zu haben. Die außenpolitischen Zielsetzungen des nationalsozialistischen Regimes gefährdeten nach seiner Ansicht den Weltfrieden und die Sicherheit der Vereinigten Staaten. Er überhäufte Roosevelt fortwährend mit Memoranden, schriftlichen Kommentaren, Ausschnitten aus europäischen

Zeitungen und Gerüchten und malte die Hitler-Gefahr in den dunkelsten Farben. Mündliche Mahnungen ergänzten die schriftlichen Ausarbeitungen. Auf die Versprechungen und Zusagen des Dritten Reiches, warnte er, sei kein Verlaß. Durch sein Antichambrieren hoffte er, den Einfluß derjenigen im präsidialen Magnetfeld zu neutralisieren, wenn nicht auszuschalten, die in außenpolitischen Fragen zur Mäßigung rieten. (52) Unabhängig davon, ob Frankfurters frühe Warnungen über Hitlers Fernziele nun berechtigt waren oder nicht, seine Kassandrarufe entsprangen seinem analytischen, scharfsinnigen Verstand, der die innere Dynamik des deutschen Regimes erfaßte, wie auch seiner moralischen Entrüstung über das gewaltsame Vorgehen der SA gegen deutsche Juden. Er war ein glühender Zionist, eine Tatsache, die seine Urteilsbildung stark beeinflußte. (53) Seine Haltung autoritären und totalitären Regimes gegenüber war zumindest doppelbödig und politisch-moralisch schillernd. Sein Haß auf das nationalsozialistische System war kompromißlos und seine Vision einer sowjetisch-amerikanischen Partnerschaft war von trügerischen Vorstellungen und Erwartungen getragen. Schon während der zwanziger Jahre hatte der Harvard-Professor sich tatkräftig – wenn auch hinter den Kulissen – für die diplomatische Anerkennung des bolschewistischen Regimes eingesetzt. (54) Als Roosevelt schließlich im November 1933 diesen Einflüsterungen erlag, drückte Frankfurter seine "Begeisterung für Ihre russische Politik" aus. (55)

Frankfurters Angstvision, daß Hitler die Kriegsfurien entfesseln würde, teilte auch George S. Messersmith, der als US-Diplomat in Berlin und Wien tätig war, bis er als einflußreicher Ministerialdirektor (Assistant Secretary of State) ins Außenministerium berufen wurde, eine Karriere, die Frankfurter mit in die Wege leitete. (56) Die apokalyptischen Visionen dieser beiden Schlüsselberater in der amerikanischen Deutschlandpolitik haben mit dazu beigetragen, die Weichen für das spätere Geschehen zu stellen und dadurch den Ablauf der Ereignisse zu beeinflussen. (57)

Aber Frankfurter drängte Roosevelt keineswegs Ansichten auf, die diesem fernlagen. Er bestärkte lediglich Vorurteile und Abneigungen des Präsidenten. Ein grundlegender Gedanke beherrschte ihre Analyse der weltpolitischen Entwicklungen: die Überzeugung, daß Großbritannien und Sowjetrußland potentielle Partner seien, Deutschland jedoch ein potentieller Feind. Roosevelt unterstützte Frankfurter in jeder Hinsicht und in vollstem Umfang, als dieser 1933 in seiner Eigenschaft als inoffizieller Sonderbotschafter des Präsidenten seine Informationsreise nach Europa antrat. Er ließ an die in den europäischen Hauptstädten stationierten amerikanischen Botschafter die Anweisung erheben, Frankfurter uneingeschränkte Unterstützung zu gewähren. Hitler war für Frankfurter zur fixen Idee geworden. Er bestürmte den Präsidenten, sein persönliches Prestige gegen das national-sozialistische Regime in die Waagschale zu werfen und sich zum Sammelpunkt aller zu machen, die ihren gesunden Menschenverstand bewahrt hatten, das deutsche Volk zum Widerstand gegen seine Regierung aufzurufen und die "Informationskanäle", die die nationalsozialistischen Propagandisten blockiert hatten, wieder freizulegen. Ein eiserner Vorhang war über Deutschland niedergegangen. Vielleicht konnte die Stimme des Präsidenten die Schallmauer durchdringen. (59)

Frankfurter hatte nur die Eröffnungssalve abgefeuert. In den folgenden Jahren war er unermüdlich im Einsatz, Roosevelts Aufmerksamkeit durch einen Schwall von Einflüsterungen, Ermahnungen und Warnungen wachzuhalten, und um die Ratschläge sogenannter "Beschwichtiger" abzuwehren, die möglicherweise durch größere intellektuelle und emotionale Distanz Roosevelts Schwarz-Weiß-Klischee mit Grautönen schattieren könnten.

Aber Frankfurter war nur einer von vielen Kanälen, über die Informationen ins Weiße Haus liefen, die die deutsche Situation im besonderen und die internationalen Entwicklungen im allgemeinen betrafen. Oft überging Roosevelt das eigene Außenministerium und stützte sein Urteil auf Mitteilungen, die er von Vertrauensleuten und persönlichen Freunden erhielt. Besonders schätzte er die Ratschläge solcher inoffizieller Sendboten, die über enge Beziehungen zu regimefeindlichen deutschen Beamten verfügten und deren Urteil über die Reichspolitik mit seinen eigenen Ansichten übereinstimmte. (60) Für sie stellte Deutschland eine Bedrohung für den Frieden und die Interessen Amerikas dar. Der Krieg, so tönten sie oft unheilverkündend, sei "ziemlich wahrscheinlich". (61)

Auch mehrere in Berlin akkreditierte amerikanische Diplomaten ließen sich zu düsteren Prophezeiungen verleiten. Ihre Gedanken kreisten ausschließlich um die militärischen und politischen Zielsetzungen des Hitlerregimes. Einige von ihnen hatten voll böser Ahnung Hitlers Aufstieg zur Macht verfolgt. Douglas Miller, der von 1924 bis zum Vorabend des zweiten Weltkrieges verschiedene Posten in Berlin bekleidete, neigte von vornherein zu einer pessimistischen Einschätzung der deutschen Situation, und diese Auffassung spiegelte sich auch in den meisten seiner Berichte an das Außen- und Handelsministerium wider. George A. Gordon hatte die europäische Szene seit Jahren aufmerksam beobachtet. Von 1930 bis 1934 war er als Botschaftsrat in Berlin tätig und hatte den Zerfall und endlichen Zusammenbruch des Weimarer Systems aus nächster Nähe erlebt.

Aber vor allem war es George S. Messersmith, der maßgeblich dazu beitrug, die deutsch-amerikanischen Beziehungen durch seine Berichterstattung, Analysen, persönlichen Vorstellungen und Entscheidungen drastisch zu verschlechtern. Er hatte seine diplomatische Laufbahn in Lateinamerika begonnen, und besonders hatten angebliche deutsche Angriffsabsichten auf die westliche Hemisphäre nach dem Ausbruch des ersten Weltkrieges seine Phantasie beflügelt. (62) Stümperhafte deutsche Einmischungen in Angelegenheiten karibischer Inselrepubliken wurden in maßloser Übertreibung als aggressive kaiserlich-deutsche Bestrebungen im US-amerikanischen Hinterhof ausgelegt. Anstatt wilde Gerüchte auf ihren wahren Sachverhalt hin auszuloten, verdichteten sich bei ihm Vorstellungen von deutschen Übergriffen auf lebenswichtige amerikanische Interessen zu einer fixen Idee. Ehe er 1914 in den auswärtigen Dienst eintrat, hatte Messersmith seinen Lebensunterhalt als Leiter einer höheren Schule in Pennsylvania verdient.

Damals hatte er beschlossen, niemals klein beizugeben, auch nicht unter Druck. Dieser Charakterzug zeigte sich immer wieder in diplomatischen Gesprächen und Verhandlungen und in seinen Beziehungen zu Beamten ausländischer Regierungen. Als er Anfang der dreißiger Jahre Generalkonsul in Berlin war, "ließ er die Nazis, die er mit jeder Faser seines Wesens verabscheute, seine streitsüchtige Mannhaftigkeit fühlen." (63) Nachdem er von Berlin nach Wien versetzt worden war, wo er bis 1936 die Infiltrationsbemühungen der Nationalsozialisten in mittel- und südosteuropäischen Ländern beobachtete, wurde er 1937 zum Ministerialdirektor (Assistant Secretary of State) im Außenministerium ernannt. Nach Hulls Rücktritt spielte Roosevelt mit dem Gedanken, ihn zu dessen Nachfolger zu machen. (64)

Schon in seiner Funktion als Generalkonsul in Berlin und später in Wien übte Messersmith einen außergewöhnlichen Einfluß auf Roosevelt aus. Der Präsident rühmte seine diplomatische Kassandra als "einen der besten Männer im diplomatischen Dienst". Bei politischen Entscheidungen, die das Reich betrafen, verließ sich Roosevelt "in hohem Maße" auf Messersmiths Urteil. (65) Sehr bald erlag auch Roosevelts zweites Ich dem Zauber des Generalkonsuls. Als Hopkins im Sommer 1934 in Wien weilte, verbrachte er die meiste Zeit mit dem zur Kassandra avancierten Diplomaten. Messersmiths düstere Prognosen deprimierten Harry, der, in Washington eingetroffen, sofort dem Präsidenten über seine "interessanten Gespräche" mit Messersmith berichtete. Er pries den Generalkonsul "überschwenglich" und machte sich zu "einer Art Reklamemacher" für Messersmith, für den er sich stark und auf Suche machte, einen hohen Posten in Washington zu finden. Als Messersmith schließlich 1937 ins Außenministerium einzog, wurden der neue Ministerialdirektor und Harry "gute Freunde". Der treue Genosse seines Präsidenten fungierte von jetzt ab als Verbindungsmann zwischen dem Weißen Haus und Messersmith. (66) Daß die deutsch-amerikanischen Beziehungen um die Mitte der dreißiger Jahre eine Wendung zum Schlechteren nahmen, geht zum großen Teil auf das Konto von Messersmith, der Roosevelts einflußreichen Berater Harry Hopkins aufwiegelte und über ihn den Präsidenten zum Handeln antrieb. (67)

In Berlin machten noch andere amerikanische Diplomaten Messersmith den Rang als Kassandra streitig. William E. Dodd bildete keine Ausnahme. Seine Ernennung zum US-Botschafter kam für ihn als eine "große Überraschung". Wie Messersmith war auch er von vornherein geneigt, den Deutschen im allgemeinen und ihren Regierungen im besonderen — sei es die kaiserlich Wilhelminische oder die Hitlersche — die finstersten Absichten zu unterstellen. (68) Als Bewunderer Wilsons und Verfasser einer Thomas-Jefferson-Heiligenlegende konnte er im Hitler-Regime absolut nichts entdecken, was seinen idealistischen Vorstellungen von Größe und Staatskunst entsprach. Nach einem Jahr qualvollster Erfahrungen in der Reichshauptstadt war er drauf und dran, sich geschlagen zu geben. Wenn er es als seine Aufgabe angesehen hatte, das politische Evangelium von Demokratie und internationaler Friedfertigkeit zu verbreiten, dann führte er in Berlin einen aussichtslosen Kampf, weil, wie er verdrießlich schrieb, nichts in dieser Richtung zu erreichen sein konnte, "solange Hitler, Göring und Goebbels die führenden Köpfe des Landes sind." In seinen ganzen Studien der amerikanischen Geschichte und ihrer Helden hatte er "nie von Männern gehört oder gelesen, die ungeeigneter für solche hohen Stellungen waren als diese drei ..." (69)

Schon bald nach seiner Ankunft in Berlin hatte er als diplomatischer Vertreter seines Landes sein Kapital verspielt. Zur Besserung der deutsch-amerikanischen Beziehungen hatte er absolut nichts beizutragen. Er entfremdete sich nicht nur deutschen Beamten, deren Geduld er bald erschöpfen sollte; auch seine Vorgesetzten im Außenministerium betrachteten ihn bald als komischen Kauz. Den Staatssekretär William Phillips, der seinen Posten bald an Sumner Welles abgeben sollte, um nach Rom zu übersiedeln, erboste des Botschafters "kleinkarierte Einstellung" zu Fragen der internationalen Politik. (70) Allzu oft gewann der Kreuzzügler in Dodd die Oberhand und ließ sich als Sittenprediger zu törichten, zumindest undiplomatischen, Äußerungen hinreißen. (71) Seine Beurteilung deutscher innen- und außenpolitischer Maßnahmen war stark von seiner intellektuell flachen liberal-demokratischen Weltanschauung beeinflußt. Daß es ihm nicht gelang, einen mäßigenden Einfluß auf das Hitlerregime auszuüben, bedeutete das Mißlingen seiner diplomatischen Mission. Wie Roosevelt, Messersmith, Hopkins und Frankfurter so charakterisierte auch ihn die gleiche scheinheilige, von doppelter Moral geprägte Einstellung autoritären und totalitären Systemen gegenüber, was oft zu einer krass unterschiedlichen Bewertung der Hitler- und Stalinregime führte. Hinsichtlich Sowjetrußlands überwanden Frankfurter und Dodd allzu oft und allzu leicht ihre Zweifel und Vorbehalte, nicht etwa, weil der Kommunismus sie in seinen Bann gezogen hatte, sondern weil sie "im Sinne des Teilhabens an der historischen Krise" ein gemeinsames Interesse mit der Sowjetunion verband, wobei "Frieden und soziale Gerechtigkeit zwei der verfänglichsten Begriffe" waren, wie Whittaker Chambers in einem anderen Zusammenhang einmal scharfsinnig bemerkte. (72)

Weder die von Stalin befohlenen Liquidierungsmaßnahmen von Millionen von Menschen, die in den dreißiger Jahren ihren Höhepunkt erreichten, noch der totalitäre Despotismus des bolschewistischen Regimes, noch öffentliche Erklärungen über sowjetische Weltherrschaftspläne beunruhigten und besorgten ihre Gemüter, lediglich die Agitprop-Methoden forderten gelegentlich ihren Zorn heraus. Zumindest in Dodd war die unerschütterliche Entschlossenheit herangereift, die Kollaborationspolitik zwischen Washington und Moskau zu aktivieren: "So sehr man sich auch über die törichte Sowjet-Propaganda ärgern mag, scheint es mir für demokratische Völker immer nötiger zu sein, ein Zerwürfnis mit Rußland zu vermeiden." (73)

Zu Dodds intellektuellem Rüstzeug gehörten auch Züge der populistisch-progressiven Mentalität. Er war anfällig für Hirngespinste von Weltverschwörungen, die Finanziers, Industrielle und Geschäftsleute angeblich mit der nationalsozialistischen Regierung aushecken, mit dem Ziel, den internationalen Frieden zu stören und die Sicherheit Amerikas zu untergraben. Diese simplifizistischen Erklärungen zeichneten nicht nur seine historischen Studien und Abhandlungen aus, sondern auch immer mehr seine diplomatischen Berichte. Oft und phantasiereich erfand Dodd einfach angebliche Intrigen und Komplotte, die er denen unterstellte, deren Urteil von seinen doktrinären Voreingenommenheiten abwich. Er scheute sich nicht, anderen übelste Beweggründe anzudichten. Jacques Doriot, der Führer der abtrünnigen Kommunisten in Frankreich, wurde angeblich von "Faschisten" und "Industriellen" finanziert. Der britische Presselord Beaverbrook und der amerikanische Presselord Hearst schmiedeten Ränke, um den Sturz der Roosevelt-Regierung herbeizuführen. Hearst wurde sogar verdächtigt, Mussolini aus seinen finanziellen Schwierigkeiten zu retten. Europäische Faschisten standen im Bunde mit amerikanischen Faschisten. Amerikanische Diplomaten in Südamerika waren "offen faschistisch", warnte Dodd den Ministerialdirektor im Außenministerium Walton R. Moore. Gegen amerikanische Diplomaten in Deutschland erhob er den Vorwurf, sie hätten "faschistische" Neigungen und begünstigten eine "deutsch-italienische Beherrschung Spaniens". Sein französischer Kollege in Berlin, Francois-Poncet, wurde als "halber Faschist" angeprangert und als "Aktionär der größten Eisenerzgruben in Lothringen und ein Mitglied des Comité de Forges ..." Um von Dodd das demokratische Gesundheitszeugnis ausgehändigt zu bekommen, mußte man allerdings nicht "unbedingt Kommunist" sein. Er klagte darüber, daß die "faschistischen Elemente", die sich in den amerikanischen diplomatischen Dienst eingeschlichen hatten, ihm ungeheure Schwierigkeiten bereiteten. Um "absolut unparteiische Berichte und Telegramme" abfassen zu können, müsse man sich einer unvoreingenommenen Haltung befleißigen. Gemessen an diesen – eigenen – Kriterien war Dodd als Diplomat ein völliger Versager. (75)

Selbst diejenigen, die wie Dodd das nationalsozialistische Regime bedingungslos ablehnten, empfanden es als peinlich, daß die "Senilität" des Botschafters, die schon um die Mitte der dreißiger Jahre eingesetzt hatte, nach 1936 "sehr deutlich" hervortrat. Messersmith bezeichnete Dodd als "einen ganz untauglichen und unnützen Menschen", einen Mann, der "gehemmt und verwirrt ist, zerstreut im Gespräch und unfähig, sich richtig zu konzentrieren." Der Botschafter war nicht mehr imstande, "vernünftig zu denken und zu urteilen." (76) Dodd verwickelte sich schließlich immer mehr in Widersprüche. Es war offensichtlich, daß er an "einer Art geistigen Verfalls" litt. (77) Als Dodd endlich Berlin verließ, erklärte Joseph E. Davies, dessen Mission in Moskau ebenso einschneidend und unheilvoll für die sowjetisch-amerikanischen Beziehungen war, wie die Dodds für die deutsch-amerikanischen Beziehungen: "Das setzt den Schlußpunkt hinter den Fehlschlag einer Mission." (78)

Auch noch aus einer anderen Richtung wurden schwere Geschütze gegen Hitler-Deutschland aufgefahren. Henry Morgenthau jr. rückte bald zu einem der maßgebenden Berater Roosevelts auf. Beide verband eine lange persönliche Freundschaft: "Zwei von derselben Sorte" hatte der Präsident einmal auf eine Photographie geschrieben, die sie beide in einem Auto sitzend zeigte, mit Roosevelt am Steuerrad. Sie hatten beide dieselben Erfahrungen gemacht: ihr negatives Urteil über Deutschland hatte sich in ihren Jugendjahren entwickelt. Roosevelt hatte seine Abneigung gegen Deutschland gefaßt, als er die Volksschule in Bad Nauheim besuchte. Henry junior war durchdrungen von Henry seniors Abscheu vor allem Deutschen. Bei beiden verstärkte der Nationalsozialismus lediglich ihre frühentwickelte Neigung zum Deutschenhaß. (79) Gleich von Anfang an drängte Morgenthau den Präsidenten, dem Reich gegenüber fest und entschieden aufzutreten. (80) Um Informationen über politische, wirtschaftliche und finanzielle Entwicklungen im Ausland aus erster Hand zu erhalten und Einfluß auf die Gestaltung der Außenpolitik zu gewinnen, bestand Morgenthau entschieden darauf, daß seine Vertrauensleute in den amerikanischen Auslandsvertretungen strategisch plaziert wurden. Da die amerikanischen Diplomaten wußten, daß es "sehr eindeutige Rückwirkungen seitens Herrn Morgenthaus und des Schatzamtes" geben würde, scheuten sie sich, die von dem Finanzminister Ernannten abzulehnen. (81)

Während der Präsident und seine nächsten Ratgeber durch nichts von ihrer moralischen und politischen Verdammung Deutschlands abzubringen waren, hielten sie hartnäckig und unbeirrt an ihren Illusionen über Sowjetrußland und Stalin fest. Für sie alle war das Jahr 1917 ein Wendepunkt in der modernen Geschichte. Zwei verhängnisvolle Ereignisse hatten damals die Welt erschüttert, deren weitreichende Auswirkungen die kommenden Jahrzehnte überschatten und verdunkeln sollten. Woodrow Wilson hatte den Entschluß gefaßt, amerikanische Truppen auf das europäische Schlachtfeld zu werfen, um das "militaristische, autokratische" kaiserliche Deutschland zu besiegen. Die anti-deutsche Phalanx, aus der einige Exponenten 1933 an die Schalthebel der Macht gelangten, hatte endlich einen Anlaß gefunden, ihre aufgestauten Haßgefühle gegen das Reich zu entladen. Eine Kette schicksalhafter Geschehnisse versetzte Rußland fast gleichzeitig in Aufruhr. Die Monarchie wurde gestürzt. Linksliberale und gemäßigte Sozialisten drangen in das Machtvakuum ein, ohne es jedoch ausfüllen zu können, weil sie, oft in Theorieansätzen verhaftet, nicht zu regieren verstanden. Sie wurden von einer Bande entschlossener Revolutionäre vertrieben, die schon lange hinter den Kulissen auf ihre Stunde gewartet hatte.

Der Essayist und Bühnenschriftsteller Hermann Kesser resümierte: "/... die Menschheit muß sich entweder für Wilson oder für Lenin entscheiden." (82) Die beiden großen Mächte an Europas Flanken, von ungeheurer Ausdehnung und unermeßlichem Reichtum an Menschen und materiellen Hilfsquellen – Amerika und Sowjetrußland – waren am Horizont aufgestiegen, nur um wieder zu versinken, die eine im Bürgerkrieg, die andere in der politischen Isolation. Aber eine zukünftige und dauerhafte europäische Vormachtstellung schien höchst zweifelhaft. Frühe Ahnungen, der amerikanische Gigant und der sowjetrussische Koloß könnten die europäischen Staaten zu Zwergen schrumpfen lassen, gewannen bedrohliche Gestalt. (83) Das Zeitalter der europäischen Vorherrschaft hatte auf den Schlachtfeldern des ersten Weltkrieges sein Ende gefunden. Der Frieden von Versailles, auf Abstraktionen gegründet, sollte in weniger als zwei Jahrzehnten zusammenbrechen. Bei der Errichtung der Wilsonschen Friedensordnung waren Geschichte, reale Interessen und die harten Tatsachen der Machtpolitik mißachtet worden. Die Philosophie von Jefferson und Wilson erwies sich als Fundament zu brüchig, eine machiavellistische, clausewitzsche Politik zu tragen. Wilsons Scheitern war das Scheitern der "progressiven" politischen Weltanschauung. Mit noch verheerenderen Folgen trug der "progressivistische" New Deal unter der Ägide Franklin D. Roosevelts dazu bei, das delikate Mächtegleichgewicht der Zwischenkriegsepoche aus den Angeln zu heben. Sein egozentrisches Streben und seine ehrgeizigen Visionen überwältigten eine von Verantwortungsethik getragene und durchdrungene Perzeption, wie die schon an sich prekäre Friedensstruktur zu sichern war.

Die Konstellation der internationalen Politik in den Jahren nach dem ersten Weltkrieg kam in der Polarität Wilson gegen Lenin zum Ausdruck. Diese beiden in den politischen und ideologischen Streit des 20. Jahrhunderts verwickelten Gegner institutionalisierten ihre universalistischen Visionen: Wilson im Völkerbund und Lenin in der Kommunistischen Internationale (Komintern). (84) Die neuen Propheten erließen Manifeste: Wilson verkündete sein Zukunftsbild in seinen "Vierzehn Punkten", und Lenin das bolschewistische Zeitalter in seinen "Einundzwanzig Thesen". Als Propheten rivalisierender politischer Theologien (85) versprachen beide, die Menschheit aus der imperialistischen Vergangenheit – der alten Ordnung – in eine immer strahlendere Zukunft – die neue Ordnung – zu führen. Ihre internationalistischen, anti-imperialistischen Träume und Visionen eines kommenden Himmelreiches auf Erden sollten den Besiegten und Unterdrückten moralischen Auftrieb geben. Lenins Traum entpuppte sich als Alptraum und Wilsons als Fata morgana. Wilson sah in Reformen das Allheilmittel für politische Übel, während Lenin die radikale Umgestaltung durch revolutionäre Methoden erzwingen wollte. Beide Ideologien, wenngleich in der Übergangsphase einander feind, würden sich auf einer höheren Ebene treffen: die Lehren von "Demokratismus" und "Sozialismus-Kommunismus" würden, waren sie erst einmal in die Tat umgesetzt, die bestehenden politischen und sozialen Ordnungsformen und Machtstrukturen wirksam zerstören.

Der Übergang von der alten zur neuen Ordnung führte bei Wilson selbst zu einem inneren Konflikt zwischen "konservativem" Impuls und "liberaler" Phrase. (86) Die amerikanische Lebensweise, welche die im Grunde konservative politische Erfahrung der Nation verkörperte, war immer die Verneinung dessen gewesen, was europäische Intellektuelle als Erlösungsideologie verstanden. Obwohl die Amerikaner nie ganz frei von Illusionen gewesen waren, hatten ihre Selbsttäuschungen – Visionen von Propheten, die der nüchterne Menschenverstand schließlich wieder bändigte – doch niemals die Wirkungskraft politischer Theologien angenommen. Mit dem Heraufziehen von Theodore Roosevelts "Neuem Nationalismus" und Woodrow Wilsons "Neuer Freiheit" hatte der "Amerikanismus" sich in ein doktrinäres Zwittergebilde von "Liberalismus" und "Progressismus" entwickelt, philosophisch angereichert mit einem ideologischen Gemisch von "Instrumentalismus" und "Pragmatismus" (87), als einer nationalen Ideologie und einer auch für die Außenwelt operationalen Polit-Abstraktion, nämlich, "die Welt für die Demokratie sicher zu machen". Die Umspulung von "Amerikanismus" als Individualismus auf Dirigismus und Nivellierung fiel fast gleichzeitig zusammen mit der Umschaltung von einer Expansionspolitik kontinentalen Ausmaßes im Rahmen einer Föderation auf eine aktivistische Interventionspolitik, die sich zur Durchsetzung der universalistischen Doktrinen von Demokratie und Gleichheit verpflichtete.

Während der zwanziger Jahre zogen sich immer mehr amerikanische Intellektuelle die europäische Krankheit der "ontologischen Kraftmeierei" – wie John Roche so deftig formulierte – zu. In die Leere, die die bitter enttäuschenden Nachwirkungen des großen Kreuzzuges bewirkt hatten, drang jetzt das Verlangen nach totalistischen Abstraktionen und Doktrinen ein. Es war keineswegs überraschend, daß gerade zu diesem Zeitpunkt die traditionelle Antithese Europa-Amerika zusammenbrach. Amerikanische Intellektuelle befiel eine kulturelle Hypochondrie. Sie akzeptierten oft kritiklos die europäische Karikatur der amerikanischen Geschichte. Die amerikanische Gesellschaft, so nörgelten transatlantische "progressive" Geisterbrüder, sei erkrankt, und, um den Patienten zu retten, sei ein drastischer Eingriff notwendig. Im Aufbruch ihrer Empfänglichkeit für ideologische Verlockungen bewunderten die einen Mussolinis Kühnheit (88), die anderen standen überwältigt unter dem Eindruck der bolschewistischen Revolution, dem kommunistischen Experiment und von sozialistischen Planungsmodellen. (89) Lincoln Steffens sah in dem italienischen Faschismus und dem bolschewistischen Leninismus gleichzeitig die Zeichen einer neuen Welt. (90) Scharen von amerikanischen Intellektuellen pilgerten nach Sowjetrußland, um das aufziehende Utopia aus nächster Nähe mitzuerleben. John Dewey sah dort nichts als die Erfüllung eigener intellektueller Sehnsüchte. Rexford Tugwell, der später seinen Lehrstuhl an der Columbia Universität mit einem Platz am Tisch Roosevelts im Weißen Haus vertauschte, kehrte aus der Sowjetunion als erklärter Verteidiger der kommunistischen Diktatur zurück. Und Stuart Chase rief aus: "Warum sollen die Russen allein den Spaß haben, die Welt neu zu gestalten?" (91) Aber ehe die Amerikaner ihren Spaß haben konnten, mußte zuerst die kapitalistische Mentalität, wenn nicht die gesamte Struktur des alten Wirtschaftssystems überwunden werden. Auch Frankfurter träumte von einer Tabula rasa, denn nur dann konnten die Karten neu ausgeteilt werden. Seiner apokalyptischen Denkweise entsprechend hielt er den traumatischen Zusammenbruch des Wirtschaftsgefüges von 1929 für heilsam. Der Bankrott hatte der alten Ordnung einen vernichtenden Schlag versetzt. (92) Die bevorstehende "dritte amerikanische Revolution" versprach ein "Rendezvous mit dem Schicksal."

Die revolutionären Umwälzungen in Rußland, die von amerikanischen Radikalen begrüßt wurden, riefen bei Wilsons devoten Anhängern ein gedämpftes Echo hervor. Der Präsident selbst hatte die Märzrevolution als einen Ausdruck liberaler russischer Geisteshaltung gedeutet. Als die Bolschewisten die Zügel der Macht ergriffen, gab Wilson sich noch der Hoffnung hin, den Leninismus nach dem Vorbild seines eigenen Programms läutern zu können, wogegen sein Außenminister Robert Lansing sofort den eindeutigen Standpunkt einnahm, daß eine Zusammenarbeit mit dem bolschewistischen Rußland moralisch und politisch undenkbar und unannehmbar sei. Während der Pariser Verhandlungen bezog Wilson eine Mittelposition zwischen der Interventionspolitik, die Winston Churchill und Marschall Foch befürworteten, und dem stürmischen Drängen von William C. Bullitt, der allzuoft Opfer von Augenblickslaunen und -eindrücken wurde, und "Oberst" Edward M. House, der ebenfalls eine unverzügliche Annäherung an das bolschewistische Regime befürwortete. (93) Die äußerst kritischen Berichte amerikanischer Diplomaten über die katastrophalen Zustände in Sowjetrußland verstimmten den "Oberst", weil sie ein Feindbild vom Sowjetsystem malten. Er bestürmte den Präsidenten und Außenminister einzugreifen, um "solche Kritik zu unterdrücken." (94) House war nicht etwa plötzlichen und vorübergehenden Geistesverwirrungen erlegen. Jahre später stand der alternde "Oberst" in "sehr enger Verbindung" mit Wilsons Schüler, Franklin D. Roosevelt, den er nach 1933 in wichtigen aussenpolitischen Angelegenheiten – einschließlich sowjetisch-amerikanische Beziehungen – beriet. Stets bestand er darauf, daß die Sowjetunion "in unserer Generation einer der großen Faktoren für Krieg und Frieden sein wird, und alles spricht dafür, daß wir Freunde sein sollten." (95) Bullitt war 1917 dem bolschewistischen Gift verfallen, dessen Wirkung sich erst verlor, als er nach 1933 in seiner Funktion als Botschafter die sowjetische Wirklichkeit in ihrer vollen Brutalität kennenlernte. (96) Bullitts Einfluß auf Roosevelt nahm in dem Maße ab, wie die Zusammenarbeit zwischen dem Präsidenten und der Sowjetunion zunahm. Nachdem sich seine Illusionen verflüchtigt hatten, beharrte Bullitt auf dem Standpunkt, daß Stalin entschlossen sei, den Kommunismus "… bis ans Ende der Welt" auszubreiten. Sowjetrußlands Drang zur Weltherrschaft "… wird nicht stoppen. Er kann nur gestoppt werden." (97)

Als der Beifall für Wilson verstummte, räumten auch diejenigen, die sich für eine Anerkennung Sowjetrußlands ausgesprochen hatten, ihre Machtpositionen im Weißen Haus. Aber die außenpolitische Linie, die Republikanische Regierungen während der zwanziger Jahre verfolgten, war von Lansing bereits festgelegt worden. Er hatte sich einer diplomatischen Anerkennung der Sowjetunion nachdrücklichst widersetzt. (98) Für seinen Nachfolger Bainbridge Colby war das bolschewistische Regime verankert in der "Verneinung eines jeden Grundsatzes von Ehre und gutem Glauben, aller Gepflogenheiten und Konventionen, die der internationalen Rechtsstruktur zugrundeliegen." Die Bolschewisten waren von der Idee besessen, ihre Ideologie durch Revolution weltweit auszubreiten. Es gab keine gemeinsame Grundlage, auf der sich die sowjetische und die amerikanische Regierung treffen konnten, weil die bolschewistischen Auffassungen über internationale Beziehungen dem amerikanischen Sittlichkeitsgefühl "ganz und gar fremd" und "äußerst zuwider" waren. Der amerikanische Gewerkschaftsverband "American Federation of Labor (AFL)" unter Führung von Samuel Gompers war ebenso beharrlich in seiner Opposition gegen jeglichen Kontakt mit dem bolschewistischen Regime wie auch die Regierungen unter Harding, Coolidge und Hoover. (99) Aber während Regierung und prominente Führer der Arbeiterbewegung das Sowjetregime verdammten, stellte die amerikanische Finanzwelt bereitwillig Kredite zur Verfügung. Industriekreise fertigten im großen Stil Konstruktionspläne an und lieferten der sowjetischen Schwerindustrie die neuesten technischen Erfindungen. Sie waren es, die den Sowjets halfen, ihren militärisch-industriellen Komplex zu errichten. Ohne die Technologie, das Können und die Kredite des Westens wäre Stalins Fünfjahresplan nicht über das Planungsstadium hinausgelangt. Der Erfolg des sowjetischen industriellen Experiments war zum großen Teil den großzügigen Hilfeleistungen amerikanischer Kapitalisten zu verdanken. (100)

Als die Wirtschaftskrise das amerikanische kapitalistische System erschütterte und nach Lösungen gesucht wurde, setzten sich ganze Scharen von entwurzelten Liberalen und Radikalen für eine amerikanische Version des sowjetischen Experiments ein und richteten ihren Blick auf den Fünfjahresplan als Lichtstrahl, der in die von Finsternis umhüllte amerikanische Welt hineinbrach. Sie priesen den Kommunismus "als einen Weg zur Erreichung und Durchsetzung sozialer Gerechtigkeit in den Vereinigten Staaten." Idealvisionen, in die Zukunft projiziert, erschienen ihnen wichtiger als die Realisierung menschlicher Grundsätze in der Gegenwart. Selbst jene Liberalen, die nicht in die Lobgesänge ihrer radikalen Chorbrüder einstimmten, sprachen sich für eine Form der Wirtschaftsplanung aus und propagierten diplomatische und Handelsbeziehungen mit dem Sowjetregime. (101) Viele der illusionären Vorstellungen vom Sowjetsystem kristallisierten sich unmittelbar nach dem bolschewistischen Staatsstreich heraus und setzten sich metastasenartig in der New-Deal-Ideologie fort.

Das Bild, das sich Roosevelt von Sowjetrußland machte, beruhte auf impressionistischen Eindrücken und war bar jeder kritischen Selbstprüfung. Sein Image vom sowjetischen Experiment war durchsetzt von Widersprüchen und Doppeldeutigkeiten und glich dem der Liberalen – einer Mischung von Bewunderung und Vorbehalten. Allerdings war sein erster Eindruck deprimierend. Als er 1919 an der Pariser Konferenz teilnahm, stieß er auf eine Vielfalt unterschiedlicher Meinungen über das bolschewistische System. Er zeigte sich entrüstet darüber, daß die Sowjets die "freie Liebe" predigten, woran sich sein puritanisches Gemüt stieß. (102) Seine Reaktion entfloß dem Gefühl, nicht dem Verstand. Seine anfängliche von Emotionen gefärbte Einschätzung wurde schließlich zur Schablone, mit der die sowjetische Wirklichkeit in all ihrer Brutalität übermalt wurde. Seine Einstellung gegenüber dem Sowjetsystem war ein Bündel widersprüchlicher Gefühle. Von Neugier getrieben wollte er in den zwanziger Jahren die Sowjetunion besuchen, aber seine Polioerkrankung machte den Plan zunichte. Sein späterer Innenminister Harold Ickes gab wahrscheinlich auch die Ansicht des Präsidenten wieder, als er bemerkte: "Viele von uns glaubten damals, daß Rußland ein Experiment versuchte, das der Mühe wert war und von dem wir erhofften, daß es erfolgreich sein werde." (103) Roosevelts Neugier zog ihn in eine Richtung. Sein anfänglich kritisch-distanziertes Urteil über Stalin gepaart mit seiner ursprünglich mißbilligenden Haltung gegenüber dem bolschewistischen Regime hielt ihn in der Mitte des ideologischen Magnetfeldes der zwanziger Jahre. Als Gouverneur des Staates New York kritisierte Roosevelt wiederholt die Maßnahmen, die die Machtfülle der Bundesregierung erweiterten, weil dieser Prozeß früher oder später zu einer sowjetischen oder faschistischen Regierungsform führen würde. (104) Als Präsident sollte er jedoch sehr schnell seine Abneigung gegen Dirigismus und Zentralisierung überwinden, und unter der Ägide des New Deal warf er sich zum Fürsprecher einer umfassenden Ausweitung der Machtbefugnisse der Exekutive auf. Wie viele Mitglieder seines unmittelbaren Beraterkreises war er geneigt, mit einer frühen Version der Konvergenz-Theorie zu kokettieren. Er schien davon überzeugt zu sein, daß das amerikanische und das sowjetische System sich nach langwierigen Entwicklungsprozessen einander angleichen würden. Und er gewann schließlich die Überzeugung, daß Sowjetrußland seit 1917 "von der ursprünglichen Form des Sowjet-Kommunismus ... zu einer gemäßigten Form des Staats-Sozialismus" fortgeschritten sei, während die Vereinigten Staaten während der gleichen Phase "dem Ideal wahrer politischer und sozialer Gerechtigkeit" nähergekommen waren. Seinem Staatssekretär des Äußeren, Sumner Welles, vertraute er einmal an, "er glaube, daß, wenn man von der Zahl 100 ausginge, um die unterschiedliche Ausgangsposition der amerikanischen Demokratie und des Sowjetsystems im Jahre 1917 zu bestimmen, und zwar mit den Vereinigten Staaten bei 100 und der Sowjetunion bei 0, die amerikanische Demokratie schließlich die Zahl 60 und das Sowjetsystem die Zahl 40 erreichen könnten." In diesem Zusammenhang zitierte Roosevelt oft den Sowjetkommissar für Auswärtige Angelegenheiten, Litwinow, der 1933 behauptet hatte, daß Kapitalismus und Kommunismus sich in einem fortwährenden Annäherungsprozeß befänden, und damit implizierte, daß eine friedliche Koexistenz zwischen beiden soziopolitischen Systemen auf Dauer möglich sei. (105)

Roosevelts Mißbilligung des Sowjetsystems milderte sich in dem Maße wie unter dem New Deal Planung, soziale Manipulation und die Einmischung der Zentralregierung in die Belange der Bürger zunahmen. Auch hinsichtlich Italiens gab Roosevelt sich anfänglich der Täuschung hin, daß sich das faschistische Regime in eine demokratische Regierungsform fortentwickeln würde. Nach 1932 glaubte er, in dem italienischen korporativen Staat eine Parallele zum kommunistischen Experiment in Sowjetrußland zu erkennen. Er hegte die Hoffnung, daß Il Duce, wenn erst einmal Ordnung und Moral in Italien wiederhergestellt waren, "von selbst auf eine Wiedereinführung demokratischer Verfahrensweisen hinarbeiten" würde. (106) Seine vergleichende Betrachtung zwischen dem italienischen und dem sowjetrussischen soziopolitischen System ist höchst aufschlußreich. Für Roosevelt waren die kommunistischen Methoden, wie die faschistischen in Italien, letztlich Hilfsmittel zur Überwindung einer akuten, jedoch vorübergehenden Krise. Wenn man den kommunistischen Systemplanern Zeit und Gelegenheit ließ, mutig und ausdauernd-energisch zu experimentieren, dann würden sie nicht nur die soziale und wirtschaftliche Lage des Landes bessern, sondern das System schließlich in eine demokratische Regierungsform entwickeln. Er ließ anklingen, daß Terror und Brutalität des Regimes bedingt waren durch die katastrophale Wirtschaftslage, die die bolschewistischen Führer im November 1917 im Staate vorgefunden hatten. Ihre eigentliche Sünde war nicht "theologischer", sondern soziologischer Natur. Sie wurzelten in den konkreten Umständen jenes Schicksalsjahres und nicht etwa in der ideologisch bedingten Skrupellosigkeit des Marxismus-Leninismus-Stalinismus. Wenn auch sein Bild vom bolschewistischen Regime zeitweise gewisse Makel aufwies, zumal der Stalinismus seinen naiven Erwartungen und Prognosen nicht entsprechen konnte, so empfand Roosevelt, anstatt seine fragwürdigen Prämissen zu überprüfen, sowjetische Doppelzüngigkeit und offensichtliche Täuschungsmanöver als persönliche Beleidigungen und nicht als Folge und unmittelbare Ausdrucksform der Revolutionsideologie. (107) Aber solche kritische, von plötzlichen Gemütswallungen gefärbten Gefühlsschwingungen klangen immer wieder ab. Roosevelt sah keinen Anlaß, seinen durch nichts zu rechtfertigenden Standpunkt zu revidieren. Nach jedem erregten, von Gefühlen des Gekränkt- und Beleidigtseins angetriebenen Start, landete er doch immer wieder sicher auf der sowjetischen Rollbahn, deren Konstruktion er selbst entworfen hatte. Im Endeffekt siegte der "Gläubige" immer wieder über den "Pragmatiker". Abgesehen von seiner gefühlsbestimmten Neigung war er fest davon überzeugt, daß eine Zusammenarbeit mit der Sowjetunion nicht nur möglich, sondern auch wünschenswert sei. Seine Verhaltensweise gegenüber der Sowjetunion beruhte auf der Annahme, daß Stalin seine Absicht, allen Völkern den Kommunismus aufzwingen zu wollen, aufgegeben hatte. Immer wenn die anti-sowjetischen Ressentiments der amerikanischen Öffentlichkeit aufflammten, betrat Roosevelt den Ring, um als Politdompteur die aufgebrachten Gemüter zu besänftigen. So versuchte er auch, die Bedeutung der revolutionären Resolutionen des siebenten Komintern-Kongresses im Jahre 1935 abzuschwächen. Als die sowjetisch-amerikanischen Beziehungen um die Jahreswende 1939/40 drohten, einen Tiefpunkt zu erreichen, warf der Präsident wiederum sein Prestige in die Waagschale, um die Sowjetunion vor allzu scharfer Kritik einiger Kommentatoren in Schutz zu nehmen. Das amerikanische Schiff "City of Flint" war in einen sowjetischen Hafen eingebracht worden, die Rote Armee bedrohte die territoriale Unabhängigkeit Finnlands und sowjetische Flugzeuge bombardierten Helsinki. Die amerikanische Öffentlichkeit war empört. Obwohl er diese flagrante Verletzung des internationalen Rechts und der Moral kritisierte, wählte Roosevelt seine Worte bewußt "sehr vorsichtig". Er wollte nicht alle Brücken nach Moskau abbrechen. Er bekräftigte seine "große Sympathie" für das russische Volk. Er beschuldigte die imperialistische russische Regierung, das Volk in "Unwissenheit und Sklaverei" gehalten zu haben, und er gestand: "In der Frühzeit des Kommunismus habe ich erkannt, daß viele der Führer Rußlands Millionen von Menschen Erziehungschancen und bessere Gesundheit und vor allem bessere Lebensmöglichkeiten gebracht haben ..." Er lamentierte zwar über die "Reglementierung", das wahllose Töten Tausender unschuldiger Opfer und die Unterdrückung der Religionsfreiheit "aus tiefstem Herzen", er wagte aber die naive Prophezeiung, daß das Sowjetsystem sich bessern und "Rußland eines Tages wieder zur Religion zurückkehren werde." Seine Hoffnungen waren weder "zerstört" noch hatte er sie "auf Eis gelegt bis zu besseren Tagen." (108)

Einen flüchtigen Augenblick lang schien der Präsident ernüchtert. Aber die Zukunft war immer noch voller Verheißungen. Die dramatischen Ereignisse hatten ihm nicht die Augen geöffnet. Er demonstrierte einen außergewöhnlichen Mangel an Verständnis für die wahre Bedeutung der marxistisch-leninistischen Ideologie. Daß das Fernziel der Sowjets auf die Weltrevolution ausgerichtet war, überstieg Roosevelts Begriffsvermögen. Was ihn allein irritierte, war die kommunistische Propaganda und zwar hauptsächlich deswegen, weil sie dem tiefsitzenden Mißtrauen der amerikanischen Öffentlichkeit gegen Sowjetrußland immer wieder neue Nahrung gab. Roosevelt stimmte voll mit der Meinung von George S. Messersmith überein, der nicht nur eine unnachgiebige Politik Deutschland gegenüber verfocht, sondern gleichzeitig während der dreißiger Jahre hinsichtlich der Sowjetunion zu einer Beschwichtigungs- und Kollaborationspolitik riet. Messersmith hatte sich zur Ansicht verstiegen, daß es den Kommunismus im herkömmlichen Sinne nicht mehr gebe, und daß "die fanatischen Kommunisten heute alle außerhalb Rußlands zu finden sind." (109) Die Kluft zwischen dem kommunistischen und dem kapitalistischen System konnte, sofern sie für ihn überhaupt bestand, mit gutem Willen und Großzügigkeit überbrückt werden.

Infolge des dramatischen sozio-politischen Umformungsprozesses der Demokratischen Partei und eines entschiedenen Linksrucks im Zuge des sogenannten Zweiten New Deal (110) änderten sich auch Roosevelts anfänglich oft kritischen Ansichten über die Zentralisierungstendenzen und Wirtschaftsplanungen der italienischen und kommunistischen Regimes. Seine anfängliche Abneigung gegen Stalin als Person, die er noch 1930 geäussert hatte (111), machte einen gewaltigen Wandel durch, der schließlich im Image von "Uncle Joe" gipfelte. Nachdem er einmal diesem Bild verhaftet war, bezog er die Sowjetunion in die politische Gleichung seines "großen Planes" für die zukünftige Gestaltung der Weltpolitik ein. Durch eine Art intellektueller Taschenspielerei wurde Stalin die Rolle eines Anti-Imperialisten zugedacht, der sein kommunistisches Gewand abgelegt hatte. (112) Der Präsident faßte "eine echte Zuneigung zu Marschall Stalin selbst" und verfiel der Selbsttäuschung, daß das "Unmögliche wahrgemacht werden könne." (113) Er berauschte sich an seiner vielgerühmten Überzeugungskraft und an dem von ihm ausstrahlenden Charme, der, dessen war er sicher, auf den Sowjetführer abfärben würde. Auf dem Weg zur sowjetisch-amerikanischen Kollaboration türmten sich keine unüberwindlichen Hindernisse auf. Warnungen, in sowjetische Versprechungen kein grenzenloses Vertrauen zu setzen, wurden lachend abgeschüttelt: "Ich weiß Uncle Joe zu nehmen." (114)

Als William C. Bullitt dem Präsidenten unwiderlegbare Beweise von sowjetischer Doppelzüngigkeit und Stalins unerschütterlicher Entschlossenheit, den Bolschewismus über die ganze Welt auszubreiten, vorlegte, bestritt Roosevelt diese Beobachtungen nicht. Er gab zu, daß Bullitts Argumente "zutreffend" und die "Logik ... seiner Beweisführung" einwandfrei seien, aber er sagte klipp und klar, daß er nicht beabsichtigte, die von Bullitt empfohlene Politik zu verfolgen, aber er "das Gefühl" habe, daß Stalin nicht "so ein Mensch" sei, wie sein Botschafter ihn darstelle. Seinem einflußreichen Ratgeber Harry Hopkins war es gelungen, alle bei Roosevelt noch etwa vorhandenen Zweifel zu zerstreuen. Der sowjetische Despot wolle "nichts weiter als Sicherheit ..." Er beabsichtigte nicht, auch nur einen Zoll fremden Gebietes zu annektieren. Stalin hatte sich von einem Saulus in einen Paulus verwandelt. Er würde gemeinsam mit Roosevelt "für eine Welt der Demokratie und des Friedens" arbeiten. Bei der Durchführung seines "großen Entwurfes" sowjetisch-amerikanischer Zusammenarbeit wollte Roosevelt sich auch in Zukunft "auf sein Gefühl verlassen". (115)

Seine hellseherische Gabe verriet ihm, daß "die Russen wirklich freundlich sind". Stalin trüge sich nicht mit der geringsten Absicht oder dem Verlangen, Europa oder die Welt zu "verschlingen". Die Tatsache, daß die sowjetisch-amerikanische Zusammenarbeit in der Vergangenheit nicht zu einer wahren Freundschaft geworden sei, läge nur an Mißverständnissen. Roosevelts Noblesse würde diese aus dem Wege räumen. Seine Überzeugungskraft und sein Charme wären für Stalin eine einzigartige Offenbarung. (116)

Welche Meinungsverschiedenheiten die Sowjetunion und die Vereinigten Staaten auch immer trennten, sie könnten zur gegenseitigen Zufriedenheit beider Staaten beigelegt werden, denn Stalin war wie Roosevelt selbst "auch nur ein praktisch denkender Mensch, der Frieden und Prosperität will." Doch, wie Roosevelt zu ahnen schien, hing die sowjetische "Friedens"-Politik ganz und gar von Amerikas Beschwichtigungspolitik gegenüber Moskau ab. Aber er war – auf Kosten anderer Völker – zu jedem Opfer auf dem Altar seines "großen politischen Entwurfes" bereit, dessen paradoxe Zielsetzung es war, gemeinsam mit dem sowjetischen Despoten das Evangelium der "Demokratie" zu verkündigen und das Zeitalter des "ewigen Friedens" einzuläuten. Aus der "erzwungenen Freundschaft" mit dem Kreml-Herrscher "kann bald eine echte und bleibende Freundschaft entstehen", prophezeite er naiv. Aber es würde etwas kosten, und der Preis sollte die sowjetische "Vorherrschaft" in Europa sein, dessen Völker "die russische Herrschaft eben einfach ertragen müssen." Er offerierte einen höchst fragwürdigen Trostpreis: mit der Zeit würden die europäischen Nationen durch den Zwang der Umstände sich daran gewöhnen, "gut mit den Russen zusammenzuleben." (117) Harry Hopkins drückte es kurz und bündig aus: "Rußland wird nach dem Kriege die stärkste Macht in Europa sein ..." (118) Während Roosevelt bereit war, den Sowjets Europa als Beute zu überlassen, hoffte er, den Roten Bären in Asien im Zaume halten zu können. (119)

1917 und noch einige Jahre danach war Roosevelts Einstellung zu Sowjetrußland zwiespältig. Aber während des Interregnums (1918-1933), als keine diplomatischen Beziehungen zwischen beiden Mächten bestanden, reifte allmählich ein positiveres Urteil über das sowjetische Experiment bei ihm heran, gewann feste Gestalt und wurde schließlich zu einem unumstößlichen Faktum in seinen politischen Planungen. Die Jalta-Strategie hatte ihren Ursprung in dieser frühen Phase, in der sich Unwissenheit mit naiver Ahnungslosigkeit von der sowjetischen Wirklichkeit vermengte.

Durch seine ganze Amtszeit hindurch hielt Roosevelt an seinen Vor-Urteilen über Deutschland und die Sowjetunion unerschütterlich fest; doch sein Bild von diesen Staaten und deren Regimes war durch schärfste Farbgegensätze koloriert. Für ihn bildete das nationalsozialistische Deutschland die Hauptgefahr für die Erhaltung des internationalen Friedens und der amerikanischen Sicherheit. Dagegen wurde die Sowjetunion schon im Anfangsstadium als potentieller Waffenbruder ausersehen. 1933 hatten diese Vorstellungen bereits erste Konturen angenommen. Die zukünftigen Entwicklungen waren lediglich eine Fortsetzung des Rooseveltschen "Syndroms von 1933".

Kapitel 3

Hitler:
Meisterstratege oder Opportunist?

Historiker, wie häufig jeder andere Mensch auch, entwickeln oft eine geradezu krankhafte Neugier für die Schattenseiten menschlichen Verhaltens. Sie bekunden ein beinahe zwanghaftes Bedürfnis nach Globalerklärungen, einen Hang zur systematischen Einordnung oft bizarrer Handlungen weltgeschichtlicher Persönlichkeiten. Stoßen sie bei dem Versuch, diese Neigungen zu befriedigen, auf Hindernisse, dann pressen sie störenden Tatbeständen Schablonen auf, um ein anscheinend nahtloses Ordnungsgewebe herzustellen. Sie zwängen außerordentliche Ereignisse, verbrecherische Handlungen und menschliche Schwächen und Eigenarten in ein Prokrustesbett und forschen nach ablaufenden "Mustern".

Die Erforschung der schillernden Persönlichkeit Hitlers wie auch die seiner Innen- und Außenpolitik hat die Neugier der Jünger Klios auf die Schattenseiten menschlichen Verhaltens gelenkt und sie veranlaßt, oft Sachverhalte zu vereinfachen und geschichtliche Doppelsinnigkeiten auf eindeutige Aussagen zu reduzieren.

Die Behauptung, Hitler sei von Weltherrschaftsplänen besessen gewesen, wurde von einem seiner langjährigen Mitstreiter als "völlig falsch ... und unbegründet" entschieden zurückgewiesen. (1) Ein anderer enger Vertrauter des Reichskanzlers war davon überzeugt, daß Hitlers Gegner schwere Irrtümer begangen hätten, indem sie seine vielschichtige Persönlichkeit und seine verschachtelten Absichten auf ein einziges Motiv und eine unverrückbare Zielsetzung zurückführten. Besonders britische Staatsmänner hätten niemals auch nur den Versuch unternommen, Hitlers Mentalität und Charakter zu verstehen, doch sie hätten "dieses zu einer ihrer wichtigsten Aufgaben machen sollen ..." (2)

Hitler war in vielem komplizierter als seine Rivalen Roosevelt und Stalin: er war ein mysteriös in ein Geheimnis gehülltes Rätsel. (3) "Dunkle, übernatürliche Mächte" wirkten durch ihn. (4) Neben intellektueller Flachheit (5) offenbarte er Genialität und Scharfsinn. Zu seinen Wesenszügen zählten Anpassungsfähigkeit, Fingerspitzengefühl, schauspielerische Begabung, Brutalität und eine unübertreffliche Improvisationsgabe. In der politischen Arena entpuppte Hitler sich oft als geschickter Taktiker, ein "Rommel", der sich von einem Erfolg zum nächsten vorwagte. (6) Er hatte ein starkes Redebedürfnis und war ein Spieler, dessen nahezu unbegrenzte Wendigkeit ihm schließlich zum Verderben werden sollte. Göring traf Hitlers Motto mit seiner Bemerkung: "Die Hauptsache ist, man hat Erfolg, dann wird einem alles verziehen. Es ist wie im Kriege, entweder bekommt man den Pour le mérite oder man wird eingesperrt." (7) Aber Hitler wußte auch, daß Erfolg nicht nur Erfolg erzeugt, sondern leicht auch Unheil, daß mit dem Erfolg auch die Zahl der Neider und Feinde wächst. (8)

Im Sommer 1939 ahnte Hitler, daß er den Bogen überspannt hatte. Seine waghalsige Taktik hatte sich in der Vergangenheit oft bezahlt gemacht. Jetzt schien er bereit zurückzustecken, weil das Pflücken jeder weiteren verbotenen territorialen Frucht ihn dazu zwingen könnte, sich auf dem Schlachtfeld stellen zu müssen. Er hatte ein gewagtes Spiel gespielt und lief nun Gefahr, alles, was er in seiner Außenpolitik erreicht hatte, zu verlieren. "Meine österreichische Politik war ohne Risiko, meine Sudetenland-Politik war schon recht riskant, aber mit Prag bin ich zu weit gegangen ... Ich werde solche Risiken, die zum Krieg führen könnten, nicht mehr eingehen." (9) Die Kette unblutiger Siege im Nervenkrieg mit seinen Gegnern drohte plötzlich abzureißen. Und dennoch setzte er seinen politischen Seiltanz fort in der Hoffnung, den diplomatischen Widerstand der potentiellen Feindmächte durch eine unnachgiebige Haltung und Drohgebärden brechen zu können. Sein politischer Instinkt hatte oft den richtigen Augenblick gewählt und vielleicht auch den, für seine Zwecke, richtigen Weg. Doch im September 1939 verließ ihn seine Intuition, und seine Politik entgleiste.

Bis zu diesem verhängnisvollen Augenblick hatte sich Hitler mit der "Selbstsicherheit eines Schlafwandlers" vorgetastet. (10) In seinem Leben hatte er immer "ein ungeheuerliches Glück" gehabt. Die "Vorsehung" hatte ihn stets geleitet. (11) Als er seine Truppen aber über die deutsch-polnische Grenze schickte, holte ihn Nemesis am Ende ein. Er hatte die Lage falsch eingeschätzt. Die Intuition, die alle seine Entschlüsse inspiriert hatte, führte ihn diesmal in die Irre. (12) Seine Findigkeit ließ ihn im Stich, seine Reserven an Listen waren aufgebraucht. Selbst sein selbstfabriziertes Image als "Verrückter", das er seit 1934 systematisch kultiviert hatte, rief keine furchteinflößende Wirkung mehr hervor. Im diplomatischen Pokerspiel mit ausländischen Mächten hatte er sein Image als unberechenbar Handelnder, vom Wahnsinn Getriebener mehr als einmal als Karte erfolgreich ausgespielt. Sein brutales Auftreten gegen die Führerschaft der Braunhemden in der "Nacht der langen Messer" sollte sich in der Außenpolitik, so spekulierte er, in klingender Münze auszahlen. Seit dem 30. Juni 1934 hielten ihn nämlich ausländische Staatsmänner für "verrückt" und "trauten ihm alles zu". (13)

Sein Entschluß im Frühsommer 1939, kein weiteres Risiko einzugehen, war keine vorsätzliche Täuschung, seine Gegner irrezuführen; es war die Wahrheit, wie Hitler sie an jenem Tag sah. Die von ihm geübte Geheimhaltung war großenteils darauf zurückzuführen, daß er selbst bei einem bestimmten Schachzug bis zuletzt nicht wußte, was er tun werde. (14)

Hitler, fanatisch, oft zynisch-brutal, von kühler Berechnung und eiserner Durchsetzungskraft und durchdrungen von seiner Rolle als Mann des Schicksals, wurde oft vom Strom der Ereignisse überrollt. Seine Reaktion war dann die eines in die Enge getriebenen Menschen. Nicht nur war er vom Willen zur Macht besessen, sondern auch vom Willen, das Unrecht von Versailles aus der Welt zu schaffen. (15) Als Staatsmann handelte er oft "unter dem Zwang von Ereignissen." (16) Er bezeichnete sich selbst als "Opfer der Ereignisse", als einen Menschen, der auf Maßnahmen öfter "reagiere", als daß er sie einleitete. (17) Seine Politik entwickelte sich schließlich "weit über seine ursprünglichen Vorstellungen hinaus ..." (18) Einem langjährigen Freund offenbarte Hitler beim Grübeln über den Ablauf von Ereignisketten der jüngsten Vergangenheit, daß er keineswegs nach einem großen, politisch vorgefaßten Plan gehandelt hatte. Eigentlich war er auf seiner Marschroute, die zu Deutschlands Stellung als "größtem Machtstaat der Erde" führe, vorwärtsgestolpert. Er war "bei diesem Kampf ... von Etappe zu Etappe gezwungen worden ..." (19)

Die Politik war Hitlers Leidenschaft. Das Unrecht, das Deutschland in Versailles erlitten hatte, war ein "Trauma, eine alte, noch blutende Wunde ..." (20) Sein Hauptziel war die "Annullierung des Versailler Vertrages." (21) Er hatte den brennenden Wunsch, als Gleichgestellter behandelt zu werden, besonders von Großbritannien; und damit verbunden war der Zweifel, ob dieser Wunsch jemals erfüllt würde. Er wollte Deutschland als Großmacht anerkannt sehen. In seinem steten Drängen auf "Gleichberechtigung", besonders mit der einen Nation, die er am meisten bewunderte, würde er "keinen Fußbreit zurückweichen." (22) Er bestand hartnäckig darauf, daß England die Interessen des Reiches auf dem Kontinent anerkennen und Deutschland die Stellung "eines großen europäischen Landes zubilligen und sie respektieren" müsse. (23) Nur durch diplomatisches Auftrumpfen und, wenn nötig, Säbelrasseln und durch eine fieberhafte Aufrüstung könnten diese Zentralanliegen realisiert werden. Nur dann würde Deutschland auf "gleichem Fuße" mit den anderen Großmächten stehen. Nur aus einer Position der Stärke würde das Reich mit den anderen Mächten verhandeln können. (24) Gleichberechtigung und Gegenseitigkeit könnten nie bestehen, "wenn der eine von oben bis unten gepanzert ist und dem anderen die eiserne Faust unter die Nase hält, und der andere, fortgesetzt diese Schläge einstecken muß." Hitler verglich Deutschlands Situation oft mit der eines Wanderers, der durch einen Wald geht und mit seiner Pistole die Räuber verscheucht. Keine Pistole bei sich zu tragen, erklärte er seinen Zuhörern, "provoziert nur die Räuber ..." (25)

Hitler bestand auf absoluter Gleichheit mit Großbritannien. Er werde nicht einmal einwilligen, daß England "50,015 Prozent habe und Deutschland 49,085 Prozent." (26) Um von Großbritannien und den Vereinigten Staaten als gleichberechtigt anerkannt zu werden, mußte Deutschland wie ein Gleichberechtigter handeln. Sein Streben nach Gleichberechtigung wurde jedoch durch einen Bruch in der seelischen Verfassung des deutschen Volkes wesentlich erschwert. Fast alle Maßnahmen Hitlers, innen- und außenpolitische, waren darauf ausgerichtet, das Volk aus seiner Lethargie zu reißen, ihm "Glauben" und "Selbstvertrauen" einzuflößen, den "Minderwertigkeitsteufel" auszutreiben und ihm "klarzumachen": "Wir sind nicht die Zweiten oder die Dritten oder die Vierten, sondern im Gegenteil, was die anderen können, können wir auch! Und wir müssen es ja können, sonst können wir nicht bestehen." Wenn eine Nation zu furchtsam sei, nach Größe zu streben und sich ihrer zu freuen, dann müsse sie ihr aufgedrängt werden. Das deutsche Volk müsse davon überzeugt werden, daß es nach Zahl und Leistung das größte der Welt sei. Aus diesem Grunde hatte er die bisher größte Automobilausstellung der Welt veranstaltet; auch war das der Gedanke hinter dem Bau der "bisher größten Straßen." (27) Es gab "keinen besseren Weg, um ein Volk zum Selbstvertrauen zu erziehen, als durch grandiose Gemeinschaftsleistungen dem einzelnen zu zeigen, daß so ein Volk mindestens ebenbürtig ist all den anderen Nationen." Alle seine Anstrengungen, "solche gewaltigen Werke" zu schaffen und dem Volke "Selbstbewußtsein" zu geben, entsprangen nicht etwa einer "Großmannssucht", sondern der "kältesten Überlegung". Die Nation mußte endlich erkennen lernen, daß "sie nicht etwa einen zweitklassigen Wertfaktor darstellt, sondern daß sie ebenbürtig ist jedem anderen Volk der Welt, auch Amerika." Deshalb werde er Wolkenkratzer erbauen lassen von "der gleichen Gewalt der größten amerikanischen". Deshalb ließ er in Nürnberg und München diese "gigantischen Anlagen" errichten und Berlin zu einer "gewaltigen Hauptstadt ausbauen". (28) Selbst seine während der dreißiger Jahre anlaufenden anti-jüdischen Maßnahmen schienen zumindest teilweise seiner besessenen Entschlossenheit zu entspringen, Deutschlands angeschlagenes Ich zu heilen. Er sah sich als "Robert Koch in der Politik". Er "entdeckte den Juden als den Bazillus und das Ferment aller . . . Dekomposition. Und eines habe ich bewiesen, daß ein Staat ohne Juden leben kann. Daß Wirtschaft, Kultur, Kunst etc. ohne Juden bestehen kann, und zwar besser. Das ist der schlimmste Schlag, den ich den Juden versetzt habe." (29) In seinem Bestreben, die Größe, deren Deutschland fähig war, zu verwirklichen, war er gewillt, sein Wort zu brechen, "wenn es notwendig ist, tausendmal", etwas, was er "als Privatmann ... niemals" tun würde. (30)

Der Nationalsozialismus, der Machtwillen, Energie und Tatbereitschaft ausstrahlte, war die Medizin, die der praktische Arzt Hitler dem Volk verordnete. Seine Weltanschauung, keineswegs eine Erscheinung des "flüchtigen Augenblicks", sollte etwas Bleibendes sein. Nationalismus und Sozialismus waren die einzigen Triebkräfte, die das Volk aufrütteln und begeistern konnten. Das "völkische" Prinzip sollte die Prinzipien des Liberalismus und des Marxismus überwinden. Individualismus und Universalismus hatten an der Lebenskraft der Nation gezehrt, den Staat ausgehöhlt und letzthin den Zusammenbruch des Reiches verursacht. (31)

Der vermeintliche Hohepriester des Germanentums hatte oft nur beißende Kritik für die germanische Geschichte übrig. Dagegen rühmte er das alte Rom und Griechenland als "unsere geistige Heimat". Himmlers "mißverstandener germanischer Kult" brachte ihn in Rage. Als Himmler beabsichtigte, die Monatsnamen des Kalenders zu germanisieren, erließ der Führer einen "geharnischten Erlaß", der verbot, daß Himmler seine kultischen Ideen in die Tat umsetzte. (32) Als Hitler im Mai 1938 in Rom weilte, um die Ausstellung zu besuchen, die anläßlich der "Zweitausend-Jahrfeier" des Römischen Reiches stattfand, drückte er sein Erstaunen und gleichzeitig sein Bedauern über den Zusammenbruch eines so mächtigen Reiches aus. (33) Bei einer anderen Gelegenheit äußerte er: "Nicht genug, daß die Römer schon große Bauten errichteten, als unsere Vorfahren noch in Lehmhütten hausten, fängt Himmler nun an, diese Lehmdörfer auszugraben, und gerät in Begeisterung über jede Tonscherbe und jede Steinaxt, die er findet. Wir beweisen damit nur, daß wir noch mit Steinbeilen warfen und um offene Feuerstellen hockten, als sich Griechenland und Rom schon auf höchster Kulturstufe befanden." (34)

Obwohl Hitler viele seiner Inspirationen, seinen pseudobiologischen Wortschatz und seinen Antisemitismus oft obskuren Sozialdarwinisten des 19. Jahrhunderts verdankte, nährte er sich gleichzeitig am intellektuellen Trog des 18. Jahrhunderts. In seiner Bewunderung für Griechenland und Rom und seiner oft beißenden und herabsetzenden Verurteilung des Christentums verband ihn eine geistige Verwandtschaft mit den Philosophen der "Aufklärung". (35) Seine totalitären Ideen flossen im Strom der sich in Jahrtausenden bewegenden Träumereien entwurzelter Intellektueller dieses Zeitalters. Seine Verherrlichung der politischen und kulturellen Leistungen des Altertums kannte keine Grenze. Auch seine Einstellung zum Christentum war höchst zwiespältig und erinnerte an Voltaires Kampfruf "Ecrasez l'infame". Er verdammte es als einen mit "Widersprüchen" durchsetzten "Betrug". (36) Bei einer anderen Gelegenheit bezeichnete er es als "den Bolschewismus des klassischen Altertums". (37) Aber gleichzeitig ließ er sich von der Überzeugung leiten, daß "die Partei niemals die Religion ersetzen darf." Der religiöse Glaube des Volkes sollte nicht gewaltsam "bekämpft" werden. Da die meisten Menschen sowieso heuchelten, wenn sie ihre Gläubigkeit bekundeten, war es das beste, das Christentum "sich totlaufen" zu lassen. (38) Trotz seiner scharfen Kritik am Christentum, die Hitler in die verschiedensten Geistesströmungen des 18. und 19. Jahrhundertes einbettete, konzedierte er, daß "die Vermählung der universalistischen ... christlichen Lehre mit der römischen Staatsidee" stark zur Formung germanischer Staaten beigetragen hatte. Ohne das Christentum und die römische Schöpfung der staatlichen Organisation "wäre nie das Deutsche Reich entstanden."

In der deutschen Geschichte hatten sich die zentrifugalen Kräfte immer verheerend auf den Fortbestand der Nation ausgewirkt. Da das deutsche Volk sich aus den "verschiedensten rassischen Komponenten" zusammensetzte, bestand ständig die Gefahr, daß, wenn es großen Belastungen ausgesetzt war, es auseinanderfallen würde. Weil der staatstragende Rassenkern anteilsmäßig die numerisch kleinste Gruppe bildete, kam die Einführung des Mehrheitsprinzips, d.h. des allgemeinen und gleichen Wahl- und Stimmrechts, einem Todesurteil für den Fortbestand der Nation gleich. Dieses Prinzip sollte durch das "soldatische Prinzip" ersetzt werden. Der Nationalsozialismus hatte dieses auf Verdienst und Leistung beruhende Prinzip eingeführt. Oberstes Gesetz der politischen Führung war, niemals von diesem Ordnungsprinzip abzuweichen. Bei der "rassischen" Zusammensetzung des deutschen Volkes bedurfte es einer autoritären Ideologie wie der nationalsozialistischen, um die zerstörerischen zentrifugalen Kräfte in Schach zu halten. (39) Nur in einer erzwungenen Einheit war Deutschlands Existenz gesichert. Gegensätze zwischen den verschiedenen "rassischen Komponenten" müßten überbrückt und ausgeglichen werden, sonst könnten die äußeren Gegner des Reiches versucht sein, sie zu ihrem eigenen Vorteil auszunutzen. (40)

Hitler hatte nicht nur aus den intellektuellen Quellen des 18. Jahrhunderts getrunken, sondern auch vom berauschenden Gebräu des Sozialdarwinismus. (41) Er sah die Welt allzu oft im Sinne von Kampf und Auseinandersetzung. Abstruse Ideen wurden unüberprüft übernommen, und seine Gedankenwelt war durchwebt mit sozialdarwinistischen Ideen in ihrer gröbsten und krassesten Form. Obgleich er Bewunderung für Schopenhauers "meisterhafte Beweisführung" empfand und ihn als "klarsten Geist" pries, stand er dessen "Defaitismus" äußerst kritisch und ablehnend gegenüber. Nach Hitlers eigenem Geständnis hatte die Philosophie Nietzsches den größten Einfluß auf ihn ausgeübt. Was er an ihm bewunderte, war die "mehr intuitive als rein analytische" Handlungsweise und dessen "Bejahung der Naturgesetze und des Kampfes". Weil Nietzsche eine "positive Gebrauchsanweisung" bot, hatte Hitler ihn als "den eigentlichen Philosophen des Nationalsozialismus" auserkoren. (42)

Kampf und Risikobereitschaft bestimmten den Ablauf der Geschichte. An diese Maxime erinnerte Hitler die Absolventen der Kriegsakademie: "Es gibt keine 51prozentige Sicherheit im Leben der Völker." Staatsmänner hätten nie etwas unternommen, und Generäle hätten sich nie auf das Schlachtfeld gewagt, wenn sie vor der Ausführung ihrer Beschlüsse auf einer unbedingten Gewißheit des Gelingens bestanden hätten. Generäle hätten nie ihre Streitkräfte in den Kampf geschickt, wenn sie von "51prozentiger Sicherheit" ausgegangen wären. Weder Friedrich der Große noch Hindenburg hatten diese "51prozentige Sicherheit" gehabt, noch hatte Hitler sie, als er 1919 seine "Bewegung gründete". Und er gestand: "... ich habe diese 51 Prozent in meinem Leben nie vor mir gesehen. Aber ich sah vor mir immer nur das harte Entweder-Oder, d.h. entweder zugrunde gehen oder es zu wagen, und ich habe es gewagt, und damit wurde sehr viel gewonnen."

Gleich zu Beginn seiner Laufbahn hatte er beschlossen, "den Kampf als das allerletzte Mittel der Politik" zu betrachten und "den Krieg als die letzte Waffe, mit der man politische Notwendigkeiten erzwingen kann. Hier steht immer Sein oder Nichtsein auf dem Spiele. Und wer zu dieser letzten Entscheidung greift, hat an sich alle anderen Möglichkeiten bereits erschöpft, d.h. er kann sein Schicksal nunmehr nur anvertrauen dieser letzten Prüfung, in der die Vorsehung Sieg oder Niederlage erteilt." (43) Die politische Führung mußte eine "Führung des Schwertes" sein. "Erst die neueren Zeitalter haben es fertiggebracht, zwischen Krieg und Politik ... Gegensätze aufzuzeigen, die ... nicht vorhanden sein können. Die politische Welt ist zutiefst letzten Endes eine soldatische. In den großen Zeiten der Geschichtsbildung, d.h. des Staatswerdens, ist die Politik tatsächlich die Kunst des Möglichen, d.h. die Erreichung eines Zieles mit allen denkbaren Mitteln: Überredung, List, Klugheit, Beharrlichkeit, Güte, Schläue, aber auch Brutalität, d.h. auch das Schwert, wenn die anderen Mittel versagen." (44) Um die Krisen, denen die deutsche Nation sich gegenübersah, zu überstehen, mußte der Offizier "mit Schwert und Weltanschauung" vor seine Truppen treten wie einst die Ritter "mit Schwert und Bibel". Wenn der Offizier ganz von seiner Aufgabe erfüllt war, dann war "das noch am ehesten geeignet, jede ... Gefahr zu mildern, die Dauer von Kriegen abzukürzen und vor allem unter Umständen Kriege überhaupt zu vermeiden." Hitler bekannte: "Es ist nicht mein Ziel, ... vielleicht einen Krieg zu führen, sondern mein Ziel ist es, die unabweisbaren deutschen Lebensforderungen und Erfordernisse durchzusetzen, und zwar mit allen Mitteln, also um mit Clausewitz zu sprechen, mit den Mitteln der Politik, solange diese Mittel genügend sind, und wenn notwendig aber auch mit den Mitteln des Schwertes, wenn die Mittel der Politik versagen. Denn dann ist eben der Krieg nichts anderes als die Fortsetzung der Politik, wenn auch mit anderen Mitteln, mit anderen Waffen." (45)

Hitler stand einem Problem gegenüber, um das "der Gedanke seines ganzen Daseins" kreiste. Er war entschlossen, das "Problem des Lebensraumes" zu lösen. Er sah zwei Möglichkeiten vor sich: entweder "durch einen sich steigernden Export den notwendigen Import an Lebensmitteln und den ... notwendigen Rohstoffen zu sichern" oder "den Lebensraum an die Volkszahl anzupassen. Es ist der Weg, den alle großen Völker der Welt bisher gegangen sind ..." Welchen Weg er auch einschlug, "auf die Dauer wird nur derjenige bestehen können, der auch dabei hinter sich die Macht hat." (46) Da Hitler ständig von der Lösung des Lebensraumproblems sprach, was viele Beobachter im Ausland als gewaltsame territoriale Eroberungspolitik auslegten, erregten seine wiederholten Äußerungen Befürchtungen. Außenminister von Neurath, der sich nie scheute, den Reichskanzler in Gesprächen mit ihm vertrauten ausländischen Diplomaten zu kritisieren, verneinte bei einer Gelegenheit kategorisch, daß "Lebensraum" die gewaltsame Annektierung neuer Gebiete bedeutete. Klärend erläuterte er, daß, wenn Hitler von "Lebensraum" sprach, er "Mittel für den Lebensunterhalt, Rohstoffe usw., aber nicht Gebiete" meinte. Der Außenminister bemerkte, daß "es bedauerlich sei, es so auszudrücken, als beziehe es sich auf Gebietserwerbungen, was, versicherte er, nicht der Fall sei." (47)

Es ist durchaus möglich, daß Hitler Neurath nie in sein Vertrauen gezogen und ihm nicht seine innersten Gedanken und geheimsten Absichten, die er gehegt haben mag, enthüllt hat. Hitler billigte seinen Außenministern nur einen beschränkten Aktionsradius zu. So klagte Ribbentrop einmal: "In der Ausführung der Pläne des Führers bin ich ... nur der kleine Finger." (48) Da Hitler, seinen Intuitionen und Gefühlen folgend, allein den Kurs der Außenpolitik bestimmte, können Aussagen über seine letzten Ziele nur Mutmaßungen sein. Nach der Auffassung eines engen Vertrauten deutete "Mein Kampf" lediglich "die Tendenz im allgemeinen, aber nicht im einzelnen" an. Er wies nachdrücklichst auf die "großen Unterschiede in den Umständen" zwischen der Situation der dreißiger Jahre und der Zeit hin, da das Buch geschrieben wurde. Dem Konzept "Lebensraum" konnten die unterschiedlichsten Interpretationen unterlegt werden, aber für Hitler bedeutete es vorrangig die Rückgabe all jener Gebiete, die die Sieger in Versailles Deutschland entrissen hatten. (49) Reichspressechef Dr. Dietrich warnte einen ausländischen Gast einmal, nicht zuviel in diesen Begriff hineinzulesen. Er betonte aber, daß sämtliche Gebiete, die einmal zum deutschen Lebensraum gehört hatten, dem Reich zurückgegeben werden müßten. Auch bezeichnete er es als "einen schweren Irrtum", die Besetzung Prags als "den ersten Versuch zur Vorherrschaft" auszulegen. Dieses Ereignis war als "Ausnahmesituation" und nicht als "eine sich abzeichnende Tendenz" anzusehen. (50)

Hitler selbst war weit davon entfernt, den Einmarsch in die Tschechei im März 1939 als Eröffnungsphase einer planmäßigen Politik territorialer Eroberung anzusehen. Zumindest in einem Gespräch mit seinem Freund Hewel hatte er sich für einen flüchtigen Augenblick der Illusion hingegeben, mit seinem Marsch nach Prag den toten Punkt im Verhältnis Berlin-London überwinden zu können. Unmittelbar bevor die Wehrmacht über die Grenze marschierte, war der Führer in einer "fröhlichen und ausgelassenen" Stimmung und skizzierte seine Zukunftspläne: "Ist die tschechische Frage erst einmal geregelt, werden wir endlich die Gleichberechtigung haben", und er drückte die Hoffnung aus: "Wenn England nur groß genug ist zu verstehen, wird es uns als Freund behandeln." (51) Ehe feste Freundschaftsbande mit England geknüpft werden konnten, mußten alle bestehenden Reibungsmöglichkeiten, die das deutsch-englische Verhältnis störten, aus der Welt geschafft werden. Waren die beiderseitigen Interessensphären erst einmal abgegrenzt, dann würde gegenseitiges Mißtrauen die Beziehungen nicht länger trüben. Während sich Hitler einerseits der grundlosen Hoffnung hingab, daß sein fait accompli die politische Atmosphäre reinigen und den Weg für eine Zusammenarbeit mit London ebnen würde, beseitigte er aber auch gleichzeitig die gegen Deutschland gerichtete Speerspitze und stärkte so die Verteidigungsstellung des Reiches im Osten. Mit der Neutralisierung des tschechischen Gebietes als Absprungsbasis feindlicher Mächte bereitete sich Hitler auf die drohende Gefahr eines möglichen Krieges mit den Westmächten vor. Londons Reaktion auf sein Prag-Unternehmen verdichtete seine seit geraumer Zeit gehegte Befürchtung: "England will Krieg." (52)

Hitlers konkrete Operationsziele waren auf die Beseitigung des "Versailler Diktats" gerichtet. (53) Seine nebelhaften Vorstellungen von territorialer Machterweiterung des Reiches wurden erst allmählich zu dogmatischen Zwangsvorstellungen, als der anfänglich begrenzte militärische Konflikt schließlich im totalen Krieg gipfelte. An diesem Wendepunkt gewann sein zur Totalität neigender Charakterzug die Oberhand über Flexibilität und Opportunismus. Er hatte die Initiative verloren und kämpfte jetzt mit ganzer Verbissenheit.

Obgleich Hitler sich oft mit Friedrich dem Großen verglich, ähnelte er in vielem, zumindest in der ersten Halbzeit seiner Regierungtätigkeit, dem "Soldatenkönig" Friedrich Wilhelm, der ein starkes Heer aufgebaut hatte, nicht um es in Kämpfe zu verstricken, sondern um es als Abschreckungs- und Pressionsmittel einzusetzen und sich Gehör zu verschaffen. Diese Vorsichtsmaßnahme war zum Teil eine Antwort darauf, daß Preußen sich von mächtigen Staaten umringt und bedroht sah. Als Hitler 1939 in Friedrich des Großen Fußstapfen trat, sollte ihm kein Frieden von Hubertusburg beschieden sein. (54)

Hitler verlangte Anerkennung und Achtung für sich und die Nation, über die er als unumstrittener Führer herrschte. Für ihn war sein geschichtlicher Auftrag identisch mit dem von der "Vorsehung" bestimmten Auftrag des Reiches und seine Größe mit Deutschlands Größe als bedeutender Kontinentalmacht. Abfuhren durch ausländische Staatsmänner und durch die internationale Presse kränkten ihn tief und versetzten ihn oft in Rage. Sein gesellschaftlicher Minderwertigkeitskomplex lastete auf ihm und mag sogar, bis zu einem gewissen Grade, zum Ausbruch der militärischen Auseinandersetzungen und diplomatischen Krisensituationen beigetragen haben. Als die ausländische Presse sich hämisch freute, daß Präsident Beneschs Mobilmachung im Mai 1938 ihn angeblich zum Rückzug gezwungen hatte, empfand Hitler das als Prestigeverlust. Er beschloß, "die Tschechoslowakei zu 'erledigen'." (55) Die Schlagzeilen Londoner Sonntagszeitungen "Hitler hat Bammel" ließen deutsche Beamte das Schlimmste befürchten: "Wenn ich diese Zeitungsausschnitte Hitler zeigen würde, was, glauben Sie, würde er sagen?" fragte Hewel. (56)

"Alle gegenwärtigen Schwierigkeiten hat die Presse verursacht", eiferte sich Hitler, "die erfundene Gerüchte verbreitet und eine unnötige Spannung hervorruft." Und er schloß mit den Worten: "Die Weltpresse sollte eingesperrt werden, dann wäre die Welt viel glücklicher." (57) Beim Lesen "idiotischer Kommentare", daß er "die Nerven verloren habe, wogegen die Polen die ihren bewahrt hätten", geriet Hitler in Zornesausbrüche. Als Carl J. Burckhardt, der Hohe Kommissar des Völkerbundes in Danzig, "solche Kleinigkeiten" zu bagatellisieren suchte, um Hitler zu beruhigen, antwortete dieser bestimmt: "Ich kann das nicht. Als Proletarier kann ich wegen meiner Abstammung, meines Aufstiegs und meiner Wesensart die Dinge nicht in dieser Weise sehen. Die Staatsmänner müßten dies begreifen und damit rechnen, wenn sie eine Katastrophe vermeiden wollen." (58) Ribbentrop hegte böse Ahnungen, daß Verunglimpfungen in der ausländischen Presse größtes Unheil anrichten könnten. Geradezu flehentlich bittend, drängte er, dem "Pressekrieg", der zwischen England und Deutschland wütete, Einhalt zu gebieten: "Der Wort- und Tintenkrieg verdirbt alle Friedenshoffnungen und ruft in beiden Ländern Haß hervor." (59) Hitler war nicht gewillt, die "bodenlosen Frechheiten" der britischen Presse hinzunehmen, ohne mit gleicher Münze heimzuzahlen. (60)

In voller Kenntnis seiner Empfindlichkeit mahnten seine engsten Berater und Vertraute ausländische Besucher ständig, mäßigend auf ihre zügellose Presse einzuwirken. Dies erschien ihnen umso dringlicher, als Hitler Presseberichten und -kommentaren mehr Aufmerksamkeit widmete als amtlichen Verlautbarungen und den meisten Berichten seiner Diplomaten, die er, mit wenigen Ausnahmen, geringschätzte. Zwei-, dreimal täglich sah er die Zeitungsausschnitte, die in seiner Pressemappe gesammelt waren, durch. (61) Ein Waffenstillstandsabkommen zwischen der englischen und deutschen Presse war von äußerster Dringlichkeit, da der vierte Stand das "wichtigste Element in der Politik" darstellte. Ohne konkrete Beispiele zu erwähnen, betonte Reichspressechef Dr. Dietrich die unumstößliche Tatsache, daß viele der in der jüngsten Vergangenheit aufgetretenen "gravierenden Schwierigkeiten" einzig der Presseberichterstattung und -hetze zuzuschreiben waren. "Viele Mißverständnisse", die die englisch-deutschen Beziehungen überschatteten, waren durch "Zeitungslügen" ausgelöst worden. Nach Dietrichs Ansicht waren die akuten Unstimmigkeiten zwischen Berlin und London hauptsächlich psychologische", und die Presse war hauptverantwortlich für diese Situation. Er drängte den britischen Presselord Kemsley, den "direkten Draht" offenzuhalten. Auch Hitler schärfte seinem Besucher ein, auf die britischen Artikelschreiber mäßigend einzuwirken, besonders in Anbetracht der Tatsache, daß "wir auf den Kriegsausbruch zutreiben." (62) Schon im Mai 1937 hatte er in einem längeren Gespräch mit Lord Lothian gewarnt, daß er die "Verhetzung" der öffentlichen Meinung durch die britische Presse nicht länger dulden werde. (63)

Hitler bezweifelte, daß es dem Frieden förderlich sei, wenn eine freie Presse hemmungslos und verantwortungslos agierte. Zeitungskommentatoren und -redakteure mußten an einem kurzen Zügel gehalten werden. Um, wie auch die gegnerische Seite, die Medien als politische Waffe einzusetzen, mußte die Reichspresse nach außen den Eindruck erwecken, daß die deutsche Regierung und das deutsche Volk im Gleichschritt marschierten. (64) Gegenüber "Kritikern" war Hitler höchst kritisch und unduldsam. Selbst das Sprachrohr der nationalsozialistischen Bewegung erregte seinen Zorn. (65) Immer wenn der Führer einer größeren politischen Krise gegenüberstand, setzte er die deutsche Presse als Waffe in seinem Nervenkrieg gegen die Gegner ein. Um "dieses oder jenes politische Ziel" zu erreichen, "brauche /er/ ein gläubiges, selbstbewußtes, geschlossenes Volk hinter sich." Und um die internationale Lage zum Vorteil des Reiches nutzen zu können, mußte er unbeschränkten Gebrauch von dem "Presseapparat" machen können. Sein diplomatischer Sieg anläßlich der Münchner Konferenz vom September 1938 war hauptsächlich der deutschen Presse zu verdanken, die dem Ausland gegenüber eine geschlossene Front gebildet hatte. (66) Da die deutsche Berichterstattung den offiziellen Standpunkt der Reichsregierung widerspiegelte, ging Hitler davon aus, daß auch die ausländischen Regierungen ihre Presse als Sprachrohr ihrer Politik benutzten, daß sie wie er die Medien als Waffe der psychologischen Kriegsführung erkannten.

Von hervorragender Bedeutung für die Beurteilung Hitlers ist die Frage nach seinen außenpolitischen Zielsetzungen. Nach der üblichen Lesart kann aus "Mein Kampf" und "Hitlers Zweitem Buch" auf sein Fernziel geschlossen werden: Weltherrschaft. Zwischen den Buchdeckeln seiner mahnenden, holprigen Prosa enthülle Hitler seinen Meisterplan. Die Einfachheit dieser historischen Beweisführung hat etwas Bestechendes, weil sie auf der wenig komplizierten Ursache-Wirkung-Ablaufskette beruht. Oberflächlich betrachtet klingt diese Version überzeugend, weil sie scheinbar die stärksten Bataillone auf ihrer Seite hat, – die tatsächlichen geschichtlichen Begebenheiten. Vom logischen Standpunkt aus jedoch beruht sie auf dem post-hoc-ergo-propter-Trugschluß, d.h., nachdem sie bekannt waren, wurden den Ereignissen passend scheinende "Ursachen" unterlegt. Sie zwängt die geschichtlichen Ereignisse in das Prokrustesbett Hitlerscher Rhetorik von territorialer Ausdehnung und verwandelt sein verbales Poltern in eine monolithische These: "Lebensraum" im Osten. (67)
Nur bei weitschweifender Phantasie kann "Mein Kampf" als Leitfaden für Hitlers spätere, unter dem Augenblicksdruck stehende außenpolitische Entscheidungen und Handlungen dienen. So wie die politischen Konstellationen und Umstände der zwanziger Jahre sich in den dreißiger Jahren geändert hatten, so modifizierte Hitler viele seiner Aussagen, die er ursprünglich in seinen Schriften und Reden skizziert hatte. Weit davon entfernt, sich auf doktrinäre und unwandelbare Prinzipien festzulegen, ließ sich Hitler bei der Durchführung seiner Außenpolitik nur von einem Wegweiser leiten, nämlich dem möglichen und erhofften Erfolg, seine Revisionspolitik zu realisieren. An alle seine Handlungen legte er diesen Maßstab an. In "Mein Kampf" schon stand diese Devise unverrrückbar im Mittelpunkt seiner Betrachtungen: "Es kann keine außenpolitische Erwägung von einem anderen Gesichtspunkt aus geleitet werden als dem: Nützt es unserem Volk jetzt oder in der Zukunft, oder wird es ihm von Schaden sein?" (68) Beständig Ausschau zu halten nach einem möglichen Erfolg, sei es auch nur der geringste Vorteil, "war die einzige Regel", an die er sich hielt. Alles andere, auch "parteipolitische, religiöse und menschliche Gesichtspunkte" mußten als "unerheblich" beiseite geschoben werden. (69) Es war unwesentlich, ob "dieses oder jenes Ziel" erreicht würde. Von höchster Wichtigkeit war, "blitzschnell" jede günstige Gelegenheit auszunutzen, um die Machtstellung des Reiches zu stärken. Statt sich buchstabengetreu an einen sogenannten Meisterplan zu halten und Entscheidungen zu erzwingen, die

in vorgerasterten Bahnen liefen, "... muß alles labil, müssen alle Türen offen bleiben ..." (70)

Hitlers außenpolitische Konzepte und Handlungen haben vier Phasen durchlaufen, die mehr oder weniger zeitlich abgrenzbar sind und die durch unterschiedliche politische Schwerpunkte charakterisiert sind: 1. 1919-1922; 2. 1923-1939; 3. 1939-1941 und 4. 1941-1945. In jedem Zeitabschnitt jonglierte er potentielle Feinde und potentielle Partner als variable Größen in seinen Bündnis- und Gruppierungskalkulationen. Einige dieser veränderlichen Größen erscheinen häufiger, andere nur gelegentlich, je nach Stimmung Hitlers und den konkreten historischen Gegebenheiten und Konstellationen.

Während der ersten Phase propagierte Hitler als Redner einer in München agierenden radikalen Gruppe pangermanische Ziele. Auf Parteiversammlungen sprach er sich damals für außenpolitische Optionen aus, die er nur wenige Jahre später schärfstens kritisieren sollte, nur um sie gegen eine neue Vision wiederum angeblich unumstößlicher außenpolitischer Dogmen einzutauschen. Den ersten Abschnitt füllten rhetorische Ausbrüche gegen das "Versailler Diktat", Mahnungen, alle Deutschen in einem größeren Reich zu sammeln, und Aufrufe, die verlorenen, von den ehemaligen Feinden erbeuteten Gebiete zurückzugewinnen. Frankreich wurde als Deutschlands traditioneller Gegner heftigst angegriffen. Hitlers ätzende Kritik richtete sich gegen das "perfide Albion", Großbritannien. Kein Wort fiel über das, was sich im Lichte der orthodoxen Geschichtsschreibung von Anfang an zu einem angeblich zentralen Glaubensartikel, in Beton gegossen und fest verankert, entwickelt hatte: einen Angriffskrieg im Osten mit dem Ziel territorialer Eroberung. Das sogenannte "Lebensraum"-Thema klang zwar an, aber Hitler forderte die Rückgabe der Kolonien, "für den Lebensunterhalt unseres Volkes" und "für den Bevölkerungsüberschuß". Deutschland sollte seinen Platz an der Sonne haben, – in Afrika, nicht im unwirtlichen und kalten Osten. (71)

Während seiner Haftzeit in Landsberg stellte Hitler seine ursprünglichen außenpolitischen Prämissen in Frage. In die Galerie der Bösewichte wurde jetzt die Sowjetunion aufgenommen, wohingegen Großbritannien in den Rang eines umworbenen Bundesgenossen aufstieg. Hitlers Blick wanderte von Afrika nach Osteuropa. Während der folgenden fünfzehn Jahre klopfte Hitler unablässig am Tor zum Vorzimmer des britischen Commonwealth-London. Erst als sein Werben sich als hoffnungslos erwies, inszenierte er seinen außenpolitischen Coup vom August 1939, um schließlich zu dem Bild von Großbritannien zurückzukehren, das seine Haltung in der ersten Phase bestimmt hatte. Jetzt sah er sich gezwungen, die Alternative zu wählen, die er lange als die am wenigsten verlockende und politisch opportune angesehen hatte, nämlich die Ausrichtung der Reichspolitik nach Sowjetrußland hin. (72) Die Kremlpforte wurde nicht von einer Panzertruppe aufgebrochen, sondern von seinem oft erfolgreichen diplomatischen "trouble shooter", Joachim von Ribbentrop, geöffnet. Aber gegen jede politische Einsicht hoffte er dennoch, daß England zu einer Übereinkunft mit dem

Reiche kommen werde. Eine Zeitlang zumindest glaubte Hitler, Nutzen aus dem deutsch-sowjetischen Nichtangriffspakt vom August 1939 ziehen zu können, der sich vorteilhaft auf die Gesamtgestaltung seiner Außenpolitik auswirken würde. (73)

Als die ereignisreichen letzten Monate von 1940 einem neuen Jahr der Ungewißheit und Sorge wichen, mündeten Hitlers außenpolitische Planungen in ihre vierte Phase. Die Beziehungen zwischen der Sowjetunion und dem Reich kühlten sich merklich ab. Der Bruch zwischen Deutschland und den Vereinigten Staaten weitete sich zu einer fast unüberbrückbaren Kluft. Der Ring um Deutschland drohte sich zu schließen. Die beiden den europäischen Kontinent flankierenden Mächte näherten sich einander. Mitte 1940 begann Hitler, die Schrift an der Wand zu sehen. Was er gefürchtet hatte und was Roosevelt, Stalin und Churchill seit langem erhofft und gewünscht hatten, drohte jetzt brutale Wirklichkeit zu werden. Die ersten Konturen der zukünftigen "Großen Allianz" wurden sichtbar, und Hitler versuchte krampfhaft, sich aus der bedrängten Lage zu befreien, in die er sich hatte treiben lassen. Sein Überraschungsangriff auf die Sowjetunion sollte die im Osten aufsteigende Gefahr bannen, England zur Kapitulation zwingen und Roosevelts Interventionspolitik auf die westliche Hemisphäre zurückwerfen. (74)

Durch seine ganze politische Laufbahn hindurch blieb es Hitlers unverrückbares Ziel, das Reich zu einer Großmacht zu machen, mit der die anderen Nationen rechnen und die sie respektieren mußten. Konnte dieses Ziel in Zusammenarbeit mit den anderen Ländern erreicht werden, würde er ihre Unterstützung begrüßen. Konnte es nur gegen ihren Widerstand erwirkt werden, dann war er entschlossen, die Schwungkraft, die ihn auf sein Rendezvous mit dem Schicksal vorwärtstrieb, in voller Stärke zu entfalten. Wenn es sein mußte, würde er den Alleingang wagen, sich geschickt zwischen Skylla und Charybdis lavierend.

Solche Vorstellungen bestimmten auch die wechselnde Einstellung Hitlers gegenüber Frankreich. Unter dem unmittelbaren Eindruck, den Frankreichs Besetzung des Ruhrgebietes Anfang 1923 bei ihm hinterlassen hatte, schoß er sich rhetorisch auf diesen westlichen Nachbarn des Reiches als Zielscheibe ein und geißelte ihn als das größte Hindernis für den Aufstieg Deutschlands. Besorgt-nervös Englands Festhalten an der traditionellen Gleichgewichtspolitik registrierend, mußte er erkennen, daß eine Eindämmung oder gar Schwächung Frankreichs auf dem Kontinent nur in engster Zusammenarbeit mit dem "arischen Brudervolk" gelingen konnte. England mußte gegen Frankreich ausgespielt werden. Er erwartete, daß London sich hinter ihn stellen werde, weil Englands und Frankreichs politische Ziele unvereinbar waren. Ihrer beider Gegensatz zu Paris, folgerte Hitler, würde das deutsch-englische Bündnis festigen. Während England niemals dulden würde, daß Deutschland in den Rang einer "Weltmacht" aufstiege, war Frankreich absolut dagegen, daß Deutschland sich aus den Trümmern von Versailles zu einer Kontinentalmacht erhöbe. (75) In einem Brief, den Hitler im Dezember 1932 an Walter von Reichenau richtete, damals Chef des Stabes der 1. Division in Ostpreußen, verbreitete er sich über weltanschauliche Probleme und außenpolitische Fragen, woraus klar hervorging, daß er immer noch überzeugt war von Frankreichs unerschütterlichem Willen, Deutschland niederzuhalten. Frankreichs Ziel, behauptete er, war, das Reich als Kontinentalmacht total auszuschalten. In Versailles war Clemenceau diesem Ziel ein großes Stück nähergekommen. (76)

Als der "Trommler" der zwanziger Jahre an die Macht gekommen war, äußerte er plötzlich die Ansicht, jetzt aus der Perspektive des Reichskanzlers urteilend, daß "uns England im Augenblick nichts zu bieten habe, und daß wir jeden Versuch machen müßten, mit Frankreich uns gut zu stellen, denn wir brauchten, um wieder hochzukommen, Ruhe. Ob ein Ausgleich mit Frankreich auf die Dauer möglich sei", bezweifelte er "mit Rücksicht auf die geschichtliche Vergangenheit." (77) Er selbst hegte keine aggressiven Absichten gegen seinen westlichen Nachbarn, aber er befürchtete, Frankreich könne "separatistische" Tendenzen unter gewissen Bevölkerungsgruppen Deutschlands erwecken. (78) 1933 schien es Hitlers außenpolitischem Ratgeber Ribbentrop gelungen zu sein, den Führer zu seinem eigenen profranzösischen Standpunkt zu bekehren. Aber es gab bange Augenblicke, wenn Hitler, meistens infolge beleidigender Bemerkungen von französischer Seite, in seine ursprüngliche antifranzösische Stimmung zurückfiel. (79) Ribbentrop hatte sich für eine dauerhafte Annäherung an Frankreich eingesetzt (80), und zumindest kurzfristig schienen sich seine lang gehegten Hoffnungen zu erfüllen. Aber Hitlers Beschuldigungen, Anklagen und oft scharfe Ausfälle gegen Frankreich in seinem ungelesenen Bestseller standen immer als Hindernis auf dem Wege einer deutsch-französischen Verständigung. Als der Verlag Flammarion die Frage einer autorisierten französischen Ausgabe anschnitt, setzte sich die Wilhelmstraße mit dem Rechtsberater des Führers, Reinhardt, in Verbindung, der das Auswärtige Amt davon unterrichtete, daß Hitler vorläufig dieses Projekt nicht genehmigen werde. Aber "vertraulich" teilte er mit, daß "... der Führer jetzt erwägt, das Buch neu zu schreiben, besonders die Passagen, die Frankreich betreffen." (81) Hitlers antifranzösische Einstellung war hauptsächlich durch die Ruhrbesetzung ausgelöst worden. Aber in der Zwischenzeit eingetretene Entwicklungen hatten ein Umdenken und eine Neueinschätzung der Situation bewirkt, die sich "in der nächsten Ausgabe von ... Mein Kampf" niederschlagen sollten. (82)

Von Realismus und Haßliebe war Hitlers Beziehung zu England bestimmt. Das deutsch-englische Bündnis sollte die Allianz mit Italien ergänzen, die Hitler schon 1920 als erstrebenswert ansah. Für ihn waren letztlich alle Bündnisse Zweckbündnisse. Selbst sein Bündnis mit Italien sah er in diesem Lichte. (83) Es war, gestand Hitler, "nur ein Bündnis zwischen mir und Mussolini." Wirkliche Freundschaften beruhten auf "Sympathie", die das deutsche Volk Finnland, Schweden und natürlich England entgegenbringen könnte. Ein Bündnis mit England wäre ein Bündnis "von Volk zu Volk".

(84) Hitler bewunderte Mussolini als einen Mann, der sein Volk zu begeistern verstand. "Rein rassisch /ist/ das italienische Volk weit unterlegen. Auch die Truppen könnten nicht im entferntesten mit unseren verglichen werden. An eine Freundschaft mit Italien glaube er nicht, aber ein Zusammengehen aus Zweckmäßigkeitsgründen sei durchaus möglich." (85) Selbst der "Stahlpakt" war "nichts" verglichen mit einem deutsch-englischen Bündnis. Der Abschluß eines deutsch-britischen Militärbündnisses galt für Hitler als integraler Bestandteil seines außenpolitischen Programms. Falls die deutsch-italienische Zusammenarbeit sich jemals als Hindernis für eine deutsch-englische Zusammenarbeit herstellen sollte, schien Hitler geneigt, die Italiener fallenzulassen. "Über das Bündnis mit Italien könne man sich leicht hinwegsetzen", kommentierte ein Vertrauter des Führers. (86)

Nützlichkeitserwägungen bestimmten maßgeblich die Kooperation zwischen dem Reich einerseits und Italien und Japan andererseits. Mit ihrem Beistand konnte Deutschland den Krieg nicht verlieren, weil Japan "in dreitausend Jahren nicht besiegt worden ist." Und in Italien hatte das Reich einen Bundesgenossen gefunden, der zwar "immer besiegt worden ist, aber immer auf der richtigen Seite stand." (87) Aber der Krieg hatte die seltsamsten Kampfgenossen zusammengeführt: "Mit Hilfe Japans /vernichte Deutschland/ die Positionen der weißen Rasse in Ostasien, und England /kämpfe/ mit den bolschewistischen Schweinen gegen Europa." (88)

Haßliebe charakterisierte Hitlers Verhältnis zu Großbritannien. Seiner Ansicht nach bestanden zwischen beiden Völkern starke psychologische und rassische Bande. Aber es bestand auch ein politisches Hemmnis: Londons ständiges Einmischen in kontinentale Angelegenheiten und sein Bestreben, Europa in einem Mächtegleichgewicht zu halten, um Großbritanniens Hegemonie und außereuropäische Kolonialeroberungen zu sichern. Diese zwiespältige Beurteilung "Englands", wie Hitler zu sagen pflegte, brach während seiner ganzen politischen Laufbahn immer wieder durch. (89)

In Hitlers politischer Traumwelt spielte ein Bündnis mit Großbritannien eine Zentralrolle. In einem vertraulichen Gespräch mit Hewel bekannte Hitler einmal, daß, wäre er 1918 an der Macht gewesen und hätte er den Krieg gewonnen, er "binnen 24 Stunden mit England" ein Bündnis geschlossen hätte. (90) Doch ein Jahr später sollte er in das andere Extrem verfallen. Englands Rolle auf der Versailler Konferenz hatte ihn bitter enttäuscht. Dessen Habgier hatte seinen Zorn erregt. Was wenige Jahre später in "Mein Kampf" als "Brudervolk" anerkannt werden sollte, wurde jetzt als "perfides Albion" verdammt. In dem Augenblick jedoch, wo Frankreich und Sowjetrußland als Gegner eingestuft wurden, stieg England wieder in den Rang eines begehrten und umworbenen Bündnispartners auf. Hitler erhoffte sich, daß das Prestige Englands dem Reich zugute kommen werde. Aber immer blieb die leise Befürchtung, daß die Briten "nach Jahrhunderten der Weltherrschaft und der Traditionen von Oxford und Cambridge vielleicht zu snobistisch waren, um die Existenz Deutschlands oder irgendeines anderen Landes auf der Basis völliger Gleichberechtigung und mit wichtigen eigenen Einflußsphären zuzulassen." Englands ständige Einmischung in Deutschlands revisionistische Kontinentalpolitik war der Hauptgrund für Hitlers Ausfälle gegen den Inselstaat nach 1937. Damals bezeichnete er Frankreich und England als "unsere Feinde, die uns beide hassen." (91)

Bis 1937 hatten Hitler und Ribbentrop sich "aktiv um Freundschaft /mit England/ bemüht." Aber in jenem kritischen Jahr glaubte Hitler erkennen zu müssen, daß sein Traum von einem Bündnis mit Großbritannien sich wahrscheinlich niemals erfüllen werde. Seine Grundeinstellung unterzog sich einer allmählichen Wandlung, teilweise ausgelöst durch seine Verärgerung über Englands "merkwürdige gönnerhafte Art". Londons ständiges Gerede von einseitigen "Zugeständnissen" an das Reich war der "falsche Ton". Es war Salz in eine offene Wunde. Hätte Großbritannien seine Gespräche und Unterhandlungen mit der Reichsregierung mit den Worten eröffnet: "Weil wir Deutschlands berechtigte Forderungen anerkennen ...", dann wäre die Einstellung des Führers nicht von Bewunderung in Abneigung umgeschlagen. Er hatte immer die Freundschaft mit England gesucht, aber "Freundschaft bedeutet nicht allein einen Nichtangriffspakt ... Freundschaft bedeutet Bündnis ... es bedeutet eine gemeinsame Außenpolitik." (92) Im Laufe der Jahre hatte er "die Engländer ... erst richtig kennengelernt in ihrer Scheinheiligkeit und Unaufrichtigkeit. Sie könnten stundenlang ... über die Beine reden, wenn sie den Bauch meinten." Seine Geduld hatte sich erschöpft. "Er habe die Engländer durch Ribbentrop jetzt mächtig gegen die Beine treten lassen. Die Unverschämtheiten, insbesondere seitens der Presse, ließ er sich nicht mehr gefallen." (93)

In Privatgesprächen hatte sich sein Ton plötzlich verändert. Die Vision eines deutsch-englischen Bündnisses hatte sich verflüchtigt. Was allein blieb, war die Hoffnung, daß es nicht zu einem Krieg zwischen beiden Völkern kommen werde. Aber sollte dieser Extremfall je eintreten, dann würde er sich von London nicht die Initiative entreißen lassen. (94) Nach der Maikrise von 1938 wurde der Bau von U-Booten und Kriegsschiffen forciert vorangetrieben. Was schließlich im Januar 1939 im "Plan Z" konzipiert wurde, war in Hitler im Verlauf des vorangegangenen Jahres langsam herangereift. Die Reichskriegsmarine erhielt Vorrang vor den anderen Wehrmachtteilen und der Exportindustrie. Mit dem "Plan Z" zeichnete sich ein Flottenrüstungsprogramm ab, das verhängnisvoll an die Tirpitz-Ära erinnerte. Und genau jene Maßnahme hatte Hitler in "Mein Kampf" als schwerwiegenden Fehler verurteilt. (95)

1939 gewann Hitler die feste Überzeugung, daß England entschlossen war, Deutschland einzukreisen. Nach dem Anschluß Österreichs und der Besetzung Prags war der Reichsregierung inkriminierendes Dokumentationsmaterial in die Hände gefallen, das dem Führer und Ribbentrop beweisen sollte, daß England sich systematisch "in die Politik dieser Länder" eingemischt hatte mit der Absicht, "deren Unabhängigkeit zu erhalten und Deutschland zu schwächen." Die Dokumente beschuldigten London "bezüglich Polens ebenso gehandelt zu haben." Hitler gewann jetzt die Überzeugung, daß "England Krieg wolle." (96)

Im Sommer 1939 sah Hitler nur eine Alternative: "... entweder kommt es zu einer engen Verbindung /zwischen England und dem Reich/, oder es brechen Streitigkeiten aus." Er sprach die Befürchtung aus, daß "der Funke sich jederzeit entzünden könne." Obwohl England als auch Deutschland davon überzeugt waren, den Sieg davonzutragen, prophezeite er, daß "im Kriegsfall die wirklichen Sieger im Osten Japan und im Westen Amerika sein werden." (97) Er war plötzlich von der panischen Furcht getrieben, die Opposition könnte Chamberlain stürzen und ihn durch den mit einem "Rednertalent" begnadeten Winston Churchill ersetzen. Dieser würde dann sehr wahrscheinlich auf einen Krieg gegen Deutschland zusteuern. (98) Diese Angstvorstellung verfolgte Hitler schon im September 1938, als er mit Chamberlain über das sudetendeutsche Problem verhandelte. Die drohende Gefahr eines Umschwungs in der britischen Außenpolitik, mit Churchill am Ruder, hatte den Führer bewogen, auf der sofortigen Rückgabe des Sudetenlandes zu bestehen. (99) Entgegen seiner ursprünglichen Absicht, mit England zusammenzuarbeiten, und vorbereitet durch die sich daran anschließende Überlegung, seine außenpolitischen Ziele möglicherweise ohne Englands Beistand durchsetzen zu müssen, glaubte sich Hitler 1939 dazu veranlaßt zu sehen, seine revisionistische, gegen Versailles gerichtete Politik nur gegen Großbritannien durchführen zu können. Als Hitler im Sommer 1940 das "Unternehmen Seelöwe" gegen die britischen Inseln anlaufen ließ, war er "keineswegs" entschlossen, das britische Empire zu zerstören. Der Zusammenbruch Englands würde, lamentierte der Führer, der "weißen Rasse" einen vernichtenden Schlag versetzen. Immer noch hoffte er, daß England nachgeben und Deutschland als Kontinentalmacht anerkennen werde. (100) Noch zu einem Zeitpunkt, als der europäische Konflikt sich zu einem Weltkrieg auszuweiten drohte, trauerte Hitler dem deutsch-englischen Bündnis nach, das "ein Bund zwischen zwei Blutsbrüdern" gewesen wäre: "Die Engländer brauchten nur ihre Finger vom Kontinent zu lassen. Ihr Empire und die Welt könnten sie behalten!" (101)

Während ihn hinsichtlich Englands zwiespältige Gefühle bewegten, stand Hitler Sowjetrußland durchweg ablehnend und negativ gegenüber, besonders nachdem sich seit 1923 sein Urteil über den Bolschewismus herauskristallisiert hatte. In seinen späteren tatsächlichen Unterhandlungen mit dem Kreml ließ er sich indessen oft von berechnenden Kalkulationen leiten. Während der ersten Phase seiner außenpolitischen Überlegungen waren Frankreich und England, die Missetäter von Versailles, die Zielscheiben seiner Angriffe. "Kommunismus" und "Bolschewismus" wurden kaum erwähnt. Gelegentlich wurden Entwicklungen in Sowjetrußland sogar positiv kommentiert. Zwar rief Goebbels auf dem Reichsparteitag 1936 aus: "Wir haben von der ersten Stunde unseres politischen Denkens an einen unbarmherzigen Kampf gegen diese Weltgefahr /des Bolschewismus/ geführt" (102), aber Hitlers Propagandaminister ging dabei mit der Vergangenheit recht großzügig um, denn 1925 hatte er noch "Rußland /als/ unseren natürlichen Verbündeten gegen die teuflischen Versuchungen und die Korruption des Westens" gepriesen. (103) Dietrich Eckart, Hitlers Freund und Mitstreiter, hatte öffentlich den "Idealismus" der deutschen Kommunisten und ihren Einsatz zur Rettung Deutschlands gelobt. Beiträge des nationalsozialistischen Reichstagsabgeordneten Graf Reventlow erschienen sogar in der "Roten Fahne", dem Zentralorgan der Kommunistischen Partei Deutschlands (KPD). Selbst der Führer erklärte in einem Augenblick tiefster Abneigung gegen Frankreich, daß er es vorziehen würde, in einem bolschewistischen Deutschland gehängt anstatt in einem von Frankreich beherrschten Deutschland "selig zu werden". Lieber würde er die deutschen Kommunisten mit 500.000 Gewehren ausrüsten, als den Franzosen die gleiche Waffenzahl zu übergeben. (104)

Zwei frühe Ratgeber, die baltischen Emigranten Alfred Rosenberg und Max Erwin von Scheubner-Richter, übten starken Einfluß auf Hitlers Gedankenwelt aus. Besonders warnten sie das Münchner politische enfant terrible vor der "jüdisch-bolschewistischen Gefahr". Als der Gefangene von Landsberg "Mein Kampf" diktiert hatte, war auch seine Umerziehung durch Rosenberg abgeschlossen. (105)

Auch der Freund und Mentor von Rudolf Heß, der Geopolitiker Karl Haushofer, belebte das monotone Gefängnisdasein, indem er der politischen Landschaft, die Hitler zeichnete, schärfere Konturen verlieh. Dieser studierte Friedrich Ratzels "Politische Geographie" und das Buch "Vom Kriege" des preußischen Generals von Clausewitz. Eine verwässerte Version der Ratzelschen Lebensraum-These floß in "Mein Kampf" ein. Die Lektüre von Sir Halford Mackinders geopolitischen Schriften rundete das Bild ab. (106) Hitler glaubte, die Zentralaussage Mackinders erkannt zu haben, nach der die osteuropäischen und sibirischen Ebenen die "Drehscheibe" oder das "Herzland" der internationalen Politik bildeten. Nachdem das "Weltjudentum" die Herrschaft über das ehemalige Zarenreich an sich gerissen hatte, kontrollierte der "jüdische Bolschewismus" nicht nur unermeßliche Reichtümer, sondern hatte auch von dem entscheidendsten strategischen Gebiet innerhalb des "Herzlandes" Besitz ergriffen: "Wer über Osteuropa herrscht, beherrscht das Herzland; wer über das Herzland herrscht, beherrscht die Weltinsel (Eurasien); wer über die Weltinsel herrscht, beherrscht die Welt." (Who rules East Europe commands the Heartland; Who rules the Heartland commands the World Island (Eurasia); Who rules the World Island, commands the World.) (107)

Laut Hitler, dem Festländer, hatten die "jüdischen Weltverschwörer" die universalistische Ideologie des Kommunismus für ihre Zwecke mobilisiert und hatten sich des Schlüssels zur Weltherrschaft, Rußlands, der größten territorialen und organisatorischen Einheit der eurasischen Landmasse, bemächtigt. Nach dem ersten Weltkrieg waren sowohl die aggressiven, militärischen Maßnahmen gegen die baltischen Staaten und Polen als auch die von der Komintern angestifteten kommunistischen Umsturzversuche in Ungarn und Deutschland deutliche Anzeichen dafür, daß die sowjetische Führung entschlossen war, ihre Herrschaft über die "Weltinsel" durch sukzessive Vorstöße nach Mitteleuropa auszudehnen. Wie Mahan und Mackinder so glaubte auch Hitler, die Wechselbeziehung zwischen Geographie,

Technologie und Politik erkannt zu haben. Die Technologie des 20. Jahrhunderts hatte der Landmacht wieder eine dominierende Stellung zurückgegeben. Die technologische Revolution hatte die politisch-militärischen Kalkulationen und Konzepte grundlegend verändert. (108)

Das berühmt-berüchtigte 14. Kapitel "Ostorientierung oder Ostpolitik?" war Hitlers Antwort auf die bolschewistische Herausforderung, die das imaginäre "Weltjudentum" in die strategisch vitale Region der "Weltinsel" hineinkatapultiert hatte, bestrebt, diese als Ausgangsbasis für die kommende Weltrevolution zu modernisieren und zu industrialisieren. Es war ein Echo der Ideen Rosenbergs und Scheubner-Richters und auch der geopolitischen Thesen Ratzels und Mackinders. Hitler richtete seinen Blick auf die zukünftige Gefahr, die Europa von Sowjetrußland drohte. Sein außenpolitischer Programmentwurf enthielt defensive und offensive Elemente. Um Deutschland als Bollwerk gegen den Bolschewismus zu stärken, propagierte er eine "gesunde Bodenpolitik auf Kosten Rußlands". Er faßte den Entschluß, nicht den gleichen unverzeihlichen Fehler zu begehen wie die stümperhaften wilhelminischen Beamten, die gleichzeitig "Bodenpolitik", eine potentielle Bedrohung Rußlands, und "Kolonial- und Welthandelspolitik", eine potentielle Bedrohung der Sicherheit und Interessen Großbritanniens, betrieben und sich so das britische wie auch das Zarenreich zum Feind gemacht hatten. Er hatte sich für England, das "Brudervolk", als Bündnispartner des Reiches entschieden. (109)

Nur gemeinsam mit Großbritannien und Italien, nicht im Alleingang, konnte Deutschland in eine hoffnungsvollere Zukunft marschieren. Das Reich mußte seine historische Mission auf dem Kontinent erfüllen. Wenn es ihm in Mittel- und Osteuropa gelingen sollte, die heranbrausenden roten Wogen zu brechen, so beschützte es die kontinentale Flanke der britischen Metropole und bewahrte die Royal Navy, das Hauptinstrument britischer imperialer Größe, davor, eines Tages von der roten Flut überrollt zu werden. Gelang es dem Bolschewismus jemals, das "Herzland" voll unter seine Kontrolle zu bringen, dann würde Sowjetrußland nicht nur über die ungeheuren Hilfsquellen der "Weltinsel" verfügen, sondern es würde auch in den Rang einer großen Seemacht aufsteigen und das britische Empire bedrohen.

Deutschland war kraft seiner Festlandsrolle dazu bestimmt, die revolutionäre Elite im Kreml daran zu hindern, diesen Domino-Effekt auszulösen. Das Reich mußte nötigenfalls auf dem Kontinent offensiv-defensive Abriegelungsoperationen ausführen. Nur im Bunde mit Großbritannien konnte Deutschland jemals "Weltpolitik" betreiben.

In diesem spannungsgeladenen politischen Schauspiel sollten Hitler und durch ihn die nationalsozialistische Bewegung als dramatis personae auftreten. Der Titel des Dramas lautete "Blut und Boden". Hitler sah sich dazu ausersehen, das deutsche Volk "zu jener politischen Einsicht zu bringen, daß es sein Zukunftsziel nicht im berauschenden Eindruck eines neuen Alexanderzuges erfüllt sieht, sondern vielmehr in der emsigen Arbeit des deutschen Pfluges, dem das Schwert nur den Boden zu geben hat." (110) Obgleich Sowjetrußland eine unmittelbare Gefahr darstellte, sprachen doch einige gewichtige Faktoren dagegen, daß diese Gefahr auf lange Sicht Wirklichkeit werde. Rußland hatte seine historische Bedeutung immer dem "germanischen Element" verdankt. Die Bolschewisten hatten in dem Augenblick ihr eigenes Schicksal besiegelt, als sie den germanischen "Rassenkern" ausrotteten und somit auf die rassisch "minderwertigen" slawischen Volksmassen angewiesen waren. "So unmöglich es dem Russen an sich ist, aus eigener Kraft das Joch des Juden abzuschütteln, so unmöglich ist es dem Juden, das mächtige Reich auf die Dauer zu erhalten. Er selbst ist kein Element der Organisation, sondern ein Ferment der Dekomposition. Das Riesenreich im Osten", prophezeite Hitler, "ist reif zum Zusammenbruch." (111) Die Saat war im Oktober 1917 gesät worden. Die "russische Revolution" war "rein nihilistisch". Wegen dieser nihilistischen Grundeinstellung des russischen Bauern würden die Massen sich "gegen das 'unnatürliche' Herrentum" auflehnen, wenn "es Schwäche zeigt." (112) Das Schicksal hatte Deutschland dazu ersehen, die Scherben des auseinanderfallenden "Riesenreiches des Ostens" aufzusammeln. Ohne aktiv eingreifen zu müssen, würden sich dem deutschen Volk, das bei dieser dramatischen historischen Umwälzung nicht in der Pose des Richters oder Anklägers, sondern als Zuschauer auftreten würde, neue Lebensmöglichkeiten eröffnen. Hatten sich erst einmal die zentrifugalen Kräfte behauptet und die Geschichte ihr Urteil gefällt, dann könnte der deutsche Treck in das Vakuum im Osten vorstoßen. (113) Noch Ende der dreißiger Jahre spekulierte Hitler darauf, daß sich diese Entwicklungen vollziehen würden. "Spontane Autonomiebestrebungen", so hoffte man, würden eine Kettenreaktion auslösen, und der Sowjetstaat würde zerfallen. Möglicherweise könnte das gleiche Ergebnis im Verlauf eines Bürgerkrieges unter Führung eines "russischen Francos" erzielt werden, "vermutlich mit Nichteinmischungsausschüssen und Einmischung auf beiden Seiten!" Der Verlauf zukünftiger Entwicklungen im Osten hing maßgeblich von der "inneren Situation in Rußland" selbst ab. (114) Am Tage des weltlichen Gerichts würden Deutschland, Polen, Finnland und die Ukraine um die sowjetischen Provinzen Stuhlwalzer spielen.

In seinem außenpolitischen Kapitel schwor Hitler allen globalen Ambitionen und Alexandrinischen Eroberungszügen ab. Deutschlands geschichtliche Rolle sollte auf dem europäischen Kontinent ausgespielt werden. In "Mein Kampf" sprach Hitler von deutscher Schwäche und wachsamem, hoffnungsvollem Abwarten.

Aber schon in den spätzwanziger Jahren sollten Hitler und seine nächste Gefolgschaft erkennen, daß das bolschewistische Regime keine flüchtige Erscheinung war. Stalin hatte seine Machtstellung gefestigt; den nicht linientreuen Parteimitgliedern der Rechten und Linken hatte er die Flügel gestutzt, seinen gefährlichsten Gegner Leo Trotzki vertrieben und ein revolutionäres Programm sozialer Manipulation in Angriff genommen, das die gesamte Sozialstruktur der Sowjetgesellschaft umwälzen sollte. Er konstruierte den ökonomischen Unterbau, über dem der politisch-revolutionäre Überbau von 1917 immer noch suspendiert hing. Die Industrialisierung und die Zwangskollektivierung sollten ihm als mächtige Instrumente bei der Durchsetzung seiner globalen kommunistischen Ambitionen dienen. (115)

Als die sogenannte kapitalistische Welt in die Wirtschaftskrise stürzte, mußte das nationalsozialistische Parteiorgan eingestehen, daß "der Fünfjahresplan aufgehört hatte, bloße Theorie zu sein. Er war Wirklichkeit, eine hassenswerte Wirklichkeit geworden, aber eine, mit der man rechnen muß." (116) Innerhalb der "pivot area", der "Drehscheibe", der "Weltinsel" errichtete das despotische Stalin-Regime unter größtem Aderlaß den militärisch-industriellen Komplex, der, auf Hochtouren laufend, gewaltiges Kriegsmaterial für die Rote Armee ausspeien sollte. Mackinders Vision einer engen Wechselbeziehung zwischen Technologie und Geographie wurde für Hitler zum Alptraum.

Während Sowjetrußlands militärische und industrielle Kapazität sprunghaft anstieg, wuchs vor dem deprimierenden Hintergrund der Weltwirtschaftskrise auch gleichzeitig die Zugkraft der kommunistischen Partei. Sowjetrußland als Explosionsherd der Weltrevolution schien Hitler nun ausschließlich zu beschäftigen. In Westeuropa wähnte er Frankreich am Rande des kommunistischen Abgrundes und Spanien in Gefahr, vom Kommunismus überrollt zu werden. Diese bedrohlichen Entwicklungen bewogen ihn, den Machenschaften der Komintern durch den Abschluß des Antikomintern-Paktes mit Japan im November 1936 entgegenzuwirken. Hitler "fürchtete nicht so sehr die Russen selbst als vielmehr ihre enge Verbindung mit der Dritten Internationale." (117) Was immer Hitler von den "Russen" hielt, und in seinen Augen waren die Slawen "rassisch" den Deutschen entschieden unterlegen, der rasante Fortschritt in der Aufrüstung der sowjetischen Luftwaffe und der sich abzeichnende Aufbau von vorgeschobenen sowjetischen Stützpunkten in der Tschechoslowakei lösten Alarmsignale in Berlin aus. (118)

Anfang der dreißiger Jahre türmte sich die bolschewistische Gefahr immer drohender vor Hitler auf. Die nationalsozialistische Bewegung sah sich als letztes Bollwerk gegen den Kommunismus, als letzte kreditwürdige Versicherungsanstalt gegen den Bankrott des Bürgertums. Stalins Komintern-Fangarme waren durch den Schutzwall des Reiches gedrungen. Hitlers 1932 vor dem Industrie-Klub geäußerten Angstvisionen nahmen schärfere Konturen an. Die Bolschewisten, warnte er, hatten Rußland ihre Weltanschauung aufgezwungen, und von der Revolutionsbasis ausgehend, würden sie langsam die ganze Welt zerrütten und deren Zerfall bewirken. Schlössen Europa und Amerika weiterhin ihre Augen vor der Gefahr, die aus dem Osten drohte, dann würde der Bolschewismus die Welt höchstwahrscheinlich so radikal revolutionieren, wie das Christentum es einst getan hatte. Die kommunistische Dampfwalze werde unaufhaltsam vorstoßen, es sei denn, daß der natürliche Selbsterhaltungstrieb der Völker ihren Vormarsch stoppte. (119)

Sowjetrußland wurde plötzlich als gefährlicher und machtvoller Gegner erkannt. Der Georgier Stalin hatte die Exponenten des "jüdischen Bolschewismus", Sinowiew, Kamenew und Trotzki, vertrieben. Der Stalinismus der dreißiger Jahre war etwas ganz anderes als der Bolschewismus um die Mitte der zwanziger Jahre. Hitler hatte seine ursprüngliche Ansicht vom in sich geschwächten Sowjetrußland, die er noch in "Mein Kampf" vertreten hatte, von Grund auf geändert. Stalin hatte offensichtlich die richtigen Schlüsse aus seiner Diagnose des slawischen Charakters gezogen: wo Unordnung und Desorganisation geherrscht hatten, hatte er Ordnung erzwungen. Als ihm gelang, das zu organisieren, was nahezu nicht zu organisieren war, nämlich die slawischen Massen, war ihm das Unmögliche gelungen. Er hatte es durch skrupellose, despotische Entschlossenheit erreicht. Stalin schien sich von der Erkenntnis geleitet lassen zu haben, die für Hitler selbst verbindlich war: "Ohne Zwang wird die Menschheit bald zum Kaninchendasein herabsinken." (120) Hitler hatte nicht so sehr seine Ansicht über die angebliche "Minderwertigkeit" der Slawen als über die Sowjetunion oder vielmehr über Stalin, den unbestrittenen Führer der Weltrevolution, geändert.

Zwei aufstrebende weltpolitische Persönlichkeiten reagierten am Anfang des neuen Jahrzehnts, jede auf ihre Weise, auf die sowjetischen Entwicklungen. Der Fortschritt des ersten Fünfjahresplanes hinterließ einen tiefen Eindruck sowohl auf Hitler als auch auf Roosevelt. Roosevelt neigte dazu, die Industrialisierung nicht nur mit Modernisierung, sondern auch mit Demokratisierung gleichzusetzen. Im Jahre 1933 sollte Roosevelt auf die Chimäre hineinfallen, die Litwinow anläßlich einer längeren Aussprache hinter verschlossenen Türen im Weißen Haus ihm vorgegaukelt hatte: daß Kapitalismus und Kommunismus sich schließlich in einem für beide Parteien soziopolitischen Kompromiß begegnen würden. Darüber hinaus wurde der sowjetische militärisch-industrielle Komplex zu einem gewichtigen Faktor in der strategischen Machtgleichung des Präsidenten. Moskau mußte umworben werden, und noch das sowjetisch-amerikanische Verhältnis störende und kritische Mißtöne über das bolschewistische Regime wurden aus dem Weltbild Roosevelts wegretuschiert. Auch bei Hitler setzte ein Umdenkungsprozeß ein, der allerdings in entgegengesetzten Schlußfolgerungen mündete. Seiner Ansicht nach hatte der Fünfjahresplan die Sowjetunion in den Rang einer Weltmacht erhoben. Anfangs gehegte Hoffnungen auf einen zukünftigen inneren Zerfall des Sowjetreiches mochten in seiner Gedankenwelt noch fortleben, aber gleichzeitig mußte auch die Gewißheit steigen, in Stalin einen ebenbürtigen Gegner gefunden zu haben. Hitlers Image von der Sowjetunion war unverändert negativ. Aber die Wirklichkeit hinter diesem Bild war viel drohender geworden. Stalin war zweifelsohne ein Mann, mit dem man rechnen mußte. Durch ihren despotischen Führer hatte die Sowjetunion an Bedeutung und Gewicht gewonnen.

Zu diesem Schluß waren aufgrund verschiedenster Überlegungen und Beobachtungen auch andere Politiker und Staatsmänner gekommen. Der Kreml sah sich plötzlich umworben. Spätestens seit Anfang der dreißiger Jahre waren die diplomatischen Beziehungen zwischen den europäischen Staaten in Fluß geraten. Eine Mächteumgruppierung zeichnete sich ab. Als

Paris und Moskau 1932 einen Nichtangriffspakt abschlossen, sah Hitler das Menetekel an der Wand. Deutschlands Sicherheit war durch diese Zangenbewegung gefährdet. Gemeinsame Feindschaft gegen das Reich zementierten die weitgespannten Bündnissysteme, die französische Staatsmänner planten. Für Hitler stand Frankreich an der Spitze eines anlaufenden antideutschen diplomatischen Feldzuges. Die Furcht vor einer möglichen deutschen Wiedererstarkung und Vergeltung schien die anderen zu veranlassen, sich um Frankreich als Kern einer anti-deutschen Mächtekonstellation zu scharen.

Um dieser sich schon sehr früh abzeichnenden bedrohlichen Entwicklung zu entgehen, hatten sich die Politiker der Weimarer Republik in die Arme des Moskauer Bären gestürzt. Aber die Versuchung von Rapallo war mehr als ein entschuldbares Vergehen; sie war in Hitlers Urteil ein Sündenfall, ein politisches Verbrechen. Allerdings ließ er anklingen, daß die Ostorientierung unter einer willensstarken Regierung weniger gefährlich gewesen wäre. Unter einer schwachen politischen Führung war eine deutsch-sowjetische Zusammenarbeit verhängnisvoll. In dieser prekären Situation befand sich Deutschland im Jahre 1932. Die Weimarer Politiker hatten eine Fundamentaltatsache übersehen: "... Rußland /ist/ kein Staat, sondern eine Weltanschauung ..." Die Sowjets hatten in allen Ländern revolutionäre Zellen aufgebaut, die von der Moskauer Zentrale straff gelenkt wurden. Als ideologische Bazillenträger verfolgten sie gemäß Weisungen des Kremls revolutionäre Ziele und Umsturzabsichten. Solange die deutsche Regierung an einer Politik der militärischen Zusammenarbeit mit der bolschewistischen "Giftzentrale" festhielt, konnte das kommunistische Krebsgeschwür nicht aus dem deutschen Staatskörper herausgeschnitten werden. Überdies verfehlte eine Zusammenarbeit mit Moskau ihren Zweck, denn die Kremlherrscher waren nie ihren vertraglichen Verpflichtungen nachgekommen. Verträge, so stellte Hitler fest, konnten nur unter Nationen abgeschlossen werden, deren herrschende Eliten auf der gleichen ideologischen Wellenlänge operierten. Sollte Deutschland je in eine vertrackte außenpolitische Krise geraten, dann würden die Sowjets diese Situation zu ihrem eigenen Vorteil ausnutzen. Die bolschewistischen "Befreier" würden über dem Reich die "rote Fahne" hissen. Nachdem die Sowjetunion Nichtangriffspakte mit Paris und Warschau abgeschlossen hatte, konnte Frankreich, noch immer versessen auf die Zerschlagung des Reiches, auf Polen wie auch auf die UdSSR Einfluß ausüben. Eine langfristige Zusammenarbeit mit Moskau mußte Großbritannien gegen das Reich aufbringen und dadurch jede vielleicht vorhandene Chance für das erhoffte britisch-deutsch-italienische Dreierabkommen verspielen. Deutschland war in eine höchst explosive außenpolitische Phase eingetreten. Mit ihrem leichtfertigen Gerede über Wiederbewaffnung beschworen die deutschen Politiker nur Unheil herauf. Die Nation war völlig unvorbereitet für jedwede Notlage. Mehr als die Hälfte der Bevölkerung schwelgte in "pazifistischen" Gefühlen. Für diesen beklagenswerten Zustand war hauptsächlich die Agitation von links verantwortlich. Im Falle einer kriegerischen Verwicklung wären die Soldaten an der Front "nur ... Kanonenfutter und in der Heimat /würde/ der rote Mob losgelassen werden." Seit 1914 hatten sich die inneren und äußeren Umstände völlig verändert. Damals war der Marxismus eine bloße "theoretische Idee". Zum gegenwärtigen Zeitpunkt, 1932, hatte der Kommunismus "einen riesigen Teil der Welt erobert." Die Ereignisse von 1918 waren "ein Kinderspiel", verglichen mit dem, was Deutschland in der nahen Zukunft bevorstand. Nur eine Weltanschauung, die der kommunistischen Ideologie entgegenwirken konnte und das Volk immunisierte, würde die Nation befähigen, sich zu behaupten. Die nationalsozialistische Bewegung war Hitlers ideologisch organisierte Antwort auf den Kommunismus. Die NSDAP war Hitlers innenpolitische Antikomintern-Phalanx, die in nicht allzu ferner Zukunft in dem global geplanten Antikomintern-Pakt eine Ergänzung finden sollte. (121) Die "geistige Aufrüstung" war die dringlichste Aufgabe. Die "materielle Wiederaufrüstung" sollte der geistigen folgen.

Von anderen Voraussetzungen aus entwickelte sich demgegenüber Hitlers Einschätzung des Machtfaktors USA. Das Gespenst einer Pax Britannica-Americana beunruhigte die Gemüter zahlloser deutscher politischer Beobachter. 1917 hatten sich die Vereinigten Staaten gewaltsam in die europäischen Angelegenheiten eingemischt. In Versailles hatte Wilson die zwischenstaatlichen Beziehungen auf dem Kontinent revolutioniert. Die Neue Welt hatte ihr Gewicht in die Waagschale geworfen, um das angeblich aus den Fugen geratene Gleichgewicht der Alten Welt wiederherzustellen. (122) Die Anhänger der deutschen "kontinentalen Schule" reagierten weniger pessimistisch auf die jüngsten Entwicklungen. Für sie schienen die anglo-amerikanischen Mächte nur für einen flüchtigen Augenblick die kontinentale Politik beherrscht zu haben. Nachdem der US-Senat Wilsons großen politischen Entwurf zurückgewiesen hatte, deuteten alle Anzeichen darauf, daß die Vereinigten Staaten zur traditionellen isolationistischen Politik zurückkehren würden. Europa konnte wieder Herr im eigenen Hause sein. Die internationale Politik sollte sich wieder um die europäische Achse drehen. Als die Wirtschaftskrise den Mythos, der das amerikanische kapitalistische System mit Fortschritt gleichsetzte, zerstörte, frohlockten deutsche Geopolitiker ob des traumatischen Einbruches in die Politpsyche der Vereinigten Staaten. Das amerikanische Experiment, so triumphierten sie, hatte in einer Katastrophe geendet. Die Vereinigten Staaten standen vor dem Zusammenbruch. Die Wurzeln des Unheils lagen im totalen Versagen der politischen Führung, die Realitäten der Machtpolitik zu begreifen. Die Vereinigten Staaten hatten sich als tönerner Riese entpuppt, der sich an seinen legalistischen, moralistischen und wirtschaftlichen Krücken fortbewegte. (123)

Alle diese sich widersprechenden Einzeleindrücke verschmolzen in Hitlers Vorstellungsbild von den Vereinigten Staaten, um wieder ausgesondert und nach Dringlichkeit eingestuft zu werden, sobald konkrete Ereignisse in sein Blickfeld traten. Er verwarf jedoch nie die Hauptmerkmale der von den Vertretern der geopolitischen und kontinentalen Schule erarbeiteten Analyse der Vereinigten Staaten. Wie auch in anderen Bereichen färbte und bedingte hier der Zeitgeist der zwanziger Jahre seine impressionistischen Wahrnehmungen. Er schwankte zwischen heimlicher Bewunderung und mißgünstigem Haß, zwischen herabsetzender Unterschätzung amerikanischer Stärke und Schaudern vor der potentiellen Kraft dieser transatlantischen Nation. Amerikas technisches Können und Franklin D. Roosevelts Persönlichkeit flößten Respekt und Furcht vor den Vereinigten Staaten ein als einer Hauptfigur im internationalen Kampf um die Macht. Im Grunde wurden die großen Entscheidungen der Geschichte immer von einzelnen getroffen. "Überlegene" und "minderwertige" Rassen standen sich gegenüber, aber vor allem prallten Persönlichkeiten im Machtringen aufeinander. Mussolini verlieh Italien Bedeutung, Stalin der Sowjetunion und Franklin D. Roosevelt den Vereinigten Staaten. Im internationalen Pokerspiel entschieden Findigkeit, Glück, Instinkt, Intelligenz und Entschlossenheit der Spieler. Nationen und Rassen waren die Spielmarken, mit denen man sich am Spiel beteiligte.

Roosevelt und Hitler – Hai und Tiger – maßen sich mit abschätzenden Blicken. Die Wehrmacht sollte Hitler zu Lande so stark machen wie die Flotte Roosevelt zur See. Weil der Führer seine Armeen nicht über den Ozean marschieren lassen konnte und die Seestreitkräfte des Präsidenten nicht auf Rädern liefen, mußten Hai und Tiger einen kalten Krieg führen, in dessen Methoden sich in bis dahin unbekannter Weise Diplomatisches und Wirtschaftliches mit dem Militärischen vermischen sollten. Geopolitische Vorstellungen beeinflußten sowohl Roosevelts als auch Hitlers Kalkulationen. Wie sein Mentor Alfred Thayer Mahan maß Roosevelt der Stärke zur See größte Wichtigkeit bei und erkannte, daß Seeherrschaft entscheidend war für den Rang einer Großmacht. Wie schon seine Mentoren Haushofer, Ratzel und Mackinder kam Hitler zu dem Schluß, daß die Landmacht eine Seemacht mit Erfolg herausfordern und in die Schranken verweisen konnte. (124)

Aber Hitler unterschätzte keineswegs die Bedeutung starker Flottenstreitkräfte. Wie Mackinder bezog auch er die Seemacht in das strategische Konzept der "Drehscheibe" (pivot area) ein. Sobald der europäische Konflikt sich zu einem globalen Krieg auszuweiten drohte, zwangen ihn geopolitische Imperative, seine territoriale Basis tief ins "Herzland" (Heartland) hinein auszudehnen, um dadurch die Position des Reiches unangreifbar zu machen. Als Hegemon der "Weltinsel" würde er es mit den großen Seemächten aufnehmen und seinen Kontinentalbereich gegen die britische und amerikanische Seemacht verteidigen können. Seine Eroberungen weiter Landstriche in der Sowjetunion (125) zielten letzthin darauf ab, die amerikanische Seemacht zu neutralisieren. Falls selbst eine deutsche Vorherrschaft über die eurasische Landmasse Roosevelt von seiner provokativen Politik nicht abbringen sollte, dann "können die Amerikaner ihren Krieg haben." (126)

Aber Seemacht war von sekundärer Bedeutung: sie war der Landmacht untergeordnet. Hatte Deutschland sich erst einmal im "Herzland" festgesetzt, dann war es unbesiegbar. Um sich gegen außereuropäische Einfälle zu schützen, plante Hitler den Bau eines "Ostwalls" zwischen Leningrad und Rostow, eines "Nordwalls" entlang der norwegischen Küste und eines "Westwalls" längs der deutsch-französischen Grenze. Frankreich sollte außerhalb des Schutzwalls des neuen Europas verbleiben. (127)

Nachdem Hitler die Initiative verloren hatte, plante er, sich einzumauern. Sein kontinentales Denken hatte sich rechtzeitigen seestrategischen Alternativen verschlossen. Alles, was der amerikanischen See- und Militärmacht als Option verblieb, war, gegen sein Bollwerk anzustürmen. Die von ihm kontrollierte eurasische Landmasse war das neue Konstantinopel, strategisch unangreifbar. Wie Byzanz sollte auch sein Neues Europa tausend Jahre lang den gegen seine Wälle brausenden Wogen standhalten. Sollte sein Reich je zerfallen, sein "1453" war noch in weiter Ferne. Im Jahre 1942 hatte die Schützengrabenmentalität des Führers die Oberhand gewonnen. Aber noch bevor er sich auf dem Kontinent festgefahren hatte, schien er erkannt zu haben, daß ihm die Zügel entglitten und von seinem transatlantischen Gegner aufgegriffen worden waren. Um die Initiative wiederzugewinnen, spielte er plötzlich mit dem Gedanken, Mahan und Mackinder zu verbinden; aber es war zu spät. Seine Seestrategen hatten seit geraumer Zeit, aber meist vergeblich, versucht, seine Aufmerksamkeit auf eine für sie unumstößliche Gegebenheit zu lenken, nämlich die Tatsache, daß die See beweglichere Operationsmöglichkeiten gewährte als das Land. Sie hatten nie den verhängnisvollen Fehler gemacht, die "Ausstrahlungskraft der Seemächte" zu unterschätzen. Für sie war die hervorstechendste Eigenschaft des anglo-amerikanischen Gegners seine "ausgeprägte seestrategische Mentalität". (128)

Zu einem Zeitpunkt, als Roosevelt in seiner Funktion als Wilsons Ministerialdirektor im US-Marineministerium "bewußt einseitig provokative Maßnahmen" erwog, die Amerika in den ersten Weltkrieg hineinreißen und "Berlin zum Frieden zwingen" sollten, sammelte Hitler seine militärischen Erfahrungen als Gefreiter an der Westfront. Roosevelt hatte nicht nur die Schriften Mahans über die Rolle der Seemacht in der Geschichte verschlungen, sondern direkt mit seinem Mentor korrespondiert. (129) Hitler sollte bald den geopolitischen Inspirationen Ratzels, Haushofers und Mackinders verfallen.

Hitlers Kenntnisse der Geschichte der Vereinigten Staaten waren fragmentarisch, simplifiziert und entsprangen oft fragwürdigen Quellen. Die Erzählungen Karl Mays über die amerikanischen Indianer hatten ihm "die Augen über die Welt" geöffnet. (130) Während der zwanziger Jahre bereiste Kurt Lüdecke die Vereinigten Staaten als Propagandist der nationalsozialistischen Bewegung, um unter anderem auch Geldspenden zu sammeln. Sein umfassendes Wissen beeindruckte Hitler. Lüdecke wußte "mehr über Amerika als das ganze Auswärtige Amt zusammen." (131) Ernst "Putzi" Hanfstaengl, der Anfang des Jahrhunderts als Student an der Harvard Universität Theodore und Franklin D. Roosevelt kennengelernt hatte, wetteiferte mit seinem Rivalen Lüdecke, Hitlers Amerikabild zu zeichnen. (132) Anfang der zwanziger Jahre wäre es Hanfstaengl fast gelungen, Hitler zu einer Reise durch Amerika zu überreden, um sich an Ort und Stelle mit den amerikanischen Verhältnissen vertraut zu machen. Statt den Atlantik zu überqueren, landete der Führer der nationalsozialistischen Bewegung in der Haftanstalt von Landsberg. Hanfstaengl, durch Hitlers kontinental verengte Perspektive beunruhigt, versuchte, den Führer in Alfred Mahans seestrategische Denkweise einzuführen, die mit Clausewitz' kontinentalen Gedankengängen konkurrierte. Beim Verfassen von "Mein Kampf" setzte sich jedoch Hitlers Gefreitenmentalität gegen Mahans Seeherrschaftstheorie durch. Skizzenhafte Kommentare über die Vereinigten Staaten gingen in der Masse eurozentrischer Betrachtungen unter. Erst in seinem sogenannten Zweiten Buch, das er angeblich Ende der zwanziger Jahre verfaßt hatte, rückten die Vereinigten Staaten schärfer ins Blickfeld. (133)

In einem unbewachten Augenblick gab Hitler zu, daß Amerikas Eintritt in den Krieg Deutschlands Schicksal 1918 besiegelt hatte. Amerikas Menschenpotential und Waffenarsenal hatten letzthin den Ausschlag gegeben. (134) Besonders hatten ihn Amerikas leistungsfähige Industrie und Technologie beeindruckt. (135) Ende der zwanziger Jahre hatte er die Vereinigten Staaten als gewichtigen Konkurrenten auf dem internationalen Markt und als Bedrohung der europäischen Vormachtstellung auf der Weltbühne ausgemacht. (136) Um seine Position zu wahren, mußte das Reich zu einem modus vivendi mit den Vereinigten Staaten kommen, und um einer zweiten militärischen Niederlage zu entgehen, mußte Deutschland in Frieden mit Amerika leben. Im Jahre 1930 faßte Hitler sogar ein militärisches Bündnissystem mit Japan und den Vereinigten Staaten ins Auge, um den Bolschewismus im Zaum zu halten. (137)

Inzwischen waren die Vereinigten Staaten Opfer der großen Wirtschaftskrise geworden. Das amerikanische kapitalistische System schien seinen eigenen Abstieg, wenn nicht sogar seinen eventuellen Untergang, ausgelöst zu haben. Die Tatsache, daß die Vereinigten Staaten eine vielrassische Gesellschaft waren, verschärfte nur noch die schwierigen Wirtschaftsprobleme. In der Sowjetunion hatte die Ausmerzung des "germanischen Rassenkerns" zu einer Schwächung, wenn nicht einem irreversiblen Stubstanzverlust, geführt. In den Vereinigten Staaten werde der "deutsche Bevölkerungsanteil" schließlich die Rettung der Nation bedeuten. Er "wird die Quelle ihrer politischen und geistigen Erneuerung sein", prophezeite Hitler. (138) Die Vereinigten Staaten verfügten immer noch über das Potential einer Großmacht. Aus Hitlers Perspektive deutete sich Macht als Produkt einer chemischen Mischung aus Blut und Umwelt. Letzthin bestimmten überragende Technologie, Massenproduktion, Industriekapazität und die Widerstandskraft des germanischen Elements die Größe und Machtfülle der amerikanischen Nation. (139)

Die amerikanischen technologischen und industriellen Leistungen zogen ihn immer wieder in ihren Bann. Amerika war für Hitler das große Beispiel: "Nur die Kleingläubigen geben mir zur Antwort: Ja, Amerika können Sie doch nicht erreichen." (140) Weil das Reich nicht über die ungeheuren natürlichen Hilfsquellen der USA verfügte, mußte das deutsche Volk dreimal so schwer und hart arbeiten wie die Amerikaner, die "im Überfluß erstickten". Die Amerikaner konnten sich den Luxus erlauben, "fünfzehn verschiedene Meinungen" zu äußern. Sie waren "reich und mit allen Gütern gesegnet". Die Deutschen konnten nur durch "immense Zusammenarbeit" die materiellen Mängel ausgleichen. (141) "Aus unserem Blutstrom ist alles geflossen, was die angelsächsische Welt mit aufgebaut hat. Aus unserem Blutstrom ist ganz Europa gespeist worden, und wir sind die Quelle dieses Blutstromes." (142)

Staaten waren bloße Abstraktionen und Organisationsformen. Im Zeitalter der Planwirtschaft, des Kollektivismus, autoritärer und totalitärer Systeme konnte man die Machtstellung einer Nation letzthin am Format ihrer Führungspersönlichkeiten ermessen, waren diese nun Präsident, Duce, Führer oder Premierminister. Geschichte war die Geschichte großer Männer. So las Hitler die Annalen der Menschheit. Hitlers eigenes Bild vom amerikanischen Präsidenten war ganz anders gezeichnet als das des Goebbelsschen Propagandabüros. Für Hitler bedeutete es eine Herausforderung, mit Roosevelt als Redner die Klingen zu kreuzen. Die Reden des Präsidenten waren zuweilen "schwach, aber propagandistisch gefährlich." (143)

Die Vereinigten Staaten waren gleichbedeutend mit Roosevelt. Seinen Zorn herauszufordern bedeutete, die Vereinigten Staaten herauszufordern. Hitlers Schwanken, ja Unschlüssigkeit gegenüber Amerika entsprang seiner Vorstellung von Roosevelt als einem rätselhaften, unheimlichen Wesen: "... man kann ihm nicht in die Seele sehen." (144) Wie Churchill so überragte auch Roosevelt die zwergenhaften politischen Figuren seines Volkes. Churchill "ist der einzige Engländer, den Hitler fürchtet." Der Führer reihte Churchill "in die gleiche Kategorie wie Roosevelt" ein. (145) Im Augenblick eines Stimmungstiefes gestand Hitler Oberst Etherton: "Es gibt nur einen Mann in der Welt, dessen Bild beim Betrachten mich glauben läßt, daß er ein ganz schön zäher Gegner sein wird." Gemeint war Franklin D. Roosevelt. Hitler schien zu spüren, daß er "in Roosevelt seinen zähesten Gegner finden würde, einen, der kaum zu schlagen wäre." (146) Hitlers Furcht vor Roosevelt war "die beste Abschreckung". Im Falle eines deutsch-englischen Krieges sah der Führer "den riesigen Schatten der Vereinigten Staaten im Hintergrund, und dies erfüllt ihn mit einer tiefen und schrecklichen Furcht ..." (147) Um die Jahreswende 1938/39 war Roosevelt für das Reich zum "Feind Nr. 1" geworden. (148) Ein Bruderkrieg zwischen England und Deutschland würde beide Völker erschöpfen. Hitler warnte, daß "die eigentlichen Sieger Japan im Osten und Amerika im Westen sein werden." (149)

Anläßlich eines Mittagessens im Berliner Auslandspresseclub im Juni 1942 referierte der ehemalige deutsche Geschäftsträger in Washington, Hans Thomsen, über die Vereinigten Staaten und Roosevelt. Vor seinem Vortrag fragte er Dr. Paul Schmidt von der Presseabteilung des Auswärtigen Amtes, ob er den "üblichen Propagandawalzer" tanzen sollte. Schmidt ermunterte ihn, offen und unumwunden zu sprechen. Im krassen Widerspruch zur offiziellen deutschen Propaganda gestand Thomsen, daß Roosevelt alles andere als "verrückt" war. Zwar war er immer von Machtgelüsten besessen gewesen, aber ein maßloser Ehrgeiz war stets ein bestimmender Charakterzug der "Roosevelt-Familie". Sein körperliches Gebrechen hatte ihn niemals mit einem Minderwertigkeitskomplex gezeichnet, wie es die deutsche Propaganda behauptet hatte. "Alle die Eigenschaften, die wir jetzt sehen", bemerkte Thomsen, "waren bereits offenkundig, als Roosevelt Ministerialdirektor im US-Marineministerium unter Wilson war. In dieser Eigenschaft hatte er entscheidend dazu beigetragen, die Vereinigten Staaten in den ersten Weltkrieg zu stoßen." Die Pressekorrespondenten waren über diese Enthüllungen sprachlos. "Deutschlands Propagandathesen sind eine Sache", erklärte der Leiter der Presseabteilung, "Deutschlands auf Thomsens objektiven Berichten beruhende Politik" war etwas ganz anderes. Die Reichsregierung und der Führer, schloß Dr. Schmidt, waren nie irgendwelchen Illusionen über Roosevelt und die Vereinigten Staaten erlegen. (150)

Spätestens seit 1937 war die Neuausrichtung der amerikanischen Politik mehr als ein irritierender Faktor in der europäischen Politik. In Hitlers politischen Kalkulationen war Amerika zu einer entscheidenden Größe geworden.

Kapitel 4

Hakenkreuz und Hammer und Sichel: 1933

Der "Alptraum der Koalitionen" – die Einkreisung des Reiches – hatte schon Bismarck verfolgt und sollte auch Hitlers Nerven auf die Probe stellen. Der Eiserne Kanzler hatte einmal einen Kollegen vom diplomatischen Corps daran erinnert, daß die internationale Politik auf eine einfache Formel gebracht werden könne: "In einer von fünf Mächten regierten Welt muß man versuchen, à trois zu sein." 1933 mußte der nationalsozialistische Kanzler erkennen, daß Deutschland tout seul war. In einer feindlichen und unruhigen Umwelt durfte nichts gewagt werden, was Deutschland gefährdete. Im Inneren mußte einer zerstrittenen Nation durch "Gleichschaltung" der Frieden auferzwungen werden. Als Rückhalt seiner eigenen Machtstellung mußte die Wehrmacht für die nationalsozialistische Bewegung gewonnen werden. Es gab nichts, was Hitler den Militärs nicht zu versprechen gewillt war: Geld, Soldaten, Waffen und Auszeichnungen. Nach außen war der Führer entschlossen, zumindest einen sechsjährigen Burgfrieden unter den europäischen Mächten zu erreichen. Für die Erholung der europäischen Wirtschaft war eine längere Friedenszeit unbedingt notwendig. Um den deutschen Einfluß auf dem Kontinent wiederherzustellen, "brauchen wir Ruhe und eine starke Wirtschaft." Das "Säbelrasseln" nationalistischer Gruppen mußte unterbleiben, damit bei den Nachbarn des Reiches keine Befürchtungen erweckt würden. (1)

Schon vor Hitlers Machtergreifung hatten die Sowjets ihre außenpolitischen Prioritäten umgestellt. Wenn sie auch noch nicht die Bande mit Berlin zerschnitten hatten, waren sie Warschau doch nähergerückt. Im November 1932 hatten sie mit Polen einen Nichtangriffspakt abgeschlossen, in Ergänzung eines ähnlichen Abkommens, das sie mit Paris eingegangen waren. Die Ratifizierung dieser Nichtangriffspakte mit Deutschlands po-

tentiellen Gegnern im Osten und Westen kündigte einen Wechsel in der außenpolitischen Orientierung der UdSSR an. Litwinow hatte die Bedeutung
dieser Vertragsabschlüsse bewußt aufgebauscht. Die Mißhelligkeiten, die
die sowjetisch-französischen Beziehungen seit Jahren getrübt hatten, waren angeblich beseitigt worden. Die Sowjetpresse veröffentlichte an promi-
nenter Stelle Artikel des ehemaligen französischen Ministerpräsidenten
Edouard Herriot über die bevorstehende politische Mächteumgruppierung
in Europa und zitierte ausführliche französische Einschätzungen der Mili-
tärstärke Sowjetrußlands. Moskau posaunte in die Welt hinaus, daß die
UdSSR an Gewicht gewonnen hatte. Frankreich, so behaupteten sowjetische Kommentatoren, hatte das Reich im Osten umworben. Nicht nur
deutsche diplomatische Beobachter beunruhigten die Entwicklungen entlang der Paris-Moskau-Front. Bei dem italienischen Botschafter Attolico
riefen sie sogar Erinnerungen an den Abschluß des französisch-russischen
Bündnisses vor dem ersten Weltkrieg wach. Aber Frankreich, davon war er
überzeugt, werde schon bald erkennen müssen, daß es den Sowjets aufge-
sessen war. (2) Tschechoslowakische Diplomaten prophezeiten, daß die
mit Moskau abgeschlossenen Nichtangriffspakte zwangsläufig zu einer Ab-
kühlung der deutsch-sowjetischen Beziehungen führen würden. Der Geist
von Rapallo verflüchtigte sich. Stalin schien bereit, sich von Germania los-
zusagen.

Berlin reagierte auf diese Entwicklungen mit Bestürzung. In der deutschen Hauptstadt schwirrten Gerüchte über einen bevorstehenden polnischen Angriff auf Ostpreußen. (3) Botschafter von Moltke warnte, daß Polen "mit dem Feuer spiele". (4) Reichskriegsminister Werner von Blomberg
läutete die Alarmglocken. General Adam, Chef des Truppenamtes, resümierte: "Wir sind zur Zeit nicht in der Lage, Krieg zu führen." Er drängte
darauf, um jeden Preis, "selbst um den einer diplomatischen Niederlage",
einen militärischen Konflikt zu vermeiden. Im April erreichten Hitler alarmierende Nachrichten, daß Marschall Pilsudski mit Paris Verbindung aufgenommen und um französische Unterstützung für einen Präventivkrieg gegen das Reich ersucht hatte. (5)

Warschau beabsichtigte, den nationalsozialistischen Wahlsieg als Vorwand für einen Angriff auf die Freie Stadt Danzig zu benutzen. Das bedeutete Krieg zwischen Deutschland und Polen. Meldungen, daß die Tschechoslowakei "fieberhaft" rüstete, machten die Lage noch bedrohlicher.
Angeblich lieferten die Jugoslawen den Tschechen bereits Waffen. Von der
UdSSR erwartete Pilsudski eine wohlwollende neutrale Haltung. Moskau
würde die Lage nicht zu einer Intervention ausnutzen. Der polnische Nachrichtendienst bestätigte, daß die Rote Armee in einem schlechten Zustand
war: ihr Nachschub- und Transportwesen war in einem heillosen Durcheinander. Auch die sowjetisch-japanischen Spannungen in Asien schienen eine
sowjetische Intervention in Europa auszuschließen. Die Lage schien günstig für einen polnischen Überfall auf Deutschland. (6) Hitler unterrichtete
Neurath und Blomberg über diese bedrohlichen Entwicklungen. Hitlers
ganzer Zorn richtete sich gegen die Tschechoslowakei, die mit Polen ge-

meinsame Sache machen wollte. Beunruhigende Nachrichten erreichten Berlin auch aus anderen europäischen Hauptstädten. Die Spannung stieg aufs äußerste. Ausländische Regierungen, so verlauteten Meldungen, verstärkten ihre Kriegsvorbereitungen. (7)

Angesichts der Gefahr, die von Polen und der Tschechoslowakei drohte, konnte Hitler es sich nicht leisten, den Roten Bären zu reizen. Seine antibolschewistische Einstellung und Propaganda durften die Grundlagen seiner außenpolitischen Strategie − friedliche Koexistenz − nicht antasten. Die Unterdrückung der Kommunistischen Partei Deutschlands (KPD) war nicht von antisowjetischen Maßnahmen begleitet. Staatssekretär Bernhard Wilhelm von Bülow instruierte Botschafter von Dirksen in Moskau, Gerüchten über einen angeblich bevorstehenden Abbruch der deutsch-sowjetischen Beziehungen keine Bedeutung beizumessen, denn "hier wird wie anderswo auch immer noch mit Wasser gekocht." Hitler befolgte Neuraths Empfehlung, die politische, militärische und wirtschaftliche Zusammenarbeit mit der UdSSR beizubehalten. (8) Im Mai verlängerte er den deutsch-sowjetischen Vertrag von Berlin aus dem Jahre 1926 auf unbegrenzte Zeit. (9) Sich Sowjetrußland zum Feind zu machen "widersprach unserer erklärten Politik". Blomberg drängte Hitler und Göring, Kontakte zwischen deutschen Offizieren und russischen Emigranten, die im Reich im Exil lebten, zu unterbinden, und er beschwor den Führer, ihre Organisationen "aufzulösen". (10)

Moskau gegenüber zog Hitler die Hörner ein. Nach Gesprächen zwischen Neurath und Litwinow zirkulierten in Berlin Gerüchte, daß beide Regierungen die in Rapallo eingeleitete Politik fortsetzen wollten. Hitler hatte seinem Außenminister versichert, daß er "persönlich" für ausgeglichene Beziehungen mit Moskau war. Der Führer hatte schon immer deutlich unterschieden zwischen der Komintern und der UdSSR. Während im Umgang mit der Dritten Internationale nicht viel Federlesens gemacht wurde, faßte Hitler Moskau mit Samthandschuhen an. Aber aus der Tatsache, daß die Prawda Göring und Rosenberg scharf ins Kreuzfeuer genommen hatte, schloß der tschechische Gesandte in Moskau, Josef Kosek, daß das einst enge deutsch-sowjetische Verhältnis "eine Sache der Vergangenheit" war. Der Kreml hatte seine Anstrengungen verdoppelt, die Beziehungen sowohl mit Paris wie mit Washington zu verbessern. (11)

Angesichts der rasch zunehmenden Spannungen zwischen Berlin und Warschau wurde Dirksen angewiesen, bei Litwinow bezüglich der sowjetischen Haltung zu sondieren. Der Botschafter äußerte die Befürchtung, daß Polen im Begriff war, die Machtergreifung des Führers zu einem "Präventivkrieg" gegen Deutschland auszunutzen. Warschau stand augenblicklich in enger Fühlung mit Prag. Angeblich erwägten beide Regierungen das Für und Wider eines militärischen Wagnisses. Sollte Moskau "wohlwollende" Neutralität bewahren, dann werde Polen sehr wahrscheinlich seine Kolonnen über die Grenze nach Ostpreußen marschieren lassen. Polen säe absichtlich "Mißtrauen" zwischen Berlin und Moskau, um eine Entfremdung zwischen beiden Völkern herbeizuführen. Laut deutscher Meldungen hatte

Polen "ein großes Projekt" geplant: ein weitgespanntes Bündnissystem, das die baltischen Länder und die Staaten der Kleinen Entente einer polnisch-russischen Koalition angliedern sollte. Litwinow versicherte Dirksen, daß Warschau zwar "zweifellos dieses ... politische Projekt verfolge", aber daß Moskau keine Verhandlungen mit Warschau aufgenommen hatte. Er betonte, daß die Haltung der UdSSR "sehr bestimmt und unabhängig von den Tagesereignissen" war und daß die Sowjetunion im Falle eines deutsch-polnischen Konfliktes an einer Politik strikter Neutralität festhalten werde. (12)

Dirksen sprach die Erwartung aus, daß sich die deutsch-sowjetischen Beziehungen trotz augenblicklicher Mißstimmungen stabilisieren würden, "wenn auch auf einer unteren Ebene." Diese Hoffnungen verstärkten sich, als anläßlich eines Empfanges in der deutschen Botschaft, an dem General von Bockelberg und andere hohe deutsche Offiziere teilnahmen, Wodka und Kameraderie eine nostalgische Stimmung auslösten. Aber sie zerstoben in dem Augenblick, als der Kreml Offizieren der Roten Armee die Teilnahme an Sitzungen der deutschen Kriegsakademie verweigerte. Die Führung der Roten Armee schien plötzlich Weisungen erhalten zu haben, die militärische Zusammenarbeit mit Berlin abzubrechen. (13)

Ehe Dirksen im August 1933 Moskau verließ, äußerte er sich deprimiert: "Das Rapallo-Kapitel ist abgeschlossen." (14) Nicht für immer, behaupteten andere Beobachter der Moskauer Szene. Das Rapallo-Kapitel werde zwangsläufig eine Fortsetzung haben. Obwohl die Beziehungen zwischen Moskau und Berlin sich einem Tiefpunkt näherten, könnte diese einstweilige Entfremdung unter veränderten Umständen eines Tages wieder einer engeren politischen Zusammenarbeit Platz machen. Vom Standpunkt Moskaus aus gehörten sowohl die demokratischen wie die faschistischen Nationen dem kapitalistischen Feindlager an. Wann immer es dem Kreml paßte, werde er seine diplomatischen Prioritäten umstellen und seine Politik wieder nach Berlin ausrichten. (15)

Trotz seiner Annäherung an Frankreich und Polen blieb Stalin in seiner grundsätzlich feindlichen Einstellung der kapitalistischen Welt gegenüber unversöhnlich. Das Lockern der Bande mit Berlin sollte der sowjetischen Politik mehr Spielraum geben und Lenins Vorhaben, die Kräfte der kapitalistischen Staaten gegeneinander zu kehren, in Gang setzen. Hinter der Fassade kollektiver Sicherheit verfolgten die Sowjets unbeirrbar ihre revolutionären Fernziele. Bei der Genfer Abrüstungskonferenz gewann Litwinow einen taktischen Vorteil, als Afghanistan, Persien, die Türkei, Rumänien, Polen, Lettland und Estland eine abgeänderte Fassung seines Vertragsentwurfs vom 6. Februar 1933 über die Definition der Aggression annahmen. Er hatte es erreicht, daß Stalins Axiom von der Wechselbeziehung zwischen Krieg und Revolution in den Vertragstext aufgenommen wurde: "... grundsätzlich sollten revolutionäre Regimes keinen Vergeltungsmaßregeln unterworfen werden für ihre Gewalttaten und Enteignungsmaßnahmen; 'rückständige Gebiete' sollten nicht gewaltsam ausgebeutet oder durch Kanonenbootüberfälle für ihre Aktionen gegen kapitalistische Ausbeutung bestraft werden." Während die UdSSR bei den Beratungen in Genf den Schein erweckte, mit anderen Völkern zusammenzuarbeiten, war der Kreml "zu jenem Zeitpunkt entschieden weniger daran interessiert, einen Maßstab für Aggression festzusetzen, als daran, seine Position als eines revolutionären Staates in einer vermeintlich feindlichen Welt zu schützen." (16)

Während Deutschland immer mehr in die Isolierung zu treiben und vom Krieg bedroht schien, verbuchte Moskau einen diplomatischen Erfolg nach dem anderen. Stalin benutzte das Reich als Schreckgespenst, um seine aussenpolitischen Ziele zu fördern. Hitler-Deutschland lag in den Wehen einer Neuordnung. Der Führer konnte die Einkreisungsfront nicht durchbrechen. Auf der Suche nach freundschaftlichen Beziehungen konnte er nur hoffen, sich durch diplomatisches Manövrieren Türen zu öffnen. Als der Duce einen Viermächtepakt zwischen Großbritannien, Frankreich, Italien und Deutschland vorschlug, ergriff der Führer diese Gelegenheit auch in der Hoffnung, daß der Vorschlag eines europäischen Direktoriums Frankreichs Bündnissystem aushöhlen werde. Der geplante Pakt schloß Polen und die Tschechoslowakei aus. Benesch erhob scharfen Protest, und Warschau reagierte mit Bestürzung. Auf Paris wurde Druck ausgeübt. Als der Vertrag am 7. Juni 1933 in Rom paraphiert wurde, waren Britannien, Deutschland, Italien und Frankreich unverbindliche Verpflichtungen eingegangen. Aber dieser Schritt hatte Hitlers Zwecken gedient. Zwischen Frankreich und seine ost- und mitteleuropäischen Verbündeten war ein Keil getrieben worden. (17)

Als der Multilateralismus jedoch keine wesentlichen Ergebnisse zeitigte, schaltete Hitler auf Bilateralismus um und nahm vorsichtig Fühlung mit Warschau auf. Eine Kette von Vorkommnissen hatte in Berlin bange Augenblicke bewirkt. Im Sommer 1933 hatte Karl Radek, einer der erfahrensten und geschicktesten Komintern-Agenten, Polen besucht. Auch Herriots Reise nach Odessa, Charkow, Rostow, Kiew und Moskau hatte den Führer beunruhigt. Die deutsch-sowjetische Schicksalsgemeinschaft hatte für Stalin ihre ursprüngliche Daseinsberechtigung verloren. Doch während der letzten Monate des Jahres 1933 war Moskau an der Reihe, nervös zu reagieren. (18) Gerüchte über die Aufnahme von deutsch-französischen Gesprächen alarmierten sowjetische Funktionäre. Litwinow hatte während einer Unterhaltung mit Mussolini Moskaus Befürchtungen hinsichtlich einer deutsch-polnischen Verständigung ausgesprochen. Um Berlins Annäherungen an Paris und Warschau zu blockieren oder zu vereiteln, versuchte Stalin jetzt, sich bei den herrschenden politischen Kreisen dieser Hauptstädte einzuschmeicheln. Die deutsch-sowjetische Zusammenarbeit wurde bewußt bagatellisiert, aber Stalin hatte noch nicht die Absicht, die Brücke nach Berlin ganz abzubrechen. Er hoffte noch, sich die Wahl zwischen Paris und Berlin offenhalten zu können. (19)

Stalins Befürchtungen, daß eine Wende in den deutsch-französischen Beziehungen eintreten könnte, bestätigten sich nicht. Paris hielt an seiner feindseligen Haltung Berlin gegenüber fest. Zwar hatte der Generalsekretär des Quai d'Orsay, Alexis Léger, einen Präventivkrieg gegen das Reich abgelehnt, aber auch gleichzeitig die Hoffnungen auf ein deutsch-französisches Abkommen zunichte gemacht. Die Zusammenarbeit mit England blieb weiterhin der Eckpfeiler der französischen Außenpolitik. Léger hatte entschieden, daß Frankreich seine Bemühungen, eine Einheitsfront gegen das Reich zu schmieden, fortsetzen sollte. (20)

Trotz dieser für ihn hoffnungsvollen Entwicklungen erwiesen sich Stalins Befürchtungen bald als begründet. Hitler hatte Warschau bewogen, einen Nichtangriffspakt mit dem Reich abzuschließen. Am 26. Januar 1934 unterzeichneten Berlin und Warschau ein auf zehn Jahre begrenztes Abkommen. (21) Hitler hatte damit nicht nur seine Volkstümlichkeit, sondern auch seine politische Existenz aufs Spiel gesetzt. Ein Nichtangriffspakt mit Polen wäre "als Verrat verurteilt" worden, hätte "irgendein früherer deutscher Kanzler ihn unterzeichnet", kommentierte Lewis Einstein, ein erfahrener amerikanischer Beobachter des europäischen Schauplatzes. (22) Hitler hatte seinen ersten großen diplomatischen Durchbruch erzielt. Er hatte der antideutschen Koalition, die Frankreich, Polen und die Tschechoslowakei einschloß und der beizutreten die UdSSR angeblich im Begriff war, die Spitze abgebrochen. Der Nichtangriffspakt mit Polen hatte dieses Bündnissystem nicht zerplatzen lassen, aber die deutsch-polnischen Spannungen, die seit der Machtergreifung zugenommen hatten, verminderten sich rasch nach dem aufsehenerregenden Vertrag vom Januar 1934. Die eigentlichen Probleme, die Reibungen hervorrufen konnten, wurden vorerst in der Schwebe gelassen. Aber die persönlichen Beziehungen zwischen Hitler und Pilsudski verbesserten sich erheblich. Durch den Tod des alten Marschalls im folgenden Jahr erlitt die Politik des Reiches einen Rückschlag, denn sein Nachfolger, Rydz-Smigly, war "uns nicht so wohlgesinnt". (23)

Mit der Unterzeichnung des Paktes hatte Hitler die gespannte Lage entschärfen wollen. Er hatte auch die Hoffnung gehegt, daß die Verständigung mit Polen, Frankreichs Verbündetem, sich fruchtbar auf die deutsch-französischen Beziehungen auswirken würde. Die Interessengegensätze zwischen Polen und Deutschland hatten immer als unüberbrückbar gegolten. Nun hatte Hitler demonstriert, daß heikle Themen, die Deutschlands Beziehungen zu seinen Nachbarn belasteten, auf friedliche Weise geregelt werden konnten. Paris war Hitlers früheren Annäherungsversuchen ausgewichen. Nach seiner Auffassung ließ Frankreichs Verhalten auf feindliche Absichten gegen das Reich schließen. Da sich Deutschlands diplomatische Position nach dem Januar 1934 merklich verbessert hatte, hätte Hitler mit einer gewissen Berechtigung darauf setzen können, daß Frankreich ihm im Zuge von neuen Verhandlungen auf halbem Wege entgegenkommen würde.

Während der zwanziger Jahre hatten Deutschland und Sowjetrußland geplant, "das Abendmahl zu nehmen mit Polen als Hostie". (24) Und wegen des polnischen Problems trennten sich 1934 Moskaus und Berlins Wege. Aus Moskaus Sicht stellte Hitlers Nichtangriffspakt mit Polen einen revolutionären diplomatischen Akt dar. Er schien ein Zeichen dafür zu sein, daß der Führer die politische Westorientierung seiner unmittelbaren Vorgänger fortsetzen wollte. Der Pakt unterbrach zeitweilig die langjährige Politik der Zusammenarbeit zwischen Berlin und Moskau. Aber das ungelöste Polenproblem sollte die ideologische Kluft, die beide Regierungen trennte, schließlich wieder überbrücken. Für Lenin wie auch für Stalin durfte ideologisch begründete Feindschaft einer möglichen vierten Teilung Polens nicht im Wege stehen.

Aber im Januar 1934 drohte Hitlers aufsehenerregende Aussöhnung mit Warschau, Stalins Hoffnungen zu vereiteln. Seine seit langem geplante und nach 1928 eingeleitete Strategie lief plötzlich Gefahr, durch die jüngsten Ereignisse überrollt zu werden. Schon seit Ende der zwanziger Jahre zeichneten sich die Konturen seines außenpolitischen Doppelspiels immer deutlicher ab. Während Stalins Kommissar für Auswärtige Angelegenheiten Warschau und Paris zu verstehen gab, Vergangenes vergangen sein zu lassen, mobilisierte die Komintern ihre öffentlich agierenden und getarnten Schockbrigaden in Polen, der Tschechoslowakei, Belgien und Frankreich. Dieser Kampagne fehlte es nicht an dialektischer Raffinesse. Über seine agitatorischen Transmissionsriemen und Tarnorganisationen in diesen Ländern forderte Moskau die Verwirklichung des Selbstbestimmungsrechts für die deutschen Bevölkerungsgruppen in Elsaß-Lothringen, Eupen-Malmedy, an der Saar, in Schlesien, dem Sudetenland und im polnischen Korridor. Durch die Umtriebe der Komintern hielt der Kreml das drohende Gespenst des "deutschen Revanchismus" am Leben. Die Absicht war, die Spannungen in West-, Mittel- und Osteuropa zu schüren. Die sowjetische Spaltungsstrategie im europäischen Vorfeld hatte ihr Gegenstück in Stalins Jiu-Jitsu-Methode auf dem innerdeutschen Schauplatz. (25) Zwar arbeitete Stalin auf amtlichen und halbamtlichen Wegen noch politisch, wirtschaftlich und militärisch mit der Weimarer Republik zusammen, aber gleichzeitig begann er den Komintern-Apparat in seiner Funktion als Hebamme der nationalsozialistischen Revolution einzusetzen, die die Weimarer Republik zerschlagen und dadurch die drohende Annäherung an die Westmächte torpedieren sollte. (26)

Stalin hatte beschlossen, die historisch einmalige Gelegenheit zu nutzen, die die steigende nationalsozialistische Flut zu bieten versprach. Die Aussicht auf eine Hitler-Kanzlerschaft beobachtete Stalin mit Gleichmut. Von einer Machtergreifung durch die NSDAP versprach sich der Kremldiktator reichen Gewinn. Der 6. Komintern-Kongreß von 1928 hatte bereits die Wiederaufnahme der Revolutionierungsstrategie angekündigt, in die Stalins weitgespannter Subversionsapparat eingespannt wurde. Das Gewicht der Komintern wurde bewußt in die nationalsozialistische Waagschale geworfen. (27)

Die Sozialdemokratische Partei (SPD) wurde zum Hauptangriffsziel der Kommunistischen Partei (KPD). Die "Sozialdemokratie" wurde als "die stärkste Bastion der Bourgeoisie" verteufelt. Das Schlagwort "Der Feind steht rechts" machte der Devise "Der Hauptfeind steht links" Platz.

(28) Stalins Revolutionierungspolitik war von der Absicht getragen, die SPD zu vernichten, weil sie "die Arbeiter vom Klassenkampf abhielt ..., wenn sie nicht zerschlagen wird, dann kann die Bourgeoisie nicht gestürzt werden." (29) Von der vorpreschenden Hitler-Bewegung erhoffte sich der Kreml eine baldige Realisierung seiner revolutionären Zielsetzungen. Für Stalin war der Nationalsozialismus das letzte Stadium des bürgerlichen Kapitalismus: sein Sieg würde den Weg freikämpfen für die schließliche kommunistische Machtübernahme. Um dieses Ziel zu erreichen, war Stalin bereit, die zeitweilige Vernichtung der KPD in Kauf zu nehmen, die noch zu schwach war, um eine von den Sowjets angestiftete Revolution durchführen zu können. Darüber hinaus brachte eine voreilig inszenierte kommunistische Revolution in Deutschland schwerwiegende Gefahren und Folgen mit sich, die in keinem Verhältnis zu den zu erwartenden Vorteilen standen. Europa zu diesem Zeitpunkt ein Sowjetdeutschland zu präsentieren, mußte die westlichen Staaten aufschrecken und daher Stalins bereits eingefädelte Annäherung an Frankreich, die Kleine Entente und Polen gefährden. Hingegen würde ein militaristisches, chauvinistisches Deutschland, das sich geschworen hatte, das Versailler "Diktat" zu zerreißen, sehr wahrscheinlich auf den diplomatischen, ja selbst bewaffneten Widerstand derjenigen Staaten stoßen, die sich verpflichtet hatten, den status quo zu erhalten. Da ein militärischer Zusammenstoß nicht in der nahen Zukunft zu erwarten war, blieb Stalin eine Frist für die Vollendung der Industrialisierung, die Erreichung des Rüstungssolls und die Stalinisierung der Streitkräfte.

Bereits 1922 hatte Moskau von einer kleinen Schar bayrischer Radikaler Notiz genommen, die es als eine "kleinbürgerliche revolutionäre Gruppe" ansah. Doch offenbarte die nationalsozialistische Bewegung für die Kremlstrategen einen "gesunden Drang, ganz und gar mit der alten Ordnung zu brechen". (30) In der Zeit vor und nach dem Hitlerputsch von 1923 kam es wiederholt zu "kommunistisch-völkischer Verbrüderung". (31)

Ihre doktrinären Vorurteile hinderten die Kommunisten jedoch, die wahre Bedeutung des nationalsozialistischen Phänomens zu erfassen. Der "Faschismus" hatte bereits die Macht an sich gerissen, verkündete der deutsche Kommunistenführer Thälmann im Februar 1930 in einer Reichstagsrede. Für Stalin und die Komintern machte es wenig Unterschied, ob der Sozialdemokrat Müller oder Nationale vom Schlage Brünings, Papens, Schleichers oder Hitlers in der Reichskanzlei saßen. Aber von allen "bürgerlichen" Politikern erwartete man sich in Moskau von Hitler den größten Gewinn. Einmal ans Ruder des Staates gelangt, würde er mit den "Sozialfaschisten" aufräumen und so die erste Etappe auf dem langen Marsch zur Revolution erreicht haben: die Zerschlagung der sozialdemokratischen Parteiorganisation. Der Sowjetdiktator ließ sich die günstige Gelegenheit, die die innenpolitische deutsche Situation den Kommunisten bot, kalkulierend entgehen, "in der Hoffnung, in einer noch unbestimmten Zukunft größere und vollständigere Siege zu erringen." (32) Einige zeitgenössische Beobachter glaubten erkannt zu haben, daß hinter Stalins Absicht, die nationalsozialistische Bewegung an die Macht zu bringen, "eine großangelegte Strategie stand, um einen der großen Kriege der Neuzeit auszulösen ..." (33) Diesen Überlegungen und Planungen lag die feste Annahme zugrunde, daß "ein nationalsozialistisches Deutschland nie mit Frankreich und Großbritannien zu einem Ausgleich kommen würde ..." (34)

Stalins Revolutionierungsstrategie hatte unmittelbare katastrophale Auswirkungen auf die innerdeutsche Entwicklung. Anfang 1932 traf auf Stalins Befehl eine Gruppe deutscher Kommunisten in Moskau ein, die in die Geheimplanung des Kreml eingeweiht wurde. Manuilskij, Mitglied des Präsidiums und des Politischen Sekretariats der Komintern, erteilte dem Führer der Gruppe, Remele, strikteste Anweisungen. Die bevorstehende Reichspräsidentenwahl bot der Komintern eine Chance, die erste Phase ihres mehrstufigen Komplotts einzuleiten, das bezweckte, Deutschland und schließlich — durch das Reich — Europa zu revolutionieren. Theodor Wolff vom Berliner Tageblatt schrieb in einem Leitartikel: "Wenn die Sache richtig verläuft, wird der Nationalsozialismus auf den Schultern des Kommunismus an die Macht und Hitler in das Reichspräsidentenpalais getragen werden." Vom Bannerträger der KPD, "Teddy" Thälmann, erwartete Moskau, "Hindenburg ein paar Millionen sozialdemokratischer Stimmen" abspenstig zu machen und dadurch einen Wahlsieg des Präsidentschaftskandidaten der NSDAP, Adolf Hitler, zu ermöglichen. Den deutschen Kommunisten wurde unverblümt gesagt, daß der "Hauptfeind nicht Hitler ist", nicht einmal "allein" die Sozialdemokratie, sondern die "Kombination Brüning-Severing-Hindenburg". Diese Kräfte hatte man im Kreml als das größte Hindernis für die Revolutionierung der deutschen Situation ausgemacht. Sie hatten das unverzeihliche Verbrechen begangen, den "Staatsapparat" zu stärken. Die Zerschlagung der politischen Institutionen und der Machtinstrumente der Weimarer Republik wurde als unmittelbares Ziel bezeichnet. "Aus diesem Grunde", bekannte Manuilskij, "ist Hitler beim jetzigen Stand der Dinge unser Verbündeter, — wenn er sich dieser Tatsache auch nicht bewußt ist." Hitler sollte das Gebäude der Weimarer Republik niederreißen und den "Staatsapparat" zerstören. (35)

Hitlers Ernennung zum Reichskanzler im Januar 1933 "überraschte uns" nicht, gestand der stellvertretende sowjetische Kommissar für Auswärtige Angelegenheiten, Krestinsky. Die Sowjets waren davon überzeugt, daß der Führer nicht wirklich führen werde. Sie erwarteten, daß Papen, Blomberg und Neurath das Steuer übernehmen würden, als Vertreter der Großindustrie die eigentlichen Herrscher über Deutschland, die nie zuließen, daß Hitlers Anti-Bolschewismus sich zu einer antisowjetischen Politik auswüchse. (36)

Dem tschechoslowakischen Gesandten in Moskau, Josef Kosek, hatte ein "sehr einflußreicher sowjetischer Theoretiker" anvertraut, daß die Kremlführung "die einzig denkbare korrekte Haltung gegenüber Hitler-Deutschland eingenommen" hatte. Die möglichen Folgen einer Machtergreifung Hitlers waren bereits 1931 bei einem Gipfeltreffen der Komintern in Moskau erörtert worden. Die erste Alternative sah eine geschlossene

Front der Kommunisten und Sozialdemokraten gegen den Nationalsozialismus vor. Ohne diesen Zusammenschluß war die Machtergreifung durch die Hitlerbewegung unaufhaltsam und "der Sieg des Faschismus gesichert". Darauf würde "wie in Italien … die Arbeiterbewegung zerschlagen werden." Die zweite Alternative jedoch verhieß bessere Aussichten. Sie bestand darin, "mit Hilfe Hitlers und seiner Bewegung die sozialdemokratische Partei samt allen ihren Gliederungen zu vernichten". Trotz seines grundsätzlich "reaktionären" Charakters erkannten die Kominternführer gewisse positive Züge im Nationalsozialismus. Die Hitlerbewegung hatte "viele sozialistische Elemente" um ihre Fahnen geschart und hatte geschickt "sozialistische Schlagworte" benutzt. Infolgedessen "wird die Mehrheit des deutschen Volkes mobilisiert und radikalisiert werden." Einmal an die Macht gelangt, würden, so prophezeiten die Komintern-Strategen 1931, die Nationalsozialisten die SPD nicht mit Samthandschuhen anfassen. Im Gegenteil, die SPD werde "hinweggefegt" und ihre Führer würden beseitigt werden, und die "deutschen Arbeitermassen", abgeschnitten von ihren Anführern, die in ihrem Denken und Handeln mehr "bürokratisch" als revolutionär seien, "würden allmählich in den Reihen der kommunistischen Anhänger aufgehen." Moskau setzte darauf, daß seine disziplinierte Gefolgschaft in Deutschland schließlich die irregeleiteten Mitglieder der führerlosen SPD für sich gewinnen werde. Die Hitlers würden kommen und gehen. Der Führer halte sich "drei bis fünf Jahre". Bis dahin werde, laut Prognose des "sowjetischen Theoretikers" gegenüber Kosek, die KPD "fünfzehn Millionen Anhänger" gewonnen haben und "bestens gerüstet sein für ihren Coup". Anläßlich des Gipfeltreffens entschied sich die Komintern für die zweite Alternative. Dies erklärte auch, warum die Sowjetführer nach 1931 so "außerordentliche Geduld" gegenüber den Entwicklungen in Deutschland entfaltet hatten. Schloß eine Machtübernahme durch Hitler eine künftige deutsch-sowjetische Zusammenarbeit auch nicht aus, so würde Stalin doch nie wieder alles auf die deutsche Karte setzen. Seit Anfang der dreißiger Jahre hatte er seine diplomatischen Optionen ausgebaut. Der tschechoslowakische Diplomat ging davon aus, daß der Kremldiktator die Beziehungen zu Polen und Frankreich weiter pflegen, aber die Bande mit Berlin nicht ganz zerschneiden werde. (37)

Daß die von Stalin inspirierte Komintern-Entscheidung von 1931 bis in die unteren Ränge der KPD gedrungen war, zeigte sich, als der Zentrumsabgeordnete des preußischen Landtags Jacob Diel seinen kommunistischen Kollegen Gerhard Obuch warnte, die KPD spielte unmittelbar Hitler in die Hände. Der kommunistische Abgeordnete erwiderte freimütig: ".. das ist gerade, was wir wollen! … Wir bezwecken, daß erst die Rechte an die Macht kommt. Die gesamte Arbeiterschaft wird sich gegen diese Regierung vereinigen. Die Naziherrschaft wird nicht lange andauern. Sie wird bald zusammenbrechen, und die Erben werden wir sein!" (38)

Als Stalin für die nationalsozialistische Alternative optierte, hatte er zwar den Zeitpunkt der kommenden Weltrevolution hinausgeschoben, sein lang gehegtes Vorhaben aber keineswegs aufgegeben. Er wollte sich lediglich eine günstigere Ausgangsposition schaffen und verdoppelte jetzt seine Anstrengungen, sein innenpolitisches Programm zu aktivieren, seine Machtstellung auszubauen und die Rote Armee zu "stalinisieren". Hitlers Machtergreifung paßte der sowjetischen Führung voll ins Konzept, weil sie Stalins Manövrierfähigkeit vergrößerte. Fürs erste jedoch wünschte er ebensosehr die Verlängerung der "Atempause" und der Friedenssituation wie Hitler auch. Falls Stalin darauf spekulierte, auf zwei Hochzeiten gleichzeitig tanzen zu können, dann wurde er spätestens in dem Augenblick in die Wirklichkeit zurückgestoßen, als Hitlers Werben um Pilsudski im Abschluß des deutsch-polnischen Nichtangriffspaktes gipfelte. An diesem unerwarteten Wendepunkt trennten sich die Wege Berlins und Moskaus, bis die Zuspitzung der polnischen Krise schließlich Hitler und Stalin wieder eine Gelegenheit bot, gemeinsame Sache zu machen. Erst nach dem Januar 1934 entdeckte der Kremldiktator seinen "Anti-Faschismus", dann allerdings mit einem oft geschauspielerten Übermaß an Fanatismus. "Anti-Faschismus" wurde der Schlachtruf, mit dem die Komintern die gemäßigte Linke gewann, einschließlich der amerikanischen Liberalen, die sich für einen ihrer letzten großen Einsätze für "eine gute Sache" stark machten. Sie sammelten sich unter dem Banner der "Volksfront" und der von Moskau gesteuerten "Einheitsfront", die Georgi Dimitroff anläßlich des 7. Komintern-Kongresses 1935 aus der Taufe hob. Der Nationalsozialismus wurde zum Beelzebub, während der Kommunismus, sein gnostischer Bruder, zum Erlöser für einfältige politische Gemüter und "nützliche Idioten" aufstieg, wie Lenin voll Hohn und Verachtung "Liberale" und "Progressive" aller Schattierungen abgestempelt hatte. Die antifaschistische Hetze schaffte eine Atmosphäre, in der eine Frühversion der Konvergenz-Theorie sich in die politische Praxis umsetzte. Eine Propagandalawine wurde entfesselt, um das Reich politisch zu isolieren. (39)

Kapitel 5

Die große Mächteumgruppierung: Stalins Glückstag – November 1933

Mit der diplomatischen Anerkennung durch die Roosevelt-Regierung im November 1933 gelang Stalin ein entscheidender politischer und psychologischer Durchbruch auf der internationalen Bühne. Während der Vorherrschaft der Republikaner in den zwanziger Jahren hatten die amerikanischen Regierungen den bolschewistischen Staat geächtet. Trotz dieser feindlichen ideologischen Frontstellung hatte die technologische und finanzielle Hilfe Amerikas das "sowjetische Experiment" mit am Leben erhalten. (1)

Schon seit 1931 hatte Stalin dringend einer diplomatischen Unterstützung Amerikas in Asien bedurft. Die amerikanische Anerkennung sollte dem Sowjetsystem internationales Ansehen verschaffen, die Bolschewisten von der Schmach des Ausgestoßenseins befreien und es Stalin ermöglichen, seine Offensivpolitik einzuleiten.

Die dramatischen Entwicklungen im Fernen Osten geboten zumindest eine zeitweilige Zusammenarbeit mit den Vereinigten Staaten. Moskaus ideologischer Gegensatz zu Washington blieb jedoch bestehen. Die sowjetische Politik ging unverändert von der Absicht aus, Japan und Amerika gegeneinander zu hetzen.

Stalin hatte in Asien zahlreiche Rückschläge erlitten. Hochgesteckte sowjetische Erwartungen waren vereitelt worden, als Tschiang Kai-schek 1927 die kommunistische Bewegung in China gewaltsam unterdrückte. (2) 1931 dehnte die Kwantung-Armee die japanische Herrschaft auf die Mandschurei aus. Auf dem asiatischen Festland stießen plötzlich sowjetische und japanische Expansionsbestrebungen aufeinander. (3) Die Japaner hatten einen "festen Puffer" gegen weitere sowjetische Vorstöße nach China errichtet. Der amerikanische Botschafter in Tokio, Joseph C. Grew, bemerkte, daß "wir Japan, wenn es auch sonst kein Lob verdient, seinen Kampf gegen den Kommunismus doch hoch anrechnen müssen, der in China wie ein Waldbrand um sich greift und auch rasch die Mandschurei ergriffen hätte, wenn die Japaner nicht gewesen wären ..." Von moralischen Gesichtspunkten einmal abgesehen, sprachen "einige gewichtige Argumente für Japan ..." (4)

Die Sowjetpresse bauschte bewußt die japanische Bedrohung auf und äußerte sich scheinheilig besorgt über die Sicherheit Amerikas im Fernen Osten. Plötzlich fehlten auch die USA auf der sowjetischen Abtickliste kapitalistischer Bösewichte. In Asien zumindest, betonte die kommunistische Presse, liefen sowjetische und amerikanische Interessen parallel. Die liberale Presse Amerikas schloß sich dem antijapanischen Feldzug sowjetischer Propagandisten an. Liberale und progressive Kreise bedrängten die Republikanische Hoover-Regierung, Sowjetrußland zu unterstützen. Die Sorge, daß die Kwantung-Armee in die sowjetischen Küstenprovinzen vorstoßen und das "sowjetische Experiment" gefährden oder gar vernichten könnte, ließ sie nicht los. Die Sowjetpresse kommentierte beifällig die Entscheidung des US-Außenministers Henry L. Stimson, die Mandschurei nicht anzuerkennen. Ebenso begrüßte der Kreml das öffentliche Eintreten für die Hoover-Stimson-Doktrin durch den Demokratischen Präsidentschaftskandidaten Franklin D. Roosevelt. Die Sowjets hofften, daß eine Demokratische Regierung mit Roosevelt an der Spitze eine "realistischere" Haltung gegenüber Entwicklungen im Fernen Osten einnehmen und besonders die japanischen Ambitionen in der Mandschurei durchkreuzen würde. (5)

Stalins Annäherung an Washington war vom Druck der Umstände diktiert. Auch Washington erfüllte die Lage in Asien mit Sorge. Die neue Demokratische Regierung war davon überzeugt, daß Japan "auf dem Wege zu Eroberungen und Machterweiterung" war. Außenminister Cordell Hull erkannte, daß die Anerkennung durch Washington "der Sowjetregierung sehr erwünscht ist, da sie anscheinend überzeugt sind, daß diese einen japanischen Angriff auf die Küstenprovinzen verhüten wird." Er mutmaßte, daß Stalin sich gemäßigt hatte und gewillt war, mit dem Westen zusammenzuarbeiten. (6) Litwinow sollte schließlich bestätigen, daß Stalins Vorsatz, die amerikanische Anerkennung zu erlangen, hauptsächlich der Erwartung entsprang, dem japanischen Vordringen auf dem asiatischen Festland Einhalt zu gebieten. (7)

In den Vereinigten Staaten hatten politische Kräfte an Stoßkraft gewonnen, die nur allzu bereit waren, sowjetischen Absichten entgegenzukommen. Roosevelt, 1932 der Bannerträger der Demokraten, war fest entschlossen, den Trend in den sowjetisch-amerikanischen Beziehungen umzukehren. Nicht nur in der Innenpolitik, sondern auch in der Außenpolitik schien er von einem New Deal zu träumen. Das zunehmend günstigere Meinungsbild über Sowjetrußland sollte in konkrete politische Maßnahmen umgesetzt werden. Die New York Times berichtete im Sommer 1932, daß der Demokratische Präsidentschaftskandidat sich sehr für die Sowjetunion interessierte, und die Zeitung schrieb dieses Interesse Roosevelts eigener Neigung zu sozialen und politischen Experimenten zu. Der Times-Korrespondent behauptete, daß der Kandidat "seit einiger Zeit" für das "sowjetische Experiment" eingenommen war. (8)

Im Jahre 1932 hatten die Kräfte, die sich für eine Anerkennung des bolschewistischen Regimes aussprachen, in Amerika an Boden gewonnen. Deutsche Diplomaten hatten diese Wendung voll Sorge verfolgt. Die Wahl 1932 kündigte eine grundsätzliche Änderung an, in der Innen- wie in der Außenpolitik. Die Agitation für die Anerkennung der UdSSR hatte "ganz erheblich" zugenommen und ging von den unterschiedlichsten politischen Gruppierungen aus. An vorderster Front focht Herren Denny, Leiter der Auslandsabteilung des Scripps-Howard-Zeitungskonzerns. Er stand auf vertrautem Fuß mit dem TASS-Korrespondenten und "inoffiziellen" Bevollmächtigten Sowjetrußlands in den USA, Swirsky. Die "sogenannten Progressiven" agitierten für die Anerkennung auf dem Kapitol. Im Frühjahr 1932 hatten sich "prominente Demokraten" und auch amerikanische Industrielle der Anerkennungsfront angeschlossen. Der amerikanische Export litt unter der anhaltenden Wirtschaftskrise. Der sowjetische Markt lockte. Von allen Erwägungen wogen jedoch die außenpolitischen am schwersten. Die Wortführer der Anerkennung bestanden darauf, daß die Vereinigten Staaten in eine "unhaltbare Lage" geraten würden, falls es zwischen Japan und Sowjetrußland zu einer militärischen Auseinandersetzung käme. Da die Hoover-Stimson-Doktrin Amerika in der Mandschurei-Frage bereits auf eine anti-japanische Richtung festgelegt hatte, deckten sich die amerikanischen und sowjetischen Interessen in dieser entscheidenden Frage. Amerikanische politische Beobachter und Kommentatoren neigten häufig dazu, die Vereinigten Staaten für Japans Angriffslust verantwortlich zu machen. Amerikas Schwäche hatte die japanischen Militaristen ermutigt. Die Anerkennung Sowjetrußlands, so argumentierten sie, mußte eine "heilsame Wirkung" auf die japanischen Falken ausüben. (9)

New Dealer vom linken Flügel boten alles auf, um eine sowjetischamerikanische Zusammenarbeit in die Wege zu leiten. Die Außenseiter der zwanziger Jahre, deren Bemühungen, sich mit den sowjetischen Experimentatoren zusammenzutun, damals vereitelt worden waren, wurden 1933 zu Insidern. Ihr Rat und ihre Ansichten, von den damaligen Republikanischen Regierungen zurückgewiesen, fanden plötzlich im Weißen Haus und im Außenministerium ein Echo. Die von dem großen Bankkrach ausgelöste Wirtschaftskrise hatte sie auf die Sitze der Macht katapultiert. Felix Frankfurter ergriff die Gelegenheit, um seine Pläne auszuführen, deren Verwirklichung er während der mageren Jahre der Republikanischen Vorherrschaft so heiß ersehnt hatte. Der japanische Einfall in die Mandschurei und Hitlers Machtergreifung waren weitere zwingende Gründe für die Beseitigung der "Anomalie", die zur Zwietracht zwischen Washington und Moskau geführt hatte. (10)

Zwei alte Hasen, die schon seit langem Bande zwischen Washington und Moskau hatten knüpfen wollen, betraten die Szene. Oberst House und

William C. Bullitt hatten schon während der Pariser Vorortskonferenz 1919 eine sofortige Annäherung an das bolschewistische Regime befürwortet. (11) 1932 schlossen sie sich dem Kreis um den Kandidaten Roosevelt als politische Berater an. Roosevelt schickte Bullitt auf Informationsreisen nach Europa. In Moskau traf er mit dem Komintern-Agenten Karl Radek zusammen. Nach seiner Rückkehr unterrichtete er den zukünftigen Präsidenten über die allgemeine internationale Lage. Die Frage der Anerkennung stand bei beiden obenan. Oberst House bestärkte Roosevelt in dem von Bullitt und dem pro-sowjetischen Times-Korrespondenten Walter Duranty ausgelösten Gedankengang. Seit geraumer Zeit schon stand Roosevelt in "engstem Kontakt" mit dem einstigen Busenfreund Woodrow Wilsons. Als Präsident sollte er den Oberst "bei verschiedenen Anlässen" als Mittelsmann einsetzen. Die Einflüsterungen des Obersten in der kritischen Phase 1932/33 waren wahrscheinlich mitbestimmend für die Entscheidung, die UdSSR anzuerkennen. House war schon immer überzeugt gewesen, daß Sowjetrußland "in dieser Generation einer der großen Faktoren für Krieg und Frieden sein wird und daß alles dafür spricht, daß wir Freunde sein sollten." (12) Als Bullitt Roosevelt im Weißen Haus, seinem neuen Domizil, aufsuchte, zeigte der Präsident auf eine Weltkarte an der Wand seines Büros und sagte: "Ja, mit diesem Riesenstück Land müssen wir verhandeln", und meinte die UdSSR. (13)

Die neue Demokratische Regierung sah sich einer sich schnell verschlechternden internationalen Lage gegenüber. Wachsende Spannungen in Asien und Europa erheischten eine umfassende Überprüfung der gesamten amerikanischen Außenpolitik. Eine sowjetisch-amerikanische Zusammenarbeit, so argumentierte man, werde wahrscheinlich dazu beitragen, die gefährliche Lage zu entspannen. Die Anerkennung Sowjetrußlands wurde als erster Schritt auf dem Wege zu einer außenpolitischen Neuorientierung betrachtet. Im Fernen Osten überschattete der Mukden-Vorfall die japanisch-amerikanischen Beziehungen. Kaum hatte Roosevelt den Amtseid abgelegt, wurde anläßlich einer Konferenz im Weißen Haus das brisante Thema einer möglichen kriegerischen Verwicklung mit Japan erörtert. (14) Höchst beunruhigt reagierten amerikanische Politiker auch auf die Entwicklung in Deutschland nach der Machtergreifung Hitlers. Unter allen Umständen mußte der Führer daran gehindert werden, die deutsche Aufrüstung zu forcieren. Nichts durfte getan werden, was Hitler helfen würde, sich auf einen "möglichen Krieg" vorzubereiten. Die europäischen Entwicklungen erfüllten Bullitt mit bösen Vorahnungen. (15)

Die Furcht vor Deutschland steigerte die auf Sowjetrußland gesetzten Hoffnungen. Je bedrohlicher das Reich in den Augen der politischen Entscheidungsträger Amerikas erschien, desto krampfhafter wurden ihre Bemühungen, sich mit Moskau zu einigen. Die Sowjetunion mußte für die Vereinigten Staaten gewonnen werden, ehe Hitler die Gelegenheit bekam, mit Stalin zu einer ruchlosen Übereinkunft zu kommen. Berichte über Unterhandlungen zwischen Berlin und Moskau riefen bei Bullitt bange Augenblicke hervor. Eine "Menge interessanter Informationen" hatten Washington erreicht, die auf Geheimklauseln in dem kürzlich abgeschlossenen deutsch-sowjetischen Handelsabkommen hindeuteten. Stalin müsse vor Hitler gerettet werden, warnte Bullitt. Die Vereinigten Staaten müßten ihm zuvorkommen und mit dem Kreml handelseinig werden. Er äußerte Besorgnis, daß "noch kein praktischer Versuch" unternommen worden war, um Bande mit Moskau zu knüpfen. Er drängte, die Bemühungen "auf das russische Problem" zu konzentrieren. (16)

Andere Europa bereisende Sendboten unterstrichen die Dringlichkeit der Situation. Washington und Berlin, meldeten sie, wetteiferten um die Gunst Moskaus. Alle diese alarmierenden Berichte schienen darauf angelegt zu sein, die Roosevelt-Regierung unter Druck zu setzen und in die Arme der Bolschewisten zu treiben. Gerüchte darüber, daß Hitler an die Tore des Kreml pochte, waren wahrscheinlich auch von Sowjetagenten verbreitet worden, um Roosevelt und seinen Beraterkreis in Panikstimmung zu versetzen. Um die Anerkennung schmackhaft zu machen, wurde die Vision eines lukrativen Handels mit der UdSSR heraufbeschworen. (17) Die Gegner des Hitlerregimes agitierten für die Anerkennung der Sowjetunion, um Deutschlands Wirtschaft zu schwächen. "Es ist mehr denn je unsere Pflicht, für die Anerkennung Rußlands einzutreten und dadurch einen großen Anteil des immer mehr anwachsenden Handels abzuziehen, der sonst Deutschland zufallen würde", drängte ein amerikanischer Beobachter den Richter Julian Mack, einen engen Freund und Vertrauten von Roosevelt und Felix Frankfurter. (18) Wenn Washington nicht sofort handelte, dann werde sich Stalin gezwungen sehen, die deutschen Bedingungen anzunehmen. (19)

Roosevelt sah in Sowjetrußland einen Partner bei der gemeinsamen Bemühung, "durch das kollektive Sittlichkeitsgefühl aller Völker der Welt" den Ausbruch eines Krieges zu verhindern. (20) Da die internationale Lage in eine "gefährliche Zeitspanne" vorzurücken drohte, sowohl im Fernen Osten wie auch in Europa, begrüßte Hull eine mögliche sowjetische Unterstützung als "eine große Hilfe" zur Stabilisierung der Lage. Die Bolschewisten hatten anscheinend die Farbe gewechselt, denn nach Ansicht des Aussenministers und des Präsidenten waren sie "friedlich gesinnt". (21) Um Hitler am Kriegführen zu hindern, mußte Stalin dafür gewonnen werden, sich mit Britannien, Frankreich und den USA zu einer großen politischen Allianz zu verbinden. (22) Hitlers Aufstieg zur Macht verschaffte Roosevelt die nachträgliche Rechtfertigung für die von ihm schon seit geraumer Zeit erstrebte dramatische Neuausrichtung der amerikanischen Politik auf Sowjetrußland. Gerüchte über eine bevorstehende sowjetisch-amerikanische Annäherung griffen um sich, als Roosevelt im Mai 1933 seinen Friedensappell auch an den Präsidenten der UdSSR, Kalinin, richtete. Bei der Londoner Wirtschaftskonferenz im Juni trafen sich die amerikanischen Vertreter mit ihren sowjetischen Kollegen, um Ansichten über ein weites Feld politischer und wirtschaftlicher Fragen auszutauschen. (23)

Die Regierungsvertreter, die sich für die Anerkennung aussprachen, stießen jedoch auf starken Widerstand, der von Robert F. Kelley angeführt wurde, dem Chef der Abteilung für Osteuropäische Angelegenheiten im Außenministerium. Dieser erkannte schon bald, daß er für eine verlorene Sache kämpfte, und bestand deshalb auf einer Zahl unerläßlicher Bedingungen, die Sowjetrußland erfüllen müßte, ehe die diplomatische Anerkennung gewährt werden würde. Die Liste der Bedingungen schloß die Bezahlung der Schulden ein, die die Zaren- und Kerenskij-Regierungen bei amerikanischen Privatleuten gemacht hatten, ferner die Ansprüche amerikanischer Bürger auf Schadensersatz für infolge des bolschewistischen Umsturzes beschädigtes und beschlagnahmtes Eigentum, den Schutz amerikanischer Staatsbürger in Sowjetrußland und den Verzicht des bolschewistischen Regimes auf gewaltsamen Umsturz. (24) Kelley hatte eindrucksvolles Material gesammelt, um die sowjetische Doppelzüngigkeit, die revolutionären Absichten des stalinistischen Regimes und die in Bewegung gesetzte kommunistische Subversion dokumentarisch zu belegen. 1933 entfaltete die Komintern aktive revolutionäre Umtriebe in der westlichen Hemisphäre, besonders in Kuba. Um seine Argumentation gegen eine diplomatische Anerkennung der UdSSR zu erhärten, zog Kelley umfangreiches Beweismaterial aus sowjetischen Zeitschriften und Zeitungen heran, woraus unmißverständlich hervorging, daß die Sowjets keinen Hehl aus ihren umstürzlerischen Fernzielen machten. Die Sowjetunion war "die wichtigste Basis und Festung der proletarischen Weltrevolution", der "Mittelpunkt und die Hochburg der internationalen revolutionären Bewegung'', die "Stoßbrigade der Weltrevolution''. Stalins Fünfjahresplan, mit beträchtlicher amerikanischer Hilfe mitfinanziert und ausgeführt, legte "das siegverheißende Fundament des Sozialismus in der Sowjetunion, ... und das Fundament des revolutionären Kampfes für den Sozialismus in der ganzen Welt ...'' (25) Für Kelley bedeuteten der unaufhörliche Propagandaschwall und die von der Komintern ausgehende Infiltration, Agitation und Subversion eine ideologische Kriegserklärung Moskaus an die kapitalistische Welt. Der Aufruf zur Weltrevolution und zum Umsturz der kapitalistischen politischen Ordnung stimmte mit Stalins politisch-strategischer Konzeption völlig überein.

Kelley gab zwar zu, daß die Sowjets ihren vertraglichen Verpflichtungen nachkamen, solange es ihnen ins Konzept paßte. Er empfahl aber dringend, die diplomatische Anerkennung vorzuenthalten, falls die Sowjets die amerikanischen Bedingungen nicht annehmen sollten, und er vertrat die Meinung, daß bis zur Verleihung der Anerkennung und der Vergabe von Krediten an die UdSSR "wir die Sowjetregierung verhältnismäßig zugänglich finden werden. Nach der Anerkennung und der Bereitstellung von Krediten wird die Sowjetregierung sich unnachgiebig zeigen." (26)

Während das offizielle Washington das Für und Wider der Aufnahme diplomatischer Beziehungen mit Moskau erörterte, verbesserte sich Sowjetrußlands Verhandlungsbasis seinen Gegenspielern gegenüber merklich. Die westlichen Annäherungsversuche hatten zu einer "allgemeinen Verhärtung'' des sowjetischen Auftretens gegenüber Tokio geführt. (27) In der Hoffnung auf eine baldige amerikanische Abschirmung nahmen die sowjetischen Wortführer bereits einen schärferen Ton bei ihren Verhandlungen mit den Japanern an. (28)

Den Trend der sowjetisch-amerikanischen Beziehungen konnte Stalin mit Gleichmut betrachten, jedoch rief die Mächteumgruppierung in Europa, wenn sie sich auch bald als Fehlschlag herausstellen sollte, in Moskau Besorgnis hervor. Das Viermächteabkommen zwischen Italien, Deutschland, Frankreich und Großbritannien wurde als "antisowjetisch" verurteilt. (29) Die Möglichkeit, daß die Westmächte ihre Interessengegensätze auf friedliche Weise lösen könnten, beunruhigte die Sowjets aufs höchste. Für das Politbüro war dies ein weiterer Grund, mit Washington zum Abschluß zu kommen.

Deutsche und japanische Beobachter verfolgten aufmerksam die Vorgänge an der Washington-Moskau-Front. Als Laurence A. Steinhardt in diplomatischer Mission Stockholm besuchte, legte Rosenberg von der deutschen Gesandtschaft diese Visite als einen amerikanischen Versuch aus, bei den Sowjets wegen einer möglichen Verbesserung der gegenseitigen Beziehungen zu sondieren. (30) Amerikanische Korrespondenten in Tokio stellten bei den Japanern starke Nervosität angesichts der sowjetisch-amerikanischen Annäherung fest. Japanische Militärkreise beurteilten eine amerikanische Anerkennung Sowjetrußlands als eine gegen ihr Land gerichtete Maßnahme. (31)

Die sowjetisch-amerikanischen Verhandlungen traten in eine entscheidende Phase, als Roosevelt seinen sowjetischen Amtskollegen aufforderte, in "offene, freundschaftliche Gespräche" einzusteigen, um den "abnormalen" Zustand zwischen den beiden Staaten zu ändern. Er drückte seine Überzeugung aus, daß die Probleme, die einer Verständigung im Wege standen, nicht "unlösbar" waren. (32)

Bei sämtlichen Verhandlungen schaltete Roosevelt seinen Außenminister aus. Obgleich zunächst verärgert, fand sich Hull schließlich mit diesem "Stil" des Präsidenten ab, Außenpolitik in Eigenregie abzuwickeln. (33)

Die entscheidenden Verhandlungen wurden von Roosevelt und Litwinow unter vier Augen geführt. Beide hatten für diese Gipfelkonferenz im Weißen Haus gewichtige Gründe. Der Präsident wollte den Erfolg seines diplomatischen Coups mit niemandem teilen. Litwinow entging zermürbenden Verhandlungen über die Bedingungen des Außenministeriums, die Roosevelt mit seiner ihm eigenen Nonchalance einfach unter den Teppich kehrte. Der Kommissar konnte aller Welt demonstrieren, daß der tote Punkt zwischen Washington und Moskau auf höchster Ebene überwunden worden war. Litwinow erwartete von diesem Treffen mit dem US-Präsidenten, den Japanern Stoff zum Nachdenken zu geben. (34)

Die Reaktion auf Roosevelts Coup ließ nicht lange auf sich warten. Die meisten einflußreichen amerikanischen Zeitungen befürworteten die Wiederaufnahme der diplomatischen Beziehungen. Der kommunistische Daily Worker bejubelte die Übereinkunft und prophezeite: "Die kommunistische Internationale ... wird an Macht und Stärke zunehmen." Die deutsche Presse hob die "stark antijapanische" Stoßrichtung der Vereinbarung hervor, während japanische Kommentatoren die politischen Rückwirkungen auf die europäische Politik betonten. (35)

Felix Frankfurter hatte schon seit des Präsidenten Schriftwechsel mit Kalinin Loblieder auf Roosevelts wagemutige Außenpolitik gesungen. Die Gegner Sowjetrußlands wurden als "politisch kurzsichtig" gerügt, und Roosevelt wurde beglückwünscht "zum Beginn eines höchst wichtigen Abschnitts bei dem Streben nach Weltfrieden" (36) Key Pittman vom Senatsausschuß für Auswärtige Beziehungen bezeichnete das Abkommen als "den größten diplomatischen Sieg". Gott und Religionsfreiheit würden nach Jahren der Verbannung nach Sowjetrußland zurückkehren. (37)

Roosevelt und Litwinow hatten kaum mit dem letzten Prohibitionsbier (38) auf die Wende in den sowjetisch-amerikanischen Beziehungen angestoßen, als der Präsident in Savannah, Georgia, in der Pose des Erretters der Menschheit seine Überzeugung ausdrückte, daß "durch die Wiederaufnahme normaler Beziehungen die Friedensaussichten in der ganzen Welt sehr gestärkt" worden waren. (39) Wenn nur Sowjetrußland und die USA sich zusammenfänden, so gaukelte Roosevelt sich vor, dann würden Frieden und Ordnung in eine krisengeschüttelte Welt einkehren. Wenn Amerika "zielbewußt" vorging, erwartete der Präsident "sehr viel Gutes" von der sowjetisch-amerikanischen Zusammenarbeit. (40)

Im November 1933 kaufte der Kreml Prestige und Anerkennung mit einem ungedeckten Scheck. Die Sowjetunion war in den Rang einer Großmacht aufgestiegen. Die Roosevelt-Regierung hatte diese Tatsache der Welt verkündet. Was immer auch Litwinow dem Präsidenten unter vier Augen versprochen hatte, der Rote Bär hatte seine Krallen nicht verloren. Wenn Roosevelt die inneren Vorbehalte des Kommissars entgangen waren, dann hatte er nur sich selbst betrogen.

Vollkommene, friedliche Koexistenz, tönte Litwinow anläßlich seiner Jungfernrede vor dem Völkerbund im Jahre 1934, werde sich nur in einer nach dem sowjetischen Vorbild gestalteten Weltordnung realisieren lassen. Solange sich die feindlichen sozialistischen und kapitalistischen Lager gegenüberstünden, könne nur ein Zustand unvollkommenerer friedlicher Koexistenz herrschen. Und er posaunte wieder offen die These Lenins und Stalins von der Unversöhnlichkeit der bestehenden soziopolitischen Systeme heraus, die eines Tages unausweichlich zusammenstoßen müßten. (41)

Ideologen waren sie alle: Hitler, Roosevelt und Stalin. Opportunisten waren sie auch. Aber der machiavellistische Charakterzug trat bei den sowjetischen und deutschen Führern besonders kraß hervor. Beide waren bereit, sich mit Beelzebub zusammenzutun, um den Teufel auszutreiben. Paradoxerweise entfalteten sowohl Stalin als auch Hitler wegen und nicht trotz ihrer ideologischen Verwurzelung größere Anpassungsfähigkeit und Wendigkeit. Und ironischerweise war Roosevelt, der sich ständig rühmte, ein Pragmatiker zu sein, der am wenigsten flexibel Handelnde unter ihnen. In seinem intellektuellen und emotionellen Entwicklungsprozeß bedeutete das Jahr 1933 einen tiefen Einschnitt. In seinem Handeln demonstrierte er alle Unzulänglichkeiten der instrumentalistischen Philosophie und liberalen Ideologie, Methoden mit Substanz zu verwechseln. Und von Substanz angefüllt waren Stalins und Hitlers Visionen von der Umwertung aller Werte, so apokalyptisch und abstoßend sie auch waren.

Histomat und Diamat hatten Stalins Blick unverrückbar auf das Ziel der Weltrevolution gerichtet. Aber bei der Durchführung seiner politischen Strategie hielt er sich alle Optionen offen. Während der Phase der unvollkommenen friedlichen Koexistenz waren alle Mittel erlaubt. Durch seine marxistische Brille betrachtet, unterschieden sich Hitler und Roosevelt nicht im geringsten. Beide wurden als kapitalistische Bösewichte eingestuft. Stalin hatte nicht die geringsten Skrupel, entweder mit Hitler oder Roosevelt gemeinsame Sache zu machen. Wer immer seinen Zwecken am dienlichsten erschien, den hieß er als zeitweiligen Weggenossen willkommen.

Für Hitler war nahezu jede Option annehmbar, solange sie Deutschlands Machtstellung förderte oder seinem eigenen Prestige zugute kam. Weil ihm klar fixierte Fernziele fehlten, ließ er sich zu Schachzügen verleiten, die zu überstürzten Weichenstellungen führten, die schließlich seine revisionistische Politik zum Entgleisen bringen sollten.

Roosevelt war eine Art politisches Schalentier mit der Zeichnung "1933". Wie auch immer die Ereignisse in all ihrer Komplexität sich entwickelten, er zog sich immer wieder mitsamt seinen simplifizierenden Vorstellungen in seine Ausgangsbasis zurück. Er hatte von Anfang an unwiderruflich Partei ergriffen. Mit einer Art intellektuellen Taschenspielertricks waren Stalin und die UdSSR für ihn zur Verkörperung des sozialen Gewissens, friedlicher Unschuld und der "tapferen neuen Welt" geworden und Hitler und das nationalsozialistische Deutschland zum Inbegriff sozialer Reaktion, roher Gewalttätigkeit und eines Rückfalls in die finsterste Vergangenheit.

Die amerikanische Anerkennung der Sowjetunion, mit ihrer ideologischen und emotionalen Untermalung, war eines der bedeutsamsten Ereignisse der Zeit zwischen den Kriegen. Moskau und Washington waren aus der Isolation herausgetreten, die aufgehört hatte, für sie "glänzend" zu sein. Wie so oft in der Vergangenheit sollten die Flankenmächte – an diesem historischen Wendepunkt die Sowjetunion und die Vereinigten Staaten – im eurasischen Herzland politisch und strategisch zusammenarbeiten mit der Zielsetzung, Hitlers Absichten, welcher Art sie auch immer gewesen sein mögen, zu zerschlagen.

Kapitel 6

Moskau – heiß und kalt:
1934 – 1937

Als Folge der amerikanischen Anerkennung hatte sich die Position der UdSSR im Fernen Osten verstärkt, und Stalins Zuversicht hinsichtlich der Rolle Sowjetrußlands in europäischen Angelegenheiten stieg. Amerikas Avancen veranlaßten andere Regierungen, die Beziehungen zu Moskau zu verbessern und Angebote für wirtschaftliche und militärische Zusammenarbeit mit der UdSSR zu machen. Die Industrialisierung der Sowjetunion machte weitere Fortschritte. Im militärischen Bereich begann der Fünfjahresplan wichtige Ergebnisse zu zeitigen. Das Kriegsmaterial rollte von den Fließbändern, und im Jahre 1934 war die Rote Armee mit Artillerie, Panzerfahrzeugen und Flugzeugen modernsten Typs ausgerüstet. 1936 stellte die Rote Armee ein gewaltiges Machtinstrument dar. Was Ausrüstungs- und Truppenstärke anbetraf, konnte Stalin um die Mitte der dreißiger Jahre eine der stärksten Armeen auf dem europäischen Kontinent mobilisieren. (1)

Im Fernen Osten hatte die Annäherung zwischen Moskau und Washington die Japaner vorsichtiger gestimmt. Sie hatten die Mandschurei überrannt und sich auf dem asiatischen Festland eingenistet. Stalin hatte über Litwinow die USA gedrängt, Druck auf die Japaner auszuüben, damit sie ihre militärischen Unternehmungen einschränkten, die in seinen Augen die sowjetischen Küstenprovinzen bedrohten. Roosevelt hatte angedeutet, daß Amerika bereit war, im Namen der "ganzen zivilisierten Welt" einschließlich Sowjetrußlands eine vereinte Front "gegen die ungezügelten Bestrebungen Deutschlands und Japans" zu schmieden. (2) Für Stalin waren im Fernen Osten die Vereinigten Staaten der Blitzableiter, der die elektrische Ladung der japanischen Feindseligkeiten von den Küstenprovinzen auf Amerika ablenken sollte, – die dritte Großmacht im Mächtespiel der pazifischen Region.

Als Folge der amerikanischen Anerkennung der UdSSR verminderten sich die Spannungen zwischen Tokio und Moskau merklich. Deutliche Anzeichen einer sowjetisch-amerikanischen Zusammenarbeit trugen bald diplomatische Früchte. Von einer erheblich stärkeren Position aus leitete Sowjetrußland nun Verhandlungen ein, um ausstehende Fragen zu lösen, die die Beziehungen zwischen Japan und der UdSSR belastet hatten. Litwinow vertrat plötzlich die Meinung, daß die Japaner nicht wagen würden, Sowjetrußland anzugreifen, solange die Kwantung-Armee in China in Kämpfe verstrickt war. Das Gefühl des Unbehagens hatte 1934 bei der Kremlführung einer Stimmung des Selbstvertrauens Platz gemacht. Nachdem sie ihre asiatische Flanke gesichert hatte, brachte sie wieder ihre Spaltungstaktik wirkungsvoll ins Spiel. Durch wirtschaftliche und diplomatische Lockungen sollten die Japaner angestachelt werden, sich im asiatischen Morast immer mehr festzufahren. Die Wahrscheinlichkeit größerer chinesisch-japanischer Verwicklungen und auch des Abbruchs der japanisch-amerikanischen Beziehungen nahm zu. Um diese Entwicklung zu fördern, hielt Moskau Anreize für Tokio bereit. Sobald mit der japanischen Regierung ein Abkommen über den Verkauf der chinesischen Eastern Railway erreicht war, würde Moskau der japanischen Marionettenregierung in Mandschukuo die diplomatische Anerkennung gewähren. Moskau erwog, einen Nichtangriffspakt mit Japan abzuschließen. Um dieses Vorhaben nicht zu gefährden, mäßigten die Sowjets den Ton ihrer Proteste gegen den japanischen Vormarsch in die innere Mongolei. Nur ein japanischer Vorstoß gegen den Moskau-Satelliten, die Äußere Mongolei, werde sowjetische Vergeltungsmaßnahmen hervorrufen. Litwinow ging davon aus, daß die USA immer aktiver in die asiatischen Angelegenheiten eingreifen würden. Die Amerikaner sollten das japanische Feuer auf sich ziehen. Nachdem die Japaner sich als Folge der amerikanischen Anerkennung der UdSSR sowjetischen Avancen zugänglicher gezeigt hatten, bestand für Stalin kein dringender Grund mehr, auf die USA Rücksicht zu nehmen, und die Sowjets wurden in ihren Verhandlungen mit Amerika widerspenstiger. Sie waren zu dem Schluß gekommen, daß die Vereinigten Staaten ihre Unterstützung nötiger hatten als sie die amerikanische Hilfe. Bullitt lamentierte, daß die Sowjets ihr Bestes täten, um "jede Möglichkeit zu engen und freundschaftlichen Beziehungen zwischen unseren beiden Ländern zunichte zu machen." Aus Nützlichkeitserwägungen hatten die Sowjets eine Politik der Annäherung an Washington eingeschlagen. Wann immer die Lage im Fernen Osten sich zuspitzte, spielten sie die amerikanische Karte aus. Aus propagandistischen Gründen fuhren sie fort, "lautes Geschrei über die japanischen und deutschen Militaristen anzustimmen ..." In Wirklichkeit hatten sie aber "kaum etwas zu fürchten, wenn nicht irgendein Vorfall die internationale Lage veränderte." Im Jahre 1934 traten die Kremlführer entschieden selbstbewußter auf. Verteidigungskommissar Woroschilow gab zu, daß "... die stärkste Abschreckung gegen einen Angriff seitens Japan ... die Anerkennung der Sowjetregierung durch die Vereinigten Staaten war." Da Tokio über die genauen Bestimmungen der amerikanisch-sowjeti-

schen Abmachung im Ungewissen war, fürchteten die Japaner "im Kriegsfalle einen möglichen Angriff der Vereinigten Staaten". Stalin hatte eine
entscheidende Atempause gewonnen. Früher oder später würden die im
Fernen Osten stationierten Einheiten der Roten Armee militärisch so überlegen sein, daß Japan kaum mehr einen Angriff auf die Küstenprovinzen
und die Äußere Mongolei riskieren werde. (3)

Als Japans weitreichende Absichten in China deutlicher wurden, ver-
bargen die Sowjets ihre Schadenfreude angesichts der zu erwartenden
Spannungen und der sich daraus für die beteiligten kapitalistischen Länder
ergebenden Folgen nicht. Litwinow gestand dem chinesischen Botschafter,
daß die Sowjetunion, da keines ihrer lebenswichtigen Interessen betroffen
war, sich im Hintergrund halten und es den USA und Großbritannien überlassen werde, "sich in vorderster Front der Opposition gegen Japan zu stellen." (4)

Nach der erfolgreichen Verständigung mit Washington warben die Sowjets um die Gunst Großbritanniens. Stalin zielte darauf ab, den politischen
und, wenn möglich, den militärischen Widerstand auf dem asiatischen Festland zu mobilisieren, um japanische Expansionsbestrebungen von der Sowjetunion abzulenken und Japans Kräfte zu erschöpfen. Bereits 1935 hatte
die Orchestrierung der kommunistischen psychologischen Kriegsführung
die ersten positiven Ergebnisse erbracht. Eine Panikstimmung hatte weite
Schichten erfaßt. Die japanischen "Imperialisten" und die "Hitleristen"
liefen Amok. Die herrschenden politischen Kreise Englands waren plötzlich von einer "halsstarrigen Hysterie" ergriffen worden. Sogar "all die alten antibolschewistischen Fanatiker wie Winston Churchill" waren der
sowjetischen Propaganda auf den Leim gegangen, und "trompeteten die
bolschewistischen Thesen in die Welt hinaus und machten sich stark für
den Abschluß einer Entente mit der Sowjetregierung!" (5) Die britische
öffentliche Meinung wurde systematisch und zugunsten des geplanten so-
wjetisch-britisch-französischen Bündnissystems bearbeitet. (6) Moskau
streckte die Hand nach London aus, um ein weiteres Gegengewicht gegen
Japan in Asien zu schaffen. Damit Britannien sich aktiver im Fernen Osten
engagiere, war Stalin angeblich zu gewissen "Opfern" bereit. (7)

Als Anthony Eden im Frühjahr 1935 zu einem Besuch in Moskau eintraf, schlachtete die sowjetische Presse dieses Ereignis propagandistisch weid-
lich aus. Die Visite sollte den Eindruck einer sowjetischen Zusammenarbeit
mit Großbritannien erwecken. (8) Laut Litwinow hatte Eden versprochen,
die britische Politik in Asien und in Europa mit der Sowjetrußlands auf einen Nenner zu bringen. Edens Besuch hatte Moskau endgültig von noch vorhandenen Ängsten befreit, Großbritannien könnte "Japan drängen, die
Sowjetunion anzugreifen." (9) Das von den Sowjets in die Welt gesetzte
Gespenst einer anglo-sowjetischen Zusammenarbeit sollte in klingende
politische Münze umgesetzt werden. Es sollte als Warnung für Tokio
dienen, daß ein Vordringen in den fernöstlichen sowjetischen Hinterhof
Nippon wahrscheinlich in Auseinandersetzungen mit den USA und Großbritannien verwickeln würde. Wenn ihr Eroberungsdrang sich schon als un-

widerstehlich erwies, dann sollten die japanischen Imperialisten ihren Appetit am Grundbesitz anderer Leute stillen. Die Sowjets deuteten an, daß die Japaner ihre Territorialeinkäufe lieber im chinesischen Supermarkt tätigen sollten.

Im Jahre 1935 war die politische Lage in Europa und Asien in Bewegung geraten. Neue Machtkonstellationen waren im Entstehen begriffen. Stalin war entschlossen, Kapital aus dieser Situation zu schlagen. Der Sowjetdiktator nutzte die Entwicklungen, sich bei den Westmächten einzuschmeicheln, dabei aber alle Wege nach Tokio und Berlin, wenigstens während der strategisch defensiven Zwischenphase, offenzuhalten, um so zum Angelpunkt der internationalen Politik zu werden. Stalin hatte nicht die geringsten Skrupel, die Westmächte den Hauptstoß gegen die Japaner und Hitler führen zu lassen. Er setzte darauf, daß die westlichen Regierungen für die kollektive Sicherheit Opfer bringen würden. Er schloß andererseits nie die Möglichkeit einer kurzfristigen Verständigung mit dem Führer aus, darauf spekulierend, Hitler die Furcht vor einem Zweifrontenkrieg zu nehmen und ihn so zu einem gewagten Spiel im Westen zu ermutigen. Stalin hatte nämlich "seit 1933 ständig damit geliebäugelt, ein Abkommen mit Hitler zu treffen." (10) Hitler, geächtet und isoliert, bedeutete keine unmittelbare Gefahr für sowjetische Interessen. In dem Bewußtsein, politisch eingekreist und wirtschaftlich abgeschnürt zu sein, könnte der Führer sogar, in einem Augenblick der Verzweiflung, überreagieren und die Wehrmacht gegen die Westmächte marschieren lassen. Nippon, auf Kollisionskurs mit Großbritannien und den USA, stellte in Stalins politischen Kalkulationen ebenfalls einen gewichtigen Faktor dar. Eine Annäherung Deutschlands und Japans an die Westmächte oder gar ein Bündnis mit ihnen war ganz entschieden von Nachteil für die UdSSR. Eine solche Mächtekonstellation hätte Stalins globale Pläne zu Fall bringen können. Diese bedrohliche Entwicklung abzuwenden, war Stalins oberstes Ziel während des kritischen Jahres 1935. Stalin schien erkannt zu haben, daß 1935 das Jahr der Entscheidung war. Der Gang der zukünftigen Ereignisse hing von den politischen Schritten ab, die zu diesem Zeitpunkt eingeleitet wurden.

Das ganze Jahr hindurch tagte das Politbüro fast ununterbrochen. Die sowjetische Führung reagierte höchst beunruhigt auf die diplomatische Offensive, die der Führer im Mai 1935 inszeniert hatte. Die Gefahr drohte am politischen Horizont aufzuziehen, daß es Hitler gelingen könnte, den gordischen Knoten zu durchschlagen und die Fäden in einer neuen Verknotung zusammenzuknüpfen. Ehe es ihm glückte, die Mächte auf dem europäischen Schachbrett neu aufmarschieren zu lassen, mußten die Sowjets über diplomatische Kanäle und geheime Verbindungswege seine Manöver im Keim ersticken. Deutschlands diplomatische Offensive drohte, die sogenannte Anti-Aggressionsfront in Europa aufzulösen. Alles deutete darauf hin, daß Berlin emsig bestrebt war, Polen, Ungarn, Österreich und Italien in seine Einflußsphäre zu ziehen, um eine Einheitsfront zu schmieden. Sollte es Hitler gelingen, einen Keil zwischen den Balkanblock und die Kleine Entente zu treiben, würde die Tschechoslowakei wirksam isoliert sein. Als Folge davon würde der französische Einfluß in Mittel- und Südosteuropa zurückgehen.

Nach Auffassung des Politbüros war es Hitlers Absicht, "eine Vereinbarung mit Großbritannien und Frankreich, verhältnismäßige Bewegungsfreiheit für Deutschland im Donauraum und freie Hand bezüglich Osteuropas" zu erzielen. Litwinow wurde beauftragt, in Paris und London Schritte zu unternehmen, um zu verhindern, daß die britische und die französische Regierung in die — in Moskaus Augen — Falle Hitlers gingen. In London "hat ... das taktische Manöver Hitlers eine gewisse Aussicht auf Erfolg." Zu befürchten war auch eine Verständigung zwischen Rom und Berlin. Die Kremlführung war besonders bestürzt, daß die Baldwin-Regierung Hitlers Annäherungsversuche zu erwidern schien. Moskaus diplomatischer und Propaganda-Apparat trat in Aktion, um jede Möglichkeit erfolgreicher bilateraler Verhandlungen zwischen Berlin und London, Paris und Berlin oder Rom und Berlin zu torpedieren. Nur multilaterale Verhandlungen konnten Moskaus Zwecken dienen. Hitler durfte nicht die günstige Gelegenheit ausschlachten, die Italien und England wegen Abessinien in einen Streit zu verwickeln drohte. Die Sowjetdiplomatie sollte Rom und London bei der Entschärfung der Lage behilflich sein, damit es Hitler nicht gelänge, die antideutsche Einkreisungsfront an ihrem "schwächsten Glied", nämlich Italien, zu durchbrechen. Eine friedliche Lösung der Abessinienkrise würde schließlich zu einer Reorientierung Italiens in Richtung Balkan führen und so zu "einer Situation, die einen bewaffneten Konflikt zwischen Deutschland einerseits und Italien-Frankreich andererseits fördern würde." Ihre widerstreitenden Interessen in Österreich mußten Rom und Berlin auf Kollisionskurs bringen. Sowjetische Diplomaten sollten auch ihr möglichstes tun, in der Danzigfrage Spannungen zwischen Warschau und Berlin zu verstärken. Als unmittelbares Ziel faßte das Politbüro die Schaffung einer "Einheitsfront" gegen das Reich ins Auge, der Sowjetrußland, Frankreich und Großbritannien, die Kleine Entente, andere kleine Mächte und möglicherweise Polen angehören sollten. Alle Anstrengungen mußten darauf gerichtet werden, daß "der Herd des unvermeidlichen europäischen Konfliktes wieder von Osteuropa nach Zentraleuropa verlegt wird ..."

Solange der Führer in seinem Streben nach beherrschendem Einfluß die sich ständig verändernde internationale Lage ungehindert ausnutzen konnte, dabei Deutschland sogar als Kern eines umfassenden Bündnissystems einsetzend, war Sowjetrußlands weltumfassender Plan gefährdet. Wegen ihrer offenkundigen expansionistischen Ziele wurden "nur drei Großmächte ... nämlich Italien, Deutschland und Japan" als eine "wichtige Gefahr" für die sowjetischen Interessen und Aspirationen herausgestellt. Nach Meinung des Politbüros mußte die Sowjetaußenpolitik "unablässig dieses eine Ziel vor Augen behalten: die Vernichtung des Nationalsozialismus in erster Linie und den Ruin des italienischen Faschismus in zweiter Linie." Stalins "These", der, dessen war er sicher, alle "Kräfte des Weltproletariats" zustimmten, beruhte auf der Annahme, daß "Hitler-Deutschland die stärkste Festung des internationalen Faschismus ist." Er betrachtete den "militärischen Zusammenbruch des nationalsozialistischen Deutschland als eine der wichtigsten Bedingungen für die Entfachung der proletarischen Revolution in Zentraleuropa." Die Sowjetunion war entschlossen, "jeden möglichen neuen Krieg zur Eroberung der Macht und zum Sturz des Kapitalismus auszunutzen", um die Voraussetzung für den "Sieg der sozialistischen Weltrevolution" zu schaffen.

Davon ausgehend, daß die anglo-amerikanische Zusammenarbeit der "Eckpfeiler jeder internationalen Politik" war, hing jegliche aktive und entscheidende Rolle Sowjetrußlands in der Weltpolitik vom Zusammenspiel mit Großbritannien und den USA ab. Ein militärischer "Zusammenstoß" zwischen der "faschistischen Front" und der sogenannten "demokratischen Front" sei den revolutionären Zielsetzungen Moskaus jedoch am dienlichsten. Aber während der Zwischenphase konnte die Vernichtung Deutschlands und Japans nur durch konzertierte sowjetisch-amerikanisch-britische Aktionen Realität werden. Um dieses Ziel zu erreichen, mußten die Sowjetdiplomatie und auch der gesamte Komintern-Apparat jede Politik des Interessenausgleichs zwischen den "faschistischen" und den "demokratischen" Machtblöcken durchkreuzen. Das Politbüro ging davon aus, daß eine Annäherung der kapitalistischen Länder für die Sowjetunion nur von Schaden sein konnte.

Eine realistische Einschätzung gegenwärtiger Trends und künftiger Entwicklungen gebot einen politischen Kurs, der von Nützlichkeitserwägungen ausging. Jedoch durften politische Entscheidungen nicht von den ideologischen Voraussetzungen und Kernpunkten des Marxismus-Leninismus losgelöst werden. Das Politbüro war der "festen Überzeugung", daß, abgesehen von zeitweiligen Zugeständnissen und Rückzügen, die UdSSR "nach wie vor den Kern der künftigen gesamteuropäischen und auch der Weltföderation sozialistischer Arbeiter- und Bauernrepubliken" bildete. Es war "unbedingt notwendig, schon jetzt alle Befürchtungen eines gewissen Teiles des Proletariats zu zerstreuen, daß etwa die Militärpolitik der Sowjetunion unter den Einfluß ihrer kapitalistischen Verbündeten geraten könne: diese Politik ist und bleibt revolutionär und proletarisch und darauf ausgerichtet, den Krieg in die Weltrevolution zu verwandeln." Stalin erklärte nachdrücklich: "Es ist ein so entscheidender Augenblick gekommen, daß ein Bündnis mit allen Kräften, die aus dem einen oder anderen Grunde gegen den Weltfaschismus auftreten, zulässig erscheint." Und er bekräftigte: "... daß im Falle eines Kriegsausbruchs alle Mittel gut und zulässig sind, um der faschistischen Reaktion eine Niederlage zu bereiten, daß jeder, der gegen den Faschismus ist, damit auch schon ein Verbündeter des revolutionären Proletariats in diesem Kampf mit dem schrecklichen und mächtigen Feind ist."

Während das Politbüro Fragen der politischen Taktik in Europa und Asien erörterte, versammelten sich in Moskau die Delegierten des 7. Komintern-Kongresses. Stalin hoffte, aus der in den westlichen Nationen bestehenden Auffassung von der faschistischen und nationalsozialistischen Gefahr Gewinne zu ziehen, und er ging davon aus, daß progressive Elemente sich in dem von der Komintern ausgeworfenen Netz fangen ließen. Die "Volksfront" agierte als Moskaus Rekrutierungsbüro für die weltrevolutionäre Phalanx. Der antifaschistische Tenor des Kongresses war auch darauf angelegt, Stalin als glaubwürdigen "Progressiven" hinzustellen. Vor allem diente das affektgeladene Schauspiel in Moskau dem Zweck der moralischen Aufrüstung der revolutionären Bewegung. Die Sowjetelite war besorgt, die proletarischen Kräfte könnten das Gerede von friedlicher Koexistenz törichterweise mit Frieden verwechseln, dadurch in Untätigkeit verfallen und ihren revolutionären Elan verlieren. Die Meister der sprachlichen Verstellung signalisierten ihrer Gefolgschaft, daß sie trotz der verbalen Tarnung ihren eigentlichen Zielsetzungen treu blieben. Stalin hatte klar erkannt, daß eine revolutionäre Bewegung nie erlahmen durfte. Sie mußte, von revolutionären Visionen angetrieben, in fortwährender Spannung und innerweltlicher Heilserwartung gehalten werden, um nicht ihren Schwung und ihre Daseinsberechtigung zu verlieren. Der 7. Komintern-Kongreß und die bald auf Touren laufenden "Säuberungen" sollten beweisen, daß Stalin den Arbeitsmechanismus einer revolutionären Bewegung begriffen hatte und ihn zu handhaben wußte. Der Komintern-Apparat sollte nicht nur seine Anstrengungen, den revolutionären Geist anzuspornen, exponential umsetzen, er sollte auch als "Hilfsapparat" der Sowjetdiplomatie wirkungsvoll eingesetzt werden. In Übereinstimmung mit "den Thesen des Genossen Stalin" beschloß das Politbüro: "Die Komintern kann und darf nicht jetzt eine selbstgefällige Rolle spielen, ihre Aufgaben bestehen zur Zeit lediglich aus Hilfsdiensten. Die Komintern verwandelt sich in einen Apparat der Außenpolitik der Sowjetunion, in ein mächtiges Instrument im Kampfe mit den Feinden der SU."

Obgleich taktisch bedingte Abkommen mit Deutschland und Japan immer zu Stalins Optionen gehörten, bestand das Fernziel seiner Politik stets in der Vernichtung des Reiches und Japans, – der Haupthindernisse für die sowjetische Expansionspolitik in Europa und Asien. Eine zeitweilige Zusammenarbeit mit Berlin und Tokio sollte die Regierungen dieser Nationen im Falle eines intra-kapitalistischen Konfliktes der wohlwollenden Neutralität der UdSSR versichern und sie dadurch zu einem gewagten Auftreten gegenüber ihren westlichen Gegnern ermutigen, was zu einem Abnutzungskrieg führen würde mit der Sowjetunion in der Rolle des lachenden Dritten. Nur während der letzten und entscheidenden Phase des "Zweiten imperialistischen Krieges" würde die UdSSR militärisch eingreifen, um im Bunde mit Großbritannien und den USA dem unmittelbaren Feind den Gnadenstoß zu versetzen. Bei diesem Intrigieren und Planen mußte jedoch höchst geschickt vorgegangen werden. Von den streitenden kapitalistischen Machtblöcken umworben zu werden, nachdem man geholfen hatte, sie in diese gegnerischen Positionen zu treiben, würde die globalen sowjetischen Interessen fördern.

Diese Winkelzüge Stalins, obgleich für seinen Gesamtplan unentbehrlich, durften London und Washington nicht für immer Moskau entfremden. Das Politbüro pflichtete Stalin bei: "... die Linie der Weltpolitik entwickelt sich zu einem direkten Bündnis der drei Großmächte – SU, USA und Großbritannien – hin ..., gegen Deutschland und Japan ... Die Annäherung an Frankreich und die Tschechoslowakei, der Anschluß der baltischen Staaten und des Balkanblocks an die Sphäre des direkten Einflusses der SU sind Aufgaben eigentlich zweiter Ordnung, lediglich zur Ergänzung der Grundkonzeption, wie auch die Annäherung an China oder die Verstärkung der Verbindung mit Persien und Afghanistan."

In Asien verfolgte Stalin das Ziel, die USA und Großbritannien in schärfere Auseinandersetzungen mit Japan zu verwickeln. Sowjetische Diplomaten wurden angewiesen, mit Washington und London Verhandlungen aufzunehmen, um eine "breite diplomatische Offensive" einzuleiten und einen fernöstlichen Sicherheits- und Beistandspakt abzuschließen. Botschafter Bogomolow sollte bei Tschiang Kai-schek wegen eines möglichen Garantieabkommens vorfühlen. Aber solange Großbritannien von der Abessinienkrise in Anspruch genommen war, die die Aufmerksamkeit Londons von Asien auf Afrika und Europa lenkte, sollte der Botschafter sich abwartend verhalten. In der Zwischenzeit mußte Tschiang für sowjetische Zwecke eingespannt werden. Um japanische Kräfte auf dem Festland zu binden, mußte der Generalissimus zu anhaltendem Widerstand gegen die Kwantung-Armee angespornt werden. Stalin beschloß, China taktische Unterstützung zu gewähren und die sowjetische Politik China gegenüber zu aktivieren, um es in einen Abnutzungskrieg mit Japan zu verwickeln. Im gegenwärtigen Augenblick hatte die UdSSR von Japan nichts zu befürchten. Das Politbüro bezweifelte, daß Tokio es auf einen Abbruch der Beziehungen zu Moskau ankommen lassen werde. Man erwartete, daß Japan einen "ehrenvollen Rückzug" antreten werde. Obgleich Stalins Asienpolitik auch von defensiven Überlegungen geleitet war, hatte der offensive Vorstoß doch unbedingten Vorrang. (11)

Doch weitaus wichtiger als die taktischen Maßnahmen der Volks- und Einheitsfront war der Ausbruch eines Krieges als Mittel der kommunistischen Expansionsbestrebungen in Asien und Europa. Anläßlich eines Treffens des Exekutiv-Komitees der Komintern in Moskau Ende August 1934 hatte Manuilskij die Unvermeidlichkeit eines allgemeinen Krieges eingehend erörtert und auch die Aussichten und Vorteile, die damit unweigerlich verbunden waren. Angesichts des begrenzten materiellen und Menschenpotentials des Reiches würde Deutschland "wahrscheinlich von den vereinten Streitkräften Frankreichs, Belgiens, Englands, Italiens und der Tschechoslowakei vollständig besiegt werden. Der Haß der Massen auf den Nationalsozialismus wird schließlich zum Ausbruch kommen. Aber die siegreichen Länder werden selbst bis in ihre Grundfesten erschüttert werden, so daß ein Zusammenbruch des kapitalistischen Regimes unvermeidlich sein wird." (12) In Asien "setzte Moskau 1936 und 1937 seine ganzen Hoffnungen auf einen chinesischen Krieg, um die Japaner in Atem zu halten." (13) In Europa und Asien witterten die Bolschewisten die einmalige Chance, das Pulverfaß zu entzünden, indem sie sich geschickt der Spaltungsstrategie bedienten.

Die Chinesische Kommunistische Partei (KPCh) war inzwischen zu einem Werkzeug in den Händen Stalins und der Komintern geworden, die ursprünglich durch Li Li-san und anschließend Mao Tse-tung operierten. (14) Stalins Plänen, die Kuomintang zu infiltrieren und dadurch die strategischen Positionen ihrer zentralen politischen Organisation und militärischen Kommandostruktur zu übernehmen, hatte Tschiang Kai-schek 1927 einen vernichtenden Schlag versetzt. Danach führte der Generalissimus einen "Vernichtungs"-Feldzug gegen die kommunistische Bewegung. Um die (KPCh) vor der völligen Zerschlagung zu bewahren und die Kräfte Chinas gegen die japanischen Eindringlinge zu kehren, beschloß Stalin, die kriegführenden Parteien in einer "Einheitsfront" zusammenzubringen. Eine vereinigte Volksregierung mit Tschiang an der Spitze sollte gebildet werden, um einen nationalen Revolutionskrieg gegen die Japaner zu entfesseln. (15) Durch die Mobilisierung der chinesischen Massen unter der Parole eines nationalen Verteidigungs- und Befreiungskampfes würden Tschiang die Hände gebunden werden. Die Kuomintang sollte zu einem Bündnis auf Zeit mit Mao Tse-tung gezwungen und dann in einen sich lang hinziehenden Krieg gegen die japanischen Armeen gestürzt werden. Im Januar 1936 bot Mao seinen innenpolitischen Feinden öffentlich die "Hand der Freundschaft". Die von Stalin für China ersonnene Komintern-Strategie bildete einen integralen Bestandteil seiner Gesamtstrategie. Stalin zielte darauf ab, einen Krieg großen Ausmaßes zwischen China und Japan zu provozieren. Die sich daraus für Moskau ergebenden Vorteile lagen klar auf der Hand. Welche Pläne Tokio und die Frontkommandeure der Kwantung-Armee auch immer hegen mochten, ihre Aufmerksamkeit würde von der Äußeren Mongolei und den Küstenprovinzen auf China abgelenkt werden. Sowjetische Befürchtungen hinsichtlich japanischer Aggressionsabsichten auf sowjetisches Gebiet hatten sich seit 1936 stark verringert, obgleich Moskau aus propagandistischen Gründen sein lautstarkes Geschrei über deutsche und japanische Angriffspläne fortsetzte. In vertrautem Kreis drückte Litwinow die Überzeugung aus, daß "nicht die geringste Möglichkeit eines baldigen japanischen Angriffs auf die Sowjetunion" bestand. Nach seiner Beurteilung der Lage hatte Tokio seine Pläne aufgegeben, denn "wenn sie uns angreifen und Deutschland uns nicht angreift, kann der Krieg lange dauern, aber am Ende werden sie total besiegt sein." Hitler trug sich vorläufig nicht mit der Absicht, Krieg zu führen: "... es besteht keine Möglichkeit eines baldigen deutschen Angriffs auf die Tschechoslowakei oder irgendeinen Teil Mitteleuropas oder die Sowjetunion." (16)

Um Tokio und Nanking weiter zu entzweien, verstärkten Moskaus Agenten ihre Geheimtätigkeiten in beiden Ländern. Ihr unmittelbares Ziel war es, die japanische Armee wegen ihrer betont antisowjetischen Einstellung zu diskreditieren, das Prestige der japanischen Flotte dagegen zu erhöhen, deren Ambitionen zu einer Herausforderung für die USA und Großbritannien werden mußten. Mitglieder der japanischen Omotokyo-Sekte schmiedeten Umsturzpläne. Am 26. Februar 1936 inszenierten tausend Soldaten, von jungen Offizieren angeführt, ihren Coup. Die Meuterei wurde rasch unterdrückt. Zwei frühere Ministerpräsidenten waren ermordet worden. Der regierende Ministerpräsident entkam nur durch ein Wunder. Die Aufständischen waren von Moskau finanziert worden, und sowjetische Agenten hatten einen starken ideologischen Einfluß auf die rebellierenden Offiziere ausgeübt. Angehörige der sowjetischen Botschaft in Tokio waren in das Komplott verwickelt. (17) Der mißglückte Coup hatte weitreichende Folgen, teilte Moskaus Meisterspion Richard Sorge seinen sowjetischen Vorgesetzten mit. Als Folge der Revolte hatte sich die Waagschale zugunsten der japanischen Marine geneigt. Der Kreml hatte keine japanischen Angriffe mehr zu fürchten. Der Hauptstoß würde sich in Zukunft gegen China richten. (18) Bullitt, der aus Moskau berichtete, erkannte sofort die Folgen, die sich aus dem mißlungenen Aufstand ergaben. Die Sowjets, unterrichtete er Roosevelt, waren davon überzeugt, daß "die Meuterei für die Sowjetunion eine gute Sache gewesen sei", denn diese hatte "einen solchen Zustand innerer Spannung in Japan geschaffen, daß es Japan für einige Zeit nicht möglich sein wird, eine starke Politik zu treiben." (19) Der deutsche Botschafter in Nanking, Trautmann, folgerte, daß die japanischen "Militaristen" einen Rückschlag erlitten hatten. Obwohl der Stand der sowjetisch-japanischen Beziehungen "undurchschaubar" war, prophezeite Trautmann, daß die gegenwärtige japanische Regierung eine Politik der Annäherung an Moskau verfolgen werde. (20)

Während sich die Ausgangsposition der UdSSR gegenüber Tokio beträchtlich verbessert hatte, waren die Aussichten auf Erfolge in China weniger rosig. Die chinesische Aufrüstung würde bald so weit gediehen sein, daß jeder zukünftige japanische Angriff zurückgeschlagen werden könnte. Tschiang Kai-schek hoffte, bereits in sechs Monaten stark genug zu sein. General von Seeckt, der deutsche Militärberater des Generalissimus, bezweifelte diese optimistische Einschätzung der Lage. Er ging davon aus, daß sich die Position der Kuomintang-Regierung erst in drei bis vier Jahren gebessert haben werde. Dann werde Tschiang seine Stellung gefestigt haben. Bis dahin werde China durch eine "Gefahrenperiode" hindurchgehen. Seeckts vorsichtig optimistische Beurteilung der zukünftigen Entwicklung Chinas hing jedoch von einer wichtigen Bedingung ab: "Die innere Situation verschlechtert sich in dem Maße, wie der Druck von außen zunimmt ..." Alle weiteren kriegerischen Verwicklungen mit Japan, deutete Trautmann an, würden den Stabilisierungsprozeß zerrütten. (21)

Moskau konnte nicht zulassen, daß Tschiang diese für ihn lebensnotwendige Frist gewann. Starker Druck mußte auf ihn ausgeübt werden, die Offensive gegen die Kwantung-Armee zu ergreifen, und zu diesem Zweck sollte das Nationalgefühl der chinesischen Volksmassen angefacht und eine kriegerische Stimmung unter ihnen erzeugt werden. Ein Angriff auf die japanischen Streitkräfte wurde zur Vorbedingung für Maos Bereitschaft zur Zusammenarbeit mit Tschiang gemacht. Als die KPCh auf Weisung des Kreml dem Generalissimus "die Hand der Freundschaft" bot, offerierte sie ein Danaergeschenk.

Aus erklärlichen Gründen sträubte sich Tschiang gegen eine "Einheitsfront" mit Mao. Aber Moskau und seine willfährigen Helfer verhinderten jedes weitere Zaudern. Als Berlin und Tokio im November 1936 den Antikominternpakt abschlossen, verstärkte der Kreml seine Bemühungen, eine "Einheitsfront" ins Leben zu rufen und zum Krieg zwischen China und Japan zu schüren. Die Zusammenarbeit zwischen der KPCh und der Kuomintang wurde für Moskau jetzt zu einer unbedingten Notwendigkeit. Innerchinesische Entwicklungen, besonders in den Reihen des Heeres, erleichterten es Stalin, Tschiang zu einem Bündnis mit Mao zu bringen. Unter den Anhängern von General Tschang Hsüeh-liang, dem alten Kriegsherrn der Mandschurei, war der Haß gegen die Japaner ebenso groß wie ihre Gleichgültigkeit gegenüber der chinesischen kommunistischen Bewegung. Als Tschiang das Hauptquartier Tschangs in Sian, der Hauptstadt der Schensi-Provinz, besuchte, wurde er verhaftet. Tschang legte ihm acht Forderungen vor, die von Mao und Tschu En-lai ausgingen. Unter Druck erklärte sich Tschiang solidarisch mit dem Plan der "nationalen Errettung", den Mao am 1. Dezember entworfen hatte. Nach seiner Freilassung verpflichtete sich der Generalissimus, alle gegebenen Versprechungen einzuhalten und energisch gegen den äußeren Feind vorzugehen. In Sian hatten die Agenten des Kreml selbst direkt eingegriffen, um den KPCh-Führern zu helfen, die "Einheitsfront" zuwege zu bringen. Nach Aussagen Maos hatte Tschiang in Sian seine Forderung, den Widerstand gegen Japan zu aktivieren, angenommen. (22) Zwar bezweifelte Botschafter Trautmann, daß Moskau den "Vorfall von Sian" eingefädelt hatte, meinte aber doch, der Abschluß des Kominternpaktes im November habe "die Entwicklung, die im Dezember in Sian den Höhepunkt erreichte, beschleunigt." (23)

Die sowjetischen Geheimtätigkeiten in China und Japan während des Jahres 1936 hatten den Ablauf schicksalshafter Ereignisse in Asien mitbestimmt. Die Offiziersrevolte vom Februar und der Zwischenfall von Sian im Dezember waren Marksteine auf dem Wege zu dem von den Sowjets angestrebten Krieg zwischen China und Japan, der die Sicherheit der UdSSR stärken, den sowjetischen Einfluß im Fernen Osten vermehren und Moskaus revolutionäre Ziele fördern sollte.

Zu Ende des Jahres bestand Grund zur Annahme, daß diese Ereignisse bald Früchte tragen würden. Aber ein plötzlicher Umschwung in Tokio dämpfte die sowjetischen Erwartungen für eine Weile, ohne sie jedoch ganz zu zerschlagen. In Tokio ging der Streit zwischen den Falken und Tauben um den Einfluß auf Regierungsentscheidungen zugunsten der Gemäßigten aus. Mitglieder der Regierung und hohe Militärs hatten die außenpolitischen Zielsetzungen einer eingehenden Prüfung unterzogen und gegen einen Konflikt mit China entschieden. Stalins Diplomaten und der sowjetische Subversionsapparat mußten jetzt ihre Anstrengungen auf Nanking und die mittleren Ränge innerhalb der Kwantung-Armee konzentrieren, um zu retten, was noch zu retten war. Bereits zweimal hatte die Kwantung-Armee dem japanischen Kabinett und dem Oberkommando die Initiative entrissen: 1918 (Intervention in Sibirien) und 1931 (Einfall in die Mandschurei). Um Japan dazu zu bringen, die Offensive gegen Tschiang wiederaufzunehmen, mußten Offiziersgruppen der Kwantung-Armee angestachelt werden, zukünftige örtliche Zwischenfälle auf dem Festland zu einem Krieg auszuweiten. Sie mußten dazu angestiftet werden, sich über die Bemühungen der eigenen Regierung hinwegzusetzen und den Weisungen des Oberkommandos in Tokio, das die explosive Lage zu entspannen suchte, zuwiderzuhandeln. (24) Anfang 1937 sprach sich der japanische Generalstab dafür aus, die Streitkräfte aus dem chinesischen Morast zurückzuziehen. Der Regierung wurde nahegelegt, statt Tschiang und die Kuomintang weiter zu verunsichern und zu destabilisieren, der Nanking-Regierung beim Ausbau ihrer Position beizustehen. In den Beziehungen zwischen China und Japan sollte die langjährige Feindschaft einer zukünftigen Verhandlungsbereitschaft Platz machen. (25) Der Kreml konnte die Entwicklungen, über die ihn wahrscheinlich Richard Sorge informierte, nur mit größter Besorgnis betrachten. Eine Annäherung zwischen Tokio und Nanking mußte Stalins langgehegte Hoffnungen und seit geraumer Zeit geschmiedete konspirative Planungen zerschlagen. Um diese Annäherungsversuche zum Scheitern zu bringen, beschloß Moskau, seine Anstrengungen auf Tschiang und die nationalrevolutionären Elemente der chinesischen Gesellschaft zu konzentrieren und sie zu einem nationalen Befreiungskrieg gegen die japanischen Imperialisten aufzuwiegeln. Über die von der "Einheitsfront" ausgehende Agitation hoffte Stalin unter den chinesischen Volksmassen Kampfinstinkte gegen Japan zu entfachen, um den widerstrebenden Generalissimus unter Druck zu setzen und ihn zu ermutigen, japanische Frontkommandeure zu Zwischenfällen und offenen feindlichen Handlungen zu provozieren.

Im Frühjahr 1937 zeichneten sich in Moskau "interessante Entwicklungen" ab. Stalin hatte seine Botschafter Jurenew und Bogomolow über die sowjetischen Absichten im Fernen Osten unterrichtet. Tairow, der starke Mann der Äußeren Mongolei, und alle in Asien stationierten sowjetischen Emissäre hatten an dieser Konferenz auf höchster Ebene teilgenommen. Bogomolow kehrte nach China zurück "mit umfangreichen Instruktionen, die er der chinesischen Regierung vorzutragen hatte." Stalin ließ Tschiang wissen, daß er gewillt war, eine festere Haltung gegenüber Japan einzunehmen. Die militärische Bereitschaft der UdSSR hatte einen Grad erreicht, der Moskau angeblich in die Lage versetzte, kein Blatt mehr vor den Mund nehmen zu müssen und nicht mehr "im Verkehr mit den Japanern Zeit zu schinden". Stalin versprach Tschiang, bei seinen Verhandlungen mit Tokio "immer herausfordernder" zu werden. Der Generalissimus, gaben die Sowjets zu verstehen, sollte diesem Beispiel folgen.

Anstrengungen, die Aussöhnung zwischen der Kuomintang und der KPCh zustande zu bringen, wurden verstärkt. Moskau drängte jetzt auf die Beseitigung angeblich projapanischen Einflusses innerhalb der Nationalregierung. Als unmittelbares Ziel peilte der Kreml "die Bildung einer chinesischen Einheitsfront mit starker antijapanischer Ausrichtung" an. Tschu En-lai und Tschiangs militärische Abgesandte in Westchina hielten vertrauliche Besprechungen ab. Tschu erhielt seine Instruktionen von Stalin, und seine Gespräche mit Nankings Militärvertretern "bilden ein wesentliches Moment sowjetisch-chinesischer Beziehungen". Falls erforderlich, sollten chinesische Offiziere dem Generalissimus Trotz bieten und die Initiative ergreifen, eigenständige Aktionen gegen die Japaner einzuleiten. Moskau erklärte seine angebliche Bereitschaft, die chinesische Rote Armee und die chinesischen Sowjets zu opfern, falls Tschiang sich erkenntlich zeigte, indem er "eine Linie in Übereinstimmung mit Moskaus Politik verfolgte und gleichzeitig den Japanern härteren Widerstand leistete." (26)

Angesichts der Vorgänge in Tokio wurden Moskaus Bemühungen über den Druck auf China, Nanking in einen Krieg mit Japan zu verwickeln, immer dringlicher. In Japan waren die Gemäßigten im Vormarsch und hatten mit General Hayashi, einem "vernünftigen, nüchternen Offizier", das Amt des Ministerpräsidenten für sich erobert. Sato war zum Außenminister ernannt worden. Die Tauben waren entschlossen, die Armee an die Kandare zu nehmen und sie, wenn möglich, aus der Politik herauszuhalten. Auch der Kwantung-Armee sollten die Zügel angelegt werden.

Die Kwantung-Armee hatte auf den chinesischen Schlachtfeldern eine Kette von Rückschlägen erlitten. Es war ihr nicht gelungen, die nördlichen chinesischen Provinzen "zu erobern und zu kontrollieren". Botschafter Grew war sicher, daß die gemachten Erfahrungen genügten, um Tokio "von weiteren Streitigkeiten abzuhalten ... und auch davon, sich Hals über Kopf in einen Krieg zu stürzen, der sich auf lange Sicht als verhängnisvoll erweisen könnte." Die sowjetisch-japanischen Beziehungen hatten einen Tiefpunkt erreicht, und schlecht stand es auch um Tokios Beziehungen mit London und Washington. Hayashi war vernünftig genug zu sehen, "woher der Wind blies". Sato war entschlossen, die Beziehungen zu Großbritannien und den USA zu verbessern. Um dieses Ziel zu erreichen, mußten erst einmal die chinesisch-japanischen Beziehungen "auf eine gesündere Grundlage" gestellt werden. Sato werde — laut Grew — sein Bestes tun, um Japans Verhältnis zu der übrigen Welt zu verbessern. Alles, was in seiner Macht stand, werde er unternehmen, um die von den Falken propagierten expansionistischen Pläne zu hintertreiben. Aber ob Satos Politik der Versöhnung "von Dauer" sei, war zweifelhaft, denn "die Katze läßt das Mausen nicht". (27)

Am 7. Juli 1937 brach der seit langem schwelende chinesisch-japanische Konflikt in einen offenen Krieg aus. Tschiang hatte gehofft, die Kraftprobe mit der Kwantung-Armee abwenden zu können. Seit dem "Sian-Vorfall" stand der Generalissimus zwischen zwei Fronten und unter stärkstem Druck, den Japanern die Stirn zu bieten. Aber es mit den fremden Eindringlingen aufzunehmen bedeutete die Unterbrechung des wirtschaftlichen und politischen Konsolidierungsprozesses. Eine Kapitulation vor den japanischen Forderungen wiederum mußte zu "persönlichen Angriffen auf ihn führen und einen ernsten innenpolitischen Konflikt heraufbeschwören." Sogar nach dem Zwischenfall an der Marco-Polo-Brücke drückte Tschiang die Hoffnung auf eine friedliche Beilegung des Konfliktes aus, um diesen gefürchteten Alternativen zu entgehen. (28)

Die sowjetischen Machenschaften hatten sich ausgezahlt und ebenso die Kominternagitation unter der Intelligenzija, linksliberalen Elementen der Mittelklasse, den Studenten und nationalistischen Schichten der chinesischen Gesellschaft. Schon im Oktober 1932 hatte das Exekutiv-Komitee der Komintern Mao angewiesen, "die Massen unter dem Schlagwort des national-revolutionären Kampfes gegen die Japaner und andere Imperialisten zu mobilisieren." Nach 1935 verfingen sich immer mehr Chinesen in der von der Komintern angezettelten Kampagne gegen die Japaner. 1937 hatten die kommunistische und linke Agitation und der Appell an das chinesische Nationalgefühl auch auf das Offizierskorps übergegriffen. Immer größere Scharen von Freiwilligen meldeten sich, um den Kampf gegen die japanischen Imperialisten aufzunehmen, damit war aber die Fortsetzung des antikommunistischen Feldzugs Tschiangs unmöglich gemacht. Der Druck der Volksmassen verstärkte sich und zwang den Generalissimus zum Handeln. Er sah sich gezwungen, Stellung zu beziehen, selbst auf die Gefahr hin, dabei in die Hände der von der Komintern gelenkten chinesischen kommunistischen Bewegung zu spielen. (29)

Scharfsichtige Beobachter der Asienszene stimmten darin überein, daß Stalin und seine Komintern-Agenten erheblich dazu beigetragen hatten, die Kettenreaktion auszulösen, die zum Zwischenfall an der Marco-Polo-Brücke führte und sich schließlich zu einem Zermürbungskrieg zwischen Tschiangs Streitkräften und der Kwantung-Armee auswuchs. Außenminister Neurath beschuldigte die UdSSR, auf Grund von Informationen aus diplomatischen und Abwehrkreisen, China zum Krieg angestiftet zu haben. (30) Zusätzliches beweiskräftiges Nachrichtenmaterial, das der im sowjetischen Nervenzentrum stationierte Botschafter Graf von der Schulenburg gesammelt hatte, erhärtete die Anklage gegen Moskau, Tschiang zum Kampf aufgehetzt zu haben, um die Japaner von den sowjetischen Fernostprovinzen abzulenken. (31)

Weiteres Belastungsmaterial lieferte einer der erfahrensten Beobachter der Moskauer Bühne, der amerikanische Diplomat Loy W. Henderson. Laut Informationen, die der chinesische Botschafter ihm zukommen ließ, hatten der sowjetische Botschafter Bogomolow und einflußreiche prosowjetische chinesische Gruppen während des Frühlings und Sommers 1937 Tschiang zum Kampf gegen die Japaner angestachelt. Der Nanking-Regierung war für den Kriegsfall sowjetische Hilfe gegen die Kwantung-Armee versprochen worden. (32) Sofort nach seiner Rückkehr aus Moskau, wo er von Stalin seine Instruktionen empfangen hatte, führte Bogomolow die Befehle seines Herrn und Meisters aus. Die Aussicht auf sowjetische Waffenlieferungen brachte Tschiang schließlich dazu, lieber den Krieg zu riskieren, als sich den japanischen Eindringlingen zu unterwerfen. (33) Litwinow gestand "seinem alten Freund" von der französischen Volksfront, Leon Blum, seine "helle Freude, daß Japan China angegriffen hatte." Als Folge seines militärischen Unternehmens werde Japan "finanziell und wirtschaftlich so geschwächt sein und so enorme Schwierigkeiten haben, ein erobertes China zu verdauen, daß die Sowjetunion nun auf viele

Jahre hinaus eines Friedens im Fernen Osten völlig sicher war ..." (34)

Diese Enthüllungen und Eingeständnisse stimmten mit Informationen aus einer anderen zuverlässigen Quelle überein. Stalins Absicht, einen bewaffneten Konflikt zwischen Nanking und Tokio zu provozieren, wurde von dem einstigen NKWD-Chef für den gesamten sowjetischen Fernostbereich, General Ljuschkow, bestätigt, nachdem er den Schergen des Regimes entkommen und über Mandschukuo nach Tokio geflohen war. Im Verlauf eingehender Verhöre enthüllte er, daß "es hinsichtlich der japanischen Armee die wichtigste sowjetische Taktik war, einen Konflikt mit China auszulösen, um so viele japanische Streitkräfte wie möglich in militärische Verwicklungen zu verstricken." Vor seiner Abreise im Juli 1937 nach Chabarowsk, wo er seinen neuen Posten antreten sollte, hatte Ljuschkow ein längeres Gespräch mit dem Chef des NKWD, Jeschow, geführt, der, in Übereinstimmung mit Stalins ausdrücklichen Instruktionen, mit Entschiedenheit auf die kritische Bedeutung verwies, die japanischen Streitkräfte sich in einem Zermürbungskampf mit China aufreiben zu lassen. Da ein möglicher Konflikt mit Japan nicht ausgeschlossen werden konnte, mußten Pläne entworfen und Vorbereitungen in Gang gesetzt werden, um die Sowjetunion gegen diese Eventualität zu sichern. Jeschow hatte Ljuschkow befohlen, "durchgreifende Maßnahmen zur Säuberung im Fernen Osten" in die Wege zu leiten, um mögliche gefährliche Entwicklungen in den rückwärtigen fernöstlichen Provinzen im Falle kriegerischer Verwicklungen vorzeitig im Keim zu ersticken. Kühl berechnend wie Stalin selbst hatte der NKWD-Chef vorgeschlagen, daß Sowjetrußland die Initiative gegen Japan ergreifen sollte. Die Gelegenheit schien sich anzubieten. Nach dem Urteil Woroschilows und anderer hoher Offiziere war Hitler nicht "für einen Krieg vorbereitet". Solange Moskau den Rotspaniern "tatkräftige Hilfe" leistete und dadurch deutsche Einheiten zu "ausgedehnten Operationen" auf der iberischen Halbinsel zwang, würde das Reich kaum in der Lage sein, kriegerische sowjetische Verwicklungen im Fernen Osten zum eigenen Vorteil ausbeuten zu können. War Japan erst einmal "in China gebunden", sollte die UdSSR "diese Gelegenheit zu aktivem Eingreifen" im Fernen Osten nutzen. (35)

Indem Stalin die Flammen in Spanien anfachte und in Asien China und Japan in einen Krieg verstrickte, konnte die Sowjetunion sich im Fernen Osten geopolitisch fest in den Sattel setzen. War dieses Ziel erst einmal erreicht, dann würden die Sowjets ihr Hauptaugenmerk wieder auf Europa richten.

Seit Ende der zwanziger Jahre hatte Stalin den unvermeidlichen Ausbruch des "Zweiten imperialistischen Kriegs" vorausgesagt. Zu jenem Zeitpunkt hatte die Lunte in Europa, dem wahrscheinlichsten Hauptkriegsschauplatz, bereits zu glimmen begonnen. Der "Erste imperialistische Krieg" hatte die Bolschewisten in Rußland in die Macht katapultiert. Der "Zweite imperialistische Krieg" versprach den großen Durchbruch nach Westen und die Errichtung eines Sowjet-Europas. Um dieses Fernziel zu realisieren, mußte die Rote Armee in höchsten Bereitschaftszustand versetzt und gehalten werden. Die sowjetischen Streitkräfte sollten Stalins Hauptinstrument zur Durchsetzung seiner Expansionspolitik sein. Um sich auf Europa stürzen zu können, mußte jeder potentielle Feind an den Grenzen des sowjetischen Reiches neutralisiert, wenn nicht immobilisiert, und der Hauptstoß gegen den Westen geführt werden. Während der letzten und entscheidenden Phase des Krieges mußte die geballte Kraft der Sowjetunion auf dem westlichen Kriegsschauplatz eingesetzt werden. Für militärische Unternehmungen auf anderen Schlachtfeldern konnten umfangreiche Streitkräfte nicht entbehrt werden. Schon in der Eröffnungsphase der zu erwartenden langwierigen Auseinandersetzungen mußte jeder potentielle Feind im Fernen Osten ausgeschaltet werden, um sämtliche sowjetischen Reserven in den europäischen Entscheidungskampf werfen zu können. Durch bewußte Machtdemonstrationen wollte Stalin die sowjetische militärische Überlegenheit in Asien aller Welt vor Augen führen. Einheiten der Kwantung-Armee sollten in Scharmützel und lokal begrenzte Kämpfe verwickelt und aufgerieben werden. Der Abnutzungskrieg gegen Tschiangs Armeen würde das japanische Oberkommando von massiven Kampfhandlungen gegen sowjetische Streitkräfte abhalten. Ein Risiko bestand immer, aber Stalin wagte einen hohen Einsatz.

Während der dreißiger Jahre konzentrierte Stalin seine ganze Energie darauf, die für einen langen Krieg notwendige Infrastruktur zu schaffen. Während die europäischen Mächte einen Bruderzwist vom Zaume brachen und auf den Kriegsausbruch zusteuerten, mobilisierte der Sowjetdiktator sämtliche Ressourcen für den kommenden Holocaust. Im Fernen Osten verfolgte Stalin mit seiner Spaltungsstrategie die Absicht, China und Japan in einen Krieg zu verstricken, um jede mögliche japanische Aggression gegen Sibirien, die Äußere Mongolei und die Küstenprovinzen auf das chinesische Festland abzulenken. Der sowjetische Generalstab arbeitete fieberhaft an Plänen für blitzschnelle Überraschungsangriffe auf Einheiten der Kwantung-Armee, die längs der sowjetisch-mandschurischen und der sowjetisch-mongolischen Grenze operierten. Nach Liquidierung der Tuchatschewskij-Gruppe, die sich, laut Ljuschkow, "für einen Defensivkrieg stark gemacht hatte, wurde die Befürwortung der Defensive als 'Sabotage' gebrandmarkt." Sämtliche sowjetischen Operationspläne wurden neu entworfen "mit dem Angriff als Grundlage". In Anbetracht dessen, daß der Spanische Bürgerkrieg die Aufmerksamkeit Europas in Anspruch nahm und der "chinesische Zwischenfall" Japan von der UdSSR ablenkte, sprach sich eine Gruppe sowjetischer Kommandeure um Woroschilow und Blücher dafür aus, Japan "in China in schwere Kämpfe zu verstricken und selbst die Initiative zu ergreifen, ohne einen Angriff auf die Sowjetunion abzuwarten." In Moskau war im Frühjahr 1938 "diese Ansicht weit verbreitet". Inzwischen hatte auch Stalin beschlossen, die materiellen Hilfeleistungen an China anzukurbeln, um den Konflikt in Asien in die Länge zu ziehen. Gleichzeitig erklärte er sich bereit, der "Partisanenbewegung" in der Mandschurei jede erdenkliche Hilfe zu leisten, um die Japaner zu zwingen, "eine große Zahl von Truppen" auf den Schlachtfeldern Chinas einzusetzen. Blücher und der Polit-Kommissar Kapalkin führten Besprechungen mit "den Kommandeuren chinesischer Partisanenabteilungen", um beabsichtigte Operationen aufeinander abzustimmen. In Moskau herrschte ausgesprochene "Kampflust". Panzer, Geschütze, Flugzeuge des neuesten Typs und sonstige Vorräte wurden auf schnellstem Wege in den Fernen Osten geschafft. Die Sowjets planten offensive Maßnahmen für das Frühjahr 1938. Die Operationspläne waren bereits ausgearbeitet. Blücher beabsichtigte, "gleichzeitig in zwei Richtungen anzugreifen, von Chitinski und vom Ussuriski-Abschnitt, um schnellstens den Frontvorsprung zu beseitigen und damit die Bedrohung Chabarowsks auszuschalten und die Front zu begradigen." Die geplante sowjetische Offensive sollte zeitlich mit "dem Aufstand in der Mandschurei im Rücken der Japaner" zusammenfallen. Sämtliche japanischen Verbindungswege und Nachschublinien sollten durch den Einsatz sowjetischer Flugzeuge und U-Boote gestört, bombardiert und abgeschnitten werden. Blücher faßte sogar die Bombardierung japanischer Inseln ins Auge. Das japanische "Hinterland" sollte desorganisiert und in einem ständigen Spannungszustand gehalten werden. Im März 1938 traf Major Jartsew, aus Moskau kommend, auf der nördlichen Sachalin-Insel mit Instruktionen von Stalin ein. Er sollte erkunden, ob der Ausbau von neuen Basen für die sowjetische Pazifikflotte möglich war. Jartsew trat seine Mission unter dem Vorwand an, "die gespannten Beziehungen im Verhältnis zu den japanischen Konzessionen ... zu verbessern", aber der eigentliche Zweck seines Erscheinens bestand darin, "die Insel in einen militärischen Bereitschaftszustand zu versetzen und für die Aufstellung einer Division und die Bereitstellung von Flugbasen zu sorgen, sowohl auf Sachalin selbst wie in Sofisk." Jartsews Hauptaufgabe bestand darin, "erstens ... Japan zu täuschen und zweitens für den Fall eines allgemeinen Krieges auf dem asiatischen Festland Japan zu zwingen, einen Teil seiner Land-, See- und Luftstreitkräfte zur Verteidigung der südlichen Sachalin abzuziehen." Anfang 1938 bereiste Smirnow, der Kommissar der Roten Flotte, den Fernen Osten, um die Kriegsvorbereitungen gegen japanische Basen und Truppeneinheiten zu inspizieren. (36)

In zwei offenen Feldschlachten, 1938 in Tschangkufeng und 1939 in Nomonhan, brachten sowjetische Streitkräfte Einheiten der Kwantung-Armee vernichtende Niederlagen bei. Welche aggressiven Absichten die Japaner auch immer gegen die UdSSR gehegt haben mochten – und ihre Planungen waren hauptsächlich defensiver Natur –, sie wurden für immer aufgegeben. Stalin hatte sein Ziel erreicht. Als sich 1938/39 die europäische Krisenlage zuspitzte, waren die sowjetischen Grenzen gegen Japan im Fernen Osten gesichert und endgültig stabilisiert worden. Stalin konnte jetzt unbesorgt die sich rasch verschlechternde Situation in Europa zum Vorteil der UdSSR ausnutzen.

Die Stille in Asien nach 1933 hatte getrogen. Visionen eines friedlichen Ausgleichs mochten von Anbeginn illusorisch gewesen sein. Aber alle noch bestehenden Chancen wurden durch das Handeln lokaler und fremder Kräfte vorsätzlich zunichte gemacht. Einflüsse machten sich breit, die jede

Aussicht auf eine friedliche Lösung der schwelenden Krise absichtlich vereitelten. Örtliche japanische Befehlshaber verfolgten, den Befehlen des Oberkommandos in Tokio oft zuwiderhandelnd, ihre eigenen grandiosen Pläne für die Errichtung eines Imperiums. Auch in China waren widerstreitende Interessen und Kräfte am Werk: die einen setzten sich für eine Fortsetzung der massiven antikommunistischen Vernichtungsfeldzüge ein, die anderen machten sich stark für verstärkte Militäraktionen gegen die japanischen Eindringlinge. Beiden Bestrebungen und Forderungen gleichzeitig gerecht zu werden überstieg Tschiangs Möglichkeiten.

Einige europäische Nationen hielten immer noch am äußerlich imponierenden Status ihrer imperialen Macht fest. Während die US-Regierung sich auf die Politik der "offenen Tür" berief, setzten die Sowjets in China alle Hebel in Bewegung, den ausländischen Mächten mit langjährigen Interessen am chinesischen Markt die Tür zu verschließen. Die Ränkespiele der Sowjets, die alles andere als eine Befriedung der Lage wünschten, waren der Katalysator, der die Kettenreaktion in Gang setzte, die im Juli 1937 den Marco-Polo-Brücken-Zwischenfall auslöste. Stalin war scharfsichtig genug zu wissen, daß der chinesisch-japanische Konflikt sich auf Dauer nicht lokalisieren lassen werde. Auf Grund ihrer vitalen Interessen in Asien mußten die USA und Großbritannien über kurz oder lang in den Strudel der Ereignisse hineingezogen werden. Selbst wenn der Krieg auch in der Anfangsphase begrenzt blieb, mußten sich die Beziehungen zwischen London und Tokio und Washington und Tokio rasch verschlechtern. Roosevelt war Opfer einer Selbsttäuschung geworden, wenn er glaubte, daß die Interessen Washingtons und Moskaus in Asien parallel liefen.

Für China mußte der Krieg mit Japan zu innerpolitischer Verunsicherung und wirtschaftlicher und finanzieller Zerrüttung führen, kurz, chaotische Zustände auslösen und damit eine Situation schaffen, die geeignet war, von den Sowjets ausgeschlachtet zu werden und das Vordringen des Bolschewismus auf dem asiatischen Festland zu fördern. Der Konflikt in China trug zwar Störungen in das nichtkommunistische Lager und schwächte es, aber den mächtigeren und auf lange Sicht gefährlicheren Feinden der UdSSR brachte er keine unmittelbar vernichtende Niederlage bei. Nur ein Krieg größeren Ausmaßes würde die Schranken niederreißen, die einem sowjetischen Vorstoß in die Industriegebiete des Kontinents im Wege standen. Zwischenstaatliche Kriege mußten im kritischen Augenblick in Revolutionskriege verwandelt werden. Kriegerische intrakapitalistische Auseinandersetzungen und der geballte Einsatz der Roten Armee als Revolutionierungsinstrument im passenden Moment waren unabdingbare Voraussetzungen für die Realisierung von Stalins strategischen Planungen. Ein Erfolg in Europa würde unausweichliche Konsequenzen für Asien und Afrika haben. Aber solange die hochentwickelten Industrieländer Europas in einem noch so prekären Friedenszustand verharrten, waren die Aussichten auf revolutionäre Umwälzungen in ihren Kolonialgebieten gering. China in einen Befreiungskrieg gegen Japan getrieben zu haben, bildete keinen Selbstzweck; es war der Auftakt zur sowjetischen Offensive im Westen.

Die Spaltungsstrategie, die Stalin mit durchschlagendem Erfolg in Asien praktizierte, sollte er auch in Europa virtuos beherrschen. Als Stalin den dramatischen Entschluß gefaßt hatte, Hitler den Weg in die Reichskanzlei zu ebnen, hatte er ideologische Skrupel über Bord geworfen, aber im Endeffekt sich an der Devise Lenins orientiert, Wendigkeit und Flexibilität im Zuge der Realisierung seiner revolutionären Planungen zu zeigen. Die sowjetische Führung war von der Erwartung ausgegangen, daß eine Machtergreifung Hitlers die deutsche innenpolitische Situation radikalisieren und die europäische Politik revolutionieren würde. In einen gigantischen militärischen Kampf verstrickt, würden sich schließlich die Energien der kapitalistischen Länder erschöpfen. Stalin, in apostolischer Nachfolge Lenins, stellte die Unversöhnbarkeit und den unausweichlichen intrakapitalistischen Krieg in den Mittelpunkt seiner Kalkulationen. Für ihn war Hitler der Vormann einer Abbruchkolonne, dem die Aufgabe zugedacht war, das politische Gebäude von Versailles zu planieren.

Nachdem sich Hitler in der Reichskanzlei etabliert hatte, setzte Stalin sich langsam vom Reich ab. Die Rote Armee erhielt Anweisungen, sich dem Netz von Beziehungen, das sie mit der Reichswehr verstrickte, zu entflechten und zu entziehen. Es war Stalins erklärte Absicht, "die Minen im Vorfeld einer sowjetisch-französischen Annäherung aus dem Wege zu räumen." Aber Stalin war sich auch der Gefahr bewußt, sich möglicherweise zwischen zwei Stühle zu setzen. Eine allzu überstürzte Entscheidung in der Wahl zwischen Deutschland und "der Entente" barg erhebliche und nicht eindeutig kalkulierbare Gefahren in sich. Stalin war auf Zeitgewinn aus, um die industrielle und militärische Machtposition der UdSSR auszubauen. Aber Ereignisabläufe, über die er keine direkte Kontrolle ausüben konnte, zwangen ihn schließlich, zumindest eine zeitweilig engere Kooperation mit den potentiellen Gegnern des Reiches einzugehen. Die Schockreaktion, die Hitlers Nichtangriffspakt mit Polen ausgelöst hatte, zwang ihn von seinem ursprünglichen Vorhaben, zwischen den gegnerischen Blöcken zu lavieren und sich in die Position des lachenden Dritten zu manövrieren, abzulassen und sich offen auf die Seite der "Entente"-Mächte zu schlagen. Wie so oft in der Vergangenheit sollten sich auch in der Zukunft auf der polnischen Richterskala die Schwingungen im deutschsowjetischen Verhältnis ablesen lassen. Polen hatte schon früher eine Doppelfunktion gespielt: es trennte und einte zugleich die beiden kontinentalen Kontrahenten.

Nach dem Abschluß des deutsch-polnischen Nichtangriffspaktes vom Januar 1934 propagierten Stalin und Litwinow unablässig die These von der kollektiven Sicherheit und der Unteilbarkeit des Friedens, nicht etwa, um für alle Zeiten den Krieg zu verhüten, sondern nur, um den unvermeidlichen "Zweiten imperialistischen Krieg" hinauszuschieben. Hitler mußte nach 1933 aus der Position der Schwäche verhandeln. Er beschloß daher, seine Nahziele durch blitzschnelles Handeln zu erreichen. Im März 1935 verkündete er das "Gesetz für den Aufbau der Wehrmacht" und führte die allgemeine Wehrpflicht ein. Großbritannien, Frankreich und Italien schlossen sich in aller Eile zur sogenannten Stresa-Front zusammen, die schon drei Monate später unter den Auswirkungen des deutsch-englischen Flottenabkommens auseinanderbrach. Die UdSSR, Frankreich und Tschechoslowakei schlossen bilaterale Militärabkommen ab. Frankreichs Pierre Laval hatte diesen Schritt nur widerstrebend getan, denn ihn plagten starke Zweifel hinsichtlich der sowjetrussischen militärischen Schlagkraft. Lediglich mit der sowjetischen Luftwaffe könne man rechnen, meinte er. Laval befürwortete eine Politik der Verständigung mit dem Reich und war entschlossen, trotz des militärischen Beistandspaktes mit Moskau, die Beziehungen zu Berlin zu verbessern. Er war davon überzeugt, daß ein wahrer Frieden in Europa von einer deutsch-französischen Aussöhnung abhing. (37) Obgleich Laval Berlin wiederholt versicherte, daß der Pakt sich nicht gegen das Reich richtete, hatte er zur Folge, daß Deutschland von seiner politischen Linie radikal abwich.

Laut Bullitt hatte der Pakt Moskaus Prestige und Verhandlungsposition enorm verstärkt. Der Kreml, prophezeite er, werde schließlich "enge Beziehungen" zum Reich anknüpfen. Auch Laval teilte diese Ansicht. Der Beistandspakt hatte der UdSSR zu einer "sehr günstigen Position" gegenüber Paris und Berlin verholfen. Bullitt war davon überzeugt, daß Stalin auf das Angebot des "Meistbietenden" warten werde. Von den drei vertragschließenden Parteien war Moskau "der einzige Nutznießer ..." Der Pakt hatte eine neue Phase in der europäischen Politik eingeleitet. Die Jagd nach Bundesgenossen hatte begonnen. Von nun an würden Paris und Berlin um die sowjetische Unterstützung wetteifern. In nicht allzu ferner Zukunft würde Litwinow "über Woroschilow mit der Reichswehr" Verhandlungen aufnehmen. (38) Bullitt hatte sich in der Beurteilung der Lage nicht getäuscht. In einer Unterhaltung mit Botschafter Rudolf Nadolny hatte Woroschilow die Hoffnung ausgesprochen, "das alte gute Verhältnis" wiederzubeleben. Nadolny berichtete nach Berlin, daß diese aufschlußreiche Bemerkung von größter Wichtigkeit war angesichts der Tatsache, daß der Kommissar "eine der einflußreichsten Persönlichkeiten der Sowjetunion und ein Mitglied des intimen Kreises um Stalin" war. (39)

Bullitt ging davon aus, daß die Reichswehr Woroschilows nostalgische Gefühle erwidern werde. Aus diesem Grunde hielt er auch das ständige Gerede von angeblichen deutschen Angriffsabsichten gegen die UdSSR für "pure bolschewistische Propaganda". (40) Mit dem Abschluß der Beistandspakte mit Paris und Prag schien Stalin beabsichtigt zu haben, Hitler das Leben so unbehaglich wie möglich zu machen, so daß der Führer den "Geist von Rapallo" wieder aufleben lassen würde, um der vertrackten Situation, der er sich gegenübersah, zu entkommen. Schon vor dem Abschluß der Pakte hatte Hitler Besorgnis über die Schlagkraft der Roten Luftwaffe geäußert. Für ihn bestand nicht der geringste Zweifel, daß die Luftwaffenstäbe der UdSSR, Frankreichs und der Tschechoslowakei ihre Operationspläne und ihre Rüstungsprogramme aufeinander abstimmten. Besonders beunruhigte ihn der "gewaltige Aufbau" der tschechoslowakischen Luftwaffe. (41)

Der deutsche Nachrichtendienst verfolgte die sich verstärkende sowjetisch-tschechische Zusammenarbeit mit Aufmerksamkeit. Einlaufende Berichte erregten Hitlers Argwohn angesichts der weitreichenden Bedeutung dieser umfangreichen Maßnahmen. Abwehrinformationen bestärkten Hitlers zunehmende Unruhe über die vom Osten drohende Gefahr. Schon Monate vor Abschluß des Beistandspaktes hatten Moskau und Prag geheime Gespräche auf "breiter Basis" geführt. Beide Regierungen hatten sich über den Austausch technischer und militärischer Daten geeinigt. Die Abreise tschechischer Ingenieure nach einem "noch unbekannten" Bestimmungsort in der UdSSR stand bevor. Sowjetische Ingenieure waren in den Skodawerken mit der Konstruktion und dem Bau leichter Panzer beschäftigt. Tschechische und sowjetische Stäbe entwarfen gemeinsame Operationspläne. (42)

Die Bekanntmachung des gegenseitigen Beistandspaktes steigerte die deutschen Befürchtungen. Der beschleunigte Aufbau der Roten Luftwaffe rief größte Besorgnis hervor. Sowjetische Jagd- und Bombenflugzeuge konnten über drei Flugrouten in den deutschen Luftraum eindringen: aus Richtung Leningrad über Ostpreußen, von Weißrußland nach Stettin und Berlin oder von der Ukraine in Richtung Böhmen über Nordrumänien und die Slowakei. Tschechoslowakische Flugplätze konnten als Basen benutzt werden. Der Operationsradius der Roten Luftwaffe erstreckte sich über ganz Mittel- und Norddeutschland. Stettin, Frankfurt, Hamburg und Köln lagen sowjetischen Angriffen offen.

In der Tschechoslowakei befanden sich zusätzliche Flugplätze im Bau. Zwischen Kiew und Prag war bereits eine direkte Fluglinie, angeblich für den Zivilverkehr, eingerichtet worden. Sowjetische Offiziere hielten auch auf litauischem Gebiet Ausschau nach möglichen Stützpunkten. Aber die "größte Bedrohung" für die Sicherheit Deutschlands bildeten die sowjetischen Flugbasen in der Tschechoslowakei. Von dort konnten sowjetische Bomberstaffeln alle strategischen und Industriegebiete des Reiches erreichen; ihr Radius reichte von der Ost- und Nordsee bis zum Rheinland. (43) Die Tschechoslowakei drohte zu einem Flugzeugmutterschiff der Sowjetunion zu werden. Anfang 1936 standen ca. zweiunddreißig Flugplätze als Startbahnen gegen Deutschland zur Verfügung. Bomben und Brennstoffvorräte wurden entlang der polnischen und deutschen Grenze gelagert. Die tschechische Rüstungsindustrie lief auf Hochtouren und fertigte Kriegsmaterial für die auf tschechischen Stützpunkten stationierte Rote Luftwaffe. Seit dem Abschluß des Beistandspaktes waren auch auf slowakischem und karpato-ukrainischem Gebiet die militärischen Vorbereitungen im Gange. Sowjetische Instrukteure bildeten in Böhmen und Mähren Fallschirmtruppen aus. Alles deutete darauf hin, daß die Sowjets sich mit der Absicht trugen, im Kriegsfalle Luftlandetruppen über Deutschland abzusetzen. Im tschechoslowakischen Kriegsministerium und auch in den militärischen Kommandozentralen waren sowjetische Offiziere stationiert. Die Tatsache, daß die UdSSR ihre Streitkräfte mit Nachdruck aufrüstete, erhöhte die Gefahr noch.

Falls sich Rumänien wirklich, wie ein Gerücht es haben wollte, dem französisch-sowjetisch-tschechoslowakischen Paktsystem anschließen sollte, würde dieses Militärbündnis eine tödliche Gefahr für das Reich bedeuten. Der rumänische Außenminister Titulescu hatte sich für ein Zusammengehen mit Moskau, Paris und Prag mit allem Nachdruck ausgesprochen. Auf den Monarchen wurde Druck ausgeübt, sich mit diesen Mächten zu einigen, um den Einkreisungsring um Deutschland fester zu schließen. (44) Stalins eigentliche Absicht war es, Prag und Paris gegen das Reich zu mobilisieren. Sich selbst wollte er die Wahl offenhalten, erwartete aber von den Tschechen und Franzosen feste Verpflichtungen. Wie Bullitt schon richtig erkannt hatte, wartete der Sowjetdiktator auf das höchste Angebot. Die Zusage sowjetischer militärischer Unterstützung sollte Frankreich und die Tschechoslowakei ermutigen, deutschen Annäherungsversuchen zu widerstehen. Andererseits, um der Zwangslage zu entkommen, könnte Hitler versucht sein, sich mit Moskau zu verständigen. Brach der Krieg erst einmal aus, dann erwartete Stalin, daß seine Waffengefährten zur Offensive übergehen würden, während sein Beitrag zu den Kriegsanstrengungen lediglich in Säbelrasseln und kriegerischem Gerede bestehen sollte. Indem er während der Zwischenphase eine abwartende Haltung einnahm, hoffte er, sich die günstigste Ausgangsposition zu verschaffen.

Stalin hatte seine Partner überlistet. Die eigentlichen Beweggründe hinter der sowjetischen Zusammenarbeit mit Prag und Paris wurden spätestens in dem Augenblick offenbar, als französische und tschechoslowakische Stabsoffiziere mit ihren sowjetischen Kollegen Gespräche aufnahmen. Schon gleich zu Beginn stießen sie auf Schwierigkeiten. Meinungsverschiedenheiten taten sich zwischen den französischen und sowjetischen Generalstäben auf, die von kraß entgegengesetzten Positionen an die Ausarbeitung strategischer Pläne herangingen. Die Franzosen drängten auf offensive Luftangriffe gegen deutsche Industriegebiete in der Eröffnungsphase des Krieges. Indem die Sowjets von den Franzosen offensive Luftangriffe auf das Reichsgebiet forderten, wollten sie die Mobilisierung ihrer eigenen Streitkräfte nur langsam anlaufen lassen, wobei sie als Erklärung technische Schwierigkeiten vorschützten. Hinter dieser Ausrede verbarg sich ein unredlicher, wenn nicht listiger Vorsatz. Die Waffengenossen sollten den entscheidenden Schritt wagen, während Stalin beabsichtigte, einen Balanceakt am Rande des Kriegsgeschehens zu vollführen. Seine politischen Erwartungen sollten sich bald erfüllen. Im Vertrauen auf Stalins Unterstützungsversprechungen glaubten die Tschechen, den starken Mann spielen zu können. Deutsche Angebote, einen Nichtangriffspakt abzuschließen, wurden zurückgewiesen. Tschechische Offiziere, unter General Luza, dem Chef der tschechischen Militärdelegation in Moskau, ließen sich aufgrund sowjetischer Einflüsterungen zu provokativen und martialischen Äußerungen hinreißen. (45)

Angesichts der sich anbahnenden drohenden Entwicklung, gab Hitler dem Generalstab die Anweisung, neue Operationspläne für den Eventualfall kriegerischer Verwicklungen auszuarbeiten. Laut "Unternehmen Grün" sollte die Wehrmacht im Falle eines bevorstehenden Angriffes auf die West-grenze des Reiches offensiv gegen die Tschechoslowakei vorgehen. Sowjet-rußlands "Flugzeugmutterschiff" mußte zuerst torpediert und versenkt werden. (46) Hitlers ganzer Zorn hatte sich gegen den tschechischen Nach-barn gerichtet. Mehr hätte Stalin sich nicht wünschen können.

Nachdem es Stalin gelungen war, Deutschland enger einzukreisen, ver-suchte er als nächstes, Großbritannien für die französisch-tschechisch-sowjetische Konstellation zu gewinnen. Doch dienten seine Annäherungs-versuche gegenüber London einem diabolischen Zweck. Er hoffte, daß Hit-lers Zorn sich gegen England wenden werde, sobald Moskau sich erfolg-reich bei den Briten eingeschmeichelt hatte. London hatte den Abschluß der Beistandspakte begrüßt und schien jetzt zu einer Zusammenarbeit mit der UdSSR bereit. In einem Gespräch mit Winston Churchill über die inter-nationale Lage äußerte sich Anthony Eden optimistisch über die verbes-serte britische Position. Er sprach die Hoffnung aus, daß England in naher Zukunft eine "ultimative Sprache" mit seinen potentiellen Gegnern spre-chen könne. London war bereit, von einer "Politik der Kompromisse" zu einer "Politik der Festigkeit" überzugehen. Inzwischen hatten auch Berlin, Tokio und Rom Englands Entschlossenheit zu spüren bekommen und auch die Bereitschaft, seine Interessen mit Einsatz der Machtinstrumente zu verteidigen. Die der politischen Konzeption Deutschlands, Japans und Italiens innewohnende Schwäche werde angesichts der Konsolidierung der "demokratischen Koalition" offenbar werden. Der Anti-Aggressorblock werde bald seine militärische Überlegenheit demonstrieren. De facto sei bereits eine Einheitsfront zwischen Britannien, Frankreich, den USA und der UdSSR geschaffen worden. Diese Entente werde den sogenannten "dy-namischen Mächten" Einhalt gebieten, deren prekäre wirtschaftliche und finanzielle Lage sie ohnehin zwingen werde, ihre Ambitionen zu mäßigen. England sei inzwischen in eine Position aufgerückt, von der aus es über "Sieg" oder "Niederlage" der "ideologischen Front" entscheiden werde. (47)

Das Bestehen eines modus vivendi mit Prag, Paris, London und Washing-ton bedeutete doch keineswegs, daß Stalin sein strategisches Konzept, das auf dem Wechselspiel zwischen Krieg und Revolution beruhte, aufgegeben hatte. Für ihn war politische Koexistenz gleichbedeutend mit kaltem Krieg – einer Politik zunehmender intrakapitalistischer Spannungen, die sich im bewaffneten Konflikt entladen würden. Seine politische Taktik entsprach der Devise Mao Tse-tungs, dem Feind strategisch auszuweichen und ihm taktische Niederlagen beizubringen. Für Stalin war die Propaganda ein wichtiges Instrument in der Führung des von ihm mit angezettelten kalten Krieges. Wie seine Zusammenarbeit mit Deutschlands potentiellen Gegnern sollte auch die Volksfront-Agitation, die 1935 auf dem internationalen Schauplatz ausbrach, die Spannungen innerhalb des kapitalistischen Lagers verschärfen. Aber das von der Komintern ausgehende propagandistische Trommelfeuer gegen den Nationalsozialismus sollte ihm noch einen wei-teren Hauptgewinn eintragen. Seit 1933 hatte Stalin ständig mit dem Gedanken gespielt, zu einer Übereinkunft mit dem Führer zu kommen. Die weltweite Hetze der Volksfrontbewegung sollte die Westmächte gegen Deutschland mobilisieren und den schon fast krankhaften Haß der "Progressiven" auf das Reich schüren. Einmal in die Isolation getrieben, konnte die Lage "für Hitler schließlich so unerträglich werden, daß er sich gezwungen sehen könnte, wieder Bande mit Sowjetrußland zu knüpfen, – Bande, die Stalin wünschte." (48)

Seit 1934 hatten die deutschen Nachrichtendienste Meldungen aufgefangen, die Hitler vor den umfassenden Vorbereitungen für eine von der Komintern eingefädelte weltweite antifaschistische Kampagne warnten. Willi Münzenberg und Kurt Rosenfeld von der früheren Sozialistischen Arbeiter-Partei (SAP) gründeten auf Moskaus Geheiß in Österreich und der Tschechoslowakei für die "Opfer des Faschismus" sogenannte "Nothilfe-Komitees", die gleich Satelliten um den Komintern-Planeten kreisten. In Frankreich richteten die Kreml-Agenten ihr Hauptaugenmerk darauf, die sozialistischen und kommunistischen Gewerkschaften, die CGT und CUT, zusammenzuschweißen, um die Basis der Volksfront zu verbreitern. Annäherungsversuche an die Zweite Internationale waren bereits gemacht worden. Auch in Rumänien und Jugoslawien hatte Moskau sein Untergrundnetz gesponnen. Das Exekutiv-Komitee der Komintern vertrat die Auffassung, daß die allgemeine Weltlage "einmalig günstige Bedingungen für erfolgreiche Unternehmungen der sozialistischen und kommunistischen Kräfte in der nahen Zukunft" geschaffen hatte. In einem Bericht, der Ende 1934 dem Exekutiv-Komitee vorgelegt wurde, prophezeite Manuilskij den unmittelbar bevorstehenden Ausbruch des "Zweiten imperialistischen Krieges". Die Kluft zwischen Paris und Berlin sei unüberbrückbar. Deutschland und Frankreich bereiteten sich auf den unvermeidlichen Konflikt vor. Britannien, Italien, Belgien und die Tschechoslowakei würden zwangsläufig in den Krieg hineingezogen werden. Der "Zweite imperialistische Krieg" werde den "Zusammenbruch des Kapitalismus" und den "Endsieg des Kommunismus" herbeiführen. Die vereinten Streitkräfte Großbritanniens, Italiens, Belgiens, Frankreichs und der Tschechoslowakei würden die Wehrmacht vernichtend schlagen. Aber sie würden ihrerseits so geschwächt sein, daß die letzten Bastionen des kapitalistischen Systems von der steigenden Revolutionsflut hinweggerissen würden. In Schweden, Polen, Spanien, der Schweiz und anderen europäischen Ländern werde der Kommunismus an die Macht kommen. (49)

Diese Meldungen, zusammen mit den "Weisungen des Politbüros", die Hitler während des ganzen Jahres 1935 durch einen Sonderkurier erreichten, versetzten Berlin in höchste Alarmbereitschaft. Die Volksfronthetze sollte Deutschland verfemen und die gegenseitigen Beistandspakte sollten das Reich isolieren und die Reibungen zwischen Berlin und seinen Nachbarn verstärken.

Frankreich war das Exerzierfeld für Stalins Volksfront-Manöver. Es bildete den Angelpunkt für seine Strategie, die Westmächte gegen Deutschland zu mobilisieren. Außerhalb Europas waren die Vereinigten Staaten das aussichtsreichste Wirkungsfeld für die großangelegten Umtriebe der Komintern. "Progressive" amerikanische Elemente wurden propagandistisch gegen den "deutschen Faschismus" und den "japanischen Imperialismus" aufgepeitscht. Bei dem bevorstehenden 7. Komintern-Kongreß sollte die Kommunistische Partei der Vereinigte Staaten (CPUSA) eine führende Rolle spielen, selbst auf die Gefahr hin, die Roosevelt-Regierung vor den Kopf zu stoßen. Die einmal gefällte Entscheidung des Präsidenten, die UdSSR als Partner in seine weltumspannende politische Aktiengesellschaft aufzunehmen, um die Ausbreitung der reaktionären, autoritären Regimebewegungen einzudämmen, hatte Stalin davon überzeugt, daß Washington keine drastischen Gegenmaßnahmen ergreifen werde.

Die Volksfrontbewegung sollte die internationale Stellung der Sowjetunion festigen und der sowjetischen Außenpolitik Hilfsdienste erweisen. Sie war ein Mittel auf dem Wege zur Weltherrschaft, so wie Stalins außenpolitische Flexibilität lediglich eine taktische Anpassung an das gesamtstrategische Konzept der Weltrevolution war. Diese Schlußfolgerungen drängten sich auch Bullitt auf, der Washington seine Zweifel und Befürchtungen mitteilte. Die Weltrevolution war "nach wie vor der fundamentale Glaubensartikel, und die Offensive gegen den Imperialismus /d.h. Faschismus, Kapitalismus und Sozialdemokratie/ wird sich verstärken, und /Stalin/ gedenkt nicht, von der langgehegten Absicht des ... gewaltsamen Umsturzes der Bourgeoisie" abzugehen. Die anläßlich des Moskauer Komintern-Schauspiels debütierenden Handlanger Stalins hatten in dieser Hinsicht auch kein Blatt vor den Mund genommen. Sie hielten sich streng an das vom Diktator verfaßte Drehbuch. Stalin könne nicht der geringste Vorwurf gemacht werden, "seinen Feinden, der Bourgeoisie und, anläßlich der Aufführung des siebenten Kongresses, auch den Verbündeten der Einheitsfront nicht ein garde à vous" signalisiert zu haben. (50)

Deutschland und Japan wurden als Raubtiere im politischen Zoo der Welt deklariert, ständig darauf lauernd, sich auf ihre Opfer stürzen zu können. Im internen sowjetischen Führungsgremium hingegen wurde die Entwicklung der internationalen Lage zuversichtlich beurteilt. Litwinow ging von der Tatsache aus, daß Japan ohne Deutschlands Unterstützung die UdSSR nicht angreifen werde. Ohne eine gleichzeitige Offensive der Wehrmacht würde Japan aber "vollständig" besiegt werden. Es war höchst unwahrscheinlich, daß Hitler in naher Zukunft einen Krieg gegen die Tschechoslowakei oder die Sowjetunion oder "irgendeinen Teil Mitteleuropas" vom Zaune brechen werde. Und der Kommissar ließ in sein Gespräch mit dem US-Botschafter die Bemerkung einfließen, daß Berlin Moskau zum Kauf deutscher Waren einen Kredit in Höhe von einer Milliarde Mark angeboten hatte. Stalin hatte die Tür nicht ins Schloß fallen lassen, und auch Hitler war nicht gewillt, die Brücken zum Kreml abzubrechen. (51)

Zwar waren die Sowjets nach eigenem Eingeständnis vor japanischen und deutschen Angriffsabsichten sicher, aber Entwicklungen an der diplomatischen Front beunruhigten sie doch. Anzeichen deuteten darauf hin, daß Gespräche zwischen den vier europäischen Großmächten – Frankreich,

Italien, Deutschland und Großbritannien – fortgesetzt wurden. Der amerikanische Gesandte in Genf berichtete über die sowjetische Befürchtung, daß die Unterhandlungen möglicherweise zu einem erfolgreichen Abschluß führen könnten, was "eine Regelung der europäischen Angelegenheiten durch die Großmächte Westeuropas unter Ausschluß Rußlands und eine Loslösung Frankreichs von Rußland" bedeuten würde. In Prag und Genf arbeiteten die Sowjets hinter den Kulissen, um diese Gespräche zu vereiteln. (52) Diese Obstruktionstaktik war Teil einer Gesamtstrategie, die fürs erste "alles mögliche" unternahm, die Franzosen "in einen Krieg /gegen das Reich/ zu treiben." (53)

Auf Italien wurde sowjetischerseits eingewirkt, die abenteuerliche Politik in Afrika aufzugeben mit der Absicht, Rom wieder voll in die europäische Mächtepolitik zu verstricken, denn "die russische Politik braucht die deutsch-italienische Feindschaft auf dem Balkan und in Österreich." Dem Reich gegenüber verhielt sich Stalin "deutlich schwankend". Litwinows scharfer antideutscher Einstellung widersetzten sich diejenigen, die sich um einen modus vivendi mit Berlin bemühten. (54)

Auf den ersten Blick schien Stalins Politik geradewegs in das antideutsche Lager zu führen. Doch der Schein trog. Seine anti-faschistische Polemik konnte die Tatsache nicht verbergen, daß er entschlossen war, wenigstens vorübergehend mit Hitler zusammenzuarbeiten. Da der Führer auf seine ersten Avancen nicht eingegangen war, beschloß Stalin, seine Taktik zu ändern, um Hitler zu einem Abkommen anzuspornen. Er beseitigte die alte bolschewistische Garde, die ihm bei der Durchsetzung dieser politischen Linie im Wege stand. Seine "Säuberungs"-Maschinerie verschlang diejenigen, die sich einer, wenn auch nur taktisch bedingten Zusammenarbeit mit dem Nationalsozialismus am meisten widersetzten. Unter den prominentesten Opfern befanden sich Hitlers bêtes noires, – die Juden der sowjetischen Führungsschicht. (55)

Stalins Politik war dialektisch aufgebaut. Während die Ausrottung der eingefleischten Antifaschisten die sowjetische Bevölkerung auf den Frontwechsel vorbereiten sollte, war die global orchestrierte Anti-Hitler-Kampagne darauf angelegt, den Weg für eine Zusammenarbeit zu bahnen. Zur Erreichung dieses Zieles waren Litwinows antideutsche Politik und die von der Komintern inszenierte Volksfronthetze gegen den Nationalsozialismus und das Reich lediglich der Auftakt.

Der Spanische Bürgerkrieg bot dem Sowjetdiktator die einmalige Gelegenheit, Hitler die Daumenschrauben fester anzuziehen. Auf den Schlachtfeldern Spaniens kam Stalin seinem Ziel einer Zusammenarbeit mit dem Führer näher. Die ideologischen Kräfte polarisierten sich auf internationaler Ebene: "Progressive" gegen "Reaktionäre". Die intrakapitalistischen Beziehungen verschlechterten sich rapide. England und Deutschland trieben immer weiter auseinander. Die Hindernisse, die sich auf dem Weg zu einer möglichen europäischen Aussöhnung auftürmten, wurden fast unüberwindlich. Auf der iberischen Halbinsel standen sich ab Mitte 1936 Deutschland und die "Entente"-Mächte in einem "Inkognitokrieg" gegenüber. In Genf und auf den Sitzungen des Nichteinmischungs-Ausschusses tat Litwinow sein Äußerstes, um das Feuer zu schüren.

In Spanien hatte die Krise schon lange geschwelt, ehe sie 1936 zum Ausbruch kam. König Alfons hatte 1931 abgedankt. Seitdem rangen die Linken um Macht und Einfluß. Anläßlich des 7. Komintern-Kongresses hatte Dimitroff die grundlegende Strategie ausgearbeitet. Im November wies Moskau seine Anhänger an, sich mit den spanischen Sozialisten und linken Republikanern zusammenzuschließen. Francisco Largo Caballero, von seinen Genossen der "spanische Lenin" genannt, gab unumwunden zu: "Unsere erste Pflicht war, die Republik zu schaffen. Unsere nächste Aufgabe ist, den Sozialismus an die Macht zu bringen, und ich spreche vom marxistischen Sozialismus, – dem revolutionären Sozialismus." Die kommunistischen Parteiführer Spaniens machten keinen Hehl aus ihren Fernzielen. Sie wollten mit den Republikanern und Sozialisten der Volksfront-Bewegung solange kollaborieren, bis diese Mitläufer ihren Zweck erfüllt hatten. Schließlich würden sich ihre Wege trennen, und "wir werden über eure Köpfe hinweg eine sozialistische Arbeiterrepublik in Spanien errichten." (56)

Béla Kun, Janson, Lumowinow, Laswoskij und andere in revolutionären Techniken erprobte Komintern-Agenten wurden auf schnellstem Wege nach Spanien eingeschleust, um dort die politischen Kommandohöhen zu besetzen. Sowjetische Nachrichtenoffiziere unter Leitung von General Ulanskij operierten bereits auf dem spanischen Schauplatz, und in Moskau ausgebildete spanische Kommunisten kehrten im Frühjahr 1936 in Scharen in ihr Heimatland zurück. (57)

Die spanischen Kommunisten schmiedeten ein Komplott. Weisungen für einen Aufstand im Juli oder August wurden erteilt. In Valencia traf Karl Radek mit spanischen Kommunistenführern zusammen. Sowjetische Waffen waren bereits auf dem Wege nach Spanien. (58) Doch im Juli kam der Handstreich der politischen Rechten den Linken zuvor.

Im September trafen die ersten sowjetischen Waffenlieferungen in spanischen Häfen ein. (59) Im Oktober wurde eine große Zahl sowjetischer Ausbilder nach der Halbinsel entsandt. Sowjetische Offiziere übernahmen die Leitung der militärischen Operationen. Das stalinistische Kontrollnetz wurde allmählich systematisch und wirksam auf alle "loyalistischen" Gruppierungen ausgedehnt. Sowjetische Panzereinheiten und Fliegerstaffeln operierten unabhängig von rotspanischen Befehlsstellen. (60) Im November wurde die Anti-Franco-Luftwaffe mit sowjetischen Flugzeugen ausgerüstet und von sowjetischen Piloten im Einsatz geflogen. (61) Eden sollte schließlich Moskau die Schuld am Ausbruch des Spanischen Bürgerkrieges geben. (62)

London blickte voll Nervosität auf den spanischen Schauplatz. Der Führer der französischen Volksfront stand vor einem Dilemma. Das amerikanische Außenministerium verfolgte die Entwicklung mit wachsender Besorgnis. Seinem Wesen getreu, reagierte Roosevelt wie "ein schlecht informierter Schüler Wilsons". Für ihn enthüllte sich die Auseinandersetzung in

Spanien als ein Kampf zwischen "Progressiven" und "Reaktionären". Roosevelts Botschafter Claude G. Bowers, bei der "loyalistischen" Regierung akkreditiert, hatte den Präsidenten dahingehend beeinflußt, den spanischen Konflikt aus der Perspektive des Schwarz-Weiß-Klischees zu sehen. (63)

Hitler ließ sich mit widerstrebenden Gefühlen in den spanischen Streit hineinziehen. Seine militärischen Ratgeber hatten ihn überredet, Francos Streitkräfte mit Kriegsmaterial zu unterstützen. Sein einstiger Mentor Mussolini hatte sich Hals über Kopf in den spanischen Kampf gestürzt. Ihm zu Gefallen und um die Achse Berlin-Rom zu festigen, betrat der Führer nur mit halbem Herzen die spanische Arena. Sein außenpolitischer Berater hatte ihm von diesem Schritt dringend abgeraten. Wenn der Führer wirklich ein Bündnis mit Großbritannien wünsche, dann mußte, argumentierte Ribbentrop, die deutsche Hilfe für Franco wie ein rotes Tuch auf die Engländer wirken und jede etwaige Chance für ein Abkommen verspielen. Wie sich schon bald herausstellen sollte, hatte er mit seiner Warnung recht gehabt. Seine Tätigkeit als Botschafter in London, wo Ribbentrop, kurz nachdem die ersten Schüsse in Spanien gefallen waren, eintraf, stand unter einem ungünstigen Vorzeichen und war von ständigen Streitigkeiten über die spanische Frage überschattet. (64)

Ende 1936 erkannte auch Hitler, daß er einen Fehler begangen hatte. Göring wurde nach Rom entsandt, um Mussolini mitzuteilen, daß Hitler beabsichtigte, sich aus dem spanischen Konflikt zurückzuziehen. Il Duce wurde nahegelegt, das gleiche zu tun. Der deutsche Generalstab erhielt die Anweisung, Pläne für eine Abriegelung der Halbinsel gegen Einmischung von außen auszuarbeiten. Sich selbst überlassen, würde Franco Stalins "Loyalisten" von den Schlachtfeldern vertreiben. Die prosowjetischen internationalen Freiwilligenbrigaden waren den Streitkräften der Rechten nicht gewachsen. Der Führer bezeichnete sie schlicht als "zusammengelaufenes Gesindel". (65) Die Vision eines "kommunistisch beeinflußten spanischen Staates" löste "natürlich" Besorgnis aus, doch lag die iberische Halbinsel "zu weit am Rande des europäischen Gravitationsfeldes", als daß für die Schaffung "eines rein nationalsozialistischen oder faschistischen Staates" deutsche Opfer gerechtfertigt wären. (66)

Keine der europäischen Mächte hatte die Absicht, den Spanischen Bürgerkrieg zu einem größeren militärischen Konflikt auszuweiten. Berlin war Vermittlungsvorschlägen durchaus zugänglich, und auch London und Paris erhofften eine Befriedung der Lage. Sogar die "Loyalisten" machten Anstalten, den Bürgerkrieg auf friedlichem Wege beizulegen. Als die Madrider Regierung Schritte unternahm, die kriegerischen Auseinandersetzungen zu beenden, wurde dieses Vorhaben durch Moskaus Intervention vereitelt. Stalin konnte nur solange profitieren, wie sich der spanische Konflikt hinzog. (67) Die Sowjets unternahmen "alles, was in ihrer Macht stand, um durch ... Intrigen und Propaganda" die europäischen Nationen durch ein Hinausziehen des Spanischen Bürgerkrieges immer weiter zu entzweien. (68)

Trotz gegenseitiger Vorwürfe und Anschuldigungen gab es deutliche Anzeichen dafür, daß man in verschiedenen europäischen Hauptstädten auf der Suche nach einer Lösung war. Sehr zum Mißfallen der Sowjets, die davon ausgingen, daß "jede allgemeine Schlichtung in Westeuropa, ganz gleich, wie sie ausgeht, letzthin ihren eigenen Interessen abträglich sein wird." (69) Das sowjetische Verhalten und Auftreten erinnerte den amerikanischen Diplomaten Charles W. Thayer an einen "interessierten Zuschauer, der sich bemüht, einen eigentlich friedliebenden Bürger, der plötzlich in einen Streit hineingezogen wird, zum Weiterkämpfen anzustacheln." (70)

Um den Abschluß eines Viermächtepaktes zu torpedieren und die Gegensätze zwischen den Achsen- und den Westmächten zu verschärfen, drängte Moskau London und Paris, Italien und Deutschland keine Zugeständnisse zu machen. Wann immer die britische Regierung sich sowjetischen Einflüsterungen verschloß, wurden ihre Staatsmänner als "aufgeschreckte politische Kühe" verunglimpft. Ihnen wurde vorgeworfen, die "loyalistische" Sache sabotiert zu haben. Sie wurden an die angeblich "niederträchtigen" Zielsetzungen Italiens und Deutschlands erinnert und angefeuert, energische Gegenmaßnahmen gegen diese Länder sowie gegen Japan zu ergreifen. Wann immer eines der kleineren europäischen Länder geneigt schien, sein Schicksal an das der Achse zu koppeln, reagierte der Kreml mit Bestürzung und Verärgerung, und die Sowjetpresse goß Kübel ätzender Kritik über die jeweiligen Regierungen aus. Als Göring Warschau besuchte, wurde der polnische Außenminister Oberst Josef Beck des Ausverkaufs an das Reich beschuldigt. Die Belgier wurden scharf kritisiert wegen angeblich geheimer Geldgeschäfte mit Hjalmar Schacht. Bei Bekanntmachung ihres bilateralen Handelsvertrags wurden Berlin und Belgrad gegeißelt, sie schmiedeten ein Komplott gegen die Kleine Entente. Während der ersten Monate des Jahres 1937 war Moskau von der Angstvorstellung verfolgt, die Konstellation der Achse könnte sich durch den Anschluß Londons an Rom und Berlin in eine neue geometrische Figur verwandeln. Falls diese drei Mächte sich je zusammenfänden, würden wahrscheinlich auch weitere europäische Nationen in ihre Einflußsphäre gezogen werden. Da seine Aktien auf dem europäischen Markt zu fallen drohten, hoffte Stalin seine Verluste in den Vereinigten Staaten wettmachen zu können. Er suchte "einen starken Freund außerhalb des Mahlstroms der europäischen Politik, oder wenigstens ... den Eindruck einer Interessengemeinschaft" zwischen Moskau und Washington zu schaffen. Aber die sowjetische "Freundschaft" kostete etwas. Als Gegenleistung mußten die USA verstärkten Druck auf Tokio ausüben. Moskau gab Washingtons "Engelsgeduld" die Schuld am Amoklauf der Japaner auf dem asiatischen Festland. (71)

Aussichten auf eine Beendigung des Spanischen Bürgerkrieges, die Wiederaufnahme der Viermächte-Gespräche und eine daraus resultierende weniger stürmische politische Atmosphäre in Europa mußten die Sowjets in Sorge versetzen. Etwas mußte geschehen, um diesen Trend rückläufig zu machen. Stalin hielt noch eine Trumpfkarte in seinen Händen. Am 29. Mai

1937 bombardierten zwei "loyalistische" Flugzeuge die "Deutschland". In Wirklichkeit aber hatten zwei sowjetische Armeeflugzeuge die Bomben auf das deutsche Schlachtschiff abgeworfen. Sie gehörten zu der in Valencia stationierten, von Oberst Wassilij Tigrow kommandierten Bomberstaffel. Die Piloten hießen Anton Progoria und Wassilij Schmidt. Dreiunddreissig deutsche Seeleute fanden dabei den Tod. Der Vorfall war auf Befehl von Moskau absichtlich inszeniert worden. Die politischen Folgen dieses unprovozierten sowjetischen Angriffs waren genau vorausberechnet worden. Der Kreml rechnete damit, daß Hitler diplomatische und militärische Gegenmaßnahmen ergreifen werde. (72)

Botschafter Ribbentrop kündigte sofort den Austritt des Reiches aus dem Nichteinmischungs-Ausschuß an. Deutschland lehnte es ab, an weiteren Diskussionen über die spanische Frage teilzunehmen. Es werde sich dem Nichteinmischungs-Ausschuß und der Seepatrouille entlang der spanischen Küste nur wieder anschließen, wenn es feste Garantien erhielte, daß sich ähnliche Vorfälle nicht wiederholten. (73)

Der von den Sowjets provozierte "Deutschland"-Zwischenfall hatte unmittelbare Rückwirkungen auf die deutsch-englischen Beziehungen. Aussenminister Neuraths geplanter Besuch in London wurde abgesagt. Beide Länder trieben weiter auseinander. Statt anstehende Fragen zu klären und zu lösen, wie es die ursprüngliche Absicht gewesen war, rückten sie einer Konfrontation näher. (74) Hitler holte zu einem militärischen Vergeltungsschlag aus. "Loyalistische" Ziele wurden angegriffen. Prieto, Mitglied der "loyalistischen" Regierung, drängte die sowjetischen Berater, Luftangriffe auf deutsche Marineeinheiten im Mittelmeer zu fliegen. Dieses Ansinnen versetzte die Komintern-Berater "in panische Aufregung". Auf eine Rückfrage in Moskau antwortete Stalin, daß die UdSSR "keinen Weltkrieg wünsche" (75), sondern nur, daß sich der Spanische Bürgerkrieg weiter hinziehen sollte.

Im Jahre 1937 hatten sich die langjährigen Machenschaften der Sowjetunion bezahlt gemacht. Sie hatten innerhalb des kapitalistischen Lagers zu offenen Krisen geführt. Der "Deutschland"-Zwischenfall in Europa und der Marco-Polo-Brücke-Zwischenfall in Asien waren offene Manifestierungen weitläufiger und zielstrebiger Umtriebe der Sowjets. Beide Vorfälle machten alle vielleicht noch vorhandenen Chancen zunichte, die politische Atmosphäre zu entspannen. Anfang 1937 schienen die Beziehungen zwischen Nanking und Tokio sich auf ein ruhigeres Fahrwasser hinzubewegen. Im späten Frühjahr waren London und Berlin im Begriff, in Verhandlungen auf hoher Ebene einzutreten. Ob es den gegnerischen Mächten in Europa und Asien schließlich gelungen wäre, die gespannte Lage zu entschärfen, bleibt eine offene Frage. Obgleich auch andere Kräfte und Einflüsse ihren Teil zur Erhöhung der Spannung beigetragen hatten, war es Stalin, der Öl ins Feuer goß und nichts unversucht ließ, Asien in Flammen aufgehen zu lassen und Europa auf Kollisionskurs zu steuern.

Stalin konnte keine Zweifel haben, daß die weltpolitischen Entwicklungen in die Vorphase des "Zweiten imperialistischen Kriegs" getreten waren. Er hatte entschieden mitgeholfen, die Weichen zu stellen. Allmählich zeigten sich auch die ersten Anzeichen eines Wandlungsprozesses in der sowjetischen Außenpolitik. Moskau zog sich langsam in die Isolation zurück und wartete geduldig auf die lukrativsten Angebote fremder Regierungen.

Im Jahre 1937 wurde es immer deutlicher, daß Roosevelts Politik gegenüber dem Kreml auf Selbsttäuschung beruhte und auf Sand gebaut war, – in Europa wie auch in Asien. Stalins Politik der "friedlichen Koexistenz" und die "Friedenspolitik" des amerikanischen Präsidenten liefen nicht auf parallelen Gleisen. Nur Deutschland und Japan verliehen dieser Rooseveltschen Fata Morgana einen Schein von Wirklichkeit.

Kapitel 7

Der Adler und das Hakenkreuz: 1933–1937

Für die deutsch-amerikanischen Beziehungen bedeutete das Jahr 1933 einen Wendepunkt. Viele Geschehnisse der folgenden Jahre waren lediglich eine Ausformung der sich in diesem kritischen Jahr abzeichnenden wirtschaftlichen, finanziellen, politischen und militärischen Probleme. Von allen Fragen, die nach Hitlers Machtergreifung die Beziehungen zwischen Berlin und Washington verschärften, enthielt die jüdische Frage den größten Zündstoff. Sie peitschte die Gefühle auf und drohte alle anderen strittigen Probleme zu überschatten. Hitlers antijüdische Manie und die gewaltsamen Ausschreitungen der einzelnen NS-Organisationen sowie die Abwehrpropaganda und die Gegenmaßnahmen der Zionisten schufen eine Atmosphäre, die, neben anderen Faktoren, "eine potentielle Friedensgefahr" darstellte. (1)

Bei seinen Unterhandlungen mit London und Washington hatte Hitler einen schlechten Start. Seine Annäherungsversuche im Mai 1933 sollten eine entspanntere Atmosphäre schaffen. Er erhoffte sich, daß seine persönlichen Sendboten, der Leiter des Außenpolitischen Amtes der NSDAP, Alfred Rosenberg, und der Reichsbankpräsident, Hjalmar Schacht, die seine Innenpolitik klärend erläutern sollten, in diesen Hauptstädten wohlwollendes Gehör finden würden. Aber die Ergebnisse dieser diplomatischen Initiative bewirkten genau das Gegenteil. Rosenbergs Mission entpuppte sich als völliger Fehlschlag. Er hatte einflußreiche politische Kreise in England vor den Kopf gestoßen und dem Ansehen des Reiches und der nationalsozialistischen Partei, statt es zu heben, "schwer geschadet". (2)

Schacht machte in Washington auch keine gute Figur. Wenn die Berliner Regierung erwartet hatte, daß der Reichsbankpräsident in finanziellen und wirtschaftlichen Angelegenheiten eine Vereinbarung erzielen werde, so wurden diese Hoffnungen bitter enttäuscht. Schacht kehrte mit leeren Händen zurück. Auf hohe Beamte des amerikanischen Außenministeriums hatte er den denkbar schlechtesten Eindruck gemacht. Er hatte die Roosevelt-Regierung scharf kritisiert, weil sie die maßlosen Forderungen Frankreichs unterstützte, die USA beschuldigt, die Augen vor der Not des deutschen Volkes zu verschließen, und schließlich seiner schlechten Laune freien Lauf gelassen. Beamte des Außenministeriums warnten ihn ihrerseits vor Hitlers "verhängnisvoller Politik". Roosevelt ließ "so deutlich wie möglich" erkennen, daß er Deutschland "als das einzig mögliche Hindernis für ein Abrüstungsabkommen" betrachtete. Er sagte Schacht recht grob, er sollte diese seine Meinung Hitler "so schnell wie möglich" übermitteln. Schachts Abreise aus Washington wurde mit "allgemeiner Erleichterung" aufgenommen. (3) In London und Washington hatte man den beiden Abgesandten des Führers gründlichst die Meinung gesagt. Die Isolierung des Reiches war "praktisch komplett". (4)

Roosevelt hatte ein großes Interesse für die Abrüstungsfragen entwickelt. Der britische Premierminister Ramsay MacDonald hatte am 16. März der Genfer Abrüstungskonferenz einen Vertragsentwurf unterbreitet. Europäische politische Beobachter hofften, daß die US-Regierung mithelfen werde, den Rüstungswettlauf einzuschränken und eine Politik der kollektiven Sicherheit einzuschlagen. Bei all seinem Interesse für diese Fragen schien der Präsident die Hindernisse, die sich einer Abrüstung in den Weg stellten, zu gering einzuschätzen und überhaupt zu unterschätzen, welchen "Schwierigkeiten er gegenüberstand". (5)

Norman Davis, der Leiter der US-Delegation bei der Abrüstungskonferenz, bestand darauf, daß man die Einstellung der Reichsregierung "aus erster Hand" erfahren müsse. Das Außenministerium reagierte mit gemischten Gefühlen. Man sah zwar ein, daß ohne Deutschland die Abrüstungsfrage nicht gelöst werden könne, war sich aber auch bewußt, "in welche Verlegenheit man wegen der jüdischen Frage" gebracht werden könnte. Roosevelt billigte nur widerstrebend Davis' Reise nach Berlin. (6) Bei seiner Besprechung mit dem Führer wollte Davis die Abrüstungsfrage anschneiden und sie zum Hauptgegenstand der Unterhaltung machen. Aber Hitler kehrte immer wieder zu den "unerträglichen Bedingungen" zurück, die die Sieger in Versailles dem Reich auferlegt hatten. Er war entschlossen, eine Revision dieses Urteilsspruchs zu erwirken, und warnte, daß Deutschland so weit aufrüsten werde, daß es seine Ostgrenze gegen die Gefahr, die von Polen drohte, verteidigen konnte. Aber er deutete auch an, daß er dem Vertragsentwurf MacDonalds zustimmte, und bestand auf Gleichberechtigung "mehr durch die Abrüstung der anderen als durch eigene Aufrüstung". (7) Obgleich Hitler sich unumwunden geäußert hatte, schien Davis ermutigt angesichts des Führers gemäßigter Haltung in wesentlichen Fragen. (8) Ihm war jedoch Hitlers "erregtes und oratorisches" Auftreten aufgefallen. Wie Dodd schon kommentiert hatte, war des Führers "aggressives Verhalten" auf ein Gefühl der "Minderwertigkeit" zurückzuführen, "hervorgerufen durch Deutschlands relative Schutzlosigkeit". (9) Paradoxerweise nötigte ihn die prekäre militärische Situation, die Schwäche des Reiches durch Nervenkrieg und Rededuelle zu verdecken. Nachdem die militärische Überlegenheit sich, wenn auch nur knapp, zugunsten Deutschlands gewandelt hatte, konnte Hitler seinen potentiellen Gegnern schließlich am Konferenztisch gegenübersitzen (Septemberkrise 1938). Seine streitbaren Äußerungen und einseitig provokativen Handlungen waren nichts als ein Eingeständnis militärischer Schwäche und Unterlegenheit. Nervenkriege waren weniger riskant als militärische Blitzkriege. (10)

In Genf hatten sich die Verhandlungen festgefahren. Roosevelt schloß daraus, daß die Abrüstungskonferenz eine "Spritze" brauchte. Deutscher Widerspenstigkeit wurde die Schuld am Stand der Dinge gegeben. Nach Schachts Fiasko in Washington sah man amerikanischerseits die deutsche Situation als "akut" an. Roosevelt spielte mit dem Gedanken, an die Staatsoberhäupter Botschaften zu senden, in denen er sie an die Notwendigkeit wirtschaftlicher Zusammenarbeit und militärischer Abrüstung mahnen wollte. Hitler sollte am 17. Mai vor dem Reichstag sprechen, um Deutschlands Stellungnahme zur Abrüstung und zum Frieden der Welt bekanntzugeben. Jeder erwartete die Rede des Führers "mit Unbehagen". (11)

Da Roosevelt aus seiner Botschaft an die Regierungschefs den höchsten propagandistischen Gewinn herausschinden wollte, wurde die Vorbereitung dieser Aktion vom Weißen Haus aus koordiniert. Die Botschaft war mehr als eine amerikanische Erklärung und Stellungnahme zu wirtschaftlichen und politischen Fragen. Sie kam einer psychologischen Kriegführung gleich. Zeitlich war der Augenblick so gewählt, Hitler den Wind aus den Friedenssegeln zu nehmen und ihn zu einem Gegenzug zu zwingen. Ausländische Regierungen legten sie als eine Warnung, an Hitler adressiert, aus. (12) In seiner Reichstagsrede reagierte Hitler auf unerwartete Weise. Er drückte seinen "warmen Dank" aus für Roosevelts Bemühungen, die brennenden wirtschaftlichen und rüstungspolitischen Fragen zu lösen, und begrüßte den "hochherzigen Vorschlag, die Vereinigten Staaten als einen Garant des Friedens in die europäischen Verhältnisse einzuschalten." Er brachte seine uneingeschränkte Übereinstimmung mit dem Wunsch des Präsidenten zum Ausdruck, "den Weltfrieden zu sichern". Gleichzeitig warnte er die Welt, daß Deutschland kein zweites "Diktat" hinnehmen werde. In Genf würden die deutschen Vertreter auf Gleichberechtigung bestehen. (13)

Roosevelts Botschaft war ein glänzend inszenierter Public-Relations-Schachzug. Seinem aufrüttelnden Aufruf, sich zusammenzuschließen, um wirtschaftliches und militärisches Unheil abzuwenden, folgte am 2. Juli seine Botschaft an die Londoner Weltwirtschaftskonferenz, die wie eine "Bombe" einschlug. Der Nationalist Roosevelt hatte plötzlich über den Internationalisten Roosevelt gesiegt. (14) Die Botschaft des Präsidenten lenkte die Aufmerksamkeit der Welt für eine Weile von der deutschen Frage und den in Genf noch schwebenden Abrüstungsverhandlungen ab. Dodd bemerkte, daß Berlin eine gemäßigte Linie verfolgte. Auf Grund der feindseligen Haltung der Vereinigten Staaten während der vergangenen Monate war man in Berlin in sich gegangen. (15)

Nun war Hitler an der Reihe, eine Bombe detonieren zu lassen. Deutschland hatte in Genf eine "bewußte Herabsetzung" erlitten. Das Reich zog sich im Herbst aus der Abrüstungskonferenz zurück und trat aus dem Völkerbund aus. (16) Norman Davis blieb "ungebeugt". Er glaubte, daß "trotz aller ... gegenseitigen Anzeichen" Hitler "aufrichtig am Frieden interessiert sei". (17)

In Wirtschaftsangelegenheiten zogen Deutschland und Amerika nicht am gleichen Strang. Die abweichenden Auffassungen in der Schuldenfrage verschlimmerten die infolge der gescheiterten Abrüstungskonferenz bereits gespannte Lage. Die Beziehungen verschlechterten sich noch weiter, als das Reich ein einseitiges Moratorium für öffentliche und private Schulden erklärte, mit Ausnahme kurzfristiger Zahlungsverpflichtungen gegenüber ausländischen Institutionen. Schacht war bereits in Washington vor möglichen Rückwirkungen auf diese durchgreifende Maßnahme gewarnt worden. Nachdem er anläßlich seiner Verhandlungen im Mai keinen modus vivendi gefunden hatte, führte er sie im folgenden Monat durch. Die amerikanischen Gläubiger erhielten den niedrigsten Zinssatz. Diese Diskriminierung amerikanischer Bürger machte in den USA böses Blut und verschärfte die Lage noch mehr. (18)

In Amerika kristallisierte sich der Unwille gegen die NS-Regierung in der emotionalen Frage des Hitlerischen Antisemitismus, der dem schwelenden Deutschenhaß neue Nahrung gab. Die bilateralen Beziehungen wurden in diesen Strudel gerissen. Vertreter der jüdischen Gemeinde in Deutschland liefen mit der Zeit um die Wette, um die aufgewühlte Stimmung in Übersee zu besänftigen. Antideutsche Demonstrationen und Boykott-Kampagnen gegen die Einfuhr deutscher Waren waren "höchst unerwünscht", schärften sie ihren Glaubensgenossen in England und Amerika ein. Max und Erich Warburg, die Hamburger Bankiers, verglichen die antinationalsozialistische Propaganda in der Auslandspresse mit "den schlimmsten Zeiten der Kriegspropaganda". Die nationalsozialistische Revolution war "mit einer in der Geschichte der Revolutionen bisher unbekannten Disziplin" abgelaufen. Warburg befürchtete, daß die deutschen Juden als Geiseln haften müßten, wenn ihre Glaubensbrüder in Übersee weiterhin den Feldzug gegen das Reich schürten: "... jede ausländische Propagandakampagne ... wird die bedauerlichsten Folgen haben", warnte er. Wenn dieser Trend weiter anhalte, werde sich die Lage der deutschen Juden ganz gewiß verschlechtern. (19) Im Kongreß benutzte der Abgeordnete Samuel Dickstein das Komitee für Einwanderung und Einbürgerung als Plattform für seine heftige antinationalsozialistische Kampagne, für die er sogar den Präsidenten zu gewinnen hoffte. (20) Die Verhöre im Kongreß kamen Pierrepont Moffat vom Außenministerium vor wie eine "komische Oper", mit Zeugenaussagen, die entweder "von Deutschen unter falschem Namen stammten, von kommunistischen Redakteuren oder von Stewards auf Ozeandampfern". (21) Infolge der "Hetze gegen die Braunen" und des Boykott-Feldzuges verschlechterten sich die deutsch-amerikanischen Beziehungen rapide, bis der Handelsverkehr zwischen beiden Ländern schließlich einem "Handelskrieg" ähnelte. (22)

In amerikanischen politischen Kreisen bildete die jüdische Frage oft den Hintergrund, vor dem politische Themen, die Deutschland betrafen, erörtert wurden. Niemand in Deutschland hatte wahrscheinlich eine solche Reaktion vorausgesehen, als die antijüdischen Maßnahmen verkündet wurden. Angesichts dieser bedenklichen Entwicklung versuchte die Reichsregierung gegenzusteuern. Blieb sie ungelöst, mußte sie die deutsch-amerikanischen Beziehungen weiter erheblich belasten. Einerseits betrachteten die Nationalsozialisten die deutschen Juden als Geiseln, mit den Worten von Innenminister Wilhelm Frick: "… unsere besten Verbündeten sind unsere Auslandsschulden und die Juden." (23) Ausländische Regierungen würden es nicht riskieren, durch eine schärfere Gangart gegen das Reich ihre Investitionen aufs Spiel zu setzen und die deutschen Juden größerem Druck seitens des Regimes auszusetzen. Andererseits schien man einen modus vivendi in der jüdischen Frage ins Auge zu fassen. Da die offiziellen Kanäle versperrt waren, suchten amerikanische Emissäre auf inoffiziellen Wegen nach einer befriedigenden Lösung. Professor John F. Coar hatte ein "sehr vertrauliches Gespräch" mit Hitler über das jüdische Problem geführt. (24) Der Führer hatte ihm mitgeteilt, "wozu er bereit sei", vorausgesetzt, daß eine persönliche Verständigung "zwischen ihm und dem Präsidenten zustande käme." Je nach Antwort Roosevelts erwog Hitler "die Herausgabe zeitweiliger Anordnungen bezüglich antisemitischer Maßnahmen und schließlich die Lösung dieser Frage in Übereinstimmung mit den Wünschen unseres Präsidenten." War erst einmal eine Einigung zwischen ihm und Roosevelt erzielt worden, dann könnte die Frage auf "diplomatischem" Weg geregelt werden. Coar verließ Deutschland in gehobener Stimmung, zumal Hitler angedeutet hatte, daß er zu Konzessionen bereit war, die "nicht nur von Extremisten vom Schlage von Wise, Untermeyr und 'Konsorten' als absolut unerreichbar angesehen worden waren, sondern sogar von Leuten wie Baruch, Finley und anderen." Vor Coars Abreise hatte der Reichskanzler noch ein Ferngespräch mit ihm geführt. Die ganze Angelegenheit mußte mit Roosevelt "streng vertraulich" behandelt werden, denn "der geringste Hinweis auf einen 'diplomatischen' Schritt würde Herrn Hitler aufbringen, und der erste Schritt muß von ihm kommen und wird unter bestimmten Bedingungen von ihm kommen." (25) Aus welchen Gründen auch immer, Roosevelt ließ auf diese Anregung hin nichts von sich hören. (26) Als Coar 1934 wieder nach Deutschland reiste, wurde ihm klar, daß eine günstige Gelegenheit verpaßt worden war. (27)

Der Ablauf der Ereignisse des Jahres 1933 überzeugte die nationalsozialistische Führung, daß kein echter Durchbruch in den deutsch-amerikanischen Beziehungen erreicht werden konnte. Alles, was getan werden konnte, um das Schlimmste zu verhüten, war, hinhaltende Nachhutgefechte zu führen. Die deutsche Regierung beschloß, den Ton zu mäßigen, unangenehme Vorfälle, die die antinationalsozialistische Propaganda in Übersee anheizen könnte, möglichst zu vermeiden und die Diplomaten im Ausland, besonders in den USA, anzuweisen, jedwede Kontakte mit prodeutschen Organisationen zu meiden. Jede Einmischung in inneramerikanische Angelegenheiten war Wasser auf die antideutschen Propagandamühlen. (28)

Der sich abzeichnende Trend in der öffentlichen Meinung Amerikas bereitete deutschen politischen und diplomatischen Kreisen Kopfschmerzen. Das Reich wurde für alles verantwortlich gemacht, selbst für die Rezession in den amerikanischen Südstaaten. (29) Mit wachsender Sorge verfolgten Beamte in der Wilhelmstraße die sich verschlechternden deutsch-amerikanischen Beziehungen. Die Gesamtlage, klagte Außenminister Neurath, war alles andere als "günstig". (30) Als Botschafter Hans Luther die Entscheidung seiner Regierung bekanntgab, den Freundschafts-, Handels- und Konsularvertrag zu kündigen, meinte Moffat, das Reich treibe "heute noch einen weiteren Nagel in seinen Wirtschaftssarg ..." Deutschland drifte in die Isolation ab, frohlockten einige amerikanische Beobachter, und Herbert Feis vom Außenministerium äußerte schadenfroh: "Nieder mit Deutschland." (31)

Die von Hitler verkündete deutsche Wiederaufrüstung im Frühjahr 1935 löste bei europäischen und amerikanischen Staatsmännern größte Unruhe aus. (32) Der US-Diplomat Breckinridge Long prophezeite, daß es in Europa "in zwei Jahren Krieg geben wird". (33) Der Völkerbund verurteilte Hitlers Schritt. Frankreich, Italien und Britannien schlossen sich zur "Stresa"-Front zusammen. Die politische Atmosphäre in Europa "ähnelte der nach dem Waffenstillstand". Die Paktomanie ergriff die europäischen Mächte. Frankreich, die UdSSR und die Tschechoslowakei schlossen gegenseitige Beistandspakte ab. Stalin spekulierte wahrscheinlich darauf, daß dieser drastische, für das Reich alarmierende Schritt den Führer eines Tages veranlassen könnte, mit ihm ein Übereinkommen zu treffen. (34)

In London bekamen die antideutschen Kräfte im Foreign Office Oberwasser. (35) Die europäischen Staaten waren damit beschäftigt, den "militärischen Ring" um Deutschland zu schließen. (36) Die Verurteilung des Reiches durch den Völkerbund mutete dem US-Diplomaten Hugh Wilson wie "ein Spiel mit dem Feuer" an. (37) Er hatte den Nagel auf den Kopf getroffen. Die Beistandspakte führten zu einer gründlichen Überprüfung der Militärpolitik des Reiches. (38) Botschafter Bullitt war gedrückter Stimmung und konnte nur hoffen, daß Roosevelt "sich taub stelle gegenüber den Sirenenklängen, die ihn nachts um den Schlaf bringen müßten." (39) Selbst wenn die Vereinigten Staaten sich nicht gegen den reißenden Strom stemmen könnten, dann sollten sie sich wenigstens aus der europäischen Konfliktsituation heraushalten. Bullitt schien jedoch zu ahnen, daß einflußreiche amerikanische Kreise den Gang der Ereignisse beschleunigen wollten, und zu befürchten, daß Roosevelt ihrem Einfluß erliegen könnte. Schon seit geraumer Zeit hatte der Präsident erwogen, Deutschland unter Druck zu setzen. Falls Berlin einer anglo-amerikanisch-französischen Delegation nicht gestattete, angebliche Verletzungen der Rüstungsklauseln des Versailler Vertrages zu untersuchen, dann sollten die sogenannten friedliebenden Nationen zu einem Wirtschaftskrieg Zuflucht nehmen, alle Handelsbeziehungen mit dem Reich abbrechen und so die Hitler-Regierung abwürgen. (40) Moffat stand Roosevelts Plänen kritisch gegenüber, weil sie einem "casus belli sehr nahe" kamen. (41) Oberst House dagegen setzte sich voll für dieses Vorhaben ein. Schon bald nachdem Hitler sein Wiederaufrüstungsprogramm angekündigt hatte, griff Roosevelt diese Planungen aus dem Jahre 1934 wieder auf. Sollten Frankreich, Italien, England und die Kleine Entente sich endlich zu positiven Aktionen gegen das Reich entschließen, würden die USA mit ihrem ganzen Gewicht hinter ihnen stehen. Von den bestehenden Optionen zog Roosevelt eine Blockade einer militärischen Invasion Deutschlands vor. (42) House reagierte voll Begeisterung auf diesen Vorschlag und drängte den Präsidenten, sofort mit Paris und London Verbindung aufzunehmen. Er war absolut davon überzeugt, daß das amerikanische Volk voll und ganz den Blockadeplänen zustimmen werde. Hitler könnte zwar auf Rache sinnen und seine Bombergeschwader aufsteigen lassen, aber der Krieg "braucht uns nicht zu berühren". House glaubte ausgemacht zu haben, daß die europäischen Mächte lieber "jetzt ausholen wollten" als später. (43)

Hitlers jüngste Handlungen hatten im gegnerischen Lager Befürchtungen erweckt. Ein Befriedungsfeldzug wurde eingeleitet, um die aufgeschreckten Gemüter zu beruhigen. Deutsche Regierungsbeamte signalisierten, daß Berlin nach friedlichen Lösungen für offenstehende Fragen suchen wollte. Der Staatssekretär im Auswärtigen Amt, Bernhard Wilhelm von Bülow, versicherte amerikanischen Besuchern, daß das Reich keinen Krieg provozieren werde. Er ließ erkennen, daß die Zeit zugunsten Deutschlands arbeitete. Auch die Bereinigung der Grenzfragen bildete kein unüberwindliches Hindernis. Dodd gewann den Eindruck, daß die Beamten des Auswärtigen Amtes den "offensichtlichen Wunsch" hatten, ausländischen Besuchern Vertrauen in die friedlichen Absichten des Reiches einzuflößen. Dr. Karl Bömer vom Außenpolitischen Amt der NSDAP versprach eine befriedigende Lösung der jüdischen und der Glaubensfragen. Er äußerte offen sein "entschiedenes Mißfallen" über Goebbels' antisemitische Tiraden. In Regierungskreisen schien man immer mehr einzusehen, daß antijüdische Erklärungen und Ausschreitungen Deutschland in Mißkredit brachten und schadeten. Selbst Himmler äußerte sich besorgt über den Stand der deutsch-amerikanischen Beziehungen. Er versprach, seinen Beitrag leisten zu wollen, um die politische Atmosphäre zu entspannen. (44)

Während diese Versicherungen amerikanische Diplomaten ermutigten, waren ihre sowjetischen Kollegen enttäuscht darüber, daß die europäischen Westmächte immer noch zögerten, energischer gegen das Reich vorzugehen. Litwinow beschuldigte Deutschland, gemeinsam mit Polen gegen die UdSSR zu konspirieren. Berlin, Budapest und Warschau schmiedeten angeblich Pläne, die Tschechoslowakei zu vernichten. Bullitt nahm die Bemerkungen des Kommissars als das, was sie waren, als einen plumpen Versuch, die USA gegen die Gegner der Sowjetunion aufzuhetzen. Litwinows Gerede war "reine bolschewistische Propaganda". (45)

Das alte Jahr war ausgeklungen. Aber im März 1936 wartete Hitler mit einer neuen Überraschung auf. Deutsche Truppen marschierten in das entmilitarisierte Rheinland ein. Es schien, als hätte der Führer den Monat März für seine alljährlichen politisch-militärischen Schaustücke gebucht. Obwohl dieser Vorfall große Aufregung auslöste, neigte der Ministerialdirektor im US-Außenministerium R. Walton Moore dazu, dieses Ereignis vom Standpunkt der "anderen Seite" aus zu sehen. Hitler hatte sich einfach entschlossen, den Gordischen Knoten zu durchschlagen. Hätte er die Rheinlandfrage dem Völkerbund unterbreitet, dann wären "endlose Diskussionen" die Folge gewesen, und der Führer wäre in der Zwischenzeit "praktisch lahmgelegt" worden. (46)

George S. Messersmith berichtete aus Wien in altbekannter Manier. Hitler habe den ersten Schritt zur Vorherrschaft in Europa getan. Um eines Tages in Ost- und Südosteuropa zuschlagen zu können, sehe er sich genötigt, die Westgrenze des Reiches zu sichern. Sein Angebot, mit Prag und Wien Nichtangriffsverträge abzuschließen, sollten die tschechische und österreichische Regierung nur in Sicherheit wiegen. Beneschs schroffe Abweisung hatte Messersmith mit Erleichterung aufgenommen. In Mittel- und Südosteuropa zeichneten sich hoffnungsvolle Tendenzen ab. Hier seien die jeweiligen Regierungen im Begriff, den Prozeß wirtschaftlicher Zusammenarbeit zu beschleunigen, um einen Puffer gegen jedes weitere deutsche Vordringen zu schaffen. Obgleich Il Duce ein "sehr undurchsichtiges Spiel" spiele, habe er "offensichtlich beschlossen, den braven Jungen zu mimen, der für seine Artigkeit sich ein großes Stück Candy erhofft." Angesichts ihrer Rivalität auf dem Balkan und ihrer gegensätzlichen Interessen in Österreich, sei ein Bündnis zwischen Italien und Deutschland "nicht im Bereich der Möglichkeiten". Messersmith äußerte die Überzeugung, daß, "was auch immer geschehen mag, ein solches Bündnis nicht zustande kommen wird." Das Schicksal Europas liege in den Händen der Engländer. Britische Konzessionen würden zu einem "Krieg mit katastrophalen Folgen" führen. Standfestigkeit, abgedeckt durch militärische Stärke, werde allein Hitlers Vorherrschaft in Europa blockieren. Gegenwärtig sei Hitler auf Zeitgewinn aus, um seine militärische Aufrüstung zu vollenden. (47)

Bullitts Instinkt für Geostrategie sagte ihm, daß das entmilitarisierte Rheinland nie eine ausreichende Sicherheit für Frankreich und Belgien geboten hätte, weil die deutsche Streitmacht in "anderthalb Tagen" hindurchmarschiert wäre. Andererseits hätte die entmilitarisierte Zone es Frankreich "äußerst" leicht gemacht, das Reich anzugreifen, um seine "Verbündeten und Satelliten" in Mittel- und Osteuropa zu verteidigen. Für Bullitt war die Rheinlandbesetzung Hitlers Antwort auf den sowjetisch-französisch-tschechischen Beistandspakt. Der Besetzung werde der Bau von Grenzbefestigungen folgen. Die politisch-strategischen Auswirkungen waren weitreichend. Frankreich stand nun vor der Wahl, seine "Macht und sein Prestige" in Mitteleuropa aufzugeben oder "die schrecklichsten Verluste" auf sich zu nehmen. Aber Bullitt hatte nicht den geringsten Zweifel, daß Moskau und Paris entschlossen waren, die französische Vorherrschaft in Mitteleuropa aufrechtzuerhalten, "selbst wenn dies Krieg bedeutet". Der Bau von uneinnehmbaren Grenzbefestigungen im Westen werde das Reich in die Lage versetzen, jegliche französische Einmischung in mögliche deutsche Verwicklungen mit Österreich und der Tschechei abzuwehren. Mit der Besetzung des Rheinlandes zeichnete sich die deutsche Vormachtstellung in Europa ab.

Die Sowjets lagen auf der Lauer, auf dem Kontinent Unruhe zu stiften. Während dieser ereignisreichen Tage wurde Litwinow in Paris erwartet, und Bullitt war überzeugt, daß der Kommissar strikte Weisungen hatte, "die Franzosen zu äußerster Unnachgiebigkeit anzustacheln ..." Die sowjetische Außenpolitik war von "der Hauptzielsetzung bestimmt ... Europa zu spalten." Was Hitler auch immer in der Zukunft unternehmen würde, einer Sache war Bullitt gewiß: die Sowjets würden "alles in ihren Kräften Stehende tun, um die Franzosen in einen Krieg zu treiben." (48)

In ihrer Einschätzung der unmittelbaren Auswirkungen (48) der Krise stimmten Messersmith und Bullitt überein. Während der Generalkonsul Hitler als allein verantwortlichen Störenfried abkanzelte, hatte Bullitt die UdSSR in die Liste der Unruhestifter aufgenommen. Seine in Moskau gesammelten Erfahrungen hatten ihn davon überzeugt, daß die Sowjets auch weiterhin Öl ins Feuer gießen würden.

Wie schon im März 1935 eröffnete die Reichsregierung auch dieses Mal wieder eine Beschwichtigungskampagne. Die Schockwirkungen der Rheinlandbesetzung mußten durch beruhigende Erklärungen aufgefangen werden. Allerdings sollten sich auch Bullitts Befürchtungen bestätigen. Neurath teilte ihm nämlich mit, daß die Westgrenze des Reiches befestigt werde. Der Außenminister schärfte dem Botschafter jedoch ein, daß es Hitlers "größter Wunsch ... ist, eine Verständigung mit Frankreich zu erreichen." Die Länder im mitteleuropäischen Raum müßten sich der neuen Gegebenheit anpassen. Hitler verfolge die Vorgänge in Österreich mit Gleichmut, zumal die nationalsozialistische Bewegung dort "täglich stärker" wurde. Die Gegensätze zwischen Moskau und Berlin waren "absolut unüberbrückbar". In den Verhandlungen mit London werde das Reich nicht "zum Werkzeug der britischen Politik in Europa" werden. Aus seinem ausführlichen Gespräch mit Neurath schloß Bullitt, daß Deutschland wahrscheinlich bis zur Fertigstellung des Grenzbaus die außenpolitische Aktivität vermindern, aber gleichzeitig auch keine neuen Verpflichtungen eingehen werde, die künftige Schritte behindern könnten. (49)

Es war nicht zu verkennen, daß sich die Stimmung in Amerika Deutschland gegenüber verhärtet hatte. Im Geiste beschworen einflußreiche Amerikaner das Gespenst eines kommenden Armageddon herauf. Deutsche Diplomaten fühlten aufmerksam den schwankenden öffentlichen Meinungspuls. Aus den zahlreichen Berichten, die in Berlin eintrafen, kristallisierte sich eine Schlußfolgerung heraus: Das Reich wurde von allen Nationen als der wahrscheinlichste Aggressor angesehen. Um seine Stoßkraft zu bewahren und sein Fortbestehen zu sichern, müsse Deutschland Zugang zu neuen Rohstoffquellen gewinnen. Nur eine auf Machterweiterung ausgerichtete

Politik könne Deutschlands schwierige Wirtschaftsprobleme erleichtern. Es hieß, ein Krieg wäre der einzige Ausweg aus Deutschlands Dilemma. Besonders alarmierend auf Berlin wirkte die gemeldete Beobachtung, daß die amerikanische Regierung, vor allem aber ihre Führungsgremien, nicht die geringsten Befürchtungen hinsichtlich möglicher aggressiver Absichten der UdSSR zu hegen schien. Einflußreiche liberale Zeitungen gingen mit Deutschland scharf ins Gericht, während sie die sowjetische Propaganda kritiklos widerspiegelten. Die öffentliche Meinung wurde auf diese Weise systematisch auf die künftige sowjetisch-amerikanische Kollaboration vorbereitet. Da diese Auffassung vorherrschte, entlud sich der amerikanische Zorn gegen das Reich. (50)

Der Ausgang der Präsidentschaftswahlen war alles andere als ermutigend. Roosevelts Wahlsieg glich einem Erdrutsch. Die anti-deutsche Regierung war durch eine überwältigende Mehrheit bestätigt worden und würde wenigstens vier weitere Jahre an der Macht bleiben und die Außenpolitik bestimmen. Diejenigen, die auf die Vereinigten Staaten setzten, waren gehobener Stimmung. Leon Blum, der Sprecher der französischen Volksfront, reagierte enthusiastisch auf die "wirklich phänomenalen" Wahlergebnisse. Seine eigene Stellung war dadurch gestärkt worden, weil er "auf seine Weise das zu tun versucht, was Sie in Amerika getan haben." Roosevelt war für ihn ein "Wunder". Man setzte soviel Vertrauen in ihn wie früher einmal in Woodrow Wilson.

Bullitt drängte den Präsidenten, sein Prestige einzusetzen, um Frankreich und Deutschland zu einer politischen Übereinkunft zu bewegen. Vom Ausgleich ihrer widerstreitenden Interessen hing der europäische Frieden ab. Falls diese beiden Völker es fertigbrächten, ihre Interessensphären auf dem Kontinent abzugrenzen, dann fänden alle anderen Europa bedrohenden Probleme eine Lösung. Aber Roosevelt mußte den Boden "sehr vorsichtig" vorbereiten, ehe er "irgendeine große Geste" machen konnte. Die Zeit drängte. Der Bolschewismus wütete in Spanien. In politischen, militärischen und Wirtschaftskreisen des Reiches erwog man eine Annäherung an Moskau. Trotz aller moralischen Skrupel, mit Göring und Hitler zu unterhandeln, gab es keine Alternative zu der, "durch den reinen Narren ... und Jung-Siegfried" zu wirken, denn sie waren in Berlin die "Bosse". (51)

Es schien, als zögen Hitler und Bullitt am selben Strang. Durch den Freiherrn Kurt von Lersner, Hitlers angeblichen "Super-Ribbentrop", hatte der Führer Paris mitteilen lassen, daß es sein "heißester Wunsch war, ein Abkommen mit Frankreich zu schließen. Der Reichskanzler spielte sogar mit dem Gedanken, bei seinen Bemühungen, sich mit Paris zu verständigen, die freundliche Vermittlung des amerikanischen Präsidenten in Anspruch zu nehmen. Um die amerikanischen und deutschen Anstrengungen zum Erfolg zu führen, plante Hitler, einen neuen Botschafter nach Washington zu entsenden, jemanden aus seiner unmittelbaren "persönlichen Umgebung". (52)

Die Vereinigten Staaten sollten als Vermittler zwischen Deutschland und Frankreich eingeschaltet werden. Aber mächtige Einflüsse wurde aufgeboten, um die deutsch-französische "Versöhnung" zu torpedieren. Bullitt hatte London, Rom und Moskau in Verdacht, diese Verständigung zu sabotieren. Wenn in Europa der Krieg ausbreche, "werden Stalin und Kompanie die einzigen Gewinner sein." Bullitt war bereit, in Paris und Berlin die Lage zu erkunden, "ganz unauffällig und ohne die Vereinigten Staaten überhaupt hineinzuziehen." (53) Roosevelt mußte sein "moralisches Prestige und seine Pflicht gegenüber der abendländischen Zivilisation" in die europäische Waagschale werfen, um "einem krampfhaften Bemühen Frankreichs, Englands und der Tschechoslowakei entgegenzutreten, uns in den nächsten Krieg zu ziehen." Die "Moskowiter" waren die eigentlichen Saboteure. Sie waren darauf aus, Bullitt politisch zu vernichten und dadurch die Politik, die eine deutsch-französische Aussöhnung anstrebte. (54)

Während Bullitt den Präsidenten drängte, als Mittler aufzutreten, um Frankreich und dem Reich aus der politischen Flaute zu helfen, schrieb sein Kollege in Berlin Deutschland als "hoffnungslos" (as a bad job) ab. (55)

Von Paris aus spornte Bullitt Roosevelt an, sein Möglichstes zu tun, um die Kluft zwischen Paris und Berlin zu überbrücken. In Warschau war es John Cudahy, der den Präsidenten drängte, Deutschland bei der Lösung seiner dringlichen Wirtschaftsprobleme zu helfen, die der eigentliche Grund für Hitlers Aggressivität waren. Nachdem durch Verhandlungen hinter den Kulissen der Boden vorbereitet war, sollte Roosevelt der Welt seine Befriedungspläne verkünden. Wie sein Pariser Kollege nannte auch Cudahy die UdSSR die größte Gefahr für den internationalen Frieden. Die schärfste Konfrontation, die sich in Europa abzeichnete, war die zwischen dem Reich und der Sowjetunion. Dies war die "Kernfrage", und "der Tag der Abrechnung kommt ..." Die explosive europäische Atmosphäre könnte nur entschärft werden, wenn London, Paris und Berlin auf wirtschaftlichem Gebiet zusammenarbeiteten. Er mahnte Roosevelt, die Vorbesprechungen "ganz im geheimen" zu führen. (56) Auch der Präsident diagnostizierte die "grundlegenden wirtschaftlichen Übel" als die Ursache der gespannten internationalen Lage. Aber eine Lösung war nicht leicht zu erreichen. Roosevelt befürwortete die Politik der Eindämmung und empfahl die Bildung eines Militärbündnisses, das zuerst Polen und die Tschechoslowakei verbinden und dadurch Deutschland einkreisen sollte. Der Präsident hatte angeblich erfahren, daß Prag "das nächste Gericht auf Hitlers Speisekarte" war. Warschau und Prag in einem Militärbündnis zusammenzuschweißen, erschien Cudahy als "völlig phantastisch und unvorstellbar", denn das "böse Blut" zwischen Polen und Tschechen war "das hervorstechendste Merkmal der polnischen außenpolitischen Beziehungen ..." Polen und Tschechen zu Waffenbrüdern zu machen, war "heute ebenso unwahrscheinlich wie eine Zusammenarbeit zwischen Rußland und Deutschland." (57)

Die Saat der Zwietracht zwischen Berlin und Washington, ausgesät im

Jahre 1933, keimte in der Zeit nach der Machtergreifung, um erst im Jahre 1937 ins Kraut zu schießen. Pläne, die er zunächst geheimhielt, reiften in Roosevelt heran. Hitler war zu sehr mit den europäischen Angelegenheiten beschäftigt und konnte nur die schlimmsten Auswüchse abwehren, nachdem die deutsch-amerikanischen Beziehungen eine unheilvolle Wendung genommen hatten. Im Jahre 1936 hatte sich die europäische Situation auf diplomatisch-politischer Ebene grundlegend verändert. Die Ereigniskette schien hier nach Hitlers Erwartungen abzulaufen. Der Völkerbund lag zerstört am Boden, und damit waren auch die allzu hoch gesteckten Hoffnungen auf eine multilaterale Zusammenarbeit in Europa dahin. Der Führer hatte sich immer dagegen gesträubt, deutsche Interessen den Machenschaften dieser internationalen Organisation auszuliefern. Seiner Pferdehändlermentalität entsprach es, nur mit einem Interessenten zur Zeit zu verhandeln. Seine einseitig dramatischen Maßnahmen in den Jahren 1935 und 1936 sollten anderen zeigen, daß sie nur auf dieser Grundlage mit ihm verhandeln konnten. Er verabscheute den Völkerbund ebenso wie die Börse. Es gab einfach zu viele Konkurrenten. Die Stresa-Front war auseinandergebrochen, schon bald nachdem sie sich formiert hatte. Mit der Unterzeichnung des deutsch-englischen Flottenabkommens im Juni 1935 schien Großbritannien sogar in das gegnerische Lager übergelaufen zu sein. In Südosteuropa hatte Jugoslawien sich entschlossen, mit Deutschland gemeinsame Sache zu machen. Die Kleine Entente lag auch "so ziemlich im Sterben". Rumänien verhielt sich abwartend. Die Tschechoslowakei hatte man "auf dem trockenen" sitzen lassen. Die kollektive Sicherheit war "über Bord gegangen". Von Locarno blieb nur noch ein "kümmerlicher Rest". (58)

Unterwegs auf den europäischen Landstraßen, immer auf der Hut vor Wegelagerern, konnte Hitler nur einen Bruchteil seiner Energie und Aufmerksamkeit für die Erkundung der Nebenwege verwenden, deren einer nach Washington führte. In seinen Verhandlungen mit den USA war er gegen eine Wand gerannt. Näherliegende Probleme waren dringlicher.

Kapitel 8

Roosevelts Illusionen:
Moskau und Washington 1934 – 1937

Hochfliegende Erwartungen verwandelten sich zumindest in einigen politischen Kreisen Amerikas bald in Enttäuschungen. Vor dem Roosevelt-Litwinow-Abkommen waren die Bolschewisten durchaus zugänglich gewesen. Nach dem November 1933 wurde der Kreml bei Verhandlungen mit Washington unnachgiebig. Die Amerikaner erhielten einen ersten Vorgeschmack von sowjetischer Halsstarrigkeit und Doppelzüngigkeit. Aufmerksame Beobachter der Moskauer Szene hatten schon immer vor übertriebenen Hoffnungen gewarnt.

Bullitt, der ursprünglich mitgeholfen hatte, das amerikanische Staatsschiff auf Moskauer Kurs zu steuern, sollte einer der ersten sein, der seine Ernüchterung in Worte faßte. Als er dem Kommissar sein Beglaubigungsschreiben als Botschafter der Vereinigten Staaten überreichte, stieß er auf einen Litwinow, der die meisten der mündlichen Zusagen und Versprechen, die er dem Präsidenten anläßlich ihres Treffens im Weißen Haus gegeben hatte, zurücknahm. Staatssekretär William Phillips bemerkte lakonisch: "Bullitts Flitterwochen sind vorüber." Hohe Beamte des State Department waren drauf und dran, "eine äußerst bestimmte Haltung" gegenüber der Sowjetunion einzunehmen. Amerikanische Diplomaten in Moskau drohten dem Kommissar, die Verhandlungen über den Handelsverkehr abzubrechen. Sie warnten, daß Japan der alleinige Nutznießer einer Verschlechterung der sowjetisch-amerikanischen Beziehungen sein würde. (1)

Die sowjetische Hauptstadt wirkte auf Bullitt "genauso trist" wie er es erwartet hatte. Die sowjetische "Feindseligkeit" gegen alle kapitalistischen Nationen "wird nun unter der Tünche der Freundschaft sichtbar." Er empfahl, die Sowjets nach der Losung "mit Zuckerbrot und Peitsche" zu behandeln. Bullitt erkannte auf einmal, daß Stalin beim Abkommen vom November der eigentliche Gewinner gewesen war. Die Sowjets traten jetzt "äußerst selbstbewußt" auf. Die Japaner hatten die Amerikaner "schmählich" im Stich gelassen. Tokio machte in Moskau Annäherungsversuche und sondierte bei den Sowjets hinsichtlich einer Reihe lästiger Fragen, die die sowjetisch-japanischen Beziehungen trübten. Daher brauchte der Kreml nicht mehr "unsere sofortige Hilfe". Auch in Europa warf das Roosevelt-Litwinow-Abkommen die ersten politischen Dividenden ab. Paris und Prag hatten ihre Bereitschaft angedeutet, mit Moskau ein Militärbündnis zu schließen. (2)

Stalin hatte Schutz hinter dem breiten Rücken der USA und Großbritanniens gesucht und gefunden. Die Sowjets hatten ohne Panikstimmung auf die Ankündigung japanischer politischer Zielsetzungen in China reagiert. Sie bauten auf eine anglo-amerikanische Vergeltungspolitik gegen jedes weitere Vordringen Japans auf dem asiatischen Festland. "Breit grinsend" hatte Litwinow vorgeschlagen, die USA sollten energische Gegenmaßnahmen gegen Nippons Expansionsdrang treffen. Die Sowjets zeigten sich "hocherfreut" angesichts der wachsenden Spannungen im Fernen Osten. Sie stachelten Tschiang Kai-schek bereits an, die Initiative zu ergreifen und Japan den Krieg zu erklären. Sowjetische Versprechen, den Chinesen beim Zurückrollen der Kwantung-Armee beizustehen, sollten jedoch mit Zurückhaltung aufgenommen werden. Im Falle eines größeren militärischen Konfliktes würden die Sowjets versuchen, "ganz im Hintergrund zu bleiben und den USA und England den eigentlichen Widerstand gegen Japan zu überlassen." (3) Es war Stalins "sehnlichster Wunsch", daß es zwischen Japan und den USA zum Kriege komme. An Sowjetrußland als an "einen möglichen Verbündeten zu denken ... heißt den Wunsch zum Vater des Gedankens machen ..." (4)

Politisch hatten bisher allein die Sowjets Vorteile aus der Wiederaufnahme des diplomatischen Verkehrs gezogen. Seit November 1933 hatten sie die Geduld der Amerikaner auf die Probe gestellt, und es fehlte auf amerikanischer Seite nicht am guten Willen. Die Lösung der Schuldenfrage hatte Moskau verzögert. Vor der Anerkennung hatten die Sowjets versprochen, ihren finanziellen Verpflichtungen nachzukommen. Am 31. Januar 1935 verkündete Außenminister Hull deprimiert, daß die Verhandlungen über die Schuldenfrage faktisch zu Ende waren. (5) Aber daß die Bolschewisten sie hineingelegt hatten, entmutigte die Roosevelt-Regierung keineswegs. Im Gegenteil, sie verdoppelte ihre Anstrengungen, die Sowjets zu beschwichtigen. Am 13. Juli 1935 kündigte Washington den erfolgreichen Abschluß eines Handelsvertrages mit Moskau an, der, in Übereinstimmung mit dem gegenseitigen Handelsabkommen von 1934, der Sowjetunion den Status einer meistbegünstigten Nation gewährte. Die Sowjets stellten in Aussicht, ihre Einfuhr aus den USA zu erhöhen. (6) Im Jahre 1935 stieg das sowjetisch-amerikanische Handelsvolumen auch leicht. Für den gesamten amerikanischen Handel war diese Zunahme zwar unerheblich, bildete jedoch einen wichtigen Anteil des sowjetischen Außenhandels. (7)

Nachdem diese Erfolge erzielt waren, gab es für Stalin keinen Grund mehr, auf amerikanische Gefühle übermäßig Rücksicht zu nehmen. Ende Juli 1935 bereitete sich Moskau auf eine imposante Zurschaustellung der Solidarität des Weltproletariats vor. Die Komintern hielt ihren 7. Kongreß ab. Die sowjetisch-amerikanischen Beziehungen wurden in den Strudel der revolutionären Rhetorik hineingerissen. Einige Aktivisten verbanden "recht hitzige" Absichten mit dieser Tagung. Bullitt hatte den Komintern-Agenten Karl Radek schon vorzeitig gewarnt, auf dem Kongreß "keinen Mordskrach zu schlagen", sonst würden die USA sich gezwungen sehen, "die Beziehungen abzubrechen", worauf Radek lediglich antwortete: "Wir haben ohne die Unterstützung der Vereinigten Staaten überlebt, und wir können auch weiter ohne die Vereinigten Staaten überleben." Amerika und sein Botschafter wurden als Repräsentanten "des kapitalistischen Feindes" verdammt. Bullitt teilte Ministerialdirektor R. Walton Moore lakonisch mit, daß normale Beziehungen zwischen Washington und Moskau "nicht bestehen und nicht bestehen werden". Die Beziehungen zwischen der UdSSR und der übrigen Welt waren von einer Art, wie sie "während eines Waffenstillstandes herrschen, aber nicht im Frieden, und es ist ganz sicher, daß ein Frieden niemals geschlossen werden kann."

Eine amerikanische Vergeltung für die von der Komintern eindeutig sabotierten Versprechen Litwinows, sich nicht in die inneren Angelegenheiten der USA einzumischen, sollte "prompt, wenn möglich, sofort" erfolgen. "Hoheitsvolle" Protestnoten wären sinnlos, behauptete Bullitt, weil die sowjetische Antwort noch "hoheitsvoller" und "höchst beleidigend" ausfallen würde. Seine Erfahrungen in Moskau hatten ihn gelehrt, daß "wir nicht mit den Bolschewisten wetteifern können, was Schmähungen anbetrifft." Falls sich die Verletzungen des November-Abkommens als "schwerwiegend und beleidigend" herausstellen sollten, schlug der Botschafter den Abbruch der diplomatischen Beziehungen vor. Als Folge davon würden die Sowjets eine "beträchtliche Abnahme ihres Prestiges und eine Schwächung ihres gegenwärtigen Einflusses erleiden." (8)

Der Kominternchef Georgi Dimitroff hob die Volksfrontbewegung aus der Taufe. Der "Finanzkapitalismus" samt seiner "chauvinistischsten und imperialistischsten Auswüchse im Faschismus" war unmittelbare Zielscheibe der verbalen Angriffe. Die Weltrevolution wurde erneut als Endziel der sowjetischen Politik verkündet. Die Volksfrontbewegung sollte neue Anhänger für die weltrevolutionäre Bewegung rekrutieren. Der internationale Kapitalismus befand sich in seiner schwersten politischen Krise. Die kommunistischen Parteien in der "Kriegszone" wurden aufgerufen, in die antifaschistischen Volksfrontregierungen einzutreten, um den Kommunismus seinem Ziel näherzubringen und somit "die Klassenherrschaft der Ausbeuter zu stürzen". Nur die Bolschewisierung der gesamten Welt verhieß "Erlösung". Indem das Proletariat den Kapitalismus hinter der Fassade eines Antifaschismus attackierte, "könne es vielleicht morgen in der Lage sein, die Voraussetzungen für seine endgültige Befreiung zu schaffen", tönte Dimitroff. Die Volksfront wurde als der "Übergang von der Defensive zur Offensive gegen das Kapital" angesehen. Der Kominternchef spornte die kommunistischen Parteien der ganzen Welt an, sich die Taktik des trojanischen Pferdes zu eigen zu machen, um den Zusammenbruch der kapitalistischen Bastionen herbeizuführen. Bei energischer Verfolgung dieses Zieles konnten sie mit der rückhaltlosen Unterstützung der Sowjetunion rechnen. (9)

Während all dieser Beschwörungen verhehlten die Helfershelfer Stalins nie die Tatsache, daß der internationale Kommunismus sich unwiderruflich dem Kampf "für die Ersetzung der zusammengebrochenen bürgerlichen Demokratie durch eine proletarische Demokratie, die Diktatur des Proletariats", verschrieben hatte. (10)

Die Führer der amerikanischen Kommunistischen Partei standen wiederholt im Rampenlicht der Kominternbühne. Sie waren stolz darauf, "Intellektuelle" für die Sache der CPUSA gewonnen zu haben. Lehrer, Journalisten, Ingenieure, Techniker, Architekten, Künstler, wissenschaftliche Kräfte und Professoren scharten sich um das Banner der Revolution. In immer größeren Zahlen solidarisierte sich die amerikanische Intelligenzija mit dem Proletariat. Earl Browder, Generalsekretär der CPUSA, rühmte sich dramatischer Einbrüche in die amerikanische Arbeiterbewegung. Die CPUSA organisierte Streiks und war besonders unter den Schwarzen aktiv. Die Reihen der kommunistisch beherrschten "Jugendbewegung" schwollen an. Browder versprach, die Roosevelt-Regierung so lange zu unterstützen, wie die New-Deal-Politik den Zielen der CPUSA dienlich war. Doch schließlich würden sich die Wege der Kommunisten und "Progressiven" trennen. Sollte es dem Faschismus jemals gelingen, das Hauptbollwerk des internationalen Kapitalismus – die USA – zu erobern, dann, warnte Dimitroff, würde sich "die gesamte internationale Lage grundsätzlich" verändern. Es lag daher im unmittelbaren Interesse der UdSSR, die Roosevelt-Regierung an der Macht zu halten und gleichzeitig die New-Deal-Politik zu radikalisieren. (11)

Die große Wirtschaftskrise hatte das Vertrauen in das kapitalistische System erschüttert. Die amerikanischen Arbeiter und Intellektuellen hatten "im Lichte ihrer Erfahrung und der marxistischen Gesetze" klar erkannt, daß "die Norm des Profits Fesseln bildete, die die Entfaltung der Produktivkräfte des kapitalistischen Amerika hemmten." Sie bewunderten "die materiellen, geistigen und kulturellen Fortschritte", die gegenwärtig in der UdSSR erreicht wurden. Für sie war das sowjetische Experiment der Polarstern, an dem sie sich orientierten. (12) Die Kominternbeschlüsse machten eines unmißverständlich klar: Litwinows Versprechen vom November 1933, sich nicht in die inneren Angelegenheiten Amerikas einzumischen, waren schamlos gebrochen worden. Stalins Leitstern blieb der gewaltsame Umsturz des kapitalistischen Systems. Der Kominternagent Karl Radek hatte in seinem Gespräch mit Bullitt dieses Fernziel deutlich ausgesprochen: "Sie müssen verstehen, daß die Weltrevolution unsere Religion ist ..." Die Volksfrontbewegung war des Diktators "trojanisches Pferd", das auf kapitalistischen Weiden graste. Wenn auch von "nützlichen Idioten" gesattelt, – die Reiter waren und blieben Stalins Kominternagenten. In Bullitts Augen hatte der Komintern-Kongreß die Volksfrontbewegung "ihres verführerischen Charakters beraubt, indem er den Kapitalismus mit Faschismus gleichsetzte." (13) Anläßlich des 7. Komintern-Kongresses hatten Stalins Helfershelfer die strategischen Grundlinien seiner Politik nachdrücklich bestätigt. Das Signal war erklungen, und das Proletariat war zur Weltrevolution aufgerufen worden. Im offiziellen diplomatischen Verkehr mit ausländischen Regierungen tat Stalin sein Bestes, sein Endziel zu verschleiern. Besänftigende Erklärungen sollten sie irreführen. Diesem Zweck diente auch sein Eintreten für die Politik der friedlichen Koexistenz.

Für Roosevelt war die Kominternaffäre lediglich ein unerfreuliches Zwischenspiel. In Moskau hatten kommunistische Enthusiasten rhetorische Steinchen in den See sowjetisch-amerikanischer Zusammenarbeit geworfen, die aber nur an der Oberfläche kleine Wellen schlugen. Wie zu erwarten, beschloß der Präsident, den Seespiegel zu glätten. Er lehnte Bullitts Ratschlag ab, die Exequaturen für sowjetische Konsulatsbeamte in den USA zurückzuziehen. Die Waffe diplomatischer Vergeltung sollte in Reserve gehalten werden. Roosevelt ließ die Sowjets davonkommen. Auch in Zukunft sollte Amerika die UdSSR mit Ködern locken. Mit formaljuristischen Floskeln kritisierte die amerikanische Protestnote die Verletzungen der Litwinowschen Zusagen. Eine solche Note mußte abgesandt werden, um nicht den Eindruck zu erwecken, der New Deal ließe sich sowjetische Provokationen gefallen. Botschafter Trojanowskij versprach eine "befriedigende" Antwort. Die Sowjetregierung bekräftigte "aufrichtig" die Ansicht der Roosevelt-Regierung, daß "strikte gegenseitige Nichteinmischung in die inneren Angelegenheiten eine wesentliche Voraussetzung für die Aufrechterhaltung freundschaftlicher Beziehungen ist." Der Kreml gab der Hoffnung Ausdruck auf erneute freundschaftliche Zusammenarbeit bei dem gemeinsamen Streben nach "allgemeinem Frieden". (14)

Dabei blieb es. Die Sowjets hatten eine für sie nützliche Lektion gelernt. Sie konnten die Vereinigten Staaten ungestraft beleidigen, ohne Gefahr jeglicher Vergeltung. (15) Im Jahre 1935 begann Stalin übermütig zu werden und setzte sich rücksichtslos über amerikanische Gefühle hinweg. Er hatte erkannt, daß die Roosevelt-Regierung fast zu jedem Zugeständnis bereit war, um die Sowjetunion zu beschwichtigen, denn eine enge Zusammenarbeit mit der UdSSR war ein integraler Bestandteil des Globalplanes des Präsidenten. Stalin konnte sich auch in Zukunft auf Roosevelts Leichtgläubigkeit verlassen. Er und Litwinow durften mit ihren letzten Erfolgen zufrieden sein: die Rechnung stimmte, – die Roten waren in den schwarzen Zahlen. Litwinow war sicher, daß London der italienischen Expansion hartnäckigen Widerstand leisten werde. Die Briten würden schließlich Mussolini "ausschalten". Dann werde sich der britische Zorn gegen Hitler richten. London werde "unter keinen Umständen" dem Führer helfen, seine Revisionspolitik durchzusetzen. Er werde bei ihnen und den Franzosen auf starke Gegenwehr stoßen. Auch im Fernen Osten hatte sich die Stellung der UdSSR erheblich verbessert. (16)

Öffentliche Angriffe hoher amerikanischer Beamter auf Berlin und Tokio wurden in der Sowjetpresse besonders wohlwollend kommentiert. Regierungserklärungen, die ein amerikanisches Eingreifen auf dem internationalen Schauplatz andeuteten, wurden beifälligst registriert. In seiner Jahresbotschaft an den Kongreß vom 3. Januar 1936 schlug der Präsident einen schärferen Ton an. Er klagte die sogenannten Aggressornationen an, den Weltfrieden zu bedrohen. (17) Iswestija und Prawda loteten die Rede des Präsidenten auf einen "möglichen Wechsel" in der amerikanischen Aussenpolitik aus. Roosevelt hatte den Anschluß der Vereinigten Staaten an die Antiaggressor-Front angekündigt. Diese aktivistischen Tendenzen waren keine "zufällige Erscheinung". Sollten sie anhalten, würde die "Front der friedlichen Mächte" gestärkt werden. Die nationalsozialistische Presse hatte auf den antideutschen, antijapanischen und antiitalienischen Tenor der Botschaft kritisch reagiert. Die Iswestija hatte voll Freude über die sich verstärkenden Reibereien zwischen den USA und den autoritären Mächten berichtet. (18) Solange die Roosevelt-Regierung gewillt war, Farbe zu bekennen und sich Berlin, Rom und Tokio zum Feind zu machen, würde Stalin seine Helfershelfer anweisen, "eine freundlichere Haltung" gegenüber Washington einzunehmen. (19)

Freundschaftliche Äußerungen der Sowjets an die Adresse der Vereinigten Staaten gab es nur dann, wenn der Kreml daraus entweder unmittelbaren Nutzen ziehen oder ihn in der Zukunft erwarten konnte. Freundschaftserklärungen wurden aus propagandistischen Erwägungen heraus abgegeben. Als zum Beispiel der amerikanische Kreuzer "Augusta", von vier Zerstörern begleitet, den sowjetischen Pazifikhafen Wladiwostok anlief, begrüßten Iswestija und Prawda deren Ankunft mit "großer Befriedigung". Beide Blätter erinnerten in diesem Zusammenhang an die Flüge "unserer wundervollen Fliegerhelden", die unlängst die "historische Stalin-Strecke" von Moskau über den Nordpol nach den USA erschlossen hatten. Der herzliche amerikanische Empfang für die "Fliegerhelden" war mehr als ein Ausdruck der Bewunderung für "Stalins ruhmreiche Adler". Die begeisterte Huldigung hatte auch "ein Gefühl aufrichtiger Achtung" für das Land des Sozialismus bedeutet.

Diese Demonstration guten Willens wurde als eine Warnung an die Aggressornationen ausgelegt. In einer Welt gegenseitiger Feindschaften bildeten Amerika und die Sowjetunion "eine gewisse Ausnahme". Der Besuch der US-Flotteneinheiten in Wladiwostok unterstrich die "friedlichen Beziehungen zwischen zwei so mächtigen Ländern wie die UdSSR und die Vereinigten Staaten von Amerika" und demonstrierte "ihr gemeinsames Streben nach Bewahrung des Friedens." Iswestija und Prawda hoben nachdrücklichst hervor, daß der Besuch amerikanischer Schiffe "zu einem Zeitpunkt ungewöhnlicher Spannung" angesichts erneuter "Aktivierung der Aggression an den asiatischen Küsten des pazifischen Ozeans" stattfand. Der Krieg ohne Kriegserklärung zwischen Japan und China war gerade ausgebrochen. Die Sowjetpresse versuchte, den Eindruck einer bestehenden Interessengemeinschaft zwischen Moskau und Washington zu erwecken (20) und Japan mit der sich abzeichnenden Formierung der Achse Washington-Moskau einzuschüchtern.

Diesen öffentlichen Demonstrationen einer sowjetisch-amerikanischen Freundschaft folgten jedoch keine positiven Taten. Im Gegenteil, sowjetische Beamte belästigten weiterhin amerikanische Bürger und Diplomaten, die die Sowjetunion bereisten. Die Sowjetpresse setzte ihre Hetzkampagne gegen Ausländer fort. Laut Louis Fischer, Moskaus "Propaganda- und Informationsagenten", fürchteten sowjetische Bürger den Umgang "mit ... allen Ausländern". US-diplomatische Beobachter in Moskau bezweifelten ernstlich, ob "echte freundliche" Beziehungen zwischen den USA und der UdSSR möglich waren. (21)

Im Verlauf der Brüsseler Konferenz Ende Oktober 1937 bestätigte sich das aufkeimende amerikanische Mißtrauen gegenüber der sowjetischen Doppelzüngigkeit. Der Asienkonflikt stand auf der Haupttagesordnung. In seinen Gesprächen mit Mitgliedern der verschiedenen Delegationen äußerte Litwinow "oft die entgegengesetztesten Meinungen". Einerseits versprachen die Sowjets, gegen Japan einzuschreiten, falls London seine antideutsche Politik verstärken würde. Andererseits gestand Litwinow den Franzosen gegenüber, daß ein sich in die Länge ziehender Konflikt zwischen Japan und China den sowjetischen Interessen im Fernen Osten höchst dienlich wäre. Unter den Konferenzdelegierten bildete sich allmählich ein Konsens heraus: die sowjetischen Vertreter ließen sich von der Absicht leiten, "alle Großmächte der Reihe nach in eine peinliche Lage zu bringen und wenn möglich ein Übereinkommen zu verhindern, wenigstens bis Japan seine Mittel erschöpft hatte." (22) Litwinow war hauptsächlich darauf aus, Mißtrauen unter den Delegierten zu säen. Sogar Roosevelt drückte seine "große Enttäuschung" über die doppelbödige Haltung der UdSSR im Fernen Osten aus. Die Brüsseler Konferenz bot den Sowjets nicht nur die einzigartige Gelegenheit, die kapitalistischen Mächte gegeneinander aufzuhetzen, sondern auch propagandistische Vorteile. Litwinow wollte aller Welt vor Augen führen, daß zwischen Moskau und Washington ein vertrauliches Verhältnis bestand. Nachdrücklichst legte er Gewicht darauf, Norman Davis, den Leiter der amerikanischen Delegation, so oft wie möglich aufzusuchen, "so auffällig wie möglich zu kommen und so lang wie möglich zu bleiben." Journalisten harrten in gespannter Erwartung, "ob etwas los ist". Davis durchschaute die sowjetischen Manöver nicht. Ihn plagte nur die Angst, Hitler könnte als ehrlicher Makler zwischen Nanking und Tokio vermitteln, um den Schießkrieg zu beenden und den Ruhm dafür davonzutragen. (23)

Wenn sie den Stand der sowjetisch-amerikanischen Beziehungen einer Revision unterzogen und eine Bilanz aufstellten, dann konnten die Sowjets mit dem Ergebnis zufrieden sein. Sie hatten zweifellos von der Wiederaufnahme diplomatischer Beziehungen mit den USA am meisten profitiert und gaben offen zu, daß die amerikanische Anerkennung das sowjetische Prestige "gewaltig" erhöht hatte. Der sachkundige US-Diplomat Loy W. Henderson kam zu dem Schluß, daß die USA dadurch, daß sie die Sowjetunion wieder in den Kreis der Nationen aufgenommen hatten, ihr "endgültig jenen Stempel der Ehrbarkeit" aufgedrückt hatten, nach dem Stalin viele Jahre getrachtet hatte.

In der innenpolitischen Arena Amerikas hatten die Komintern und die kommunistischen Frontorganisationen seit 1933 gewaltige Fortschritte gemacht, indem sie in "fast jeden Bereich des amerikanischen Lebens" subversiv eingedrungen waren. Sie hatten erfolgreich "zahllose ... Organisationen" unterwandert. "Wohlmeinende, idealistische Intellektuelle oder Liberale" hatten sich der sowjetischen Sache verschrieben. Sie betrachteten die sowjetische Führerschaft als "weitblickende Idealisten". In ihren Zeitungsspalten vertrat eine Anzahl von Journalisten und Kommentatoren zielstrebig den sowjetischen Standpunkt. Sie verurteilten die eigene Regierung, weil sie "in die verschiedenen Wünsche der Sowjetregierung", die sie als "das Bollwerk gegen Faschismus und Militarismus" einschätzten, nicht einwilligte. Sie beurteilten die amerikanische Außenpolitik "auf eine mehr gefühlsbetonte als unvoreingenommene Weise". US-Beamte, die nicht mit ihren prosowjetischen Einstellungen übereinstimmten, wurden als "profaschistisch oder promilitaristisch" abgestempelt. Kommunistische Agenten und ihre amerikanischen Mitläufer "stifteten Presse- und Flüsterkampagnen" gegen diese Beamten an. Schon vor 1933 war das State Department zur "Hauptzielscheibe" einer von Moskau ausgehenden Verleumdungskampagne geworden. Seit der Aufnahme diplomatischer Beziehungen war die Abteilung für Osteuropäische Angelegenheiten Zielscheibe hetzerischer Attacken. Diese Kampagnen wurden von den Kreisen geschürt, die "aus ideologischen, rassischen oder anderen Gründen" eine geradezu pathologische Feindschaft gegen das eine oder andere der "faschistischen oder militaristischen Länder" entwickelt hatten.

Der Kreml hoffte, amerikanische Kredite und Anleihen zu günstigen Bedingungen zu erhalten. Diese Anleihen und Kredite waren für die Sowjets "außerordentlich nützlich" bei ihren "fieberhaften Vorbereitungen", die sie "für den Krieg trafen". Seit dem Roosevelt-Litwinow-Abkommen hatte sich Moskaus Position so bedeutend verbessert, daß Stalin sich nicht länger genötigt fühlte, amerikanische Gegenforderungen in bezug auf die Schulden- und Schadenersatzfragen erfüllen zu müssen.

Die Sowjets betrieben "eine viel aggressivere Außenpolitik als die meisten Mächte, die mit friedlichen Mitteln ihre internationalen Bestrebungen zu erreichen suchen." Henderson blieb dabei, daß die Errichtung einer "Weltunion sozialistischer Sowjetrepubliken" Stalins eigentliches Ziel war. Obwohl die Sowjets darin die Verwirklichung all ihrer Aspirationen sahen, verloren sie jedoch nicht die gegenwärtig bestehenden Mächtekonstellationen und die gegebenen Realitäten aus den Augen. Sie verfolgten einen Zickzackkurs und warteten geduldig auf den passenden Augenblick. All sein Gerede von friedlicher Koexistenz würde Stalin niemals von seinem beharrlichen Streben abbringen, Moskau "zur Hauptstadt der ersten Weltmacht zu machen und in Krieg und Frieden sich zum Führer der revolutionären Kräfte in allen Ländern der Welt."

Um zukünftige Angriffe auf die UdSSR abzuwehren, wurde das Land in "eine uneinnehmbare Festung" verwandelt. Es war für Stalin von größter Wichtigkeit, einen Aufschub des Kriegsausbruches zu gewinnen. Um das sowjetische Staatsschiff durch die kritische Phase der kommenden Jahre zu steuern und die Aufmerksamkeit des Auslandes von den Fernzielen des Bolschewismus abzulenken, beschwor die Kremlführung beständig und lautstark die Doktrin von der kollektiven Sicherheit und der Unteilbarkeit des Friedens. Henderson ließ durchblicken, daß die Roosevelt-Regierung Illusionen zum Opfer fallen würde, wenn sie glaubte, Moskau werde jemals auf seine "grundlegenden Prinzipien" verzichten.

Die Sowjets wollten mit den Westmächten Geschäfte machen und Handel treiben, vor allem mit den Vereinigten Staaten. Sie benötigten noch immer dringend westliche technische und finanzielle Hilfe, um ihren Garnisonsstaat in Kriegsbereitschaft zu versetzen. Aber sie verwechselten niemals eine taktisch bedingte Partnerschaft mit Freundschaft. Sie waren gewillt zu verhandeln, aber nur auf Kosten amerikanischer Grundsätze. (24)

Henderson war nicht der einzige Beobachter, der die UdSSR der Falschheit und aggressiver Absichten bezichtigte. George F. Kennan, auch als US-Diplomat in Moskau akkreditiert, teilte diese nüchterne Analyse. Er bezweifelte ernstlich eine wirklich "bedeutungsvolle Zukunft für russisch-amerikanische Beziehungen in unserer Zeit". Auch er bestand darauf, das Verhältnis auf der Grundlage "wie du mir, so ich dir" zu gestalten. Eine "begrenzte und nicht übermäßig lohnende Zusammenarbeit" war möglich. Aber diese realistische Einschätzung "war weit entfernt von Roosevelts eigener Ansicht". Kennan warnte vor den hochgesteckten Erwartungen und Illusionen, denen das Weiße Haus erlegen war. Für die Sowjets war die Welt in zwei feindliche Lager gespalten. Zusammenarbeit mit dem ideologischen Feind wurde "als eine Art vorübergehender Abweichung, – als ein Waffenstillstand", angesehen. Jede zeitlich verlängerte Spanne friedlicher Beziehungen betrachtete man als "Peredischka", – eine Atempause, als Vorstufe für neue Vorstöße. Gegenwärtig war der Kreml entschlossen, den unvermeidlichen Konflikt bis zu dem Zeitpunkt aufzuschieben, da "seine eigenen militärischen Vorbereitungen weiter vorangekommen sein würden." Die Sowjet-Diplomatie wollte den Ausbruch des "Zweiten imperialistischen Krieges" nicht verhindern, sondern nur sicherstellen, daß "dieser Krieg von anderen Nationen und unter den anderen Mächten geführt werden würde." Stalins "zynische Politik", einen Keil zwischen die kapitalistischen Mächte zu treiben, "... mag das Mittel sein, den Krieg hinauszuschieben ... aber nicht das Mittel, ihn zu vermeiden." Im Fernen Osten hatte die sowjetische Taktik bewußt zur Erhöhung der Spannungen und zur Verschärfung der japanischen Bedrohung beigetragen. In Europa war das sowjetische Propagandagetöse über die deutsche Gefahr von diplomatischen Schritten begleitet, die eher darauf angelegt waren, "die Lage, mit der man sie begründet, zu verschlimmern, als sie zu beruhigen". Kennan machte geltend, daß Hitler nicht die territoriale Integrität der UdSSR bedrohte. Der Nationalsozialismus war eine Neuauflage des "Pangermanismus". Hitler hatte es nur auf jene Gebiete abgesehen, die "jetzt oder früher von Deutschen beherrscht oder ererbt wurden."

"Offener Zynismus" bestimmte Stalins Politik. Der Diktator würde vertragliche Abkommen nur erfüllen, wenn es seinen Zwecken diente. Er würde bedenkenlos den Beistandspakt mit Frankreich und der Tschechoslowakei verletzen. Die Streitkräfte der UdSSR würde er "nur aus Raubgier" mobilisieren und einsetzen. (25)

In Roosevelts Augen hatte sich der sowjetische Aasgeier als eine russische Taube entpuppt. Nachdem er sich erst einmal ein positives Bild von der UdSSR und Stalin geformt hatte, konnte nichts seinen Optimismus dämpfen oder ihm seine Illusionen nehmen. Für Botschafter Bullitt hingegen war im Jahre 1936 das Maß voll. Drei Jahre persönlicher Erfahrungen hatten seine anfangs gehegten Hoffnungen vernichtet. Das sowjetische Regime hatte einen Rekord an unübertroffener Brutalität und Grausamkeit aufgestellt. Die Sowjetunion stand unter allen Großmächten einzig da. Moskau war das "Hauptquartier eines universellen Glaubens". Die Sowjetunion wurde von einer "gottlosen Theokratie" beherrscht, deren biblische Weisungen den Lehren des Marxismus-Leninismus entstammten. Im Zuge der Verbreitung ihres Evangeliums hatten die Bolschewisten "die scheußlichsten Verbrechen im Gefühl der Tugendhaftigkeit" begangen. Der Massenmord an Millionen von unschuldigen Opfern wurde "in einen Akt der Frömmigkeit verwandelt, indem man ihn einfach 'die Liquidierung von Klassenfeinden' nannte." In echt leninistisch-stalinistischer Manier glaubte auch die CPUSA "an Massenmord" als Mittel der Politik. Die amerikanischen Kommunisten hatten sich zur Zerstörung "der Institutionen und Freiheiten unseres Landes" und zur Ausrottung von "Millionen von Amerikanern" verpflichtet.

Stalin würde niemals von seinem Entschluß ablassen, den Kommunismus "bis ans Ende der Welt" auszubreiten. Er war dabei, die UdSSR zu einer der mächtigsten und angriffslustigsten Nationen der Geschichte zu machen. Die Bolschewisten erregten Unruhe und bewirkten "Chaos" in der kapitalistischen Welt, "in der Hoffnung, daß Elend und Not die kommunistische Revolution herbeiführen werde."

Zur Zeit konnte die Rote Armee noch nicht offensiv eingesetzt werden, aber "in der Defensive würde sie hart, gut und lange kämpfen." Bullitt wagte die Prognose, daß "die Sowjetunion in zehn oder vielleicht fünf Jahren so stark sein werde, daß sie einen Angriff irgendeines Landes oder irgendeiner Kombination von Ländern nicht mehr zu fürchten brauche." Der Botschafter warnte vor übertriebenen Erwartungen "fester oder dauernder" Handelsbeziehungen mit der UdSSR. Er riet davon ab, den Sowjets langfristige Kredite einzuräumen oder Anleihen zu gewähren. Nichts dürfe getan werden, was ihren militärisch-industriellen Komplex stärken könne. Die sowjetische Angriffslust werde in dem Maße zunehmen wie die Kampfbereitschaft der Roten Armee steige.

Stalin wollte vor allen Dingen die Uneinigkeiten und Streitigkeiten zwischen den gegnerischen Mächten aufrechterhalten. Emsig bemühte er sich, die Feindschaft zwischen Paris und Berlin zu schüren. "Den Haß zwischen Frankreich und Deutschland am Kochen halten, das war für die UdSSR von lebenswichtigem Interesse." (26) Die Furcht vor dem Reich war nur geheuchelt. Entgegen allem Litwinowschen Propagandageschrei war der Kreml nicht wirklich besorgt ob der Stärke der Wehrmacht. Noch "auf viele Jahre hinaus" waren Hitlers Streitkräfte nicht in der Lage, die Sowjetunion anzugreifen.

Auch im Fernen Osten neigte sich die Waagschale zugunsten der Sowjets. Auf diesem Schauplatz nahm die Schlagkraft der Roten Armee ausserordentlich zu. Die Sowjets waren "zuversichtlich", die japanische Armee im Kriegsfalle vernichten zu können. In China war der Bolschewismus auf dem Vormarsch. Die Kommunisten drangen in Sinkiang und in die Innere Mongolei ein. Von dort aus würden sie sich "in das Herz Chinas hineinfressen, die chinesische Rote Armee als Reißzähne gebrauchend."

Die Sowjets versäumten keine Gelegenheit, Unruhe zu stiften. Sie unterstützten revolutionäre Umtriebe in den Kolonialgebieten. Bullitt bezeichnete Spanien als Nahziel offener sowjetischer Zielsetzungen. Stalin setzte große Hoffnungen auf revolutionäre Umwälzungen in Polen und Rumänien, falls diese Länder in einen Krieg hineingezogen würden. Bullitt hegte keine Zweifel, daß der Sowjetdiktator "sofort" die Rote Armee in Marsch setzen würde, "um einer kommunistischen Regierung beizustehen", die in diesen Staaten eingesetzt werden könnte, wäre es auch nur "für einen Tag."

Er warnte, sich keinen Illusionen über eine wesentliche Verbesserung der sowjetisch-amerikanischen Beziehungen hinzugeben. Obgleich Deutschland und Japan verhaßter waren als Großbritannien und die Vereinigten Staaten, haßten die Bolschewisten sie alle zusammen, denn "alle sind Feinde".

Um Stalin den Weg zur Weltherrschaft zu versperren, sollte Amerika die UdSSR und Japan in einem Mächtegleichgewicht halten. Im Falle eines Zusammenstoßes zwischen der Roten Armee und der Kwantung-Armee sollte die amerikanische Regierung ihren Einfluß aufbieten, den Konflikt zu beenden und dafür "zu sorgen, daß er ohne Sieg endet." China sollte "wenigstens ein gewisses Maß an unabhängiger Entwicklung" zugesichert werden. In Europa sollte Amerika sein Hauptaugenmerk auf eine "Versöhnung" zwischen Deutschland und Frankreich richten. Bei ihren Verhandlungen mit Moskau sollten die Amerikaner so "standfest" sein, wie die Sowjets "unbeständig" waren. (27)

Ende 1933 war Bullitt als Taube nach Moskau geflogen – 1936 kehrte er als Falke zurück. Sein Einfluß auf Roosevelt schwand in dem Maße, wie die Zusammenarbeit Amerikas mit der UdSSR zunahm. Der Präsident geriet immer mehr in den Bann von politischen Wahrsagern und Leichtgewichtlern.

Mit wachsender Besorgnis verfolgte die Reichsregierung Roosevelts krampfhaftes Werben um Moskau. Deutsche Konsulats- und Botschaftsangehörige beobachteten die aktiven Bemühungen Washingtons, Moskau näherzurücken. Anfänglich erweckten eine Reihe von weniger sensationellen Begebenheiten ihre Aufmerksamkeit. Sie hielten Berlin auf dem laufenden über Besuche amerikanischer Fabrikanten in Moskau, den Austausch technischer Informationen, über geplante Vorhaben einer direkten Luftverbindung zwischen den beiden Ländern und über die Fahrt des sowjetischen Eisbrechers "Litke" durch die Beringstraße nach Archangelsk, ein Unternehmen, an dem amerikanische Lotsen und Marinefachleute teilnahmen. (28)

Diese Berichte über vereinzelte Vorkommnisse wurden bald ergänzt durch umfassende Analysen allgemeiner Entwicklungstendenzen im sowjetisch-amerikanischen Verhältnis. Große Aufmerksamkeit widmete man der kommunistischen Agitation und der antideutschen Propaganda in den USA. Beide Kampagnen hingen eng zusammen: Prokommunismus und Antigermanismus heizten sich gegenseitig an.

Heeresoffiziere und Offiziere der Nationalgarde waren höchst bestürzt über die wuchernden Umtriebe subversiver und staatsgefährdender Elemente im eigenen Land. Sie reagierten alarmiert auf die rasch wachsenden kommunistisch-marxistischen Bewegungen, Kreise und Gruppen. Der Kommunismus machte in den USA zweifellos rasante Fortschritte, obwohl er noch keine unmittelbar bedrohlichen Ausmaße angenommen hatte. An Universitäten und höheren Lehranstalten hatten die Kommunisten ihre Tätigkeit verstärkt und pazifistisches Gedankengut verbreitet. Offiziere des stehenden Heeres und der Nationalgarde betrachteten sich als Bollwerk gegen die "Kräfte der Revolution".

Wo immer die kommunistische Propaganda die Trommel am lautesten rührte, erreichte auch die antideutsche Hetze ihren Höhepunkt. Kommunisten und Linke waren hauptsächlich verantwortlich für die "Haß" erzeugende Agitation gegen das Reich. Offiziere des Heeres beschuldigten einen gewissen Teil der Presse, durch die ständigen Angriffe auf Deutschland das "Geschäft des Kommunismus" zu besorgen, während die sowjetische Politik von jeglicher Kritik verschont blieb. (29)

Um die amerikanische Öffentlichkeit auf die künftige Kollaboration mit der Sowjetunion vorzubereiten, wurde sie einer systematischen Gehirnwäsche unterzogen, und die UdSSR wurde als eine Art Robin Hood des 20. Jahrhunderts dargestellt. Einflußreiche Angehörige des Vierten Standes priesen Stalins Regime als eine jugendhafte Demokratie. Bei ihrer Berichterstattung waren sie willige Opfer gezielter Desinformation der "raffinierten russischen Propaganda", die verschiedene amerikanische Korrespondenten in den Vereinigten Staaten verbreiteten.

Stalins Kooperation mit den Westmächten hatte die UdSSR enorm "aufgewertet". Deutschland und Italien wurden fortwährend als "Kriegstreiber" verunglimpft und verantwortlich für die sich verschlechternde internationale Situation gemacht. Amerikanische Journalisten und Kommentatoren sahen die internationale Lage oft durch eine kommunistische Brille. In Litwinowscher Manier redeten sie von der Polarisierung der "Demokratien" und "faschistischen Staaten". Die UdSSR wurde den "Demokratien" zugerechnet, die gewöhnlich als friedliebend dargestellt wurden. Im Gegensatz dazu wurde den sogenannten faschistischen Staaten — Deutschland, Italien und Japan — die Rolle der Aggressornationen zugeteilt. (30)

Die Umerziehung der Öffentlichkeit trug schon bald Früchte. Das Gespenst der bolschewistischen Gefahr verschwand aus dem Bewußtsein der Amerikaner. Der Deutschenhaß nahm entsprechend zu. Eine wachsende Zahl von Universitätsprofessoren verfiel dem Bann des Kommunismus. Die "wohlhabenderen" Schichten der amerikanischen Gesellschaft unterlagen dem Einfluß der Kommunisten. Über das Medium der "modernen Literatur, Kunst und das moderne Theater" wurden sie in die marxistische Gedankenwelt eingeführt. Der künstlerische "Geschmack" der städtischen Intelligenzija wurde immer "radikaler und abstruser". Nach Botschafter Luther spielten "besonders die New Yorker Juden" eine führende Rolle bei der Umerziehung des amerikanischen Publikums und seiner Vorbereitung auf die sowjetisch-amerikanische Kollaboration und die deutsch-amerikanische Konfrontation. Französische und britische Propagandisten unterstützten willfährig die Anstrengungen der prosowjetischen Gruppen. Luther zweifelte, ob es gelingen könne, die emotionelle und intellektuelle Abwanderung in die sowjetische Einflußsphäre umzukehren, die von den Schrittmachern der öffentlichen Meinung ausging. Amerikanische Wirtschaftskreise bereiteten ebenfalls den Boden vor für eine günstige Aufnahme der Zusammenarbeit mit der UdSSR.

Der "revolutionäre Kommunismus" in den USA stand noch nicht vor einem plötzlichen dramatischen Durchbruch. Aber es drohte die Gefahr, daß die USA sich aus "politischen ... und ideologischen Erwägungen" der Sowjetunion immer mehr näherten. Die politischen Rückwirkungen würden verhängnisvoll sein. Die Roosevelt-Regierung wurde getadelt, "die kommunistische Bedrohung Europas" zu unterschätzen. (31) Indem sie das Hauptgewicht auf die "faschistische Weltgefahr" legten, lenkten die Macher der öffentlichen Meinung Amerikas die Aufmerksamkeit von der sowjetischen Bedrohung ab.

Wachsame Beobachter erkannten immer deutlicher, daß Stalin der einzige Nutznießer der sich verschärfenden intrakapitalistischen Gegensätze war. Je gespannter die Lage in Europa, vor allem aber im Fernen Osten sich entwickelte, desto unentbehrlicher wurde die UdSSR für die Roosevelt-Regierung. In außergewöhnlicher Verkennung der wirklichen Situation hatte der Präsident die epochale Tatsache der internationalen Beziehungen nicht erfaßt: Die Streitigkeiten unter den kapitalistischen Mächten brachten die Sowjets ihrem Ziel — der bolschewistischen Weltrevolution — näher. Es lag in Stalins Interesse, Streit zu entfachen, besonders in Asien. Amerikanische Interessen waren schon immer mehr nach der pazifischen Region ausgerichtet gewesen als nach anderen Gebieten. Angesichts der Bedrohung der amerikanischen Interessen durch den chinesisch-japanischen Konflikt war zu erwarten, daß die USA aus ihrer Isolation heraus auf den internationalen Schauplatz gestoßen würden. Wegen der ineinandergreifenden Interessen Europas und Asiens mußten Krisen im Fernen Osten auf die Alte Welt zurückstrahlen. Eine anglo-amerikanische Interessengemeinschaft hatte sich in Asien bereits herausgebildet. Genauso mußten die beiden Großmächte über kurz oder lang auch in europäischen Angelegenheiten zusammenarbeiten. Die Entwicklungen im Fernen Osten überschatteten auch die deutsch-amerikanischen Beziehungen. Der deutsch-japanische Antikomintern-Pakt von 1936 rief an der Washington-Berlin-Front atmosphärische Störungen hervor. Die zunehmende Feindschaft zwischen den USA und Japan wirkte sich ebenfalls nachteilig auf das deutsch-amerikanische Verhältnis aus. Berlin beobachtete mit wachsender Besorgnis die Bildung der anglo-amerikanisch-sowjetischen Interessengemeinschaft in Asien. (32)

Kapitel 9

Die Aktivisten
der "messianischen Schule"

Der Wechsel in der politisch-diplomatischen Mannschaft kündigte eine entscheidende Wende in der amerikanischen Außenpolitik an. Im Jahre 1937 überwarfen sich die "Realisten" mit Roosevelt, weil sie seine Sowjetpolitik nicht mehr billigen konnten. Die Aktivisten der "messianischen Schule" hatten Roosevelts Gehör gefunden. Sie traten für eine Beschwichtigungspolitik gegenüber der UdSSR ein und für eine kompromißlose Haltung gegenüber dem Reich. Der Appeaser Joseph E. Davies brach nach Moskau auf, um dort als Botschafter die Position des "Falken" Bullitt zu übernehmen. Der monoman antideutsche Generalkonsul George S. Messersmith wurde zum Ministerialdirektor im State Department befördert als Nachfolger von Wilbur Carr. Der Einfluß, den Davies und Messersmith auf Roosevelt ausüben sollten, hatte weitreichende, verhängnisvolle Folgen für die sowjetisch-amerikanischen und deutsch-amerikanischen Beziehungen. (1)

Schon vor seiner Ernennung zum Botschafter in Berlin hatte William Dodd den Präsidenten in dessen schizophrener Einstellung zu den totalitären Regimen, dem bolschewistischen einerseits und dem nationalsozialistischen andererseits, bestärkt. Roosevelt müsse sich wie "die Feuerwehr" in einem ständigen Bereitschaftszustand halten, argumentierte er. (2) Während der Präsident den amerikanischen Feuerwehrschlauch auf Deutschland, Italien und Japan richtete, forderte er die Sowjetunion, deren Agenten rings um den Erdball ihre Brandbomben warfen, zum Eintritt in die Feuerwehrbrigade auf.

Dodds eigene Auffassung war der des Präsidenten sehr ähnlich. Er legte sich beharrlich ins Zeug für eine britisch-amerikanisch-französisch-sowjetische Zusammenarbeit, um Deutschland und Japan zu isolieren und

Italien aus Afrika zu verdrängen. (3) Obwohl die "törichte Sowjetpropaganda" in einigen Kreisen Ärgernis erregte, sah es Dodd "für die demokratischen Völker als immer dringlicher" an, ein "Zerwürfnis mit Rußland zu vermeiden …" (4) Hartnäckig hielt der Botschafter an seiner Vorstellung fest, eine "Friedensfront" um Deutschland herum zu bilden. Er bestand darauf, daß die Sowjetunion ebenfalls zur Teilnahme aufgefordert werden sollte. Wenn "die großen demokratischen Völker", zu denen Dodd die UdSSR zählte, nicht zusammenstünden, dann "gibt es kein Entrinnen vor einem katastrophalen Krieg." (5)

Auch Oberst House beschwor den Präsidenten (6), sich auf die UdSSR zu stützen. Alles sprach dafür, daß die Vereinigten Staaten und die Sowjetunion "Freunde" sein sollten. (7) Botschafter Davies beriet Roosevelt in der gleichen Tonart. London, Paris und Moskau müßten angestachelt werden, "… die gemeinsame Verteidigung" in die Hand zu nehmen. (8)

Davies spiegelte die Haltung Roosevelts gegenüber der UdSSR wider. In ihrer naiven Art glaubten beide, daß die USA und die Sowjetunion "ein großes und edles Ziel" verfolgten, weil "beide Staaten aufrichtig den Frieden in der Welt wünschten." (9) Roosevelt hatte Davies für den Moskauer Botschaftsposten ausgewählt, weil er nicht die "geringste" Absicht hatte, auf Bullitts unnachgiebige Linie einzuschwenken. Er machte Bullitts "persönliche Gereiztheit und Ungeduld" verantwortlich für das unbefriedigende Verhältnis zwischen Moskau und Washington. (10) Er eiferte sich über die Beschuldigungen und Anklagen, die sein Botschafter gegen die Sowjets erhob, weil sie die Grundlage seiner Außenpolitik in Frage zu stellen drohten.

Bullitt hatte Moskau verlassen, um den Botschafterposten in Paris anzutreten. Er war enttäuscht und hatte "seinen ehemaligen kommunistischen Freunden … den Rücken zugekehrt". Sein Weggang wurde als Anzeichen einer Neuorientierung der amerikanischen Politik der UdSSR gegenüber gedeutet. Deutsche Vorahnungen bestätigten sich, als Joseph E. Davies auf der diplomatischen Szene erschien. In Moskau schwirrten die verschiedensten Gerüchte. Im diplomatischen Corps wurde die Ankunft von Davies als Signal einer engeren Zusammenarbeit zwischen den USA und der UdSSR gewertet. Roosevelt hatte Davies auf diesen strategischen Posten gesetzt, um den Sowjets eben diese Absicht anzuzeigen, denn den neuen Botschafter zeichnete nur eine einzige Qualifikation für die ihm übertragene Aufgabe aus. "Das einzige, was man von ihm hören kann, sind begeisterte Lobhudeleien auf die Sowjetunion", kommentierte sein deutscher Kollege Graf v. d. Schulenburg. (11) Wegen seiner "prosowjetischen" Einstellung, seiner Loblieder auf Stalin und das bolschewistische System und seiner kritiklosen Unterstützung der "Säuberungen" und "Schauprozesse" war Davies bei den meisten in Moskau akkreditierten Diplomaten höchst unbeliebt. (12)

Die Ernennung von Davies versetzte die amerikanischen Diplomaten in der sowjetischen Hauptstadt in Bestürzung und Mutlosigkeit. Sie spielten mit dem Gedanken, "wie ein Mann aus dem Dienst" zu scheiden, beschlossen aber letztlich, auf ihren Posten zu verbleiben, um das Schlimmste zu verhüten. Davies erwiderte ihre Abneigung, blieb auf Distanz und zog sie kaum jemals in sein Vertrauen. Oft wandte er sich um Rat suchend an amerikanische Korrespondenten, unter anderem an Walter Duranty, dessen prosowjetisch gefärbte Berichte in der New York Times erschienen. Sie bestärkten seine prosowjetischen Vorurteile ebenso wie der US-Militärattaché Major Philip R. Faymonville, der den stärksten Einfluß auf den neuen Botschafter ausübte. Wie dieser war auch er verblendet in seinen Lobpreisungen des "sowjetischen Experimentes". Beide waren bestrebt, dem Präsidenten die Schattenseiten des sowjetischen Lebens unter dem stalinistischen Regime zu verheimlichen. Alles, was möglicherweise Bestürzung oder Argwohn hätte erregen können, wurde in ihren Berichten an das Weiße Haus vermieden. Bewußt entstellten und verdrehten sie Tatsachen, um Roosevelts positives Image von Stalin und dem bolschewistischen System nicht zu trüben. Davies setzte sich aktiv für eine Verlängerung von Faymonvilles Amtsperiode in Moskau ein. Der Militärattaché hatte sich als höchst verläßlich und findig erwiesen. Er stand bei der sowjetischen Obrigkeit in hoher Gunst, was nach Ansicht des Botschafters ein Kennzeichen besonderer Tüchtigkeit war. (13)

Über die brutalen "Säuberungen" und "Schauprozesse" erfuhr Roosevelt nur, was Stalin ihn wissen lassen wollte. Der Despot brauchte sich keine Sorgen zu machen. Die Depeschen von Davies und Faymonville belasteten nicht das Gewissen des Präsidenten, denn der Botschafter und sein Militärattaché entpuppten sich als Stalins beste Werbeagenten in Washington. Stalin säubere die Sowjetunion von wirklichen und potentiellen Feinden, erklärten sie, und: Wo gehobelt wird, da fallen Späne. (14) Faymonvilles Deutung der "Säuberungen" fand den uneingeschränkten Beifall des Botschafters. Die Liquidierungen im Offizierskorps der Roten Armee hatten die Schlagkraft der sowjetischen Streitkräfte beträchtlich gesteigert. Das Schicksal der Roten Kämpfer war "nun in den Händen zuverlässiger Offiziere". Der ursprüngliche proletarische Eifer war wieder in die Reihen der Roten Armee eingekehrt. Die Opfer der Säuberungen hatten sich ihr Los selbst zuzuschreiben. Sie hatten das Regime verraten. "Stalin wird politisch stärker sein als je zuvor, da alle möglichen Rivalen beseitigt worden sind."(15)

Die amerikanischen Botschaftsangehörigen standen sprachlos vor der Leichtgläubigkeit und Naivität des Botschafters. Sein "schlechter Geschmack" schockierte das diplomatische Corps in Moskau. Einmal lud er W. W. Ulrich in dessen Funktion als Präsident des Militärkollegiums des Obersten sowjetischen Gerichtshofes, der zahllose angeblich antisowjetische "Verschwörer" an den Galgen gebracht hatte, zu sich ein. Der Botschafter verlor schließlich alle Sympathien, als er einen britischen Plan sabotierte, der vorsah, im Namen des gesamten diplomatischen Corps gegen Belästigungen ausländischer Repräsentanten in der UdSSR zu protestieren. (16)

Nicht allein sowjetische Bürger fielen den Säuberungen des Despoten zum Opfer. Diese Aktionen reichten bis in das State Department hinein. In Washington trat Davies als sowjetischer Mitankläger auf. Immer schon war die Abteilung für Osteuropäische Angelegenheiten im Außenministerium von den Bolschewisten und ihren amerikanischen Mitläufern beschuldigt worden, "reaktionär" und "faschistisch" zu sein. Die Abteilung hatte das unverzeihliche Verbrechen begangen, die sowjetische Politik zu kritisieren. Prosowjetische einflußreiche Kreise in Washington vertraten die Auffassung, daß das State Department in seiner ideologischen und personellen Zusammensetzung die radikale Neuausrichtung der amerikanischen Sowjetpolitik widerspiegeln müsse. Sie behaupteten, daß die antikommunistische Haltung der Abteilung für Osteuropäische Angelegenheiten ein bedeutendes Hindernis für die Verbesserung der sowjetisch-amerikanischen Beziehungen bildete.

Kaum war Davies in Moskau eingetroffen, erhielt er von den Bolschewisten das Stichwort zum Handeln. Sofort traten die Kollaborateure in Washington in Aktion. Der Leiter der Abteilung, Robert Kelley, wurde zu Staatssekretär Sumner Welles gerufen, der ihn kurzweg anwies, den Laden dichtzumachen. Aber die Entscheidung, die Ostabteilung aufzulösen, war vom Weißen Haus ausgegangen. Diese Hintertreppenaffäre "roch nach sowjetischem oder stark prosowjetischem Einfluß, irgendwo in den höheren Regionen der amerikanischen Regierung." (17) Die großartige Bücherei der Ostabteilung wurde verpackt und der Kongreßbücherei übergeben. Sie "hörte so auf zu existieren". Die Sonderakten wurden vernichtet. Nachrichtenmaterial, über einen langen Zeitraum mühsamst gesammelt, ging in Flammen auf. Schon 1933 hatte Litwinow die Ostabteilung beschuldigt, Obstruktionspolitik zu betreiben. Nun, 1937, kam die amerikanische Regierung schließlich den Wünschen des Kommissars nach, eine der bestinformierten Nachrichtenabteilungen der Welt abzuschaffen. (18)

Von Moskau in Acht und Bann getan und vom Weißen Haus ausgestoßen, führten die Kremlexperten nach dem prosowjetischen Coup im State Department ein zurückgezogenes, abgeschiedenes Leben. Von Aussenminister Hull und von Moffat, dem Leiter der neugegründeten Abteilung für Europäische Angelegenheiten, wurden sie kaum je zu Rate gezogen. (19) Davies und Faymonville beherrschten von jetzt ab das Feld, des Beifalls des Präsidenten gewiß. Den Sowjets war Davies' Ruf wohlbekannt, und sie begrüßten seinen "politischen Stil". Aber nicht nur der Botschafter machte auf die Sowjets einen günstigen Eindruck. Auch Roosevelt hatte bei Litwinow einen "unauslöschlichen" Eindruck hinterlassen. Die Bolschewisten bewunderten den amerikanischen Präsidenten als einen "sehr großen Mann". Ganz besonders rührte sie sein unermüdliches Streben, "das Los der Massen überall zu bessern." Sie lobten seinen Einsatz für den "Weltfrieden". Litwinow sprach seine Hoffnung auf die Fortsetzung der "traditionell freundschaftlichen" Beziehungen zwischen beiden Nationen aus. Davies erwiderte die Komplimente des Kommissars. Die Amerikaner ständen den sowjetischen Anstrengungen, "den Lebensstandard in Sowjetrußland zu erhöhen", wohlwollend gegenüber.

Die amerikanisch-sowjetische Zusammenarbeit, bemerkte Davies, war "für den Weltfrieden entscheidend". Litwinow entgegnete, daß die Außenpolitik beider Länder den gleichen Kurs verfolge. Die Vereinigten Staaten könnten nicht vermeiden, obgleich "Sie es wünschen mögen", immer mehr in die internationale Politik hineingezogen zu werden. Japan bedrohe amerikanische Interessen im Fernen Osten. Die Neutralitätsgesetzgebung sei "fehl am Platze". Die USA legten dadurch den Keim für "noch größere Kriege". Gegen England und Frankreich ließ Litwinow gehässige Angriffe vom Stapel. Er beschuldigte Paris und London, sich von Hitler "täuschen zu lassen". Sie sollten ihn "in seinem eigenen Saft schmoren lassen". Verhandlungen mit Berlin erhöhten nur die "Eitelkeit und den kolossalen Dünkel" des Führers. Hitler sei darauf aus, den europäischen Kontinent zu erobern. Danach werde er die britischen Inseln "schlucken". Die Möglichkeit einer englisch-deutschen wirtschaftlichen und finanziellen Zusammenarbeit beunruhigten den Kommissar. Gezielt stellte er die Frage, ob Lord Runciman, der Präsident des britischen Board of Trade, der kurz zuvor in Washington gewesen war, vorgeschlagen habe, der deutschen Regierung amerikanische und britische Anleihen zu gewähren. Litwinow war "höchst erregt" über alles, was westliche Annäherungsversuche an das Reich auch nur andeutete. (20)

Das galt auch für Henry Morgenthau junior, dessen Haß auf die Deutschen seinem Wunsch, die Sowjets unter allen Umständen zu beschwichtigen, gleichkam. Auch er teilte die Visionen Roosevelts von einem Bündnis mit der UdSSR. Der augenblickliche Stand der Dinge machte ihm Sorgen. Die sowjetisch-amerikanischen Beziehungen bedurften eines neuen Auftriebs. Eine finanzielle Spritze würde die Bolschewisten aufmuntern. Bullitts ständiges Nörgeln wegen der Rückzahlung der Schulden hatte "die Russen irritiert". Er beschloß daher, sich großzügig zu zeigen. Als Finanzminister hatte er den Schlüssel zur Schatzkammer der Nation in der Tasche. Er war zu einem Hundert-Millionen-Dollar-Geschäft mit Moskau bereit. (21)

Im Jahre 1937 hatten die prosowjetischen Aktivisten der "messianischen Schule" die Kommandostellen erobert. Sie hatten die "Realisten" im Außenministerium und an der amerikanischen Botschaft in Moskau vertrieben. Roosevelt lauschte ihren Sirenenklängen. Ihr Gesang war melodisch.

Die Ablösung der Mannschaft in den oberen Rängen des State Department verhieß nichts Gutes für das deutsch-amerikanische Verhältnis. Ein Superaktivist hatte sich der "messianischen Schule" zugesellt. Ein "alter Bekannter von uns", telegraphierte Botschafter Franz von Papen aus Wien, reiste nach Washington ab. George S. Messersmith war im Begriff, als Ministerialdirektor im Außenministerium Wilbur Carrs Nachfolge anzutreten. Papen prophezeite, daß Messersmith stärksten Einfluß auf die zukünftige Gestaltung der amerikanischen Außenpolitik ausüben werde, zum Schaden der bereits gespannten Beziehungen zwischen Berlin und Washington. Der neue Botschafter des Reiches in den Vereinigten Staaten, Hans Dieckhoff, reagierte bestürzt. Messersmith hatte sich bei Kreisen "ausgesprochenen anti-deutschen Charakters" eingeschmeichelt. Die Ernennung eines "solchen Mannes, durchdrungen von starken antideutschen Vorurteilen", war Roosevelts unverhohlenste Demonstration, daß der kalte Krieg zwischen Deutschland und den USA in ein heißeres Stadium eintreten werde. (22)

Roosevelt hatte ursprünglich versprochen, Messersmith für unbestimmte Zeit auf seinem Horchposten in Wien zu lassen. Im Sommer 1937 erging der dringende Ruf an den Generalkonsul, nach Washington zurückzukehren, wo seine Anwesenheit wegen der "zunehmenden Verschlechterung" der europäischen Situation erforderlich war. Roosevelt wünschte sich einen Ratgeber in seiner unmittelbaren Nähe, der "die europäischen Probleme wirklich aus erster Hand kannte und auch die Personenkreise, die in Europa und besonders in Mitteleuropa die politischen Geschäfte lenkten." Roosevelts "tiefer Pessimismus" und "großer Ernst" hinterließen einen starken Eindruck auf Messersmith. Der Präsident und sein Außenminister waren "wirlich die einzigen Männer in Washington, die die Bedeutung der sich besonders in Europa abzeichnenden Entwicklungen richtig einschätzten." Roosevelt hatte Messersmith aus Wien zurückgerufen, weil die USA sich auf "die kommende Entscheidung" vorbereiten mußten. Er lamentierte, daß er "eine sehr schwierige" Aufgabe zu bewältigen hatte, hauptsächlich weil es nicht genug sachkundige Berater in Washington gab, die "die Folgen der in Europa und im Fernen Osten sich entwickelnden Ereignisse für uns" verstanden. (23)

Messersmith sollte dem Präsidenten bei zukünftigen kritischen Entscheidungsfindungen zur Seite stehen. Er brauchte jemanden, dessen antideutscher und antinationalsozialistischer Standpunkt allgemein bekannt war. Er hatte Messersmith auch ausgewählt, weil er in jüdischen Kreisen hoch im Kurs stand. Felix Frankfurter und Harold Laski von der Londoner School of Economics hatten ihre Beziehungen spielen lassen und zur Berufung Messersmiths auf diesen strategischen Posten maßgeblich beigetragen. (24) Frankfurter und Messersmith hatten schon seit geraumer Zeit den besten Kontakt. Der Harvard-Professor hatte den Generalkonsul mit seinem britischen Freund Laski bekanntgemacht, und dieser wiederum hatte Messersmith dem fanatisch prosowjetischen Major Attlee von der Arbeiterpartei (Labour Party) vorgestellt und auch Sir Stafford Cripps, der sich in wenigen Jahren als britischer Botschafter in Moskau für eine prosowjetische Politik stark machen sollte. Auf Messersmith wirkten diese Begegnungen "wie ein frischer Luftzug". (25)

Frankfurter reagierte beglückt auf Messersmiths Beförderung zum Ministerialdirektor im State Department. (26) Doch nicht jeder schloß sich Frankfurters Urteil an. Oswald Garrison Villard versetzte diese Nachricht in Schrecken: "Es gibt im Ministerium schon eine mächtige Clique, die glaubt, wir sollten sofort Krieg mit Japan beginnen, aber alles deutet darauf hin, daß die überwiegende Mehrheit des amerikanischen Volkes allem derartigen abhold ist." Messersmiths Kriegslust kannte anscheinend keine Grenzen. Der Ministerialdirektor ließ erkennen, daß "wir es genauso gut jetzt mit Japan aufnehmen könnten, während es alle Hände voll zu tun hat", und fügte hinzu, "daß wir es früher oder später sowohl mit Hitler wie mit Mussolini aufnehmen werden müssen." (27)

Nachdem er im Außenministerium installiert war, nahm er jede Gelegenheit wahr, andere zu seinem fanatischen Glauben zu bekehren. Seine Taktik war ebenso einfach wie wirksam. Sie bestand darin, seine Zuhörer zu Tode zu erschrecken. Er spekulierte auf seinen Ruf als kenntnisreicher Beobachter des Weltgeschehens. Ende 1937 gewann er den mächtigen Zeitungsverleger Frank Knox, der 1936 als Vizepräsidentschaftskandidat der Republikanischen Partei aufgestellt worden war, für seinen heiligen Krieg. Er weihte ihn "vertraulich" in angebliche japanisch-italienisch-deutsche "Machenschaften" ein und "erschreckte und beunruhigte ihn ... unendlich". Knox entnahm aus Messersmiths Enthüllungen, daß die internationale Lage "nicht weniger kritisch ist als im August 1914", und folgerte: "... nur daß dieses Mal die Verantwortung für jegliches verhängnisvolles Zaudern angesichts der Kriegsdrohung auf uns statt auf Großbritannien lasten wird." Da Knox im Anschluß an sein Gespräch mit dem Ministerialdirektor mit Außenminister Hull zusammentreffen sollte, schärfte Messersmith ihm ein, "zu betonen, wie ernst die Lage ist." (28)

Roosevelt und sein Außenminister hatten sich genauso wie Messersmith zu Zweckpessimisten entwickelt. Aber auf der Washingtoner Bühne gab es noch viel zu viele Sauluse. Auch sie mußten zu Messersmiths extrem antideutscher Haltung bekehrt werden. "Eines frühen Morgens" im Oktober 1937 entschloß sich Messersmith, eine umfangreiche politische Denkschrift zu verfassen, die, nach seiner eigenen Verlautbarung, "damals bei höchsten Regierungsstellen eine starke Wirkung auf unser Denken und Handeln" hatte. Der Mangel an Verständnis "bei Menschen in sehr verantwortlicher Stellung für das, was die Entwicklung für uns bedeutet hatte und bedeutete", hatte Messersmith verzagt gemacht. Das Exposé des Ministerialdirektors hatte einen nachhaltigen Eindruck bei Roosevelt und Hull hinterlassen. Roosevelt ließ die Denkschrift in Kreisen hoher Regierungsbeamten zirkulieren. Als Verfasser wurde lediglich "ein gut unterrichteter Beobachter" genannt und nicht Messersmith, da sonst die Denkschrift viel an Wirkung eingebüßt hätte, denn viele hielten den Ministerialdirektor wie auch Roosevelt selbst für "Kriegstreiber und Bangemacher". (29)

Deutschland, Italien und Japan liefen Amok, warnte der "besonders gut unterrichtete Beobachter". Das Dreieck Rom-Berlin-Tokio stelle eine weltweite politische und wirtschaftliche Gefahr für die Demokratien dar. Die Existenz nichtfaschistischer, friedliebender Völker sei für die Diktaturen eine ständige Herausforderung. Um ihre soziopolitischen Systeme auf die Dauer zu festigen, würden Italien, Japan und Deutschland sich genötigt sehen, "der übrigen Welt" ihre Ordnung aufzuzwingen. Messersmith warnte vor der Annahme, "mit den Diktaturen irgendwelche dauernden Übereinkommen treffen zu können."

Die "beiden großen europäischen Demokratien" wurden angeklagt, eine

Position nach der anderen aufgegeben zu haben, erst Deutschland, dann aber auch Italien und Japan gegenüber, in der Hoffnung, daß "diese Zugeständnisse genügen und den Frieden erhalten würden." Aber anstatt die Diktaturen zu besänftigen, sei nur ihr Appetit gereizt worden. Berlin, Rom und Tokio zu beschwichtigen, "kann am Ende nur zum Kriege führen, es sei denn, wir fassen die Möglichkeit ins Auge, daß die Demokratien ohne irgendeinen Kampf unterliegen."

Dann entpuppte sich Messersmith, der Hitlerologe, plötzlich als Messersmith der Sowjetologe. Die bolschewistische Gefahr wurde als ein von den Nationalsozialisten erfundenes Schreckgespenst hingestellt. Das Messersmithsche Gesetz der Diktaturen — zusammengefaßt in seiner Theorie von der inneren Dynamik des Totalitarismus, wonach Militarismus, Chauvinismus, Autarkie und die totale Umwertung aller Werte mit Aggression identifiziert wurden — war infolge einer sonderbaren Verdrehung der historischen Logik nicht auf den Bolschewismus angewandt. Das Sowjetsystem mußte als eine Sonderkategorie, getrennt "von den anderen drei rechtswidrig handelnden Staaten", beurteilt werden. Das Sowjetsystem mit den die Rechtsgrundsätze vergewaltigenden Diktaturen zu verwechseln, stellte für Messersmith "die größte Gefahr" dar. Auch er glaubte, wie schon Roosevelt selbst, eine "allmähliche Umwandlung des Kommunismus in eine Form des Staatssozialismus", der sich schließlich zu "den Wirtschaftssystemen der Demokratien" fortentwickeln werde, wahrnehmen zu können.

Die sowjetischen Absichten waren friedlich, was man "von den anderen drei größeren Diktaturen" nicht behaupten konnte. Angebliche sowjetische Expansionsbestrebungen waren "zweifelhaft". Wenn sie überhaupt bestanden, würden sie "die Weltordnung weniger durcheinanderbringen".

Die politischen Schlußfolgerungen aus dieser Analyse ergaben sich zwangsläufig. Messersmith nannte es "eine Politik der Weisheit, die sowjetische Bereitschaft zur Zusammenarbeit zu nutzen, zu der die gegenwärtige Regierung Rußlands bereit ist, denn sie strebt wenigstens nach Stabilität und der Wiedererrichtung der Ordnung." Die Sowjets mochten aggressive Absichten hegen, aber diese "lagen in der Zukunft und nicht in der Gegenwart". Deutschland, Italien und Japan, warnte er, "bedrohten heute tatsächlich den Frieden". Und sollte die UdSSR in der Zukunft den Frieden Europas stören wollen, war es nach Messersmiths Ansicht wenigstens wahrscheinlich, daß die Sowjetunion "dann einem geeinten und starken Europa gegenüberstehen würde anstatt einem zerrütteten und schwachen." (30)

Die oft "unausgegorenen und gefährlichen Vorstellungen" selbst "wohlmeinender Beobachter" der politischen Szene hatten Messersmith seit geraumer Zeit Kopfschmerzen bereitet. Diese Kreise begingen "einen großen Fehler, wenn sie die russische Bereitschaft, mit den anderen Mächten für die Erhaltung des europäischen Friedens zusammenarbeiten zu wollen, zurückweisen." Unter allen Umständen müsse die Sowjetunion in die Anti-Aggressor Front aufgenommen werden. Für Messersmith war der Abschluß der gegenseitigen Beistandspakte zwischen Prag, Paris und Moskau ein hoffnungsvoller Anfang. Die Aussichten auf Erhaltung des europäischen

Friedens hatten sich verbessert, und "falls Rußland einmal so stark sein wird, die Absichten, die es haben mag, auszuführen", dann würden die Sowjets es wenigstens mit "einem geeinten und recht starken Westeuropa zu tun haben statt mit einem, das vor ihnen im Staub liegt." (31)

Messersmiths spitzfindige Argumente waren in mancher Hinsicht sogar scharfsinnig. Aber es bestand die Gefahr, daß die Punkte, auf die es bei seinen Vorschlägen ankam, bei naiven politischen Gemütern verlorengingen, wie zum Beispiel bei Roosevelt, der dem Trugschluß erlegen war, die Sowjetunion und das bolschewistische Regime politisch und moralisch für hoffähig halten zu können. Messersmiths Gesamteinschätzung der sowjetischen Zielsetzungen war zu optimistisch, als daß die leisen Warnungen und Zweifel, die in seine Denkschrift eingeflossen waren, haften bleiben konnten. Er war so besessen von einem verzehrenden Haß auf die sogenannten "rechtswidrigen Diktaturen", besonders Deutschlands, daß seine Vorahnungen einer möglichen oder tatsächlichen sowjetischen Bedrohung angesichts seiner schrillen Warnungen vor der militaristischen und faschistischen Gefahr verblaßten. Daß Messersmith sich so ausschließlich auf eine einzige Fragestellung fixiert hatte, unter Ausschluß nahezu aller anderer Problemkreise, hatte etwas beängstigend Monomanisches an sich. Er tat, als würde ihm die Quadratur des Zirkels gelingen. Aber im Klartext war nicht ersichtlich, wie er es fertigbringen zu können glaubte, Deutschland, Italien und Japan zu zerstören, ohne die Wälle niederzureißen, die bisher den sowjetischen Eroberungsdrang in Europa und Asien eingedämmt hatten. (32)

In seiner Naivität und Leichtgläubigkeit verfolgte Roosevelt die von Messersmith vorgeschlagene Politik bis zu ihrem äußersten Extrem. Sein späteres Beharren auf Deutschlands und Japans bedingungsloser Kapitulation mündete in die verhängnisvolle Weichenstellung, die in Teheran, Jalta und Potsdam vorgenommen wurde.

Im Jahre 1937 mochte Messersmith noch gehofft haben, diesen katastrophalen Folgen seiner eigenen Politik entgehen zu können, der sich der Präsident so rückhaltlos verschrieben hatte.

Kapitel 10

Putsch in Berlin
durch wirtschaftlichen Druck

Messersmiths starre, kompromißlose politische Haltung war mittlerweile zur offiziellen amerikanischen Außenpolitik erhoben worden. Roosevelt "verließ sich im großen und ganzen auf sein Urteil." (1) Beide mochten sich einbilden, die etwaigen revolutionären Konsequenzen und Risiken, die mit ihrem politischen Vorgehen verbunden waren, in Schranken halten zu können. Ihre Maßnahmen gegen das Reich – wirtschaftliche Abschnürung und diplomatische Intervention – waren darauf angelegt, den Sturz der nationalsozialistischen Regierung zu beschleunigen. Und selbst wenn Hitler es wagen und einen Krieg vom Zaun brechen sollte, würde, so waren sie überzeugt, sein Regime einem sich hinziehenden bewaffneten Konflikt nicht standhalten können. Wahrscheinlich würde sogar die innere Front beim ersten Schuß auseinanderbrechen. In Berlin würde ein Putsch das Regime stürzen und den "glorreichen kleinen Krieg" beenden.

Messersmith war der Chefkonstrukteur dieser Politik. Der Präsident zollte seinem Plan uneingeschränkten Beifall. Felix Frankfurter half mit bei der Gestaltung dieser außenpolitischen Richtlinien, und Henry Morgenthau junior, der allmächtige Finanzminister, leistete ihnen geschickt und begeistert Hilfe bei der Durchführung dieses Vorhabens. (2)

Die Falken waren entschlossen, die nationalsozialistische Regierung in die Knie zu zwingen. Um ihr Ziel zu erreichen, auch auf die Gefahr eines Krieges hin, wandten sie die Methoden der Wirtschaftskriegführung an. Zwar wurde das Vorgehen gegen das Reich als defensiv hingestellt, aber es trug in seinem operativen strategischen Ansatz unzweifelhaft offensive Züge. Die negative Taktik, Deutschland politisch völlig zu isolieren und finanziell und wirtschaftlich abzuwürgen, war unlösbar mit der positiven Zielsetzung verknüpft, den Untergang des nationalsozialistischen Systems herbei-

172

zuführen: Deutschland müsse umzingelt und eingekreist werden. Auf ihre eigenen Hilfsquellen angewiesen, werde es der Hitler-Regierung unmöglich sein, ihr Aufbauprogramm auszuführen und den Wohlstand der Volksmassen zu heben. Das Aufrüstungsprogramm sei nicht dazu geeignet, die Grundübel, denen sich das Reich gegenüber sah, zu heilen. Im Gegenteil es werde Deutschlands beschränkte Hilfsquellen bis zur Erschöpfung verbrauchen. Es werde sich bald herausstellen, daß die Kur schlimmer war als die Krankheit selbst. Schließlich werde die Nation sich gegen das Regime aufbäumen und Hitler stürzen.

Die Roosevelt-Regierung schien nicht zu begreifen, daß Chamberlains geheuchelte "Appeasement"-Politik dasselbe Ziel anstrebte. Daher glaubte man in Washington, in der Politik des Premierministers eine Gefahr für die Verwirklichung der Absichten des Präsidenten sehen zu müssen. Damit die Rooseveltsche Politik eines Tages von Erfolg gekrönt war, mußten alle anderen Großmächte dazu überredet oder angespornt werden, sich den amerikanischen Sanktionen und Einfuhrsperren anzuschließen. Falls Deutschland Zugang auch nur zu einem der größeren Märkte fände und so der wirtschaftlichen Erdrosselung entkäme, könnte es dem Regime gelingen, seine Lebensdauer zu verlängern. Das Reich mußte unter allen Umständen von den Märkten des britischen Empire, der Vereinigten Staaten, Südamerikas und der UdSSR abgeschnitten werden. Unter dem Deckmantel des Panamerikanismus und der Abwehr des Faschismus mußte der US-Einfluß in Süd- und Mittelamerika verstärkt werden. Großbritanniens Spielraum sollte über das geplante anglo-amerikanische Handelsabkommen eingeschränkt werden. (3) Die Sowjetunion wurde nicht nur aus ideologischen Gründen – als der verlorene Sohn, der in den Schoß der "Demokratien" zurückkehrt – umworben, die sowjetisch-amerikanische Zusammenarbeit war auch aus realpolitischen Überlegungen notwendig. Die Schlinge, die Deutschland erdrosseln sollte, mußte zugezogen werden.

Nicht alle Hintertüren konnten versperrt werden. Ost- und Südosteuropa hatten schon dem Habsburgerreich und dem Reich der Hohenzollern als wirtschaftliches Hinterland gedient. Das Dritte Reich hielt die Türen zu diesen Märkten offen. Deutschlands Herstellungsindustrie und die Rohstoffindustrie dieser Gebiete ergänzten einander. Deutschlands Interessen in Südosteuropa waren in erster Linie wirtschaftliche, nicht politisch aggressive. Der Handelsverkehr mit diesen Ländern konnte die Probleme, die die gegnerische Abschnürungspolitik aufwarf, abschwächen. Hitlers Methoden der Wirtschaftsraum gegenüber bestanden aus einer Mischung von Einschüchterung und Kooperationsbereitschaft. Die Handelsbeziehungen zwischen dem Reich und den meisten Balkanstaaten erwiesen sich als vorteilhaft für alle Parteien. (4) Hitler schien die Politik der Ausdehnung deutschen Wirtschaftseinflusses der Strategie unmittelbarer politischer Kontrolle vorzuziehen.

Die potentiellen Feindmächte betrachteten die Kleine Entente – Rumänien, Jugoslawien und die Tschechoslowakei – immer mehr als ein Hindernis für jedes weitere deutsche Vordringen in den Balkanraum. England,

Frankreich und die Vereinigten Staaten hatten ein unmittelbares Interesse daran, dieses Bollwerk zu stärken. Für Hitler hingegen bestand nicht der geringste Anlaß, die Fortdauer der Kleinen Entente zu sichern. Deutsche Versuche, mit der einen oder anderen Partei dieser Mächtekonstellation handelseinig zu werden, riefen in London, Paris und Washington Sorge, ja Bestürzung hervor. Besonders der Anschluß Österreichs würde Roosevelts Abschnürungspolitik gefährden. Wien galt als "die natürliche Hauptstadt Mitteleuropas". Gehörte es erst einmal zum deutschen Machtbereich, dann konnte die Regierung in Berlin ihren "Einfluß, ihre Interessen und Kontrolle weit über die tatsächlichen Grenzen hinaus" ausweiten. Es bestand dann die drohende Gefahr, daß das "gesamte Donaubecken" in die Einflußsphäre des Reiches abrutschen könnte. Jedes weitere Vordringen in diese Region würde es Deutschland ermöglichen, deren Hilfsquellen anzuzapfen und seine eigene Herstellungsindustrie anzuheizen. (5)

Von seinen Schlüsselberatern wurde Roosevelt ständig vor den politischen Rückwirkungen gewarnt, die Hitlers wirtschaftliche Unternehmungen im Balkanraum haben könnten. Es schien, als hätte der Führer die Absicht des Präsidenten durchschaut, ihn durch den wirtschaftlichen Würgegriff zur Unterwerfung zu zwingen. Die Reichsregierung aktivierte ihre Bemühungen, sich von überseeischen Bezugsquellen für lebenswichtige Ressourcen unabhängig zu machen. Da der ununterbrochene Strom überseeischer Hilfsquellen nicht garantiert werden konnte, wandte Hitler seine Aufmerksamkeit Rohstofflieferanten in benachbarten Ländern zu. Um die deutschen Wirtschaftsunternehmungen weitgehend vor Störungen zu bewahren, strebte die Reichsregierung eine Raumwirtschaft in Mittel- und Südosteuropa an. (6)

Hitler war entschlossen, Deutschland nicht durch die Launen und Planungen seiner potentiellen Gegner in eine wirtschaftliche Zwangsjacke stecken zu lassen. Um für die lebensnotwendigen Waren nicht von unzuverlässigen oder gar feindlichen Handelspartnern abhängig zu sein, steuerte Hitler bewußt auf die wirtschaftliche Autarkie zu. Diese Maßnahmen waren nur zum Teil eine Antwort auf die amerikanischen Wirtschaftskriegsmethoden. Er folgte damit auch einer Grundrichtung, die seit Ende des ersten Weltkrieges aufgekommen war. Das Ziel der wirtschaftlich bedeutenden Länder war Autarkie. Die Ausfuhr deutscher Güter war beträchtlich zurückgegangen. Die Knappheit an ausländischen Zahlungsmitteln stieg. Der Mangel an Devisen wirkte sich nachteilig auf die Einfuhr von lebenswichtigen Rohstoffen aus. (7)

Vor diesen Tatsachen, die die internationale Wirtschaftsordnung hervorgebracht hatte, konnte Hitler nicht länger die Augen verschließen. Ursprünglich hatte er gehofft, daß die bedeutenderen Handelsnationen ihre Schutzzölle und Handelssperren senken würden. Er hatte sich wiederholt für einen unbehinderten Handelsverkehr zwischen allen Ländern ausgesprochen. Wenn Deutschland nicht "ausreichend für die übrige Welt erzeugte und ausführte, dann sind wir zwanzig Millionen Deutsche zuviel ..., und wir können die Hälfte unserer Industrie vernichten ..." (8) Unvor-

hergesehene Umstände zwangen ihn jedoch, seine geplante Freihandels-
politik aufzugeben. Internationale Wirtschaftstendenzen liefen deutlich auf
eine Politik der Selbstversorgung zu. Innerhalb Deutschlands nahm der
Druck zu, die Wirtschaftspolitik des Reiches diesen neuen Gegebenheiten
anzupassen. Im Kabinett und in den Beraterstäben übten diejenigen, die
sich für Autarkie aussprachen, Einfluß auf Hitler aus. Führend unter ihnen
waren Reichsbankpräsident und Wirtschaftsminister Schacht und Kriegsminister Werner von Blomberg. Sie drängten, eine Zentralstelle für Rohstoffe und Devisen zu organisieren. Ihnen schloß sich auch der Reichspreis-
kommissar Carl F. Goerdeler an, den die Entwicklung der Rohstofflage
"sehr pessimistisch" stimmte. Die Rohstoffknappheit hatte Blomberg
"sehr beunruhigt". Er legte Protest gegen die Beschränkung des Aufrüstungsprogramms ein und bestand auf sofortigen Maßnahmen zur Verbesserung der Rohstofflage. Um die Abhängigkeit des Reiches von Rohstoff-
exportländern zu verringern, sprach Schacht sich für die Schaffung eines
Kolonialreiches aus. Sie brachten jedes brauchbare Argument vor, um ihre
Sache erfolgreich zu vertreten. Schacht wies wiederholt darauf hin, daß die
USA sich mehr und mehr auf autarkische Maßnahmen verließen. Am Ende
überzeugten sie den Führer. Auch er erkannte die Dringlichkeit der Lage.
Die Grundlagen für die Herstellung von Ersatzstoffen mußten "schon in
Friedenszeiten" gelegt werden. Alle Anstrengungen sollten gemacht wer-
den, um die Abhängigkeit Deutschlands von der Einfuhr wichtiger Roh-
stoffe aus dem Ausland zu vermindern. (9)

Im Jahre 1936 wurde die neue Wirtschaftspolitik des Reiches verkündet. Sie war über mehrere Jahre hinweg geplant worden. Göring wurde die
Leitung des Vierjahresplanes übertragen. Er war verantwortlich für die Lösung der Rohstoff- und Devisenfragen. Er beklagte die Tatsache, daß "zuviel wertvolle Zeit" schon verloren worden war, war aber entschlossen, bis
Ende 1939 den Engpaß zu überwinden. (10) Hitlers Grabenkriegsmentalität hatte lediglich geschlummert. Die Entwicklungen in der Weltwirtschaft
entzündeten diesen Geist wieder. In dem Maße, wie der amerikanische
Wirtschaftsdruck sich verstärkte, machte er sich die Meinung Schachts und
Blombergs zu eigen.

Im Jahre 1934 beschleunigte die Roosevelt-Regierung ihr politisches
Tempo. Die Befürworter der Wirtschaftskriegführung behaupteten das
Feld. Bereits seit 1933 hatte Messersmith Washington mit alarmierenden
Meldungen über Hitlers Ziele und Pläne bombardiert. Der Führer war entschlossen, warnte er, das Reich zum "vollkommensten Kriegsinstrument zu
schmieden, das es je in der Geschichte gegeben hat." Er warf der deutschen
Führung vor, zielstrebig auf kriegerische Eroberungen zuzusteuern. Auf
Jahre hinaus müsse die neue Reichsregierung als eine Gefahr für den Weltfrieden betrachtet werden. Messersmith blickte mit Mißbilligung auf alle,
die an eine Verständigung mit Berlin glaubten. Keine Gespräche über Zoll-
und Währungspolitik könnten jemals die Kluft zwischen dem nationalsozialistischen Regime und den Demokratien überbrücken. (11) Seine Warnungen fielen bei Roosevelt auf fruchtbaren Boden. Auch er betrachtete

"Mein Kampf" als das politische Programm des Führers. Für ihn war Hitler die Verkörperung der "schafsmäßigen Natur des deutschen Volkes und seiner Vorliebe für Medizinmänner, Zaubersprüche und Tamtam". (12)

Noch war nicht alles verloren, versicherte Messersmith dem Präsidenten. Das Jahr 1933 hindurch gaukelte er sich und Washington vor, daß das Hitlerregime vor dem Zusammenbruch stand. Nachdem sich diese Vorhersage in den ersten Monaten des neuen Jahres nicht bewahrheitet hatte, entwarf er seine Wirtschaftskrieg-Strategie, um den Prozeß zu beschleunigen. Wirtschaftliche Zwangsmaßnahmen der Vereinigten Staaten, so argumentierte er, würden zum Einsturz der schwachen Wirtschaftsstruktur des Reiches führen und das Regime mit in den Abgrund hinabziehen. Diese Aussichten waren zu verlockend, als daß man sie ignorieren konnte. Obgleich es höchst fragwürdig war, die amerikanische Außenpolitik auf den bevorstehenden Zusammenbruch der Hitler-Regierung zu gründen, waren Roosevelt und Messersmith bereit, auf diesen Plan zu setzen, der eindeutig offensive Maßnahmen gegen das Reich erforderte.

Noch in der Zeit als Generalkonsul in Berlin ließ Messersmith den Tenor seiner künftigen Berichte erkennen, als er seinen "jüdischen Freunden" in der Reichshauptstadt riet, nicht wegzulaufen, sondern zu bleiben und "sich auf 'wachsames Abwarten' zu verlegen". Im Spätsommer 1933 prophezeite er, daß der Kampf zwischen dem "linken und rechten Flügel" der NSDAP "wahrscheinlich um die Jahreswende mit dem Zusammenbruch des Hitlerismus" enden werde. Der Untergang des Hitler-Regimes lag "im Bereich des Wahrscheinlichen, nicht des Möglichen". (13) Herbert Feis vom State Department bekräftigte diesen Zweckoptimismus. Deutschland war vollkommen eingeschlossen, bemerkte er erfreut. Es gab für den Führer keinen Fluchtweg mehr. (14) Auch ausländische Diplomaten stießen ins gleiche Horn. Die wirtschaftlichen, finanziellen und politischen Verhältnisse im Reich waren "überaus schlecht". Alle äußeren Anzeichen eines Sichunterordnens und Sichfügens unter die neue Regierung sollten nicht "zu ernst" genommen werden. (15) Auch der Leiter der Westeuropa-Abteilung im State Department zeigte lebhaftes Interesse an Gerüchten über den bevorstehenden Zusammenbruch der deutschen Regierung. Doch Hamilton Armstrong von der "American Foreign Policy Association", der Europa, einschließlich Deutschland, jüngst bereist hatte, dämpfte diese Erwartungen. Hitler brauche nichts zu fürchten. In absehbarer Zukunft beständen keine Aussichten auf eine Gegenrevolution im Reich. (16)

Der amerikanische Landwirtschafts-Attaché in Berlin, Steere, war entsetzt, daß einige hohe Beamte im State Department der Illusion und dem Irrtum erlegen waren, die amerikanische Deutschlandpolitik auf die "Voraussetzung zu gründen, daß die jetzige Regierung sich nicht halten könne." Als Beobachter an Ort und Stelle war er überzeugt, daß das Regime sein Stehvermögen beweisen werde und "wir unsere Märkte für landwirtschaftliche Produkte verlieren werden, wenn wir nicht etwas unternehmen." (17)

Im Jahre 1934 mußte die Frage der Handelsbeziehungen angepackt wer-

den. Berlin und Washington steuerten auf eine Kraftprobe zu. Die Wirtschaftskriegstrategen sammelten Argumente und mobilisierten ihre Kräfte
für das kommende Gefecht. Im folgenden Jahr würde der deutsch-amerikanische Freundschafts-, Handels- und Konsularvertrag von 1925 auslaufen.
Die deutsche Regierung gab zu erkennen, den ursprünglichen Vertragstext vor der Erneuerung des Abkommens modifizieren zu wollen. Das
Reich bestand darauf, die Meistbegünstigungsklausel wegzulassen. In dieser Frage stießen Washington und Berlin hart aufeinander. Diese Forderung
berührte den empfindlichsten Punkt des Hullschen auf Gegenseitigkeit beruhenden Handelsprogramms, das gerade vor dem Kongreß anhängig war.
Botschafter Luther, der von Hull und seinem Mitarbeiter Francis Sayre
eine bindende Zusage erlangen wollte, wurde mitgeteilt, daß der Zeitpunkt
für bilaterale deutsch-amerikanische Handelsgespräche noch nicht gekommen war. (18) Washingtons ausweichende Manöver verhießen nichts Gutes.

Douglas Miller, der US-Handelsattaché in Berlin, ließ, von Messersmith
angestachelt, das Warnlicht aufleuchten und argumentierte leidenschaftlich gegen einen Ausbau des Handelsverkehrs zwischen beiden Ländern. Er
wies auf die immer größer werdende Kluft zwischen dem westlichen kapitalistischen und dem deutschen sozialistischen System hin. Hitlers Politik
führe das Reich "immer weiter weg von normalen Handelsbeziehungen mit
der westlichen Welt". Das nationalsozialistische Regime stehe vor der Alternative: entweder einen Angriffskrieg zu riskieren oder von einer Revolution im Inneren überwältigt zu werden. Der Führer strebe zielbewußt die
Schaffung eines politischen und Wirtschaftsblocks in Europa an, "so ge-
artet, daß er Kriegsblockaden standhalten kann, und groß genug, um den
dazu gehörenden Völkern die Vorteile des freien Handels zu bieten, wie sie
die 48 amerikanischen Staaten genießen." (19)

Es war an der Zeit für Messersmith, den Kampfplatz zu betreten. Im
Frühjahr gab er den Startschuß gegen den Abschluß eines Handelsvertrags
mit Deutschland ab. Der Zusammenbruch des Hitlerregimes sei unvermeidlich. Selbst wenn then national-sozialistische Regierung es zuwege brächte,
ihre Lebensdauer auf unbestimmte Zeit zu verlängern, dürfte dennoch kein
Abkommen unterzeichnet werden, denn Deutschland habe nicht die geringsten wirtschaftlichen Vorteile anzubieten, während die USA, wenn sie
Hitler aus der Klemme hülfen, alles verlieren könnten. Hitler sei nicht zu
trauen, behauptete Messersmith. Er hatte bestehende Verträge verletzt und
war dabei, die Schuldverschreibungen des Reiches gegenüber Amerika nicht
anzuerkennen. Er wünschte amerikanische Kredite lediglich für den Kauf
von Rohstoffen, "von denen ein großer Teil für die Aufrüstung bestimmt
ist." Statt Hitler zu Hilfe zu kommen, sollten die USA alles tun, Deutschland in eine sich progressiv verschlimmernde Wirtschaftskrise zu stoßen,
die das Regime zum Einsturz bringen würde. Selbst wenn Berlin bereit war,
die meisten amerikanischen Forderungen zu erfüllen, sollte Washington
jeder Versuchung zu Handelsbeziehungen mit dem Reich widerstehen.
"Panikzeichen" in Bremen und Hamburg deuteten nach Messersmiths
Ansicht darauf hin, daß die Hitler-Regierung ihrem Ende nahe war. (20)

Messersmith setzte sein Bombardement des offiziellen Washington auch dann noch fort, als Botschafter Dodd auf Urlaub in Amerika weilte. Er wußte, daß seine Berichte und Privatbriefe im State Department und im Weißen Haus, wo er mit seinen Ratschlägen hoch im Kurs stand, zirkulierten. Er unterrichtete Dodd über die jüngsten Ereignisse, die er von seinem Horchposten in Berlin beobachtete. Angestachelt wurde er immer wieder von Geheiminformanten mit engen Beziehungen zur deutschen Widerstandsbewegung. Die Meinungsverschiedenheiten innerhalb der NSDAP verschärften sich. Göring und Goebbels lagen sich in den Haaren. Die Gauleiter fochten untereinander Kämpfe aus. Röhm organisierte seine Sturmabteilungen gegen General von Fritsch und das Heer. Hitler ließ "zunehmend Zeichen von Nervosität und Unentschlossenheit" erkennen. Unter der deutschen Bevölkerung breitete sich Unzufriedenheit aus, und "man begann offen über die Notwendigkeit eines Wechsels zu sprechen." Die entscheidende Auseinandersetzung stand noch bevor. Das Reich steuerte auf eine wirtschaftliche und finanzielle Krise zu. Die Aufbau- und Aufrüstungsprogramme des Führers, die die Wirtschaft wiederbeleben sollten, waren infolge der Rohstoffknappheit gefährdet. Die deutschen Exporte fielen "stetig". Das Regime stand vor dem fast unlösbaren Problem "wachsenden Bedarfs an Rohstoffen bei zunehmenden Exportrückgängen ..." Hitler könnte der Stunde der Entscheidung nur dadurch entgehen, daß er entweder den Export "ungeheuer" steigerte oder sich Kredite verschaffte, um die laufende Industrieproduktion in Gang zu halten. Beide Auswege, behauptete Messersmith, waren versperrt. Nichts dürfte unternommen werden, das stetig fallende Prestige des Regimes zu heben.

"Für die jetzige Regierung" war die Lage "mehr oder weniger hoffnungslos." Washington sollte von jeder Handlung absehen, die "die Herrschaft der Hitler-Regierung über das deutsche Volk" sichern würde. War erst einmal eine neue Regierung in Berlin installiert, mit der die USA "in einer Art und Weise, wie wir es gewöhnt sind", verhandeln könnte, dann sollten die Vereinigten Staaten Kredite und "jedmögliche Hilfe" gewähren.

Hitler erhoffte sich in seiner augenblicklichen mißlichen Lage amerikanische Unterstützung. Er beabsichtigte, eine Handelsdelegation nach Washington zu entsenden in der Hoffnung, den Abschluß "eines sehr vorteilhaften Abkommens" zu erzielen, das "sein Prestige in Deutschland erhöhen und es ihm ermöglichen wird, sich weiter die Rohstoffe zu beschaffen, die für sein jetziges politisches und wirtschaftliches Programm nötig sind." Laut Messersmith erwartete der Führer, ein "einseitig" vorteilhaftes Geschäft abzuschließen. Weder die USA noch der Rest der Welt würden profitieren, wenn Washington ein Handelsabkommen mit Berlin schlösse. Jede Vereinbarung würde nur Hitler zugute kommen. Gerade aus diesem Grunde und wegen der wirklich ernsten politischen und allgemeinen wirtschaftlichen und finanziellen Lage" des Reiches war der Führer "darauf versessen", mit Amerika so bald wie möglich handelseinig zu werden. Seit Dodds Abreise hatte sich die innerdeutsche Krise "sehr" verschärft. (21) Messersmiths Analyse der deutschen Situation und sein Vorschlagskatalog, nach dem man in der amerikanischen Deutschlandpolitik verfahren sollte, waren für das State Department und Roosevelt von "äußerster Wichtigkeit". (22)

In Washington bot der Präsident der Import-Export Bank, George Peek, alles auf, um den Ansturm der Wirtschaftskriegstrategen abzuwehren. Er hatte sich für Schutzzölle und bilaterale Handelsabkommen ausgesprochen. Seine Ansichten waren bei dem Außenminister auf erhebliche Widerstände gestoßen. Hull verbündete sich mit den Kräften, die von Messersmith, Feis und Frankfurter angeführt wurden. Peek versuchte, jedoch ohne Erfolg, die Roosevelt-Regierung zur Umkehrung ihrer antideutschen Position zu bewegen. Auf seine Veranlassung stürmten ganze Scharen von amerikanischen Geschäftsleuten auf Hull ein, um ihn zum Abschluß eines Handelsvertrages mit dem Reich zu überreden. John D. Mooney von General Motors unterrichte Beamte des State Department über die Gespräche, die er kürzlich mit Hitler und Schacht geführt hatte. Der Reichsbankpräsident hatte versucht, Mooney die Vorteile eines bilateralen Warenaustauschs schmackhaft zu machen. Er hatte eine Art Tauschhandel ins Auge gefaßt: zum Beispiel amerikanischen Mais und amerikanisches Schweineschmalz gegen deutschen Wein und deutsches Bier. Peek glaubte, daß ein solcher Handel Roosevelts Pferdehändlermentalität ansprechen könnte. In seiner Unterhaltung mit Staatssekretär William Phillips bestätigte Mooney die Berichte amerikanischer Diplomaten über die sich rasch verschlechternde Wirtschaftslage im Reich. Für ihn war es "höchst zweifelhaft, ob Hitler seine jetzige Machtstellung noch lange erhalten kann ..." Nach seinen Informationen zeichnete sich die Möglichkeit ab, daß die politische Kontrolle "im Laufe der nächsten Monate an zweitrangige Führer übergehen könne". Linke Elemente innerhalb der Partei bereiteten sich auf eine Machtergreifung vor, was zur Folge haben werde, daß "die allgemeinen Zustände noch chaotischer sein werden." (23) Diese Prognose stammte von Messersmith. Aber beide reagierten grundverschieden auf diese Entwicklungstendenzen: Mooney mit Besorgnis und Messersmith mit Hoffnungen. Falls die radikalen Nationalsozialisten die Macht an sich rissen, werde das neue Regime noch mehr in Verruf geraten als die Hitler-Regierung. Das Reich werde noch weiter in die Isolation treiben. Das deutsche Volk werde sich erheben und das Regime stürzen. Die Vereinigten Staaten sollten alles in ihrer Macht Stehende tun, diesen Prozeß zu beschleunigen. (24)

Im Sommer 1934 entschloß das State Department sich für Messersmiths Strategie und gegen George Peek, der zwar den Kampf fortsetzte, jedoch ohne Aussicht, die Roosevelt-Regierung beeinflussen zu können. (25) Am 5. Juni leitete Phillips einen ausführlichen Bericht an Roosevelt weiter, der von dem von Herbert Feis geleiteten "Amt des Wirtschaftsberaters" (Office of the Economic Adviser) im State Department verfaßt worden war. Das Feis-Memorandum spiegelte deutlich den Standpunkt von Messersmith und Frankfurter wider. Es käute alle Einwände wieder, die Messersmith gegen deutsch-amerikanische Handelsbeziehungen vorgebracht hatte. Feis übernahm ganze Passagen aus den Berichten und Depeschen von Messersmith. Aus einem Privatbrief des Generalkonsuls an Botschafter Dodd, in dem Messersmith die Wirtschaftslage des Reiches als noch kritischer schilderte, als sie "im allgemeinen" eingeschätzt wurde, zitierte er: "Die Deutschen sehen nur zwei Auswege." Der eine bestand in "günstigen Abkommen mit den Rohstofflieferanten" und der andere in "der Gewinnung von Krediten". Weitere Messersmith-Zitate flossen in das Memorandum ein: "Die akute Krise im Bereich des Exporthandels und der Rohstoffversorgung hat mehr als jeder andere Faktor dazu beigetragen, dem Regime die bedrohliche Lage vor Augen zu führen." Jene "klugen ausländischen Beobachter", die noch Ende 1933 prophezeit hatten, daß die Hitler-Regierung sich fest etabliert hatte, "glaubten nun ... alle, daß das Regime sich höchstens noch fünf bis sechs Monate halten könne." Einer der "bestinformierten amerikanischen Korrespondenten", der "weitreichende und enge Verbindungen zu höchsten Parteiführern" angeknüpft hatte, vertrat den Standpunkt, daß das Regime "in fünf oder sechs Monaten erledigt sein wird, wenn nicht von außen Hilfe kommt, die sein sinkendes Prestige im Lande heben und es mit Rohstoffen versorgen wird, deren es dringlichst bedarf." Deutsche Wirtschaftskreise, die "aus den unterschiedlichsten Gründen" bisher mit den Wölfen geheult hätten, wandten sich nun immer mehr gegen die Regierung, nachdem sie Vertrauen in Hitler verloren hatten. Ihre Kritik am Regime wurde "schärfer und bestimmter".

Das Hauptargument der Feisschen Beweisführung war wieder ein Echo der Stimme Messersmiths: "... alles, was wir jetzt tun, direkt oder indirekt, kann für uns nicht von Nutzen sein." Es bestand nur noch eine Hoffnung für Europa und "für uns alle", nämlich auf den Sturz des Hitler-Regimes hinzuarbeiten, um es "durch eine andere Regierung zu ersetzen, mit der wir auf die übliche Art und Weise verhandeln können." Feis teilte voll Messersmiths Beurteilung der deutschen Situation. Er betonte nachdrücklich: "... durch eine Politik des Abwartens haben wir nichts zu verlieren und alles zu gewinnen." (26)

Kaum hatte Roosevelt das Feissche Memorandum gelesen, da hatte Lewis Einstein, ein Bekannter des Präsidenten und Freund Felix Frankfurters, Gelegenheit, Roosevelts Ansichten zu erkunden. Einstein konnte erleichtert aufatmen. Der Präsident war nicht den Einflüsterungen von George Peek erlegen. Einstein konnte Frankfurter vertraulich mitteilen, daß Messersmiths Warnungen den Präsidenten tief beeindruckt hatten. Einstein lenkte Roosevelts Aufmerksamkeit auf die Gefahr einer möglichen deutschen wirtschaftlichen Durchdringung des Donauraumes, um sich dort die Rohstoffe zu beschaffen, die Hitler auf dem internationalen Markt verweigert wurden. Noch bestand kein Anlaß, in tiefsten Pessimismus zu verfallen. Die Aufrüstung der Wehrmacht war, wenn sie auch "rasch vorankam, noch nicht abgeschlossen". Und auch wirtschaftlich befand sich das Reich in einer Zwangslage. Mit Deutschland "ging es bergab", und die Volkstümlichkeit des Regimes war im Schwinden begriffen. (27)

Einstein versuchte, Frankfurter aufzumuntern: "... wir müssen darauf bauen, daß der wirtschaftliche Druck Deutschland das Genick bricht, denn das Reich befindet sich in einem Teufelskreis, wo jeder Schritt hin zur Gesundung ein Schritt zur Wiederbewaffnung ist, die schließlich zum Zusammenbruch führt." Die amerikanische Regierung sollte "aufpassen und vor allem nichts tun, was die Erholung des Dritten Reiches fördert; denn wenn das System nicht zusammenbricht, besteht nur wenig Aussicht auf einen künftigen Frieden." Einstein hatte den Eindruck gewonnen, daß Roosevelt "ein wenig zu hoffnungsvoll" war und den Sturz der Hitler-Regierung "in Bälde" erwartete. Einstein vertrat die Meinung, daß die akute Krise "frühestens ... im nächsten Frühjahr" eintreten werde. Die "Wintermonate" würden das deutsche Volk "ernüchtern" und ihm klarmachen, daß das Reich sich in einer "schlimmen wirtschaftlichen Lage" befand. Und sarkastisch fügte Einstein hinzu: "Allerdings kann sie als Folge einer Weltverschwörung hingestellt werden, die den Deutschen ihren Heroismus mißgönnt." (28)

Nach Mitteilungen aus deutschen Verschwörerkreisen breitete sich rasch die Unzufriedenheit im Offizierskorps aus. Die wirtschaftliche und finanzielle Lage verschlechterte sich rapide. Eine Auseinandersetzung stand unmittelbar bevor. Reichswirtschaftsminister Kurt Schmitt hatte Botschafter Dodd anvertraut, daß "die Wege sich sehr bald trennen müssen." In Berlin herrschte große Unruhe. "Die wildesten Gerüchte" waren im Umlauf.

Hitler versuchte angeblich verzweifelt, Herr der Lage zu werden. Raymond Geist, Messersmiths Nachfolger als Generalkonsul in der Reichshauptstadt, berichtete, daß sämtliche Maßnahmen sich bisher als "höchst unbrauchbar erwiesen hatten, weil alles künstlich und ohne solide Grundlage ist." Gut unterrichtete Beobachter waren zur Schlußfolgerung gekommen, daß "das jetzige Regime sich nicht halten kann." Aber Geist widersprach diesem Urteil. Ihm war "vertraulich" mitgeteilt worden, daß die britische und französische Regierung "kein Vertrauen" in irgendeine deutsche Regierung hätten, der Hitler angehörte. London und Paris bestanden auf "einer völligen Ausschaltung Hitlers". Geist glaubte zuversichtlich, daß politische und wirtschaftliche Faktoren "in der Welt dazu beitragen werden, seine Beseitigung zu erreichen. Zweifelsohne werden die Juden einen großen Anteil daran haben." Besonders in französischen Kreisen machte sich eine gehobene Stimmung breit angesichts der "katastrophalen" Wirtschaftslage des Reiches. Für sie war Deutschland als Machtfaktor bereits "so gut wie ausgeschaltet". Sie setzten ihre Hoffnung auf den früheren Reichskanzler Heinrich Brüning, der schon mit britischen "konservativen Katholiken" zusammenarbeitete, um ein Comeback vorzubereiten. Brüning spekulierte auf britische Unterstützung im Falle eines erfolgreichen Staatsstreiches. (29) Alle, mit denen Messersmith Kontakt aufgenommen hatte, schienen "den Gedanken zu begrüßen, daß es in Deutschland eine Regierung geben könne, mit der man wieder zusammenarbeiten kann, und die genug im eigenen Land zu tun hat und sich nicht in die Angelegenheiten anderer einmischt ..." (30)

Anscheinend hatten Geist und Messersmith etwas "spitzgekriegt". Sie

181

schienen nicht nur einem Phantom nachzujagen. Informationen deuteten darauf hin, daß deutsche Verschwörer tatsächlich ein Komplott ausheckten. Gregor Strasser, bis 1932 nach Hitler die einflußreichste Persönlichkeit innerhalb der nationalsozialistischen Führungsgruppe, hatte "Dr. Hildebrandt", alias Franke, der mit seiner Nichte verheiratet war, nach Prag entsandt. Am 24. April 1934 traf Franke seinen tschechischen Mittelsmann, Dr. Kubka, den er über die Entwicklungen in Deutschland unterrichtete. Laut Franke rangen fünf politische Gruppen um die Macht im Reich. Im Mittelpunkt der ersten Gruppe stand die Wehrmacht, die "ihre eigene Politik" verfolgte. Sie lehnte eine deutsch-polnische Annäherung entschieden ab. Warschau gegenüber blieb die Reichswehr "unversöhnlich". Diese Gruppe stand in enger Verbindung mit zwei Mitgliedern der früheren "illegalen Schwarzen Reichswehr", Leutnant Schultz und Major Buchrucker, die offene Gegner Hitlers waren. Beide waren Sozialisten "vom Schlage Gregor Strassers". Schultz hatte sich als "Fememörder" einen Namen gemacht.

Die zweite Gruppe scharte sich um das Banner von Goebbels, Röhm und Gregor Strasser. Ihr unbestrittener Führer war der Chef der Sturmabteilungen (SA). Sie gingen scharf mit Hitler ins Gericht und verglichen ihn mit "Kerenskij". Laut Franke war Röhm aktiv tätig, Widerstand gegen den Führer zu organisieren. Goebbels war zwar charakterlos, aber hochintelligent. Er bemühte sich eifrigst, eine Aussöhnung zwischen den "senilen alten Männern" der Reichswehr, die gegen Hitler opponierten, und dem Röhm-Strasser-Flügel der NSDAP zustande zu bringen.

An der Spitze der dritten Gruppe standen Göring, Thyssen und Krupp. Hitler und Heß führten die vierte Gruppe. Beide konnten noch "großer" Sympathien unter der Arbeiterschaft gewiß sein. Beide neigten zu Kompromißbereitschaft. "Hitler bedeutet Frieden", hatte Göring unlängst behauptet. Franke bestätigte, daß der Führer "den Krieg fürchtet". Aus diesem Grunde machte er sich für eine Zusammenarbeit mit Polen stark. Obwohl bisher niemand den Führer "verleumdet", war er "nicht mehr der liebe Gott". Oskar von Hindenburg und General von Schleicher hatten sich zusammengeschlossen. Der einstige Reichskanzler hatte Fühlung mit der Reichswehr, Angehörigen der Arbeiterbewegung und Gregor Strasser aufgenommen. Schleicher träumte von einer "Sozialmonarchie". Bisher hatte er noch keinen nennenswerten Einbruch in die Ränge des Offizierskorps erzielt. Besonders die "älteren Generäle" wollten nichts "mit diesem Salongeneral" zu tun haben. Papen hatte jeglichen Einfluß verloren. Katholische Kreise betrachteten ihn als "Verräter".

Auch Neurath und die Wilhelmstraße hatten inzwischen eine "Politik der Sabotage" geschmiedet. Ursprünglich hatten sie noch versucht, wie im Zusammenhang mit Rosenbergs geplantem Londonbesuch, prominente Nationalsozialisten davon abzuhalten, im Ausland "Hirngespinsten" nachzueilen. Der Außenminister hatte es aufgegeben, Hitler vor seinen Ratgebern zu schützen. Die Wilhelmstraße befolgte die Losung: "... je schlimmer, desto besser."

Franke kündigte an, daß die "Revolution von oben" sehr bald über die Bühne gehen werde. In der neuen Regierung werde Hitler nur noch als Repräsentationsfigur geduldet werden. Göring werde "abgesägt" werden und Neurath weiterhin als Außenminister fungieren. Gregor Strasser, Franz Stöhr und Graf Reventlow würden in die Regierung eintreten. (31)

Für einen flüchtigen Augenblick schienen die Ereignisse des "Röhm-Putsches" vom 30. Juni 1934 die Prognosen zu bestätigen, mit denen Messersmith und andere amerikanische Diplomaten im Weißen Haus und im State Department hausieren gegangen waren. Die Hitler-Regierung schien am Ende zu sein. Benesch, der seit April über die kommenden Geschehnisse informiert war, prophezeite, daß die Reichswehr und die Industriellen an die Macht gelangen würden. Litwinow bezweifelte, daß Hitler den Sturm, der sich zusammenbraute, überstehen werde. Aus Paris meldete der amerikanische Diplomat Theodore Marriner, daß Hitler sich als bloße Gallionsfigur halten werde. Die Reichswehr werde ihre Machtstellung festigen. Botschafter Robert W. Bingham telegraphierte aus London, gut unterrichtete Kreise erwarteten, daß der Einfluß der preußischen Junker und der Industriellen sich verstärken werde. Der Unterstaatssekretär im italienischen Außenministerium Fulvio Suvich war sicher, daß der Führer bald nicht mehr im Rampenlicht der Öffentlichkeit stehen werde. (32)

Frank Knox war glänzender Stimmung. Die Nachricht vom sogenannten Röhm-Putsch hatte alle seine Vorhersagen, daß man sich eines Tages im Reich "gegenseitig die Schädel einschlagen" werde, "erfüllt". Alles war noch "schneller" gekommen, als er vorausgesehen hatte. Dem Hitler-Regime werde nun eine Koalition aus "dem Heer, dem Stahlhelm, den Junkern und den alten monarchistischen Gruppen" nachfolgen. Gerade in dem Augenblick, da Roosevelt und seine New-Deal-Mannschaft im Begriff waren, die alte amerikanische Wirtschaftsordnung zu untergraben, war die neue deutsche Elite drauf und dran, mit Hitlers "unausgegorenem Wirtschaftskonzept" aufzuräumen und das kapitalistische System wiederherzustellen. Die europäische Entwicklung sah hoffnungsvoll aus, wenigstens aus der Vogelperspektive von Knox. (33)

Doch kam alles anders. Der Führer blieb an der Macht. Aber die trügerischen Hoffnungen starben schwer. Die Tatsache, daß Hitler sich gezwungen sah, brutal gegen seine Parteigegner vorzugehen, war an sich schon bedeutungsvoll genug.

Die Falken in Washington setzten ihren Sturzflug fort. Ihre Opposition gegen ein Handelsabkommen mit dem Reich hatte den Sieg davongetragen. Hull hatte einen Sonderausschuß im State Department einberufen, um einen Fahrplan für die deutsch-amerikanischen Beziehungen auszuarbeiten. Am 12. Oktober reichte dieser seinen Bericht ein. Die Einwände Messersmiths, Frankfurters, Feis' und Einsteins hatten sich als schlagkräftig erwiesen. Der Sonderausschuß entschied gegen den Abschluß eines bilateralen Handelsabkommens mit Deutschland. Er machte sich die Meinung Messersmiths zu eigen, daß "in ein oder zwei Jahren die Sache eine ganz andere Gestalt annehmen kann." Es war höchst zweifelhaft, ob die jetzige Wirtschaftspolitik des Reiches "längere Zeit" andauern könne. (34) Washington ging davon aus, daß die Reichsregierung an der prekären Wirtschaftslage scheitern werde. Roosevelts politisches Drehbuch war betitelt: Warten auf den Putsch in Berlin.

Am 13. Oktober gab Botschafter Luther den Beschluß seiner Regierung bekannt, den deutsch-amerikanischen Freundschafts-, Handels- und Konsularvertrag zu kündigen. Dies schloß jedoch nicht die Unterzeichnung "eines speziellen Handelsabkommens" aus. (35) Obwohl der deutsche Rücktritt vom ursprünglichen Vertrag lediglich die Meistbegünstigungsklausel betraf, hatte Berlin de facto die ganze Vertragsvereinbarung gekündigt angesichts der Tatsache, daß Hulls multilaterale Wirtschaftspolitik inzwischen mit dem "Gesetz über gegenseitige Handelsabkommen" in Kraft getreten war. Moffat kommentierte: Das Reich "hat heute einen weiteren Nagel in seinen Wirtschaftssarg" geschlagen. (36)

Dodd hatte sich auch gegen jedes Wirtschaftsabkommen mit Berlin ausgesprochen: "Wenn es sein muß, sollten wir lieber den deutschen Markt verlieren als jetzt zu verhandeln." (37) Herbert Feis, Messersmiths eifrigster Fürsprecher im State Department, hatte erst kürzlich die Jubelbotschaft angestimmt: "Alle waren für 'Nieder mit Deutschland'." (38)

In den Jahren 1935 und 1936 verflüchtigten sich die Hoffnungen auf einen unmittelbar bevorstehenden Zusammenbruch des Hitler-Regimes. Eine Berichterstattung darüber blieb fast ganz aus. Aber ein leichter Hoffnungsschimmer glimmte noch. Roosevelt schöpfte Zuversicht aus einem "ungeheuer" interessanten Lagebericht, den sein Freund und Sonderagent S.R. Fuller ihm übermittelt hatte. Hitler werde "wenigstens noch einige Zeit" an der Macht bleiben, zumindest "noch für ein weiteres Jahr". (39) Auch Dodd, der früher einen gewaltsamen Umsturz stark bezweifelt hatte, munterte Roosevelt auf. General von Blomberg hatte erst kürzlich mit ihm gesprochen und den Eindruck vermittelt, "als sei er sehr besorgt". Ein anderer "hoher Beamter" schien ebenfalls "von Unruhe geplagt". Dieser hatte auf eine mögliche neue Krise angespielt und zu verstehen gegeben, daß "das deutsche Volk sich empören wird, falls Deutschland einen Krieg beginnen sollte." (40) Messersmith war mit allzu voreiligen Prophezeiungen über innerdeutsche Entwicklungen etwas vorsichtiger geworden. Er teilte Ministerialdirektor Wilbur Carr mit, daß Hitler "wahrscheinlich an der Macht bleiben wird, aber es ist ungewiß, ob für immer." (41) Ende 1936 hatte Messersmith seine Niedergeschlagenheit etwas überwunden. Inzwischen hatte er einen Silberstreifen am Horizont entdeckt. Er konnte sogar Käthe Stresemann Mut zusprechen: "... in gewisser Hinsicht sehe ich die Lage nicht ganz so düster wie Sie ..." (42)

Anfang 1937 war er wieder voll im Gange. Seine alte Zuversicht hatte sich wieder eingestellt. Die "Demokratien" müßten nur größere Ausdauer beweisen und Hitler die Zähne zeigen, dann werde der Zeitpunkt kommen, da "eine deutsche Regierung, mit der man zusammenarbeiten kann, an die Macht kommt." (43) Er beruhigte auch seinen langjährigen Mentor Frankfurter, der bange Augenblicke durchstanden und erduldet hatte. Im Reich wurde die Situation "in jeder Hinsicht fortwährend schlimmer, und auch die äußere Lage bessert sich nicht." Schon Ende des Jahres könne es zu einer Zerreißprobe kommen. Das politische Gleichgewicht in Europa und der Welt verlagere sich "stetig" zugunsten der Anti-Aggressorfront. Deutschlands Fähigkeit, "einen erfolgreichen Krieg zu führen, wird ständig eher schwächer als größer." Das Kräfteverhältnis habe sich zuungunsten des Reiches verschoben. Aber viel hing von England und Frankreich ab. Diese beiden Länder müßten zur Räson gebracht werden. Das "Wichtigste" war, daß Washington in "keinster Weise" mit Berlin verhandelte, bis "wir eine verantwortliche Regierung haben, mit der wir verhandeln können." Messersmith ermahnte Frankfurter, im Weißen Haus die Augen auch weiterhin offenzuhalten. (44)

Einer von Messersmiths Hauptinformanten, Daniel N. Heineman, tauchte persönlich in Washington auf. Der neugebackene Ministerialdirektor stellte ihn dem Leiter der Europäischen Abteilung im State Department, Moffat, vor. Der Besucher unterrichtete seine Zuhörer über europäische Tendenzen im allgemeinen und über deutsche Entwicklungen im besonderen.

Heineman hatte schon während des ersten Weltkriegs Freundschaft mit Schacht geschlossen. Der Reichswirtschaftsminister hatte ihn kürzlich um seine "Unterstützung" gebeten. Heineman hatte dieses Ansinnen zurückgewiesen, weil jede Hilfe, die er gewähren konnte, nur Hitler zum Vorteil gereichen würde. Er hatte alles andere als den Wunsch, ein heimlicher Förderer des Führers zu werden. Im Gegenteil würde er lieber alles tun, Hitlers Prestige zu schädigen, als sein Regime zu stützen. Schacht war leidenschaftlich gegen den Führer aufgebracht, aber es war noch ein wohlgehütetes Geheimnis, "bis zu welchem Grade er gegen das Regime arbeitete." Er hatte sich mit Göring und Fritsch, dem Oberbefehlshaber des Heeres, verbündet in der Absicht, "die jetzige Diktatur schließlich durch ein liberaleres, monarchistisches Regime zu ersetzen." Die "große Frage", ob der Führungswechsel "durch eine natürliche Entwicklung" kommen oder durch eine "Revolution" beschleunigt werden sollte, machte Schacht, Göring und Fritsch recht nervös.

Von größter Bedeutung war die voraussichtliche Reaktion ausländischer Regierungen. Um deren Ansichten zu erkunden, hatten die Hitler-Gegner im Herbst 1937 Dr. Goerdeler als "ihren inoffiziellen Abgesandten" auf Sondermission entsandt. Goerdeler, der ehemalige Oberbürgermeister von Leipzig und Hitlers einstiger Preiskommissar, hatte den Ruf, "liberal" zu sein. Er hatte kürzlich verschiedene europäische Hauptstädte besucht. Er sollte demnächst auch in Amerika eintreffen. Heineman war sicher, daß Goerdeler, obwohl er "nichts aus offiziellen amerikanischen Quellen" erfahren würde, "bestimmt die wachsende Bitterkeit gegen die Nazis auszuloten vermag." Göring hatte Goerdeler den Paß besorgt, und Schacht hatte ihm "eine reichliche Devisenzuteilung" bewilligt.

Goerdeler fühlte den deutschen Diplomaten im Ausland auf den Zahn. Er wollte herausfinden, auf wieviel Unterstützung die Putschisten rechnen konnten. Besonders interessiert war er aber daran, die Stimmung in ausländischen Regierungskreisen auszuforschen. (45)

Nach seiner Ankunft in Washington wurde Goerdeler von Morgenthau empfangen. Da des Ministers Sachkenntnis in Finanzangelegenheiten sehr dubios und er sich dieser Tatsache auch bewußt war, verließ er sich wie gewöhnlich auf seinen Mitarbeiter und Vertrauten Harry Dexter White, den er schließlich zum Staatssekretär befördern sollte. White zeichnete sich seinen amerikanischen Vorgesetzten gegenüber nicht gerade durch selbstlose Loyalität aus. Um seinen ideologischen Idealen zu frönen, hatte er seine Dienste dem Kreml verdingt. Wie spätere Zeugenaussagen enthüllten, war Harry Dexter White, nach Morgenthau der einflußreichste und mächtigste Beamte im US-Finanzministerium, als einer von Moskaus Spitzenagenten in die Roosevelt-Regierung eingeschleust worden. Seine Umtriebe sollten, wie die von Alger Hiss im State Department, verheerende Folgen für die amerikanische Außenpolitik in Asien und Europa haben. Goerdeler wurde von seinem Freund Bronisch aus New York begleitet. Messersmith hatte das Treffen der Vier arrangiert. Goerdeler betonte, daß er als "Privatmann" reiste und keinen regierungsamtlichen Standpunkt vertrat. Wie Morgenthau war auch er ein Befürworter eines stabilen Währungssystems. Er malte Deutschlands wirtschaftliche und finanzielle Situation in düstersten Farben. Er gab seiner Hoffnung auf eine deutsch-amerikanische Zusammenarbeit Ausdruck, sobald "der richtige Augenblick gekommen" war. Er bat den Finanzminister dringend, dem Reich Hilfe zu leisten, wenn auch "nicht in nächster, dann aber in ferner Zukunft". Goerdeler war nicht als Bittsteller für die nationalsozialistische Regierung gekommen. Er spielte auf Entwicklungen an, die nach seiner Einschätzung der Lage zwar nicht in "sehr naher Zukunft" eintreten würden. Er zeichnete ein Bild, von dem er hoffte, daß es "eines Tages" in Deutschland Wirklichkeit werde.

Morgenthau erwiderte lediglich, daß "noch viel Wasser den Fluß hinabfließen" müsse, ehe die Frage einer deutsch-amerikanischen Kooperation in praktische Erwägung gezogen werden könnte. In verschwörerischem Ton antwortete Goerdeler: "Ja, das sehe ich ein, und ich stimme dem zu", aber "ich wollte während meines Aufenthaltes hier wenigstens mit Ihnen sprechen, so daß Sie eine Vorstellung von der Art der Zusammenarbeit bekommen, die Deutschland in der Zukunft vielleicht brauchen kann."

Dann zogen Goerdeler und White sich zurück und gingen noch einmal alles durch, was Morgenthau bereits mit Goerdeler besprochen hatte. Aber für White und seine Moskauer Vorgesetzten gab es einen Punkt speziellen Interesses. Er wollte mehr über die Putschpläne erfahren. Goerdeler steuerte "lediglich" die zusätzliche Auskunft bei, daß er "ziemlich sicher sei, daß früher oder später die Vernunft in Deutschland obsiegen werde." Er hatte jedoch "keinen eindeutigen Beweis für einen bevorstehenden Wechsel in der Politik ..." (46)

Goerdeler bestätigte, wenn auch vage, was Messersmith, Feis, Frankfurter und Einstein seit Hitlers Machtergreifung prophezeit hatten. Beamte im State Department und im Ausland stationierte US-Diplomaten waren von der Dringlichkeit überzeugt und rafften sich schließlich auf, die Prämissen, auf die Roosevelt und die Aktivisten der "messianischen Schule" ihre Politik gründeten, zu kritisieren, wenn nicht in Frage zu stellen. Der Zeitpunkt war gekommen, sich endlich einer Flut von wilden Illusionen entgegenzustemmen. Die politischen Entscheidungsträger, Opfer ihres eigenen Wunschdenkens, hatten einen gefährlichen Kurs eingeschlagen. Die amerikanische Politik war im Begriff zu entgleisen.

John Wiley vom State Department versuchte, Ordnung in die oft konfuse politische Gedankenwelt Washingtons zu bringen. Das Ergebnis war zwar "nicht das Ei des Kolumbus", aber dennoch eine kritische Analyse des im Rooseveltschen Beraterkreise vorherrschenden Denkens. Seine Kollegen vom Wirtschaftsamt im Ministerium, "alles eingefleischte Feinde des Faschismus", hatten schon seit Jahren unaufhörlich davon geredet, daß es mit Italien und Deutschland wirtschaftlich und finanziell bergab ginge. Mit "Schadenfreude" registrierten sie die sich auftürmenden Wirtschaftsprobleme des Reiches. Beide Länder hatten mit "mangelnden" Rohstoffen und zunehmenden Ausfuhrschwierigkeiten zu kämpfen. Immer wieder hatten sie auf diese Argumente zurückgegriffen, um ihre "zuversichtlichen Prophezeiungen" über den "unausweichlichen und nahe bevorstehenden" Zusammenbruch des Nationalsozialismus und Faschismus zu erhärten. Wiley war es unerklärlich, wie man "in einem deutschen oder italienischen wirtschaftlichen Zusammenbruch Grund für Optimismus" entdecken konnte. Die politischen und wirtschaftlichen Übel der Welt konnten durch solche Entwicklungen weder behoben noch gelindert werden. Im Gegenteil, "wachsende wirtschaftliche Verzweiflung würde höchstwahrscheinlich einen noch extremeren politischen Radikalismus hervorbringen." (47) Aber Wileys Befürchtungen waren Messersmiths Hoffnungen. Der Ministerialdirektor beschwor apokalyptische Visionen herauf, in denen der rasende Samson Hitler das Dach des Reichstempels über sich zum Einsturz brachte.

Hugh R. Wilson, der Dodd als Botschafter in Berlin nachfolgte, versuchte, Roosevelt und Hull, wenn auch ohne Erfolg, von ihren Illusionen und Wahnvorstellungen, die Messersmith ihnen eingeimpft hatte, zu befreien. Er war sich des gefährlichen Einflusses Messersmiths auf den Präsidenten durchaus bewußt. Vor seiner Versetzung nach Berlin hatte er als Ministerialdirektor im State Department ausreichend Gelegenheit gehabt, Messersmith aus unmittelbarer Nähe zu beobachten. In Unkenntnis der tatsächlichen innerdeutschen Entwicklungen mochte er dessen Einschätzung der Situation anfangs sogar geteilt haben. Aber seine eigenen Erfahrungen in Deutschland und seine langen Gespräche mit Donald Heath von der US-Botschaft in der Reichshauptstadt brachten ihn in die Welt der Realitäten zurück. Von Heath erfuhr er, daß das Reich "enorme Fortschritte" gemacht hatte. Die deutsche Situation hatte sich "ständig" verbessert. Vorausgesetzt, daß Export und Import sich im Gleichgewicht hielten, "bestand kein Grund zur Annahme, daß Deutschland nicht auf Jahre hinaus aus eigener Kraft und ohne Arbeitslosigkeit weiterbestehen und einen annehmbaren Lebensstandard erwirtschaften sollte." Nach seiner fundierten und wohlüberlegten Meinung "waren ausländische Schätzungen über die in Deutschland umlaufende Papiergeldmenge stark übertrieben ..." Diejenigen, die den wirtschaftlichen Zusammenbruch des Hitlerregimes prophezeit hatten, seien schon immer im Irrtum gewesen. (48) Im Gegensatz zu Messersmiths waren Wilsons Informanten nicht allein die deutschen Kassandras und die inoffiziellen Abgesandten der Widerstandsbewegung, die bei naiven, leichtgläubigen und feindlich gesinnten amerikanischen Beobachtern mit den ihren eigenen Zwecken dienenden Enthüllungen hausieren gingen. Wilson kam zu dem Schluß, daß diejenigen, die aus politischen oder wirtschaftlichen Gründen "einen baldigen Zusammenbruch des Systems" erwarteten, "vielleicht einem Wunschdenken erlegen waren, und daß diejenigen, die mit einem baldigen Zusammenbruch rechnen, für die nächste Zukunft ebenso unrecht haben werden wie schon in der Vergangenheit." Die letzte Bemerkung war als Spitze gegen Messersmith gerichtet. (49)

Roosevelt und Hull führten Messersmith als einen besonders gut informierten Kenner europäischer Angelegenheiten in Washington als ihr Paradepferd herum. Wilbur Carr, der inzwischen in Prag eingetroffen war, kamen plötzlich erhebliche Zweifel auf, ob dieser Ruf überhaupt verdient war. Sein Nachfolger im State Department mochte in vielen Fragen scharfsinnig urteilen, aber er war ein schlechter Prophet. Vor Carrs Abreise in die tschechische Hauptstadt hatte Messersmith ihm dringend angeraten, sich mit einem bestimmten amerikanischen Korrespondenten zu treffen, der sich jedoch anläßlich ihrer ersten Zusammenkunft unverblümt und kritisch äußerte: "Messersmith hat Hitlers Sturz prophezeit auf Grund von Informationen aus Berlin. Er hat sich geirrt. Hitler ist stärker denn je, und nichts kann seine Macht erschüttern." (50)

Es war Messersmiths falsche Einschätzung der innerdeutschen Verhältnisse, die Roosevelt 1937 zu seinem forschen und provokativen Auftreten ermunterte, ihn sich zu Drohungen hinreißen ließ, das Reich unter Quarantäne zu stellen, und ihn beflügelte, andere Regierungen ebenfalls zu einem scharfen Auftreten zu verleiten. (51)

Messersmith hatte Roosevelt in ein politisches Minenfeld geführt. Daß Hitler gestürzt und ausgeschaltet werden müsse, hatte Roosevelt schon seit langem beschlossen. Messersmith hatte ihm die Marschroute aufgezeichnet, um das Ziel der Beseitigung des nationalsozialistischen Regimes in die Tat umzusetzen, nämlich durch eine Politik der wirtschaftlichen und finanziellen Erdrosselung des Reiches und indem man den Führer durch eine koordinierte internationale Oppositionsfront zu Zugeständnissen zwang und ihm auf diese Weise eine diplomatische Niederlage zufügte. Gerade auf diesen Punkt legte Messersmith größtes Gewicht. Gelang es, Hitler zu zwingen, einen öffentlich bezogenen Standpunkt, mit dem sein Ansehen stand oder fiel, aufzugeben, dann würde dieses "erste Zugeständnis" der "Anfang vom Ende" seiner Herrschaft sein. (52) Aus welcher Perspektive Roosevelt auch immer die Dinge betrachtete, orchestrierte Gegenmaßnahmen der

Großmächte, schlimmstenfalls unter Einschluß eines "glorreichen kleinen Krieges", würden dem Führer einen vernichtenden Schlag versetzen. (53)

Die Sirenenklänge der Verschwörer in Berlin wollten nicht verstummen. (54) Während Europa von einer Krise in die andere stürzte, häuften sich auf Messersmiths Schreibtisch Berichte mit dem sich immer wiederholenden Versprechen, der Tag des Gerichts stehe bevor, das Wirtschaftssystem steuere auf den Abgrund zu, und die Widerstandsbewegung sei im Begriff, der Hitler-Regierung den Gnadenstoß zu geben. Im Frühjahr 1939 aktivierten sich die Kontaktaufnahmen zu dem Verschwörerkreis. Die Handlungen und öffentlichen Stellungnahmen der US-Regierung waren oft eine Reaktion auf die Einflüsterungen der Widerständler. Sogar bei Kabinettssitzungen im Weißen Haus war der bevorstehende Sturz des nationalsozialistischen Regimes Gegenstand lebhafter Diskussionen und wilder Spekulationen. (55) Bis zur Niederlage Frankreichs im Sommer 1940 "gab Roosevelt sich der Phantasievorstellung hin ..., daß das deutsche Volk von der Politik 'Kanonen statt Butter' die Nase voll habe und rebellieren und den Nazi-Schwindel zerplatzen lassen werde ..." (56)

Roosevelt hatte sich von den Falken täuschen lassen, deren unnachgiebige Politik dem Reich gegenüber den inneren Umsturz zum Ziel hatte, bei dem die Putschisten Hitler aus der Reichskanzlei vertreiben sollten. Ratgeber vom Schlage Messersmiths, Frankfurters und Feis' hatten die Politstrategie, die deutsche Verschwörer ihnen ins Ohr geflüstert hatten, naiverweise zu ihrer eigenen gemacht.

Roosevelt selbst hatte kein klar formuliertes realpolitisches Konzept. Von Natur aus zur Heimlichkeit neigend (57), war er der geborene Verschwörer. Hinsichtlich der UdSSR und Deutschlands jagte er einem Phantom nach. Für ihn war das sowjetische Experiment die Stalinsche Variante des amerikanischen New Deal. War nicht Stalins Verfassung vom Jahre 1936 eine Kopie der traditionsträchtigen Verfassung der Vereinigten Staaten von 1787? Der Nationalsozialismus verkörperte alles, was Roosevelt verabscheute: die politische "Reaktion" und den preußischen "Militarismus". Die braunen Sturmabteilungen waren das proletarische Double der verhaßten "preußischen Junker". (58) Der Führer war an die Stelle des "Hunnen" Kaiser Wilhelm getreten, gegen den Roosevelt, als Ministerialdirektor im Marineamt, seinen ersten großen kämpferischen Einsatz inszeniert hatte. Wie einst die November-Revolutionäre den Kaiser gestürzt hatten, so wankte auch der Führer bereits am Rande des Abgrundes, sogar ohne sein Volk den Anstrengungen und Entbehrungen eines Krieges ausgesetzt zu haben. Alles, was getan werden mußte, war, dem Führer einen raschen, entscheidenden Schlag zu versetzen. Und der Präsident war davon besessen, gerade das zu tun, wie er im März 1939 freimütig ausplauderte.

In einer längeren Unterhaltung mit seinem alten Freund Sir Arthur Willert sprach er über die Vergangenheit und seine Pläne für die Zukunft. Mit den Briten ging er scharf ins Gericht, weil sie den "Loyalisten" in Spanien nicht zur Macht verholfen hatten, die nun General Franco von den

Schlachtfeldern und aus den politischen Kommandostellen vertrieb. Er verlangte von Chamberlain, die Wehrpflicht einzuführen. Er warf London vor, Deutschland ein "Einschüchterungsmonopol" zugestanden zu haben. Er versprach, im Falle eines bewaffneten Konfliktes "alles nur Mögliche zu tun, um den Demokratien zu helfen." Er würde die Neutralitätsgesetze ignorieren, das Johnson-Gesetz von 1934 umgehen und der amerikanischen Flotte den Befehl erteilen, im Ostatlantik und im Mittelmeer auf Wachtposten zu gehen, um der Royal Navy "die Freiheit zu geben, ihre Kräfte dort zu konzentrieren, wo sie am dringlichsten benötigt waren." Er war sich des Risikos bewußt, daß sein Vorgehen "unzählige Gelegenheiten für einen casus belli bieten" würde. Roosevelt plante, in den kommenden Krieg durch die Hintertür einzutreten. (59)

Sir Arthur hatte den deutlichen Eindruck gewonnen, daß der Präsident "es nicht bedauern würde, die USA im Kriege zu sehen." Roosevelt spekulierte auf einen "glorreichen kleinen Krieg" im Stile des "splendid little war" zwischen Spanien und den Vereinigten Staaten von 1898. Er hatte nicht die geringsten Zweifel, daß die Demokratien aus den Auseinandersetzungen siegreich hervorgehen würden, "zumal der Krieg kürzer als der letzte sein würde." Großbritannien und Frankreich befanden sich in einer viel stärkeren Position als allgemein angenommen wurde. Außerdem "... war die deutsche Heimatfront ohnehin recht schwach." Wenn London Gerüchte über alliierte "Vorbereitungen für die Bombardierung Deutschlands" ausstreute, dann mußten solche gezielten Nachrichten, obgleich sie nicht unbedingt die tatsächlichen anglo-französischen Absichten widerzuspiegeln brauchten, die deutsche Heimatfront "noch weiter schwächen". Für Roosevelt war eine Tatsache unumstößlich: "... das deutsche Volk hält einer Belastung nicht gut stand." Es werde "leicht ein Opfer seiner eigenen Einschüchterungstaktik". Der Präsident rief sich seine persönlich gemachten Erfahrungen aus seiner Schulzeit in Bad Nauheim in Erinnerung zurück. Damals hatten seine deutschen Mitschüler versucht, "ihn zu schikanieren". Aber es war ihm schon bald klar geworden, daß "sie sich aus dem Staube machten, sobald er sich kräftig zur Wehr setzte und standhaft blieb." (60)

Roosevelt griff auf seine Jugenderfahrungen zurück, als er als Präsident seine Deutschlandstrategie entwarf. Seine Schlußfolgerungen waren äußerst einfältig. Die Faustkämpfe auf dem Schulhof in Bad Nauheim mit der Konfrontation zwischen dem Reich und den westlichen Großmächten zu vergleichen, war der Gipfel der Torheit, zumindest der Scharlatanerie. Was er Sir Arthur als sein politisches Rezept unterbreitete, entsprang letzthin den von Messersmith genährten trügerischen Hoffnungen.

Anfang 1939 hatte Roosevelt sich in eine Position hineinmanövriert, von der er eine Politik betrieb, die die Gefahr in sich barg, einen Krieg heraufzubeschwören, für den er öffentlich jede Verantwortung von sich wies. Wie Englands Chamberlain, Frankreichs Daladier und Polens Beck rechnete auch der Präsident der Vereinigten Staaten nur mit einem "splendid little war". Sobald Hitler auf den Knopf drückte und seine

Streitkräfte in Marsch setzte, würden – und das hatten die deutschen Verschwörer einstimmig und nachhaltig versprochen – sich die Räder in Bewegung setzen, um das NS-Regime zu stürzen. Und falls die Versprechen der deutschen Widerständler sich nicht bewahrheiten sollten, dann würden, so kalkulierte jedenfalls Roosevelt, die finanziellen und wirtschaftlichen Belastungen, gepaart mit einer Demoralisierung der Massen, das Reich zu Fall bringen.

Die Quarantäne-Rede vom 5. Oktober 1937 war Roosevelts Aufruf zum Kampf, die Hitler-Regierung mit der Wirtschaftswaffe zu schlagen.

Kapitel 11

"Die Aggressoren unter Quarantäne stellen"

Das Jahr 1937 war für die Vereinigten Staaten ein Meilenstein auf dem Wege zum Krieg. Hitler eröffnete das neue Jahr mit dem feierlichen Versprechen, mit keinen weiteren "Überraschungen" aufzuwarten. (1) In seiner Botschaft an den Kongreß vom 6. Januar, in der die Demokratien zur Verteidigung ihrer Interessen aufgefordert wurden, betonte Roosevelt den Ernst der Lage. (2) Seinen Warnungen folgten Taten. An das Marineamt erging der Befehl, mit dem Bau von Großkampfschiffen zu beginnen. Außenminister Hull erhielt die Weisung, Gespräche über Flottenbeschränkungen hinhaltend zu führen, um "uns nicht die Hände zu binden". (3) Die Mannschaftsstärke der Marinereserve sollte heraufgesetzt und die Marinedocks sollten ausgebaut werden. Wiederholt unterstrich der Präsident, daß die Sicherheit der Vereinigten Staaten bedroht war. (4)

Deutschen Diplomaten war nicht entgangen, daß Roosevelt etwas im Schilde führte. Seit dem Herbst 1936 hatten die linksliberalen Meinungsmacher die Unvermeidlichkeit eines Krieges an die Wand gemalt. Die "Demokratien", einschließlich Sowjetrußlands, müßten sich über kurz oder lang mit den faschistischen Staaten messen. Die USA bildeten die Hauptverteidigungslinie gegen die sogenannten Aggressor-Nationen. Die amerikanische Öffentlichkeit wurde psychologisch und emotional systematisch auf den bevorstehenden Konflikt vorbereitet. Botschafter Luther vertrat die Ansicht, daß für Roosevelt die Würfel bereits gefallen waren. Oft genug hatte er seine "Sympathien" für die "Demokratien" verkündet. Der Präsident hatte dabei die volle Unterstützung seines Außenministers. Es bestand kein Zweifel, daß "in allen grundlegenden Fragen Amerika auf Seiten Großbritanniens steht." Die USA würden Europa niemals den Rücken zukehren. Die Neutralitätsgesetzgebung werde den Präsidenten nicht davon abhalten, Frankreich und England zu unterstützen. Schon wegen der "wirtschaftlichen Folgen" eines europäischen Krieges seien die USA gezwungen, auf der Seite der "Demokratien" zu kämpfen. (5)

US-Diplomaten hatten bereits vom Weißen Haus ein entsprechendes Signal erhalten. William Bullitt, inzwischen in Paris als Botschafter eingetroffen, brachte in seiner Festrede anläßlich des Geburtstages von George Washington deutlich zum Ausdruck, daß die Warnung des ersten amerikanischen Präsidenten, sich in europäische Auseinandersetzungen nicht verstricken zu lassen, eine Sache der Vergangenheit war. In Anwesenheit des französischen Ministerpräsidenten und führender politischer Persönlichkeiten erklärte der Botschafter, daß "es für die USA natürlich unmöglich ist, schon heute ein festes Versprechen abzugeben, im Falle eines europäischen Krieges nicht in den Konflikt hineingezogen zu werden, wie wir 1917 in den Krieg gezwungen wurden ..."

Die Wirkung seiner Worte war nach Ansicht der französischen Presse auf Berlin gemünzt. Die offizielle Presseagentur Havas meldete, daß der Text der Rede vorher mit Roosevelt und Hull abgestimmt worden war. "Pertinax", vom Echo de Paris, wußte sogar zu berichten, daß die öffentliche Erklärung Bullitts den Tenor der Reden von Blum und Eden widerhallen sollte, die sie kurz zuvor im Amerikanischen Klub in Paris gehalten hatten. Die Vereinigten Staaten hatten sich auf die Seite Frankreichs und Großbritanniens geschlagen. Eden und Blum hatten Hitlers Vorschläge vom 30. Januar bereits zurückgewiesen. Nun war der amerikanische Botschafter ihrem Beispiel gefolgt. Der Bericht von "Pertinax" beruhte nicht auf Spekulationen. "Offizielle Stellen" in Paris hatten seine Analyse der Lage bestätigt. (6)

Die den Aktivismus signalisierende Rhetorik amerikanischer Regierungssprecher war nicht etwa eine Reaktion auf den plötzlichen Einbruch dramatischer Ereignisse. Der Ausbruch des chinesisch-japanischen Kriegs und die Bildung des Dreiecks Berlin-Rom-Tokio lagen noch in der Zukunft. Die Roosevelt-Regierung hatte die Initiative ergriffen und war zur Offensive übergegangen. Im Frühjahr und Sommer 1937 führten hohe Beamte des State Department wahre Redeschlachten. Da sie alle in engster Verbindung mit Roosevelt standen, gaben sie offensichtlich seine Ansichten wieder und bereiteten die amerikanische Öffentlichkeit auf eine programmatische Erklärung des Präsidenten vor.

Außenminister Hull hielt am 5. April eine Ansprache im Biltmore Hotel in New York. Ministerialdirektor Francis Sayre sprach am folgenden Tag vor der "League of Nations Association". Seine Rede wurde von sämtlichen Rundfunkanstalten ausgestrahlt. Am 19. April trat Staatssekretär Sumner Welles anläßlich der Jahrestagung der "Daughters of the American Revolution" als Hauptredner auf die Tribüne. Francis Sayre hatte kaum Atem geschöpft, als er am 26. April in Dallas einen Vortrag über "unsere panamerikanische Politik" hielt. Am nächsten Tag stand er auf dem Katheder der Universität von Oklahoma, um über das Thema "Den Frieden sichern" zu reden. Die aktivistische, interventionistische Presse hatte den

Boden schon systematisch vorbereitet, so daß die engsten Mitarbeiter des Präsidenten sich ins Rampenlicht wagen konnten. Die auf Touren laufende Umerziehungskampagne sollte die Öffentlichkeit auf den bevorstehenden Umschwung in der amerikanischen Außenpolitik vorbereiten. (7)

Der Jahrestag des amerikanischen Eintritts in den ersten Weltkrieg bot eine glänzende Gelegenheit, die man nicht ungenutzt verstreichen lassen konnte. Im April 1917 hatte Woodrow Wilson die Vereinigten Staaten in ihren ersten Kreuzzug geführt. Im April 1937 riefen hohe Beamte des State Department Erinnerungen an die "geistigen Väter des Versailler Vertrages" wach. Stanley Hornbeck von der Fernost-Abteilung des Ministeriums ritt Attacken gegen den historischen Revisionismus, der sich in den dreißiger Jahren Gehör verschafft hatte und die kaiserlich-deutsche Politik in einem günstigen Licht darstellte.

Dem amerikanischen Denken drängten sich Parallelen zwischen den Ereignissen vor dem Kriegseintritt Amerikas 1917 und der krisengeschüttelten Situation von 1937 auf. Deutschland wurde wiederum als Hauptaggressor verteufelt, dessen "Machtgier buchstäblich" unersättlich war. Nur ein Krieg konnte seinen Appetit stillen. Die interventionistische Presse und die Roosevelt-Regierung schienen ihren Umerziehungsfeldzug zu koordinieren, und es hatte den Anschein, als zeitigten ihre krampfhaften Bemühungen, die bisher vorherrschenden isolationistischen Tendenzen einzudämmen, erste Erfolge. Diese Kräfte taten ihr Äußerstes, die "alte Versailles-Front" wiederaufzubauen. Britische Propagandisten fielen wie Heuschrecken über das Land, um die Bildung einer anglo-amerikanischen Koalition zu propagieren. (8)

Der Unabhängigkeitstag am 4. Juli bot einen weiteren willkommenen Anlaß, öffentlich die Stimme mahnend zu erheben. Liberale und Linke, für die der "Patriotismus" lange Zeit ein Fremdwort gewesen war und die diese Gesinnung systematisch als atavistisches Überbleibsel verdammt hatten, entdeckten plötzlich wieder ihre vaterländischen Gefühle. Im Kampf gegen den "Faschismus" war der Patriotismus eine Tugend; bei der Verteidigung gegen Radikalismus und Bolschewismus war er ein Laster. Auch amerikanische Diplomaten zeigten sich der Lage gewachsen. In London attackierte US-Botschafter Bingham die "despotischen" Nationen. Die "Diktaturen" waren auf Krieg aus, aber die "Demokratien" würden aus dem Konflikt als Sieger hervorgehen. Obgleich er Deutschland nicht namentlich nannte, bestand nicht der geringste Zweifel, daß sich seine Anklage "in erster Linie" gegen das Reich richtete. (9)

Inzwischen gab Hull einer Grundsatzerklärung den letzten Schliff, die Kernaussagen über die amerikanische Außenpolitik enthalten sollte. Ausländische Regierungen wurden aufgefordert, Amerikas guten Willen zu erwidern. Störungen und Feindseligkeiten in den entlegensten Winkeln des Erdballs gefährdeten angeblich amerikanische Interessen, Rechtsansprüche und Verpflichtungen. Die Regierungen wurden aufgerufen, sich gemeinsam mit den USA zu vereinten Anstrengungen zusammenzuschließen. (10)

Bis zum 8. August hatten 32 Länder ihre Übereinstimmung mit Hulls

Grundsätzen bekundet. Die portugiesische Antwort war zurückhaltend ausgefallen. Lissabon bemerkte lediglich, daß der Außenminister Selbstverständlichkeiten ausgesprochen hatte, denn alle Völker wünschten Frieden, vorausgesetzt, daß der Frieden ihren nationalen Interessen diente. (11)

Die linksliberale Presse registrierte die Tatsache mit Befriedigung, daß Berlin, Rom und Tokio Hulls Aufruf nicht beantwortet hatten. Diese Regierungen hatten damit ihre wahre Natur offenbart. Litwinows positive Erwiderung wurde von den Zeitungen lobend hervorgehoben.

Dieckhoff, der Luther inzwischen als Botschafter abgelöst hatte, verblüffte Hulls Handlungsweise. Das Verhalten des Außenministers war "ungewöhnlich und ohne Beispiel". Wie einst Wilson mit seinen Vierzehn Punkten war Hull anscheinend hauptsächlich daran interessiert, aus seiner Grundsatzerklärung soviel Propagandakapital wie möglich herauszuschlagen. In Washington liefen Gerüchte um, die von Roosevelts Absicht, eine diplomatische Offensive vom Stapel zu lassen, wissen wollten. Aber Dieckhoff war nicht sicher, ob der Präsident tatsächlich schon den Entschluß gefaßt hatte, eine "Friedenskonferenz" einzuberufen. (12)

Ehe Roosevelt sich mit seiner Quarantäne-Rede endgültig auf eine kompromißlose Politik festlegte, beschäftigten ihn Gedanken, mit denen er schon im Sommer 1936 gespielt hatte. (13) Er war wieder einmal einer jener phantasiereichen Eingebungen verfallen, die seine Ratgeber schon so oft beunruhigt, ja schockiert hatten. Plötzlich hatte die Idee, ein Geheimtreffen mit Hitler und Mussolini auf hoher See zu arrangieren, von ihm "Besitz ergriffen". Er hatte das "eigenartige Gefühl, nein, die Überzeugung", daß die Weltprobleme gelöst werden könnten, wenn er sich mit dem Führer und Il Duce an einem Tisch zusammensetzte. Hull versuchte, ihn von diesem Vorhaben abzubringen. Es war ein Hirngespinst zu glauben, auf diese Weise "den Krieg zu verhindern ..." Voller Verzweiflung wandte sich der Außenminister an Messersmith in der Hoffnung, dieser könnte dem Präsidenten die abstrusen Konferenzpläne ausreden. Der Ministerialdirektor erhob schärfste Einsprüche gegen die geplante Gipfelkonferenz. Erstens könnte das Dreiertreffen nicht geheimgehalten werden. Die Welt würde bald davon erfahren. Falls die Ergebnisse der Besprechung positiv ausfielen, "dann wäre alles gut." Wenn die Zusammenkunft jedoch negative Resultate zeitigte, "dann würde die Situation sich erheblich verschlimmern." Roosevelt beginge den unverzeihlichen Fehler, warnte Messersmith, anzunehmen, daß der Führer und Il Duce "verantwortungsbewußte Männer seien". Hitler sei Vernunftsargumenten absolut nicht zugänglich. Er lasse sich von "Leidenschaften" und "Vorurteilen" leiten. Messersmith erinnerte den Präsidenten mit Nachdruck daran, mit welcher "Verbissenheit" der Führer seine Zielsetzungen bisher verfolgt hatte. Zwar war er gewillt, die "gewichtigen Argumente", die Roosevelt zugunsten seines Planes vorbrachte, anzuerkennen, vor allem das seiner eigenen Persönlichkeit, "Menschen zu beeindrucken". Aber er versuchte ihm klarzumachen, daß "sein Hauptargument, nämlich das seiner eigenen Überzeugungskraft, warum ein Treffen zum Erfolg führen würde, jeder Grundlage entbehrte."

Als Krönung seiner Gegenargumentation brachte er den grundsätzlichen Einwand gegen ein Adolf-Benito-Franklin Treffen auf hoher See vor. Die ganze Nation habe inzwischen den Eindruck gewonnen, daß der Präsident die europäischen Entwicklungen "bis in ihre feinsten Verästelungen" ausgeleuchtet habe. Würde Roosevelt sein Vorhaben ausführen, dann würden alle von der Annahme ausgehen, daß gewichtige Gründe ihn bewogen hatten, mit einem erfolgreichen Konferenzausgang zu rechnen. Messersmith warnte den Präsidenten davor, seine auf Hochtouren laufende Umerziehungskampagne durch Selbstschuß zu zerstören. Alle seine Anstrengungen, die Nation gegen die "faschistische" Gefahr zu mobilisieren, würden sich damit verflüchtigen. Roosevelt würde diese Scharte nie wieder auswetzen können. Er sollte sich der "historischen Aufgabe" bewußt sein, die er und die USA im "weltgeschichtlichen Prozeß" zu spielen hatten. Messersmith erinnerte den Präsidenten daran, daß in ihnen beiden schon vor geraumer Zeit die Entschlossenheit herangereift war, sich dem Unvermeidlichen zu stellen, daß nämlich, "wenn der Krieg käme, wir die Hauptverantwortung tragen müßten und auch, solange er andauerte, die Hauptlast." Messersmith beschwor Roosevelt, sich "seiner Verantwortung in den nächsten Jahren vor dem Kriegsausbruch besonders bewußt zu sein, ... wenn der Krieg dann schließlich ausbräche, wäre es für sein Prestige und die Rolle unseres Landes verhängnisvoll", die Initiative für ein Treffen mit Hitler und Mussolini ergriffen zu haben, von dem von vornherein vorauszusehen war, daß es "schlechte Folgen haben mußte". Vielleicht könnte der Ausbruch des Krieges hinausgeschoben werden, aber es war doch "fast sicher, wenn nicht absolut gewiß, daß er nicht vermieden werden konnte." Darum mußte jede politische Entscheidung aus der Perspektive "unseres Prestiges und unserer Position und seines Ansehens als Führer" gefällt werden. (14)

Als Ergebnis seiner Aussprache mit Messersmith legte Roosevelt seine Konferenzpläne ad acta. Er schien sich jetzt endgültig und unwiderruflich der politischen Strategie der "messianischen Aktivisten" verschrieben zu haben, deren ganzes Trachten darin bestand, das nationalsozialistische Regime zu vernichten. Um nicht auch nur die leisesten Zweifel an seiner Entschlossenheit aufkommen zu lassen, hatte Roosevelt seine fixe Idee einer Gipfelkonferenz auf hoher See aufgegeben.

Hitler mußte in Acht und Bann getan und das Reich wirtschaftlich und finanziell abgeschnürt werden. Der Ring der "Einkreisung" mußte noch fester um Deutschland gelegt werden. Um seinem Prestige zu schaden, mußte dem Führer eine Serie von diplomatischen Niederlagen beigebracht werden. Wenn "friedliche" Mittel nicht ausreichten, um das Regime zu stürzen, dann mußte ein bewaffneter Konflikt riskiert werden, um dieses Ziel zu erreichen. Auch Dodd hatte dem Präsidenten den Floh ins Ohr gesetzt, daß das deutsche Volk im Falle eines Krieges sich gegen das verhaßte Regime erheben würde. (15)

Im Sommer 1937 hatte sich Roosevelts strategisches Konzept herauskristallisiert. Nachdem einmal die grundsätzliche Entscheidung gefallen war, machte er sich an die Aufgabe, sein Vorhaben in die Tat umzusetzen.

Sein erster Schritt in die Richtung galt der Isolierung Hitlers. Ein Keil sollte zwischen Il Duce und den Führer getrieben werden. Einmal dem Banne Hitlers entkommen, würde Mussolini vielleicht wieder zur Vernunft kommen. Rooseveltts Persönlichkeit und Überredungskünste könnten möglicherweise den Umkehrungsprozeß beschleunigen. Der Präsident äußerte den Wunsch, den italienischen Diktator eines Tages kennenzulernen. (16)

Auch hinsichtlich Englands war im Weißen Haus eine Grundsatzentscheidung gefallen. Die neue Chamberlain-Regierung durfte nicht länger aus der Reihe tanzen. Als Schatzkanzler hatte Neville Chamberlain Rooseveltts und Hulls Panikmache widerstanden. Nun hofften der Präsident und sein Außenminister, durch Ausnutzung der britischen Furcht vor Deutschland London zur Räson und unter ihren Einfluß zu bringen. Roosevelt nahm sogar Zuflucht zu erpresserischen Methoden. Falls die Briten die amerikanischen Angebote und Forderungen weiterhin zurückwiesen, bestand die Gefahr, daß die USA "in Kriegszeiten praktisch auf allen Gebieten in die Isolation" getrieben würden, "auch in solch lebenswichtigen Bereichen wie internationale Kredit- und Handelsabmachungen." Als die deutsch-englischen Beziehungen ihre Talfahrt antraten, ließ Washington durchblicken, daß eine anglo-amerikanische wirtschaftliche Zusammenarbeit die USA veranlassen könnte, ihr politisches Gewicht in die europäische Waagschale zu werfen. (17) Den Briten sollte zu verstehen gegeben werden, daß Washington "durchaus bereit war, ihre Position auf jede erdenkliche Weise zu stärken." (18)

Im Sommer 1937 verflüchtigte sich der britische Widerstand gegenüber amerikanischen Avancen. Politische Überlegungen bestimmten jetzt Chamberlains Handlungsweise. "Ausschlaggebend" für die Entscheidung des Premierministers, einem Wirtschaftsabkommen mit den USA zuzustimmen, war die Überlegung, "sie würde die Amerikaner dazu bringen immer mehr mit uns gemeinsame Sache zu machen, und weil ich sicher war, daß sie die Totalitären einschüchtern würde ..." (19)

Im Juni 1937 erreichten die deutsch-englischen Beziehungen ihren ersten Tiefpunkt. Außenminister Neurath hatte wegen des Angriffs auf die "Deutschland" seinen Besuch in England abgesagt. (20) Frankfurter atmete erleichtert auf. Weder England noch die USA durften sich mit Berlin in Verhandlungen einlassen. Er ermutigte Messersmith, seinen Kampf in Washington weiterzuführen: "Wie recht hatten Sie doch, daß der Zeitpunkt für Verhandlungen mit Deutschland kommen könne, aber nicht jetzt." Wie Messersmith wartete auch Frankfurter mit wachsender Spannung auf den Putsch in Berlin. Der Harvard-Professor sprach sich anerkennend über Messersmiths "gesundes Urteilsvermögen" aus. (21)

War Großbritannien erst einmal an das amerikanische Handelssystem gekettet, dann beabsichtigte Roosevelt, das Handelsabkommen als Druckmittel gegen Chamberlain zu benutzen, die britische Politik auf die außenpolitischen Richtlinien der "messianischen Aktivisten" sich einrasten zu lassen. Roosevelt wollte nicht nur eine anglo-amerikanische Interessengemeinschaft begründen und die wirtschaftliche Zusammenarbeit zwischen beiden Ländern aktivieren, er wollte auch die politische Kooperation zwischen Washington und London demonstrieren. Aus diesem Grunde lud er Chamberlain nach Washington ein, der aber, weil er gerade die Nachfolge von Baldwin angetreten hatte, ablehnte. Der Plan, als Geste der Solidarität Leon Blum einzuladen, wurde daraufhin auch fallengelassen. (22)

Roosevelt hatte sich bei dem britischen Premierminister eine Abfuhr geholt. Seine Verbitterung über Chamberlains "Appeasement"-Politik verstärkte sich. Er hatte nicht durchschaut, daß er und der Brite in Wirklichkeit am gleichen Strang zogen. Aber beide gingen ironischerweise davon aus, auf verschiedenen Wellenlängen zu operieren. Weil beide zu Geheimnistuerei und Verschwörertum neigten, zogen sie sich nicht gegenseitig ins Vertrauen. Die daraus resultierenden gegenseitigen Vorwürfe und Anschuldigungen waren die Folge eines kolossalen Mißverständnisses, denn jeder von ihnen arbeitete auf seine Weise auf die Beseitigung des nationalsozialistischen Regimes hin.

Mitte 1937 beschloß Roosevelt, seiner schon aktivistischen Politik noch mehr Nachdruck zu verleihen. Dieser Entschluß entsprang nicht einer plötzlichen Laune. Durch den Verlauf der Geschehnisse in Europa und Asien bereits in erhebliche Unruhe versetzt, mußte Roosevelt mit einem Mal der Tatsache ins Auge sehen, daß nicht nur Deutschland, Italien und Japan sich widerspenstig zeigten, sondern auch der von ihm umworbene Chamberlain ihm Schwierigkeiten machte. Messersmith und Frankfurter bestärkten ihn in seiner Überzeugung, daß die britische "Appeasement"-Politik verhängnisvolle Folgen haben mußte. Roosevelt war entschlossen, einen Umschwung herbeizuführen. Seine Quarantäne-Rede war nicht nur als Drohung an die Adresse der sogenannten Aggressor-Nationen gerichtet, sondern sollte auch Chamberlain als Warnung dienen und dessen "Appeasement"-Politik untergraben, deren Bedeutung Roosevelt groteskerweise so kläglich mißverstanden hatte.

Roosevelts Ghostwriter arbeiteten an einer Rede, die "die Welt aufrütteln" sollte. Er holte wieder seine Pläne aus den Jahren 1935/36 aus der Schublade: Embargos, Sanktionen, Blockaden und Quarantänemaßnahmen. Im Sommer faßte er den Entschluß, diese Pressionsmittel in die Tat umzusetzen. Er vertraute Clark Eichelberger an, daß es seine Absicht war, "den Nationen, die kriegerische Unternehmungen im Schilde führten, die Wirtschaftsvorteile, die die Schaffung einer gerechteren internationalen Gemeinschaft bietet, vorzuenthalten." (23)

Joseph E. Davies, Sumner Welles und Breckinridge Long bereisten Europa und erstatteten dem Präsidenten Bericht über ihre gesammelten Eindrücke. Sie stimmten darin überein, daß die Alte Welt von großer Unruhe erfüllt war. (24)

Long wußte zu berichten, daß "sämtliche" skandinavischen und baltischen Länder "Deutschland fürchteten". Sie waren von "echter Furcht" vor möglichen Feindseligkeiten zwischen dem Reich und der UdSSR ergriffen. (25) Davies gab seine Eindrücke über die europäische Lage in einem Brief an Eleanor Roosevelt wieder. Seine abschließende Bemerkung vermittelte der First Lady eine lebhafte Vorstellung von den in Europa herrschenden Zuständen: "Die Situation ist tragisch." Die Vereinigten Staaten waren das "letzte Bollwerk der Demokratien". Alle "demokratischen Staatsmänner", mit denen er konferiert hatte, sprachen ihren Dank aus für "die großen Dienste", die der Präsident durch "die Verhütung der Revolution und die Erhaltung der Demokratie" leistete. (26) Sein Brief war ein Aufruf an den Präsidenten, sein Talent unter Beweis zu stellen, "das Los des kleinen Mannes in der ganzen Welt zu bessern" (27), so wie er es seit seinen ersten hundert Tagen im eigenen Land demonstriert hatte.

Auch Botschafter Dodd war in depressiver Stimmung. Das asiatische Pulverfaß war explodiert. Es war höchste Zeit, daß Amerika und Großbritannien gegen die japanische "Tyrannei" auftraten. Glücklicherweise bestand im Augenblick keine Gefahr, daß Hitler auf dem Kontinent etwas unternehmen würde, denn die innerdeutsche Lage war so kritisch, daß "viele Leute im Falle eines Angriffskrieges mit einem Aufstand rechneten." Roosevelt sollte auf Chamberlain Druck ausüben, um gemeinsam mit den USA gegen Japan vorzugehen, "ja sogar soweit, die amerikanische und britische Flotte in den Pazifik zu schicken." Die Sowjetunion konnte keinen Alleingang wagen. Die USA sollten zusammen mit England, Frankreich und den Niederlanden "Rußland um Mithilfe ersuchen und gemeinsam die Lage retten." Wenn die "Diktaturen noch zwei weitere Jahre" ungehindert agierten, dann könnte "auch eine Kombination demokratischer oder halbdemokratischer Staaten möglicherweise nicht mehr rettend eingreifen." Unter den Vertretern "demokratischer Länder", zu denen Dodd auch die Sowjetunion zählte, bestand einhellige Übereinstimmung, daß "nur die USA unsere Zivilisation retten können." (28)

Dodd flehte den Präsidenten an, einzugreifen und die Welt vor der "drohenden Gefahr" zu bewahren. Amerikanische Vitalinteressen standen auf dem Spiel, und die englisch-französischen Beziehungen waren "so, daß ohne unsere tatkräftige Hilfe nichts unternommen wird." (29) Roosevelts Quarantäne-Rede sollte eine Antwort auf Dodds beschwörenden Appell sein.

Inzwischen hatte sich der französische und englische Druck auf die Vereinigten Staaten, sich aktiv in die internationale Politik einzuschalten, verstärkt. Hugh R. Wilson hoffte jedoch, daß "unsere Leute" auf ihren Auslandsposten sich energisch gegen jegliche Einmischung seitens Amerikas in europäische und asiatische Angelegenheiten stemmen würden. Die auswärtigen Beziehungen Amerikas würden dann "sehr viel ruhiger verlaufen". Seiner Ansicht nach bestand die "Hauptaufgabe" der amerikanischen Diplomatie darin, ausländischen Regierungen auszureden, allzu hochgesteckte Erwartungen in die Vereinigten Staaten zu setzen. Die USA sollten ihre Interessen auf die westliche Hemisphäre beschränken. (30) Aber Wilson war in Washington ein Außenseiter. Mit seinem Rat zur Mäßigung führte er einen aussichtslosen Kampf. Messersmith war inzwischen als Sieger hervorgegangen.

Am 5. Oktober 1937 bestieg Roosevelt in Chicago die Rednertribüne: "... der Frieden, die Freiheit und die Sicherheit von neunzig Prozent der Weltbevölkerung werden von den restlichen zehn Prozent gefährdet, durch die ein Zusammenbruch von Recht und Ordnung droht." Nachdem er die Krankheit diagnostiziert hatte, verschrieb Dr. Roosevelt das Rezept: "Wenn eine Epidemie sich auszubreiten beginnt, dann beschließt die Gemeinschaft, die Patienten unter Quarantäne zu stellen, um die Gemeinschaft vor Ansteckungsgefahr zu schützen." (31)

Das amerikanische Volk war noch nicht ausreichend vorbereitet, die Rolle des Weltpolizisten zu übernehmen, aber der Präsident selbst war gewillt, als internationaler Gesundheitsbeamter aufzutreten. Roosevelts Zuhörer war das Weltpublikum. Ihm teilte er aus Chicago mit, daß für Amerika die Isolationspolitik der Vergangenheit angehörte. Er hatte endlich den Schritt gewagt und war vor die Öffentlichkeit getreten. Er hatte inzwischen die Überzeugung gewonnen, daß seine Schüler – die ganze Nation – ihre Umerziehungslektion gelernt hatten.

Als er vom Podium stieg, fühlte er sich erleichtert: "... das ist jetzt getan. Es mußte einmal gesagt werden." (32) Wenn er vorher mit einer feindseligen Pressereaktion gerechnet hatte, dann konnte er angenehm überrascht sein. Aber deutsche Diplomaten hätten ihm voraussagen können, daß massive Angriffe des Präsidenten gegen die sogenannten Aggressor-Nationen nach dem intensiven psychologischen Propagandafeldzug der liberalen Presse auf fruchtbaren Boden fallen würden. Seit dem Frühjahr hatten Roosevelts Mitarbeiter sich an der Kampagne beteiligt. Im Oktober betrat der Oberbefehlshaber die Arena in Chicago.

Die Aufnahme durch breite Schichten der Öffentlichkeit hatte ihn freudig erregt. In einem Brief an den kränkelnden Oberst House bemerkte er: "Ich muß offen gestehen, daß ich mit mehr Kritik gerechnet hatte." Die Aussichten waren gestiegen, daß die Nation ihm auch dann folgen würde, wenn er eines Tages den Entschluß faßte, "auf die Straße zu gehen und unseren Einfluß zu gebrauchen, um dem wüsten Treiben Einhalt zu gebieten." (33) Er vertraute darauf, daß seine rhetorische Salve "sich positiv für den Weltfrieden" auswirkte. (34)

Die günstige Gelegenheit mußte wahrgenommen werden. Die öffentliche Reaktion auf seine Chicago-Rede ermutigte ihn, anläßlich der Brüsseler Konferenz, wo Japan in Abwesenheit vor einem feindlichen Tribunal stand, entschiedener aufzutreten. Von den Japanern erwartete er keine Kooperationsbereitschaft. Er hatte im Gegenteil eher erhofft, daß Tokio seine Obstruktionspolitik fortsetzen würde, denn dieses Verhalten konnte in Amerika nur eine günstige Reaktion hervorrufen, die ihn wiederum befähigen würde, noch "etwas mehr zu tun". Roosevelt hatte wahrscheinlich gespürt, daß die Nation eher gewillt war, einer aktivistischen Politik gegenüber Japan zuzustimmen. Die amerikanischen Isolationisten schienen eher bereit, seine Asienpolitik zu unterstützen, als seiner europäischen Marschroute zu folgen. (35)

Einige von Roosevelts "vertrauten Ratgebern" waren "äußerst" besorgt, daß die USA die Kräfte der "Anarchie oder des Bolschewismus" aufrühren könnten, wenn sie sich in die turbulenten Gewässer des Pazifiks stürzten. Indem sie sich auf konzertierte Quarantäneaktionen einließen, würden die USA wahrscheinlich "Vergeltungsmaßnahmen" herausfordern. Selbst wenn Amerikas riskante Politik erfolgreich sein und Japan "vollständig bezwingen" würde, hätte das "nur" zur Folge, daß China "der russischen Anarchie zum Opfer fällt". Auf lange Sicht würden die Vereinigten Staaten sich dann einer noch gefährlicheren Situation gegenübersehen: "... wir müssen dann durch den ganzen Schlamassel noch einmal hindurch und unter noch schlimmeren Voraussetzungen." (36)

Roosevelts Chicago-Salve hatte die übertriebene Erwartung geweckt, daß die USA zusammen mit den Signatarmächten des Neun-Mächte-Vertrages, der die Integrität Chinas garantierte, tatsächlich "etwas unternehmen" würden. Verschiedene Beobachter zweifelten, daß der Präsident "mehr könne als nur reden". Es bestand die Gefahr, daß Roosevelts Politik die Nation schließlich an den Rand des Abgrundes führen könnte. (37)

Prawda und Iswestija, die die Meinung des Politbüros widerspiegelten, begrüßten Roosevelts Quarantäne-Rede mit wahren Begeisterungsausbrüchen. Endlich war dem Präsidenten ein Licht aufgegangen. Er schien entschlossen, die Isolationspolitik aufzugeben, kommentierte das Regierungsblatt, während die Parteizeitung die Meinung äußerte, daß die USA im Begriff waren, sich dem von Litwinow entworfenen Programm der kollektiven Sicherheit anzuschließen. (38)

Roosevelts Rede hatte auf Stalins Kommissar für Auswärtige Angelegenheiten einen "sehr starken Eindruck" gemacht. Litwinow kommentierte besonders wohlwollend Roosevelts beißende Kritik an "den gegenwärtig bestehenden terroristischen Zuständen und dem internationalen rechtswidrigen Verhalten". Die Rede hatte deutlich gemacht, daß die amerikanische Drohung sich gegen Japan, Deutschland und Italien gerichtet hatte. Amerikanische Korrespondenten in Moskau äußerten sich "ebenso zufrieden" wie der Kommissar über die Entschlossenheit des Präsidenten, die "friedliebenden Nationen" gegen die sogenannten Aggressoren zusammenzutrommeln. Verschiedene ausländische Diplomaten hatten Davies aufgesucht, um ihre "Bewunderung und Dankbarkeit" auszudrücken. (39)

Litwinows enthusiastische Reaktion auf die Quarantäne-Rede sollte andauern. Noch Wochen später zeigte er sich "begeistert". Nachdem sich die Vereinigten Staaten in die vorderste Front der Anti-Aggressor-Phalanx vorgeschoben hatten, konnten England und Frankreich nicht mehr so leicht ausscheren. Der Präsident hatte den Isolationismus unmißverständlich verurteilt. Jetzt hatten London und Paris keine Entschuldigung mehr, gegen die "Aggressoren" nicht energisch vorzugehen. Nachdem der amerikanische Herr und Meister die Stimme erhoben hatte, mußten die Diener Folge leisten. (40)

Der französischen und englischen Regierung sollte jetzt deutlich gesagt werden, ihre "allen unverständliche" Politik der "Schwäche" zu ändern.

Eine "feste Haltung" Englands, Frankreichs und der UdSSR würde ein Warnschuß für den Führer sein und ihn von "verrückten Abenteuern" abhalten. (41) Als Folge der "eindrucksvollen" Rede Roosevelts hatten Paris und London ihre Bereitschaft zu erkennen gegeben, ihre Aufrüstungsprogramme anzukurbeln. (42)

Im Falle eines bewaffneten Konflikts in Europa und Asien würden die Vereinigten Staaten aus ihrer "passiven Rolle" heraustreten und mit ihrem vollen Gewicht hinter Großbritannien stehen, bemerkte Botschafter Dieckhoff. Im Augenblick konzentriere sich die Feindschaft Amerikas noch in erster Linie auf Japan. (43)

Im Reich reagierten hohe Militärs mit Bestürzung. Das Reichskriegsministerium gab umgehend Weisungen an die Streitkräfte. Die Chicago-Rede des Präsidenten mußte als Entschluß der US-Regierung angesehen werden, sich "offiziell der Front der Demokratien gegen die faschistischen Staaten anzuschließen und die Isolationspolitik aufzugeben." (44)

Auch Botschafter Dodd entging die weitreichende Bedeutung der Erklärung des Präsidenten nicht. Er zeigte sich "hocherfreut", daß Roosevelt endlich seine Karten auf den Tisch gelegt hatte. Die "tyrannischen Führer" waren gewarnt worden. Sie hatten sich bisher eingebildet, die USA würden sich "aus den Angelegenheiten heraushalten", um ihnen "die Weltherrschaft zu überlassen, samt den amerikanischen Handelsbeziehungen." Dodd war überzeugt, daß, sollten die "Aggressor"-Nationen jemals amerikanische Interessen bedrohen, die Vereinigten Staaten "einen blutigen Kampf führen werden, um ihre historischen Ideale zu verteidigen." (45)

Für Messersmith hatte die weltpolitische Lage "Licht- und Schattenseiten". Deutschland war der eigentliche Unruhestifter. Man konnte nur hoffen, daß in Berlin bald eine andere Regierung ans Ruder komme. Alle anderen Probleme würden dann "ihre jetzigen Dimensionen" verlieren. Die amerikanische Öffentlichkeit wurde sich endlich der Gefahr bewußt, die die "Diktaturen" für die Sicherung amerikanischer Interessen darstellten. Ein "extremer Pazifismus" und "mangelndes Verständnis für die ungeheuren Gefahren und die sich daraus ergebenden Folgen" hatten bisher die amerikanische Außenpolitik paralysiert. Die Rede des Präsidenten hatte die isolationistische Stimmung gedämpft. Der japanische Angriff auf das amerikanische Schiff "Panay" hatte einen so "gewaltigen Stimmungsumschwung" bewirkt, der "leicht dahingehend beeinflußt werden kann, das Unmögliche möglich zu machen." Von jetzt ab würden die USA eine feste Haltung den "Aggressoren" gegenüber einnehmen. Obgleich diese Politik "Gefahren" in sich barg, waren diese Risiken auf alle Fälle jeder erdenklichen Beschwichtigungspolitik vorzuziehen. Die öffentliche Meinung Amerikas "steht hinter der Außenpolitik der Regierung". Dieser Umschwung "erleichterte" die Aufgabe des Präsidenten. Auch die Außenwelt werde sich langsam aber sicher der von "Deutschland ausgehenden Gefahr" bewußt werden. Die Chamberlain-Regierung hatte diese Entwicklung inzwischen auch als Realitäten erkannt. Lord Halifax hatte anläßlich seines Besuches in Berchtesgaden bei Hitler hinter die Kulissen geschaut, und was er dort gesehen hatte, war "für ihn ein wahrer Schock" gewesen. Laut Messersmith waren die Vereinigten Staaten bereit, mit Großbritannien "im Gleichschritt" zu marschieren. (46) Es schien, als hätten London und Paris ihr Stichwort aus Washington, oder vielmehr aus Chicago, erhalten.

Messersmith fing die sich abzeichnende kriegerische Stimmung in seiner Denkschrift vom Oktober ein, die er als "besonders gut unterrichteter Beobachter" im Strom der Sturzbäche Rooseveltscher Rhetorik abgefaßt hatte. Das nationalsozialistische Regime müßte beseitigt werden, verkündete er unheildrohend. Für dieses risikobehaftete Unternehmen mußte die Unterstützung der Sowjetunion gesucht und gewonnen werden. (47)

Das Kapitel des Isolationismus war abgeschlossen. In seinem auf seine Chicago-Rede folgenden politischen Drehbuch hatte Roosevelt eine neue Seite aufgeschlagen. Das New-Deal-Regime steuerte immer schärfer auf einen interventionistischen Kurs zu. Die Fronten waren deutlich abgesteckt: Demokratien kontra Diktaturen, wobei der Präsident die UdSSR der Koalition der "friedliebenden Länder" zuordnete. Gegen Ende des Jahres signalisierte Roosevelt noch einmal, daß sein Auftritt in Chicago einen Wendepunkt in der amerikanischen Außenpolitik bedeutete: "... der Aufrechterhaltung eines Verhaltenskodex, der einer Friedensordnung dient, sind wir als Nation ein gewisses Maß an Zusammenarbeit, wenn nicht gar Führungsanspruch schuldig." (48)

In dem Umerziehungsfeldzug, dem das amerikanische Volk ausgesetzt war, bedeutete die Quarantäne-Rede den Übergang vom "Isolationismus" zum "Interventionismus". Mit seiner Rede hatte sich Roosevelt überdies, wenn nicht in erster Linie, an seine internationale Zuhörerschaft gewandt, wie die Vereinigten Staaten auch "auf die Straße zu gehen", um dem faschistischen "Treiben Einhalt zu gebieten". (49) Zwar traf es zu, daß der chinesisch-japanische Konflikt eine öffentliche amerikanische Stellungnahme herausgefordert hatte, aber der Gedanke, die "Aggressoren" unter Quarantäne zu stellen, hatte Roosevelt schon seit geraumer Zeit beschäftigt. Fast ein Jahr lang war die amerikanische Öffentlichkeit systematisch auf die Apotheose von Chicago vorbereitet worden. Mr. New Deal schien seine ursprüngliche Begeisterung für soziale Manipulationen im Inneren verloren zu haben. Als Dr. New Deal sollte er ein neues Betätigungsfeld finden. Der Erdball war jetzt Schauplatz seines Einsatzes. In Chicago hatte der Präsident eine neue Berufung entdeckt. Er war entschlossen, seine Lorbeeren als internationaler Gesundheitsbeamter zu ernten, indem er die ansteckende Krankheit, die sich von den Bakterienherden in Berlin, Tokio und Rom auszubreiten drohte, unter Quarantäne stellte. Aber seine deutschen, italienischen und japanischen Patienten reagierten auf seine Behandlung allergisch. Für sie war Roosevelt ein Medizinmann. Sie hatten ihr eigenes Rezept, die Übel der Welt zu heilen. Sie verordneten ihre politische Therapie in Form des Berlin-Tokio-Rom-Dreiecks. (50)

Kapitel 12

Hoffnungen schwinden – Sorgen wachsen: 1936–1937

1936 brach das Versailler Friedensgefüge endgültig auseinander. Hitler, Mussolini, Roosevelt und Stalin rangen in Europa und Asien mit neuen politischen Realitäten. Auf der internationalen Bühne war alles in Fluß geraten, und jede Großmacht war bestrebt, ihren Einfluß zu festigen, wenn nicht auszudehnen. Traditionelle Gruppierungen brachen auseinander, und neue Mächtekonstellationen entstanden. Die demokratischen und totalitären Regimes verfolgten gleichzeitig Real- und Ideologiepolitik. Aber gerade diese Mischung aus Realismus und Ideologie rief Spannungen hervor und löste unvorhergesehene Ereignisse aus. Plötzliche, ja oft dramatische Wendungen auf dem Weltschauplatz bewirkten Unsicherheit. Wachsende Ängste weckten aggressive Gefühle. Um das politische Nervensystem einigermaßen zu beruhigen, schlugen die herrschenden Eliten, auf der Suche nach besseren Ordnungsgefügen, neue Marschrouten ein. Die sich ständig verändernden internationalen Verhältnisse spiegelten sich in Hitlers sprunghaftem außenpolitischen Verhalten wider.

1936 stellten sich bei Hitler erste Zweifel ein, ob sein Traumbündnis zwischen Deutschland und England je zustande kommen würde. Seit 1923 hatte er unaufhörlich von der Notwendigkeit gesprochen, diese beiden Brudervölker in einem Bündnis zu vereinigen. Seit 1933 hatte er sich unermüdlich bemüht, dieses Ziel zu erreichen. Wenn er jemals wirklich damit gerechnet hatte, daß die europäische Politik sich um die Achse London-Berlin drehen werde, dann sollten seine Hoffnungen sehr bald enttäuscht werden. Seit Ende 1936 wuchs sein Mißtrauen England gegenüber. Zwölf Monate später hatten sich seine Befürchtungen verstärkt und seine Taktik geändert. Seine politische Handlungsweise England gegenüber war nun durch die Zuckerbrot-und Peitsche-Methode gekennzeichnet. Viele Jahre hatte er um England geworben, und das Ergebnis war niederschmetternd. Nun sollte England in ein Bündnissystem getrieben werden, das Deutschland, Italien und Japan einschließen sollte. Solange Großbritannien politische Abstinenz übte, blieb der deutsch-japanische Antikominternpakt vom November 1936 ein Torso. (1) Mit Italiens Beitritt zum Antikominternpakt im November 1937 wurde dieser zu einem potentiell gegen die westlichen Demokratien gerichteten Verteidigungsbündnis. Die Bildung des Dreiecks Rom-Berlin-Tokio war der einleitende Schachzug der Hitlerschen diplomatisch-politischen Zangenstrategie, mit der er England zwingen wollte, sich seiner Mächtekonstellation anzuschließen. Sie sollte es ihm ermöglichen, Druck auf die für britische Interessen lebenswichtigen, geostrategischen Räume auszuüben: im Pazifik über Japan, im Mittelmeer über Italien und auf dem europäischen Festland über Deutschland.

Obwohl Hitler immer noch zu weitgehenden Zugeständnissen bereit war, um Englands Freundschaft zu gewinnen, hatte er sich jetzt dazu durchgerungen, England die Stirn zu bieten. Seine Besorgnis über die Entwicklungen wuchs, als die Vereinigten Staaten auf die Seite Englands traten. Amerika schloß sich nun, wenn auch anfänglich zögernd, den britischen Bemühungen an, Hitlers Revisionspolitik zu durchkreuzen und Deutschlands Machtzuwachs einzudämmen. Da England seine wiederholten Annäherungsversuche zurückgewiesen hatte und sich anscheinend auf eine zukünftige Konfrontation mit dem Reich vorbereitete, reifte in Hitler ein Alternativplan heran. Der Führer kehrte zu seiner politischen Einstellung von vor 1923 zurück. England, lange Zeit als Deutschlands natürlicher Verbündeter betrachtet, erschien nun als der haßerfüllte Feind des Reiches. Und die Sowjetunion, lange Zeit als Deutschlands rassischer und ideologischer Gegner verurteilt, rückte in den Rang eines potentiellen politischen Partners auf. Wenn es beiden Parteien gelingen sollte, ihre Interessensphären abzugrenzen, könnten selbst ihre ideologischen Gegensätze in den Hintergrund treten. (2) In Hitlers politischem Wörterbuch definierten sich internationale Beziehungen als Machtpolitik. Auf sich allein gestellt, würde das Reich niemals die Revision des Versailler Diktats realisieren können, sondern nur gemeinsam mit Bundesgenossen auf diplomatischem oder militärischem Wege. Im Bunde mit Großbritannien konnte Hitler auf friedliche Weise sein Ziel erreichen. Aber auch in Zusammenarbeit mit der Sowjetunion bestand vielleicht die Möglichkeit, seine revisionistische Politik auszuführen. Mitte der dreißiger Jahre hatte die UdSSR enorme Fortschritte gemacht. Stalin hatte erreicht, was Lenin nicht gelungen war. Die Sowjetunion war in die vorderste Front der Großmächte vorgerückt. Solange die UdSSR wirtschaftlich, industriell und militärisch schwach war, bestand immer die Gefahr, daß es Deutschland "wie ein Stück Blei um den Hals eines Ertrinkenden" in den Strudel ziehen könnte. (3) In dem Maße wie der Bruch zwischen dem Reich und England sich weitete, verminderte sich der Gegensatz zwischen Deutschland und der Sowjetunion. Roosevelts politischer Aktivismus beschleunigte diesen Prozeß. Vor 1923 hatte der Führer zwischen dem britischen und dem sowjetrussischen Pol hin und her geschwankt. Sollte England, von den USA angestachelt, sich als entschlossen erweisen, Hitlers Westorientierung zu vereiteln, dann war Hitler gewillt, wenn auch nur höchst widerstrebend, sich dem Osten zuzuwenden. Im Jahre 1937 schien der Führer geneigt, die 1925 in "Mein Kampf" vorgetragenen Thesen im Lichte seiner Argumente von 1919-1922 zu überprüfen. (4)

1935 gründete sich Hitlers Englandpolitik noch auf Überlegungen, die er in "Mein Kampf" formuliert hatte. Noch betrachtete er England als einen natürlichen Verbündeten des Reiches. Beide Völker waren gleicher rassischer Herkunft. Keine unüberbrückbaren Interessenkonflikte trübten ihre Beziehungen. Angesichts der politischen Entwicklungen bestand die Hoffnung, daß britische Staatsmänner sogar gewisse Aspekte ihrer traditionellen Gleichgewichtspolitik modifizieren könnten. Angesichts der aggressiven Fernziele der Sowjetunion könnte London sich besinnen und sich mit einem starken kontinentalen Deutschland abfinden. Beide Nationen könnten sich auf eine Arbeitsteilung einigen: das Reich würde eine Machterweiterung der Sowjetunion auf dem europäischen Kontinent verhindern, und Endland würde "Weltpolitik" betreiben. Um sich der Sicherung seiner weltweiten Interessen widmen zu können, brauchte England "Ruhe in Europa". Hitlers Gespräche mit Eden und Sir John Simon im März 1935 hatten zwar keine "positiven Resultate" ergeben, hatten aber dazu beigetragen, die internationale Lage zu klären. Hitler hoffte immer noch, daß "in europäischen Fragen eine Verständigung" zwischen Berlin und London erreicht werden konnte. Der Boden war vorbereitet worden. Hitler und Simon hatten offen miteinander gesprochen und Gefallen aneinander gefunden. (5)

Nach Abschluß des deutsch-englischen Flottenabkommens war Hitler in bester Stimmung. Er war "hocherfreut" über das Verhandlungsergebnis, das Ribbentrop in London erzielt hatte. (6) Der 18. Juni 1935 war "der glücklichste Tag" seines Lebens. Er redete sich ein, daß die Beziehungen zwischen London und Berlin eine Wendung zum Guten genommen hatten und damit der erste Schritt auf ein deutsch-englisches Bündnis zu gemacht war. (7) Die Verhandlungen waren schwierig, ja dramatisch gewesen. Die deutsche Delegation hatte mehrmals gedroht abzureisen. Als Ribbentrop bekanntgab, daß der Führer endgültig auf einem Verhältnis zwischen der deutschen Flotte und der Royal Navy von 35:100 bestand, spürte er den britischen Widerstand. Seine Warnung, daß Deutschland bis zur Parität weiterbauen könne, hatte auf die britischen Verhandlungspartner wie eine "Bombenexplosion" gewirkt. Die britischen Forderungen, gewisse Klauseln des Versailler Vertrags in das Flottenabkommen aufzunehmen, hatte Ribbentrop kategorisch zurückgewiesen. Die feste deutsche Haltung hatte sich bezahlt gemacht. Aber ohne die britische Admiralität und besonders den Ersten Seelord, Sir Bolton Eyres-Monsell, dessen "außerordentliche Fairneß" Ribbentrop pries, wären die Verhandlungen wahrscheinlich gescheitert. Die deutsche Delegation hatte den deutlichen Eindruck gewonnen, daß das Foreign Office nichts unversucht gelassen hatte, die Verhandlungen zu torpedieren. (8) Nicht nur Ribbentrops mißgünstige Rivalen im Auswärtigen Amt verärgerte sein Erfolg (9), auch einflußreiche Beamte des Foreign Office, einer Bastion des Antigermanismus, schienen eine starke Abneigung gegen den Sonderbotschafter des Führers gefaßt zu haben. Trotz ihrer Opposition war Ribbentrop ein Coup gelungen. (10)

Hitler beunruhigte die englische Absicht, die Sowjetunion als Gegengewicht gegen Deutschland und Japan einzusetzen, anstatt umgekehrt das Reich gegen die UdSSR. Er hatte auch den Eindruck gewonnen, als wollte London Frankreich zu einem Bündnis mit Moskau animieren. (11) Eden hatte im März die sowjetische Hauptstadt besucht. Neue politische Wetterfronten drohten aufzuziehen. Ende 1935 sollte der Regierende Bürgermeister von Hamburg, Carl Vincent Krogmann, vor der deutschen Handelskammer in London sprechen. Anscheinend um britische Annäherungsversuche bei Stalin nicht zu stören oder gar zu zerschlagen, legte das Amt für Überseehandel Fürst Bismarck von der deutschen Botschaft nahe, bestimmte Passagen aus dem Text der Rede des Bürgermeisters zu streichen, besonders sämtliche kritischen und feindseligen Hinweise auf die Sowjetunion. Krogmann sandte sofort einen Lagebericht an Hitler, der den Entwurf seiner Rede enthielt, wie er vom Amt für Überseehandel "überarbeitet" worden war. Gleichzeitig beschwor er den Führer, keine übertriebenen Hoffnungen auf britische Beteuerungen angeblich friedlicher Absichten gegenüber dem Reich zu setzen. Hitler las Krogmanns Bericht mit größtem Interesse. Dieser Vorfall schien ihm symptomatisch für den Stand der englisch-deutschen und der englisch-sowjetischen Beziehungen. (12)

Weitere Nachrichten, daß England seine Politik gegenüber Moskau aktivierte, erreichten Hitler 1936. Die britische Regierung hatte einen umfangreichen Feldzug eingeleitet, um die eigene öffentliche Meinung auf eine künftige Zusammenarbeit mit der UdSSR vorzubereiten. Auf dem asiatischen und europäischen Schauplatz sollte die Sowjetunion als Gegengewicht gegen Japan und Deutschland dienen. Es hatte den Anschein, als schwenkte die britische öffentliche Meinung bereits auf diese offizielle politische Linie ein. Sir Robert Vansittart wußte die große "psychologische" Hilfestellung zu schätzen, die Stalin durch die "Demokratisierung der sowjetischen Verfassung" von 1936 seinen potentiellen westlichen Kollaborateuren hatte zuteil werden lassen. Ob der Diktator die Liberalisierung schließlich durchführte, war von zweitrangiger Bedeutung. Während London sich Moskau näherte, wurde die "Abwendung" Englands von Deutschland immer deutlicher. Eden, mit dem zusammen Vansittart diese prosowjetische Ausrichtung der britischen Außenpolitik in die Wege geleitet hatte, hatte hauptsächlich durch seine "Flirts" mit britischen "Liberalen" seine Position weiter verstärkt. Premierminister Stanley Baldwin hatte seinem Außenminister bei der Gestaltung der britischen Außenpolitik "freie Hand" gelassen. Edens Besuch in Moskau hatte London davon überzeugt, daß die Sowjets ihre Beziehungen mit dem Empire "normalisieren" wollten. Die einzige Befürchtung, die Eden hegte, war, daß Paris bei seinem Werben um Moskau London aus dem Feld schlagen könnte. Er war entschlossen, daß England gemeinsam mit der Sowjetunion bei der Einkreisung Deutschlands wegweisend sein sollte. (13)

Die Zeit, ein englisch-deutsches Bündnis unter Dach und Fach zu bringen, lief aus. Hitler erkannte, daß er seine Anstrengungen verstärken mußte. Trotz aller Warnungen seiner Ratgeber, unter anderem Reichskriegsministers von Blomberg, war der Führer "absolut" entschlossen, seine Versöhnungspolitik mit England fortzusetzen. Er wollte nicht den gravierenden Fehler seiner Vorgänger begehen, die wegen ihrer "dauernd hin und her schwankenden Politik" den Beistand Englands verspielt hatten. (14) Hitler reagierte voll hoffnungsvoller Erwartungen, als Premierminister Baldwin seine Bereitschaft andeutete, ihn auf hoher See zu treffen. Das Ergebnis ihrer Gespräche würde – das war Hitlers fester Glaube – das "Schicksal künftiger Generationen" entscheiden. (15) Unglücklicherweise gewannen Eden und die antideutschen Kräfte im Foreign Office die Oberhand. Hitler war "bitterlich enttäuscht". (16)

Doch trotz britischer Winkelzüge und Verschleppungstaktiken setzte Hitler seine Anstrengungen, sich mit London zu einigen, fort. Obgleich man ihn so oft hatte abblitzen lassen, ließ er sich nicht entmutigen, unbeirrt seine Bemühungen fortzusetzen. Die Ernennung Ribbentrops zum Botschafter am Hof von St. James war sein letzter großer Versuch, den Lauf der deutsch-englischen Beziehungen positiv zu beeinflussen. (17)

Für einen Augenblick hatten sich die Aussichten auf eine Verständigung mit England aufgehellt. Der Prinz von Wales hatte als Eduard VIII. den Thron bestiegen. Hitler und Ribbentrop setzten große Hoffnungen auf den König, dessen prodeutsche Haltung und Opposition gegen die Obstruktionspolitik des Foreign Office wohlbekannt und geschätzt waren. (18) Hitler, der wie einst Montesquieu die britische Verfassung falsch auslegte, erwartete, daß der neue König die volle Exekutivgewalt übernehmen und England in ein Bündnis mit dem Reich führen werde. (19) Aber Hitler und Ribbentrop machten sich auch keine Illusionen darüber, daß Eduard VIII. auf stärksten Widerstand einflußreicher politischer Kreise in England stossen werde. Das "Establishment", vor allem das Foreign Office würden sich entschlossen zur Wehr setzen gegen die Pläne des Monarchen, das deutsch-englische Verhältnis aus der Sackgasse zu führen. (20) Selbst wenn Eduard VIII. Mrs. Wallis Simpson nicht geheiratet hätte, wäre "ein Zusammenstoß zwischen dem Establishment und ihm unvermeidlich gewesen". Er war einfach zu unabhängig. (21) Die antideutschen Kräfte in den USA hatten auch Gefahr gewittert. 1936 ging das gesamte liberale "Presseestablishment" zum Großangriff über, um König Eduard zu vernichten. Dessen beabsichtigte Heirat mit der bürgerlichen und geschiedenen Mrs. Simpson kam ihnen äußerst gelegen. Die amerikanische Presse schlachtete einen Sachverhalt aus, der unter normalen Umständen ihren plötzlich geheuchelten puritanischen Zorn kaum erregt hätte. Nach seiner Abdankung erklärte der nunmehrige Herzog von Windsor ganz offen: "Es ist wegen der amerikanischen Zeitungen, daß ich heute in Wien weile." (22)

Im Januar 1936 war Eduard noch voller Hoffnung und entschlossen, den toten Punkt in den deutsch-englischen Beziehungen zu überwinden. Er erklärte dem Herzog von Coburg, daß "ein Bündnis zwischen England und Deutschland für ihn eine dringende Notwendigkeit sei und die Grundlinie der Außenpolitik Englands bilde." Auch Frankreich sollte sich diesem Mächteblock anschließen. Die einzigen Länder, auf die es ankam, waren Großbritannien, Japan, Frankreich, die Vereinigten Staaten und Deutschland. Für ihn war die UdSSR ein Aussätziger. Der Völkerbund war nur eine "Farce". Der deutsche Botschafter in London, Hoesch, war "ein schlechter Vertreter des Dritten Reiches". Er war "ebenso aufdringlich, wie er ölig war." Eduard VIII. drückte seine Zuneigung für Rudolf Heß aus und sprach in sehr "anerkennender" Weise über Ribbentrop. Des Führers Botschafter in Sondermission war "der geeignete Mann", um als inoffizieller Mittler zwischen ihm und Hitler zu fungieren.

Als König war Eduard VIII. bestrebt, die politische Macht in seinen Händen zu konzentrieren. Obgleich verfassungsrechtliche Hindernisse bestanden, erforderte die Dringlichkeit der politischen Lage außergewöhnliche Methoden. Er schlug daher vor, daß einleitende Gespräche zwischen London und Berlin im geheimen geführt werden sollten. Die antideutschen Kreise in England würden nichts unversucht lassen, seine Bemühungen zu durchkreuzen. Der Einsatz war zu hoch, als daß man diesen Obstruktion treibenden Elementen erlauben dürfte, seine Entspannungspolitik zu sabotieren. Als der Herzog von Coburg auf die Möglichkeit eines Gipfeltreffens zwischen Baldwin und Hitler ansprach, erwiderte der König: "Wer ist König? Baldwin oder ich? Ich selbst wünsche, mit Hitler zu sprechen, und ich werde mit ihm sprechen, entweder/im Buckingham Palace/oder in Berlin." Beide waren sich einig, daß Ribbentrop der geeignetste Kandidat war, die deutsch-englischen Beziehungen zwischen Skylla und Charybdis hindurchzusteuern, bis die beiden Staatsschiffe schließlich wieder ruhigere Gewässer erreicht hatten. Ribbentrop sollte von seiner gegenwärtigen Position eines "Sonderbotschafters" zum "Persönlichen Berater des Führers" befördert werden, da seine britischen Verleumder systematisch das Gerücht ausgestreut hatten, Ribbentrops Einfluß auf den Führer sei im Schwinden. (23)

Plötzlich schien das Wunder Wirklichkeit zu werden und sein Wunschtraum in Erfüllung zu gehen. Hitler vertraute darauf, daß nach einigem Tauziehen die ausländischen Regierungen nachgeben und seine revisionistischen Forderungen akzeptieren würden. Vor allem Eduards Thronbesteigung war ein günstiges Omen für grundlegende Veränderungen im deutschenglischen Verhältnis. Hitler war "voll des Lobes" für Ribbentrop, den er als seinen "zukünftigen Außenminister" bezeichnete. Aber erst mußte dieser seine "Lorbeeren verdienen". Ribbentrop war der "bestgeeignete Mann für Verhandlungen mit den Engländern". In der Eigenschaft eines Sonderbotschafters hatte Hitler ihn nach London entsandt, um "mit den führenden Persönlichkeiten Englands Fühlung aufzunehmen". "Zu allererst", fuhr Hitler fort, sollte Ribbentrop "den englischen Staatsmännern den Rücken stärken. England weiß gar nicht, wie stark es ist, wenn es nur stark sein will." (24)

Der Tod hatte nicht nur Georg V. geholt, sondern auch "Deutschlands größten Feind", Botschafter von Hoesch. (25) Als auch Staatssekretär Bülow plötzlich im Juni 1936 starb, hatte der Tod "einen absoluten Feind der Politik des Führers" beseitigt. Hitler stand mit einem Mal vor einer schwierigen Frage. Er hatte ursprünglich Ribbentrop zum Botschafter in London ernennen wollen. Nun spielte er mit dem Gedanken, ihn zu Bülows Nachfolger zu machen. Einen Augenblick lang schien er sogar Neurath zum Vertreter des Reiches am Hof von St. James ernennen zu wollen und Ribbentrop zum Außenminister. (26)

Ende Juli waren die Würfel schließlich gefallen. Ribbentrop sollte nach London gehen. (27) Der Botschaftsposten wurde als Sprungbrett in die Wilhelmstraße angesehen. (28) Obgleich Hitler entschlossen war, alle Hindernisse auf dem Weg nach London zu beseitigen, hatte er doch Zweifel, ob es gelingen werde. Der Gang der Ereignisse hatte ihn davon überzeugt, daß es fast übermenschlicher Anstrengungen bedurfte, um den toten Punkt zu überwinden und die gegensätzlichen Interessen beider Länder unter einen Hut zu bringen. (29) Bei der Wahl Ribbentrops war für Hitler eine Überlegung vorherrschend gewesen. Er sah die Hauptfunktion der Mission seines Botschafters darin, Großbritannien in die gegen die Komintern gerichtete Staatenkonstellation zu ziehen, die er zu schaffen beabsichtigte. In Übereinstimmung mit dieser strategischen Zielsetzung erklärte Ribbentrop bei seiner Ankunft in London: "Der Führer ist überzeugt, daß es für Europa, ebenso wie für das britische Empire, nur eine Gefahr gibt, und das ist die Ausbreitung des Kommunismus, dieser schrecklichsten aller Krankheiten, – schrecklich, weil die Menschen im allgemeinen die Gefahr erst erkennen, wenn es bereits zu spät ist. In diesem Sinne ist eine engere Zusammenarbeit zwischen unseren beiden Ländern nicht nur wichtig, sondern eine dringende Notwendigkeit in dem gemeinsamen Kampf für die Erhaltung unserer Zivilisation und unserer Kultur." (30) Bezeichnenderweise hatte Ribbentrop jede direkte Kritik der UdSSR als Staat vermieden. Er hatte sich lediglich gegen jede "weitere Ausbreitung des Kommunismus" schärfstens ausgesprochen. Damit schien er auch Hitlers Ansicht widerzuspiegeln, der, "wenn er überhaupt der Russen wegen beunruhigt war, dann nur wegen ihrer engen Beziehung zur Dritten Internationale." (31)

Ribbentrops London-Mission war Hitlers letzter Versuch, mit England zu einer Übereinkunft zu kommen. Aber der Führer schien auch zu ahnen, daß es trotz größter Anstrengungen seines neuernannten Botschafters wahrscheinlich nicht gelingen werde, das deutsch-englische Bündnis zustande zu bringen. In diesem Falle würde er sich gezwungen sehen, nach anderen Partnern Ausschau zu halten, unter denen sich auch die Sowjetunion anbot. Zwar hatte der internationalistische Kommunismus seinen Haß entflammt, der sich besonders gegen die internationalistischen, revolutionären Aspekte der kommunistischen Ideologie richtete, aber nicht gegen Stalin, für den er Bewunderung hegte. (32)

Als Stalin 1936 seine groß angelegte "Säuberungs"-Kampagne gegen die alte Garde der internationalistischen Bolschewisten eröffnete, mag der

Despot Hitler plötzlich als Nationalist erschienen sein. Eine Zusammenarbeit mit dem Roten Zaren war dem Führer nicht von vornherein zuwider. Indem er die Sowjetunion an Deutschland band, konnte er sogar ein wachsames Auge auf einen geläuterten nationalistischen Stalin werfen und ihn davon abhalten, vom Pfad der nationalistischen Tugend abzuweichen zurück zu den verhaßten Abstraktionen des politischen und ideologischen Internationalismus. Stalin könnte ihm sogar Hilfestellung leisten, dem Internationalismus einen vernichtenden psychologischen Schlag zu versetzen. Den Internationalismus zu untergraben, ja ihm den Todesstoß zu versetzen, das war Hitlers allesbeseelender Gedanke. Wenn ihn eine causa causans in seinen Aktionen vorantrieb, dann war es sein kompulsiver Anti-Internationalismus. Der Idee des Internationalismus eine tödliche Niederlage zu bereiten, war sogar ein noch wichtigeres Antriebselement, als territoriale Erfolge zu erzielen, — mit Ausnahme der Rückgewinnung der verlorenen deutschen Gebiete. Solche Gedanken waren möglicherweise schon 1936 in Hitler herangereift, als sein Botschafter zu seiner schicksalsschweren Mission aufbrach. Dem nicht mit ideologischen Vorurteilen belasteten Ribbentrop waren diese Gedanken jedenfalls nicht fremd. (33) Bald schon sollte der westliche "plutokratische Internationalismus" den Zorn des Führers entfachen, nachdem die Stalinsche Katze scheinbar das internationalistische Mausen gelassen hatte. Während Hitler 1936 die Tür nach London weit geöffnet hatte, ließ er sie nach Moskau einen Spalt offen.

Im Oktober 1936 hoffte Hitler noch verzweifelt, daß sein langgehegter Traum Wirklichkeit werde. Als sein neuer Botschafter nach London aufbrach, forderte er ihn dringlichst auf: "Ribbentrop, bringen Sie England dazu, mit uns ein Bündnis zu schließen" (34), und nochmals Ribbentrop beschwörend: "Bringen Sie England dazu, sich dem Antikominternpakt anzuschließen, — das ist mein größter Wunsch." (35) Der Führer mochte damit gerechnet haben, daß Ribbentrop noch einmal eine so "glänzende Leistung" wie die vom Juni 1935 fertigbringen könne. (36) Aber Ribbentrop hatte ihn bereits gewarnt, keine Wunder zu erwarten. Auf der diplomatischen Bühne waren Zauberkünste nicht möglich. Es sprach zuviel gegen eine Verwirklichung der Pläne Hitlers: die deutsch-japanische Zusammenarbeit, die deutsch-italienische Kooperation und der Spanische Bürgerkrieg. Andererseits könnten diese Entwicklungen England auch veranlassen, Hitler auf halbem Wege entgegenzukommen. Wenn sich eine Liebesheirat auch als unmöglich erweisen sollte, so könnte doch noch eine Vernunftehe zustande kommen.

Die internationale Szene Mitte des Jahres 1936 hatte ihre Licht- und Schattenseiten. Hitler konnte seine Augen nicht mehr vor der Tatsache verschließen, daß die britische Haltung sich Deutschland gegenüber verhärtet hatte. Andererseits reagierte England mit Bestürzung auf das herausfordernde Vorgehen Japans in Asien und Italiens im Mittelmeer, wodurch lebenswichtige imperiale Interessen Englands bedroht wurden. Diese Entwicklungen konnten sich gegebenenfalls für Deutschland günstig auswirken. In dem Maße, wie die deutsch-italienischen Beziehungen sich enger gestalteten (37), wuchsen die Sorgen Englands. Die mare-nostrum-Träume des Duce gefährdeten Großbritanniens bisher unangefochtene Stellung im östlichen Mittelmeer. Angesichts der Entwicklungen in Mittel- und Südosteuropa konnte England auch nicht mehr auf die deutsch-italienische Gegnerschaft bauen. Mussolini lehnte es ab, als Figur auf dem britischen Politschachbrett hin- und hergeschoben zu werden. Er ließ London wissen, daß seine Deutschland gegenüber feindliche Haltung ein "bedauerlicher Irrtum" gewesen war. Österreich war stets ein "deutsches Land". Der zukünftige "logische" Vorstoß Italiens werde sich nach Süden richten. (38) Nachdem sich Mussolini auf das abessinische Abenteuer eingelassen hatte, entfremdete er sich nicht nur London und Paris, sondern manövrierte Italien in eine immer stärkere Abhängigkeit von Deutschland. (39)

Aus der Londoner Perspektive gesehen, war die internationale Lage alles andere als hoffnungsvoll. Im Falle eines Konfliktes mit Italien würden die britischen Kräfte und Hilfsquellen auf eine harte Probe gestellt werden. Unter den gegenwärtigen Umständen war Englands Position unvergleichlich ungünstiger als 1914. Großbritannien mußte jetzt mit der Möglichkeit rechnen, daß das Reich gemeinsam mit Japan diese Situation zum eigenen Vorteil ausnutzen werde. (40)

Daß Hitler mit seinem Traum von einem deutsch-englischen Bündnis einem Trugbild nachjagte, wurde im Sommer 1936 immer deutlicher. Vertrauliche diplomatische Verhandlungen, möglicherweise in Zusammenwirkung mit Eduard VIII., konnten vielleicht noch über jene politischen Kräfte triumphieren, die entschlossen waren, eine deutsch-englische Verständigung zu sabotieren. Aber selbst diese Hoffnungen mußten bald begraben werden.

Am Vorabend der Ernennung Ribbentrops hatte sich der deutsch-englische Gegensatz entschieden verschärft. Anläßlich eines Vortrages vor der Englisch-Französischen Gesellschaft in Paris ritt A. Duff Cooper wieder eine seiner scharfen Attacken gegen das Reich. In seiner Funktion als britischer Kriegsminister sprach er sich "eifrig" für engste Zusammenarbeit zwischen Paris und London aus und bekämpfte "äußerst energisch" alle jene politischen Kräfte in England, die für eine Annäherung an Deutschland eintraten. (41) Die britische Öffentlichkeit erlag allmählich den Bemühungen der Kreise, die eine Aufrüstungspolitik propagierten. Mittlerweile hatte das Aufrüstungsprogramm große Fortschritte gemacht. Das Kabinett stand vor schwerwiegenden politischen Entschlüssen. Der zukünftige Kurs der britischen Außenpolitik sollte festgelegt werden. Noch war London deutschen Vorschlägen zugänglich. Die englischen Überlegungen hingen noch teilweise von der jeweiligen Haltung des Reiches ab. In den aussenpolitischen Besprechungen der Briten nahm Berlin eine Schlüsselstellung ein. London erwartete gespannt Hitlers Antwort auf den "Fragebogen" vom 7. Mai 1936, mit dem man britischerseits die Absicht verband, den Führer aus der Reserve zu locken, um ihn öffentlich auf eine Position festzunageln. London würde "eine negative Antwort noch willkommener sein als gar keine Antwort", weil dies England den Weg freigeben würde, eine neue Richtung einzuschlagen. (42) Anscheinend war Ribbentrop zu Zugeständnissen an London bereit und wurde deswegen vom Führer scharf kritisiert. (43)

Das Foreign Office spielte mit dem Gedanken, Deutschland einzukreisen. Die deutschfeindliche Presse agierte für Zwangsmaßnahmen gegen das Reich. Um diese Absichten zu neutralisieren, drängten die prodeutschen Gruppen Berlin, auf den britischen "Fragebogen" positiv zu reagieren, um damit "den Gegnern das Handwerk zu legen". (44) Aber von Hitler kam nie eine offizielle Antwort auf den Fragenkatalog. Statt dessen entsandte er Ribbentrop als seinen Botschafter. Dieser Schritt stand voll im Einklang mit der Empfehlung des britischen Monarchen, "langsam und vorsichtig" vorzugehen. (45)

Messersmith sah einen "Silberstreifen am Horizont", denn Hitler konnte den Fragebogen "nicht beantworten". Für Messersmith bildete dieser einen wesentlichen Bestandteil der von Eden inszenierten psychologischen Kampagne gegen das Reich. Er konnte seine Schadenfreude nicht verbergen. Hitlers Schweigen hatte sich "auf weite Schichten" in England negativ ausgewirkt. Es hatte Eden die einmalige Gelegenheit geboten, die britische Öffentlichkeit von der "Hoffnungslosigkeit jeglicher Vereinbarungen" mit dem Reich zu überzeugen. Messersmith ging davon aus, daß eine europäische Katastrophe immer noch verhütet werden konnte, solange London "genügende" Fortschritte bei seinen Ausgleichsbemühungen mit Mussolini machte und eine "entsprechende Grundlage" für eine zukünftige englisch-französische Zusammenarbeit legte, ehe der "zersetzende Einfluß der Ungewißheit sich zu sehr in Südosteuropa auswirkt." (46)

Seit Edens Einzug ins Foreign Office hatten sich die deutsch-englischen Beziehungen verschlechtert. Als Außenminister schlug er einen entschieden antideutschen Kurs ein. Der Stand der Dinge zwischen beiden Ländern war "überaus schlecht". (47) Unter Edens Leitung hatte London der antideutschen Konstellation neues Leben eingehaucht. Die britische Regierung "bereitet sich auf den Krieg vor, aber versucht, Zeit zu gewinnen, die sie zur Erfüllung ihres Aufrüstungsprogramms braucht." (48)

Nicht nur Eden legte Hitler Hindernisse in den Weg. Auch Mussolini und Ciano taten ihr möglichstes, etwaige Chancen für eine deutsch-englische Annäherung zu torpedieren. Il Duces Botschafter Graf Grandi hatte ein Dossier, das zweiunddreißig Dokumente umfaßte, zusammengestellt. Eden hatte diese vertrauliche Information für das britische Kabinett gesammelt und betitelt "Die Deutsche Gefahr". Gemäß diesem Dokumentarmaterial hatte der britische Botschafter in Berlin, Sir Eric Phipps, dem Foreign Office mitgeteilt, daß der Führer angeblich entschlossen war, die in Versailles errichtete Friedensstruktur zu zerstören, um die deutsche Vorherrschaft zu errichten. Eden hatte deshalb beschlossen, die britische Rüstungsproduktion zu beschleunigen, um Deutschland aus der Position der Stärke heraus entgegentreten zu können. Solange Großbritannien dem Reich noch militärisch unterlegen war, sah London sich zu einem modus vivendi mit Deutschland gezwungen. (49) Um die Durchführung des revisionistischen Programms Hitlers zu vereiteln, sollte Eden sich bald die neue Taktik einfallen lassen, Deutschland "am Rätselraten zu halten". (50)

Mit dieser Geheimwaffe, dem Dossier Edens, ausgerüstet, traf Graf Ciano am 20. Oktober in Berlin ein. Er spürte sofort, daß sein Kollege in der Wilhelmstraße sich in einer antibritischen Stimmung befand. Neurath versprach, Edens Dossier über "Die Deutsche Gefahr" dem Führer vorzulegen. In Gegenwart des italienischen Außenministers las Hitler von Edens Absichten, Deutschland gegenüber auf Zeit zu spielen, um das britische Aufrüstungsprogramm zu vollenden. Der Führer erklärte, daß "England Italien oder Deutschland oder beide Länder angreifen wird, sobald es glaubt, dies ungestraft oder ohne Risiko tun zu können ..." Diesen Planungen müsse man mit einer mächtigen Koalition begegnen. Angesichts einer "gemeinsamen Front" würde England "nicht nur ... unterlassen, gegen uns zu kämpfen, sondern nach einer Übereinkunft und einer gemeinsamen Grundlage mit dem neuen politischen Bündnissystem suchen." Falls die deutsch-italienische Machtdemonstration London unbeeindruckt lasse, falls es seine "offensiven Pläne weiter verfolge und nur Zeit für die Aufrüstung gewinnen wolle", dann könnten Italien und Deutschland Großbritannien "mit seinen eigenen Waffen schlagen, da die deutsche und italienische Aufrüstung viel schneller fortschreite als die englische, wo es sich nicht nur um die Produktion von Schiffen, Kanonen und Flugzeugen, sondern auch um eine psychologische Wiederaufrüstung handele." In drei Jahren sei das Reich bereit, "in vier Jahren mehr als bereit ..." Ciano bezweifelte jedoch, daß seine Geheimwaffe Hitler in seiner probritischen Einstellung erschüttert hatte. Neurath hatte ihm anvertraut, daß Ribbentrop Hitlers Sympathien für England immer wieder neu nährte. Der neuernannte Botschafter in London "versucht sehr häufig, dem Führer anglophilen Optimismus einzuimpfen." Verständlicherweise lag Ciano viel daran, daß Ribbentrops Londoner Mission mit einem Fehlschlag endete. Falls er Erfolg haben sollte, würde der probritische Ribbentrop bald den antibritischen Neurath als Außenminister ablösen. (51)

In London stand Ribbentrop vor einer wenig beneidenswerten Aufgabe. Eine Kette von Ereignissen hatte sich gegen einen erfolgreichen Abschluß seiner diplomatischen Mission verschworen. Mit dem Ehevertrag für Mrs. Simpson verlor das Reich einen seiner potentiell stärksten Bundesgenossen in Großbritannien. König Eduard VIII. dankte im Dezember 1936 ab. (52) Ribbentrops Aufgabe wurde noch zusätzlich erschwert durch den Ausbruch des Spanischen Bürgerkrieges, bei dem England und Deutschland in gegnerischen Lagern standen. Hitlers Instruktionen für Ribbentrop als Vertreter des Reiches bei dem Nichteinmischungsausschuß standen oft im Widerspruch zu seinen Anweisungen an Ribbentrop als Botschafter in London. Litwinow, Stalins Delegierter beim Nichteinmischungsausschuß, freute sich diebisch, wann immer die britischen und deutschen Delegationen sich in gegenseitigen Vorwürfen ergingen. Indem sie London und Berlin gegeneinander aufhetzten, erreichten die Sowjets ihr Nahziel, Mißtrauen unter ihren kapitalistischen Feinden zu säen und deren gegensätzliche

Standpunkte zu unterstreichen. Dadurch, daß er Deutschlands Beteiligung am Spanischen Bürgerkrieg (53) verteidigen mußte, "schadete der Führer dem Hauptziel, dessentwegen er mich nach London geschickt hatte." (54) Hauptsächlich auf Ribbentrops Drängen hin begann Hitler mit dem Gedanken zu spielen, sich aus dem spanischen Konflikt zurückzuziehen. Im Dezember erklärte Ribbentrop dem Führer offen, daß er durch seine Unterstützung Francos sein politisches Hauptziel zunichte machte, – die englisch-deutsche Zusammenarbeit. Anfang 1937 erwarteten politische und journalistische Kreise mit Spannung Ribbentrops Rückkehr nach London. In ihm sahen sie "den Mann, der Hitler in der spanischen Angelegenheit bremste." (55)

Zur Jahreswende war es nur allzu offensichtlich geworden, daß Ribbentrops Mission bisher keine nennenswerten Resultate gebracht hatte. Es war ihm nicht gelungen, die Briten auch nur einen Zollbreit zum Nachgeben zu bewegen. Seine Enttäuschung wuchs. Wäre es nach ihm gegangen, dann hätte er "vorgezogen, nicht nach England zurückzukehren." (56) Anscheinend gegen Ribbentrops Einspruch hatte Hitler beschlossen, die Kolonialfrage, einen weiteren Reibungspunkt zwischen Berlin und London, wiederzubeleben. Der Führer schien Neuraths Ansicht zu teilen, daß eine englisch-deutsche "Verständigung" unerreichbar war. Die Aussichten auf ein Übereinkommen mit Paris waren günstiger. Aber es gab Anzeichen dafür, daß London entschlossen war, eine Einigung zwischen Frankreich und Deutschland zu verhindern. (57)

In Berlin verdichtete sich der Eindruck, daß Ribbentrops Bemühungen, "die Engländer versöhnlich zu stimmen, ein absoluter Fehlschlag" waren. Sogar der Führer selbst schätzte Ribbentrops Chancen jetzt "skeptisch" ein, und "beinahe jedermann" in Deutschland begann einzusehen, daß der "britische Flirt mit Deutschland nur dem Wunsche entsprungen war, Zeit für die Aufrüstung zu gewinnen." Die Entfremdung zwischen dem Reich und Großbritannien hatte zur Folge, daß die Position Deutschlands sich im europäischen Mächtekonzert verschlechterte. Polen, Frankreich und England arbeiteten enger zusammen. Im Falle eines bewaffneten Konfliktes würde Deutschland diese Mächte sofort gegen sich haben. Eine tschechisch-deutsche Auseinandersetzung würde zwangsläufig Frankreich auf den Plan rufen. All diese Entwicklungen stimmten Hitler pessimistisch. Er suchte jetzt nach einem Ausweg. Aber zu viele Hindernisse türmten sich auf, besonders auf dem Wege zu einer deutsch-französischen Aussöhnung, die entscheidend für die Sicherung des Friedens in Europa war. Die Briten würden "alles ihnen mögliche tun, um direkte Verhandlungen /zwischen Paris und Berlin/ zu hintertreiben." Außerdem arbeiteten politische Kräfte in Frankreich gegen ein Übereinkommen. Was immer Leon Blum auch beabsichtigen mochte, seine Gefolgsleute innerhalb der Radikalsozialistischen Partei waren einem Abkommen mit Berlin abgeneigt. Und vor allem hatten sich die kommunistischen Anhänger der Volksfront-Regierung in der Nationalversammlung "leidenschaftlich" gegen jeden derartigen politischen Schritt ausgesprochen. So waren die Aussichten für eine deutsch-französische Verständigung "nicht günstig". Sollte Hitler erst einmal die Überzeugung gewonnen haben, daß alle seine Anstrengungen, eine friedliche Lösung der europäischen Probleme zustande zu bringen, sich als erfolglos erwiesen, könnte er sich möglicherweise zu einem Verzweiflungsakt hinreißen lassen. (58) Kritische Beobachter reagierten "nervös" auf die sich rasch verschlechternden deutsch-englischen Beziehungen. Sie fürchteten, daß beide Länder dem Kriege zutrieben. Aber Außenminister Neurath versicherte ihnen: "... der Führer denkt nicht an Krieg." Hitler werde sich in naher Zukunft nicht in einen militärischen Konflikt zwingen lassen. Kriegerische Verwicklungen kämen für ihn "vor 1941 überhaupt nicht in Frage". Er war vielmehr von der Furcht befallen, daß andere Mächte die militärische Unterlegenheit des Reiches ausnützen könnten. (59)

Aber er erkannte auch, daß unter den obwaltenden Umständen kein Abkommen mit England erreicht werden konnte. Der Frieden in Europa konnte nur gesichert werden, wenn die Großmächte "ebenbürtig" waren. "Nur durch die Wiederaufrüstung würde Deutschland in der Lage sein, mit anderen Mächten als gleichwertiger Partner zu verhandeln." (60)

Im Frühjahr 1937 machte sich in Ribbentrops Berichterstattung ein gedämpfter Optimismus bemerkbar. Die Krönungsfeierlichkeiten im Mai waren Anlaß für ihn, eine umfangreiche Analyse der britischen Außenpolitik zu verfassen. Noch hatte er nicht alle Hoffnungen aufgegeben, aber ihn befielen dennoch quälende Vorahnungen. Die Krone war das "sichtbare Symbol" der britischen Einheit. Das Empire war "fest in London verankert". Die Krönung König Georgs VI. war eine Zurschaustellung von Pracht und Macht.

Unter der Ägide von Eden und Vansittart ließ sich das Foreign Office von der Absicht leiten, freundschaftliche Annäherungen an Berlin zu blockieren. Die dem neuernannten Botschafter in Berlin, Sir Nevile Henderson, erteilten Instruktionen hatten etwaige noch vorhandene Hoffnungen im Keim erstickt. Nur Chamberlains persönliches Eingreifen hatte Henderson dazu gebracht, den Botschafterposten doch noch anzutreten. Chamberlain sollte demnächst der Nachfolger Baldwins werden. Aber Ribbentrop warnte, auch auf Chamberlain keine überspannten Hoffnungen zu setzen. Eden werde weiterhin für die Außenpolitik verantwortlich bleiben. Es schien allerdings, als beabsichtige der designierte Premierminister, die "außenpolitischen Zügel" fester in die Hand zu nehmen. Seine unlängst mit Chamberlain geführten Gespräche hatten ihm leichten Stimmungsauftrieb gegeben. Ribbentrop hatte beschwörend darauf verwiesen, daß der europäische Frieden hauptsächlich von einer deutsch-englischen Zusammenarbeit abhing. Das "Schicksal der Welt" hing an einem seidenen Faden. Nur im Falle einer englisch-deutschen "Freundschaft" könnten Frieden und Wohlstand erreicht und gesichert werden. Der Führer hatte ihn beauftragt, so ließ er Chamberlain eindringlich wissen, "auf dieses Ziel hinzuarbeiten". Chamberlain antwortete "spontan", daß er die Bemühungen des Botschafters "hundertprozentig" unterstützen werde.

Und doch mahnte Ribbentrop zur Vorsicht: "... all das sollte uns nicht eine ernsthafte Reorientierung englischer Regierungskreise gegenüber deutschen Problemen und Wünschen erwarten" lassen. Hitler sollte nicht dem Irrglauben verfallen, daß die gegenwärtige "freundliche Atmosphäre" eine echte Sinnesänderung des britischen Kabinetts bedeutete.

Im Mittelpunkt der britischen Politik standen die verschiedensten Überlegungen. Als eine "saturierte Nation" wünschte England Frieden, – aber nicht um jeden Preis. Die Zusammenarbeit des Reiches mit Japan und Italien wirkte auf London potentiell aggressiv. Die britische Außenpolitik befand sich in einem Wandlungsprozeß, hinweg von dem utopischen Ziel der kollektiven Sicherheit hin zu festeren und politisch realistischeren Bindungen. Die territoriale Integrität Belgiens und Frankreichs bildete den "Eckpfeiler" der britischen Kontinentalpolitik. Etwaige Übergriffe auf diese Länder würden die britische Vergeltung herausfordern. Aber London ließ sich nur ungern in Osteuropa durch Frankreich und dessen Allianz mit der UdSSR und der Tschechoslowakei die Hände binden. Dadurch, daß England das französisch-sowjetische Bündnis moralisch unterstützte, war es jedoch mittelbar durch die politischen Entwicklungen im Osten betroffen und verstärkte dadurch, zumindest indirekt, Frankreichs Streben nach Vorherrschaft in Europa. Durch seine Bindung an Frankreich würde Großbritannien in jeden deutsch-sowjetischen Konflikt hineingezogen werden. Der britischen Regierung wäre es ein leichtes, einen Vorfall zu fabrizieren, um eine kriegerische Verwicklung zu rechtfertigen. Ribbentrop sah in England "den Schlüssel zur Lage".

Stände England vor der Alternative: entweder Freundschaft mit dem Reich, mit einer deutschen Garantie für die britischen imperialen Interessen und die territoriale Integrität der westlichen Nachbarn Deutschlands, oder "nochmal ein Kampf auf Leben und Tod zwischen den beiden großen germanischen Völkern", bei dem London in einer viel ungünstigeren Lage als 1914 wäre und dabei "die Existenz seines Empires aufs Spiel" setzte, dann, meinte Ribbentrop, "sollte" man erwarten können, daß die britischen Staatsmänner die richtige Wahl treffen würden.

Es gab nur eine Möglichkeit, britische Befürchtungen zu zerstreuen. London mußte von Hitlers Aufrichtigkeit England gegenüber überzeugt werden. Den Briten sollte unbedingt zugesichert werden, daß der Führer keine deutsche Vorherrschaft auf dem Kontinent anstrebte. Nur unter diesen Voraussetzungen könnte Chamberlain geneigt sein, die Verpflichtungen seines Landes hinsichtlich der traditionellen Gleichgewichtspolitik zu modifizieren, die spätestens seit Sir Eyre Crowes berühmtem Memorandum aus dem Jahre 1907 ein "Glaubensartikel" im politischen Katechismus britischer Staatsmänner war. Bei all seinen Verhandlungen mit London, riet Ribbentrop, sollte Hitler nachdrücklich den Kernpunkt seiner Politik gegenüber England herausstellen, nämlich die Tatsache, daß das Reich ein überragendes Interesse an der Erhaltung des Empire habe.

Erzielten die beiden "germanischen Völker" erst einmal eine politische Verständigung, dann würden sowohl "die germanische Treue" wie das beiderseitige Interesse an der Sicherung der "gemeinsamen Rasse" und ihrer

"Besitzungen" eine dauernde Freundschaft verbürgen. Als einen ersten Schritt in diese Richtung sollte England sich aus seiner Verwicklung in das französisch-sowjetische Bündnis befreien und sein "Desinteresse" an Osteuropa zu verstehen geben. Ribbentrop versprach, bei seinen Bemühungen um eine deutsch-englische Verständigung nichts unversucht zu lassen. Er bat den Führer, ihm dabei durch die Pflege des noch in England vorhandenen guten Willens zu helfen, und drängte darauf, die antibritische Propaganda in Deutschland zu dämpfen, um nicht der "günstigen Atmosphäre" zu schaden, die die Krönung König Georgs geschaffen hatte.

Früher oder später, fuhr Ribbentrop fort, werde die Stunde des Offenbarungseides kommen. Dann sollte die britische Regierung "endgültig und entschieden auf die Probe gestellt" werden. Sollte England dann die deutschen Annäherungsversuche nicht erwidern, hätte Berlin endlich den Beweis für Londons Entschluß, das Reich einkreisen zu wollen. Hitler müsse daraus dann "kompromißlos die nötigen Schlußfolgerungen" ziehen.

Ribbentrop riet dem Führer, trotz gegenteiliger äußerer Anzeichen "eine gehörige Portion Skepsis" gegenüber London zu "bewahren" und die Beziehungen zu Japan und Italien zu pflegen, ohne "unseren Weg nach England für immer zu versperren". Nur ein deutsch-englischer Vertrag, der alle ausstehenden Fragenkomplexe erfaßte und für beide Seiten akzeptable Lösungsmodalitäten erbrachte, würde Ribbentrops nagenden Argwohn über Englands letzte Absichten beschwichtigen. Er warnte Hitler, die engen Bande zwischen England und Frankreich nicht zu unterschätzen. Alle Versuche, einen Keil zwischen diese beiden Länder zu treiben, wären zum Scheitern verurteilt. (61)

Die Hindernisse auf dem Weg zur deutsch-englischen Freundschaft, die Hitler und sein Botschafter stets angestrebt hatten, waren gewaltig. Aber Ribbentrop wollte sich nicht fatalistisch mit einem unvermeidlichen Abbruch der deutsch-englischen Verhandlungen abfinden. Es gab noch Mittel und Wege, die Situation zu retten. Persönliche Fühlungnahme zwischen einflußreichen Engländern und führenden deutschen Persönlichkeiten konnte möglicherweise den toten Punkt überwinden. Er drängte den Führer, britische Besucher "sehr herzlich" zu empfangen. Der scheidende britische Premierminister Baldwin hatte seine Bereitschaft zu einem Treffen mit Hitler angedeutet. Lord Derby und ebenso Inskip, der Verteidigungsminister und mögliche zukünftige Premierminister, hatten Interesse an einem Besuch in Deutschland bekundet. Sogar Winston Churchill könnte noch zu "einem Freund Deutschlands" bekehrt werden. Berlin sollte sich auch um den kanadischen Premier MacKenzie bemühen, dessen Rat in London sehr geschätzt wurde. Sir Alexander Walker und Lord Arnold waren willens, sich der Sache der deutsch-englischen Zusammenarbeit anzunehmen. Sogar "unser alter Feind, Mr. Gerard", der einstige amerikanische Botschafter im kaiserlichen Deutschland, hatte versprochen, das Kriegsbeil zu begraben und die Anstrengungen des Reiches zu unterstützen, die Beziehungen mit den USA zu verbessern. Ribbentrop hatte wahrscheinlich erkannt, daß die erhoffte deutsch-englische Verständigung auf den Klippen der amerikanischen Feindschaft gegen das Hitlerregime zerschellen könnte. London, deutete er an, werde nicht ohne Amerikas Einverständnis handeln. Nachdem die Lage entsprechend sondiert war, schlug Ribbentrop ein Treffen zwischen Lord Halifax und dem Führer vor, um "positivere Verhandlungen" zu führen. (62) Um einen Erfolg zu sichern, mußte aber rasch gehandelt werden. Das Verhältnis zwischen London, Paris und Moskau gestaltete sich immer enger. (63)

Hitler ließ die Zeit nicht ungenutzt verstreichen. Er griff Ribbentrops Anregung auf und ging scharf gegen die deutsche Presse vor. Die antibritische Kampagne "muß beendet werden", wies er seinen Propagandaminister Dr. Goebbels an. (64) Er empfing den kanadischen Premierminister MacKenzie, über dessen prodeutsche Einstellung sich Ribbentrop günstig geäußert hatte und der im Commonwealth maßgeblichen Einfluß ausübte.

Aber in seinen Unterhaltungen mit Vertrauten und Gefolgsleuten über die britische Politik ließ Hitler deutlich pessimistische Töne anklingen. Erst mit der "abessinischen Frage" hatte er die "Heuchelei und Unaufrichtigkeit der Engländer richtig durchschaut". Die "Unverschämtheit" der britischen Presse versetzte ihn in Rage. Er hatte Ribbentrop angewiesen, "die Engländer mächtig gegen die Beine zu treten ... Sie könnten stundenlang über die Beine reden, wenn sie den Bauch meinten." (65) Mit der Zeit wuchs auch Hitlers Verbitterung. Anläßlich des Nürnberger Parteitages im Herbst 1937 machte er seiner Enttäuschung öffentlich Luft. Seine oft ätzende Kritik an England war Beobachtern nicht entgangen. (66) Hitler war davon ausgegangen, daß England auf die andeutenden Versprechungen, sich mit Deutschland über reale Vorschläge zu verständigen, konkrete Verhandlungsangebote folgen lassen werde. Die Briten hatten sich zwar "vage" ausgedrückt, aber Hitler hatte "etwas" Greifbares von ihnen erwartet. Selbst Vansittart mußte sich eingestehen, daß Englands doppelzüngiges Gerede ("double Talk") nicht ohne Risiko war. Der Führer werde früher oder später die Rechnung präsentieren: "... eine Rechnung, die wir nicht bezahlen können. Und wenn wir nicht bezahlen, wird es in Deutschland die gleiche Gefühlsaufwallung geben wie 1914 ..." (67)

Hitler trug sich jetzt mit dem Gedanken, London seine Kolonialrechnung vorzulegen. Die Kolonialpolitik des deutschen Kaiserreiches hatte Reibungen mit Großbritannien hervorgerufen, etwas, was Hitler immer hatte vermeiden wollen. Da London und Berlin sich 1937 immer weiter auseinanderlebten, beschloß er, die Kolonialfrage aufs Tapet zu bringen. Ursprünglich hatte er vorgehabt, die Kampagne für die Rückgabe der einstigen deutschen Kolonien einzustellen. Aber er ließ sich umstimmen und gab der Presse das grüne Licht, diese Frage öffentlich zu diskutieren. Neurath und wahrscheinlich auch Schacht hatten ihm geraten, diesen Fragenkomplex am Leben zu halten, damit die Welt nicht den Eindruck gewann, daß "wir bereit sind, unsere kolonialen Ansprüche aufzugeben." Doch sollte nicht zu einer Regelung der Kolonialfrage gedrängt werden, denn London könnte dann lediglich einen kleinen kolonialen "Brocken" fallenlassen, "wahrscheinlich noch dazu Gebiete, die ihm nicht einmal gehörten", und für diese Scheinkonzession "weitreichende deutsche Zugeständnisse" verlangen. (68) Der Führer versetzte seinen Besucher Lord Lothian in Schrecken, als er die Forderung auf die Rückgabe der ehemaligen deutschen Kolonialgebiete erhob. Falls London ihm "andere Kolonien" anbieten werde, werde er keinen Einspruch erheben, aber er "brauche Kolonialgebiete in einer Größe von 500 000 Quadratkilometern". (69) Freundschaftserklärungen und die weitreichenden Konzessionen im Flottenabkommen von 1935 hatten bisher nicht zum Erfolg geführt. Der Zeitpunkt war gekommen, in Verhandlungen mit der britischen Regierung einzutreten, bei denen die deutschen Interessen im harten Ringen sichergestellt werden mußten. Hitler beschloß, seine ursprünglichen Forderungen heraufzuschrauben, um im Verlauf der Verhandlungen wenigstens ein Eingehen Londons auf seine revisionistischen Forderungen in Europa zu erreichen. (70)

1937 war sowohl in London wie auch in Berlin das Jahr der Bestandsaufnahme. Im Kabinett Chamberlain hatte die Überzeugung an Boden gewonnen, daß die britische Außenpolitik Commonwealth-Politik sein müßte. Zwar gab die Metropole immer noch den Ausschlag bei politischen Entscheidungen, aber die Regierungen der Dominions mußten in verstärktem Maße konsultiert werden. Sie konnten Gegenvorschläge vorbringen und die Beschlüsse des Londoner Kabinetts modifizieren. Für Südafrika, Neuseeland, Kanada und Australien stellten Japan und Italien eine größere Bedrohung ihrer Sicherheitsinteressen als Deutschland dar. Sie waren mehr daran interessiert, Tokio und Rom im Zaum zu halten, als an Hitlers Absichten, den Urteilsspruch von Versailles in Osteuropa zu revidieren. Der Korridor, Danzig, Sudetenland und Österreich waren Probleme, die weit von ihren unmittelbaren Interessensphären entfernt lagen. Ihre Ratschläge, Ansichten und Anregungen nicht zu beachten konnte sich für die englische Politik verhängnisvoll auswirken. 1934 schon hatte Jan Smuts London gedrängt, Deutschland nicht weiter "als einen Paria in Europa" zu behandeln. (71) Die Vertreter der Dominions hatten anläßlich der Empire-Konferenz vom Juli 1937 gerade diesen Standpunkt nochmals nachdrücklichst unterstrichen. Sie übten starken Druck auf London aus, mit Deutschland eine Regelung der ausstehenden Kontinentalprobleme zu finden. Zwar verpflichteten sie sich, England zu Hilfe zu kommen, falls das Reich seine westlichen Nachbarn angreifen sollte, sie warnten aber gleichzeitig, nicht mit ihrer Unterstützung zu rechnen, sollte England sich auf dem osteuropäischen Schauplatz in einen bewaffneten Konflikt stürzen. (72)

Kaum hatte Chamberlain sein Amt angetreten, als er sich in der deutschen Frage einer fast geschlossenen Front der Dominions gegenübersah, die mit Nachdruck für eine Beschwichtigungspolitik gegenüber dem Reich plädierten. Doch schon bald sollte sich herausstellen, daß Chamberlains Appeasement-Politik jeder Substanz entbehrte. Sie sollte sich als eine diplomatische Taktik entpuppen mit der Absicht, Alibis zu sammeln, um sich der Unterstützung des eigenen Volkes und vor allem der Gefolgschaft der Dominions zu versichern. Schon lange bevor er in 10 Downing Street einzog, hatte er Deutschland als "die Hauptursache der bestehenden Kriegsfurcht in Europa" bezeichnet. Hitler werde nur zurückschrecken, Europa seinen Willen aufzuzwingen, solange er sich einer "Übermacht" gegenüber sehe. (73) Chamberlains Appeasement-Politik enthüllte sich als eine Fortsetzung der Politik Edens mit anderen Mitteln, darauf angelegt, sich selbst und England ins Recht zu setzen. Sie war darauf zugeschnitten, die Forderungen der Dominions taktisch zu berücksichtigen. Daß sogar Eden Chamberlains Verbalbeschwichtigung nicht durchschaute, zeugte für die Durchschlagskraft der Täuschungsstrategie des Premierministers.

Hitler schien erkannt zu haben, daß besonders jene Dominions, die noch zeitweise ihre traditionelle Erbitterung gegen die Metropole offenbarten, das schwache Glied in der imperialen Kette bildete. Indem er die Peripherie des Empires diplomatisch-politisch vorsichtig abtastete, konnte er möglicherweise die Schwachstellen ausmachen, was ihm die Gelegenheit bieten würde, entweder London Schwierigkeiten zu bereiten oder die Dienste der Dominions als Vermittler zwischen London und Berlin in Anspruch zu nehmen. (74) Meinungsverschiedenheiten unter den Dominions und zwischen diesen und England konnten ihm zum Vorteil gereichen. Aber die indirekte Strategie wurde durch die direkte Strategie des Dreiecks Rom-Berlin-Tokio ergänzt, die London veranlassen sollte, seine Gleichgewichtspolitik zu modifizieren, um seine weitgespannten imperialen Interessen zu schützen. Hitler übersah jedoch die Tatsache, daß Englands imperiale Politik traditionell unlösbar mit der Wahrung des Mächtegleichgewichts auf dem europäischen Kontinent verknüpft war.

Unter Chamberlains Führung versuchte Großbritannien, verlorenen Boden zurückzugewinnen. Baldwins Politik hatte sich von den pazifistischen Tendenzen des britischen Wählervolkes beeinflussen lassen, und auch die Haltung der Labour Party und die Agitation von links hatten den Kampfgeist des Landes untergraben.

Der neue Premierminister war entschlossen, die kämpferischen Tugenden der Nation wiederzuerwecken, um aus der Position der Stärke verhandeln zu können. Britische Militärs und Marinefachleute gingen davon aus, daß das Land noch "zwei weitere Jahre" benötigte, um ausreichend bewaffnet zu sein. Um Hitler hinzuhalten und Zeit zu gewinnen, bot Chamberlain der Reichsregierung gönnerhaft "Bonbons" an. In Wirklichkeit betrachtete er das Reich als Englands potentiellen gefährlichsten Gegner. Während das britische Kabinett nach außen den Wunsch nach Frieden und die Bereitschaft, "Deutschland zu helfen und ihm die Rohstoffe, die es zum Überleben braucht, zu verschaffen, zur Schau stellt", ging es unerschütterlich von der Annahme aus, daß "Deutschland nicht zu trauen ist." Allein auf "militärische Schlagkraft" war Verlaß. Hitlers Mißtrauen gegenüber den Beteuerungen friedlicher britischer Absichten war geweckt worden, und er beschuldigte London, "andere europäische Länder aufzuwiegeln, Deutschland die für seinen Bedarf wirtschaftlich notwendigen Ressourcen zu versagen." (75) Das beschleunigte Tempo der englischen Wiederaufrüstung schien erste Früchte zu tragen, denn es hatte "Hitler und Mussolini in den Startlöchern festgehalten", und angesichts "der Geschwindigkeit, mit der England aufrüstet", würde London bald imstande sein, aus der Position der Stärke mit dem Reich zu verhandeln. (76)

Der englisch-deutsche "Gegensatz" trat immer stärker hervor. Neurath schien es "fast unmöglich", "in naher Zukunft" zu einer Verständigung mit London zu kommen. England und Frankreich waren eine Entente eingegangen. London wiegelte Paris gegen das Reich auf. Der Außenminister hoffte, die beinahe unvermeidliche "Konfrontation" mit Großbritannien "bis zu einem günstigeren Zeitpunkt" aufschieben zu können. (77)

Anläßlich der Empire-Konferenz vom Juli 1937 hatten die Dominions sich mit ihrer Ansicht, England zur Mäßigung anzuhalten, durchgesetzt. Chamberlain mußte jetzt ihren Wünschen Rechnung tragen. Um ihren Forderungen nachzukommen, das Reich nicht mehr wie bisher als Paria zu behandeln sah er sich gezwungen, bei seinen Verhandlungen mit Hitler Mäßigung vorzutäuschen. Er versuchte, die Dominions dadurch zu beschwichtigen, daß er vorgab, Deutschland entgegenzukommen. Wesentlichen und entscheidenden Aussprachen mit der Reichsregierung wich er beständig aus. Wie er schon vor Jahren Henry Morgenthau anvertraut hatte, war er auch jetzt darauf bedacht, Zeit zu gewinnen, um die "militärische Überlegenheit" zu erlangen. (78)

Lord Halifax' Besuch auf dem Obersalzberg im November 1937 war Chamberlains erste Pflichtübung, die Kritik der Dominions an der englischen Obstruktionspolitik gegenüber dem Reich zum Schweigen zu bringen. Die Gespräche mit Hitler waren hauptsächlich taktisch bedingt und in Szene gesetzt, um, wie Messersmith lakonisch bemerkte, "die britische Position zu festigen" (79), und außerdem, um Zwietracht zwischen Berlin, Rom und Tokio zu säen. Aber Chamberlains Sendbote sollte erkennen, daß es nicht "einfach war, mit Hitler zu verhandeln." (80)

Anfangs zeigte sich der Führer nicht sehr gesprächig. Er war auf der Hut und ließ sich von Lord "Holy Fox", der gleich ins Fettnäpfchen trat, nicht in die Ecke drängen. Er sei gekommen, erklärte Halifax, um über alle wesentlichen Probleme zu diskutieren, die zwischen London und Berlin Reibungen verursachten. Der Führer antwortete lediglich, daß er sich keiner größeren Differenzen bewußt sei. Als er Halifax bat, diese Meinungsverschiedenheiten genauer darzulegen, brachte der Lord die nationalsozialistische Kirchenpolitik zur Sprache. Hitler entgegnete, daß die Bolschewisten gegen kirchliche Einrichtungen viel härtere Maßnahmen ergriffen hätten, ohne daß London sich deshalb auf Streit eingelassen hatte. Halifax wandte sich dann jenen Fragenkomplexen zu, die für Hitler von unmittelbarem Interesse waren. Er schnitt die Themen Österreich, Danzig und Tschechoslowakei an. Falls Hitler hier Änderungen wünschte, müßten diese auf friedliche Weise vorgenommen werden. Hitler bemerkte lediglich, daß diese Fragen London nichts angingen. Er verlangte erneut, Genaueres über die eigentlichen deutsch-englischen Differenzen zu erfahren, auf die Halifax angespielt hatte, woraufhin dieser versuchte, Hitler zu einer Stellungnahme zur Kolonialfrage zu veranlassen. Der Lord deutete die englische Bereitschaft an, dem Reich portugiesische Kolonien anzubieten. Hitler erinnerte ihn taktvoll daran, daß Deutschland an jenen Kolonien interessiert war, die die Siegermächte in Versailles als Beute unter sich verteilt hatten. (81)

Den englischen Besorgnissen über Deutschlands Osteuropapolitik stand Hitler verständnislos gegenüber. Welchen Status auch immer die Freie Stadt Danzig hatte, britische Interessen waren davon nicht betroffen. Statt ständig Oppositon zu betreiben, sollte London lieber eine "neutrale" Haltung zu dieser Frage einnehmen. Englands wiederholtes Einmischen hatte die Situation "erschwert, ohne jeden Grund und aus reiner Böswilligkeit", klagte der Führer. (82)

Es war offensichtlich, daß der Besuch von Halifax nicht den Weg für "positivere Verhandlungen" gebahnt hatte, wie Ribbentrop es im Mai erhofft hatte. (83) Hitler hatte die Überzeugung gewonnen, daß der Zeitpunkt für eine Verständigung mit London noch nicht herangereift war. Er war aber fest entschlossen, England nicht den Augenblick für das Handeln zu überlassen, sollte die Stunde der Wahrheit jemals schlagen. Aber an seiner ursprünglichen Entscheidung hatte sich nichts geändert: er wollte keinen Krieg mit Großbritannien. (84)

Der Besuch von Halifax löste wilde Gerüchte und Spekulationen aus. Um mögliche falsche Eindrücke und Verwirrungen zu zerstreuen, lud Reichspressechef Dr. Dietrich die Hauptschriftleiter der Berliner Zeitungen zu sich. Die Reichsregierung hatte das Modell des "Kollektivismus", wie es der Völkerbund verkörperte, ein für allemal abgelehnt, betonte er. Deutschland werde sich nicht nach Genf zurücklocken lassen. Wenn dies Halifax' Absicht gewesen war, "kann auf dieser Basis kein Fortschritt erzielt werden." Berlin verfolgte eine andere Marschroute als jene Mächte, die noch an "Genf und seinen Theorien" hingen. Auf die jüngste Aussprache zwischen Hitler und Halifax eingehend, versicherte er seinen Zuhörern, daß Deutschland, im Gegensatz zu ausländischen Presseberichten, keine territorialen Forderungen erhoben hatte. Falls die ungezügelten Spekulationen nicht aufhörten, werde sich die Reichsregierung gezwungen sehen, die Abschrift der Gespräche zu veröffentlichen. Dietrich warf sogar die Frage auf, ob "es nicht besser gewesen wäre, Halifax wäre nie gekommen." (85)

Es schien, als hätte Halifax die Kolonialfrage angeschnitten, um den Gerüchtemachern ein Stichwort zu geben und um Zwietracht zwischen dem Reich und seinen Bündnispartnern zu säen. Und diese hatten sich sofort nach dem Treffen ans Werk gemacht. Sie beschuldigten Hitler, die koloniale Pandorabüchse geöffnet zu haben. Laut ihren Sensationsberichten hatte der Führer Lord "Holy Fox" weitreichende Kolonialforderungen gestellt. Deutsche Regierungsbeamte argwöhnten, daß, wenn nicht der Lord selbst, so doch Angehörige des Foreign Office beabsichtigt hatten, Deutschland eine Falle zu stellen. Die Gerüchte über angebliche deutsche Kolonialforderungen gingen höchstwahrscheinlich von der Nachrichtenabteilung des Foreign Office aus, die schon wiederholt die britische öffentliche Meinung gegen das Reich mobilisiert hatte. Die Kolonialfrage wurde vorsätzlich zur großen Streitfrage des Hitler-Halifax-Gespräches aufgebauscht. Die sich aus diesen hemmungslosen Spekulationen ergebenden Rückwirkungen machten sich bald bemerkbar. Tokio, das erst 1936 dem Antikominternpakt beigetreten war, reagierte mit Bestürzung, denn auch Japan hatte aus der großzügigen Verteilung der deutschen Kolonien Nutzen gezogen. Besonders japanische Marinekreise reagierten aufgebracht angesichts eines möglichen Ersuchens der Reichsregierung, die Südseemandate zurückzugeben. Die Kolonialfrage drohte sich zu einer Streitfrage zu entwickeln, und die Beziehungen zwischen Berlin und Tokio zu trüben. (86)

Die in Tokio stationierten britischen Diplomaten taten ihr möglichstes, Japans Mißtrauen gegen das Reich zu nähren. Botschafter Dirksen hatte auch den Eindruck gewonnen, daß britische und amerikanische Journalisten ihre Kampagne, Deutschland bei den Japanern in Mißkredit zu bringen, aufeinander abstimmten. Sie nahmen jede Gelegenheit wahr, ihre japanischen Zuhörer an die Tätigkeit der deutschen Militärberater im Stab von Tschiang Kai-schek zu erinnern und an die deutschen Kriegsmateriallieferungen an die chinesischen Streitkräfte. (87)

Diese diplomatischen Berichte gaben natürlich Hitlers wachsendem Mißtrauen neue Nahrung. Die augenscheinliche britische Hinterhältigkeit vermehrte nur seine Zweifel an Englands eigentlichen Absichten. Der Besuch von Halifax und die sich daran anschließende Kampagne paßten genau in die strategischen Planungen des Foreign Office, die Klärung wesentlicher Fragen hinauszuschieben und auf Zeitgewinn hinzuarbeiten, um die britische Rüstung voranzutreiben.

Ribbentrops Bericht über seine Frühstücksgespräche mit Halifax bestätigten nur die Vorahnungen des Kanzlers. Als der Botschafter dem Lord die Frage stellte, ob seine "Initiative" sich als "stark genug" erwiesen hatte, um sich gegen die "allzu zahlreichen" Kräfte durchzusetzen, die darauf aus waren, eine Entspannung zu sabotieren, erwiderte Halifax kurz, daß Chamberlain "etwas versuchen" werde. Ribbentrop hegte starke Zweifel, daß die deutsch-englischen Gespräche irgendwelche positiven Resultate erzielen würden. Auch Halifax beurteilte den schließlichen Ausgang der Verhandlungen "skeptisch". Ribbentrops Gespräche mit Eden vertieften nur seinen Pessimismus (88), zumal der Außenminister ihm mitteilte, daß die englisch-deutschen Unterhandlungen vorläufig nicht fortgesetzt werden könnten. Die Gründe für diese Hinhaltetaktik, obwohl dem Botschafter gegenüber nicht direkt erwähnt, lagen auf der Hand. Eden arbeitete zur Zeit an einem Plan, der für die deutsch-englischen Beziehungen nichts Gutes verhieß. Er beabsichtigte nämlich, die ungelösten europäischen Probleme von einem Mächtekonzert anpacken zu lassen, das u.a. Deutschland, Großbritannien, Frankreich und Italien umfassen sollte. Eden spielte mit gezinkten Karten. Unter den herrschenden Umständen mußten seine Vorschläge höchst unrealistisch erscheinen. Hitler hatte schon vor langer Zeit der Doktrin der kollektiven Sicherheit eine klare Absage erteilt. Innerhalb des britischen Kabinetts machte sich allerdings eine Gegenströmung bemerkbar. Diese Gruppe, unter Führung von Samuel Hoare, sprach sich gegen Edens Absichten aus und befürwortete bilaterale Verhandlungen zwischen Berlin und London, die erst in der Endphase möglicherweise in multilaterale Gespräche übergehen konnten. Aber selbst dann sollte die Zahl der Teilnehmer auf die vier europäischen Großmächte beschränkt bleiben. Chamberlain selbst war noch nicht für den Vorschlag Hoares gewonnen worden. (89)

Stalins aggressive Zielsetzungen konnten nur von einer gespannten Atmosphäre profitieren. Das Treffen Hitler-Halifax hatte den Kreml in Unruhe versetzt, aber unnötigerweise, wie der Verlauf der Ereignisse beweisen sollte. (90) Als der französische Außenminister Delbos auf seiner Rückreise von Warschau in Berlin Station machte, um mit Neurath Gespräche zu führen, reagierte Moskau wiederum bestürzt. "Jedes Anzeichen einer deutsch-französischen Annäherung erzeugt hier sofort Besorgnis über einen möglichen Viermächtepakt und in diesem Falle einen Fünfmächtepakt, der Polen einschließt", berichtete Botschafter Schulenburg aus der sowjetischen Hauptstadt. (91) Litwinow brach geradezu in einen Wutanfall aus, als Delbos erklärte, daß eine Entspannungspolitik zwischen Frankreich und Deutschland dem europäischen Frieden diene. Der Kommissar legte die "größte Feindseligkeit" an den Tag und verwarf unwirsch den Gedanken einer Annäherung zwischen Paris und Berlin. Delbos war davon überzeugt, daß Stalin seine revolutionäre Fünfte Kolonne in Frankreich mobilisieren würde, um eine Aussöhnungspolitik zwischen Paris und Berlin zu sabotieren. Die Kommunistische Partei Frankreichs, kommentierte der Aussenminister, würde "auf Befehl Moskaus bestimmt gegen eine solche Annäherung agitieren". (92)

Als Hitler im Herbst 1937 eine politische Bilanz zog, konnten die bisherigen Ergebnisse für ihn nur enttäuschend sein. Der Weg nach London war versperrt. Die deutsch-englischen Beziehungen waren in einer Sackgasse festgefahren. Da seine Zuckerbrotmethode keine positiven Resultate erbracht hatte, erwog er jetzt, die Peitsche zu schwingen, um England vom Abgrund des Krieges zurückzutreiben. Angesichts der rasch schwindenden Hoffnungen auf ein Viermächtebündnis – zwischen Deutschland, Großbritannien, Italien und Japan – optierte er für eine Alternativkonstellation. Am 7. November 1937 wurde das Rom-Berlin-Tokio-Dreieck aus der Taufe gehoben. (93)

Schon seit dem Sommer 1937 hatte der österreichische Botschafter in Rom diese Entwicklungen vorausgesehen. Die Achse Rom-Berlin könne ihre "überzeugende Wirkung" auf Frankreich und England eigentlich nicht verfehlen. Aber darüber hinaus wollten der Führer und Il Duce noch etwas anderes erreichen. Sie signalisierten Warnzeichen über den Atlantik in Richtung Washington. Da weder Deutschland noch Italien wirtschaftliche Vorteile aus der Achsenkonstellation ziehen konnten, kam den politischen Auswirkungen dieses Mächtebündnisses eine besondere Bedeutung zu. Die

Achsenpolitik bildete einen integralen Bestandteil ihrer psychologischen Kriegsführung, die Hitler und Mussolini mit Virtuosität beherrschten. (94)

Der amerikanische Botschafter Grew, der in Tokio den Puls des japanischen Nervenzentrums fühlte, versuchte die öffentlich deklarierten Absichten der Dreieckspartner zu hinterfragen. Er argwöhnte, daß der Antikominternpakt antiwestliche Tendenzen tarnte. (95) In Chicago hatte Roosevelt für einen Augenblick im Rampenlicht gestanden. "Anscheinend" hatte seine Quarantäne-Rede im europäischen politischen Denken einen "nachhaltigen Eindruck" hinterlassen. Aber seitdem der Präsident sein Bulletin über den Gesundheitszustand der Welt veröffentlicht hatte, war die Lage "schlechter statt besser" geworden. Dr. New Deal hatte seine Verbalmedizin verabreicht, und die Patienten reagierten. Der Abschluß des Dreierpaktes war "außerordentlich erfolgreich, – Bluff, Machtdemonstration ... oder was auch immer". Plötzlich drohte auch die Gefahr, daß Polen dem Pakt beitreten könnte, sich dazu gezwungen sehend, "etwas zu tun, was die Demokratien als Willfährigkeit gegenüber Deutschland einschätzen würden." Roosevelt ging zur Aktion über. Er war fest entschlossen, die "faschistische" Epidemie einzudämmen. Er beabsichtigte, alle Regierungen mit der Frage zu konfrontieren, was geschehen würde, sollte "der Faschismus sich ausbreiten und die Welt beherrschen; dies muß einmal ausgesprochen werden, und Taten müssen dann folgen." Die Weltöffentlichkeit mußte vor der "drohenden Gefahr", die der Faschismus darstellte, gewarnt werden. (96)

Roosevelt setzte seine Worte in Taten um. Er instruierte seine Diplomaten, andere europäische Mächte davon abzuhalten, in die "faschistische" Einflußsphäre abzutreiben. Bullitt wurde mit einer Warnung für Oberst Beck nach Warschau entsandt, sich nicht dem Antikominternpakt anzuschließen. Dieser plötzliche Besuch des Botschafters löste in Amerika eine Sensation aus. Amerikanische Korrespondenten hatten nämlich herausgefunden, daß Bullitt auf ausdrücklichen Befehl des Präsidenten gehandelt und der polnischen Regierung mitgeteilt hatte, daß Washington einen beitritt Warschaus zum Dreierpakt "mißbilligen" würde. Diese Zeitungsberichte veranlaßten die Senatoren Vandenberg und Hamilton Lewis, ihre "Bestürzung" und ihre "Befürchtungen" über die Einmischung Bullitts in europäische Angelegenheiten auszudrücken. Das State Department versuchte, beschwichtigend einzugreifen mit der Feststellung, daß der Botschafter lediglich seinem Kollegen Biddle in Warschau einen "privaten Besuch" abgestattet hatte. (97) Aber Bullitt selbst gab zu, daß sein Besuch mehr war als eine Höflichkeitsvisite. Er war nach Warschau gereist, um Oberst Beck und Graf Szembek vom polnischen Außenministerium einzuschärfen, unter keinen Umständen den "Status quo" zu stören. Er erklärte ihnen unumwunden, daß es Polens Pflicht sei, London und Paris zu unterstützen. (98)

Die "Kraft, der Ehrgeiz und die Bedrohung", die von den Dreieckspartnern ausgingen, versetzten das State Department in "höchste" Unruhe. "Schlaflose Nächte" plagten hohe amerikanische Beamte, und immer wieder wurde die Frage aufgeworfen: "/Welche/ historische Stunde zieht herauf; werden die Kräfte, die zur Eroberung eines großen Teiles der Welt durch diese Mächtekonstellation führen, auf Hindernisse stoßen, /und wieviel/ Anstrengung und Gefahren wird das amerikanische Volk bereit sein, auf sich zu nehmen, um auf die weltpolitischen Entwicklungen einzuwirken?" (99) Besonders die Situation im Fernen Osten machte Roosevelt und Hull "größte Sorgen". (100) Wenn Hitlers und Mussolinis "Erpressungspolitik" sich als erfolgreich erweisen sollte, dann würde die Achsengruppierung gestärkt aus dem Kräfteringen hervorgehen. Nur eine englisch-französische Allianz konnte abschreckend auf die "faschistischen Nationen" wirken, warnte Außenminister Delbos. (101)

Die "Iswestija" bezeichnete in einem Artikel mit der Überschrift "Die Allianz der Aggressoren" den Antikominternpakt als einen "unfreundlichen" Akt gegenüber der Sowjetunion, stellte aber gleichzeitig fest, daß der eigentliche Stoß gegen London und Paris gerichtet war. Japan, Deutschland und Italien stellten keine wirkliche Gefahr für die UdSSR dar. Diese Mächte konnten weder ihre militärischen Operationen koordinieren noch offensiv auf sowjetisches Gebiet vorstoßen. Aber sie konnten ohne größere Schwierigkeiten gemeinsame Unternehmungen gegen das Empire planen und durchführen. Auch das Sprachrohr des Politbüros, "Prawda", unterstrich diesen Standpunkt. (102)

Britische Beobachter hatten die gemeinsame deutsch-italienisch-japanische Erklärung schon seit geraumer Zeit erwartet. Plötzlich wurden alle gewichtigen außenpolitischen Ereignisse und Störungen im Lichte des Antikominternpaktes kommentiert. Angesichts der propagandistischen Aufmachung, mit der die Signatarmächte den Paktabschluß der Weltöffentlichkeit bekanntgaben, vermutete die britische Presse eine versteckte oder symbolische Bedeutung hinter der Mächtekonstellation. Die "Sunday Times" stellte Mutmaßungen dahingehend an, daß Rom und Berlin möglicherweise Japan in seinem Kampf gegen China moralischen Beistand leisten wollten. Der "Daily Telegraph" prophezeite deutsche Kolonialforderungen, an die Adresse Frankreichs gerichtet. Der neuen Schule der Achseologen war eine Bemerkung Gaydas nicht entgangen, der angeblich Mussolini als Sprachrohr diente. Der italienische Journalist hatte auf die gemeinsame Flottenstärke der Dreiecksmächte nachdrücklichst verwiesen. Die Schlußfolgerung lag auf der Hand. Der Antikominternpakt hatte eine deutliche antibritische Tendenz. (103)

Britische Kommentatoren ergingen sich in Spekulationen über Ribbentrops Zukunftspläne, denn der Botschafter hatte als Architekt einer neuen Politgeometrie eine Mächtekonstellation entworfen, die potentiell auch gegen Großbritannien gerichtet war. Seit seinem Erfolg vom Juni 1935 war Ribbentrop der Kamarilla im Foreign Office ein Haßobjekt. Botschaftsrat Sir George Ogilvie-Forbes in Berlin war davon überzeugt, daß Ribbentrop sich bei seiner Rückkehr nach London auf unangenehme Überraschungen vorbereiten sollte. Der Botschafter war "töricht, so etwas." in die Wege geleitet zu haben: gemeint war der Antikominternpakt. In der britischen

Hauptstadt ging man davon aus, daß Ribbentrop offensichtlich "seine Londoner Mission als abgeschlossen betrachte". (104)

Schon 1934 hatte Jan Smuts die Warnung ausgesprochen: "Wir müssen eine japanisch-deutsche Verbindung verhindern, denn sie wird für uns verhängnisvoll sein." (105) Die britischen Stabschefs standen plötzlich gewaltigen strategischen Problemen gegenüber. In ihren Planungen für die Zukunft gingen sie von der unumstößlichen Tatsache aus, daß "wir drei Feinde /haben/ — Deutschland, Italien und Japan —, die uns alle gleichzeitig angreifen können, ohne daß uns jemand zu Hilfe kommt ..." (106)

Wenigstens einer der Bündnispartner sprach ganz unverblümt über die langfristigen Konsequenzen des Antikominternpaktes vom November 1937. In einer Unterhaltung mit dem polnischen Botschafter in Rom prophezeite Graf Ciano voll Optimismus, daß die neue Machtkonstellation unmittelbare Auswirkungen auf die britische Außenpolitik zeitigen werde. Einer seiner Vertrauensleute ging sogar so weit, das Berlin-Rom-Tokio-Dreieck als den stärksten Machtblock der Welt zu bezeichnen. Der Antikominternpakt sollte den ersten Schritt auf dem Wege zum Abschluß eines umfassenden Militärbündnisses darstellen. Großbritannien würde sich schließlich zu einem Übereinkommen mit den Dreiecksmächten gezwungen sehen. (107)

Großbritannien und Frankreich hatten sich als "zwei haßerfüllte Gegner" entpuppt, verkündete Hitler vor einer ausgewählten Gruppe von Ministern und Militärführern, die er am 5. November 1937 zu sich in die Reichskanzlei berufen hatte. Beide Regierungen traten Deutschland auf Schritt und Tritt feindlich entgegen. Er kam dann auf das Thema "Lebensraum" zu sprechen, und alle Blicke richteten sich auf die Landkarte und peilten sich auf die Sowjetunion ein. Aber Hitler sprach nicht davon, "Lebensraum" in den östlichen, eurasischen Weiten zu erobern, sondern meinte jene Gebiete, die einst zum Heiligen Römischen Reich Deutscher Nation und zum Habsburgerreich gehört hatten. Er lenkte die Aufmerksamkeit seiner Zuhörer auf Österreich und die Tschechoslowakei. Unter bestimmten, von ihm skizzierten Umständen sollten die Deutschen dieser Gebiete "heim ins Reich" kehren. Falls Frankreich, Italien und England in innere Krisen stürzten oder in diplomatische und militärische Streitigkeiten verwickelt sein sollten, könnte sich die Gelegenheit bieten, die österreichische und sudetendeutsche Frage durch ein fait accompli zu lösen. Aus den Schwierigkeiten seiner potentiellen Gegner hoffte er, Vorteil für sich zu ziehen. (108)

Zwar konnte er die verschwommenen Konturen der Strömungen ausmachen, die sich im Schlängelkurs durch die politische Landschaft zogen, konnte deren Verlauf aber noch nicht genau bestimmen. Alles befand sich im Fluß. Er enthielt sich bewußt einer klar formulierten Analyse der Entwicklungen, die Verschiebungen auf dem internationalen Schauplatz anzukündigen schienen. Seine innersten Gedanken, die ihn quälten, behielt er für sich. Statt auf die vielfachen Faktoren einzugehen, die seinen fragmentarischen Beobachtungen zugrunde lagen, unterbreitete er seinen

Zuhörern vorerst nur mögliche Schlußfolgerungen. Was er nicht erwähnte, war ebenso wichtig wie das, was er angeblich laut "Protokoll"-Text gesagt haben soll. Er reagierte voll Unruhe auf sich abzeichnende Trends, die sich aber seiner Kontrolle entzogen. Anfänglich hatte Hitler wiederholt politische Maßnahmen eingeleitet, denen sich die anderen Mächte anzupassen hatten. 1937 drohten eben diese Mächte die Initiative wieder zurückzugewinnen.

Aber auch bürokratische Querelen bereiteten ihm Kopfschmerzen. Der Hauptanlaß für die Zusammenkunft in der Reichskanzlei war, die potentiell explosive Lage zu entspannen, bevor sie außer Kontrolle geriet. Die Streitigkeiten zwischen Göring, verantwortlich für den Vierjahresplan, und Schacht, dem Wirtschaftsminister und Reichsbankpräsidenten, hatten den Siedepunkt erreicht. Ihre Zwistigkeiten drohten auf die Streitkräfte überzugreifen, eine Entwicklung, die Hitler unter allen Umständen vermeiden wollte. Schon 1935/36 hatte Reichskriegsminister von Blomberg mit seinem Rücktritt gedroht. Die Streitpunkte, die zu den Auseinandersetzungen Anlaß gegeben hatten, bestanden nach wie vor. Die Devisenlage hatte sich nicht wesentlich verbessert. Die Rohstoffknappheit war immer noch akut. Statt diese Probleme energisch anzupacken, vergeudeten Göring und Schacht ihre Kräfte mit Zänkereien und gegenseitigen Vorwürfen. Dieser höchst mißliche Zustand machte eine Grundsatzentscheidung des Führers unumgänglich. Weil die persönliche Animosität zwischen Göring und dem Wirtschaftsminister beide von der Lösung dringender Fragen ablenkte, entschloß sich Hitler, die Situation zu dramatisieren, indem er das Schreckgespenst bevorstehender außenpolitischer Verwicklungen heraufbeschwor. Hitler phantasierte von unmittelbarer "Kriegsgefahr", um die Verantwortlichen anzuspornen, das Rüstungsprogramm effektiv durchzuführen. Angesichts der Dringlichkeit der Lage hatten interministerielle Streitigkeiten und Kompetenzkämpfe zu unterbleiben. Hitlers zur Schau gestellte Kampfeslust stellte nicht mehr dar als der sprichwörtliche Sturm im Wasserglas. Er wollte seine Führerautorität demonstrieren und seine Mitarbeiter aufrufen, im Angesicht der Gefahr die Reihen zu schließen.

Seit geraumer Zeit schon liefen Gerüchte um, nach denen Schacht sich mit Rücktrittsabsichten trug. Verschiedene Anzeichen deuteten darauf hin, daß es zu personellen Veränderungen in der Zusammensetzung der Reichsregierung kommen würde. (109) Am 5. November, dem Tag, an dem der Führer einige seiner zerstrittenen Anhänger zusammenrief, stellte Göring eine Liste möglicher Nachfolger für Schacht auf. Der Generalfeldmarschall bestand darauf, den gesamten Entscheidungsprozeß zu überprüfen und zu rationalisieren, um "eine festere Kontrolle über die Wirtschaft" zu erzielen. Es bestand ein ursächlicher Zusammenhang zwischen der Wirtschaftssituation, einschließlich des Standes des Rüstungsprogramms, dem Konflikt der streitenden Parteien und Hitlers Attitüde des starken Mannes. Die Versammlung in der Reichskanzlei war hauptsächlich deshalb einberufen worden, um den Teilnehmern die Möglichkeit zu geben, sich mit den Engpässen der Rohstoffversorgung, besonders der "Eisenlage", zu befassen.

Das Stahlkontingent für das Heer war nicht erhöht worden, während der Marine weitere 20 000 Tonnen Stahl bewilligt wurden. (110)

Am 5. November verlor Hitler sich nicht in Einzelerklärungen. Er trat in der Rolle des "Trommlers" auf, der mit seiner Redegewalt seinen Zuhörern die Dringlichkeit der Situation klarmachen wollte. Er prophezeite ein "Stahlgewitter", und um die Nation auf einen möglichen Kriegsausbruch vorzubereiten, mußte das Rüstungsprogramm beschleunigt vorangetrieben werden. Auch mußte die Schlagkraft der Flotte verstärkt werden. Hitler konnte sich der Möglichkeit kriegerischer Verwicklungen mit England nicht länger verschließen. Er hatte bereits erste Vorsichtsmaßnahmen ergriffen. Die Ankündigung des erweiterten Antikominternpaktes folgte der Reichskanzleikonferenz auf den Fuß.

Die Rivalitäten zwischen den Ministerien und das sich hinschleppende Tempo des Aufrüstungsprogramms waren nicht die einzigen Sorgen Hitlers. Ein Gewitter drohte sich an der Ost- und Südgrenze des Reiches zusammenzuziehen. Im Westen mußte der Reichskanzler schon mit einem potentiellen Feindbund rechnen, nun drohte der Einkreisungsring sich plötzlich im Osten zu schließen, sollte es den mittel- und osteuropäischen Ländern gelingen, für ihre politische, wirtschaftliche und militärische Zusammenarbeit einen gemeinsamen Nenner zu finden. Hitler plante nicht, die Initiative gegen Österreich und die Tschechoslowakei zu ergreifen. Vielmehr äußerte er seine Besorgnisse über Regionalentwicklungen, die sich seit Monaten abzeichneten. Umfangreiches Nachrichtenmaterial, das den Führer und die Wilhelmstraße erreichte, deutete auf die Bildung eines politischen Blocks hin, der eine Barrierenfunktion gegen ein weiteres deutsches politisches und wirtschaftliches Vordringen nach Ost- und Südosteuropa ausüben sollte. Laut vertraulichen Meldungen schien besonders Warschau ein großes Interesse an der Errichtung eines cordon sanitaire zu haben. Darüber hinaus sollte eine militärische Zusammenarbeit der Donaustaaten die politische Kooperation ergänzen. Am Vorabend des 5. November schien den Führer die beunruhigende Mitteilung erreicht zu haben, die von der tschechischen Gesandtschaft in Berlin ausging. Danach führten französische und tschechische Offiziere angeblich Gespräche über den Bau militärischer Befestigungsanlagen. Auch sollte Paris die Zusage gegeben haben, der Prager Regierung den Rücken zu decken bei ihrer gegen die sudetendeutsche Minderheit inszenierten Politik, die seitens Berlins wegen ihrer Unterdrückungsmethoden schärfstens verurteilt worden war. (111)

Wie sehr diese Entwicklungen Hitler beunruhigten, spiegelte sich in Görings Gespräch mit Bullitt wider, der sich am 18. November auf seinem Rückflug von Warschau nach Paris in Berlin aufhielt. Göring brachte nicht nur seine eigene Meinung, sondern auch die Ansicht Hitlers zum Ausdruck, als er Bullitts Aufmerksamkeit auf die sich in Mitteleuropa abzeichnenden Ereignisabläufe lenkte. "Es sind Planungen hinsichtlich einer Vereinigung von Österreich, Ungarn und der Tschechoslowakei im Gange, entweder mit oder ohne einen Habsburger an der Spitze." Eine solche Entscheidung, warnte er, "ist für uns absolut unannehmbar". Für Deutschland würde der

Abschluß eines solchen Übereinkommens "sofort einem casus belli" gleichkommen. (112) Es hatte den Anschein, als hätte Göring dem Führer die Initiative hinsichtlich der österreichischen und tschechischen Frage abgerungen. (113) In vieler Hinsicht schien der Generalfeldmarschall das Tempo zu bestimmen. Am 5. November hatte sich Göring mit dem österreichischen Staatssekretär für Auswärtige Angelegenheiten getroffen. Er stellte fest, daß sich auf Grund von deutschen diplomatischen und nachrichtendienstlichen Stellen gesammelten Materials eine kritische Lage abzeichnete. In seiner Unterhaltung mit Guido Schmidt hatte Göring sicher kein Blatt vor den Mund genommen. Wie auch in seinem folgenden Gespräch mit Bullitt hatte er höchstwahrscheinlich darauf hingewiesen, welche Gefahr sich für Österreich ergeben würde, sollte es sich in die antideutschen Intrigen von Benesch und Beck verstricken lassen. (114) Laut Göring war das Reich entschlossen, in Südosteuropa eine wirtschaftliche Hegemonialstellung zu errichten. Es hieß, er hätte gedroht, Österreich und die Tschechoslowakei zu annektieren, sollten diese Länder ihre antideutsche Politik fortsetzen. (115)

Was auch immer Hitler seinen Zuhörern am 5. November anläßlich der Konferenz in der Reichskanzlei gesagt haben mochte, seine Ausführungen hatten unter den Teilnehmern keine Schockreaktion ausgelöst. Seine Zuhörer teilten seine nervöse Reaktion auf die sich abzeichnenden politischen Entwicklungen in Mittel-, Südost- und Osteuropa. Aber sie waren weit entfernt, den Eindruck gewonnen zu haben, daß Hitler in einem Ausbruch martialischen Überschwangs seine Streitkräfte in Bewegung setzen würde. Nach der Konferenz in der Reichskanzlei verstärkte Berlin lediglich seine diplomatisch-politischen Anstrengungen, den von Polen, der Tschechoslowakei, Österreich und den Donaustaaten ausgehenden Maßnahmen zu begegnen. Neurath trug nach dem 5. November eine "äußerst selbstbewußte" Miene zur Schau. Ohne die leisesten Skrupel würde er Dr. Jäckh, einen seiner zahlreichen Mittelsmänner zwischen den deutschen Verschwörern und der britischen Regierung, in sein Vertrauen gezogen haben, wie er es früher schon getan hatte und auch in Zukunft tun sollte, hätte Hitler kriegerische Absichten verkündet. Und das galt auch für Weizsäcker, von der Politischen Abteilung im Auswärtigen Amt, den keine Gewissensbisse zu plagen schienen, wenn immer er brisante Informationen an die Regierungen der Westmächte weiterleitete, um diese gegen das Hitlerregime aufzustacheln. Keiner erwähnte auch nur mit einem Wort angebliche Angriffspläne, für die sich Hitler anläßlich der Reichskanzleikonferenz stark gemacht haben sollte. Sie hätten gewiß die Gelegenheit nicht verpaßt, Hitlersche Lebensraum-Pläne London zu melden, um die britische Regierung gegen das Reich zu mobilisieren. Offensichtlich führte Hitler nichts im Schilde, was Anlaß zur Beunruhigung geben könnte. Alles, was Neurath und Weizsäcker ihrem Mitwisser und -täter Jäckh anvertrauen konnten, war die ständige deutsche Klage über Prags "unangemessene" und "unbefriedigende" Minderheitenpolitik. Weder die tschechische noch die österreichische Frage "war im Augenblick akut", ließen sie verlauten. (116)

Hingegen neigten Beamte des Auswärtigen Amtes zu einer aktivistischeren Politik gegenüber Wien und Prag als Hitler selbst. Im Januar hatte Woermann, damals Botschaftsrat in London, zu Jäckh gesagt, daß das Reich "in einigen Jahren" die Tschechoslowakei angreifen müßte, um in das Donaubecken vorzustoßen. Im März bemerkte Neurath, daß die Tschechoslowakei ein Staat war, von dem "esse delendam" gesagt werden könne, denn ihre bloße Existenz war eine stete Quelle der Unruhe für Europa. Gleichzeitig verlangte Dieckhoff, damals Staatssekretär in der Wilhelmstraße, daß Prag seine Minderheiten besser als bisher schützen müßte. Wenn die Sudetendeutschen erst einmal den gleichen Grad an Zufriedenheit erreicht hätten wie die Deutschschweizer, dann würde "sich niemand im Reich mehr ihretwegen aufregen". Im September erklärte Woermann, daß die österreichische und tschechische Lage nicht als "von Dauer" betrachtet werden könnte, denn der tschechoslowakische Staat mit seinen drei Millionen Deutschen war "keine Schöpfung Gottes". (117)

Am 5. November 1937 schloß Hitler sich lediglich dem Chor derjenigen an, die ihre Befürchtungen über die politischen Entwicklungen in Mitteleuropa in Worte faßten. Wie schon so oft reagierte er auch dieses Mal auf Ereignisse. Keineswegs hatte er die Absicht zu erkennen gegeben, einen Krieg zu provozieren. (118)

Im Anschluß an die Reichskanzleikonferenz setzte Hitler seine "evolutionäre" Politik Österreich gegenüber fort. Er hatte gesprächsweise diese Zielsetzung am 26. September 1937 vertreten und am 26. Februar 1938 erneut bekräftigt. (119) Als er schließlich im März 1938 zum Schlag ausholte, reagierte er auf eine Kette von Ereignissen, zu der ursächlich der österreichische Kanzler Schuschnigg den Anstoß gegeben hatte. Der "Fall Otto" war ursprünglich für den Eventualfall einer Restauration der Habsburger entworfen worden. Für die Lage, der das Reich im März gegenüberstand, fehlten militärische Planungen. Hitler sah sich gezwungen zu improvisieren. Auch hinsichtlich der Tschechoslowakei erzwang nicht Hitler die Entscheidung. Er reagierte lediglich auf die im Jahre 1938 von Benesch provozierte "Mai-Krise". Nach diesem Schwellenereignis entwickelte die politische Krise ihr eigenes Momentum.

Auch die Vorgänge in Spanien, Italien, dem Mittelmeer und im Fernen Osten zehrten an Hitlers Nerven. Alle diese bedrohlichen Entwicklungen bündelten sich in seinen Ausführungen vom 5. November. Der Spanische Bürgerkrieg hatte sich schon über ein Jahr hingezogen, und seine ursprünglichen Erwartungen hatten sich nicht erfüllt. Statt einen raschen militärischen Sieg zu erringen, führte Franco einen hinhaltenden Kampf, und die deutschen Verbände sahen sich plötzlich in einen Konflikt verstrickt, der anfangs einen ruhmreichen kleinen Krieg versprach. Der iberische Streit überschattete die allgemeine politische Lage in Europa. Italien drohte im von seinen Feinden beherrschten Mittelmeer in einen Schießkrieg verwickelt zu werden. Eine Niederlage, selbst auch nur ein Rückschlag, würde ernste Folgen für das Reich nach sich ziehen. Das europäische Gleichgewicht würde sich zugunsten der Gegner Deutschlands verschieben. Ein

Rückschlag für Mussolini könnte die Existenz des faschistischen Systems gefährden und Il Duce in den Strudel hinabreißen und Deutschlands Stellung schwächen. In Ostasien hatte sich die schwelende Krise in einen nicht-erklärten Krieg zwischen Japan und China ausgeweitet. Aber alle diese Vorfälle stellte Roosevelts Aufruf, die "Aggressoren" unter Quarantäne zu stellen, in den Schatten.

In Hitlers Überlegungen wurden die USA nun vage mit den "beiden haßerfüllten Gegnern" Frankreich und England in Verbindung gebracht. Das Berlin-Rom-Tokio-Dreieck hatte die Funktion, auf ihre "böswillige Obstruktionspolitik" hemmend einzuwirken. Der erweiterte Antikominternpakt war darauf angelegt, die amerikanische Manövrierfähigkeit einzuschränken und Washingtons Aufmerksamkeit auf Großbritanniens prekäre Stellung in der Welt zu lenken. Der Führer signalisierte seinem Widerpart Franklin D. Roosevelt, daß Englands Bedeutung als Machtfaktor und potentieller Waffengenosse im Sinken war. Der Dreiecks-Block sollte die Kräfte der Royal Navy im Nordatlantik, im Mittelmeer und im Pazifik zersplittern. Im Falle einer ernsten Krise waren die britischen Stabschefs gezwungen, ihre Seestreitkräfte über weite Ozeanräume zu verteilen. Indem er britische Kräfte an jede der drei Krisenzonen fesselte, bezweckte Hitler, Amerikas potentiellen Verbündeten zu schwächen und so auch den defensiven und offensiven Aktionsradius der Vereinigten Staaten zu umgrenzen. (120)

Botschafter Dodd stellte die gezielte Frage, ob Roosevelts rhetorische Chicago-Salve die "tyrannischen Führer" alarmiert hatte. (121) Er hatte mit dieser Vermutung ins Schwarze getroffen. Zwei Tage nach der Reichskanzleikonferenz erging die dringende Weisung des Reichskriegsministeriums an die deutschen Streitkräfte: "Roosevelts Rede ist als Amerikas offizielle Entscheidung zu betrachten, sich der Front der Demokratien gegen die faschistischen Staaten anzuschließen, und als Aufgabe der isolationistischen Politik." (122)

Seit geraumer Zeit hatte Hitler die fernöstlichen Entwicklungen mit wachsender Aufmerksamkeit verfolgt, zumal diese Amerikas gewichtige Rolle auf der internationalen Bühne ins Rampenlicht rückten. In einem Gespräch mit seinem Marineadjutanten bemerkte er, daß amerikanische Operationen außerhalb des Pazifischen Ozeans "wenig Erfolg" haben würden. Er behauptete, und damit die Meinung des Presselords Hearst wiedergebend, daß es der "größte Fehler" der Vereinigten Staaten gewesen war, sich in europäische Angelegenheiten eingemischt zu haben. Dadurch hatte Washington sich eines wirksamen Einflusses in Asien beraubt. (123) Um diese vermeintliche Schwäche auszunutzen, richtete sich Hitlers Strategie darauf, Amerikas Einmischung in europäische Angelegenheiten zu erschweren, wenn nicht gar zu verhindern. Die amerikanische Globalpolitik sollte durch seine eigene Globalkonzeption neutralisiert werden. Sollte Amerika weiterhin in den deutschen politischen Vorhof eindringen, dann würde Berlin sich in Amerikas Hinterhof einschleichen, dabei Japan als Hebel benutzend.

Das Konzept einer deutschen weltpolitischen Orientierung wurde zwar von Hitler ausgestaltet und ansatzweise in die Tat umgesetzt. Es war jedoch das Geistesprodukt seines Botschafters in London, Joachim von Ribbentrops. Es kristallisierte sich als eine der wenigen strategisch-politischen gedanklichen Vorstellungen und Planungen heraus, die von Diplomaten des Dritten Reiches formuliert wurden. Das Dreieck Berlin-Rom-Tokio, mit seiner potentiellen antiwestlichen Stoßrichtung, war zweifelsohne die Vision eines Staatsmannes von politischem Weitblick. Daß diese Strategie schließlich scheiterte, ging nicht so sehr auf das Konto ihres Architekten, sondern auf das des Konstrukteurs, nämlich Hitlers, der in seinem Wunschdenken das Potential dieser Mächtegruppierung über- und die Entschlossenheit und Hilfsquellen seiner Gegner unterschätzte. Nachdem sie als politisch-diplomatisches Pressionsmittel ihre eigentliche Zweckbestimmung nicht erfüllt hatte, enthüllte sie im kriegerischen Ringen der gegnerischen Blöcke ihre Substanzlosigkeit.

Die Erweiterung des Antikominternpaktes während der entscheidenden Phase 1936-37 entsprang hauptsächlich der wachsenden deutschen Besorgnis angesichts der britischen, französischen und amerikanischen politischen Maßnahmen. Die gegnerische Konstellation sollte London unter Druck setzen, sollte aber auch gleichzeitig einen Demonstrationseffekt in Richtung Washington ausüben. Was 1937 als Bündnis konzipiert war, wurde im September 1940 in ein Militärabkommen gestählt. Während die USA 1936-37 die deutschen Interessen nur am Rande berührten, wurden die Vereinigten Staaten bald zum Mittelpunkt deutscher Befürchtungen. Hitlers Bemerkungen seinem Marineadjutanten gegenüber offenbarten seine Sorgen über die schließliche Stoßrichtung der amerikanischen Politik. Roosevelts Quarantäne-Rede hatte Hitler aufgeschreckt. Die eigentliche Bedeutung dieses Aufrufs zur Einkreisung des Reiches war ihm nicht entgangen: sie signalisierte Roosevelts festen Entschluß, zumindest die moralische Führung gegen die "Aggressoren" zu übernehmen. Immer häufiger und mit wachsender Besorgnis sprach Hitler von der Gefahr, die von Amerika ausging. Als er am 5. November Minister und militärische Befehlshaber zu sich in die Reichskanzlei berief, skizzierte er verschiedene hypothetische Entwicklungen, die ihn zu einer aktiveren Außenpolitik nötigen könnten, ohne jedoch eine seiner Hauptsorgen, nämlich Amerika unter Führung Roosevelts, zu erwähnen. Angesichts der Tatsache, daß Amerika im Hintergrund aufzog und die europäischen Regierungen mobilisierte, sich der Quarantäne des faschistischen Patienten anzuschließen, sah er sich gezwungen, die bisher angestellten politischen Überlegungen zu überprüfen und nach möglichen Optionen zu suchen. Der amerikanische Interventionismus mußte Deutschlands außenpolitisches Vorgehen radikalisieren. Hitler lief mit der Zeit um die Wette. Ein beschleunigtes Aufrüstungsprogramm und die durch die laufende Umerziehungskampagne systematisch auf den Kriegsausbruch vorbereitete amerikanische Öffentlichkeit würden Roosevelt schließlich dazu beflügeln, sich mit dem vollen Gewicht der amerikanischen Macht und des amerikanischen Prestiges hinter die "Demokratien" zu stellen. (124)

Hitler hatte sich über das, was ihn gedanklich bewegte, stakkatoartig geäußert. Auch sein Botschafter in London suchte nach neuen Lösungen, um den sich abzeichnenden Einkreisungsring zu sprengen. Die jüngsten Entwicklungen ließen keinen Zweifel darüber, daß London und Berlin sich immer weiter auseinanderlebten. Der Halifax-Besuch hatte diesen Prozeß nur noch unterstrichen. Im Mai hatte Ribbentrop noch Hoffnungen auf diesen Besuch gesetzt. Im November waren seine Erwartungen bitter enttäuscht. Parallelen zwischen dem Vorkriegsbesuch Haldanes und der Visite Halifax' drängten sich ihm auf. Ribbentrop glaubte, die Schrift an der Wand zu erkennen. Er ersuchte das Auswärtige Amt um eine "historisch unangreifbare" Analyse, die die Absichten der Haldane-Mission und ihre Bedeutung für die deutsch-englischen Beziehungen vor Ausbruch des ersten Weltkrieges durchleuchten sollte. Aus der Darstellung des Historischen Referates der Wilhelmstraße ging unzweideutig hervor, daß die Haldane-Visite in Berlin lediglich Informationszwecken gedient hatte. London hatte sich damals nicht von der Absicht leiten lassen, ein weitreichendes politisches Übereinkommen mit dem Kaiserreich zu treffen. Die Regierung Seiner Majestät hatte es abgelehnt, ein Neutralitätsabkommen mit dem Reich zu schließen. (125) Die britische Gegnerschaft gründete sich auf machtpolitische Überlegungen. Die herrschende Elite des Empire war nicht gewillt, das Kaiserreich als Rivalen zu dulden. Ob Kaiserstaat oder Führerstaat, London zeigte nicht den geringsten Wunsch enger politischer Kooperation mit Berlin.

Ribbentrop setzte seine Forschungen auf dem Gebiet der deutsch-englischen Beziehungen fort, Chamberlains Politik gegenüber Deutschland im besonderen und Europa und der Welt gegenüber im allgemeinen. Er verschob sogar Ende 1937 seine Abreise von London, um seine Nachforschungen abzuschließen. (126) Die Weihnachtstage verbrachte er hauptsächlich damit, seine Gedanken über das deutsch-englische Verhältnis, über die künftigen Beziehungen und die Hindernisse, die einer dauerhaften Verständigung zwischen beiden Völkern im Wege standen, zu sammeln. Er gab offen das Scheitern seiner Mission zu und erinnerte den Führer an seine Vorahnungen und Zweifel, die er bereits 1936 am Vorabend seiner Abreise nach London ausgesprochen hatte. Er hatte sich eine fast unlösbare Aufgabe aufgebürdet. In seinem gedanken- und inhaltsvollen Hauptbericht vom 28. Dezember 1937 und seinen wegweisenden Schlußfolgerungen vom 2. Januar 1938 untersuchte Ribbentrop die Gründe für das Mißlingen seiner Mission. Seine scharfsinnige historische Analyse ging der nun schon fast traditionellen britischen Feindschaft gegen Deutschland auf den Grund.

"England", schrieb Ribbentrop, "hat seit Jahrhunderten immer für drei Prinzipien gekämpft: für die englische Suprematie zur See, für die Unantastbarkeit der sogenannten 'low countries' (Holland und Belgien) und für das Gleichgewicht in Europa."

Jetzt wurde die englische Suprematie zur See von Deutschland, Italien und Japan in Frage gestellt. Selbst eine Verstärkung durch die französische Flotte würde die englische Flottenposition nicht wesentlich verbessern. Nicht einmal die USA konnten Englands mißlicher Lage abhelfen, denn England konnte "nicht so leicht mit dem aktiven Eingreifen selbst einer befreundeten amerikanischen Flotte in der Nordsee und in Ostasien rechnen." Der technologische Fortschritt hatte Englands Sicherheitsprobleme verschärft. England lag im Angriffsbereich der deutschen Luftwaffe. "Zu den sogenannten 'low countries' ist heute infolge des Entstehens der Luftwaffe auch Frankreich getreten. Strategisch werden daher von England die drei Länder Holland, Belgien und Frankreich übereinstimmend mit der Baldwinschen These von der Grenze Englands am Rhein heute als eine Art Glacis für die englische Verteidigung betrachtet." Die französische Regierung unterwarf sich "auf Gedeih und Verderb" der außenpolitischen Linie des Foreign Office. Die französische Außenpolitik wurde in London gemacht. Das Foreign Office hatte mit Erfolg eine französisch-deutsche Aussöhnung sabotiert. Für Ribbentrop bestand kein Zweifel daran, daß England Deutschland als seinen "gefährlichsten möglichen Gegner" betrachtete. Der Abschluß des Dreimächte-Antikominternpaktes hatte Englands "Befürchtungen" verstärkt. "England sieht heute seine ostasiatischen Besitzungen durch Japan, seinen Seeweg durch das Mittelmeer durch Italien und sein Mutterland, die britischen Inseln, durch Deutschland bedroht."

Als Folge davon hatte England seine Aufrüstung "gewaltig" vorangetrieben. Die Zusammenarbeit zwischen England und Frankreich war aktiviert worden. Lord Runcimans Besuch in Washington hatte der Sicherstellung von Rohstofflieferungen aus Amerika gegolten. Beide Regierungen führten weitreichende Besprechungen. Ribbentrop sah voraus, daß London und Washington bald ein Abkommen schließen würden, das einen großen Fragenkomplex umfaßte. Ribbentrop warnte: "Das Endziel Englands ist ... zweifellos, Amerika wieder zu einem Verbündeten im Falle eines europäischen Konfliktes zu gewinnen." Obwohl London noch nach einer friedlichen Regelung der die deutsch-englischen Beziehungen belastenden Fragen suchte, nahm die Zahl derer, die die britische Regierung in diesem Sinne beeinflußten, rasch ab. Ribbentrop hegte sogar Zweifel, ob Chamberlain und Halifax "noch an die Möglichkeit eines freundschaftlichen Arrangements mit Deutschland glauben." Zwar wünschte die britische Öffentlichkeit Frieden, aber das Foreign Office tat sein möglichstes, die Nation psychologisch auf eine künftige Auseinandersetzung mit dem Reich vorzubereiten.

"Das charakteristische Kennzeichen der englischen Führerschicht ist heute nach wie vor materieller Egoismus, Machtbewußtsein und als Wichtigstes Herrscherwillen und im Grunde die heroische Lebensauffassung, wie wir sie auch haben, die gleiche Lebensauffassung immer noch, die letzten Endes das Britische Imperium geschaffen und jahrhundertelang erhalten hat." Ribbentrop warnte Hitler, die Engländer nicht für eine "Krämernation" zu halten. Dieses Schlagwort war "für das Charakterbild der englischen Führerschicht ... niemals zutreffend" gewesen. "Die englische Führerschicht wird heute ebenso wie früher sowohl für die bedeutenden materiellen Interessen als auch für seine Machtstellung in der Welt, solange eine Chance des Gewinnens vorhanden ist, sich letzten Endes bis zum Äußersten, d. h. also bis zum Krieg einsetzten ..." England war auf Zeitgewinn aus, um seine Aufrüstung zu vollenden. "Sind die besseren Chancen einmal auf Englands Seite, wird es kämpfen." Aber die Führungsschicht werde nicht leichten Herzens einen bewaffneten Konflikt provozieren.

Das Foreign Office war immer noch auf die politische Linie von Sir Eyre Crowe aus dem Jahre 1907 eingeschworen, "wonach England niemals mit Deutschland paktieren dürfe ... Diese Kreise glauben, daß man der angeblichen Gewaltpolitik des neuen Deutschland nur das Prinzip der Gewalt entgegensetzen könne, und arbeiten daher systematisch an einer Einkreisung Deutschlands ... Diese Kreise sind verantwortlich für eine in den letzten Jahren immer mehr auffallende allmähliche Kaltstellung von Persönlichkeiten innerhalb der Regierung, die zu Verhandlungen mit Deutschland bereit wären ..." Eduard VIII. war das jüngste Opfer ihrer Machenschaften.

Auf Baldwins Nachfolger sollte man keine allzu großen Hoffnungen setzen. Neville Chamberlain "ist idealen oder sentimentalen Gedankengängen kaum zugänglich, sondern gilt als nüchterner und unsentimentaler Politiker." Die Gruppierung Berlin-Rom-Tokio hatte in London "Nervosität" hervorgerufen. Seit seinem Amtsantritt hatte Chamberlain die Schwachstellen des Dreiecks zu erforschen versucht. Diese Überlegungen hatten ihn bestimmt, Lord Halifax nach Deutschland zu entsenden. Brächten die Gespräche gute Resultate, könnte er den Erfolg für sich verbuchen. Wenn keine Verständigung zustande käme, so hätte er sich "vor dem englischen Volk ein Alibi für seine Friedensbemühungen verschafft". Der Premierminister, deutete Ribbentrop an, sammelte bereits "Argumente für die Schuldfrage in einem eventuellen zukünftigen Kriege ..." Er versicherte: "Die Taktik der Verschleierung wahrer Absichten ist in der englischen Politik lang geübte Tradition." Chamberlain hatte Halifax nicht nur deshalb nach Berchtesgaden entsandt, um Hitler in der sudetendeutschen und österreichischen Frage auf den Zahn zu fühlen, sondern auch deshalb, um eine zeitweilig entspanntere Atmosphäre zu schaffen, damit England seine Aufrüstung "leichter" fertigstellen könnte. Gerüchten nach glaubte die britische Regierung, 1939 militärisch stark genug zu sein. Aus diesem Grunde war London darum bemüht, Verhandlungen mit Berlin "in die Länge zu ziehen". Die französisch-englische Zusammenarbeit gestaltete sich immer enger. Das Foreign Office steckte den außenpolitischen Kurs sowohl für England als auch für Frankreich ab. Paris spielte die Rolle eines Juniorteilhabers in der politischen Aktiengesellschaft. Obgleich London wahrscheinlich seinem französischen Bündnispartner in Mittel- und Osteuropa keine festen Garantien anbieten würde, hegte Ribbentrop dennoch den Verdacht, daß britische Staatsmänner nichtsdestoweniger die französischen Politiker ermutigten, ihre Bande mit den Verbündeten fester zu schnüren. England würde auf keinen Fall eine Beeinträchtigung wesentlicher französischer und britischer Interessen in diesen Regionen Europas durch das Deutsche Reich widerstandslos hinnehmen.

Ribbentrop bezweifelte, "ob das Maximum an Konzessionen, die /Chamberlain/ uns machen will, mit den deutschen Mindestforderungen in Einklang zu bringen ist." Von allen europäischen Fragen war das Österreichproblem das am wenigsten umstrittene. Aber die Lösung der sudetendeutschen Frage schlösse größere Risiken ein, da, wie Ribbentrop erkannte, eine "territoriale Revision der Tschechoslowakei m.E. den Beginn der Auflösung dieses Staatswesens und damit Krieg bedeutet. Denn die Tschechen bauen auf ihr französisches Bündnis ... und werden lieber versuchen zu kämpfen, als sich selbst aufzugeben. Nur wenn Frankreich oder England offiziell ihr Desinteressement an der Tschechoslowakei erklären würden, würden sich die Tschechen vielleicht zu einer friedlichen, uns aber kaum befriedigenden Revision im Sinne eines autonomen Sudetenlandes hergeben. Dies würde aber Frankreich nicht tun, England m.E. auch nicht. Selbst wenn England für sich es aber täte, würde dies Prag nicht zur Revision bestimmen, denn Frankreich wäre immer noch da, und die Tschechen wissen genau, daß ein deutsch-französischer Krieg letzten Endes England immer auf seiten Frankreichs finden wird. Diese Überlegung führt zu dem Schluß, daß die Möglichkeit einer territorialen Revision der Tschechoslowakei auf dem Wege der Verhandlungen schlechthin nicht gegeben ist."

Er riet dem Führer, "England nicht zu erlauben, sich aus etwa kommenden Verhandlungen ein Alibi für die Propagierung seines Friedenswillens zu schmieden." In ihren künftigen Unterhandlungen mit London sollte die Reichsregierung "möglichst viele Probleme gleichzeitig" aufrollen, um es England unmöglich zu machen, Deutschland in einer bestimmten Frage die Hände zu binden. Er riet von Gesprächen mit der englischen Regierung auf offizieller Ebene ab. Verhandlungen sollten lediglich im kleinen, privaten Kreis geführt werden. Alles sollte vermieden werden, was London ermöglichte, Berlin ins Unrecht zu setzen. London werde, falls die Verhandlungen fehlschlugen, Deutschland den Schwarzen Peter zuschieben und als Sündenbock hinstellen. Ribbentrop warnte Hitler, sich keinen "großen Illusionen" über Englands Fernziele hinzugeben. "Anzeichen zu einer wirklich bedeutsamen Wendung der englischen Politik zu einer Verständigung in unserem Sinne können zur Zeit nicht festgestellt werden. Wenn England auch in Zukunft versucht, Deutschland zu blockieren, kann kein Zweifel bestehen, daß die beiden Länder endgültig auseinandertreiben werden. Trotzdem scheint es mir richtig, daß unsere zukünftige Politik mit England weiter auf Ausgleich gerichtet bleibt. Die Botschaft wird daher auch konstant in Richtung einer deutsch-englischen Verständigung arbeiten. Diese Verständigungsarbeit darf aber nicht dazu führen, daß unsere Freundschaften hierunter leiden können. In diesem Sinne hat die Botschaft mit dortigem Einverständnis auch immer in diesem Jahre die Achse Berlin-Rom, ebenso unsere Antikomintern-Beziehung zu Japan als konstante Faktoren unserer Außenpolitik in der englischen Arbeit behandelt." (127)

1936 hatte Ribbentrop die Aufgabe übernommen, den Abschluß eines deutsch-englischen Bündnisses in die Wege zu leiten. 1937 war seine Stimmung in Pessimismus umgeschlagen. Ihn verfolgte jetzt der Alptraum eines möglichen Krieges zwischen den beiden "germanischen Völkern". Um diesen Konflikt abzuwenden, sollte das Reich "eine überlegene militärische Koalition" mit Italien und Japan bilden. Um England für die deutschen revisionistischen Forderungen empfänglich zu machen, mußte Deutschland eine Position gewinnen, von der aus es das britische Inselreich bedrohen konnte. Und um für eine etwaige militärische Auseinandersetzung gerüstet zu sein, mußte das Reich sich rechtzeitig politisch und diplomatisch absichern. England sollte vom europäischen Festland abgelenkt werden, indem seine "Streitkräfte anderswo gebunden" würden. Die deutsch-italienisch-japanischen Koalitionspartner müßten "engstens" zusammenarbeiten, um auf die englisch-französische Allianz, die in nicht allzu ferner Zukunft durch den Beitritt der Vereinigten Staaten ausgebaut werden könnte, einen Abschreckungseffekt zu haben. Damit Hitler seinen Nervenkrieg siegreich beenden und die deutschen revisionistischen Territorialforderungen realisieren könnte, müßten Italien und Japan "zum passenden Zeitpunkt ihre Solidarität" mit dem Reich bekunden.

Unter diesen Umständen könnte London möglicherweise mäßigend auf Paris einwirken und Frankreich, falls die deutsch-tschechischen Spannungen sich in einem militärischen Konflikt entluden, von einem kriegerischen Vorgehen gegen das Reich abhalten. Es war durchaus denkbar, zumindest zu hoffen, daß Großbritannien, bevor es in den Abgrund stürzte, vor der Kriegsentscheidung zurückschreckte, sobald es damit rechnen mußte, daß es mit einer militärischen Unterstützung Frankreichs einen Vergeltungsschlag durch die Dreiecksmächte im Mittelmeer, auf dem Kontinent und in Ostasien auslösen könnte. Durch die Bedrohung seiner europäischen und imperialen Interessen könnte in London angesichts der Gefahr, alles zu verlieren, im letzten Moment die Vernunft obsiegen. Trotz aller Widerstände sollte Deutschland seine Annäherungsversuche an London fortsetzen. Doch sollte die Reichsregierung Vorsichtsmaßnahmen ergreifen, um britische Versuche, die Wirksamkeit der Dreiecks-Konstellation zu untergraben, zu neutralisieren. London hegte die Befürchtung, daß sich das gegenwärtige deklatorische Bündnis zu einer vollen Militärallianz entwickeln könnte. England machte bereits Anstrengungen, die Konstellation von innen auszuhöhlen, indem es Japan oder Italien aus der Achse zu brechen versuchte. Vor solchen Absichten galt es, sich zu schützen. Sonst würde das Reich in einen Zustand politischer und schließlich militärischer Unterlegenheit abgleiten. Obwohl England bisher deutsche Annäherungsversuche nicht erwidert hatte, könnte es sich dennoch veranlaßt sehen, einen modus vivendi zu finden. Nur mit einem machtvollen Gegner konfrontiert, würde England zu ernsthaften Verhandlungen bereit sein. Die vertrackte Situation, daß Deutschland nichts unversucht lassen durfte, um England für sich zu gewinnen, gleichzeitig aber engstens mit Japan und Italien kooperieren mußte, erschwerte die Ausgangslage der Reichsregierung. Um sich eine gewisse Handlungsfreiheit zu bewahren, sollte der Führer "nach außen ... einen etwas losen Zusammenhalt" bewirken und in nächster Zukunft kein fait accompli durch ein Militärbündnis mit Rom und Tokio schaffen. Ein solcher Schritt würde England endgültig zum Feind machen und dadurch eine Kompromißlösung für die ausstehenden Fragen verhindern. Der deutsch-englische Knoten könnte nur geschürzt werden, "solange die Fronten nicht erstarrt sind."

England, argumentierte Ribbentrop, war auf Zeitgewinn aus, weil es sich mit seinen Rüstungsanstrengungen noch im Rückstand befand. Halifax Besuch war ein "Manöver", das die Frist verlängern sollte. Weder der Premierminister noch der Außenminister sehen eine "möglich erscheinende Basis einer Einigung mit Deutschland – sie trauen dem nationalsozialistischen Deutschland zu, wie ja auch wir den Engländern alles zutrauen." Sie waren überzeugt, daß "bei einem Wettlauf mit Deutschland die Zeit für England arbeitet." England verfügte über ungeheure Hilfsquellen, die es ausnützen würde, um die nötige Überlegenheit zu erlangen. Außerdem brauchte London auch noch einige Zeit, um sein Bündnissystem auf die USA auszudehnen. England würde niemals ein starkes Deutschland dulden: " ... auf alle Fälle /stellt England sich/ mit seinen militärischen und politischen Maßnahmen auf eine Auseinandersetzung mit Deutschland ein." Ribbentrop drängte Hitler, seine Suche nach einer Verständigung mit England fortzusetzen, gleichzeitig aber die "Freundschaften mit Italien und Japan" zu festigen und weitere Partner zu gewinnen. Diese Strategie schien Ribbentrop umso dringlicher, als er nicht mehr mit der englischen Verständigungsbereitschaft rechnete. Und er schloß seinen Bericht mit einer melancholischen Warnung: "Jeder Tag, an dem in Zukunft – ganz gleich, welche taktischen Zwischenspiele der Verständigung mit uns versucht werden sollten – unsere politischen Erwägungen nicht grundsätzlich von dem Gedanken an England als unserem gefährlichsten Gegner bestimmt würden, wäre ein Gewinn für unsere Feinde." (128)

Hitler hatte mittlerweile jede Hoffnung auf den Abschluß eines Viererbündnisses zwischen Deutschland, Italien, Japan und Großbritannien aufgegeben. Durch die Umstände gezwungen, aber innerlich widerstrebend, steuerte er auf Ribbentrops strategisches Konzept der Dreimächte-Konstellation zu. Ihm hatte sich die zwingende Erkenntnis aufgedrängt, daß "die Zeit für eine Verständigung mit England" noch nicht gekommen war. Aber er war auch gleichzeitig fest entschlossen, "keinen Krieg mit England zu führen". Andererseits werde er sich auch nicht von London zu überstürzten Handlungen zwingen und sich "den Zeitpunkt des Handelns" vorschreiben lassen. Die Tatsache, daß Deutschland "zum ersten Mal einen wirklich mächtigen Verbündeten gewonnen hat", wog seine Enttäuschung über Englands Widerspenstigkeit etwas auf. Hitler habe beschlossen, weiter eine "fest projapanische Politik" zu verfolgen. (129)

Für Ribbentrop war die deutsch-englische Gegnerschaft "die eigentliche Tragödie Europas". Ihn verbitterte Englands herablassende Haltung dem Reich gegenüber. Wie eine "große Gouvernante" mischte sich London ständig "in alle lebenswichtigen Fragen" ein. Der deutsch-englische Konflikt, der schließlich im September 1939 ausbrach, war die Folge von "Mißverständnissen", an denen "allein" England schuld war. Das Fehlen einer "überlegenen britischen Führung" im Gegensatz zu der "ausgesprochen glänzenden Führung" im Reich und die Tatsache, daß Chamberlain und Halifax "in Wirklichkeit kleine, unbegabte Männer" waren, hatte den Krieg ausgelöst. Deshalb behielt das Foreign Office immer "das letzte Wort", und an den Klippen seiner "traditionell antideutschen Haltung", mit der es seit Beginn des Jahrhunderts erfüllt war, zerschellte der Traum vom deutsch-englischen Bündnis. (130)

In seinem Leben hatte Ribbentrop mit vielen Engländern Freundschaft geschlossen. Er pries ihre "Tugenden" als Einzelpersonen, aber als "Nation" traute er ihnen nicht wegen ihrer "Heuchelei". (131) Über viele Jahre hatte er sich unermüdlich eingesetzt, Hitlers Vision von einer "Freundschaft" mit England zu verwirklichen. Aber schließlich erschlafften seine Anstrengungen, als er erkennen mußte, daß "England eine solche Freundschaft /nicht/ wünschte." Als Ribbentrop einmal nach dem Zeitpunkt seiner Sinnesänderung gefragt wurde, antwortete er ausweichend: "Ich kann das jetzt nicht sagen. Aber ich werde es Ihnen im passenden Augenblick sagen." (132) Nach Aussagen seines engen Vertrauten und persönlichen Beraters, Professor Friedrich Berbers, waren sowohl Ribbentrop als auch Hitler von jeher "versessen auf Freundschaft" mit England, aber 1937 konnten sie vor der Tatsache nicht mehr die Augen verschließen, daß London ihre Gefühle nicht erwidern würde. England hatte die wiederholten Annäherungsversuche des Reiches zurückgewiesen. (133)

Im Hauptbericht vom Dezember 1937 spiegelte sich Ribbentrops Enttäuschung wider. In seinen Schlußfolgerungen zeichnete er in kühnen Umrissen ein Bündnissystem, das England allein von seinem Kriegskurs ablenken konnte. Ribbentrop warnte Hitler eindringlich und unablässig, niemals eine politische Realität aus den Augen zu verlieren, nämlich Englands unerschütterliches Festhalten am Gleichgewicht in Europa. Daß der Führer das Gleichgewicht aus den Angeln zu heben drohte, als er seine Streitkräfte nach Prag marschieren ließ, hatte Ribbentrop sofort begriffen. England würde alles in seiner Macht Stehende tun, um den deutschen Einfluß auf dem Kontinent zurückzurollen. Es würde jeden deutschen Machtzuwachs bekämpfen. Die psychologischen Rückwirkungen der Besetzung der Tschechei waren nicht weniger niederschmetternd als die machtpolitischen. Der Führer, bemerkte Ribbentrop, hatte zwar nicht den Buchstaben, aber doch den Geist des Münchner Abkommens verletzt. Mit dieser Maßnahme hatte Hitler Chamberlain direkt in die Hände gespielt und ihm ein Alibi verschafft. Nahezu unausweichlich mußte das Reich jetzt in die politische Isolierung treiben. Nachdem es Englands Zorn herausgefordert hatte, würde das Reich von nun an auf immer stärkere britische Gegnerschaft, ja Feindschaft stoßen. Ribbentrop war überzeugt, daß London jede friedliche Lösung des deutsch-polnischen Zwistes über die Danzig- und Korridorfrage hintertreiben werde. Für ihn war es mehr als wahrscheinlich, daß England mit Waffengewalt gegen Deutschland einschreiten werde. (134) Um Hitler von der Richtigkeit seiner Auffassung zu überzeugen, mußte Ribbentrop schlagende Argumente anführen; wenigstens unternahm er diesen Versuch. Nach der Besetzung Prags durchstöberten deutsche Beauftragte die Aktenbestände des tschechischen Außenministeriums. Ribbentrop instruierte den von Berber geleiteten Forschungsstab, die Dokumente "besonders in Hinsicht auf die englische und französische Einstellung zur tschechischen Frage" für den Zeitraum März 1938 bis März 1939 zu prüfen. (135) Ribbentrops Argwohn, der schon infolge seiner Erfahrungen in London geweckt worden war, sollte sich in dem Augenblick bestätigen, als er vom vollen Ausmaß der britischen und französischen diplomatischen Intervention in Prag erfuhr. Auf Grund der überwältigenden Fülle des Beweismaterials mußte er schließen, daß beide Mächte fortwährend Druck auf Österreich und die Tschechoslowakei ausgeübt hatten, in der klaren Absicht, "Deutschland zu schwächen". Für ihn ergab sich daraus die unausweichliche Folgerung, daß England jedes Abkommen zwischen Berlin und Warschau verhindern würde, das Deutschlands Machtstellung auf dem europäischen Festland stärken könnte. Seine Vorahnungen verdichteten sich zur Gewißheit, daß Englands Haltung den polnischen Widerstand gegen jegliche Verhandlungsbereitschaft mit dem Reich vergrößern werde. Ribbentrop befürchtete, daß, sollten die deutsch-polnischen Verhandlungen scheitern, es zu einem "schrecklichen" Krieg zwischen England und Deutschland kommen werde. (136)

Wegen seines politischen Scharfsinns und Weitblicks, die sich auch in seinem Hauptbericht und in den Schlußfolgerungen widerspiegelten, ernannte Hitler im Februar 1938 Ribbentrop zum Nachfolger Neuraths. (137) Seine Ernennung war für die deutsch-amerikanischen Beziehungen von ebensolcher Bedeutung wie für das deutsch-sowjetische Verhältnis.

Ein Thema fehlte in Ribbentrops Ausführungen fast vollständig. Die sowjetische Außenpolitik hatte er kaum mit auch nur einem Wort erwähnt. In seinen beiden wegweisenden politischen Berichten tauchte zwar die kommunistische, aber nicht die sowjetische Problemstellung auf. Ribbentrop betrachtete sich als Realisten, der die Spielregeln der Machtpolitik einhielt. Er hatte aktiv mitgeholfen, die Weichen zu stellen, die Deutschland, Italien und Japan im Kampf gegen die von der Kommunistischen Internationale ausgehenden subversiv revolutionären Umtriebe zusammenführte. Der Antikominternpakt richtete sich nicht so sehr gegen die UdSSR als Staat als vielmehr gegen Moskau als Eruptionszentrum der Weltrevolution. Angesichts der jüngsten Entwicklungen schienen England und die Vereinigten Staaten als Machtblöcke gefährlicher als die Ideologie des revolutionären Kommunismus. Die Eindämmung des Bolschewismus mutete wie eine im letzten Augenblick in das Abkommen vom November 1937 eingeschobene Absichtserklärung an. 1936 war diese Eindämmung noch das Hauptziel der aufziehenden Antikomintern-Konstellation gewesen; ein Jahr später erwies sie sich als von zweitrangiger Bedeutung. Die deutsch-italienisch-japanische Blockbildung richtete sich jetzt potentiell gegen Großbritannien und darüber hinaus die Vereinigten Staaten. Aus der Position der Stärke konnte das Reich sich entweder auf Verhandlungen mit den Westmächten einlassen oder, je nach den Umständen, auf Konfrontation. Die Entscheidung lag bei London und Washington. Deutschland bereitete sich auf beide Eventualitäten vor. Das Ziel bestand immer noch darin, die österreichische, sudetendeutsche und Danziger Frage auf diplomatischem Weg zu lösen. Italien sollte als Deutschlands Blitzableiter im Mittelmeer dienen, Japan eine ähnliche Rolle in Ostasien spielen. Auf beiden Schauplätzen sollte die britische und amerikanische Handlungsfreiheit eingeschränkt, wenn nicht gar neutralisiert werden. Als Folge des dramatischen Quarantäne-Schlachtrufes Roosevelts wurden die USA Ende 1937 in die Eindämmungsmaßnahmen des Reiches einbezogen. Ribbentrop erkannte deutlich die Gefahr, daß die wirtschaftliche Zusammenarbeit Englands und Amerikas sich zu einer Entente auswachsen und durch die Hintertür der englischen "Führerschicht" das Arsenal der Vereinigten Staaten öffnen würde. Die bloße Drohung einer konzertierten Aktion der Dreiecks-Staaten sollte London davon abhalten, Frankreich zu Hilfe zu kommen, falls Paris sich entschließen sollte, Benesch im Falle eines Konfliktes mit dem Reich beizustehen. Der tschechisch-deutsche Gegensatz bestimmte Ribbentrops unmittelbares Denken und Handeln. Es mußte unter allen Umständen vermieden werden, daß er sich zu einem allgemeinen europäischen Krieg ausweitete. (138)

Die drohende amerikanische Intervention mußte zur tödlichen Wirklichkeit werden, falls die europäischen Mächte sich in einen militärischen Konflikt stürzten. Roosevelts Verbalaggression von Chicago hatte ihre Wirkung nicht verfehlt. In Ribbentrops Berichten wurde den USA größere Aufmerksamkeit gewidmet als dem östlichen Nachbarn des Reiches, der sich bereits aus den Verwicklungen der zwischenstaatlichen Beziehungen entflechtete. Es war Stalin nicht entgangen, daß der Antikominternpakt in ein potentiell antiwestliches Bündnissystem umfunktioniert worden war. Die USA standen auf der Schwelle, durch die Hintertür in das feindliche britische Lager einzutreten, während die UdSSR sich paradoxerweise, aber gleichsam dialektisch vortastend, an die Dreimächte-Konstellation heranmanövrierte, um ihr durch die Seitentür beizutreten, nicht als aktiver, sondern als stiller Teilhaber.

An der Jahreswende 1937 unterzogen Berlin, Washington und Moskau ihre außenpolitischen Prioritäten einer teils vorsichtigen, teils entscheidungsträchtigen Revision. Hitler reagierte mit wachsender Nervosität auf die Ereignisabläufe in Europa, Asien und der westlichen Hemisphäre, ohne sich jedoch auf eine irreversible Handlungsweise festzulegen. Roosevelt hatte lautstark Amerikas Absicht verkündet, sich aktiv auf die Seite der gegen Deutschland, Japan und Italien gerichteten Blockbildung zu schlagen. Die UdSSR ging vom Interventionismus, euphemistisch kollektive Sicherheit genannt, zum taktisch bedingten Isolationismus über, um dadurch eine vorteilhaftere Ausgangsposition für künftige Verhandlungen zu gewinnen. Der sowjetische Woshd wartete lauernd darauf, daß der Jäger Roosevelt das deutsche Raubtier in die Moskauer Falle jagen würde. Durch seine an strategischen Positionen eingesetzten Spione und "nützlichen Idioten" war er über die Schritte seiner Gegner unterrichtet und wußte daher, welche Stolperdrähte er vermeiden mußte.

Kapitel 13

Die Moskau-Berlin-Front:
Ein neuer Geist von Rapallo

In Ostasien und auf der Iberischen Halbinsel war der kalte Krieg in einen heißen Krieg explodiert. Die Komintern-Pyromanen hatten mit Brandbomben um sich geworfen. Obwohl sie nicht allein verantwortlich für die Feuersbrünste waren, die die "Versailler Friedensstruktur" verzehren sollten, waren sie doch mitschuldig, daß die Funken nach 1919 weiterglimmten, um schließlich in den dreißiger Jahren wieder aufzuflammen.

Stalin war von jeher von der unverrückbaren Tatsache ausgegangen, daß der militärische Zusammenstoß, der das "imperialistische Lager" implodieren sollte, unvermeidlich war. Seine außenpolitische Strategie gründete auf der Unversöhnbarkeit des intra-kapitalistischen Gegensatzes. Die weltweit organisierten Stellvertreter des Bolschewismus, die offen und konspirativ die Weltrevolution anstrebten, wurden unablässig aufgefordert und angefeuert, alles in ihrer Macht Stehende zu tun, die kapitalistischen Nationen gegeneinander in den "Zweiten imperialistischen Krieg" zu hetzen. In der Zwischenzeit hatte Stalin Vorsorge getroffen, daß das sowjetische Staatsschiff in den stürmischen Gewässern nicht kenterte, sondern seinen Kurs einhielt. Als der Ausbruch des intra-kapitalistischen Krieges näherrückte, beschloß Woshd, sein Staatsschiff aus dem offenen Meer der kollektiven Sicherheit in ruhigere Gewässer zu steuern. Vorsichtig und mit Berechnung steckte er seinen politischen Kurs ab. 1936 passierte er den Höhepunkt des sowjetischen diplomatischen Interventionismus. 1937/38 steuerte er zielbewußt auf den politisch-diplomatischen, wenn auch zeitlich begrenzten Isolationismus zu, von dem er sich bahnbrechenden Erfolg versprach. Und 1939 sollte er schließlich seine "unheilige" Allianz mit Hitler schließen.

1937 deuteten verschiedene Anzeichen auf einen sowjetischen politischen Kurswechsel hin. Bolschewistische Propagandisten entfesselten in der UdSSR eine auf breiter Front operierende fremdenfeindliche Kampagne. Angriffe auf ausländische diplomatische Missionen häuften sich. Das Journal de Moscou, Sprachrohr des Kommissariats für Auswärtiges, schloß sich dem schrillen Geschrei gegen die Ausländer an. Gegen alle diplomatischen Vertreter, ohne Rücksicht auf ihr Herkunftsland, wurde zu Felde gezogen. Sie wurden als "Spione" und "eifrige Organisatoren und Handlanger ... der Spionagetätigkeit" abgestempelt. Diese Kampagne bezweckte auch, Sowjetbürger von jeglichen Kontakten zu Ausländern abzuschrecken. Die diplomatischen Vertretungen arbeiteten in einer feindlichen Umwelt. Die Sowjetbürger, die trotz dieser Warnungen weiterhin mit Ausländern verkehrten, wurden verhaftet, eingesperrt, verbannt oder hingerichtet. Zahlreiche Sowjetbürger, die als Personal an der amerikanischen Botschaft angestellt waren, ereilte dieses Schicksal. (1)

Die Säuberungen hatten auch in den Reihen des Kommissariats für Auswärtiges erste "Lücken" gerissen und unter den im Ausland stationierten sowjetischen Diplomaten Opfer gefordert. Viele von ihnen wurden nach Moskau zurückgerufen unter dem Vorwand, Bericht zu erstatten, was in den meisten Fällen mit Gefängnisstrafe, Deportation oder Hinrichtung endete. In der sowjetischen Hauptstadt liefen Gerüchte über das Schicksal von Jurenew, Daftan, Karskij, Podolski, Bogomolow, Assmuss und Bratman-Brodowski um. Fast ohne Ausnahme waren ihre Nachfolger Neulinge auf dem Gebiet der Diplomatie und internationalen Politik. (2)

In Europa und Asien wurden im Jahre 1937 die Weichen gestellt. Von Stalins Kommandobrücke aus betrachtet, mußten die Entwicklungen ihren unvermeidlichen Lauf nehmen. Seine neu installierten und oft unerfahrenen Diplomaten waren für die ihnen übertragenen Aufgaben unzureichend gerüstet. Aber sie waren auch nicht ausgewählt worden, auf der Bühne der traditionellen Diplomatie ihre Rolle zu spielen. Noch offensichtlicher als ihre unseligen Vorgänger sollten sie Stalin als Laufburschen dienen, seine Anweisungen strikt befolgen und ihm bei der Durchführung seines sich abzeichnenden Frontwechsels helfen, den er nach der Zwischenphase der Selbstisolation zu inszenieren gedachte. Die geplante Zeitspanne relativer Untätigkeit war außerdem auch unerläßlich, weil Stalin die militärischen Vorbereitungen für den kommenden Krieg nicht abgeschlossen hatte.

Die Säuberungen hatten auch das Offizierskorps dezimiert. Die Liquidierung der militärischen Führungsschicht machte eine Drosselung aktiver sowjetischer Teilnahme am internationalen Geschehen unumgänglich. Stalin hatte seine Streitkräfte vorübergehend geschwächt, um ihre Schlagkraft schließlich wieder zu stärken und seine persönliche Kontrolle über das militärische Instrument zu festigen. Ihm "loyal" ergebene Offiziere hatten jene abgelöst, denen der Woshd nicht voll vertrauen konnte und die dank ihres Ansehens und ihrer Machtfülle im Falle eines Krieges seine Position gefährden konnten. Stalin hatte klar erkannt, daß die Säuberungen sich auf die militärische Schlagkraft der sowjetischen Kampfverbände vorübergehend nachträglich auswirkten und daß er deshalb eine Atempause und eine Verlängerung des Waffenstillstandes brauchte, um neue Kräfte für den nächsten Vorstoß zu sammeln. In der Zwischenzeit hatte er seine Flankenpositionen gesichert, indem er über die Volksfrontbewegungen – unterstützt durch "nützliche Idioten", rekrutiert aus den Reihen der westlichen Intelligenzija, – die Massen gegen den Faschismus mobilisierte und die kapitalistischen Nationen gegeneinander aufstachelte. (3) Gläubigkeit und Willfährigkeit, gepaart mit Naivität, Selbsthaß und einem Todestrieb, bildeten das Reservoir, aus dem die erste Generation sowjetischer "Stellvertreter" erwuchs.

Nach Einschätzung der in Moskau stationierten Militärattachés war es keineswegs ausgeschlossen, daß die Rote Armee "spätestens in zwei oder drei Jahren ... ihre Kampfkraft wiedergewinnen wird ..." Während dieser kritischen Phase mußte die Sowjetunion von der Turbulenz der Außenwelt abgeschirmt werden. Schon immer hatte Stalin die Realisierung des strategischen Ziels der Weltrevolution als von der Schlagkraft der roten Streitkräfte ursächlich abhängig gesehen. Hinter der gepanzerten Dampfwalze würde das bolschewistische Ideologiesystem sich eines Tages ausbreiten, erst gebietsweise, schließlich global. Die Säuberungen sollten nicht nur die militärische Qualität aufwerten, sondern ein Stalin verschriebenes, ideologisch fanatisiertes Offizierskorps schaffen. Die totale Bolschewisierung der Roten Armee sollte die Vorwärtsstrategie absichern und deren Durchführung garantieren. Während die kapitalistische Welt in ihre eigenen unlösbaren Probleme verstrickt war, formte Stalin die Rote Armee in ein wirksames und tödliches Kampfinstrument. Er ging von der Voraussetzung aus, daß die sogenannten kapitalistischen Staaten während des entscheidenden Zeitraums von zwei bis drei Jahren, den er für die Bolschewisierung des politischen Apparates und der Streitmacht benötigte, die UdSSR nicht angreifen würden. Außerdem war, nach Ansicht des litauischen Militärattachés Oberst Kazys Skucas, die Rote Armee immer noch imstande, "gegen jeden Feind, der sich ihr stellt", zu einem vernichtenden Gegenschlag auszuholen. Allerdings konnte die Rote Armee in der Übergangsphase weder offensiv noch als wirksames Pressionsinstrument im diplomatischen Nervenkrieg eingesetzt werden; denn die Säuberungen hatten die sowjetischen Streitkräfte, wie der tschechoslowakische Militärattaché Oberst Frantisek Dastich sachkundig feststellte, "in einem solchen Ausmaß gelähmt, daß ihre Bedeutung als Faktor in der europäischen Politik erheblich gesunken ist." (4)

Mit der Auswechselung der militärischen Führungsmannschaft und der Bolschewisierung der Streitkräfte durch Einführung der politischen Kommissare war Stalin in die entscheidende Phase der militärischen Vorbereitungen für den kommenden totalen Krieg eingetreten. Die ideologische Umbildung der militärischen Befehlsstruktur hatte weitreichende Folgen nicht nur für die sowjetische Innen-, sondern auch die internationale Politik. Die Säuberungen hatten das militärische Führungskorps in ein gefügiges Instrument des Politbüros umgewandelt. Stalin konnte der Loyalität des neuen Offizierskorps sicher sein. Etwaige konterrevolutionäre Verschwörungsabsichten und bonapartistische Tendenzen in den Reihen des Militärs, die im Falle eines sowjetischen Angriffskrieges aufbrechen könnten, hatte Stalin im Keime erstickt. Diese Angstvisionen hatten ihn verfolgt, solange die Streitkräfte sich seiner totalen Kontrolle entzogen. Er verstärkte die Heimatfront, um in nicht allzu ferner Zukunft die Offensive ergreifen zu können. Der Ausbruch des "Zweiten imperialistischen Kriegs" stand bevor. Die sowjetische Streitmacht mußte für ihren historisch vorbestimmten Kampf in einen dauernden Bereitschaftszustand versetzt werden. Seit den spätzwanziger Jahren hatte Stalin die sowjetische Militärmaschine mit Nachdruck aufgebaut, um den Bolschewismus eines Tages in die kapitalistische "Kriegszone" exportieren zu können. Während der Phase der militärischen Unterlegenheit hatte sich der Woshd auf den Sachverstand der alten, in seinen Augen unzuverlässigen Offizierskorps verlassen müssen. Um die Mitte der dreißiger Jahre hatten sich sowohl der Rüstungsstand als auch die Militärtechnologie der UdSSR qualitativ so verbessert, daß Stalin ohne die alte Befehlsstruktur glaubte auskommen zu können. Das neue, ideologisch eingeschworene Offizierskorps bildete einen Bestandteil des Oberbaus, der den von Stalin inzwischen errichteten technologischen und wirtschaftlichen sozialistischen Unterbau widerspiegelte. Durch den eisernen, unerbittlichen Willensakt des Despoten wurden Ober- und Unterbau ineinander verzahnt. Entsprechend der marxistischen Weltanschauung ging Stalin von der Prämisse der gegenseitigen Abhängigkeit sozialer, wirtschaftlicher und technologischer Faktoren im Ablauf des geschichtlichen Stufenprozesses aus. Schon Marx und Engels hatten den Standpunkt vertreten, daß die Kriegführung nicht weniger als die politische Macht von technologischen und wirtschaftlichen Faktoren bestimmt wurde. (5) Auch in dieser Hinsicht ließ sich Stalin von den ideologischen Anweisungen der marxistischen Kirchenväter leiten. Der "Zweite imperialistische Krieg" mußte in einen Revolutionskrieg umfunktioniert werden. Die Rote Armee mußte von einem Offizierskorps befehligt werden, das von revolutionärem Elan erfüllt und im wirtschaftlich-militärisch-technologischen Unterbau fest verankert war. Die Säuberungen hatten einen kriegerisch revolutionären Geist erzeugt. Gleichzeitig wurde der Aufbau des militärisch-industriellen Komplexes rücksichtslos vorangetrieben.

Die "Stalin-Verfassung" von 1936 spiegelte ebenfalls die qualitativ neue Phase wider, in welche die UdSSR eingetreten war. Darüber hinaus diente die Verfassung als Täuschungsmanöver der breitangelegten Stalinschen psychologischen Kriegsführung. Sie sollte die brutalen Auswüchse der despotischen Herrschaft Stalins kosmetisch abdecken. Sie war auf die liberale Leichtgläubigkeit und die politische Naivität der westlichen Intelligenzija zugeschnitten. Stalin hatte eine der grundlegenden Tatsachen des 20. Jahrhunderts klar erkannt, nämlich die wiederholt demonstrierte intellektuelle und emotionale Anfälligkeit westlicher Liberaler für den Marxismus, — eine Affinität zwischen den "soft utopians" und den "hard utopians" (Reinhold Niebuhr), die auf den gemeinsamen historischen Grundsätzen von "Befreiung", "Emanzipation", "Gleichheit", "Frieden" und

"Fortschritt" beruht. Die Stalinsche Verfassung sollte die UdSSR als ein "friedliebendes" und "fortschrittliches" Land ausweisen.

1937 hatte das sowjetische System den vorläufigen Höchststand der Bolschewisierung der revolutionären Basis erreicht. Im Inneren liefen die Anstrengungen, die Sowjetunion in einen Garnisonstaat zu verwandeln, auf vollen Touren weiter, und die Bevölkerung wurde psychologisch auf den Ausbruch des als unvermeidlich angesehenen Krieges vorbereitet. Für die Außenpolitik waren die Auswirkungen nicht weniger bedeutungsvoll und weitreichend. Da Stalin im Inneren das Tempo des sozialistisch-totalitären Manipulationsprozesses beschleunigte, war es wenig wahrscheinlich, daß er die UdSSR in den kommenden zwei oder drei Jahren in größere außenpolitische Wagnisse verwickeln würde. Die Konsequenzen, die sich aus diesen Maßnahmen ergaben, konnten für die sowjetischen Vertragspartner in Paris und Prag nur entmutigend sein. Infolge der zeitweilig geschwächten Kampfkraft der Roten Armee, besonders in Weißrußland und der Ukraine, sah sich Stalin gezwungen, Deutschland gegenüber Mäßigung zu üben. In der Absicht, die Streitigkeiten zwischen Moskau und Berlin in Grenzen zu halten, zog er sich in die selbstauferlegte Isolation zurück und posierte als nationalistischer Kommunist.

Aktivismus nach innen und relative Untätigkeit nach außen liefen parallel. Es gab deutliche Anzeichen dafür, daß Stalin seine Außenpolitik taktisch umstellte, ohne sein strategisches Ziel aufgegeben zu haben. Schon Anfang 1937 stellte Molotow, der bald zum Kommissar für Auswärtige Angelegenheiten aufrücken sollte, Litwinow in den Schatten. (6) Stalins Rede vor dem Februar-März-Plenum des Zentralkomitees und vor dem Zentralen Kontroll-Komitee der KPdSU (B) kündigte die Abkehr von der "Litwinow-Linie" an, obwohl dem Kommissar noch erlaubt, ja befohlen wurde, mit seiner Politik der friedlichen Koexistenz bei den westlichen Politikkonsumenten hausieren zu gehen. Eine entscheidende Aussage fehlte völlig in der Ansprache des Woshd. Er unterließ es, zwischen den "befreundeten und demokratischen" Staaten einerseits und den "faschistischen Aggressoren" andererseits zu unterscheiden. Stalin geißelte sämtliche kapitalistischen Länder; seine Anklage richtete sich sowohl gegen die westlichen Demokratien als auch gegen die Dreiermächte. Selbst Litwinow schien seine anfänglich zur Schau gestellte Begeisterung für den Völkerbund als Allheilmittel für die politischen Leiden der Welt verloren zu haben. Plötzlich schlug auch er eine neue Tonart an. Anläßlich der hundertsten Völkerbundssitzung erinnerte er seine Zuhörer daran, daß die UdSSR nicht zu den Gründungsmitgliedern der Organisation gehöre und sich diesem Forum auch erst kürzlich angeschlossen habe. Obgleich er den sich stets vermindernden Einfluß des Völkerbundes beklagte, fügte er sofort hinzu, daß das Wohlergehen der Sowjetunion nicht von der Existenz des Völkerbundes abhing. Moskau, deutete er an, könnte sich eines Tages sogar aus dieser Organisation zurückziehen. (7) Schon im Dezember 1937 hatte Moffat, der Leiter der Europaabteilung im State Department, bemerkt, daß die politischen Wege und Ziele Litwinows und "alles, was er bisher vertreten hatte, mehr und mehr in den Hintergrund zu rücken scheinen." (8)

Ein Vorfall beleuchtete schlaglichtartig die Reorientierung der sowjetischen Außenpolitik. Am 14. Februar 1938 richtete "Genosse Iwanow" einen Brief an den "lieben Genossen Stalin". Im Verlauf eines internen Parteidisputes hatte Iwanow Lenin dahingehend zitiert, daß "eine Eroberung im Weltmaßstab gewiß nur möglich ist durch die gemeinsamen Anstrengungen der Arbeiter aller Länder." Man hatte ihn wegen dieser "trotzkistischen Bemerkung" heftig ins Gebet genommen. Um den Fängen seiner ideologischen Peiniger zu entkommen, hatte er den Spieß umgedreht und aus den Schriften Stalins zitiert. Aber seine Gegner blieben unbußfertig. Sie konterten mit dem Argument, daß Stalin 1926 einen Standpunkt bezogen habe, der 1938 jedoch keine Geltung mehr habe. Dieses Gegenargument mutete Iwanow "antibolschewistisch" an. Er ersuchte nun Stalin um seinen Urteilsspruch in dieser Angelegenheit: "...hat der Sozialismus endgültig gesiegt oder nicht?" Stalin kam ihm mit der kategorischen Feststellung zu Hilfe: "Sie haben natürlich recht, Genosse Iwanow, und ihre ideologischen Gegner ... haben nicht recht." Der Woshd erläuterte dann klärend seine Stellungnahme aus dem Jahre 1926, indem er die Frage stellte, ob der Sozialismus, selbst wenn er in einem Lande obsiegte, vor Angriffen von außen gesichert war. Lenin, bemerkte Stalin mit jüngerhafter Gewissenhaftigkeit, hatte diese Frage "negativ" beantwortet und gleichzeitig betont, daß "der endgültige Sieg des Sozialismus, im Sinne einer vollständigen Garantie gegen die Wiederherstellung bürgerlicher Verhältnisse, nur auf internationaler Ebene möglich ist." Ohne den weltumfassenden Sieg des "Proletariats" würde das Fortbestehen der Basis des Sozialismus nicht gesichert sein. Aber die sowjetische Führung hatte inzwischen ihr Äußerstes getan, die internationale Stellung der UdSSR zu stärken. Die Rote Armee war in ein machtvolles Kampfinstrument geformt worden. Die Sowjetunion befand sich in einem Zustand der Dauermobilisierung. Um seine eigene Stellungnahme ideologisch abzustützen, zitierte Stalin wiederum aus Lenins Schriften: "Wir leben nicht in einem Staat, sondern in einem Staatensystem, und die Existenz der Sowjetrepublik neben den imperialistischen Staaten ist über einen längeren Zeitraum undenkbar. Am Ende wird der eine oder der andere siegen. Und bis dahin wird es zwangsläufig zu mehreren schrecklichen Zusammenstößen zwischen der Sowjetrepublik und der Bourgeoisie kommen. Das bedeutet, daß die herrschende Klasse, das Proletariat, wenn es nur herrschen will und herrschen wird, dies in seiner militärischen Organisation beweisen sollte." Um den Beweis zu erbringen, daß er Lenins apostolische Nachfolge angetreten hatte, zitierte der Woshd aus seiner Schrift "Fragen des Leninismus" des Inhalts, daß "der endgültige Sieg des Sozialismus die vollständige Garantie gegen Versuche der Intervention, d.h. auch der Restauration, von außen ist ... Darum ist die Unterstützung unserer Revolution durch die Arbeiter aller Länder und besonders der Sieg dieser Arbeiter, wenn auch nur in wenigen Ländern, eine notwendige Voraussetzung für die vollständige Garantie des ersten siegreichen Landes gegen Versuche jeglicher Intervention und Restauration." (9)

Stalin hatte damit über die letzten Ziele seiner revolutionären Bestrebungen jeden Zweifel aus dem Weg geräumt. Die kapitalistischen Regierungen waren offen gewarnt worden. Solange die Gefahr der "Intervention" oder "Restauration" bestand, war die Basis des Sozialismus, d.h. die Sowjetunion, bedroht. Um den "endgültigen Sieg des Sozialismus" zu erringen, mußte das bolschewistische System auf die "Kriegszone" der kapitalistischen Welt ausgedehnt werden. Letzthin hing die Erreichung des strategischen Zieles von der Kampfbereitschaft der sowjetischen Streitkräfte und von der Schwächung der kapitalistischen Heimatfront ab, gegen deren "imperialistische" Regimes das "internationale Proletariat" mobilisiert werden mußte. Bezeichnenderweise erwähnte Stalin in diesem Zusammenhang weder den Völkerbund noch die Beistandspakte, die die UdSSR mit Frankreich und der Tschechoslowakei abgeschlossen hatte, und jegliche Differenzierung zwischen befreundeten und feindlichen kapitalistischen Staaten wurde vermieden. Amerikanischer "Finanzkapitalismus" und "faschistischer Imperialismus" wurden in einen Topf geworfen und aggressiver Absichten gegen die Sowjetunion beschuldigt, die Basis des Sozialismus einzukreisen mit der Absicht, diese zu vernichten. Der Kapitalismus schlechthin, ungeachtet seiner unterschiedlichsten Ausformungen, war der totalen Verdammung unterworfen. Die internationale revolutionäre Bewegung wurde auf diese fundamentalen politisch-strategischen Gegebenheiten nachdrücklichst verwiesen. Welche Wendungen die sowjetische Außenpolitik in der Zukunft auch immer vollziehen sollte, Stalin prägte der "proletarischen" Vorhut unauslöschlich ein, daß er sich kompromißlos an die revolutionäre Leninsche Theorie der internationalen Beziehungen gebunden fühlte. Solange der Zustand unvollkommener friedlicher Koexistenz herrschte, war zur Erreichung des weltrevolutionären Zieles der Einsatz aller Mittel gerechtfertigt, die unüberbrückbaren intrakapitalistischen Gegensätze auszuschlachten. Schon Lenin hatte die kommunistischen Linksabweichler als "infantil" verurteilt. Im Februar 1938 stieß Stalin ins gleiche Horn. Aus reinen Zweckmäßigkeitsgründen hatte Lenin es von jeher als erforderlich angesehen, mit den verschiedenen kapitalistischen Regierungen zusammenzuarbeiten, und auch Stalin ließ sich von diesen Kalkulationen leiten. Unter gewissen Umständen konnte es sogar im Interesse Moskaus sein, mit dem nationalsozialistischen Beelzebub zu kollaborieren, um den Teufel Weltkapitalismus auszutreiben. Diese Wahl hatte sich Stalin stets offengehalten. Auch im Februar 1938 schloß er diese Möglichkeit nicht aus. Sein Brief an den "Genossen Iwanow" bedeutete kein gutes Omen für die Westmächte.

Otmar von der "Gazeta Polska" schrieb in seinem Leitartikel "Die Sowjets ließen die Maske fallen": Der Briefwechsel zwischen Iwanow und Stalin "eröffnet zweifellos einen 'neuen Abschnitt' in der sowjetischen Außenpolitik". Für ihn war Stalins Erklärung "ein höchst bedeutsames Eingeständnis, daß die sowjetische Rüstungspolitik ein klares Ziel im Auge hatte, nämlich die Weltrevolution herbeizuführen oder diesen Prozeß zu beschleunigen, und sie richtet sich folglich gegen alle nichtbolschewistischen

Staaten ohne Rücksicht auf deren Regierungssysteme." Die Rote Armee, unterstrich er, war "in eine ... Armee der internationalen Revolution verwandelt worden". (10) Stalin hatte genau diese zielbestimmende Feststellung 1925 in seinem vertraulichen Gespräch mit dem Führer der Kommunistischen Partei Indiens geäußert. (11)

Die diplomatischen Berichte über Entwicklungen an der sowjetischen politischen Front lösten bei George S. Messersmith in Washington einen Zustand der Verwirrung aus. Auch Hull beklagte sich darüber, daß "alles, was zur Zeit in Rußland vorgeht, in ein geheimnisvolles Dunkel gehüllt" war. Der Ministerialdirektor versuchte, Ordnung in sein gedankliches Durcheinander zu bringen. Die allgemeine Weltlage, intonierte er seine Thematik, entwickelte sich immer "bedenklicher und gefahrvoller". Obgleich Deutschland, Japan und Italien wirtschaftlich geschwächt waren, stieg dennoch ihre Militärkapazität. Ihr Vermögen, "Krieg mit größeren Mächten zu führen, mag sich möglicherweise verringern, doch ihr Einfluß auf andere Länder und ihre verderblichen Einwirkungen auf die allgemeine Lage nehmen noch zu." Er verglich die Situation mit der von 1914. England hatte damals keine klare Haltung eingenommen. Und an diesem historischen Wendepunkt fehlte es an einer eindeutigen amerikanischen Stellungnahme. Die daraus resultierenden Unklarheiten und Zweideutigkeiten ermutigten "gewisse Länder, auf ihrem rücksichtslosen Weg der äußersten Mißachtung von Recht, Ordnung und internationalen Verpflichtungen fortzufahren." Er ermahnte die Roosevelt-Regierung, "eine klarere und entschiedenere Haltung" einzunehmen, um "gewisse Länder" von ihrer abenteuerlichen Politik abzubringen. Sollte der Krieg ausbrechen, würden die USA hineingezogen werden und "praktisch ebenso wie die anderen beteiligten Mächte" Opfer bringen müssen. Er bestürmte die amerikanische Regierung, "immer energischer die Initiative zu ergreifen und nicht zu zögern." In diesem Zusammenhang stellte die UdSSR einen "sehr gewichtigen Faktor" dar. Klagend bedauerte er die Tatsache, daß es dem Außenminister an genauer Information über die "gegenwärtige oder die wahrscheinliche künftige Politik" der Sowjetunion mangelte. Er machte deshalb den Vorschlag, an Stalin und seine "vertrauten Mitarbeiter" heranzutreten, um deren Ansichten über die internationale Lage zu erkunden, mit der Absicht, die sowjetische Politik mit der amerikanischen Grundkonzeption in Übereinstimmung zu bringen. Derjenige, der diese schwierige Aufgabe übernehmen sollte, müßte jedoch "sehr präzise Instruktionen" vom Präsidenten und von Hull erhalten. Diese Mission sollte Teil der Initiative bilden, die die Regierung unverzüglich ergreifen müßte. (12)

Messersmith hatte sich seine Irrungen und Wirrungen selbst zuzuschreiben. An Informationen über die in der UdSSR herrschenden Zustände und Stalins außenpolitische Zielsetzungen bestand nicht der geringste Mangel. Das State Department war im Gegenteil so genau informiert, wie es eine Regierung unter den obwaltenden Umständen nur sein konnte. In mancher Hinsicht war die Berichterstattung amerikanischer Diplomaten in Moskau sachkundiger als die anderer diplomatischer Vertretungen in der sowjetischen Hauptstadt. Nach seiner Rückkehr aus Moskau war George F. Kennan zum Hauptberater für osteuropäische und sowjetische Angelegenheiten im State Department avanciert. In dieser Eigenschaft wurde er von Hull nur ein einziges Mal konsultiert, und Moffat, in seiner Funktion als Leiter der Europaabteilung, setzte sich dreimal mit ihm in Verbindung. Anscheinend hatte Messersmith nie die geringsten Anstalten gemacht, bei Kennan Rat einzuholen und Auskunft über die sowjetischen außenpolitischen Zielsetzungen zu erhalten, die ihm angeblich ein Rätsel waren. Möglicherweise befürchtete er auch, einige ungeschminkte Wahrheiten von Kennan zu erfahren, dessen Ansichten sich im großen und ganzen mit denen von Loy W. Henderson deckten, der nicht nur analytisch ausgezeichnete und sachkundig grundlegende Berichte depeschierte, sondern auch unermüdlich im Einsatz war, den verhängnisvollen Einfluß, den Botschafter Davies auf Roosevelt und Hull ausübte, zu neutralisieren. (13)

Davies war inzwischen wieder einmal in Washington aufgekreuzt, gerade in dem Augenblick, als Messersmith an seiner Denkschrift arbeitete. Der Präsident griff Messersmiths Vorschlag auf, und auf "ausdrückliche Weisungen" Roosevelts und Hulls antichambrierte Davies, in seiner gewohnten Pose als professioneller Appeaser, nach seiner Rückkehr bei Stalin. Der Botschafter hatte den Auftrag erhalten, alle Möglichkeiten, die zu einer engen Zusammenarbeit mit den Sowjets führen könnten, zu sondieren. Er sollte vorrangig mögliche "Kontaktaufnahmen" zwischen den Militär- und Marinebehörden beider Länder hinsichtlich "des Austausches von Informationen über die militärische und seestrategische Lage" im Fernen Osten und im pazifischen Raum erörtern. Obwohl Roosevelt noch vor einem bindenden Abkommen mit Moskau zurückscheute, war "es Ausdruck von Umsicht und weitsichtiger Klugheit, wenn die Regierungen in gegenseitigen Gedankenaustausch eintreten, der für die Zukunft von großem Wert sein könnte, da sie doch ähnliche Ziele verfolgen und ähnliche Bedürfnisse haben, wenn auch jedes Land seinen eigenen und unabhängigen Weg geht." In Washington sollten nur vier Personen in dieses Geheimnis des Präsidenten eingeweiht werden: außer Roosevelt noch Hull, Sumner Welles und noch ein zu bestimmender Verbindungsoffizier. Für diesen Posten schlug Davies Oberst Philip R. Faymonville vor, zu dem Stalin und Molotow Vertrauen gewonnen hatten, besonders aber zu seiner "Urteilskraft, Fähigkeit und Fairneß". Obgleich Stalin und Molotow Roosevelts Vorschlag wohlwollend aufnahmen, wichen sie jedoch konkreten Vereinbarungen aus. (14)

Um Stalin für eine Zusammenarbeit gegen die sogenannten Aggressor-Nationen zu gewinnen, war Roosevelt gewillt, ihm auch weitgehende finanzielle Konzessionen anzubieten. Finanzminister Morgenthau, der Roosevelts Beschwichtigungspolitik Moskau gegenüber voll unterstützte, half ihm, den Weg zu ebnen. Mit einer großzügigen Geste erklärte er sich bereit, die lästige Schuldenfrage, die in der Vergangenheit wiederholt zu Reibungen zwischen Washington und Moskau geführt hatte, unter den Teppich zu kehren. Um diese Frage ein für allemal zu regeln, beabsichtigte er, die Rückzahlung der Kerenskij-Schulden mit amerikanischen Steuergeldern zu finanzieren. Davies wurde ermächtigt, entweder vom Weißen Haus oder von dem Finanzminister direkt, gemeinsam mit dem führenden New Yorker Bankier, Sidney Weinberg, nach Modalitäten zu suchen, wie man amerikanischerseits der UdSSR am günstigsten "ausgleichende Kredite zu niedrigen Zinssätzen" gewähren könnte, um es den Bolschewisten zu ermöglichen, ihre lang ausstehenden Schulden zu begleichen. (15)

Mit einer Handbewegung wollte Roosevelt alle Schwierigkeiten aus dem Wege räumen, die die sowjetisch-amerikanischen Beziehungen belastet hatten. Man verband damit die Hoffnung, die amerikanische Öffentlichkeit, die sowjetischen Absichten mit Mißtrauen begegnete, positiv zu beeinflussen und das sowjetische Image aufzupolieren. Das kleine Finnland hatte seine Schulden schon vor Jahren bezahlt, nun sollte die bisher widerspenstige Sowjetunion nachziehen. Bei diesem Vorhaben übernahm der Präsident freiwillig die Rolle eines Werbeagenten für Moskau, und vom amerikanischen Steuerzahler wurde erwartet, die prosowjetische Umerziehungskampagne auch noch zu finanzieren.

Davies, dessen Einfluß auf Roosevelt durchschlagend war, ließ nichts unversucht, sich bei den Sowjets einzuschmeicheln. Er verwünschte die britische Regierung, weil sie auf seine prosowjetischen Avancen nicht mit dem gleichen Enthusiasmus reagierte, den er beim Präsidenten ausgelöst hatte. Die britische Widerborstigkeit verurteilte er "als Gipfel der Torheit". Schließlich müßte Großbritannien sowieso gegen Deutschland in der Kampfarena antreten. Aber inzwischen stoße es Moskau vor den Kopf und entfremde sich "einem natürlichen Bundesgenossen". Die UdSSR sei "wahrscheinlich der eine Faktor ..., der den Erfolg einer künftigen englischen Blockade gegen Deutschland verhindern kann." (16) Daß Stalin aus taktischen Überlegungen politische Zurückhaltung England gegenüber üben könnte, um nicht sofort auf Seiten des Empire in einen Krieg gezogen zu werden und dadurch eine künftige militärische Auseinandersetzung zwischen England und dem Reich in einen Zermürbungskampf sich ausweiten zu lassen, – dieser Gedanke kam Davies nicht, denn er schien gegen den Bazillus der sowjetischen Wirklichkeit gefeit zu sein. (17)

Aber daß etwas rätselhaft Beunruhigendes sich hinter den verschlossenen Toren des Kreml abspielte, war sogar Davies nicht entgangen. Nur mangelte es ihm an nötigen Scharfsinn, die richtigen Schlußfolgerungen daraus zu ziehen. Die Dreiermächte, so behauptete er, trieben die Sowjetunion in die Isolation. Daß Stalin sich aus freien Stücken, taktisch handelnd in die Festung UdSSR zurückzog, diese Erkenntnis überstieg das Begriffsvermögen von Davies. Für ihn war der Fall klar. Die "faschistischen Mächte" setzten alle Hebel in Bewegung, die UdSSR zu einer isolationistischen außenpolitischen Ausrichtung zu zwingen. In einem Punkt traf Davies aber ins Schwarze, indem er erkannte, daß eine von Stalin inszenierte Isolationspolitik "für die Demokratien Europas gefährlicher war als für die Sowjetunion selbst". Hätte der Botschafter diesen Gedankengang bis zum logischen Schluß verfolgt, dann hätte er nämlich durchschaut, welche Vorteile Stalin sich von der Reorientierung seiner Politik hin zu zeitlich begrenzter, selbstauferlegter Isolation oder relativer diplomatischer Zurückhaltung erwarten konnte. Davies war überzeugt, daß die westlichen "Demokratien" im Falle einer Weltkrise schließlich "verdammt froh /sein würden/, die Freundschaft und die Macht und die Friedensliebe auf ihrer Seite zu haben", die Stalin und die Sowjetunion für ihn verkörperten. (18)

Trotz der Tatsache, daß die deutsch-sowjetischen Beziehungen nach dem Abschluß des deutsch-polnischen Nichtangriffspaktes vom Januar 1934 einen Tiefstand erreicht hatten, sprachen politische Beobachter wiederholt ihre Befürchtungen über die sich abzeichnende Gefahr einer möglichen Annäherung zwischen dem Führer und dem Woshd aus. Der Argwohn, daß die UdSSR und das Reich eine Neuauflage von "Rapallo" inszenieren könnten, lebte immer wieder auf. Viele von ihnen rechneten mit einer Neuaufführung des Schauspiels der sowjetisch-deutschen Zusammenarbeit der zwanziger Jahre.

Seit 1933 hatte Stalin "unablässig damit geliebäugelt, eine Übereinkunft mit Hitler zu erreichen." (19) Die Sowjetunion war dem Völkerbund beigetreten, hatte mit Frankreich und der Tschechoslowakei gegenseitige Beistandspakte abgeschlossen, ein "östliches Locarno" propagiert und tatkräftig die Politik kollektiver Sicherheit betrieben, immer von dem Gedanken geleitet, einen widerstrebenden Hitler unter stärksten Druck zu setzen, ihre Avancen zu erwidern.

Schon im Januar 1934, in seiner Rede vor dem 17. Parteikongreß, hatte Stalin seine Absicht signalisiert, der Rapallo-Politik neues Leben einzuhauchen. Er versuchte Hitlers Befürchtungen zu zerstreuen, daß die Sowjetunion sich Frankreich und Polen annäherte, weil die nationalsozialistische Bewegung an die Macht gekommen war. "Natürlich", erklärte er, "sind wir nicht gerade begeistert über das faschistische Regime in Deutschland, aber der Faschismus bildet nicht das eigentliche Hindernis, denn der Faschismus in Italien zum Beispiel hat die UdSSR nicht davon abgehalten, die besten Beziehungen mit diesem Land zu pflegen." Er deutete seine Bereitschaft an, mit dem Reich ebenfalls einen modus vivendi zu finden. (20) Molotow wiederholte dieses Angebot in seiner Rede vor dem 7. Sowjetkongreß im Januar 1935: "Wir können unsere Augen vor der Tatsache nicht verschließen, daß seit dem Aufstieg des Nationalsozialismus ein Wandel in den deutsch-sowjetischen Beziehungen eingetreten ist." Soweit es aber Moskau selbst betraf, "können wir sagen, daß wir keinen anderen Wunsch haben, als weiterhin gute Beziehungen mit Deutschland zu haben." (21) Bei seiner Analyse der politischen Schwingungen im sowjetischen Kräftefeld glaubte der amerikanische Diplomat John C. Wiley auszumachen, daß gewisse "Kräfte hinter den Kulissen wirkten", die "Moskau und Berlin wieder zusammenbringen wollen." (22)

Das Rapallo-Gespenst verfolgte auch Benesch. Er beschwor Anthony Eden, der sich im Frühjahr 1935 auf dem Rückflug von Warschau in Prag aufhielt, alles zu unterlassen, was Moskau kränken könnte. Nach seinen Informationen wetteiferten in Berlin zwei politische Strömungen um Einfluß. Im Mittelpunkt ihrer Meinungsverschiedenheiten stand die sowjetische Frage. Während Hitler sich einer Zusammenarbeit mit der Sowjetunion widersetzte, übte die Reichswehr Druck auf die Regierung aus, mit Moskau freundschaftliche Beziehungen aufzunehmen. Die Anhänger der sogenannten "Ostorientierung" waren besonders stark in der Reichswehr und im Auswärtigen Amt vertreten. Diese Gruppe hatte gegen Hitlers Annäherungspolitik an Warschau opponiert und gleichzeitig die Warnung ausgesprochen, daß mit dem Abschluß des Nichtangriffspaktes höchstwahrscheinlich die östliche Reichsgrenze für immer "zementiert" werde. Neuerdings hatte sich der Einfluß von General von Seeckt wieder verstärkt. Schon während der zwanziger Jahre war er als Wortführer der deutschsowjetischen Zusammenarbeit aufgetreten und hatte damals einen entschieden antipolnischen Standpunkt eingenommen. Die Reichswehr hatte maßgeblich dazu beigetragen, daß die Weimarer Regierungen "Rapallo" als ihre Richtschnur für die deutsche Außenpolitik nahmen. Die Anhänger der "Ostorientierung" wollten unter allen Umständen den Geist von Rapallo wieder aufleben lassen. Mit diesen einleitenden Worten wollte Benesch seiner Zentralaussage Nachdruck verleihen: "Es ist gefährlich, Rußland allein zu lassen ..." Der Antibolschewismus, behauptete er, zwang die Sowjetunion in die Isolation. Moskau könnte sich daher veranlaßt sehen, Deutschland die Hand entgegenzustrecken. Da sich die kommunistischen Zielsetzungen "völlig geändert" hatten, argumentierte er naiv, "ist es ... die Pflicht Europas und des Westens, Rußland nicht zurück in die Isolierung zu treiben ..." Sogar "innenpolitische" Änderungen könnten sich möglicherweise in Deutschland abspielen, sollte das Reich sich erst einmal einem mächtigen militärischen Bündnissystem, das die UdSSR einschloß, gegenübersehen und sollten die politisch führenden Schichten des Reiches die Überzeugung gewinnen, daß die europäischen Großmächte entschlossen waren, Hitlers Revisionspolitik gewaltsam zu bekämpfen. (23)

Benesch nutzte offensichtlich die westliche Furcht vor einer deutschsowjetischen Zusammenarbeit aus, um seine eigene Beschwichtigungspolitik Moskau gegenüber zu rechtfertigen und die Verhandlungen voranzutreiben, die schließlich zum Abschluß des Beistandspaktes mit der UdSSR führten. Diese verschafften Stalin wiederum eine viel günstigere Ausgangsposition für seine künftigen Verhandlungen mit Frankreich und Deutschland. Die Beistandspakte von 1935 erzeugten mehr Mißstimmung zwischen Berlin einerseits und Paris und Prag andererseits als zwischen Berlin und Moskau. Außerdem hielten sie, wie Botschafter v.d. Schulenburg bemerkte, Stalin den Fluchtweg offen, ohne die Sowjets an feste Verpflichtungen zu binden. Auch Pierre Laval hatte den machiavellistischen Hintergedanken des Kremldespoten klar erkannt. Alles deutete darauf hin, daß Stalin die Abkommen mit Paris und Prag hauptsächlich ihrer politisch-psychologischen und weniger ihrer militärischen Vorteile wegen abgeschlossen hatte. Am 10. Januar 1936 kündigte Molotow an, daß die Ausgaben für die sowjetischen Streitkräfte erhöht werden sollten. Stalin ließ damit durchblicken, daß der Kreml in der Roten Armee den eigentlichen Garanten für die Realisierung seiner Aspirationen sah und weder im Völkerbund noch in den Beistandspakten mit Frankreich und der Tschechoslowakei. (24)

Die deutsch-sowjetischen Handelsbeziehungen hatten trotz der politischen Spannung ohne größere Unterbrechungen und Einbrüche fortgedauert, nur das Handelsvolumen hatte abgenommen. Am 9. April 1935 unterzeichneten Berlin und Moskau ein Kreditabkommen über 200 Millionen Reichsmark. (25) Schacht sagte dem Leiter der sowjetischen Handelsdelegation, Kandelaki, eine weitere Bewilligung in Höhe von 500 Millionen Reichsmark zu. Dadurch ermutigt forderten die Sowjets Lieferungen deutscher Kreuzer und Unterseeboote und darüber hinaus technische Hilfeleistungen. Und Molotow wiederholte öffentlich den sowjetischen Wunsch nach "Herstellung besserer Beziehungen mit Deutschland, als sie zur Zeit bestehen ..." (26) Ein Abkommen wurde am 29. April 1936 unterzeichnet. Bessonow, ein Mitglied der sowjetischen Handelsdelegation, spielte auf die Möglichkeit besserer Beziehungen zwischen beiden Ländern in naher Zukunft an. Aber die Erweiterung des Handelsvolumens wurde "durch die schlechten /politischen/ Beziehungen schwer behindert". Es war "absurd", daß zwei Staaten, die an gegenseitigen Wirtschaftsbeziehungen interessiert waren, "sich auf politischem Gebiet in einer fast beispiellosen Art und Weise bekämpfen sollten ..." Moskau hatte trotz wachsender Skepsis die Hoffnung auf "eine politische Entspannung" noch immer nicht aufgegeben. Göring versicherte Kandelaki, daß auch er sich um "engere Kontakte, auch politische, mit Rußland" bemühte, und er empfahl als erste Maßnahme den Ausbau der "Handelsbeziehungen". Die Sowjets nutzten die Gelegenheit und ergriffen die Initiative. Kandelaki schlug eine Erweiterung des Handelsvolumens vor, worauf Schacht erwiderte, daß Berlin es als eine freundliche Geste betrachten würde, wenn Moskau seinen Kominternagenten die Zügel anlegte. Kandelaki setzte sich umgehend mit dem Kreml in Verbindung. Die Rückantwort ließ nicht lange auf sich warten. Stalin hatte die Entscheidung getroffen, freundschaftlichere Beziehungen mit dem Reich herzustellen. Sollte in Berlin der Wunsch bestehen, dann wäre Moskau sogar zu einem Geheimabkommen bereit. Der Führer und sein Außenminister erwogen das Für und Wider des Angebots, stimmten aber darin überein, daß Gespräche mit Moskau "im Augenblick zu keinen Resultaten führen könnten und von den Russen höchstens benutzt würden, um das engere Militärbündnis mit Frankreich zu erreichen, das sie anstrebten", und wenn möglich auch "noch engere Beziehungen zu England". Es war absolut kein Verlaß darauf, daß die Sowjets ihr Versprechen, die Kominternumtriebe in Deutschland einzustellen, halten würden. In der Vergangenheit hatte Moskau zu viele Versprechen gebrochen. (27)

Hitlers tiefsitzendes Mißtrauen Stalin gegenüber hatte sich noch nicht verflüchtigt. Er weigerte sich, dem Woshd in die Hände zu spielen und die Verhandlungsposition des Kreml zu verbessern. Wie auch immer das Abkommen beschaffen sein werde, die Sowjets würden keine Skrupel haben, den Inhalt ausländischen Regierungen zu verraten, solange es Stalin ins Konzept paßte. Der Führer argwöhnte, daß der Woshd ihn hintergehen wollte. In den Augen Roms und Tokios würde er dann außerdem als unzuverlässiger Partner dastehen. Dieser Schritt konnte im Augenblick nur Unheil heraufbeschwören und möglicherweise zur totalen Isolierung des Reiches führen. Daß Stalin diese Absicht verfolgte, darüber konnte nicht der geringste Zweifel bestehen. Schon immer hatte Stalin durch den Einsatz der verschiedensten Mittel versucht, das Ziel zu erreichen, den Druck auf Deutschland zu verstärken in der Erwartung, daß ein in die Enge getriebener Hitler den Schutz in den Armen des Roten Bären suchen werde. Zu diesem Zeitpunkt hatte Hitler seine Hoffnung auf ein Abkommen mit England noch nicht aufgegeben. Ribbentrop war gerade zu seiner Londoner Mission aufgebrochen. Alles mußte daher vermieden werden, was auch nur den Anschein von Doppelzüngigkeit und hinterhältigem Verhalten hatte. Sogar die Drohung einer möglichen deutsch-sowjetischen Annäherung als Druckmittel, England für ein Übereinkommen mit dem Reich gefügig zu machen, konnte nur als Bumerang wirken.

Aber die Handelsgespräche mit Moskau hatten etwas höchst Bedeutsames offenbart. Stalin hatte seine Bereitschaft signalisiert, mit Hitler zu einer Übereinkunft zu kommen. Diese bloße Tatsache mußte für den Reichskanzler einer Rückversicherung gleichkommen, besonders im Falle einer Zurückweisung seiner Avancen durch die britische Regierung. Für ihn konnte die Ablehnung seiner politischen Offerten nichts anderes bedeuten als der endgültige britische Entschluß, Deutschland einkreisen und schließlich bekriegen zu wollen. Als letzten Ausweg konnte er dann seine Ostoption ins Spiel bringen. Diese Alternative schien sich zumindest abzuzeichnen, zumal Ribbentrops Londoner Mission sein letzter Versuch in Richtung einer deutsch-englischen Zusammenarbeit sein sollte.

Traditionsgemäß war Polen das Barometer, an dem sich der Stand der deutsch-russischen Beziehungen ablesen ließ und das die politisch-atmosphärischen Schwankungen zwischen Moskau und Berlin anzeigte. Der Tod Pilsudskis war für Hitler ein schwerer Verlust. (28) Gemeinsam mit Pilsudski hoffte Hitler, die Streitigkeiten, die Polen und Deutschland trennten, schlichten zu können. Im stillen rechnete er damit, daß der polnische Marschall über seinen eigenen Schatten springen werde, der sich auch über die Freie Stadt Danzig erstreckte. Pilsudskis heroischer Widerstand gegen die anstürmende Rote Armee im Jahre 1921 machte Polen zum Waffengenossen des Reiches in der gemeinsamen Abwehr der bolschewistischen Bedrohung. Für Hitler war Pilsudski eine große geschichtliche Persönlichkeit. Es verband sie die Feindschaft gegen revolutionäre sowjetische Expansionsbestrebungen. Solange der Marschall Polen regierte, begrüßten offizielle deutsche Warschaubesucher ihre polnischen Gastgeber "mit offener oder versteckter Anspielung auf eine mögliche deutsch-polnische Zusammenarbeit" gegen die UdSSR. Diese Avancen dauerten bis Ende 1936, möglicherweise noch bis Anfang 1937 an. Danach hörten diese Angebote auf, um erst 1939 in einem letzten verzweifelten Versuch wieder aufgenommen zu werden. (29) Da das politische Klima zwischen dem Reich und seinem unmittelbaren östlichen Nachbarn sich abkühlte, war eine Verbesserung der politischen Atmosphäre zwischen Berlin und Moskau nicht ausgeschlossen. Der gemeinsame Gegensatz zu Polen hatte Preußen/Deutschland und Rußland/UdSSR immer zusammengeführt. Aber in der Zwischenzeit hielt Hitler noch Distanz zu Stalin.

Die kurze Zeitspanne von zwölf Monaten, von Mitte 1936 bis Mitte 1937, kristallisierte sich auch noch aus anderen gewichtigen Gründen als historisch bedeutsam heraus. Stalin mobilisierte seinen Terrorapparat gegen die alte bolschewistische Garde. Die eingefleischten antifaschistischen Kommunisten fielen der Säuberungsmaschine zum Opfer. Schon Mitte 1936 war die schließliche Liquidierung Bucharins beschlossene Sache. Er galt als einer der schärfsten Gegner jeglicher Kooperation mit dem Dritten Reich. (30)

Daß sich etwas, wenn auch nur sich in schwachen Konturen abzeichnend und wenig greifbar, zwischen Berlin und Moskau anbahnte, löste Nervosität in amerikanischen diplomatischen Kreisen aus. Als Arthur Bliss Lane seinen diplomatischen Posten in Riga antrat, beauftragte Roosevelt ihn, der deutsch-sowjetischen Rivalität um die Beherrschung der baltischen Staaten besondere Aufmerksamkeit zu widmen. Im Oktober 1936 informierte Lane das Weiße Haus: "Diese Länder vertrauen auf Hitlers Erklärungen, daß er die Integrität der baltischen Staaten als 'Bollwerk gegen den Bolschewismus' zu erhalten wünscht." Aber bei seinen Beobachtungen war er auch auf etwas gestoßen, was ihn beunruhigte. Verschiedene der in den baltischen Ländern stationierten Beobachter wagten die Prognose, daß Hitler einer Entspannung mit Moskau keineswegs abgeneigt war, um sich den Rücken gegen Frankreich zu stärken. Diese Entwicklungen konnte Stalin nur begrüßen. (31)

Auch Anthony Eden reagierte nervös. Vor Ribbentrops Abreise im November 1936 nach Berlin zur Unterzeichnung des Antikominternpaktes mit Japan erkundigte sich der britische Außenminister bei dem Botschafter nach dem jüngsten Stand der deutsch-sowjetischen Beziehungen. London hatte nämlich Nachrichten erhalten über angebliche Kontakte zwischen "gewissen Generälen der deutschen und russischen Armeen", die ein Militärbündnis zwischen beiden Staaten zum Ziel hatten. Eden verschwieg, was angeblich verbürgt sein sollte: der deutsche Botschafter in London war in diese Geheimgespräche eingeweiht. Eden fragte Ribbentrop rundheraus, ob diese Informationen der Wahrheit entsprachen. Ausweichend erwiderte der Botschafter, daß Eden "sich wahrscheinlich schon lange der engen Beziehungen zwischen den militärischen Kreisen Deutschlands und Rußlands bewußt sei." Eden entgegnete mit dem Verweis auf Hitlers jüngste rhetorische Attacken gegen den Bolschewismus. Ribbentrop versprach, den Gerüchten auf den Grund zu gehen. Der Außenminister schloß die Unterhaltung mit der nachdrücklichen Feststellung, daß seine Regierung "solche Verhandlungen mit ernster Sorge" betrachtete. (32)

Auf offizieller Ebene wurden zwischen deutschen und sowjetischen Offizieren keine Verhandlungen geführt. Die Informationen, die Eden veranlaßt hatte, bei Ribbentrop zu sondieren, stammten möglicherweise von

Benesch oder tschechischen Agenten, die auf ausdrückliche Weisung Prags handelten, um London mit der Drohung von einem deutsch-sowjetischen Komplott anzuspornen, sich schnellstens mit Moskau zu einigen. Andererseits konnten diese Nachrichten auch von kommunistischen Agenten ausgestreut worden sein. Stalin konnte derartige Gerüchte zielbewußt in Umlauf gesetzt haben, um einen doppelten Zweck zu erreichen; einerseits, um den Briten, ihre Furcht vor einer deutsch-sowjetischen Annäherung ausnutzend, die Dringlichkeit der Situation vor Augen zu führen und sie zu konkreten, weitreichenden Vorschlägen zu veranlassen, und andererseits, um Hitlers Zorn darüber zu erregen, daß die Engländer gemeinsame Sache mit den Bolschewisten machten. In beiden Fällen würde Ribbentrops Londoner Mission zum Scheitern verurteilt sein.

Kein Rauch ohne Feuer, urteilten viele Beobachter der diplomatischen Szene. Im Jahre 1937 liefen wiederholt Gerüchte und Vermutungen über eine mögliche deutsch-sowjetische Annäherung um. Joseph E. Davies spekulierte, daß eine deutsch-sowjetische Verständigung durchaus im Bereich der Möglichkeiten lag, "trotz des zur Zeit augenscheinlich gespannten Verhältnisses". Er hatte verschiedene in Moskau akkreditierte Diplomaten um ihre Einschätzung der Situation befragt, und alle vertraten ohne Ausnahme die Ansicht, daß sowohl die UdSSR als auch Deutschland "alle Hindernisse /beseitigen würden/, wenn ihnen dies zum Vorteil gereichen würde." (33) Schacht war erst kürzlich mit dem Ersuchen an die Sowjets herangetreten, mit den anderen europäischen Mächten auf wirtschaftlichem Gebiet zusammenzuarbeiten. Der Vorschlag des Reichsministers wurde als ein "Trick, der nur kleine Kinder oder große Narren täuschen konnte", abgetan. Und doch gab es Anzeichen dafür, daß die deutsch-sowjetischen Beziehungen sich freundschaftlicher gestalten könnten; "... wenigstens bis zu einem gewissen Grad und in der nicht zu fernen Zukunft", prophezeite Loy W. Henderson. Sowjetische Beamte ließen in Gesprächen mit ausländischen Vertretern verlautbaren, daß die Reichswehr eine "engere Zusammenarbeit mit der Roten Armee" begrüßen würde, und, so fuhr der scharfsichtige amerikanische Diplomat fort, viele Kenner der sowjetischen Szene gingen von der Annahme aus, daß "die Rote Armee nur zu froh sein würde, bessere Beziehungen zur Reichswehr herzustellen", und dies nicht nur aus reiner Nostalgie heraus. Mit der Schlußfolgerung, daß die Sowjets "wenigstens zu einer vorübergehenden Verständigung mit Deutschland" kommen würden, durchschaute Henderson Stalins politische Taktik. (34)

Der Personalwechsel in der sowjetischen Botschaft in Paris gab wieder Anlaß zu Mutmaßungen über den Stand der Beziehungen zwischen Berlin und Moskau. Potemkin wurde nach Moskau berufen, um Krestinski zu ersetzen, der als stellvertretender Kommissar für Auswärtige Angelegenheiten "zurücktreten" mußte. Suritz wurde als Botschafter nach Paris entsandt. 1935 hatte Potemkin entscheidend zum Abschluß des Beistandspaktes mit Frankreich beigetragen. Vor seiner Abreise nach Moskau vertraute er Botschafter Graf Welczek an, daß er von jeher ein "überzeugter Gefolgsmann" Stalins war. Er machte kein Geheimnis aus seinen Sympathien für Deutschland. Ähnliche Äußerungen hatte er "gelegentlich" auch schon zu früheren Anlässen gemacht. In seiner neuen Eigenschaft als stellvertretender Kommissar für Auswärtige Angelegenheiten versprach er, sein Äußerstes tun zu wollen, um die politische Atmosphäre zwischen Berlin und Moskau zu verbessern. Die Beziehungen zwischen beiden Staaten "könnten sich wieder ändern". (35)

Es bestand kein ersichtlicher Grund, kommentierte Henderson, warum Moskau und Berlin nicht zu einer Übereinkunft finden sollten. Der Kreml hatte eine Politik der Entspannung mit dem Reich nie von vornherein aus seinen Überlegungen gestrichen. Die feindseligen Schmähartikel der sowjetischen Presse könnten möglicherweise sogar den Zweck verfolgen, Hitler die Bedeutung der UdSSR als eines gewichtigen politischen Faktors, der nicht zu ignorieren war, klarzumachen sowie auf die Vorteile zu verweisen, die eine Verständigung mit sich bringen würde. Auch wenn Stalin zu taktischen Konzessionen bereit sei, so werde er doch nie seine revolutionären Ziele aufgeben, nur um die deutsche Bereitschaft zur Zusammenarbeit zu gewinnen. Die Ideologie des Nationalsozialismus bildete jedoch kein unüberwindliches Hindernis. (36)

Die sensationellen Nachrichten, die Anthony J. Drexel Biddle aus zuverlässigen Quellen erreichten, rissen nicht ab. Alles deutete auf deutschsowjetische Geheimgespräche hin. Berlin und Moskau ventilierten die Bedingungen für ein beiderseitig befriedigendes Übereinkommen. Berlin sollte Druck auf Tokio ausüben, die sowjetischen Interessen in Asien nicht zu verletzen, und von Moskau wurde als Gegenleistung erwartet, seinen französischen Scheck zu annullieren. Vieles deutete darauf hin, daß "Woroschilows Vorhaben diejenigen Litwinows in den Schatten stellten." Britische Regierungskreise reagierten auf die Meldung einer möglichen Zusammenarbeit zwischen der Roten Armee und der Reichswehr höchst alarmiert. Der Ausbruch eines Krieges werde dann unvermeidlich, zumal Stalin Hitler "freie Hand" ließe. Daß der Sowjetdespot das Reich als Speerspitze gegen Großbritannien richten wollte, darüber konnte nicht der geringste Zweifel bestehen. Hitler selbst schien aber immer noch eine friedliche Lösung aller ausstehenden Probleme zu wünschen.

Biddle hatte zusätzlich Informationen aus "vier verschiedenen Quellen" erhalten, aus britischen, finnischen, polnischen und deutschen "verantwortlichen Kreisen", die alle auf eine künftige deutsch-sowjetische Annäherung hindeuteten.

Alle Mitteilungen aus deutschen Quellen stimmten darin überein, daß der Führer ohne Skrupel sofort die Hand nach Moskau ausstrecken würde, sollten sich seine Befürchtungen über eine feindliche "Einkreisungs"-Politik zur Gewißheit verdichten. Besonders die Tatsache, daß "England ihm auf Schritt und Tritt den Weg versperrt", brachte ihn immer wieder in Rage. Obgleich Hitler immer noch nichts sehnlicher wünsche als den Abschluß eines Freundschaftsabkommens mit London, werde er aber seine Bemühungen aufgeben, wenn er weiterhin nur auf eine abweisende Haltung stoße. Dann werde er sich gezwungen sehen, Zuflucht zu neuen "Bündnis"-Konstellationen zu nehmen, die den Westmächten "wenig genehm" sein könnten. Hitlers Aversion, mit Moskau ein Abkommen zu treffen, hatte sich in der Zwischenzeit wesentlich verringert, besonders nachdem er den Eindruck gewonnen hatte, daß Stalin im Begriffe stand, seine revolutionären Ziele aufzugeben. Es reifte allmählich in ihm die Überzeugung heran, daß der Sowjetdiktator sich mit der Absicht trug, den "Bolschewismus zu nationalisieren". Hitler hatte sich immer als entschiedener Gegner des Bolschewismus erwiesen, aber diese Feindschaft hatte nie auf "Rußland" abgefärbt. Sollte Stalin in der Auseinandersetzung mit den alten bolschewistischen Revolutionären den Sieg davontragen, dann wollte Hitler ein "Freundschaftsabkommen" mit Moskau schließen. Auf diese Offerte würde Stalin positiv reagieren. (37)

Auch George S. Messersmith hatte sich in den Gerüchtekreislauf eingeschaltet. Hitler stehe im Begriff, seine Politik der UdSSR gegenüber einer eingehenden Prüfung zu unterziehen, mit der Absicht einer wirtschaftlichen Übereinkunft auf politischer Basis. Deutsche Dementis sollten nicht für bare Münze genommen werden. Er erinnerte daran, daß die "logischen Voraussetzungen" für eine deutsch-sowjetische Zusammenarbeit in zahlreichen diplomatischen Berichten seit September 1936 skizziert worden waren, zu einem Zeitpunkt, als Hitler auf dem Nürnberger Parteitag den Antibolschewismus "angeblich" als Glaubensartikel des Nationalsozialismus verkündet hatte. Die jüngsten Entwicklungen bekräftigten "eine solche Hypothese". Die deutsche Politik war an einem kritischen Punkt angekommen. Entscheidungen mußten gefällt werden. Es hatte den Anschein, daß die Reichsregierung ihre außenpolitische Position im Ansatz überprüfte. Die Erkenntnis hatte um sich gegriffen, daß die Zusammenarbeit mit Italien und Polen sich als gravierend fehlerhaft herausgestellt hatte. Zwar wurden diese Zweifel nicht öffentlich ausgesprochen, aber sie machten in privatem Kreis die Runde, immer vom Kommentar begleitet, daß Warschau und Rom während der Nachkriegszeit sich als die "größten natürlichen Feinde" des Reiches erwiesen hatten.

Sachlich gewichtige Gründe könnten Deutschland zwingen, sich mit der UdSSR zu arrangieren. Das Reich litt unter akuter Rohstoffknappheit, und die vertrackte Lage wurde durch die Devisenknappheit noch erschwert. Weder die Industrie- und Militärkreise noch die "rabiatesten Parteiführer" konnten ihre Augen angesichts der sich verschlechternden Wirtschafts- und Finanzlage Deutschlands verschließen. Um die Rüstungsproduktion in Gang zu halten, könnte sich die Reichsregierung gezwungen sehen, auf sowjetische Ressourcenlieferungen zurückzugreifen. Von noch gewichtigerer Bedeutung war die Tatsache, daß die deutschen Streitkräfte nur dann einen erfolgreichen Krieg führen konnten, solange der eigenen Rüstungsindustrie der ungehinderte Zugang zu den Rohstoffquellen gesichert war. England kam als Lieferant nicht in Frage, weil das Inselreich selbst ein "gewaltiges Aufrüstungsprogramm" angekurbelt hatte. Darüber hinaus hatte London jede Hoffnung auf ein Abkommen mit Berlin aufgegeben. Auch die amerikanischen Rohstoffquellen konnte Deutschland nicht anzapfen, und zwar weniger aufgrund der geographischen Entfernungen als vielmehr aufgrund der Entfremdung, die verursacht war durch den "fundamentalen Mangel an gegenseitigem Verständnis, bedingt durch die konträren politischen Systeme"; denn wiederholt hatten die USA ihre unverhohlene Feindschaft gegen das Hitlerregime demonstriert. Der Führer hegte nicht die geringsten Zweifel, auf welche Seite sich Roosevelt eines Tages schlagen werde. Erst unlängst hatte der Kongreß, dem mahnenden Einspruch Roosevelts folgend, die "cash-and-carry-Klausel (Lieferungen gegen Barzahlung und bei eigenem Transport) in das Neutralitätsgesetz aufgenommen. Diese Klausel begünstigte eindeutig die großen Seemächte, vorrangig Großbritannien. Angesichts dieser unzweideutigen Gegebenheiten, argumentierte Messersmith, war die Sowjetunion im Planungsrahmen der Reichsregierung ein unentbehrlicher Faktor geworden. Diese Erkenntnis hatte auch bei Hitler an Boden gewonnen, der sich von seiner "fundamentalen und gefühlsmäßigen" Feindschaft gegen Moskau freizumachen schien. Laut Messersmith war Hitlers "persönliche antisowjetische Haltung großenteils eine Frage der Taktik ..., sowohl in der Innen- wie in der Aussenpolitik."

Messersmith erinnerte auch daran, daß, abgesehen von der Tatsache, daß "Mein Kampf nach Osten blickt", Hitler als Reichskanzler im Gegensatz zu seinen Amtsvorgängern am 5. Mai 1933 die Verlängerung des deutsch-sowjetischen Vertrages von Berlin vom 24. April 1926 ratifiziert hatte. In seiner "Friedens"-Rede vor dem Reichstag am 17. Mai 1933 hatte Hitler diese Entscheidung damit gerechtfertigt, daß, "solange der Kommunismus sich auf Rußland beschränkt, dieser kein Hindernis für vertragliche Beziehungen ist." Und Messersmith war einer Sache gewiß: "Wir wissen, daß Hitler niemals vergißt."

Rom und Warschau hatten Hitler ernüchtert, ja enttäuscht. Er hatte einsehen müssen, daß "der Wein der italienischen Freundschaft mit dem Alter nicht milder wird." Dem Führer bereiteten auch die Verwicklungen in den spanischen Bürgerkrieg Sorgen. Auf dem Balkan verfolgte Italien seine eigenen Interessen, und zwar auf Kosten Deutschlands. Hitler hatte den "italienischen Verrat" im ersten Weltkrieg nie vergessen. Das Erlebnis der italienischen Hinterhältigkeit hatte er nie aus seiner Erinnerung gelöscht.

Soweit es Polen betraf, "so ist das auch nicht die wahre Liebe." Vieles deutete darauf hin, daß in Warschau die Entscheidung gefallen war, der deutschen Minderheit die Schrauben fester anzuziehen. "Scharfe Maßnahmen" waren bereits ergriffen worden. Es hatte allen Anschein, daß das deutsche Werben um Polen sich als erfolglos herausgestellt hatte. Warschaus "unnachgiebige Haltung" in der Danzig-Frage hatte Hitler verärgert. Der Korridor war eine "immerwährende offene ... Wunde". Berlin wollte nun eine "andere Taktik" ergreifen.

Die Erwartungen, die Hitler ursprünglich auf die italienische und polnische "Freundschaft" gesetzt hatte, waren nicht erfüllt worden. Er war auf der Suche nach neuen Bundesgenossen, und "Rußland bietet sich in diesem Zusammenhang als eine mögliche Option an, die wirtschaftliche und politische Vorteile vereinigt, die gleichzeitig auch ein Schlag für Frankreich sein und für Deutschland das letzte Hindernis auf dem Wege zu einem neuen Locarno beseitigen würde."

Jedoch verursachten die Umtriebe der Komintern immer noch Streitigkeiten, die zu Reibungen zwischen dem Kreml und der Reichskanzlei führten. In seinem Kampf gegen den internationalen Kommunismus hatte sich Hitler öffentlich festgelegt und sein Prestige in die Waagschale geworfen. Darüber hinaus war er weitreichende vertragliche Verpflichtungen eingegangen. Außerdem befiel ihn immer wieder die "echte Furcht" vor einem Wiederaufleben des Kommunismus in seinem eigenen Land. Daher würde sein Entschluß, mit Moskau ein Übereinkommen zu finden, abhängig sein "von einem Sinneswandel" der sowjetischen Führung, die weltrevolutionären Zielsetzungen zu mäßigen. Ein "hoher Beamter" des Auswärtigen Amtes, der über enge Kontakte zu Hitler verfügte, hatte sich wiederholt dahingehend geäußert, daß sich nach Lagebeurteilung des Führers "... in Rußland ein Duell abspielte, zwischen Stalin, der einer Rückkehr zu einem normalen russischen Nationalismus das Wort sprach, und der Komintern, die radikale weltrevolutionäre Absichten verfolgte." Seine Unterhaltungen "endeten regelmäßig mit der Erklärung oder Andeutung" seitens des Führers, daß "Stalins schließlicher Sieg sehr wohl zu einer vorübergehenden Änderung in den deutsch-russischen Beziehungen führen könne." Messersmith glaubte, einen wichtigen Hinweis "in dem unlängst gegen Trotzkis Anhänger in Moskau ergangenen Urteil" erkennen zu können. Die deutsche Furcht vor dem Kommunismus hatte ihren Widerpart in der sowjetischen Furcht vor der möglichen Haltung des Reiches im Falle eines sowjetisch-japanischen Konfliktes. Solange dieses Angstgefühl bestand, konnte man davon ausgehen, daß die Rote Armeeführung allen "Anlaß" hatte, "ein gutes Verhältnis" zum Reich herzustellen. Auch Messersmith war nicht entgangen, daß der Antikominternpakt sich gegen alle potentiellen Feinde des Reiches richten konnte, einschließlich Englands, denn man mußte von der Grundvoraussetzung ausgehen, daß "das in dem ... Antikominternpakt angedeutete gemeinsame Interesse für Deutschland nicht mehr bedeutet als ein Mittel zum Zweck."

Stalin bemühte sich um ein Übereinkommen mit Hitler. Die politische Atmosphäre zwischen beiden Ländern verbesserte sich, wenn nicht dramatisch, so doch spürbar. Der Kremldiktator hatte dem Führer erst kürzlich eine weitere Konzession von symbolischer Bedeutung gemacht und hatte Botschafter Suritz, der während des Höhepunktes der giftsprühenden sowjetischen Feindschaft gegen das Reich in Berlin gedient hatte, nach Paris versetzt. Hitler schien die Absicht hinter dieser Geste erkannt zu haben. Die antisowjetischen Kommentare in der deutschen Presse fielen bereits gemäßigter aus. (38) Als Goebbels auf dem Nürnberger Parteitag den jubelnden Massen verkündete, daß der Führer mit der Zerschlagung des "Weltfeindes Nr. 1" eine "Weltmission" erfüllte, erteilte Hitler ihm angeblich die Weisung, diese Attacke gegen die UdSSR vor Veröffentlichung des Textes der Rede zu streichen. (39)

Der weltrevolutionäre Kommunismus spielte in Hitlers Denken eine beherrschende Rolle, und sein Haß richtete sich hauptsächlich gegen "die Juden, die in der /sowjetischen/ Regierung eine führende Rolle spielen." Der in Moskau stationierte belgische Botschafter, de Tellier, sprach die Vermutung aus, daß Hitler und Stalin ein Übereinkommen treffen könnten, "solange sie die Ideologie ausklammern, denn beide sind Realisten." (40)

Eine ganze Anzahl von sowjetischen Juden in strategischen politischen Positonen waren inzwischen der Stalinschen Säuberungsmaschine zum Opfer gefallen. Besonders im Kommissariat für Auswärtige Angelegenheiten hatten sich viele Juden in "Schlüsselpositionen" festgesetzt. Stalin wollte die weitverbreitete Ansicht zerstreuen, daß "Positionen in Moskau hauptsächlich Juden vorbehalten sind." (41) Die Ausschaltung und Beseitigung von hochgestellten jüdischen Beamten war Stalins Vorleistung für eine Zusammenarbeit mit Hitler. Inzwischen war Potemkin als stellvertretender Kommissar für Auswärtige Angelegenheiten ernannt worden. Nichts verband ihn mit der "Litwinow-Clique", die sich hauptsächlich aus sowjetischen Juden rekrutierte, unter anderem dem Botschafter in Italien, Stein, dem ehemaligen Botschafter in Spanien, Rosenberg, dem Gesandten in Belgien, Rubinin, und Umanski, dem sowjetischen Botschaftsrat in Washington (42), den Bullitt einmal respektlos als einen "schmutzigen kleinen Wichtigtuer" bezeichnet hatte. (43) Durch die Liquidierung führender jüdischer Bolschewiken schien der Kommunismus seine revolutionäre Stoßkraft zu verlieren und sich in eine moderne Spielart des Panslawismus zu verwandeln. (44)

Zwar setzten die sowjetischen Propagandisten ihre rhetorischen Attacken gegen den Faschismus fort, verfielen aber plötzlich in eine bisher nicht gehörte Tonart. Auch die westlichen Demokratien wurden jetzt mit "Kritik und Spott" überschüttet, was auf einen Wandel in der sowjetischen Außenpolitik hinzudeuten schien. Obgleich der französische Botschafter noch davon ausging, daß Stalin im Augenblick einer Zusammenarbeit mit Paris Vorrang gab, war er dennoch überzeugt, daß der Kremlführer nicht die geringsten Skrupel hatte, von einer prowestlichen zu einer prodeutschen Politik umzuschwenken, wenn dieser Wechsel die Stellung der Sowjetunion als Großmacht stärkte. Litwinow hatte sich kürzlich gereizt über Frankreichs politische Haltung geäußert und die Warnung ausgesprochen, daß die UdSSR "sich gezwungen sehen könnte, andere Kombinationen ins Auge zu fassen." In einem "vertraulichen Gespräch" mit einem französischen Journalisten hatte der Kommissar auf ein mögliches "Arrangement" mit dem Reich angespielt. Coulondre warnte, von der Annahme auszugehen, daß sowjetische Anspielungen auf eine Verständigung mit Berlin "alle nur Bluff sind". Eine solche Möglichkeit "besteht". Obgleich er von jeher den Abschluß des französisch-sowjetischen Beistandspaktes befürwortet hatte, mußte er sich jedoch eingestehen, daß die UdSSR "nicht ein völlig verläßlicher Verbündeter" war. Er erinnerte sich plötzlich an einen Vorfall aus dem Jahre 1931, als die Sowjets alles nur Erdenkliche getan hatten, ein Abkommen mit Paris abzuschließen. Sie wollten die Bande, die sie mit

Deutschland geknüpft hatte, angeblich lockern und sich mit Frankreich arrangieren. Ihre Forderung, ein Geheimabkommen abzuschließen, erweckte jedoch den Argwohn der Franzosen. Auf die Frage, ob Berlin nicht mit Verbitterung reagieren könnte, entgegneten die Sowjets lakonisch: "Es besteht nicht die geringste Veranlassung, warum Deutschland darüber in Kenntnis gesetzt werden sollte." In diesem Fall, befürchtete Coulondre, sollten die Westmächte hintergangen werden. Erst kürzlich war der Quai d'Orsay wiederholt an den Botschafter mit der Frage herangetreten, unter welchen Umständen Stalin versucht sein könnte, sich auf "eine Zusammenarbeit mit Deutschland" einzulassen. Unter zwei Voraussetzungen hielt Coulondre diese Annäherung für möglich: erstens, im Falle einer Aufkündigung des Beistandspaktes durch Frankreich, zweitens, falls die Sowjets den Eindruck gewinnen sollten, daß es zu "einem allgemeinen Abkommen zwischen den westlichen Mächten ohne ausreichende Sicherheitsgarantie für die Sowjetunion" kommen sollte. Laut Coulondre waren einflußreiche französische politische Kreise davon überzeugt, daß Stalin "unabänderlich" jegliche Aussöhnung unter den europäischen Mächten torpedieren würde, "ungeachtet der Tatsache", daß eine solche Regelung "Klauseln /enthalten könne/, die die territoriale Integrität der Sowjetunion garantieren." Die Sowjets würden nichts unversucht lassen, die europäischen Gegensätze zu verschärfen und zu verewigen, um den "Boden für die Weltrevolution vorzubereiten". Sollte Stalin jemals Hitler ein verlockendes Angebot machen, dann würde Hitler "sehr in Versuchung" kommen, ohne Rücksicht auf vergangene Anfeindungen und Auseinandersetzungen. Die UdSSR war die "logische Quelle für den deutschen Rohstoffbedarf". Wenn es dem Reich gelingen sollte, sich den sowjetischen Markt zu erschließen, dann wären seine Wirtschaftsprobleme "zumindest vorübergehend gelöst". Käme es zu diesem Arrangement mit Stalin, dann wäre es Hitler gelungen, den gordischen Knoten zu durchhauen, den er so lange zu lösen versucht hatte, und er würde nicht "wie in der Vergangenheit vom guten Willen der Mächte abhängig sein, die die Meere beherrschen und die Transportwege kontrollieren, über die er im gegenwärtigen Zeitpunkt seine Rohstoffe bezieht."

Coulondre erinnerte Henderson im Laufe ihres längeren Gespräches auch an Schdanows Rede vom 17. Januar 1938 und lenkte dessen Aufmerksamkeit besonders auf die aufschlußreichen Passagen, die sich mit der internationalen Politik befaßten. Während Schdanow die deutsche Frage so gut wie unerwähnt ließ, hatte er Frankreich "mit Vorwürfen überschüttet, weil es Gruppierungen duldete, die der Sowjetunion feindlich" gesinnt waren. (45) Coulondre, dessen oft naive Beurteilung sowjetischer Absichten nur noch von seinem amerikanischen Kollegen Davies übertroffen wurde, dämmerte es plötzlich, daß Stalin eine Trumpfkarte in seinen Händen hielt.

Seit dem Frühjahr 1937 setzte sich die UdSSR langsam, aber sicher von den Westmächten ab und machte Annäherungsversuche an das Reich. Ein sowjetischer Beamter, der angeblich Stalins Vertrauen genoß, hatte die

Möglichkeit einer Verbesserung des deutsch-sowjetischen Verhältnisses "in naher Zukunft" anklingen lassen. Jedoch lösten Hitlers angebliche Absichten, freie Hand im Osten zu erhalten, immer wieder Nervosität in Moskau aus. Um dieses Ziel zu erreichen, bemerkte er, schien Hitler sogar bereit, die Tschechoslowakei zu garantieren, solange sich England und Frankreich aus den osteuropäischen Angelegenheiten heraushielten. Stalins Vertrauensmann gab aber zu verstehen, daß daraus "nicht gefolgert werden könne", daß Deutschland, erhielte es freie Hand im Osten, "eine kriegerische Politik verfolgen würde". Der Drang nach Osten war für den Kreml anscheinend nicht mehr gleichbedeutend mit der sogenannten Lebensraumpolitik des Führers, die jetzt so ausgelegt wurde, als zielte sie lediglich auf eine deutsche wirtschaftliche Hegemonie in Osteuropa ab, um "auf friedlichem Wege und auf Vertragsbasis wirtschaftliche und andere Konzessionen" zu erhalten. Der Vertraute Stalins drückte die Hoffnung aus, daß die "Reichswehr Hitler dazu bewegen könne, seine bisherige Haltung der Sowjetunion gegenüber zumindest graduell zu revidieren." (46)

Es schien, als hätten sich Hitlers Lebensraumvorstellungen in diese Richtung entwickelt. Es bestand nicht der geringste Grund zur Annahme, insistierte Neurath, als müßten die UdSSR und das Reich unausweichlich in einen Krieg treiben. Eine beide Seiten befriedigende Übereinkunft war durchaus im Bereich des Möglichen. Hitler werde niemals leichtherzig einen Kampf mit der Roten Armee herausfordern. Nur im Falle einer unmittelbaren sowjetischen Bedrohung würde der Führer zum Präventivschlag ausholen. "Lebensraum", erklärte Neurath kategorisch, war keineswegs gleichbedeutend mit dem "Erwerb von neuen Gebieten". Hitler definierte den Terminus "Raum" als "Mittel für die Sicherung des Lebensunterhaltes, die Sicherstellung von Rohstoffen usw., aber nicht als Eroberung von Gebieten." (47)

Selbst auf Stalin konnte diese Definition des Begriffes "Lebensraum" nicht alarmierend wirken. Was ihn im gegenwärtigen Augenblick aber erwartungsvoll aufhorchen ließ, waren Signale, die einen Umschwung in Hitlers Denken anzeigten. Stalins Vertrauensmann hatte die Hoffnung ausgesprochen, daß die Militärs Hitler beeinflussen würden, Moskaus Werben zu erwidern. Obgleich der Führer sich noch abwartend verhielt, schien er für einen flüchtigen Augenblick ihren Einflüsterungen erlegen zu sein, denn er skizzierte die Bedingungen für eine deutsch-sowjetische Verständigung. Schulenburg hatte angeblich Weisungen erhalten, "im Auftrag des Führers" an Stalin heranzutreten und dem Kremlherrscher Vorschläge zu unterbreiten. Deutschland und die Sowjetunion sollten "in besonders feierlicher Weise" einen Nichtangriffspakt abschließen. Zwar befand sich der Vertrag von Berlin, von Hitler im Mai 1933 erneuert, noch in Kraft, aber der Führer bestand auf einer besonders dramatischen und sensationellen Demonstration der verbesserten deutsch-sowjetischen Beziehungen. Ein neuer Vertrag mußte ausgehandelt werden. Ehe die beiden Rapallo-Partner ihren Ehevertrag unterzeichnen konnten, mußte Stalin als Vorbedingung gewisse Forderungen erfüllen. Litwinow mußte als Kommissar für

Auswärtige Angelegenheiten entlassen werden und ebenfalls Dimitroff als "Führer der Komintern". (48) Als Stalin schließlich Litwinow die Treppe hinunterstieß, ahnte Hitler, daß der Zeitpunkt gekommen war, die Treppe zum Portal des Kreml hinaufzusteigen.

Während einige scharfsichtige amerikanische Diplomaten die Schrift an der Wand lesen konnten, war Hull blind gegen das, was sich zwischen Moskau und Berlin anbahnte. Er ging nach wie vor davon aus, daß Hitler sich in seiner Außenpolitik nach dem Drehbuch "Mein Kampf" richtete. Sollte sich "die passende Gelegenheit bieten", prophezeite Hull phantasierend, dann würden sich die deutschen Streitkräfte "gen Osten" offensiv in Bewegung setzen. Sobald Tschiang Kai-scheks Truppen "siegreich" aus den Kämpfen hervorgegangen waren, würden die deutschen Verbände gen Osten marschieren. Als Vorwand werde Hitler die sowjetische "Unterstützung für die Chinesen" anführen. (49) Was der amerikanische Außenminister nicht wissen konnte, was seine eingerasteten Vorurteile ihn auch gar nicht hätten akzeptieren lassen, war die historische Tatsache, daß sich keine militärischen Aufmarschpläne für eine offensive Kriegführung gegen die Sowjetunion in den Schubladen des Reichskriegsministeriums befanden. Das Oberkommando der Wehrmacht befaßte sich erst Ende 1940 eingehend mit Operationsplänen gegen die UdSSR. Das geplante "Unternehmen Barbarossa" war Hitlers unmittelbare Reaktion auf Stalins militärischen Aufmarsch entlang der deutsch-sowjetischen Demarkationslinie und der Balkanfront, aber auch, zumindest aus seiner Sicht, eine Präventivmaßnahme gegen die sich drohend abzeichnende Koalition mit den Vereinigten Staaten und Großbritannien. (50)

1937 bereitete sich Stalin auf einen Frontwechsel vor. Vorläufig zog er sich jedoch in seine sowjetische Panzerung zurück, um seine Ressourcen für den Tag der Abrechnung zu mobilisieren. In der entscheidenden Zwischenphase rüstete er sich für den bevorstehenden "Zweiten imperialistischen Krieg." Er hatte sein Nahziel erreicht. Die kapitalistischen Mächte befanden sich auf Kollisionskurs. Er hatte sein Teil dazu beigetragen, die Gegensätze in Europa und Asien zu verschärfen, um dann die Notlage beider Erdteile zu seinem eigenen Vorteil auszubeuten. Er hatte sich in die Rolle des lachenden Dritten manövriert. Um seinen Auftritt erfolgreich zu Ende spielen zu können, mußte er seinen Balanceakt zwischen den streitenden kapitalistischen Parteien durchstehen und seine Kampfkraft im entscheidenden Augenblick einsetzen. Daß seine Kalkulationen zeitweise von brutalen Realitäten überholt wurden, sollten die katastrophalen Ereignisse im Sommer 1941 beweisen. Daß "errare humanum est" selbst die ereilt, die sich von angeblich wissenschaftlich marxistischen Gesetzmäßigkeiten leiten ließen, machten Stalins Fehlberechnungen 1941 überaus deutlich. Der marxistisch-leninistische Voluntarist hatte stets im Streit gelegen mit dem "wissenschaftlichen" Marxisten. Von der Annahme betört, den Verlauf der Ereignisse nach prädestinierten marxistischen Handlungsabläufen bestimmen zu können, sollte ihn das traumatische Schreckerlebnis, daß ein unvermuteter geopolitischer Erdrutsch die politische Landschaft grundlegend verändern kann, wieder in die Wirklichkeit zurückstoßen. Doch dieses dramatische Geschehnis lag noch in der Zukunft. 1937-38 ging Stalin von der Gewißheit aus, von der Woge des geschichtlichen Erfolgs getragen zu werden.

Hitlers politische Maßnahmen wurden immer unberechenbarer und sprunghafter. Er befand sich in einem akuten Dilemma. Er ließ sich, berechtigt oder nicht, von der Überzeugung leiten, daß die Westmächte darauf aus waren, Deutschland einzukreisen. Auf Schritt und Tritt stieß er auf die Opposition Englands. Er mußte daraus rückschließen, daß England auf Zeitgewinn aus war, sein Rüstungsprogramm beschleunigt voranzutreiben, um das Reich schließlich zwingen zu können, sich weiterhin dem Urteilsspruch von Versailles zu unterwerfen. Roosevelts Quarantäne-Rede war der Trompetenstoß, der zum Aufbruch gegen Hitler rief. Das zur Schau gestellte Selbstvertrauen Hitlers schob sich transparent vor seine Grabenkriegsmentalität. Die westlichen Demokratien, allen voran die Vereinigten Staaten, schienen entschlossen, einen eisernen Ring um das Reich zu legen. Washington vermittelte plötzlich den drohenden Anschein, eine noch zielstrebigere antideutsche Politik als Moskau zu betreiben. Während sich Stalin in sein sozialistisches Gehäuse zurückzog, intervenierte Roosevelt mit steigender Aktivität im weltpolitischen Geschehen. Der sowjetische Isolationismus mußte Hitler jetzt weniger bedrohlich erscheinen als der amerikanische diplomatische Interventionismus. Bis Ende 1936 hatte Stalin die Rolle des Hauptdarstellers in dem antideutschen politischen Schauspiel eingenommen. Seitdem war Roosevelt in diesen Part hineingewachsen. Anläßlich der Reichskanzlei-Konferenz vom 5. November sprach Hitler seine Sorgen und Befürchtungen aus. Er forderte seine Zuhörer auf, alles in ihrer Macht Stehende zu tun, die Nation für die Ausnahmesituation eines möglichen Krieges zu rüsten, den ausländische Mächte dem Reich aufzwingen könnten.

Roosevelts politischer Interventionismus verfehlte seinen eigentlichen Zweck. Sein aggressiver Anti-Hitlerismus spielte Stalin direkt in die Hände. Sein Werben um die Gunst des sowjetischen Despoten verstärkte nur dessen Verhandlungsposition. Sein wachsendes Mißtrauen englischen und amerikanischen Absichten gegenüber veranlaßte Hitler, seine politischen Prämissen zu überprüfen. Die schließliche Erkenntnis, daß die Demokratien Deutschland politisch isolieren, militärisch einkreisen und wirtschaftlich abwürgen wollten, sollte ihn in die Arme Stalins treiben. Messersmith hatte immer darauf spekuliert, daß diese Arme sich Amerika öffnen würden. Aber er hatte den in seiner antideutschen Einstellung leicht beeinflußbaren Präsidenten zu einer Politik angetrieben, die die am wenigsten attraktive Alternative beinahe unvermeidlich machte. Da weder das britische Empire noch die Vereinigten Staaten gewillt waren, dem Reich die für seinen Lebensunterhalt und Wohlstand nötigen Ressourcen zu liefern, sah sich Hitler gezwungen, den Geist von Rapallo neu zu beleben. Nur eine dramatische Demonstration englischer und amerikanischer Sinnesänderung hätte ihn vor diesem Entschluß zurückschrecken lassen. Aber der Lauf der Ereignisse sollte seine Befürchtungen über die Fernziele Londons und Washingtons nur noch bekräftigen. Und es bestand immer die leise Hoffnung, daß der Führer sich mit dem Woshd arrangieren könnte wie einst Bismarck mit den Zaren.

Kapitel 14

Roosevelt
auf der Suche nach neuen Partnern

1937 war ein Jahr der Entscheidung. Roosevelts Quarantäne-Rede, Stalins sich abzeichnender Frontwechsel und Hitlers anläßlich der Reichskanzlei-Konferenz geäußerte Vorahnungen waren Ausdruck einer krisengeschüttelten Zeit. Doch in mancher Hinsicht hatten diese Vorgänge eine klärende Wirkung, weil sie so manche allzu lang gehegte Illusion zerstörten und zum Überprüfen alter Positionen veranlaßten.

Roosevelt mußte sich noch mit dem dornigen Problem der im Isolationismus verfangenen amerikanischen öffentlichen Meinung plagen. Aber er hatte die Hoffnung nicht aufgegeben, daß die "Obstruktionen" Japans und Deutschlands bei der Wählerschaft die nötige kriegerische Stimmung erzeugen würden und diese somit auf seinen psychologischen "Mobilisierungs"-Feldzug günstiger reagieren werde. Er ging davon aus, daß er bald "wagemutiger" auftreten könne. (1) Seine Botschaft an den Kongreß im Januar 1938 spiegelte den neuen Geist wider, den er mit seiner Chicago-Fanfare der amerikanischen Außenpolitik eingeblasen hatte. Roosevelt betonte die zentrale Bedeutung militärischer Bereitschaft. Diese umfassenden Anstrengungen waren nur zu gerechtfertigt angesichts der bedrohlichen internationalen Entwicklungen, die "für alle Anlaß zu großer Sorge" waren. Obgleich die Botschaft des Präsidenten weniger provokativ und streitbar ausfiel als sein Warnruf von Chicago, war auch sie darauf angelegt, die Position der Isolationisten zu untergraben. Seine Hauptabsicht zielte darauf hin, die amerikanische Nation in den Bereitschaftszustand zu versetzen. (2) Roosevelts deutliche Sprache war für Moskau das Signal für den aufbrechenden diplomatischen Interventionismus der Vereinigten Staaten und die unmittelbar bevorstehende Ankündigung der Verstärkung der amerikanischen Streitkräfte. (3)

Die sowjetischen Erwartungen sollten sich bald erfüllen. Am 28. Januar unterbreitete Roosevelt dem Kongreß sein Aufrüstungsprogramm. Amerika, verkündete er, handele aus Notwehr, als Reaktion auf die von den "Aggressor"-Nationen ausgehende Bedrohung. Die Prawda pries Roosevelts "Realismus". Die britische Presse begrüßte mit "offensichtlicher Befriedigung" die Maßnahmen des Präsidenten. Leitartikler und Kommentatoren stellten sofort Mutmaßungen an über die möglichen Auswirkungen dieser Entscheidung auf die anglo-amerikanischen Beziehungen, und sie erinnerten ihre Leser daran, daß die Entsendung amerikanischer Kreuzer nach Singapur, im Anschluß an die Botschaft des Präsidenten, ein deutlicher Beweis für eine engere Zusammenarbeit zwischen London und Washington war. Duff Cooper, der Erste Lord der Admiralität, erklärte anläßlich eines Banketts in Birmingham, daß Amerikas beschleunigtes Aufrüstungsprogramm auf die Stärkung der "Demokratien" abziele. (4) Arthur Murray, der mit einer Cousine Roosevelts verheiratet war und in England lebte, lobte das "Format" des Präsidenten, denn Roosevelt habe "unzweifelhaft" die richtige Marschroute eingeschlagen. Leider spiegele sich diese "mutige" Entscheidung des Präsidenten nicht in der politischen Handlungsweise Chamberlains wider. "Wieviel einfacher — wenn das nicht Hochverrat auf beiden Seiten des Atlantiks ist! — wäre Deine Aufgabe", schrieb Murray, wenn das britische Staatsschiff noch von dem kampflustigen Lord Grey, dem Lotsen der britischen Außenpolitik vor Ausbruch des ersten Weltkrieges, gesteuert würde. Aber Roosevelt schätzte die Situation nicht so pessimistisch ein wie sein transatlantischer Briefpartner: "Zumindest mit einigen Deiner Leute komme ich jetzt besser aus, — denn sie geben mir deutliche Signale, mir entgegenkommen zu wollen —, auf halbem Wege, wenn nicht noch weiter!" Er spekulierte auch darauf, daß seine Umerziehungskampagne zum Erfolg führen werde, "langsam aber sicher ..." (5)

Doch Herbert Feis vom State Department war bestürzt, daß es den isolationistischen Wortführern immer wieder zu gelingen schien, durch ihre Gegenpropaganda die vom Präsidenten vermittelte Dringlichkeit der Lage zu verschleiern, denn "es kann unter Umständen unsere nationale Verpflichtung sein, Gewalt anzuwenden, ja Krieg zu führen, um unsere eigene Sicherheit zu schützen oder um zu verhüten, daß die ganze Welt unter die Herrschaft /der Expansionsmächte/ fällt." (6)

Die Verurteilung der amerikanischen Außenpolitik seitens der Isolationisten hallte in den Hallen des Senats wider, wo Hamilton Lewis und Hiram Johnson wortstarke Attacken gegen den Interventionismus des Präsidenten führten. Als Key Pittman, der Vorsitzende des Senatsausschusses für Auswärtige Angelegenheiten, Roosevelts Politik der "Nichteinmischung" verteidigte, konterten seine isolationistischen Kollegen mit dem Hinweis auf den interventionistischen Tenor der Chicago-Rede und die Wortführerrolle, in die sich die amerikanische Delegation auf der Brüsseler Konferenz hineingespielt hatte. Auch Senator William E. Borah, Wilsons isolationistische Nemesis, beteiligte sich an dem rhetorischen Duell. Er erinnerte an die Erklärung Edens, nach der die anglo-amerikanischen Beziehungen einen Grad der Vertrautheit erreicht hatten, daß London und Washington in täglicher Verbindung miteinander standen. Er behauptete, daß Roosevelts Aufrüstungsprogramm nicht nur mit den strategischen Planungen Londons abgestimmt war, sondern auch, daß die Vereinigten Staaten bereits in ein bündnisähnliches Verhältnis mit Großbritannien eingetreten waren.

Botschafter Dieckhoff wußte zu berichten, daß Eden sich äußerst befriedigt über den Umschwung in der offiziellen amerikanischen Außenpolitik vom Isolationismus zum diplomatisch-politischen Interventionismus ausgesprochen hatte. Nach seiner Meinung hatte die bloße Tatsache, daß Roosevelt ein "reges Interesse an Weltproblemen" bekundete, bereits eine "offensichtlich heilsame Wirkung" gezeigt. Diese Lagebeurteilung teilte auch Botschafter Dieckhoff, der die "drastische" Neuausrichtung der amerikanischen Außenpolitik unterstrich, obwohl er die Behauptung von einem bereits bestehenden Geheimbündnis zwischen London und Washington mit Zurückhaltung aufnahm. Doch betonte er die "Parallelität der Interessen", die immer offenbarer werde, und erinnerte das Auswärtige Amt daran, daß, obgleich 1917 keine vertraglichen Verpflichtungen zwischen beiden Ländern bestanden hatte, die USA sich nichtsdestoweniger "im günstigen Augenblick dem britischen Lager" angeschlossen hatten. Die gegenwärtig laufenden "Konsultationen" zwischen Paris und London ließen darauf schließen, daß diese beiden Mächte gemeinsam mit den Vereinigten Staaten in seestrategische Erörterungen eingetreten waren. Dieckhoff war überzeugt, daß der Präsident mit seiner Kongreß-Botschaft vom Januar die amerikanische Nation "geistig und militärisch" auf den Krieg vorbereiten wollte. (7)

All diesen Mutmaßungen und Gerüchten gab Arthur Krock mit seinem Artikel vom 9. Februar in der New York Times neue Nahrung. Danach hatte der Präsident Kontakte zu ausländischen Regierungen angeknüpft, die so geheim gehalten waren, daß er nicht einmal sein eigenes Kabinett ins Vertrauen zu ziehen wagte. Ende Dezember 1937 hatte sich Admiral Royal E. Ingersoll, Chef der Planungsabteilung des Marineministeriums, nach London begeben, um zusammen mit seinen britischen Kollegen eine gemeinsame Seestrategie zu entwerfen. Die Voraussetzungen dafür hatte Roosevelt am 16. Dezember in Geheimgesprächen mit dem britischen Botschafter, Sir Ronald Lindsay, geschaffen. Der Präsident hatte vorgeschlagen, gemeinsam mit Großbritannien Vorbereitungen für Blockade- oder Quarantänemaßnahmen gegen Japan zu treffen. Die Einwendung, daß dies den Krieg provozieren könnte, verwarf er mit der Bemerkung: "Es gibt eine neue Doktrin und Technik für das, was einen Kriegszustand bedeutet." Sein Vorschlag bewegte sich "im Rahmen der verfassungsrechtlichen Befugnisse des Präsidenten, und es war schon früher in der amerikanischen Geschichte wiederholt vorgekommen, daß die USA in Feindseligkeiten verwickelt worden waren, ohne daß sie sich im Kriegszustand befanden." Zwar machten Roosevelts Äußerungen auf Lindsay den Eindruck, als stammten sie aus dem Munde eines "hirngespinstigen Staatsmannes oder eines Amateurstrategen", aber, um seine unmittelbar geringschätzige Beurteilung abzumildern, erinnerte er Außenminister Eden nachdrücklichst an die Tatsache, sein Gespräch mit "einem Mann geführt zu haben, der im Großen Krieg sein Bestes getan hatte, um Amerika auf schnellstem Wege auf die Seite der Alliierten /in den Krieg/ zu bringen, und der heute ebenso bestrebt war, sich wieder auf diese Seite zu schlagen, bevor es zu spät /war/." Premierminister Chamberlain konnte sich des Eindrucks nicht erwehren, daß Roosevelt "recht naive" Vorstellungen mit der Durchführung einer Blockade gegen Japan verband angesichts der weiten Entfernungen und seiner Annahme, dadurch keinen Schießkrieg zu provozieren. Was Chamberlain anscheinend entgangen war, war die Tatsache, daß Roosevelt mit der Idee eines "nicht-erklärten Kriegs" spielte. Diese Strategie lag den außenpolitischen Manövern des Präsidenten zugrunde, bis im Dezember 1941 die Kanonade endgültig begann. Als London Ausflüchte machte, ergriff Roosevelt erneut die Initiative mit der Absicht, die Briten zur Annahme seines Fahrplans eskalatorischer Maßnahmen gegen die "Aggressoren" zu überreden. (8)

London machte sich nicht die geringsten Illusionen über die Risiken, die die Planungen des Präsidenten in sich bargen. Im Falle größerer Verwicklungen im Fernen Osten könnten der Führer und Il Duce versucht sein, die britische Schwäche zum eigenen Vorteil auszunutzen. Chamberlain entschloß sich daher, eine abwartende Haltung einzunehmen. Außerdem konzentrierte er im Augenblick seine Energie und Aufmerksamkeit darauf, Mussolini aus der Achsenkonstellation zu brechen. Als Köder wollte er die britische Anerkennung der italienischen Eroberung Abessiniens gebrauchen. Chamberlains Bereitschaft, auf dem Weg der Beschwichtigungspolitik fortzuschreiten, rief in Washington beträchtliche Bestürzung hervor. Um ein bilaterales englisch-italienisches Übereinkommen zu verhindern und eine englisch-deutsche Verständigung zu blockieren, ventilierte Roosevelt einen weiteren seiner unausgegorenen Pläne. Er wollte eine internationale Konferenz einberufen, auf der ein internationaler Verhaltenskodex ausgearbeitet werden sollte. Um seinen Annäherungsversuch gegenüber Italien nicht durch Roosevelts Multilateralismus gefährden zu lassen, lehnte Chamberlain eine Konferenzteilnahme ab. Zweimal hatte der Präsident über Geheimkanäle die Initiative ergriffen, und beide Male hatten ihn die Briten abgewiesen. (9)

Nachdem er bei Chamberlain abgeblitzt war, konzentrierte Roosevelt seine Bemühungen nun auf Frankreich. Seine Angebote waren zu verlockend, um auf Ablehnung zu stoßen. An Ministerpräsident Camille Chautemps und Außenminister Yvon Delbos bewunderte Roosevelt besonders ihren Widerstandsgeist, der sich in ihrer Haltung gegen Deutschland und Japan widerspiegelte. (10) Die französische Luftaufrüstung befand sich im argen Rückstand, und Roosevelt signalisierte seine volle Bereitschaft, die Tore des amerikanischen Waffenarsenals weit zu öffnen. Im Januar 1938 traf sein französischer Freund, Senator Baron Amaury de la Grange, in den USA ein. Die amerikanische Regierung hatte die französische Luftwaffenunterlegenheit Deutschland gegenüber mit größter Beunruhigung registriert, denn "sie war weitaus beängstigender, als Bill Bullitts Berichte vermuten ließen." Roosevelt drückte die Überzeugung aus, daß, um Deutschland, Italien und Japan wirkungsvoll eindämmen zu können, Frankreich, England und die Vereinigten Staaten "gezwungen sein werden, ihre Kräfte zu vereinen." Er gab Paris das Versprechen, alles in seiner Macht Stehende zu tun, die französischen "Luftstreitkräfte in Zeiten des Friedens wie des Krieges zu verstärken." Roosevelt verwarf die Bedenken, die das State Department und das Heeres- und Marineministerium wegen einer möglichen Verletzung der Neutralitätsgesetzgebung äußerten. Amaury de la Grange verließ Washington mit der Gewißheit, daß Frankreich mit einer sehr flexiblen, wenn nicht sogar großzügigen Auslegung der Embargobestimmungen rechnen konnte, solange "Mr. Roosevelt, der frankophil eingestellt ist und eine deutsche Expansion befürchtet", im Weißen Haus residierte. Für die französische Regierung kam die persönliche Zusage des Präsidenten einer offiziellen Verpflichtung seitens der amerikanischen Regierung gleich. (11)

Roosevelt hatte sein Netz weit ausgeworfen, aber es war ihm trotz aller Anstrengungen und Beschwichtigungsgebärden noch nicht gelungen, die Sowjetunion darin einzufangen. Während der Präsident sich immer weiter in seine Geheimunternehmungen verstrickte, rückte George S. Messersmith die UdSSR als "höchst gewichtigen Faktor" in den Mittelpunkt der amerikanischen außenpolitischen Kalkulation. Die USA müßten "die Initiative ergreifen ..." Eine Sondermission sollte umgehend nach Moskau entsandt werden, um Stalins Ansichten zu erkunden. (12) An Botschafter Davies erging die Weisung, die "Möglichkeit einer Kontaktaufnahme" zwischen den Militär- und Marinebehörden beider Länder zu sondieren mit der Absicht, "Informationen über die militärische und seestrategische Lage" auszutauschen, da beide Regierungen "ähnliche Ziele" verfolgten. Um die Sowjets aus ihrer Reserve zu locken, sollten ihnen umfangreiche Kredite bewilligt werden. Aber Stalin reagierte zurückhaltend. Erst Roosevelts großzügiges Angebot, auf amerikanischen Werften sowjetische Schlachtschiffe bauen zu lassen, lösten bei Stalin die erhoffte Resonanz aus. (13)

Bei all seinen Verhandlungen hatte der Präsident den Kongreß übergangen. Es gab auch keine "Plaudereien am Kamin", die das amerikanische Volk in sein Vertrauen nahmen. Seine diplomatischen Offensiven hatten sich hinter den Kulissen abgespielt. In seine Vorstellungswelt hatte sich zumindest in Umrissen die Vision einer "großen Allianz" zwischen den Vereinigten Staaten, Frankreich, Großbritannien und der UdSSR geschoben. Hitlers düstere Vorahnungen schienen sich zu bestätigen, aber er übersah eine gewichtige Tatsache: seine Maßnahmen erleichterten es seinen Gegnern, ihre Machenschaften zu inszenieren. Botschafter Dieckhoff verstärkte Hitlers Argwohn mit der Warnung, daß trotz der isolationistischen Grundstimmung im amerikanischen Volk die Regierung "auf keine unüberwindlichen Hindernisse stoßen wird, dieses Land im psychologisch geeigneten Augenblick wieder in einen Krieg zu stoßen, genauso wie es im Weltkrieg geschah, – und möglicherweise nächstes Mal noch frühzeitiger." (14)

Angesichts der pessimistischen Prognosen Dieckhoffs über den künftigen außenpolitischen Kurs der Vereinigten Staaten mußte ein Bericht, der den Tenor einer Unterhaltung zwischen hohen Beamten des State Department wiedergab, Alarmsignale in der Reichskanzlei ausgelöst haben. Das Gespräch drehte sich um die deutsche Frage. Norman Davis, Roosevelts Sonderbotschafter, konfrontierte seine Gesprächspartner mit der Alternative, die den USA offenstand: entweder "muß /das Reich/ durch wirtschaftliche und andere Maßnahmen gebrochen werden", was "früher oder später zwangsläufig mit einem militärischen Konflikt enden" werde, oder die anderen Mächte sollten "in christlichem Geist" für Deutschlands "Anliegen" Verständnis aufbringen. Sumner Welles und Pierrepont Moffat zogen diese Vorstellungen "feixend" ins Lächerliche. Für sie gab es überhaupt keine Rechtfertigung, "christliches Verhalten" einem "unchristlichen" Volk wie dem deutschen entgegenzubringen, das "in seinem Innersten kriegerisch" eingestellt war. Welles war von der Idee besessen, daß schon die bloße Existenz des Reiches "allein eine ständige Kriegsgefahr" darstelle. Für den Staatssekretär wie auch den Chef der Europa-Abteilung im Außenministerium war die europäische Lage "von weitaus größerer Bedeutung" für den weiteren Ablauf der internationalen Politik als "die Entwicklungen im Fernen Osten". Beide vertraten nachdrücklich den Standpunkt, daß die "demokratischen Staaten eine immer aktivere, wenn nicht aggressivere politische Gangart gegen Deutschland einschlagen" sollten. Die französisch-sowjetische Zusammenarbeit mußte unter allen Umständen aktiviert werden. Washington sollte seinen ganzen Einfluß aufbieten, dieses Bündnis "besonders im militärischen Bereich" zu stärken. Die amerikanische Regierung bemühte sich bereits, in diesem Sinne auf Stalin einzuwirken. Diese Schritte waren umso dringlicher, als der Kreml eine Verständigung mit Berlin zu erwägen schien. Welles sprach sich für eine energische Fortsetzung des aggressiveren Auftretens Roosevelts gegen Deutschland aus. Er hob hervor, daß die Zentralthesen ihrer Unterhaltung bereits in einem wegweisenden politischen Dokument des State Department zum Ausdruck gekommen waren. Der Tenor war "sogar noch schriller" geworden, nachdem es im Lichte des Halifax-Gespräches mit Hitler auf dem Obersalzberg umgeschrieben worden war. Dieser Hinweis bezog sich sehr wahrscheinlich auf eine neue Version der Messersmithschen Denkschrift vom Herbst 1937, in der die Grundprinzipien formuliert waren, die für die amerikanische Deutschlandpolitik bestimmend sein sollten. (15)

Im Programmatischen wie auch im Handlungsablauf war der Rahmen der Rooseveltschen Politik klar abgesteckt. Der positiven Zielsetzung, die "Demokratien" gemeinsam mit der Sowjetunion in einer Entente zusammenzuschweißen, entsprach die offensive Absicht, die "Aggressor"-Nationen einzukreisen. Das Hitlerregime zu stürzen beherrschte Roosevelts ganzes Denken. Die Kombination von Wirtschaftskrieg und diplomatisch-politischer Intervention sollte dieses Ziel realisieren. Herbert Feis und George S. Messersmith, unterstützt vom Schwiegersohn Wilsons und Ministerialdirektor im State Department, Francis B. Sayre, waren die leitenden Ingenieure dieser Demontagepolitik. Unter keinen Umständen durfte das nationalsozialistische Regime wirtschaftlich unterstützt werden. Alles mußte unternommen werden, um Deutschlands Streben nach Autarkie zu torpedieren. Jeder modus vivendi mit dem Reich wurde als "untragbar" abgelehnt, weil er das Unvermeidliche, nämlich den Zusammenbruch des Hitlerregimes, hinausschob. Es war höchst unwahrscheinlich, daß "in naher Zukunft" Handelsgespräche mit dem Reich aufgenommen würden, erklärte Douglas B. Miller von der US-Botschaft in Berlin. (16) Messersmith, Moffat und Flack vom State Department hatten sich "offiziell" gegen eine Wiederbelebung des deutsch-amerikanischen Handels ausgesprochen. Amerika sollte Hitler bei seiner "Devisenbeschaffung für Rüstungszwecke" keine Hilfestellung leisten. Wann immer der Widerstand gegen Deutschland zu erlahmen drohte, sprang Messersmith in seiner professionellen Rolle als amerikanische Jeanne d'Arc in die Bresche. Selbst ein Handelsabkommen von "nur sehr begrenztem Umfang" lehnte er kategorisch ab. Hitler durfte nicht "im geringsten" Unterstützung zuteil werden. Wenn Washington "irgend etwas tun wolle, was unsere Stellung im In- und Ausland schwächt, wenn wir etwas tun wollen, was ganz bestimmt die internationale Lage verunsichern und weitere Störungen hervorrufen wird, wenn wir etwas tun wollen, was unserem Handelsprogramm den Boden entzieht, wenn wir etwas tun wollen, was praktisch sicherstellen wird, daß bestimmte Märkte für gewisse Rohstoffe und landwirtschaftliche Produkte, die vorübergehend verloren oder begrenzt sind, endgültig verlorengehen", dann sollte die Roosevelt-Regierung, in voller Kenntnis der nachteiligen Konsequenzen, Verhandlungen mit Berlin aufnehmen. Der beste Dienst, der "unserem Handel und unseren Interessen erwiesen werden kann, ist, Deutschland keine Illusionen über unsere Einstellung zu lassen." In seiner obstruktiven Haltung war Messersmith auch von "jenen guten Deutschen" angespornt worden, einschließlich des früheren Reichskanzlers Brüning, der gegenwärtig in den USA lebte, die ihre "große und aufrichtige Hoffnung" zum Ausdruck gebracht hatten, daß Amerika dem auf tönernen Füßen stehenden Hitlerregime jede Hilfeleistung versagen werde. Für diese Kreise bestand "die einzige Hoffnung für Deutschland und für den Frieden und die Herrschaft von Recht und Ordnung und die Wiederherstellung eines friedlichen Welthandels" darin, daß die Vereinigten Staaten "ihre Hoffnungen nicht enttäuschte und weiterhin eine unnachgiebige Haltung einnahmen." Brüning hatte die gegenwärtig vom Präsidenten eingeschlagene politische Marschroute als "richtig" begrüßt. Sobald die amerikanische Regierung erst einmal eine klare Position gegen das Reich bezogen hatte, würden "wirtschaftliche Veränderungen in Deutschland ausgelöst werden, die dann von den unabwendbaren politischen Veränderungen begleitet sein würden." Aber dieser Prozeß wurde gegenwärtig durch die Politik Chamberlains gehemmt. Der britische Premierminister bildete das schwächste Glied in der sogenannten Anti-Aggressor-Front. Um Hitler und Mussolini zu stürzen, mußte Chamberlain "ausgeschaltet" werden. Die entscheidende

Frage war, ob "England sich frühzeitig genug zu einer eindeutigen Politik durchringen und das Tempo seines Rüstungsprogramms durchhalten" würde. Die vorrangige Aufgabe bestand darin, daß beide Regierungen ihre Wirtschafts- und Handelspolitik aufeinander abstimmten, damit "Schritt für Schritt jene grundlegenden Änderungen" im internationalen Wirtschaftsleben herbeigeführt werden könnten, die denjenigen Kräften in Deutschland Auftrieb geben würden, "die sich bemühen, daß dort die erforderlichen politischen Änderungen vorgenommen werden." In der Zwischenzeit sollte Washington weiterhin Außenminister Hulls auf Multilateralismus basierendes Handelsprogramm kompromißlos durchführen und weder "Deutschland /noch/ Italien irgendwelche Konzessionen machen". Diese Argumente, die Brüning nicht nur Messersmith unterbreitete, sondern auch Roosevelt persönlich vortrug, hatten beim Präsidenten einen tiefen Eindruck hinterlassen. (17)

Unermüdlich bombardierte Messersmith seine Vorgesetzten mit Memoranden, die die weltpolitische Lage in düstersten Farben malten. Er erinnerte Hull daran, daß Hitler die Vereinigten Staaten als "eines der Haupthindernisse bei der Realisierung seines Zieles" betrachtete. Um die USA zu schwächen, betrieben seine Agenten Wühlarbeit in Mexiko und in Mittel- und Südamerika. Hitler sei aktiv damit beschäftigt, das französisch-sowjetische Paktsystem und die Kleine Entente zu zerrütten, und diese Maßnahmen zielten darauf ab, den britischen und französischen Einfluß in Westeuropa zu neutralisieren. Wäre London jedoch bereit, Deutschland in Südosteuropa "freie Hand" zu lassen, dann würde Hitler sich nicht nur an die von den Briten vorgeschobenen Spielregeln halten, sondern auch sein Versprechen geben, die imperialen Interessen Großbritanniens nicht zu verletzen. Ohne Gewaltanwendung, lediglich durch sein dramatisches Auftreten hoffe Hitler, "der Herrscher des Kontinents" zu werden. Er brauche nur die Uneinigkeiten und Schwierigkeiten auszunutzen, die Europa plagten. Aber die Feindschaft der Vereinigten Staaten stelle inzwischen einen Unsicherheits- und Risikofaktor in all seinen Kalkulationen dar. Laut Messersmith unterschätzte Berlin "die große Bedeutung der amerikanischen öffentlichen Meinung" keineswegs. Hitler werde größte Anstrengungen machen, verletzte amerikanische Gefühle zu besänftigen. Er habe sich bereits von dem Deutsch-Amerikanischen Bund distanziert. Um Hitlers Werbefeldzug zum Scheitern zu bringen und auch seine europäischen Vorhaben zu durchkreuzen, schlug Messersmith Hull vor, "unverzüglich" einen interministeriellen Ausschuß einzuberufen, der eine wirkungsvolle Gegenstrategie zu entwickeln habe, deren Hauptaufgabe darin bestehen sollte, die Durchführung der Pläne des Führers in Südosteuropa zu erschweren, die Auswirkung der von ihm zwischen London und Paris gesäten Zwietracht zu neutralisieren und ihn daran zu hindern, das französisch-sowjetische Bündnis zu zerstören, das im Gegenteil weiterhin gestärkt werden müßte. (18)

Der Wirtschaftskrieg sollte Deutschland das Rückgrat brechen. Deshalb mußte dem Reich der Zugang zu ausländischen Märkten versperrt werden. Eine mögliche deutsche Einmischung in die Verhältnisse Südamerikas hatte die Roosevelt-Regierung seit jeher beunruhigt. Bereits 1936 hatte der Präsident den ersten Warnschuß abgefeuert. Die westliche Hemisphäre sollte gegen faschistische Übergriffe geschützt werden. Allerdings spielten auch eigennützige wirtschaftliche sowie Sicherheitserwägungen eine Rolle. Aber die Haupttriebfeder war Roosevelts Entschlossenheit, Deutschland wirtschaftlich in die Knie zu zwingen und dadurch den Sturz des Hitlerregimes einzuleiten. Roosevelts Talent als Wirtschaftskriegstratege sollte sich zuerst im lateinamerikanischen Hinterhof der Vereinigten Staaten beweisen. Wenn es darüber hinaus auch noch gelingen sollte, Deutschlands Zugang zu den Märkten der Sowjetunion, des britischen Reiches und Südosteuropas zu blockieren, dann wären sämtliche Hintertüren, durch die Hitler schlüpfen könnte, verschlossen. "Es kann kein Zweifel daran bestehen", telegrafierte der Gesandte des Reiches in Montevideo, Langmann, der Wilhelmstraße, daß Roosevelt bereits "außerordentliche Erfolge in Südamerika" erzielt hatte. Die Vereinigten Staaten hatten starken Druck auf diese Länder ausgeübt, ihre Handelsbeziehungen mit Deutschland einzuschränken. Roosevelt ließ nichts unversucht, "Deutschland vom brasilianischen Markt" zu vertreiben. Auch in Chile hatte der amerikanische Einspruch inzwischen Erfolge erzielt. Um die schon vertrackte Lage des Reiches noch weiter zu erschweren, hatte sich England den von Washington gesteuerten antideutschen Intrigen angeschlossen. Die "angelsächsischen Mächte" trafen in Südamerika umfassende Vorbereitungen gegen Deutschland und Japan, "für den Fall eines Krieges, und die Lage ist /für sie/ heute sogar noch günstiger als 1917." Im Februar 1938 hatte sich das Auswärtige Amt mit dem düsteren Gedanken abfinden müssen, im Falle eines militärischen Konfliktes ganz Südamerika für deutsche Interessen abzuschreiben. Die gesamte westliche Hemisphäre würde sich dann wahrscheinlich mit den Vereinigten Staaten gegen das Reich verbünden. Aber diese pessimistischen politischen und wirtschaftlichen Prognosen betrafen nicht nur Südamerika. Hulls Handelspolitik war es inzwischen fast gelungen, "uns vollständig zu umzingeln", schrieb Emil Wiehl von der Handelsabteilung der Wilhelmstraße im März 1938. (19)

Kapitel 15

Washingtons Januskopf

Daß Roosevelt in seiner Deutschland- und Sowjetpolitik einen doppelten Maßstab anlegte, veranschaulichen eklatant zwei Vorfälle, die sich fast parallel zueinander abspielten: "Kein Helium für den deutschen Zeppelin", aber "Schlachtschiffe für die Rote Flotte".

Die USA hatten faktisch eine Helium-Monopolstellung. Ursprünglich war die Ausfuhr dieses "Hubgases" gesperrt. Im Jahre 1937 aber sollten die Bestimmungen gelockert werden. Im Mai explodierte der mit dem hochentzündlichen Wasserstoff gefüllte Zeppelin "Hindenburg" bei der Landung in Lakehurst, New Jersey. Eine Kongreßentscheidung bezüglich der schwebenden Gesetzesvorlage wurde umso dringlicher. Innenminister Ickes setzte ein Schriftstück auf, in dem er den Standpunkt vertrat, daß "bei entsprechenden Sicherheitsvorkehrungen" gegen jegliche militärische Verwendung von Helium "es die Pflicht dieses Landes als eines guten Nachbarn ist, einen etwaigen nicht benötigten Überschuß an andere Länder zu exportieren ..." Der Schriftsatz wurde dem Präsidenten und den Marine-, Kriegs-, Handels- und Außenministern zugeleitet. Mit seiner Unterschrift versehen, reichte Roosevelt das von Ickes aufgesetzte Dokument an die Vorsitzenden des Ausschusses für Militärische Angelegenheiten beider Häuser des Kongresses weiter. Während der Anhörung im Kongreß wurde offenbar, daß Deutschland ein Hauptabnehmer von Helium sein würde. Die vom Kongreß gebilligte Gesetzesvorlage wurde von Ickes an Roosevelt mit der Empfehlung zur Ratifizierung weitergeleitet. Der Innenminister war verantwortlich für die Durchführung der verschiedenen Bestimmungen des Gesetzes, einschließlich der Verkaufsbedingungen. Die Ausfuhrkontrolle über das Gas unterstand dem Außenminister in seiner Funktion als Vorsitzender des Nationalen Munitions-Kontrollrats (National Munitions Control Board). Aber er konnte nur mit Zustimmung des Kontrollrats und des Innenministers handeln. Am 3. September 1937 wurden die "Durchführungsbestimmungen für die Ausfuhr von Heliumgas" bekanntgemacht, mit voller Billigung aller zuständigen Ämter.

Zwei Monate später wurde der America Zeppelin Transport Corporation, als Vertreter der Deutschen Zeppelin-Gesellschaft, mit einstimmiger Entscheidung des Kontrollrats eine Zuteilung von 17 900 000 Kubikfuß Helium bewilligt. Ickes hatte seine Zustimmung sogar schriftlich gegeben. Daraufhin beantragte die American Zeppelin Transport Corporation eine Ausfuhrgenehmigung über 2 600 000 Kubikfuß. Alles deutete darauf hin, daß das Außenministerium den Export von Helium befürworten werde. Die Deutsche Zeppelin-Gesellschaft verfrachtete eine Schiffsladung von Stahlzylindern nach Houston für den Transport des Gases nach Deutschland. (1)

Aber nun begannen "die eigentlichen Scherereien". Ein "nichtarischer Lobbyist" namens Horne begann, eine planmäßig inszenierte Kontroverse zu entfachen. Er antichambrierte bei verschiedenen Kongreßabgeordneten, um die Transaktion zu verhindern. Er stürmte in das Büro von Green, dem Leiter des Amtes für Waffen und Munitionskontrolle (Office of Arms and Munitions Control) im State Department, und beschuldigte ihn "fast wörtlich, ein Naziagent zu sein". Green konnte sich nur mit Mühe kontrollieren, ihn nicht "hinauszuwerfen". Nachdem Horne mit dieser Einschüchterungstaktik keinen Erfolg hatte, überredete Horne mehrere Abgeordnete, eine von ihm verfaßte Protestnote gegen den Verkauf von Helium an Deutschland im Kongreß einzubringen. Nur bei einem der in dieser Angelegenheit zuständigen Ministerien – bei Ickes – hatte er durchschlagenden Erfolg, obwohl seine Gegenargumente, laut Green, "jeder Stichhaltigkeit" entbehrten. Ickes, der sich weigerte, sich mit den Beamten seines Ministeriums zu beraten, die die Einwendungen des Lobbyisten "in zehn Minuten" in der Luft zerfetzt hätten, ging Horne auf den Leim. Der Innenminister sträubte sich unter Nennung "verschiedener Vorwände", den Kaufvertrag zu unterzeichnen. Als Dieckhoff beim State Department vorstellig wurde, teilte Sumner Welles ihm mit, daß die Transaktion bald über die Bühne gehen werde. Aber keine der zuständigen Stellen hatte mit der Obstruktionstaktik gerechnet, deren Ickes fähig war. Der Innenminister war offensichtlich entschlossen, aus der Angelegenheit eine Staatsaktion zu machen. Er überging alle Behörden, die für die Durchführung des Helium-Gesetzes mitverantwortlich zeichneten, und erließ plötzlich neue Bestimmungen, die, wie Green bemerkte, "solcher Art waren, daß sie den möglichen Kauf von Helium durch die American Zeppelin Transport Corporation ausschlossen." Ickes hatte mittlerweile den mächtigen Finanzminister Morgenthau als Mitstreiter gewonnen, der seinen Kollegen anstachelte und seine einflußreichen Beziehungen spielen ließ. (2)

Nachdem er seine Kabinettskollegen vom Außen-, Kriegs- und Marineministerium überfahren hatte, entschloß sich Ickes, den Fall auf Kabinettsebene zu erörtern, wobei er sich die Argumente der Horneschen Protestnote zu eigen machte. Er beschuldigte die Reichsregierung, das Helium für militärische Zwecke gebrauchen zu wollen. Da Ickes' Kabinettskollegen Hull, Woodring und Swanson auf seine Intervention völlig unvorbereitet waren, "den Unsinn von ... sogenannten Tatsachen ... zu widerlegen", war die Folge, daß die Ausführungen seines Innenministers bei Roosevelt einen positiven Eindruck hinterließen und der Ausgang der Angelegenheit durch eine "Versäumnisentscheidung" präjudiziert wurde. Alle Behörden, die in den Entscheidungsprozeß eingespannt waren, reagierten "mit Bestürzung". Hull und Green intervenierten beim Präsidenten. Green war der Verzweiflung nahe, denn Ickes war "wesentlich streitsüchtiger als seine Kollegen, und sein Einfluß im Weißen Haus scheint so groß zu sein, daß ich befürchte, er wird sich durch fortwährende Verzögerungen und andere Taktiken am Ende durchsetzen." Hull sträubte sich, eine Entscheidung zu erzwingen, weil er einen "Frontalzusammenstoß" mit dem Innenminister vermeiden wollte. Als Green ihn warnte, daß der "gute Glaube" der amerikanischen Regierung auf dem Spiel stand, und ihn drängte, "entschiedener aufzutreten", steigerte sich Hull in "einen so erregten Zustand", daß er impulsiv beschloß, die Angelegenheit zur Sprache zu bringen. Im letzten Augenblick wurde die anberaumte Kabinettssitzung, auf der er die unsinnigen und unhaltbaren Argumente seines Kollegen widerlegen wollte, abgesagt. Hull reiste in den Urlaub, und Staatssekretär Sumner Welles, der die Dringlichkeit erkannt hatte, entschloß sich jetzt, der "Obstruktionstaktik" von Ickes ein Ende zu machen. Als er am 9. April 1938 den Präsidenten aufsuchte, "kam Ickes ihm unglücklicherweise zuvor, verbrachte fünfundvierzig Minuten beim Präsidenten, und der Präsident hatte sich entschieden, bevor Herr Welles ihn sehen konnte." Roosevelt hatte beschlossen, den Justizminister um seine Meinung zu befragen. Inzwischen bombardierte Ickes seine Kollegen vom Außen-, Kriegs- und Marineministerium mit Memoranden, die sich auf die Argumente Hornes stützten. Selbst als der stellvertretende Justizminister seine Einwendungen als, "von rechtlicher Warte aus gesehen, blödsinnig" bezeichnete, ließ Ickes nicht locker. Er lancierte Informationen an Zeitungskommentatoren mit der Absicht, die öffentliche Meinung gegen die Helium-Transaktion zu mobilisieren. Green war erbost darüber, daß der Innenminister die Angelegenheit zu einer politischen Affäre aufbauschte. Er konnte sich des Eindrucks nicht erwehren, daß Ickes Horne als hauptberuflichen Lobbyisten in die Dienste seines Ministeriums eingespannt hatte. Ickes und seinem Helfershelfer war es inzwischen gelungen, "große Teile der Öffentlichkeit irrezuführen ..." Er bezweifelte, daß selbst der Präsident sich noch angesichts dieser überstürzenden Entwicklungen durchsetzen könne. Der amerikanische Botschafter in der Reichshauptstadt, Hugh Wilson, war empört darüber, daß "ein einziger Mann gegen den erklärten Willen von fünf anderen Kabinettsmitgliedern sein Veto einlegen kann." (3)

Wilson rechnete damit, daß Ickes' Obstruktionstaktik in Berlin "tiefe Verstimmung" hervorrufen werde. Die deutsche Regierung könnte jetzt genauso obstruktiv wie Ickes reagieren und an amerikanischen Bürgern ihrem Ärger freien Lauf lassen. Göring hatte in "großer Erregung /seine Verbitterung/ sehr deutlich" zum Ausdruck gebracht. Die Beziehungen zwischen beiden Ländern hatten einen "Tiefpunkt" erreicht. Wie Wilson vorausgesehen hatte, stieß die amerikanische Botschaft auf Schwierigkeiten bei ihren Vorstellungen in Berlin "bezüglich österreichischer Obligationen und der Erfassung jüdischen Besitzes ..." Es hatte allen Anschein, als hätten Ickes' eigenmächtige Eskapaden die Lage der Juden im Reich verschlimmert. Falls Washington beabsichtigt hatte, durch die Ausfuhrsperre für Helium "den Nazis einen Denkzettel zu verpassen", dann drohte diese Maßnahme jetzt zum Bumerang zu werden. (4)

Der Innenminister war voll eifernden Unternehmungsgeistes. Er fachte immer neue Streitigkeiten an und zog "den Alptraum", wie Green die mißliche Affäre nannte, in die Länge. Ohne auch nur die geringsten Beweise in seinen Händen zu haben, beschuldigte Ickes den Leiter des Amtes für Waffen- und Munitionskontrolle, Zeitungsartikel zu lancieren, die Ickes' Handhabung der Helium-Transaktion kritisierten. Als Roosevelt von Greens angeblichen Machenschaften erfuhr, reagierte er "sehr verärgert". Vom Weißen Haus ging die Anweisung an das State Department, in Zukunft selbst rein sachliche Anfragen über die Helium-Angelegenheit zu ignorieren. Hull war darüber aufgebracht, daß sein Ministerium "eine sehr schlechte Presse" hatte. Schuld daran war natürlich Ickes. Er hatte den nach Sensation hechelnden Journalisten Drew Pearson von der "Washington Post" gedungen, den Streit in die Öffentlichkeit zu tragen. Dessen ideologische Vorurteile prädestinierten ihn als Verfasser der Kolumne "Washington Merry-Go-Round" geradezu für die Rolle eines Propagandisten. In seiner Funktion als Meinungsmacher hatte er sich seit einiger Zeit als wortstarker Polit-Lobbyist für das prosowjetische spanische Regime betätigt. Seine Artikel spickte er mit "falschen Angaben, Verdrehungen und persönlichen Beschimpfungen". Pearsons Machenschaften brachten Hull in Rage. Anläßlich einer Pressekonferenz bezeichnete er dessen lügnerische Erfindungen und Verzerrungen als "strafbare Verleumdung". Aber wegen der vom Weißen Haus ausgegebenen Weisung waren dem Außenminister die Hände gebunden, so daß er den wahren Sachverhalt nicht darlegen konnte. Seine Intervention auf der Pressekonferenz konnte die Flut "böswilliger" Verleumdungen nicht aufhalten. Green erfuhr, daß Pearson und seine "Komplizen" ihm ans Leder wollten. Der Kolumnist machte Green für die Helium-Politik und das amerikanische Waffenembargo gegen Rotspanien "persönlich verantwortlich". Pearsons Anspielungen waren raffiniert verleumderisch eingefädelt. Seine Rufmord-Kampagne, die die Beamten des State Department wegen ihrer Beihilfe in der Helium-Angelegenheit als "braune Monster" porträtierte, zielte augenscheinlich darauf ab, Hull zu erpressen, das amerikanische "arsenal of democracy" den roten Brigaden, die in Spanien für Moskaus Interessen kämpften, zu öffnen. Wenn Argumente nicht zogen, dann wurde der "Nazismus" als Keule gebraucht, um die gegnerische Position zu zerschmettern. Ickes hatte auch Earl Godwin von der "Washington Times" gedungen, sein dubioses Geschäft zu besorgen. Er überschüttete den Innenminister mit Lobpreisungen wegen seines unermüdlichen Einsatzes für die Menschheit und gegen die sogenannten faschistischen Aggressoren. Auch Morgenthau wurde wegen seiner "Antipathie gegen das Hitlerregime" gepriesen. Green und das State Department waren Hauptzielscheiben dieser Attacken. Sie wurden beschuldigt, Dodd wegen seines hartnäckigen Widerstandes gegen das Helium-Abkommen und gegen die profaschistischen Kräfte im State Department aus Berlin abberufen zu haben, um ihn durch Hugh Wilson, einen "aalglatten, konservativen Berufsdiplomaten", zu ersetzen. Als die Nachricht von den gehässigen Angriffen Pearsons und Godwins den neuen US-Botschafter in der Reichshauptstadt erreichte, vermerkte er: "Die ganze Geschichte ist einfach zum Heulen." (5)

Ickes wurde spürbar nervös, als er glaubte erkennen zu müssen, daß Hull den Präsidenten auf seine Seite gezogen hatte. Er bestürmte Roosevelt, den Meisterpsychologen, die öffentliche Meinung, die sich angeblich einhellig gegen das Helium-Geschäft ausgesprochen hatte, nicht zu ignorieren. Der Präsident würde seiner eigenen Sache nur schaden, wenn er sich gegen den Strom stemmte. Niemand, heuchelte Ickes, habe "Propaganda" gegen das Heliumgeschäft gemacht. Als Dr. Eckener, der Erbauer des Zeppelins, in letzter Minute zu einer Rettungsaktion in Amerika eintraf, schlugen Pearson und Godwin erneut zu. Eckener zu Ehren gab die deutsche Botschaft ein Bankett. Einladungen waren an Hull, Welles, Moore und Green ergangen. Die "Washington Post" veröffentliche daraufhin auf der ersten Seite einen Artikel mit der Überschrift "Ickes wird die kalte Schulter gezeigt." Der Buhmann der liberalen und linken Journaille, Green, hatte die Einladung angenommen, zusammen mit Offizieren des Heeres und der Marine und weiteren hochgestellten Regierungsbeamten. Ickes war außer sich. Er witterte eine Verschwörung, weil es sich bei der Einladung amerikanischer Gäste nur um ein Manöver handeln konnte, "Lobbyisten für den Verkauf von Helium zu gewinnen". Als die Senatoren Pittman und McNay sich für den Verkauf an Deutschland aussprachen, atmete Green erleichtert auf. Aber obwohl Eckener seine Sache "sehr überzeugend" vertreten hatte, konnte Hull ihm keine "großen Hoffnungen" machen. Die Kräfte, die sich gegen das Helium-Abkommen mobilisiert hatten, waren einfach zu mächtig. Selbst das vernichtende Urteil des Justizministers über Ickes' Widerspruch machte keinen Eindruck. Jackson hatte das Memorandum des Innenministers "mit Abscheu" beiseite geschoben. Nur Roosevelts persönliches Eingreifen, so erklärte er, konnte noch eine Wende bringen. (6)

Für den 11. Mai wurde eine Kabinettssitzung einberufen. Nachdem der Justizminister ihn schon wegen seiner "von rechtlicher Warte aus gesehen blödsinnigen" Argumente abgewiesen hatte, betrat Ickes jetzt völliges Neuland, als er darauf pochte, daß das Helium für Deutschland von militärischem Nutzen sei. General Craig, der Stabschef des Heeres, und Admiral Leahy, der Chef des Marinestabes, erwiderten lakonisch: "Militärischer Blödsinn." Nun beschloß der Innenminister, aufs Ganze zu gehen. Er war sich schon seit langem der Tatsache bewußt, daß beim Präsidenten am meisten das Argument von der öffentlichen Meinung zog, die sich in der Heliumfrage, laut Ickes, unüberhörbar gegen den Export ausgesprochen hatte. Werde diese Transaktion über die Bühne gehen, dann würden sich bald die "politisch nachteiligen Folgen" einstellen. Mit dieser Drohung hatte Ickes sein Plädoyer gewonnen. Nach der Kabinettssitzung erklärte Roosevelts Pressesekretär, Steve Early, lediglich, daß keine zustimmende Entscheidung gefallen war. Da wenigstens ein Kabinettsmitglied gegen den Verkauf von Helium gestimmt hatte und da ein positiver Beschluß einstimmig gefaßt werden mußte, war der Fall abgeschlossen. Das offizielle Washington drehte sich um die Ickes-Achse. Seine Kontaktleute unter der europäischen Linken bestärkten ihn in seinem Starrsinn, und er frohlockte, daß selbst Chamberlain und Halifax die amerikanische "Appeasement"-Haltung in der Heliumfrage kritisiert hatten. Hull, der "immer und immer wieder" mit Roosevelt die Heliumaffäre besprochen hatte, schloß fatalistisch, daß "nichts mehr getan werden" könne. Und als Ickes nach seinen Flitterwochen wieder in Washington eintraf, hatte sich seine Einstellung nicht gemildert. (7)

Die Heliumaffäre, so berichtete Dieckhoff, war von den einflußreichen Kreisen, die von jeher gegen das Reich opponiert hatten, bewußt hochgespielt und zu "einer rein politischen Frage" stilisiert worden. Roosevelt hatte sich auf die Seite seines Innenministers geschlagen, weil er den Zorn von "Minderheits"-Gruppen fürchtete. Der Botschafter warnte, in der deutschen Presse die Heliumaffäre nicht an die große Glocke zu hängen, da dies nur in die Hände der Reichsfeinde spielte. Obgleich deutsche Zeitungen sich bisher ausgeschwiegen hatten, "offensichtlich auf Befehl von höherer Stelle", machten Privatpersonen in persönlichen Gesprächen ihrer Enttäuschung Luft und gaben den "geplagten Juden" die Schuld. Amerikanische Beobachter äußerten sich mit Erstaunen, daß trotz der Verstimmung unter dem einfachen Volk offizielle deutsche Kreise eine "bemerkenswerte höfliche Zurückhaltung" in der ganzen Heliumgeschichte geübt hatten. Botschafter Wilson bedauerte, daß Washington in der Angelegenheit "sich päpstlicher denn der Papst" gebärdet hatte. Trotz der Spannungen, die die Affäre in die deutsch-amerikanischen Beziehungen gebracht hatte, ließ nichts darauf schließen, daß Roosevelt das Helium-Kapitel noch einmal aufschlagen werde. Sumner Welles erklärte, daß der Präsident nichts unternehmen werde, was die "öffentliche Kontroverse" aufheizen könnte. Die "lautesten Schreier" in der amerikanischen Presse, von Ickes angestachelt, hatten gesiegt. Der Innenminister frohlockte ob seines Erfolges und kommentierte süffisant, daß Hull sich "wie ein verwöhntes Kind aufgeführt hatte, dem das begehrte Stück Kuchen verweigert wird." (8)

Ickes' Feldzug gegen den Export von Helium war mehr als eine persönliche Feindseligkeit und mehr als ein Ausdruck gefühlsgeladener Empörung über die Maßnahmen des deutschen Diktators. "Kein Helium für Berlin", aber "Schlachtschiffe für Moskau" bildeten einen integralen Bestandteil der von langer Hand vorbereiteten Rooseveltschen strategischen Planungen.

Im Jahre 1936 hatten die Sowjets in den USA eine Einkaufsagentur aufgemacht, die unabhängig von der offiziellen Organisation fungierte. Der einzige Zweck dieses Unternehmens bestand darin, den Kauf von Kriegsschiffen samt Ausrüstung in die Wege zu leiten. Unter der Firmierung Carp Export and Import Corporation wurde die Zentrale als eine amerikanische Gesellschaft deklariert und von erst kürzlich naturalisierten amerikanischen Bürgern geleitet. Carp, der Chef der Gesellschaft, war ein Schwager Molotows, und dieser sollte bald Litwinow als Stalins Kommissar für Auswärtige Angelegenheiten ablösen. Moskau hatte die Gesellschaft mit 300 000 Dollar kapitalisiert. Sowjetische Marineoffiziere und Techniker waren ihr zugeteilt. In seinen ersten Verhandlungen mit dem Außen- und dem Marineministerium beging Carp jeden nur erdenklichen Fehler. Statt seine Wünsche und Anliegen offen und ehrlich vorzubringen, nahm er Zuflucht zu "unnötigen und ärgerlichen Schachzügen". Als eingefleischter Bolschewist ging er von der Voraussetzung aus, daß die Amerikaner sich dem marxistisch-leninistischen Klischee entsprechend als Kapitalisten und Klassenfeind automatisch "betrügerisch" und "falsch" verhielten. Er machte von jedem "nur erdenklichen orientalischen Trick" Gebrauch, um sein Ziel zu erreichen. Nachdem er hatte erkennen müssen, daß er sich durch seine Finten amerikanische Schiffsbauer und hochgestellte Offiziere des Marineministeriums zum Feind gemacht hatte, spannte er den einstigen Demokratischen Parteipolitiker von Oklahoma, Scott Ferris, für seine Dienste ein in der Hoffnung, aus der verfahrenen Situation herauszukommen. Als Carp in erneute Verhandlungen mit Schiffbauern eintrat, die ihre Bereitschaft bekundeten, mit der sowjetischen Regierung Geschäfte zu machen, wurden diese jedoch durch Beamte des Marineministeriums, das Transaktionen mit "einer kommunistischen Regierung" entschieden ablehnte, kopfscheu gemacht. Monate des Feilschens verstrichen, und es bedurfte des persönlichen Eingreifens Roosevelts, um "die zuständigen Marineoffiziere dazu zu zwingen, wenistens den Anschein zu erwecken, als stimmten sie mit der Regierungspolitik überein."

Nachdem er die erste Hürde genommen hatte, heuerte Carp den führenden Schiffbauingenieur der USA, Gibbs, an, um Pläne für Schiffe zu entwerfen, die für die Sowjetunion auf amerikanischen Werften gebaut werden sollten. Als diese dem Ministerialdirektor im Marineministerium, Edison, vorgelegt wurden, eilte dieser sofort ins Weiße Haus. Roosevelt zeigte sich "ungeheuer" beeindruckt, da die Entwürfe eine "schwimmende Festung" von 62 000 Tonnen vorsahen, bestückt mit 18-Zoll-Kanonen und ausgerüstet mit einer Landebahn für Flugzeuge. Der Präsident befürwortete das Bauvorhaben u.a. mit der Begründung, daß der Bau dieser Schlachtschiffe "vier oder fünf Jahre dauern und daß, sollte die Regierung sich während dieser Zeit einer Notlage gegenübersehen, sie die Schiffe übernehmen werde." Die Sowjetbotschaft in Washington wurde umgehend von dieser Entscheidung unterrichtet.

Unterdessen köderten die Sowjets Botschafter Davies und Roosevelt mit Schmeicheleien. Stalins bisherige Erfahrungen im Umgang mit dem

Präsidenten hatten bewiesen, daß die Politik des Zuckerbrots eher geeignet war, die amerikanische Regierung gefügig zu machen, als das Schwingen der Peitsche. Litwinow vertraute dem naiv gutgläubigen Botschafter an, daß die Sowjetunion "mehr für die Vereinigten Staaten denn jedes andere Land tun werde". Moskau war Washington "wohlgesinnt". Im Kreml hatte sich die Überzeugung durchgesetzt, daß Amerika "keine eigennützigen Absichten" zum Nachteil der UdSSR verfolgte. Außerdem war Stalin von "großer Bewunderung" für Roosevelt und dessen "wundervolle Leistungen" erfüllt.

In Washington teilten die sowjetischen Diplomaten Roosevelts "Begeisterung" über die Schiffbauentwürfe, und alles sprach dafür, daß "der Kiel bald gelegt werden würde." Aber dann stieß das Bauvorhaben plötzlich auf vehemente Opposition. Norman Davis, der Sonderbotschafter des Präsidenten, legte energischen Widerspruch ein, weil der Bau von 62 000-Tonnen-Schlachtschiffen auf amerikanischen Werften die Bestimmungen bestehender Flottenbegrenzungsverträge verletzte und den Abschluß künftiger Verträge erschweren könnte. Er bestürmte den Präsidenten, die Entscheidung rückgängig zu machen. Green wurde beauftragt, die Materie neu zu durchdenken. Er unterbreitete schließlich ein Memorandum, in dem er den Vorschlag machte, neue Entwürfe anzufertigen, die den bestehenden Bestimmungen entsprachen. (9)

Als der Sowjetbotschafter davon erfuhr, setzte er sich umgehend mit Hull in Verbindung. Der Außenminister deutete an, daß die amerikanische Regierung nur ungern die Genehmigung zum Bau von Schlachtschiffen dieser Größe erteilen würde, weil sie befürchtete, dadurch einen Wettlauf im Flottenbau auszulösen. Er empfahl Trojanowskij, Green aufzusuchen und mit ihm die Angelegenheit zu besprechen. Aber der Botschafter ging schnurstracks zum Chef der Europa-Abteilung im State Department, um Auskunft über den Stand der Dinge zu erhalten. Moffat machte ihn darauf aufmerksam, daß der Londoner Vertrag von 1936 die USA daran hinderte, Schiffe von mehr als 35 000 Tonnen zu bauen. Sollten zukünftige Verhandlungen die Begrenzung auf 45 000 Tonnen heraufsetzen, dann würden sich die USA an diese Bestimmungen halten, was amerikanische Werften daran hindern würde, Schlachtschiffe in der von Moskau gewünschten Größe zu bauen. Grundsätzlich bestand jedoch kein Hindernis für das Bauprojekt von modernen Kriegsschiffen für die UdSSR: " ... der Plan war von höchster Stelle genehmigt worden." Trojanowskij ersuchte die Roosevelt-Regierung, "sich noch entschiedener dafür auszusprechen". (10)

Inzwischen hatte das Marineministerium in einem Schreiben an Hull Stellung genommen, der das Memorandum an Moffat und Green weiterleitete. Am 23. Mai sprachen Edison und Kapitän zur See Fisher bei diesen Beamten im State Department vor. Ministerialdirektor Edison gab zu verstehen, daß er am liebsten die Verantwortung auf die Schultern anderer Behörden abschieben wollte, denn er war sich klar darüber, daß die negative Haltung des Marineministeriums nicht mit der offiziellen Politik der Exekutive übereinstimmte. Edison wurde nahegelegt, die Einwände seines

Ministeriums nochmals zu überdenken, da der sowjetische Botschafter bald auf einen endgültigen Bescheid drängen werde. Aber Edison zögerte, weil er hoffte, der Präsident werde sein volles Prestige in die Waagschale werfen, um es dadurch "dem Marineministerium zu erleichtern, den Bau eines Schlachtschiffes in Angriff zu nehmen." Um die Durchführung zu beschleunigen, schlug Green vor, daß Edison und Hull den Präsidenten schriftlich um eine "endgültige Entscheidung" ersuchen sollten. Diesen Vorschlag setzten beide am 8. Juni in die Tat um. (11)

In diesem Augenblick inszenierte Stalin in Moskau eine Show, die mit dem Entscheidungsprozeß in Washington zusammenfallen sollte. Von seinen Agenten in der amerikanischen Regierung oder der US-Botschaft in der sowjetischen Hauptstadt mußte ihm die Nachricht zugetragen worden sein, daß die Entwicklungen in eine kritische Phase getreten waren. Am 5. Juni empfing er Botschafter Davies ostentativ. Dieses Ereignis löste im diplomatischen Corps "geradezu eine Sensation" aus. Um ganz sicher zu gehen, daß diese Wirkung auch in Washington nicht ihren Eindruck verfehlte, wurde Trojanowskij im State Department vorstellig, "übersprudelnd" von Begeisterung. Er betonte, daß die persönliche Begegnung zwischen Stalin und Davies "einen echten Wendepunkt" in den sowjetisch-amerikanischen Beziehungen ankündigte. (12)

Roosevelt stand noch im Banne dieser dramatischen sowjetischen Geste, als ihn das gemeinsame Schreiben von Hull und Edison erreichte. In Begleitung von Green und Moffat suchte Edison den Präsidenten auf, um die Angelegenheit zu besprechen. Roosevelt schien fest entschlossen, sich für Stalins schöne, aber leere Worte mit substantiellen Gegenleistungen zu revanchieren. Er entschied sich, die Gibbsschen Baupläne dem Kreml auszuhändigen. Irgendwelche juristischen Gründe standen einer Durchführung des geplanten Vorhabens nicht im Wege. Als er gefragt wurde, ob Gibbs und Trojanowskij entsprechend unterrichtet werden sollten, bestand Roosevelt "ausdrücklich" darauf, daß es "nicht nur klargemacht werden sollte, daß wir keine Einwendung gegen diese vorgeschlagene Transaktion hätten, sondern daß wir zuversichtlich seien, sie durchzuführen." Er schlug außerdem vor, die Höchsttonnage auf 45 000 Tonnen festzusetzen. Als Moffat ihn an die bestehenden vertraglichen Verpflichtungen erinnerte, schob er diese Einwendung beiseite. Schließlich beabsichtigte auch er, 45 000-Tonnen-Schlachtschiffe in den Dienst der amerikanischen Flotte zu stellen. Roosevelt betonte, daß Schiffbauern, Fabrikanten und Schiffbauingenieuren mitgeteilt werden solle, daß seine Regierung es "begrüßen" würde, wenn Vorbereitungen für den Bau von Schlachtschiffen für die Rote Flotte getroffen würden.

Als Edison dem Präsidenten nahelegte, vorher eine Sondergenehmigung der Legislative einzuholen, erhob Roosevelt Einspruch. Er beharrte darauf, daß der Kongreß in dieser Angelegenheit nicht konsultiert werden sollte. Er gab dem Marineministerium strikte Anweisung, den Schiffbaumeistern, Schiffbauern und den sowjetischen Offizieren, die den Bau der Schlachtschiffe beaufsichtigen würden, "hilfreiche Unterstützung" zu gewähren. Da er sich dessen bewußt war, daß gewisse Offiziere des Marineministeriums "Schwierigkeiten aus Gründen militärischer Geheimhaltung" machen würden, forderte er Edison auf, bei der Durchführung des Bauvorhabens eine "großzügige Haltung" an den Tag zu legen. Edison hatte den Eindruck gewonnen, daß der Präsident voll und ganz hinter dem Projekt stand. Um das widerspenstige Marineministerium dazu zu bringen, seine einmal gefällte Entscheidung auszuführen, schlug Roosevelt vor, entweder einen Admiral oder einen Kapitän zur See zu ernennen, der "unter Leitung von Edison die volle Verantwortung für alle im Zusammenhang mit dem Bauvorhaben auftretenden Fragen übernehmen würde ... und der alle Besprechungen mit Baumeistern, Schiffbauern und anderen an dieser Sache Beteiligten zu führen hatte."

Die Weichen waren gestellt. Moffat bemitleidete Edison, weil er nur zu genau wußte, daß der Ministerialdirektor "bei seinen Admiralen" auf zähen Widerstand stoßen werde. Edison rechnete damit, "gekreuzigt zu werden, noch bevor er seine Aufgabe beendet hatte, aber wenn er schon gekreuzigt werden sollte, dann lieber für eine klare Sache als grundlos." (13)

Verschiedene Gründe hatten Roosevelt veranlaßt, persönlich in den Entscheidungsprozeß einzugreifen. Als einen wenn auch dilettantischen Flottenenthusiasten fesselten ihn die Gibbsschen Baupläne. Außerdem entsprach es seinen Absichten, die Begrenzung auf 45 000 Tonnen zu erhöhen und die Sowjets, dadurch daß sie Schlachtschiffe dieser Größe auf amerikanischen Werften bauten, einen Präzedenzfall schaffen zu lassen. Seit 1933 hatte die Sowjetunion in all seinen außenpolitischen Überlegungen eine bedeutsame Rolle gespielt. Er hoffte, sie als Gegengewicht gegen Japan und Deutschland gebrauchen zu können. Ickes hatte als sein Stellvertreter die Heliumaffäre gegen Deutschland ausgefochten. Wenn grundsätzliche und richtungsweisende Entscheidungen gefällt werden mußten, dann sprang Roosevelt selbst in die Bresche. Der Bau von Schlachtschiffen für die Rote Flotte war ein solches Schwellenereignis.

Nachwort

Die amerikanische Marschroute war abgesteckt. Die ersten Zwischenstationen waren bereits durcheilt. Obwohl Washington den Fahrplan nicht bis ins letzte Detail ausgearbeitet hatte, war die Endstation klar vorbestimmt. Aus dem Raster der Vorurteile sollte die Außenpolitik Roosevelts nicht wieder ausbrechen. In seiner Vision – die Westmächte und die UdSSR zu einer großen Allianz zusammenzuschweißen – war Deutschland als Feindbild eindeutig fixiert. Seine Hauptberater, die bisher die amerikanische Deutschlandpolitik auf Kollisionskurs mit dem Reich gesteuert hatten, folgten auch weiterhin der Kompaßnadel, die ihr politisch-ideologisches Magnetfeld manipulierte.

Roosevelt, der als Pragmatiker in die politische Arena getreten war, hatte sich als Doktrinär entpuppt. Die Ideologen Stalin und in noch krasserem Maße Hitler hatten sich als windige Realpolitiker erwiesen, die sich ständig wandelnden Konstellationen zum eigenen Vorteil ausnutzend.

Während für Roosevelt der politische Film nach dem Drehbuch "Mein Kampf" abzulaufen schien, behielt sich sein Verfasser das Recht vor, die einzelnen Szenen umzuschreiben und sich von plötzlichen Intuitionen und neuen Gegebenheiten leiten zu lassen. Daß die Zentralthematik, nämlich die Revision des Versailler Diktats, nicht aus dem Skript gestrichen werden konnte, entsprang nicht den Launen des Drehbuchautors Hitler, sondern war vielmehr die Folge der politischen Imperative, die hart im politischen Raum standen. Auf die ursächliche Problemstellung hatte der Verfasser von "Mein Kampf" keinen Einfluß. Lediglich in der Suche nach einer Lösung konnte er seine Findigkeit unter Beweis stellen eben dadurch, daß er die schwächsten Glieder der Kette von nur bedingt vorhersehbaren Ereignissen seinen eigenen Zwecken und seinem Machtstreben dienlich zu machen versuchte. Die Revisionspolitik der demokratischen Weimarer Republik war bei den westlichen Demokratien auf keine positive Resonanz gestoßen. Die historisch gemachten Erfahrungen bedingten, daß sich einerseits neue Verhaltensweisen zwangsläufig aufdrängten, andererseits aber Entscheidungszwänge den Spielraum begrenzten.

Das unberechenbare Verhalten seiner Gegenspieler in Wien und Prag, Schuschnigg und Benesch, stellte Hitler 1938 vor risikohafte und oft bewußt dramatisierte Situationen, in denen er sein Improvisationstalent beweisen mußte. Seine Absichten, die österreichische und sudetendeutsche Frage über einen evolutionären Ablauf auf eine befriedigende Lösung zutreiben zu lassen, drohten der österreichische Kanzler und der tschechoslowakische Präsident zu zerschlagen. Schuschniggs geplante Volksbefragung und die von Benesch provozierte Maikrise lösten politische Debakel aus, aus denen sie als Sieger hervorzugehen hofften. Beide wagten einen hohen Einsatz, weil sie sich leichtsinnigerweise auf die diplomatische und politische Unterstützung der Westmächte verließen. Die Niederlage, die sie beabsichtigten, Hitler beizubringen, wurde zum Eigentor. Der Anschluß und das Münchner Abkommen waren die unmittelbaren Folgen. Aber Roosevelt, der sich inzwischen zum parteiischen Schiedsrichter aufgeworfen hatte, glaubte das Ergebnis annullieren zu können. In der zweiten Halbzeit, die nach München anlief, sollte das diplomatisch-psychologische Spiel nach seinen Regeln ablaufen.

Unter seiner Führung sollte die Anti-Aggressor-Mannschaft aufs Feld ziehen. Frankreich und Großbritannien wurde signalisiert, ihren Einsatz zu erhöhen und sich an den Mannschaftsgeist zu halten, den Roosevelt entfachte. Nicht mehr als Stürmer, sondern in der Rolle der sturen Verteidiger auf dem europäischen Vorfeld durften sie auftreten. Er spornte sie an, ihre Rüstungsanstrengungen zu erhöhen und ihren Rüstungsrückstand durch amerikanische Lieferungen auszugleichen, während er selbst sein Aufrüstungsprogramm Ende 1938 auf vollen Touren anlaufen ließ. Der amerikanische Druck und die britisch-französische Furcht, sich den Vereinigten Staaten zu entfremden, beeinflußten in der Folgezeit die politischen Handlungen und Maßnahmen dieser beiden Stellvertreter.

Um im europäischen Osten einen Dammbruch zu verhindern, koordinierten die Westmächte ihre diplomatische und wirtschaftliche Containment-Politik. Polen mußte sich dieser Phalanx anschließen. Der polnische Außenminister Beck war bereit, Vabanque zu spielen. Sobald die Vereinigten Staaten ihren Einfluß auf Paris und London merkbar verstärkt hatten und sich der Eindruck allgemein festgesetzt hatte, daß Roosevelt seinen Führungsanspruch wirkungsvoll demonstrierte, entschloß sich Polen, in das von Amerika bestimmte Marschtempo einzufallen. Um die Jahreswende 1938/39 waren in Warschau die Würfel gefallen. Becks Gespräche mit Hitler und Ribbentrop waren lediglich Verschleierungsmanöver, die Auseinandersetzung mit dem Reich auf einen Zeitpunkt hinauszuschieben, der es den Gegenmächten erlaubte, aus der Position relativer Stärke zu handeln. Chamberlains Garantie für Polen war nur ein Echo auf die Stimme Roosevelts, die sich längst in Warschau Gehör verschafft hatte. Die polnische Intransigenz, die sich von Oktober 1938 bis März 1939 immer mehr verhärtete, ging nicht so sehr auf das Konto des britischen Premierministers, der selbst im Windschatten Roosevelts segelte, als viel mehr auf das des amerikanischen Präsidenten.

Als die dramatisch inszenierte Krieg-in-Sicht-Panikmache im Januar und Februar 1939 die Gemüter in einen bisher nicht gekannten Spannungszustand versetzt hatte, aktivierte Roosevelt das Tempo seiner psychologischen Kriegsführung gegen das Reich. Die Gerüchte, daß Deutschland umfangreiche Aggressionsabsichten unmittelbar verwirklichen wollte, waren bar jeder Substanz. Aber der durch sie ausgelöste politische Erdrutsch sollte die Rest-Tschechoslowakei im März in den Abgrund reißen.

Im Januar 1939 zog der Rooseveltsche Schatten immer drohender am europäischen Horizont auf und warf Silhouetten, die plötzlich den noch vor kurzer Zeit dunklen Schatten Stalins abdeckten. Plötzlich wurde Stalin für alle zum Angelpunkt. Er, der sich seit 1937 ins Abseits gestellt hatte, sah sich plötzlich umworben.

Seine Spaltungsstrategie hatte die Gegensätze im kapitalistischen Lager verschärft. Die britische Garantie Polens war für ihn der endgültige Beweis, daß die Auseinandersetzung ihren unvermeidlichen Lauf nehmen würde. In der Rolle des lachenden Dritten nahm er schließlich das Angebot Hitlers an, das den "Zweiten imperialistischen Krieg" auslösen sollte, auf den er sich seit Ende der zwanziger Jahre systematisch vorbereitet hatte. Seit 1933 hatte er darauf gewartet, daß Hitler für die Ostorientierung optieren würde. Als Reichskanzler — über weite Strecken geschickt lavierend — hatte Hitler seine angeblich unumstößlichen in Stein gemeißelten "Mein Kampf"-Thesen auf den Kopf gestellt. Der Pragmatiker hatte vorerst Oberhand über den Doktrinär gewonnen.

Erläuterungen
zum Anhang

Der ausführliche Anhang besteht aus einem "Verzeichnis der Abkürzungen", dem Fußnotenapparat, dem "Verzeichnis der zitierten Autoren" und einem Personenregister. Ferner befinden sich im Anhang Faksimile-Wiedergaben einiger verwendeter Dokumente. Diese wurden nicht nach dem Gesichtspunkt besonderer Brisanz ausgewählt, sondern sollen lediglich die Form der benutzten Primärquellen demonstrieren.

Um den Fußnotenapparat nicht zu überladen, wurde für mehrfach zitierte Quellen ein Schlüssel entwickelt. Bei Wiederholungszitierungen erfolgt der Verweis auf die Erstzitierung z.B. so: "Domarus, siehe (3.10)". In Kapitel 3, Anmerkung 10 findet sich dann die vollständige Zitierung des Titels von Domarus. Die Kapitel zählen von "0" (Einleitung) bis 15.

Soweit aus Primärquellen wie Archivbeständen und Nachlässen zitiert wird, werden lediglich Kurzbezeichnungen der Quellen angegeben, wie z.B. "Moffat-Nachlaß" oder "ADAP-NA". Im "Verzeichnis der Abkürzungen" werden diese Quellen ausführlich erläutert.

Da der Autor das vorliegende Buch im englischsprachigen Ausland verfaßte, werden zuweilen von deutschen Titeln die englischen Ausgaben zitiert.

Wegen der Ausführlichkeit des Fußnotenapparates wird auf ein geschlossenes Literaturverzeichnis verzichtet. Stattdessen werden alle zitierten Autoren alphabetisch aufgelistet. In diesem "Verzeichnis der zitierten Autoren" wird die Fundstelle der jeweiligen vollständigen Quelle nach obigem Zahlenschlüssel angegeben.

Verzeichnis
der Abkürzungen

Abwehr-NA	Reichskriegsministerium-Ausland, Abwehr. U.S. National Archives und U.S. Naval Archives, Washington, D.C. (Unveröffentlichte Dokumente)
ADAP	Akten zur Deutschen Auswärtigen Politik, 1918-1945. Serien C und D. Baden-Baden (Im folgenden zitiert: ADAP, Serie, Bd., Dok. Nr. oder Seitenzahl)
ADAP-NA	Akten zur Deutschen Auswärtigen Politik. U.S. National Archives, Washington, D.C. (Hier handelt es sich um die unveröffentlichten Akten des ehemaligen Auswärtigen Amtes, die nach dem zweiten Weltkrieg erbeutet, nach den Vereinigten Staaten verlagert und schließlich auf Mikrofilmen aufgenommen wurden. Um das Anmerkungsverzeichnis nicht zu überlasten, sind die Nummern der Mikrofilmrollen und -rahmen nicht angegeben)
Baarslag-Nachlaß	Karl Baarslag Papers. Herbert Hoover Presidential Library, West Branch, Iowa (Unveröffentlicht) *Karl Baarslag beschäftigte sich seit 1920 intensiv mit der kommunistischen Herausforderung. Nach dem japanischen Angriff auf Pearl Harbour wurde er ins Office of Naval Intelligence, ONI (Marine-Nachrichtenbüro), berufen. Er gehörte später zum Stab von Feldmarschall Montgomery und traf als erster*

US-Marineoffizier 5 Tage vor der deutschen Kapitulation in Kiel ein. 83-jährig 1984 in Palm Beach, Florida, gestorben.

Carr-Nachlaß

Wilbur J. Carr Papers. Manuscript Division, U.S. Library of Congress, Washington, D.C. (Unveröffentlicht)

Wilbur J. Carr war u.a. Assistant Secretary of State (Ministerialdirektor) im US-Auswärtigen Amt bis 1937, danach US-Gesandter in Prag.

CSR-NA

Archive des ehemaligen tschechoslowakischen Staates. Auswärtiges Amt. Politische Abteilung (Hier handelt es sich um die von deutschen Behörden 1939 erbeuteten unveröffentlichten tschechoslowakischen Dokumente, die nach dem zweiten Weltkrieg mit dem gesamten Aktenbestand des ehemaligen Auswärtigen Amtes nach Washington, D.C., verlagert und auf Mikrofilm aufgenommen wurden. Dieses Material kann im U.S. National Archives eingesehen werden. Auch in diesem Fall sind die Nummern der Mikrofilmrollen und -rahmen im Anmerkungsverzeichnis nicht angegeben)

Davies-Nachlaß

Joseph E. Davies Papers. Manuscript Division, U.S. Library of Congress, Washington, D.C. (Unveröffentlicht, mit Ausnahme des Materials, das Davies in seinen Memoiren publiziert hat)

Joseph E. Davies war großzügiger Geldspender für die demokratische Partei, politischer Ignoramus und Bewunderer Stalins. Er hatte engste Kontakte zum Weißen Haus. Er wurde US-Botschafter in Moskau als Nachfolger von Bullitt.

Davis-Nachlaß

Norman Davis Papers. Manuscript Division, U.S. Library of Congress, Washington, D.C. (Unveröffentlicht)

Norman Davis war US-Delegierter bei der Genfer Abrüstungskonferenz 1933, US-Delegierter bei der Flottenkonferenz der Großmächte in London 1935/36 und US-Delegierter bei der Neunmächtekonferenz in Brüssel 1937. Ab 1938 wurde er Präsident des amerikanischen Roten Kreuzes und für diesen Posten von Roosevelt ernannt.

DBFP	Documents on British Foreign Policy, 1919-1939. London: H. M. Stationary Office (Veröffentlichte Akten des Britischen Außenministeriums; im folgenden zitiert: DBFP, Serie, Bd. und Seitenzahl)
DBFP-PRO	Documents on British Foreign Policy. London, Public Record Office (Hier handelt es sich um unveröffentlichte Aktenbestände des Britischen Foreign Office)
DGFP	Documents on German Foreign Policy, 1918-1945. Series C und D. Washington, D.C. (Hier handelt es sich um die amerikanische Ausgabe von ADAP; im folgenden zitiert: DGFP, Serie, Bd., Dok. Nr. oder Seitenzahl)
DR-NA	Akten der "Dienststelle Ribbentrop". U.S. National Archives, Washington, D.C. (Diese unveröffentlichten Aktenbestände sind auf Mikrofilm aufgenommen. Auch in diesem Fall werden die Nummern der Mikrofilmrollen und -rahmen aus technischen Gründen nicht angegeben)
FDR-Nachlaß	Franklin D. Roosevelt Papers. Franklin D. Roosevelt Memorial Library, Hyde Park, New York (Unveröffentlicht mit Ausnahme des im Laufe der Jahre publizierten Materials)
	Roosevelt, Assistant Secretary of Navy (Ministerialdirektor) 1913-1920, Vizepräsidentschaftskandidat der Demokratischen Partei 1920, Gouverneur von New York 1929-33, US-Präsident 1933-1945.
Frankfurter-Nachlaß	Felix Frankfurter Papers. Manuscript Division, U.S. Library of Congress, Washington, D.C. (Unveröffentlicht)
	Felix Frankfurter hatte ständigen und unmittelbaren Zugang zu Präsident Wilson und dessen Chefberater, wie auch später zu Franklin D. Roosevelt. Er war Rechtsprofessor an der Harvard-Universität, gehörte den Kreisen an, die während der 30er Jahre enge Kontakte zu den Verfechtern der amerikanisch-sowjetischen Zusammenarbeit pflegten. Richter am Obersten Gerichtshof der Vereinigten Staaten.

FRUS   Foreign Relations of the United States. Washington, D.C. (Hier handelt es sich um die veröffentlichten Akten des U.S. Department of State/Außenministeriums. Im folgenden zitiert: FRUS, Jahresband und Seitenzahl)

FRUS-NA   Foreign Relations of the United States. U.S. National Archives, Washington, D.C. (Hier handelt es sich um die unveröffentlichten Aktenbestände des U.S. Department of State/Außenministeriums)

FRUS-SU   Foreign Relations of the United States: The Soviet Union, 1933-1939. Washington, D.C. (Veröffentlicht)

Grew-Nachlaß Joseph C. Grew Papers. Houghton Library, Harvard University, Cambridge, Mass. (Unveröffentlicht)

Grew war US-Botschafter in Tokio, danach Staatssekretär im US-Auswärtigen Amt.

Harrison-Nachlaß Leland Harrison Papers. Manuscript Division, U.S. Library of Congress, Washington, D.C. (Unveröffentlicht)

Leland Harrison, Berufsdiplomat, war u.a. US-Gesandter in Bukarest und Genf. 1937 als nicht stimmberechtigter Vertreter der Vereinigten Staaten im Fernöstlichen Beraterausschuß (Far East Advisory Committee)

Hewel-Nachlaß Walther-Hewel-Tagebücher. Photokopierte Auszüge aus diesen Tagebüchern wurden dem Verfasser freundlicherweise von Herrn David Irving zur Verfügung gestellt. (Unveröffentlicht)

Walther Hewel, ein Jugendfreund Hitlers, war Verbindungsmann zwischen Hitler und Ribbentrop. Er nahm 1923 am Putsch in München teil, ging dann ins Ausland nach Indonesien und kam 1933 nach der Regierungsübernahme Hitlers zurück nach Deutschland.

Hoover-Nachlaß Herbert Hoover Papers. Herbert Hoover Presidential Library, West Branch, Iowa (Unveröffentlicht)

Herbert Hoover war von 1929 bis 1933 Präsident der USA.

Hull-Nachlaß	Cordell Hull Papers. Manuscript Division, U.S. Library of Congress, Washington, D.C. (Unveröffentlicht)
	Hull war zunächst US-Abgeordneter, danach US-Senator von Tennessy, dann US-Außenminister von 1933-44. Er war ein Befürworter einer Freihandelspolitik und eingefleischter Anhänger des Wilsonschen Internationalismus.
IMT	Akten des Internationalen Militärtribunals in Nürnberg. Im Volksmund genannt: Nürnberger Prozeß. (Im folgenden zitiert: IMT, Band, Seite)
Knox-Nachlaß	Frank Knox Papers. Manuscript Division, U.S. Library of Congress, Washington, D.C. (Unveröffentlicht)
	Frank Knox war Zeitungsverleger, Republikanischer Vizepräsidentschaftskandidat 1936, Marineminister (Secretary of Navy) im Roosevelt-Kabinett seit 1940.
Kriegstagebuch – M	Kriegstagebuch der deutschen Seekriegsleitung. U.S. Naval Archives, Washington, D.C. (Unveröffentlicht)
Krogmann-Nachlaß	Tagebücher, Briefe, etc., des ehemaligen Regierenden Bürgermeisters von Hamburg, Carl Vincent Krogmann. Der gesamte Nachlaß befindet sich auf Mikrofilmen im Besitz des Verfassers.
	Krogmann war nach 1933 Regierender Bürgermeister der Freien und Hansestadt Hamburg.
Lane-Nachlaß	Arthur Bliss Lane Papers. Stirling Library, Yale University, New Haven, Conn. (Unveröffentlicht)
	Arthur Bliss Lane begann seine diplomatische Karriere 1916 in London. Er hatte u.a. Posten in Mexiko, Washington, Mittelamerika, Litauen und Belgrad 1937/41. Ab 1944 war er als US-Botschafter bei der polnischen Exilregierung in London akkreditiert.
Long-Nachlaß	Breckinridge Long Papers. Manuscript Division, U.S. Library of Congress. Washington, D.C. (Unveröffentlicht, mit Ausnahme von Auszügen aus den Tagebüchern)
	Breckinridge Long war US-Botschafter in Rom bis 1936.

Messersmith-Nachlaß George S. Messersmith Papers. University of Delaware Library, University of Delaware (Unveröffentlicht)

Messersmith war als Berufsdiplomat zunächst in Lateinamerika, später Generalkonsul in Berlin und Wien. 1937 wurde er Assistant Secretary of State (Ministerialdirektor) im US-Auswärtigen Amt, danach Botschafter in Buenos Aires. Roosevelt trug sich mit dem Gedanken, ihn als Nachfolger von Cordell Hull zu berufen.

Moffat-Nachlaß J. Pierrepont Moffat Papers. Houghton Library, Harvard University, Cambridge, Mass. (Unveröffentlicht, mit Ausnahme von Auszügen aus den Tagebüchern)

Moffat, Berufsdiplomat, war Leiter der Westeuropa-Abteilung im US-Auswärtigen Amt, die später aufgelöst wurde und dann überging in die Europa-Abteilung im Auswärtigen Amt. Er sprach sich wiederholt kritisch über die Interventionspolitik Roosevelts aus, zumindest nach seinen Tagebüchern zu urteilen. Er zählte sich selbst zur Schule der Realisten im US-Auswärtigen Amt.

Moore-Nachlaß R. Walton Moore Papers. Franklin D. Roosevelt Memorial Library, Hyde Park, New York (Unveröffentlicht)

R. Walton Moore, US-Abgeordneter aus Virginia, Rechtsberater von Eisenbahn- und Schiffahrtsgesellschaften, Bekannter von Hull, wurde Assistant Secretary of State (Ministerialdirektor) im US-Auswärtigen Amt trotz Mangels an außenpolitischer Erfahrung. 1937 zum Counselor im US-Auswärtigen Amt ernannt, nachdem Sumner Welles ihn im Rennen um den Posten des Staatssekretärs im US-Außenministerium ausgestochen hatte.

Morgenthau-Nachlaß Henry Morgenthau, Jr. Papers. Franklin D. Roosevelt Memorial Library, Hyde Park, New York (Unveröffentlicht)

Morgenthau, US-Finanzminister unter Roosevelt, war ein enger Freund des Präsidenten. Aus seiner Feder stammt der Morgenthau-Plan aus dem Jahre 1944.

Pasvolsky-Nachlaß   Leo Pasvolsky Papers. Manuscript Division, U.S. Library of Congress, Washington, D.C. (Unveröffentlicht)

Pasvolsky war Beamter im US-Außenministerium.

Phillips-Nachlaß   William Phillips Papers. Houghton Library, Harvard University, Cambridge, Mass. (Unveröffentlicht)

William Phillips war Roosevelts 1. Staatssekretär im US-Auswärtigen Amt. Nach 1936 wurde er Nachfolger von Breckinridge Long als US-Botschafter in Rom.

Pittman-Nachlaß   Key Pittman Papers. Manuscript Division, U.S. Library of Congress, Washington, D.C. (Unveröffentlicht)

Key Pittmann, US-Senator von Nevada, war von 1933 bis zu seinem Tod 1940 Vorsitzender des Außenpolitischen Ausschusses des US-Senats.

Ribbentrop-Aufzeichnung   Aufzeichnungen von Joachim von Ribbentrop, 1945. Kopie im Besitz des Verfassers.

Joachim von Ribbentrop war von 1938 bis 1945 deutscher Reichs-Außenminister. Er wurde vom Internationalen Militär-Tribunal in Nürnberg zum Tode verurteilt und 1946 hingerichtet.

Steinhardt-Nachlaß   Laurence A. Steinhardt Papers. Manuscript Division, U.S. Library of Congress, Washington, D.C. (Unveröffentlicht).

Laurence Steinhardt, US-Gesandter in Stockholm, wurde 1939 Nachfolger von Bullitt und Davies als US-Botschafter in Moskau.

Stimson-Nachlaß   Henry L. Stimson Papers, Stirling Library, Yale University, New Haven, Conn. (Unveröffentlicht)

Stimson war bereits in der Hoover-Regierung Außenminister. Er wurde 1940 Kriegsminister (Secretary of War) im Roosevelt-Kabinett.

Villard-Nachlaß   Oswald Garrison Villard Papers. Houghton Library, Harvard University, Cambridge, Mass. (Unveröffentlicht)

Villard war Chefredakteur der US-Zeitschrift "Nation".

Wilson-Nachlaß Hugh R. Wilson Papers. Herbert Hoover Presidential Library, West Branch, Iowa (Unveröffentlicht)

Hugh Wilson war u.a. Assistant Secretary of State (Ministerialdirektor) im US-Außenministerium, danach US-Botschafter in Berlin, wo er 1938 Dodd ablöste.

Fußnotenapparat

Einleitung

(1) Schmitt, Carl: Politische Theologie: Vier Kapitel zur Lehre von der Souveränität. Berlin: Duncker & Humblot, 1979, 3. Auflage, S. 20

(2) Willms, Bernard: Die Deutsche Nation: Theorie - Lage - Zukunft. Köln: Hohenheim-Verlag, Edition Maschke, 1982, S. 176-178

(3) Teggart, Frederick J.: Theory and History. New Haven: Yale University Press, 1925, passim;– derselbe: Rome and China: A Study of Correlations in Historical Events. Berkeley: University of California Press, 1939, bes. Kap. 1;– Nisbet, Robert A.: Social Change and History: Aspects of the Western Theory of Development. New York: Oxford University Press, 1969, S. 240ff.;– Butterfield, Herbert: The Whig Interpretation of History. New York: W.W. Norton, 1965, passim;– Eibl-Eibesfeldt, Irenäus: Krieg und Frieden aus der Sicht der Verhaltensforschung. München: R. Piper & Co.-Verlag, S. 18ff.; – Lorenz, Konrad: "Wissenschaft, Ideologie und das Selbstverständnis unserer Gesellschaft", in: Eibl-Eibesfeldt (Hrsg.): Konrad Lorenz: Das Wirkungsgefüge der Natur und das Schicksal des Menschen: Gesammelte Arbeiten. München: R. Piper & Co.-Verlag, 1978, S. 136ff.;– Gehlen, Arnold: Der Mensch: Seine Natur und seine Stellung in der Welt. Frankfurt a.M.: Athenäum-Verlag, 1971, 9. Auflage, passim;– derselbe: Urmensch und Spätkultur: Philosophische Ergebnisse und Aussagen. Frankfurt a.M.: Athenäum-Verlag, 1964, 2., neu bearbeitete Auflage, bes. Teil I

(4) Die anlaufende Carl-Schmitt-Renaissance sollte Anlaß genug sein, auf die zahlreichen Schriften des großen deutschen Staatsrechtlers und politischen Philosophen hinzuweisen, die im Zuge der historischen Dämonisierung einerseits und des während der vergangenen 25 Jahre herrschenden politischen Behaviorismus in den Sozialwissenschaften andererseits in die Schweigespirale hineingetrieben wurden; paradoxerweise war es Schmitt, der immer wieder mit Nachdruck darauf verwiesen hat, daß der Begriff des Politischen sich als "Freund"-"Feind"-Konstellation definieren läßt, und daß der politische "Feind" eine politisch-exakte und keine emotional-aggressiv-verbrecherische Kategorie darstellt, siehe u.a. Schmitt, Carl: Der Begriff des Politischen: Text von 1932 mit einem Vorwort und drei Korollarien. Berlin: Duncker & Humblot, 1979;– derselbe: Der Nomos der Erde im Völkerrecht des Jus Publicum

Europaeum. Berlin: Duncker & Humblot, 1974, 2. Auflage;– derselbe: Theorie des Partisanen: Zwischenbemerkung zum Begriff des Politischen. Berlin: Duncker & Humblot, 1975, 2. Auflage;– siehe auch Schwab, George: "Enemy oder Foe: Der Konflikt der modernen Politik", in: Barion,Hans (Hrsg.): Epirrhosis: Festgabe für Carl Schmitt. Berlin: Duncker & Humblot, 1968, Bd. II, S. 665ff.;– Kunert, Dirk: The Loss of Innocence: Some Thoughts on the Discipline of International Relations and on South Africa's International Dilemma. Johannesburg: The South African Institute of International Affairs, 1984, S. 3-5 und S. 10;– mit der umfangreichen Studie von Bendersky, Joseph W.: Carl Schmitt: Theorist for the Reich. Princeton, N. J.: Princeton University Press, 1983, ist der deutsche Staatesrechtler endgültig aus der Anklagebank herausgetreten.

(5) Leff, Gordon: History and Social Theory. Garden City, N.Y.: Doubleday, 1971, S. 48-90;– Hexter, J. H.: The History Primer. New York: Basic Books, 1971, Kap. 5 und S. 118-135

(6) Bull, Hedley: The Anarchical Society: A Study of Order in World Politics. London: Macmillan, 1977, passim;– Aron, Raymond: Peace and War: A Theory of International Relations. Garden City, N.Y.: Doubleday, 1966, passim;– Morgenthau, Hans J.: Politics Among Nations: The Struggle for Power and Peace. New York: Alfred A. Knopf, 1963, passim;– Walz, Kenneth: Theory of International Politics. Reading, Mass.: Addison-Wesley Publishing Co., 1979, passim;– Gilpin, Robert G.: War and Change in World Politics. London: Cambridge University Press, 1981, passim;– Herz, John H.: "Idealist Internationalism and the Security Dilemma", in "World Politics", Bd. 2, Nr. 2, Januar 1950;– Aron, Raymond: "The Anarchical Order of Power", in "Daedalus", Bd. 95, 1966, S. 478ff.

(7) Modelski, George: "The Long Cycle of Global Politics and the Nation-State", Comparative Studies in History and Society, Bd. 20, 1978, S. 214ff.

(8) Siehe (0.6), alle Titel;– Mayall, James (Hrsg.): The Community of States: A Study in International Political Theory. London: George Allen & Unwin, 1982, bes. Teil I;– Miller, J.D.B.: "The Sovereign State and its Future", in "International Journal", Bd. 39, Nr. 2, 1984, S. 284ff.;– Gilpin, Robert G.: "The Richness of the Tradition of Political Realism", in "International Organization", Bd. 38, Nr. 2, 1984, S. 287ff.

(9) Der erste Zyklus lief Anfang des 18. Jahrhunderts mit dem Frieden von Utrecht an und der zweite Zyklus mit dem Wiener Kongreß, siehe, respektive, Savelle, Max: The Origins of American Diplomacy: The International History of Anglo-America, 1492-1763. New York: Macmillan, 1967, Kap. 10f. und Dehio, Ludwig: The Precarious Balance: Four Centuries of the European Power Struggle. New York: Random House, Vintage Books, 1962, bes. Kap. 3 und 4

(10) Gray, Colin S.: The Geopolitics of the Nuclear Era. New York: Crance, Russak, 1977, passim;– Harkavy, Robert E.: Great Power Competition for Overseas Bases: The Geopolitics of Access Diplomacy. New York: Pergamon Press, 1982, passim;– Kielmansegg, General J. A. Graf: "Europe's Heightened Role in Global Strategy", in "Strategic Review", Bd. 7, Nr. 1, 1979, S. 49ff.;– Kunert, Dirk: Wars of National Liberation, the Super-Powers and the Afro-Asian Ocean Region. Johannesburg: The South African Institute of International Affairs, 1977;– derselbe: "Una Contienda Desigual: Estados Unidos y la Union Sovietica en Africa", in "Revista de Ciencia Politica", Nr. 2, 1979, S. 56-93; derselbe: "Countering Soviet Influence in Southern Africa", in: Stewart-Smith, Geoffrey (Hrsg.): Towards a Grand Strategy for Global Freedom. London: Foreign Affairs Research Institute, 1981, S. 69-97

(11) Bull, Hedley: "Society and Anarchy in International Relations" und "The Grotian Conception of International Society", in: Butterfield, Herbert und Wight, Martin (Hrsg.): Diplomatic Investigations: Essays in the Theory of International Politics. London: George Allen & Unwin, 1966, S. 35ff. und S. 51ff.

(12) Diwald, Hellmut: Mut zur Geschichte. Bergisch Gladbach: Gustav Lübbe-Verlag, 1983, S. 136

(13) ebenda;– siehe auch Dickmann, Fritz: Die Kriegsschuldfrage auf der Friedens-

konferenz von Paris 1919. München: R. Oldenbourg Verlag, 1964; hier läßt sich, wenn auch nicht in Schmittscher Diktion, aber im Detail die punative Forderung nach "Kriegsverbrecherprozessen" während der Versailler "Friedens"-Verhandlungen nachlesen, wodurch die zwischenstaatlichen Beziehungen selbst des Konferenzablaufes noch kriminalisiert wurden.

(14) Berki, R. N.: "On Marxian Thought and the Problem of International Relations", in "World Politics", Bd. 24, Nr. 1, Oktober 1971, S. 80ff.;– Kulski, Wladyslaw W.: Peaceful Coexistence: An Analysis of Soviet Foreign Policy. Chicago: Henry Regenery Company, 1959, passim;– Goodman, Elliot R.: The Soviet Design for a World State. New York: Columbia University Press, 1960;– Ramundo, Bernard A.: Peaceful Coexistence. Baltimore: Johns Hopkins University Press, 1967;– Mitchell, R. Judson: Ideology of a Superpower: Contemporary Soviet Doctrine on International Relations. Stanford, Cal.: Hoover Institution Press, 1982

(15) Zum Thema der Bedeutung der "Grenze" in der amerikanischen Geschichte, als Erklärungsversuch von Frederick Jackson Turner in die Diskussion gestellt, siehe Auszüge aus den Schriften Turners und die sich daran anschließende Auseinandersetzung, Taylor, George Rogers (Hrsg.): The Turner Thesis: Concerning the Role of the Frontier in American History. Boston: D. C. Heath and Comp.' 1956, passim;– das sich gleichsam in konzentrischen Kreisen fortbewegende amerikanische Sendungsbewußtsein ist nachgezeichnet in den Studien von Merk, Frederick: Manifest Destiny and Mission in American History. New York: Random House, Vintage Books, 1966, bes. Kap. 2 und 10-12, und Burns, Edward M.: The American Idea of Mission: Concepts of National Purpose and Destiny. New Brunswick: Rutgers University Press, 1957

(16) Perkins, Dexter: The American Approach to Foreign Policy. New York: Atheneum, 1968, bes. S. 148-49 und S. 154;– Klingberg, Frank L.: "The Historical Alternation of Moods in American Foreign Policy", in "World Politics", Bd. 4, Nr. 2, Januar 1952, bes. S. 248– Ekirch, Arthur A., Jr.: Ideologies and Utopias: The Impact of the New Deal on American Thought. Chicago: Quadrangle Books, 1969, bes. Kap. 7 und 8

(17) Hier werden grundsätzliche Konzepte aufgegriffen, die Schmitt in seiner Arbeit über den "Nomos der Erde ..." (0.4) in den Mittelpunkt seiner Abhandlungen über das Thema der traditionellen zwischenstaatlichen Beziehungen stellt.

(18) Siehe (0.14), alle Titel

(19) Willms, siehe (0.2), S. 184f.

(20) Aus der Fülle der Literatur seien nur einige Studien herausgegriffen, Tucker, Robert C.: Nation or Empire? Baltimore: Johns Hopkins University Press, 1968; – Aron, Raymond: Die imperiale Republik: Die Vereinigten Staaten von Amerika und die übrige Welt seit 1945. Stuttgart: Belser-Verlag, 1975;– Seiden, Jacob: The Mongol Impact on Russia from the 13th Century to the Present: Mongol Contributions to the Political Instutions of Muscovy, Imperial Russia and the Soviet State. 3 Bde. unveröffentlichte Doktorarbeit, Georgetown University, 1971;– für eine Frühform des institutionalisierten und im Mongolenreich organisatorisch umgesetzten Sendungsbewußtseins siehe die Abhandlung von Voegelin, Eric: "Der Befehl Gottes", in: Voegelin, Eric: Anamnesis: Zur Theorie der Geschichte und Politik. München: R. Piper & Co.-Verlag, 1966, S. 179 ff.

(21) Nollau, Günther: International Communism and World Revolution: History & Methods. London: Hollis & Carter, 1961;– Borkenau, Franz: World Communism: A History of the Communist International. Ann Arbor: The University of Michigan Press, 1962;– Meissner, Boris: Die 'Breshnew-Doktrin': Dokumentation. Köln: Verlag Wissenschaft und Politik, 1969, bes. S. 14f.;– derselbe: Sowjetunion und Selbstbestimmungsrecht. Köln: Verlag Wissenschaft und Politik, 1962, Kap. 1-6; – Besancon, Alain: The Soviet Syndrome. New York: Harcourt Brace Jovanovich, 1978, bes. S. 41ff.;– Kolakowski, Leszek: Main Currents of Marxism. New York: Oxford University Press, 1981, Bd. II und III

(22) Ulam, Adam B.: "The Soviet Union and the Rules of the International Game",

in: London, Kurt (Hrsg.): The Soviet Union in World Politics. Boulder, Colorado: Westview Press, 1980, S. 25ff;– Kedouri, Elie: "A New International Disorder", in "Commentary", Bd. 70, Nr. 6, Dezember 1980, bes. S. 50-51;– Roth, Jack J. (Hrsg.): World War I: A Turning Point in Modern History. New York: Alfred A. Knopf, 1968, 2. Auflage, bes. Kap. 4 und 6

(23) Feuer, Lewis S.: "Marx and Engels as Sociobiologists", in "Survey: A Journal of East & West Studies", Bd. 23, Nr. 4, 1977/78, S. 109ff., bes. S. 135;– Wesson, Robert G.: Communism and Communist Systems. Englewood Cliffs, N. J.: Prentice-Hall, 1978, bes. S. 50f.

(24) Molnar, Thomas: Two Faces of American Foreign Policy. Indianapolis: Bobbs-Merrill Comp., 1962, passim;– Geiger, Theodore: The Conflicted Relationship: The West and the Transformation of Asia, Africa and Latin America. New York: McGraw-Hill Book Comp., 1967, bes. Kap. 2

(25) Schmitt, siehe (0.4) (Theorie des Partisanen), S. 56

(26) Calleo, David: The German Problem Reconsidered: Germany and the World Order, 1870 to the Present. London: Cambridge University Press, 1978, passim

(27) Krieger, Leonard: Kings and Philosophers 1689-1789. London: Weidenfeld and Nicolson, 1971, bes. S. 41-42;– Schroeder, Paul W.: "World War I as Galloping Gertie: A Reply to Joachim Remak", in "Journal of Modern History", Bd. 44, Nr 3, Sept. 1972, S. 319-345

1. Kapitel: Stalin und Sowjetrußland: Krieg und Revolution

(1) Lenin, V.I.: "Left-Wing Communism: An Infantile Disorder", in: Lenin, V.I. Selected Works. London: Lawrence and Wishart, 1938, Bd. 10, S. 138

(2) Zu den Themen "Marxismus", "Gnostik", "Utopie" und "Messianismus", siehe Gebhardt, Jürgen: "Karl Marx und Bruno Bauer", in: Dempf, Alois (Hrsg.) Politische Ordnung und menschliche Existenz. Festgabe für Eric Voegelin zum 60. Geburtstag. München: Verlag C.H. Beck, 1962, S. 202ff.;– Löwith, Karl: Weltgeschichte und Heilsgeschichte: Die theologischen Voraussetzungen der Geschichtsphilosophie. Stuttgart: W. Kohlhammer-Verlag, 5. Auflage, 1967, Kap. 2;– Molnar, Thomas: Die Linke beim Wort genommen. Stuttgart: Ernst Klett-Verlag, 1972, S. 23ff.;– Niel, Mathilde: Phychoanalyse des Marxismus. München: List-Verlag, S. 21ff. und S. 100ff.;– Niemeyer, Gerhart: Between Nothingness and Paradise. Baton Rouge: Louisiana State University Press, Kap. 3-5;– Tucker, Robert C.: Philosophy and Myth in Karl Marx. Cambridge: Cambridge University Press, 1961, passim;– Voegelin, Eric: The New Science of Politics: An Introduction. Chicago: The University of Chicago Press, 1952;– derselbe: From Enlightenment to Revolution. Hrsg. John H. Hallowell. Durham, N.C.: Duke University Press, 1975

(3) Marx, Karl: The Communist Manifesto. With an Introduction by Stefan T. Possony. Chicago: Henry Regnery, 7. Auflage, 1963, S. 13;– Engels, Friedrich: "Socialism: Utopian an Scientific", in Marx, Karl und Engels, Friedrich: Selected Works. Moskau: Foreign Languages Publishing House, 1955, Bd. 2, S. 134-135

(4) Possony, siehe (1.3), S. 14

(5) ebenda, S. 38

(6) ebenda, S. 38

(7) Tucker, siehe (1.2), S. 233;– zum Thema der Einheit von Theorie und Praxis, siehe Meyer, Alfred G.: The Unity of Theory and Practice: Marxism. Cambridge, Mass.: Harvard University Press, 1954;– Lobkowicz, Nicholas: Theory and Practice: History of a Concept from Aristotle to Marx. Notre Dame: University of Notre Dame Press, 1967

(8) Burns, Emile (Hrsg.): VI Congress of the Communist. International: Handbook of Marxism. New York: International Publishers, 1935, S. 990;– zum Thema der Leninschen Vision eines "Weltstaates" siehe die ausführliche Abhandlung von Goodman, siehe (0.14), passim

(9) Lenin, V.I.: State and Revolution. New York: International Publishers, 1932, S. 17

(10) Lenin, siehe (1.1)

(11) Black, Cyril E. und Thornton, Thomas P. (Hrsg.): Communism and Revolution: The Strategic Uses of Political Violence. Princeton: Princeton University Press, 1964, passim;– Reshetar Jr., John S., Possony, Stefan T. und Kulski, Wladyslaw W.: The Methodology of Conquest", in: Bochenski, Joseph M. und Niemeyer, Gerhart (Hrsg.): Handbook on Communism. New York: Frederick A. Praeger, 1962, S. 147ff.;– Besancon, siehe (0.21)

(12) Garthoff, Raymond L.: How Russia Makes War. London: Oxford University Press, 1954, S. 11

(13) Gehlen, Michael P.: The Politics of Coexistence: Soviet Methods and Motives. Bloomington: Indiana University Press, 1967, S. 29

(14) Meissner, Boris: "The Soviet Union under the Banner of Neo-Stalinism", in "Modern Age", Bd. 16, No. 2, S. 115;– der despotische Charakter des bolschewistischen Systems der Lenin- und Stalin-Ären ist überzeugend nachgewiesen von Kolakowski, siehe (0.21) und d'Encausse, Helene Carrere: Confiscated Power: How Soviet Russia Really Works. New York: Harper & Row, 1982;– das Fundament für Stalins despotisches Regime legte Lenin, siehe Leggett, George: The Cheka: Lenin's Political Police. Oxford: Clarendon Press, 1981

(15) Gehlen, siehe (1.13), S. 34f.;– Kulski, siehe (0.14), passim

(16) Neumann, Sigmund: "Engels and Marx: Military Concepts of the Social Revolution", in: Earle, Edward Mead (Hrsg.): Makers of Modern Strategy. Princeton: Princeton University Press, 1941, S. 156:– Arnold, Theodor: Der revolutionäre Krieg. Pfaffenhofen: Ilmgau-Verlag, 2. Auflage, 1961:– 'Historicus': "Stalin and Revolution", in "Foreign Affairs", Bd. 27, Nr. 2, Januar 1949, S. 175ff.;– Possony, Stefan T.: A Century of Conflict. Chicago: Henry Regnery, 1953, Kap. 1;– Semmel, Bernard (Hrsg.): Marxism and the Science of War. New York: Oxford University Press, 1981;– Wesson, siehe (0.23), Kap. 1;– Aron, Raymond. Clausewitz: Den Krieg denken. Frankfurt a.M.: Propyläen, 1980, S. 738ff.;– Schmitt, siehe (0.4) (Theorie des Partisanen), S. 52ff.;– Lobkowicz, Nikolaus: Marxismus und Machtergreifung: Der kommunistische Weg zur Herrschaft. Zürich : Interfrom AG, 1978, S. 64

(17) Stalin, J.: Problems of Leninism. Moskau: Foreign Language Publishing House, 1953, S. 83-84

(18) Gehlen, siehe (1.13), S. 34

(19) Schueller, G.K.: "The Politbureau", in: Lasswell, Harold D. und Lerner, D. (Hrsg.): World Revolutionary Elites: Studies in Coercive Ideological Movements. Cambridge, Mass.: M.I.T. Press, 1965, S. 125-128

(20) Engels, Friedrich: Anti-Dühring: Herr Eugen Dühring's Revolution of Science, zitiert nach Pomeroy, William J. (Hrsg.): Guerilla Warfare and Marxism. New York: International Publishers, 1968, S. 63

(21) Sutton, Anthony C.: Western Technology and Soviet Economic Development. Stanford, Cal.: Hoover Institution, Bd. 2 und 3, 1968 und 1971

(22) Lenin, V.I.: "The Fourth Anniversary of the October Revolution". in: Lenin, V.I.: Selected Works, Bd. 2, S. 751;– ebenfalls Lenin, V.I.: "Our Revolution: Apropos of the Note of N. Sukhanow", ebenda, S. 837

(23) Morgan, George A.: "Stalin on Revolution", in: Dallin, Alexander (Hrsg.): Soviet Conduct in World Affairs. New York: Columbia University Press, 1960, S. 167-168

(24) Sutton, siehe (1.21), Bd. 2 und 3, passim;– Luttwak, Edward N.: The Grand Strategy of the Soviet Union. London: Weidenfeld and Nicolson, 1983, S. 21f.

(25) Roy, M. N.: "Joseph Stalin: Mephisto of Modern History", in "The Radical Humanist", Bd. 14, Nr. 49, 1950, S. 584

(26) "Speech delivered at the Plenum of the Central Committee of R.C.P. (B), January 19, 1925", in: Stalin J.: Works. Moskau: Foreign Language Publishing House, 1954, Bd. 7, S. 13-14

(27) Sutton, siehe (1.21), Bd. 2, S. 344

(28) Brief Stalins an M. Gorki, Januar 1930

(29) Goodman, siehe (1.8), S. 304-307

(30) Thompson, Sir Robert: Revolutionary War in World Strategy, 1945-1969. New York: Taplinger, 1970, S. 39;– die Hauptthesen von der Wechselwirkung zwischen Krieg und Revolution und von den sowjetischen Streitkräften als Revolutionsinstrument bildeten einen integralen Bestandteil der Stalinschen Politik, siehe Hu Shih: "China in Stalin's Grand Strategy", in "Foreign Affairs", Bad. 29, Nr. 1, Oktober 1950, S. 11-40;– diese Grundelemente der Leninschen und Stalinschen Revolutionsstrategie stehen auch heute noch im Mittelpunkt der politisch-militärischen Sowjetdoktrin, siehe Dahm, Helmut: "The Ideological Background of the 25th Congress of the CPSU in View of Foreign Policy", in "Studies in Soviet Thought", Bd. 16, 1976, S. 111;– vgl. auch die Aussage von General Jepischew, Chef der Politischen Hauptverwaltung der sowjetischen Streitkräfte: "Die Sowjetarmee sei stets als objektiver Faktor bei der Entfaltung des weltrevolutionären Prozesses gewesen", in "Komsomolskaja Prawda", 23. Februar 1973, zitiert nach Kirsch, Botho: Kalter Friede – Was nun? Die Konfliktstrategie der Sowjets. Zürich: Interfrom AG, 1974, S. 43

(31) "Speech delivered at a meeting of the nuclei secretaries of the Moscow Organization of the Russian Communist Party (B), November 26, 1920", in: Lenin, V.I.: Selected Works. New York: International Publishers, 1943, Bd. 8, S. 279-298

(32) Page, Stanley W.: Lenin and World Revolution. New York: New York University Press, 1959, S. 135ff.;– Drachkovitch, Milorad M.: Lenin and the Comintern. Stanford, Cal.: Stanford University Press, 1972, Bd. 1, passim

(33) Lenin, V.I.: Imperialism – the Highest Stage of Capitalism. New York: International Publishers, 1939, S. 120-121

(34) Lenin (1916), zitiert nach Pomeroy, siehe (1.20), S. 107-108

(35) Lenin anläßlich des zweiten Kongresses der Kommunistischen Internationale (Komintern) im Juli 1920

(36) Lenin-Rede vom 26. November 1920, siehe (1.31)

(37) "Political Report of the Central Committee, December 18, 1925", in: Stalin, siehe (1.26), Bd. 7, S. 267ff.

(38) ebenda

(39) Wettig, Gerhard: "Kontinuität und Wandel der russischen Deutschland-Politik 1815-1969", in: Meissner, Boris und Rhode, Gotthold (Hrsg.): Grundfragen der sowjetischen Außenpolitik. Stuttgart: Verlag W. Kohlhammer, 1970, S. 73ff.

(40) ebenda;– Schiebel, Joseph: "Convergence or Confrontation? The Future of U.S. – Soviet Relations", in "The Intercollegiate Review", Bd. 5, Nr. 2, 1968-69, S. 108-111

(41) Lenin-Rede vom 26. November 1920, siehe (1.31) und Stalins Bericht vom 18. Dezember 1925

(42) Barghoorn, Frederick C.: The Soviet Image of the United States: A Study in Distortion. New York: Harcourt, Brace and Comp., 1950, S. 14-15

(43) Latham, Earl: The Communist Controversy in Washington: From the New Deal to McCarthy. Cambridge, Mass.: Harvard University Press, 1966, S. 21

(44) Possony, siehe (1.16), S. 138ff.

(45) Draper, Theodore: American Communism and Soviet Russia: The Formative Period. New York: The Viking Press, 1968, 2. Auflage, Kap. 14 und 15

(46) Goodman, siehe (1.8), S. 172

(47) Varga, Eugene: "Ways and Obstacles to the World Revolution", in "Communist International", Nr. 18/19, Dezember 1925-Januar 1926, S. 78-79

(48) Browder, Robert Paul: The Origins of Soviet-American Diplomacy. Princeton: Princeton University Press, 1953, Kap. 1 und 2;– Reitzes, Robert: Soviet-American Economic Relations During the 1920s. Georgetown University: Magister-Arbeit, 1969 (unveröffentlicht)

(49) Browder, siehe (1.48), Kap. 3;– McSherry, James E.: Stalin, Hitler, and Europe,

1933-1939: The Origins of World War II. Cleveland: The World Publishing Comp., 1968, Bd. 1, S. 3ff.

(50) Die sowjetischen Machenschaften, die Vereinigten Staaten und Japan in kriegerische Verwicklungen zu verstricken, bilden das Hauptthema einer umfangreichen Darstellung der amerikanischen Asienpolitik von Kubek, Anthony: How the Far East Was Lost: American Policy and the Creation of Communist China, 1941-1949. Chicago: Henry Regnery, 1963, bes. Kap. 1;– derselbe (Hrsg.): The Amerasia Papers: A Clue to the Catastrophy of China, 2 Bde., Washington, D.C.: Government Printing Office (GPO), 1970, besoners Bd. 1 (Vorwort);– Gitlow, Benjamin: I Confess: The Truth About American Communism. New York: Dutton, 1940, S. 485-86;– Bessedovsky, Gregory: Revelations of a Soviet Diplomat. London: Williams & Norgate. 1931, S. 176

(51) Horak, Stephan M.: "Lenin on Coexistence: A Chapter in Soviet Foreign Policy", in "Studies on the Soviet Union", Bd. 3, Nr. 3, 1964, S. 22;– Hölzle, Erwin: Die Revolution der zweigeteilten Welt: Eine Geschichte der Mächte 1905-1929. Reinbek: Rowohlt, 1963, S. 120

(52) Barghoorn, siehe (1.42), S. 29

(53) ebenda, S. 27-28;– Possony, siehe (1.16), S. 192ff.;–
Gross, Babette L.: "The German Communists' United-Front and Popular-Front Ventures", in: Drachkovitch, Milorad M. und Lazitch, Branko (Hrsg.): The Comintern – Historical highlights. New York: Praeger, 1969, 2. Aufl.. S. 111 ff.

(54) Lenin-Rede vom 26. November 1920, siehe (1.31)

(55) Lenin zitiert nach Wheeler-Bennett, John W.: The Nemesis of Power: The German Army in Politics, 1918-1945. London: Macmillan & Co., 1964, S. 126-127

(56) Koch, Hans: Theorie, Taktik, Technik des Weltkommunismus. Pfaffenhofen: Ilmgau-Verlag, 1959, S. 225ff.

(57) "Rote Fahne", 10. Oktober 1923, zitiert nach Black und Thornton, siehe (1.11), S. 51, dort Fußnote 8

(58) Possony, Stefan T.: Waking Up the Giant. The Strategy for American Victory and World Freedom. New Rochelle, N.Y.: Arlington House, 1974, S. 469

(59) Die Stalin-Reden vom 28. Juli 1927, 1. August 1927 und 3. Dezember 1927 sind abgedruckt in: Degras, Jane (Hrsg.): Soviet Documents on Foreign Policy. London: Oxford University Press, 1952, Bd. 2, S. 233ff.; S. 238ff. und S. 287ff.

(60) Wheeler-Bennett, siehe (1.55), S. 126-127, S. 133ff.

(61) Dyck, Harvey L.: Weimar Germany and Soviet Russia, 1926-1933: A Study in Diplomatic Instability. London: Chatto and Windus, 1966, passim;– derselbe: "German-Soviet Relations and the Anglo-Soviet Break, 1927", in "Slavic Review", Bd. 25, Nr. 1, März 1966, S. 67-83;– Wettig, siehe (1.39), S. 77-78

(62) Lenin-Rede vom 26. November 1920, siehe (1.31)

(63) mehr dazu in Kap. 4

(64) v. Dirksen ans Auswärtige Amt (AA). Moskau, den 31. August 1927. ADAP-NA

(65) Über die kaiserlich-deutsche "Revolutionierungspolitik" siehe Katkov, George: Russia 1917. The February Revolution. New York: Harper & Row, 1967, S. 72ff. und S. 422ff.;– derselbe: "German Political Intervention in Russia During World War I", in: Pipes, Richard (Hrsg.): Revolutionary Russia. Cambridge, Mass.: Harvard University Press, 1968, S. 63ff.;– Wolfe, Bertram D.: Three Who Made a Revolution. New York: Dell Publishing Co., 1964, S. 289f. und S. 298f.;– Scharlau, W. B.: "Parvus-Helphand in the First World War." Unveröffentlichte Doktorarbeit, Oxford University 1963;– Scharlau, W. B. und Zeman, Z.A.B.: Freibeuter der Revolution. Köln: Kiepenheuer & Witsch, 1964

2. Kapitel: New Deal: Hakenkreuz – Hammer und Sichel

(1) Zitiert nach Kunert, Dirk: "The Perennial Dilemma – Idealism and Realism in American Foreign Policy", in: Die VSA In Die Wereldpolitiek. Potchefstroom:

University of Potchefstroom (Center for International Politics), 1979, S. 130

(2) Strout, Cushing: The American Image of the Old World. New York: Harper & Row, 1963, S. 19

(3) Rutman, Darrett B.: American Puritanism: Faith and Practice. Philadelphia: Lippincott, 1970, Kap. 2

(4) Kendall, Willmoore und Carey, George W.: The Basic Symbols of the American Political Tradition. Baton Rouge: Louisiana State University Press, 1970, passim; – Kunert, siehe (2.1), S. 126f.

(5) Dennis, William Cullen: "Puritanism as the Basis for American Conservatism", "Modern Age", Bd. 18, Nr. 4, 1974, S. 410-411

(6) Kendall und Carey, siehe (2.4), passim

(7) Leuchtenburg, William E.: "Progressivism and Imperialism", "Mississippi Valley Historical Review", Bd. 39, Dezember 1952, S. 500

(8) Kunert, siehe (2.1), S. 144

(9) Wilson zitiert nach Dulles, Foster Rhea: America's Rise to World Power, 1898-1954. New York: Harper & Row, 1963, S. 115

(10) ebenda, S. 128 (Wilson am 5. August 1919)

(11) Farr, Finis: FDR. New Rochelle, NY: Arlington House, 1972, S. 236ff.

(12) Dulles, siehe (2.9), S. 168f.;– Sanborn, Frederic R.: Design For War: A Study of Secret Power Politics, 1937-1941. New York: The Devin-Adair Comp., 1951, S. 7ff.

(13) Moley, Raymond: After Seven Years. New York: Harper & Row, 1939, S. 382; – die umfangreichste und detaillierteste Darstellung der Rooseveltschen Außenpolitik aus revisionistischer Perspektive stammt aus der Feder von Tansill, Charles C.: Back Door to War: Roosevelt Foeign Policy, 1933-1941. Chicago: Henry Regnery, 1952

(14) Nevins, Allan: The New Deal and World Affairs. New Haven: Yale University Press, 1950, S. 62

(15) Gardner, Lloyd C.: Economic Aspects of New Deal Diplomacy. Madison: University of Wisconsin Press, 1964, S. 157-160

(16) Moley, Raymond (with the assistance of Elliot A. Rosen): The First New Deal. New York: Harcourt, Brace & World, 1966, S. 393ff.

(17) Hull, Cordell: The Memoirs of Cordell Hull., 2 Bde., New York: The Macmillan Comp., 1948, Bd. 1, S. 81

(18) Gardner, Richard: Sterling Dollar Diplomacy. London: Clarendon Press, 1956, S. 9

(19) Die doppelbödige Moral, die in der unterschiedlichen Einschätzung des Bolschewismus, Faschismus, Nationalsozialismus und japanischen Expansionismus kraß zum Ausdruck kam und sich im Meinungsbild der New-Deal-Garde und linksliberalen Medienkaste widerspiegelte, ist dokumentarisch nachgewiesen von Martin, James J.: American Liberalism and World Politics, 1931-1941: Liberalism's Press and Spokesmen on the Road Back to War between Mukden and Pearl Harbor., 2 Bde., New York: The Devin-Adair Comp., 1964

(20) Aron, Raymond: Opium of the Intellectuals, zitiert nach: Kirk, Russell: Enemies of the Permanent Things: Observations of Abnormality in Literature and Politics. New Rochelle, N.Y.: Arlington House, 1969, S. 154

(21) Bingham, A. M.: Man's Estate. New York: Norton, 1939, S. 436-437

(22) Roosevelts erste Antrittsrede ist abgedruckt in Moley, siehe (2.16), S. 121f.; – Farr, siehe (2.11), S. 174f.

(23) ebenda (2.11), S. 345-346

(24) Roosevelts Beurteilung der Rolle der Sowjetunion in der Weltpolitik und seine Bereitschaft, Moskau weitreichende Konzessionen zu machen, gehen eindeutig aus seinem Gespräch mit Kardinal Spellman hervor, siehe Gannon, Robert I., S.J.: The Cardinal Spellman Story. Garden City, N.Y.: Doubleday & Comp., 1962, S. 222-224;– Roosevelts großer Entwurf einer globalen Neuordnung ist nachgezeichnet von Range, Willard: Franklin D. Roosevelt's World Order. Athens, Ga.: University of

Georgia Press, 1959, passim

(25) Thomas A. Bailey hat Roosevelts wiederholte Täuschungsmanöver mit der Absicht, die amerikanische Öffentlichkeit in seinem Sinne zu beeinflussen, überzeugend mit umfangreichem Beweismaterial belegt, siehe sein: The Man in the Street. New York: The Macmillan Comp., 1948

(26) Bemerkung von Herbert Feis in einem Gespräch mit J. Pierrepont Moffat: Tagebucheintragung vom 25. Januar 1933. Moffat-Nachlaß

(27) Pogue, Forrest C.: George C. Marshall: Ordeal and Hope, 1939-1942. Mit einem Vorwort von General Omar N. Bradley. New York: The Viking Press, 1966, S. 23

(28) Tagebucheintragung vom 2. April 1942. Stimson-Nachlaß

(29) Krock, Arthur: Memoirs: Sixty Years on the Firing Line. New York: Funk & Wagnalls, 1968, S. 145

(30) ebenda

(31) Dieser Meinung war Dean Acheson, siehe sein Buch: Present at the Creation: My Years in the State Department. New York: W.W. Norton and Comp., 1969

(32) Langer, William L. und Gleason, S. Everett: The Challenge to Isolation. The World Crisis of 1937-1940 and American Foreign Policy., 2 Bde., New York: Harper & Row, 1964, Bd. 1, S. 2;– das Zweigespann Roosevelt und Hopkins wird hagiographisch eingezäumt von Sherwood, Robert E.: Roosevelt and Hopkins: An Intimate History. New York: Harper & Row, 1948

(33) Ickes, Harold L.: The Secret Diary of Harold L. Ickes., 3 Bde., New York: Simon and Schuster, 1953f., Bd. 2, S. 659

(34) Farr, siehe (2.11), S. 138f.

(35) Tagebucheintragung vom 17. April 1933. Moffat-Nachlaß

(36) ebenda, Tagebucheintragung vom 3, Mai 1933

(37) Welles, Sumner: Where Are We Heading? New York: Harper and Brothers, 1946, S. 3

(38) Wehle, Louis B.: Hidden Thread of History: Wilson Through Roosevelt. New York: The Macmillan Comp., 1953, S. 137;– Burns, James MacGregor: Roosevelt: The Lion and the Fox. New York: Harcourt, Brace & World, 1956, S. 352

(39) Dieses Geständnis machte Roosevelt in einem Brief vom 30. Januar 1934. FDR-Nachlaß

(40) Stromberg, R.N.: Collective Security and American Foreign Policy. New York: Harper & Row, 1963, S. 120

(41) Seit Beginn des Jahrhunderts verhärtete sich die Haltung der Vereinigten Staaten dem Reich gegenüber ständig; an diesem Langzeittrend änderten die Intervalle freundschaftlicher Beziehungen, besonders während der zwanziger Jahre, grundsätzlich nichts, siehe Esthus, Raymond A.: Theodore Roosevelt and the International Rivalries. Waltham, Mass.: Ginn-Blaisdell, 1970, Kap. 3-6;– Smith, Daniel M.: The Great Departure: The United States and World War I. 1914-1920. New York: John Wiley and Sons, 1965, Kap. 2;– Challener, Richard D.: Admirals, Generals, and American Foreign Policy, 1898-1914. Princeton: Princeton University Press, 1973, S. 17, S. 28, S. 35, S. 67f.;– Schieber, Clara Eve: The Transformation of American Sentiment Toward Germany, 1870-1914. Boston: The Cornhill Publishing Comp., 1923;– Vagts, Alfred: Deutschland und die Vereinigten Staaten in der Weltpolitik., 2 Bde., New York: The Macmillan Comp., 1935;– sobald die Vereinigten Staaten das europäische Gleichgewicht bedroht sahen, warfen sie ihre ganze Machtfülle in die britische Waagschale, siehe Buehrig, Edward: Woodrow Wilson and the Balance of Power. Indianapolis: Indiana University Press, 1955

(42) Roosevelt an Arthur Murray am 4. März 1940. FDR-Nachlaß

(43) "Conversation between President Roosevelt and Sir Arthur Willert, March 25th and 26th, 1939." DBFP-PRO

(44) "Conversation between Franklin D. Roosevelt and Anthony Eden, March 15th and 22th, 1943." FRUS, 1943, Bd. 3, S. 16-17 und S. 36

(45) In einem Gespräch mit General Pershing im Jahre 1919 bedauerte Roosevelt, daß Deutschland nicht völlig niedergerungen war, siehe Freidel, Frank: Franklin D.

Roosevelt: The Ordeal., 3 Bde., Boston: Little, Brown and Comp., 1952f., S. 13

(46) Kennan, George F.: Memoirs, 1925-1950. Boston: Little, Brown and Comp., 1967, S. 123

(47) Zu diesen Ausfällen ließ Roosevelt sich im Jahre 1939 vor dem "Pan American Union Congress" hinreißen, siehe Rosenman, Samuel I. (Hrsg.): The Public Papers and Addresses of Franklin D. Roosevelt., 13 Bde., New York: The Maxmillan Comp., 1938-1950. Die Zitate sind dem Band von 1939 entnommen, S. 201-205

(48) Martin, siehe (2.19), Bad. 1, S. 302f.

(49) Der Roosevelt-Frankfurter-Briefwechsel, obwohl nur selektiv der Öffentlichkeit vorgelegt, vermittelt einen Einblick in die Gedankenwelt der beiden Korrespondenten, siehe Freedman, Max (Hrsg.): Roosevelt and Frankfurter: Their Correspondence, 1928-1945. New York: Atlantic, Little, Brown & Comp., 1967;– über die kontroverse Rolle, die Frankfurter spielte, ebenda, S. 7f.

(50) McIntire, Ross T.: White House Physician. New York: G.P. Putnam's Sons, 1946, S. 91-92

(51) Brown, Constantine: The Coming of the Whirlwind. Chicago: Henry Regnery Comp., 1964, S. 302, S. 305-307, S. 316-317

(52) Freedman, siehe (2.49), S. 17

(53) Tenzer, Morton: "The Jews", in: O'Grady, Joseph P. (Hrsg.): The Immigrant's Influence on Wilson's Peace Policies. The University of Kentucky Press, 1967, S. 317

(54) Interview des Verfassers mit dem ehemaligen Unterstaatssekretär im U.S. State Department, Botschafter a.D. Loy W. Henderson, 24. Mai 1970, Washington, D.C.

(55) Frankfurter an FDR, 29. Oktober 1933, zitiert nach Freedman, siehe (2.49), S. 165-166

(56) Interview des Verfassers mit Loy W. Henderson am 24. Mai 1970

(57) Dallek, Robert: "Beyond Tradition: The Diplomatic Careers of William E. Dodd and George S. Messersmith, 1933-1938", in "The South Atlantic Quarterly", Bd. 66, Nr. 2, 1967, S. 233-244;– derselbe: Democrat & Diplomat: The Life of William E. Dodd. New York: Oxford University Press, 1968, Kap. 10f.;– Offner, Arnold A.: "William E. Dodd: Romantic Historian and Diplomatic Cassandra", in "The Historian: A Journal of History", Bd. 24, Nr. 4, 1962, S. 451-469

(58) FDR an Botschafter Robert W. Bingham, 2. Oktober 1933, in: Freedman, siehe (2.49), S. 159-160

(59) Frankfurter an FDR, 17. Oktober 1933, ebenda, S. 164

(60) Samuel R. Fuller, Präsident der "American Bamberg Corporation", war einer der zahlreichen Sendboten; Fuller war ein "persönlicher Freund" von FDR, siehe FDR an William E. Dodd, 26. Juni 1935, in: Nixon, Edgar B. (Hrsg.): Franklin D. Roosevelt and Foreign Affairs., 3 Bde., Cambridge, Mass.: Harvard University Press, 1969, Bd. 2, S. 541;– zur Information, die Fuller lieferte, siehe Fuller Memorandum vom 11. Mai 1933, in: Nixon, siehe (2.60), Bd. 1, S. 173-176, und FDR an Hull vom 27. Mai 1933, ebenda, S. 172

(61) ebenda, S. 173f.

(62) Diese Ansicht war auch unter amerikanischen Seestrategen weit verbreitet, siehe Challener, siehe (2.41), passim

(63) Über seine anfängliche diplomatische Karriere in Lateinamerika machte Messersmith vor seinem Tod schriftliche Aufzeichnungen, die er in seinen geplanten Memoiren veröffentlichen wollte, siehe "Unpublished Memoir Notes". Messersmith-Nachlaß;– über Messersmiths nahezu pathologischen Haß dem Nationalsozialismus gegenüber, siehe auch Kennan, siehe (2.46), S. 66;– die biographischen Daten zu Miller, Gordon und Messersmith sind entnommen Bauer, Wolfred: "The Shipment of American Strategic Materials to Nazi Germany: A Study in United States Economic Foreign Policy, 1933-1939", unveröffentlichte Doktorarbeit, University of Washington, 1964, S. 76ff. und Miller, Douglas F.: Via Diplomatic Pouch. New York: Didier, 1944

(64) George S. Messersmith, "Memoir Notes: President-Department". Messersmith-Nachlaß

(65) FDR an Judge Julian W. Mack am 4. Dezember 1935, in: Nixon, siehe (2.60), Bd. 3, S. 111

(66) Über das Verhältnis Roosevelt-Hopkins hat Messersmith einen facettenartigen Einblick hinterlassen, siehe Messersmith, "Memoir Notes: President-Department." Messersmith-Nachlaß

(67) Siehe dazu die nachfolgenden Ausführungen

(68) Dodd, William E., Jr. und Dodd, Martha (Hrsg.): Ambassador Dodd's Diary, 1933-1938. New York: Harcourt, Brace & Comp., 1941, S. 3;– zusätzlich zu der unter (2.57) aufgeführten Literatur über Dodd, siehe auch Dallek, Robert: "Roosevelt's Ambassador: The Public Career of William E. Dodd", unveröffentlichte Doktorarbeit, Columbia University, 1965, Kap. 4

(69) Dodd und Dodd, siehe (2.68), Tagebuchnotiz vom 8. Juli 1934, S. 123

(70) Tagebuchnotiz vom 10. Dezember 1933. Phillips-Nachlaß

(71) Dodd, William E.: "Economic Nationalism" (Vortrag vom 13. Oktober 1933). FRUS-NA

(72) Chambers, Whittaker: "The Direct Glance", in: Buckley, William F. (Hrsg.): Did You Ever See A Dream Walking? American Conservative Thought in the Twentieth Century. Indianapolis: The Bobbs-Merrill Comp., 1970, S. 500

(73) Dodd an FDR am 15. Dezember 1935, in: Nixon, siehe (2.60) Bd. 3, S. 122

(74) Dodd litt an der Wahnvorstellung einer "kapitalistischen" Verschwörung; diese Komplexbehaftetheit charakterisierte die politisch-ideologischen Kreise von "Populisten", "Progressiven" und "Liberalen" in immer stärkerem Maße seit dem späten 19. Jahrhundert, siehe Hofstadter, Richard: The Age of Reform from Bryan to FDR. New York: Vintage Books, 1955, S. 72

(75) Dodds oft panische Angst, von Verschwörungen umgeben zu sein, fand Niederschlag in seinem Tagebuch und in seiner Korrespondenz, siehe u.a. Tagebuchnotiz vom 28. August 1934, in: Dodd und Dodd, siehe (2.68), S. 156;– Dodd an Walton Moore am 31. August 1936, in: Nixon, siehe (2.60), Bd. 3, S. 406-408

(76) George S. Messersmith, "Memoir Notes," betitelt "Visits – Berlin and London – Discussions with Lord Astor and Geoffrey Dawson". Messersmith-Nachlaß

(77) ebenda, "Appointment – Dr. William Dodd – Ambassador to Berlin."

(78) Tagebuchnotiz vom 3. Januar 1938. Davies-Nachlaß

(79) Der zweifelhafte, aber nachhaltige Einfluß von Morgenthau auf Roosevelt steht im Mittelpunkt der historischen Darstellung von Blum, John Morton: From the Morgenthau Diaries. Bd. 1. Years of Crisis, 1928-1938, und Bd. 2. Years of Urgency, 1938-1941. Boston: Houghton, Mifflin Comp., 1959 und 1965;– derselbe: Roosevelt und Morgenthau: A Revision and Condensation of From the Morgenthau Diaries. Boston: Houghton, Mifflin Comp., 1970;– Kubek, Anthony (Hrsg.): Morgenthau Diary (Germany)., 2 Bde., Washington, D.C.: G.P.O., 1967;– derselbe (Hrsg.): Morgenthau Diary (China)., 2 Bde., Washington, D.C.: G.P.O., 1965;– Morgenthaus unveröffentlichter Nachlaß ist in der Franklin D. Roosevelt Memorial Library, Hyde Park, New York, deponiert, im nachfolgenden Morgenthau-Nachlaß zitiert;– Morgenthaus Germanophobie war sprichwörtlich, siehe Blum, siehe (2.79), Bd. 1, S. 7 und "Morgenthau: Plan der Rache", in "Der Spiegel", Nr. 51, 1967, S. 84

(80) Blum, siehe (2.79), Bd. 1, passim, besonders aber S. 467;– der Deutschenhaß von Morgenthau senior hatte sich auf seinen Sohn, den Freund von Roosevelt und späteren amerikanischen Finanzminister, übertragen, siehe Fay, Sidney Bradshaw: The Origins of the World War., 2 Bde. in einem Band. New York: The Macmillan Comp., 1964, 22. Auflage, 1964, Bd. 2, S. 167ff.

(81) Morgenthau brachte seine Vertrauensleute Cochran und Butterworth an der amerikanischen Botschaft in Paris und London unter und zwang dem amerikanischen Botschafter und Nachfolger von Dodd in Berlin, Hugh R. Wilson, Donald Heath auf, der sich aber als sachkundiger Beobachter herausstellte; die Hintergrundereignisse zur Einstellung von Heath sind im Briefwechsel Welles an Wilson vom 29. März 1938 und Messersmith an Welles vom 30. März 1938 geschildert. Wilson-Nachlaß

(82) Hermann Kesser in "Neue Zürcher Zeitung" vom 27. Oktober 1918, zitiert nach

Mayer, Arno J.: Wilson vs. Lenin: Political Origins of the New Diplomacy, 1917-1918. Cleveland: The World Publishing Comp., 1964, S. 393

(83) Der Begriff "Flankenmächte" stammt von Dehio, siehe (0.9); diese hervorragende Analyse der modernen europäischen Diplomatiegeschichte erschien ursprünglich in deutscher Sprache unter dem Titel: Gleichgewicht oder Hegemonie. Krefeld: Scherpe Verlag, 1948

(84) Roth, Jack J.: "Conclusion: The First World War as a Turning Point", in: Roth, siehe (0.22), S. 95

(85) Dieser Begriff (civilis theologia) entstammt Thomas Hobbes Leviathan

(86) Die Kontinuität und Homogenität der amerikanischen Geschichte sind mit grossem Sachverstand und viel Einfühlungsvermögen nachgezeichnet von Boorstin, Daniel J.: The Genius of American Politics. Chicago: The University of Chicago Press, 10. Auflage, 1969, und Berthoff, Rawland: "The American Social Order: A Conservative Hypothesis", in "American Historical Review", Bd. 65, Nr. 3, 1960;– Richard Hofstadter argumentiert, daß "linke" und "rechte" Wechselströme die politische Ideenwelt Wilsons durchflossen haben: American Political Tradition and the Men Who Made It. New York: Vintage Books, ohne Datum, Kap. "Woodrow Wilson"

(87) Diese politisch-ideologischen Strömungen sind in einer ganzen Reihe von Studien eingefangen worden, siehe u. a. Goodman, Eric: Rendezvous with Destiny: A History of Modern American Reform. New York: Vintage Books, überarbeitete Ausgabe, kein Datum, S. 155, S. 173, S. 194, S. 215-216;– Ekirch, Arthur A. Jr.: The Decline of American Liberalism. New York: Atheneum, 1967, S. 203-207;– Noble, David W.: The Paradox of Progressive Thought. Minneapolis: University of Minnesota Press, 1962;– Forcey, Charles: The Crossroads of Liberalism: Croly, Weyl, Lippmann, and the Progressive Era, 1900-1925. London: Oxford University Press, 1967; – Berthoff, siehe (2.86), S. 50ff.;– May, Henry F.: The End of American Innocence. A Study of the First Years of Our Time, 1912-1917. Chicago: Quadrangle Paperbacks, 1964;– Stearns, Harold: Liberalism in America. New York: Boni and Diveright, 1919

(88) Diggins, John P.: "Flirtation with Fascism: American Pragmatic Liberals and Mussolini's Italy", in "American Historical Review", Bd. 71, 1966, S. 487-506

(89) Lasch, Christopher: The American Liberals and the Russian Revolution. New York: Columbia University Press, 1962;– derselbe: The New Radicalism in America, 1889-1963: The Intellectual as a Social Type. New York: Vintage Books, 1967; – Feuer, Lewis S.: "American Travelers up to the Soviet Union 1917-1932: The Formation of a Component of New Deal Ideology", in "American Quarterly", Bd. 14, 1962, S. 119-149

(90) Ekirch, siehe (0.16), S. 24

(91) Im Jahre 1932 veröffentlichte Chase seine programmatische Schrift: A New Deal

(92) Ekirch, siehe (0.16), S. 27-28

(93) Levin, N. Gordon, Jr.: Woodrow Wilson and World Politics: America's Response to War and Revolution. New York: Oxford University Press, 1970, S. 220 (über Bullitt und House)

(94) House zitiert nach Sutton, Anthony C.: National Suicide: Military Aid to the Soviet Union. New Rochelle, N.Y.: Arlington House, 1973, S. 50 und S. 52

(95) Zum Thema Roosevelt-House, siehe Messersmith "Memoir Notes", betitelt "New York – Meeting with Colonel House". Messersmith-Nachlaß und Tagebuchnotiz vom 5. April 1937. Davies-Nachlaß

(96) Farnsworth, B.: William C. Bullitt and the Soviet Union. Indiana: Indiana University Press, 1967

(97) Bullitt an FDR, 10. August 1943, FDR-Nachlaß

(98) Browder, siehe (1.48), S. 16

(99) Unter dem Nachlaß von Karl Baarslag fand der Verfasser eine umfangreiche Zusammenstellung von Erklärungen, Reden, Briefen und Telegrammen, aus denen sich die unmißverständliche Verdammung des bolschewistischen Regimes durch amerikanische Staatsmänner der zwanziger Jahre nachlesen läßt, siehe Baarslag: "The Basis

of Labor's Opposition to the Recognition of Soviet Russia" (Außenminister Colby an Baron Camillo Romano Avezzana, Botschafter Italiens in Washington), 10. August, 1920;– Rede des Außenministers Hughes vor dem "Women's Committee for Recognition of Russia", 21. März 1923;– Außenminister Hughes an Samuel Gompers, 19. Juli 1923;– Auszüge aus einer im Manuskript vorliegenden Rede Präsident Hardings "Address on Foreign Policy", die aus Krankheitsgründen nicht gehalten wurde (kein Datum angegeben);– Auszüge aus der Jahresbotschaft von Präsident Coolidge, 6. Dezember 1923;– Telegramm des Außenministers Kellogg an den U.S. Konsul in Reval, 18. Dezember 1923;– Rede des Außenministers Kellogg betitelt "Foreign Affairs" vom November 1928;– in der Baarslag-Mappe "Utterances of Samuel Gompers on Soviets" befinden sich die Leitartikel des ehemaligen amerikanischen Gewerkschaftsführers, der sich scharf gegen eine diplomatische Anerkennung der Sowjetunion aussprach. Alle diese Dokumente im: Baarslag-Nachlaß

(100) Sutton, siehe (1.21), Bd. 2 und 3, passim;– derselbe, siehe (2.94), passim

(101) Filene, Peter G.: Americans and the Soviet Experiment, 1917-1933. Cambridge, Mass.: Harvard University Press, 1967, passim;– Zitat, ebenda, S. 271

(102) Freidel, siehe (2.45), S. 18

(103) Ickes, siehe (2.33), Bd. 3, S. 200

(104) FDR an Henry Goddard Leach (Herausgeber der Zeitschrift "Forum"), Dezember 1930, in: Roosevelt, Elliott (Hrsg.): Franklin D. Roosevelt: His Personal Letters, 1928-1945., 3 Bde., New York: Duell, Sloan and Pierce, 1950, Bd. 2, S. 163

(105) Welles, siehe (2.37), S. 31-32 und S. 37-38;– Gannon, siehe (2.24), S. 222-224

(106) FDR-Memorandum vom 10. Januar 1939. FDR-Nachlaß

(107) Interview des Verfassers mit Herrn Loy W. Henderson, Mai 1970;– es scheint der Mentalität amerikanischer "Liberaler" zu entsprechen, Krisen nicht deshalb als Krisen zu werten, weil sie die nationale Sicherheit gefährden könnten, sondern weil sie das "Ich" verletzen; dafür symptomatisch ist auch die Reaktion Robert Kennedys, der die akute Kuba-Krise vom Oktober 1962 als persönliche Beleidigung für seinen präsidialen Bruder ansah: "Sie können Dir das nicht antun – diese schwarzbärtigen Kommis; sie können das mit Dir nicht machen!" in "National Review", 2. Mai 1967, S. 479

(108) Roosevelt vor dem pro-kommunistischen "American Youth Congress" im Februar 1940, siehe Sherwood, siehe (2.32), S. 138-139

(109) George S. Messersmith an Cordell Hull, 4. Januar 1944. Hull-Nachlaß

(110) Zur Kontroverse des ersten und zweiten New Deal siehe Moley, siehe (2.13), S. 299-349;– Moley, siehe (2.16), S. 523ff.;– Rosen, Elliot A.: "Roosevelt and the Brain Trust: An Historiographical Overview", in "Political Science Quarterly", Bd. 87, 1972, S. 531ff.

(111) Roosevelt, E., siehe (2.32), Bd. 2, S. 163

(112) Gespräch zwischen FDR und Mikolajczyk im Juni 1944, zitiert nach Ciechanowski, Jan: Defeat in Victory. New York: Doubleday & Comp., 1947, S. 292

(113) Roosevelt, Eleanor: This I Remember. New York: Harper & Brothers, 1949, S. 254

(114) Zu dieser naiven Bemerkung ließ Roosevelt sich in einem Gespräch mit General Eisenhower hinreißen, siehe "Why Ike Didn't Capture Berlin: An Untold Story", in "U.S. News & World Report", 26. April 1962, S. 70

(115) Bullitt, William C.: "How We Won The War and Lost The Peace", in "Life", 30. August 1948, S. 94;– ebenfalls Bullitt an FDR, 10. August 1943. FDR-Nachlaß

(116) Rosenman, Samuel I., siehe (2.47), Bd. 13, S. 99

(117) Gannon, Robert I., siehe (2.24), S. 222-224

(118) Die amerikanische Bereitschaft, die Sowjetunion zur kontinentalen Hegemonialmacht aufsteigen zu lassen, brachte Hopkins anläßlich der Quebec-Konferenz vom August 1943 klar zum Ausdruck, siehe Crocker, George N.: Roosevelt's Road to Russia. Chicago: Henry Regnery Comp., 1961, 6. überarbeitete Auflage, S. 190;– bis in die letzte Phase seiner Amtszeit war Roosevelt nicht geneigt, sein naives Leitbild

von Stalin und der Sowjetunion zu revidieren, siehe Bishop, Jim: F.D.R.'s Last Year. New York: William Morrow & Comp., 1975
(119) Welles, Sumner: Seven Decisions That Shaped History. New York: Harper & Brothers, 1951, S. 151

3. Kapitel: Hitler: Meisterstratege oder Opportunist ?

(1) "Conversation at Gauleiter Wächtler's house, Beyreuth, 11 a.m. 27th July, 1939, between Lord Kemsley & Dr. Dietrich. Ambassador Schmidt interpreting. Dr. Bömer, Dr. Meissner and Mr. Lakin also present." DBFP-PRO
(2) "Ribbentrop-Tennant conversation, July 26, 1939. Private & Confidential. July 31th, 1939." DBFP-PRO
(3) "A riddle wrapped in a mystery inside an enigma"; mit dieser Phrase kaschierte Churchill das allzu Transparente der außenpolitischen Absichten Stalins
(4) Aufzeichnung eines langen Gespräches zwischen Dr. Friedrich Berber und H.G. Alexander; beide verband eine "enge Freundschaft", die bis in die zwanziger Jahre zurückging, siehe "Conversation in Berlin: 12th & 17th November, 1938. Confidential: "T.C.P. Catchpool leitete diese Aufzeichnungen weiter an Außenminister Lord Halifax, 30. November 1938. DBFP-PRO
(5) Dieser Eindruck drängt sich auf beim Lesen von Henry Pickers Aufzeichnungen von: Hitlers Tischgespräche im Führerhauptquartier 1941/42 (Herausgegeben von Percy Schramm in Zusammenarbeit mit Andreas Hillgruber und Martin Vogt). Stuttgart: Seewald Verlag, 1963, passim
(6) Koch, H.W.: "Hitler and the Origins of the Second World War. Second Thoughts on the Status of Some of the Documents", in "The Historical Journal", Bd. 11, Nr. 1, 1968, S. 142; dieser Artikel ist abgedruckt in Robertson, Esmonde M. (Hrsg.): The Origins of the Second World War: Historical Interpretations. London: Macmillan, 1971, S. 158ff.
(7) Göring in einem Gespräch mit dem Regierenden Bürgermeister von Hamburg, Carl V. Krogmann. Tagebuchnotiz vom 12. November 1936. Krogmann-Nachlaß
(8) Hitler: "Je größere Erfolge wir haben, desto mehr Neider und Feinde würden wir haben ..." Tagebuchnotiz vom 3. Januar 1935. Krogmann-Nachlaß.
(9) "Mr. E. Jäckh's note. 30. June 39." Ernst Jäckh an Sir Orme C. Sargent (Foreign Office), 5. Juli 1939. DBFP-PRO
(10) Domarus, Max (Hrsg.): Hitler: Reden und Proklamationen 1932-1945. München: Süddeutscher Verlag, 1965, Bd. I(2), S. 606
(11) Tagebuchnotiz vom 18. August 1934. Krogmann-Nachlaß
(12) Es war die "Intuition", die Hitler an Nietzsche bewunderte, den er auch einmal als den "wirklichen Philosophen des Nationalsozialismus" bezeichnete;– Tagebuchnotiz vom 11. Juli 1941. Hewel-Nachlaß; als Student nahm Walter Hewel am Marsch auf die Feldherrnhalle teil, ging anschließend ins Exil nach Indonesien und wurde später Verbindungsmann zwischen Hitler und Reichsaußenminister von Ribbentrop.
(13) Tagebuchnotiz vom 12. Dezember 1934. Krogmann-Nachlaß
(14) Der britische Botschafter in Berlin, Sir Nevile Henderson, sah es als ein geradezu hoffnungsloses Unterfangen an, die außenpolitischen Absichten Hitlers auszumachen, siehe Henderson ans Foreign Office, August 1938. DBFP, 3rd Series, Bd. 2, Dok. Nr. 3, S. 112
(15) Robertson (Hrsg.) siehe (3.15), S. 17;– Hitler war davon überzeugt, daß Schuschnigg mit seinem Vorhaben vom März 1938, ein Plebiszit in Österreich durchzuführen, und Benesch mit seiner Mobilmachung vom Mai 1938 ihn hintergehen und täuschen, wenn nicht sogar ihm eine Falle stellen wollten; in beiden Fällen reagierte er kalkulierbar: er war auf Revanche aus; ganz gegen seine ursprünglichen Absichten ließ sich Hitler zum Einmarsch nach Österreich hinreißen, siehe Gehl, Jürgen: Austria, Germany, and the Anschluss, 1931-1938. London: Oxford University Press, 1963, passim;– Hitlers Reaktion auf Beneschs Mobilmachungsbefehl war charakteristisch:

"Meine Herrn! Nach dem 21. Mai /1938/ war es klar, daß dieses Problem /Sudeten-Deutschland/ gelöst werden mußte, so oder so! Jedes weitere Rausschieben konnte die Frage nur erschweren und die Lösung blutiger gestalten ...", zitiert nach Domarus (Hrsg.), siehe (3.10), Bd. I(2), S. 175;– siehe auch Watt, Donald C.: "Hitler's visit to Rome and the May Weekend Crisis: A Study in Hitler's response to external stimuli", in "Journal of Contemporary History", Bd. 9, Nr. 1, 1974, S. 23ff.

(16) Wiederholt sprach Hitler davon, unter dem Zwang von Ereignissen gehandelt zu haben. Seine Versuche, sich selbst den Aktionsablauf zu erklären, sind mehr als Selbstrechtfertigungen: Auch in Gesprächen mit seinen engsten Vertrauten stellte er sich als einer hin, der auf Vorkommnisse zu reagieren gezwungen sei.

(17) Hitler-Filoff Gespräch. Berlin, den 7. Januar 1941. ADAP, Serie D (1937-1945), Bd. 11(2), Dok. Nr. 606

(18) Ribbentrop in einem Gespräch mit Admiral Darlan anläßlich ihrer Zusammenkunft in Fuschl am 11. Mai 1941. ADAP, Bd. 12(2), Dok. Nr. 490;– als Ribbentrop 1938 zum Reichsaußenminister ernannt wurde, umriß Hitler sein Revisionsprogramm, das er auf "diplomatischem" Wege zu lösen hoffte: Österreich, das Sudetenland, Memel, Danzig und Korridor; wie in zahlreichen seiner Denkschriften an Hitler äußerte Ribbentrop seine Bedenken, ohne das britische Eingreifen diese Territorialveränderungen vornehmen zu können, zumal er fest davon überzeugt war, daß die britische Politik sich nach wie vor an den Grundsätzen des kontinentalen Gleichgewichts orientiere, siehe u.a.: "Abschrift der Aufzeichnungen von Joachim von Ribbentrop, 2. August 1945", S. 7. Ribbentrop-Aufzeichnung

(19) Hitler: "... Kampf, bei dem ich von Etappe zu Etappe gezwungen wurde ..." Tagebuchnotiz vom 11. (10?) Juli 1941. Hewel-Nachlaß; als Hewel nach der "Machtergreifung" nach Deutschland zurückkehrte, empfing Hitler seinen alten Freund "mit offenen Armen"; nach Hewel "mag Hitler seine alten Freunde am liebsten, an neuen Freundschaften liegt ihm nicht so viel. Die Menschen, die er am liebsten um sich schart, d.h. in Berchtesgaden, sind Mitglieder der alten Nazigarde," zitiert nach den Aufzeichnungen von Ashton-Gwatkin (Chef der Wirtschaftsabteilung im Foreign Office) vom 27. Oktober 1938: "German economic activities in Central and South East Europe." DBFP-PRO; Hewel und Ashton-Gwatkin trafen sich am 29. September 1938 in München

(20) Diese Beobachtung machte Dr. Berber in seinem Gespräch mit H.G. Alexander, siehe (3.4)

(21) Lord Kemsley "Notes of the Conversation with Herr Hitler. Beyreuth, 27th July, 1939". DBFP-PRO

(22) Tagebuchnotiz vom 21. Dezember 1934. Krogmann-Nachlaß

(23) Reichspressechef Dr. Dietrich in seinem Gespräch mit Lord Kemsley am 27. Juli 1939, siehe (3.1)

(24) Bullitt an R. Walton Moore. Personal and Confidential. Paris, den 8. Januar 1937 (über den Inhalt seines Gespräches mit Dr. Schacht); R. Walton Moore war Assistant Secretary of State (Ministerialdirektor im amerikanischen Außenministerium). Moore-Nachlaß

(25) Unveröffentlichte Hitler-Rede vom 20. Februar 1937 in Berlin vor 400 Arbeitern im Hotel Kaiserhof. Bundesarchiv Koblenz

(26) Tennant-Aufzeichnung seines Gespräches mit von Ribbentrop vom 26. Juli 1939, siehe (3.2)

(27) Unveröffentlichte Hitler-Rede vom 20. Februar 1937, siehe (3.25)

(28) Unveröffentlichte Hitler-Rede vom 10. Februar 1939 in Berlin an die Truppenkommandeure des Heeres. Bundesarchiv Koblenz

(29) Tagebuchnotiz vom 10. Juli 1941. Hewel-Nachlaß

(30) Tagebuchnotiz vom 2. Juni 1941. Hewel-Nachlaß

(31) Hitler-Rede vom 10. Februar 1939, siehe (3.28)

(32) Tagebuchnotiz vom 19. November 1935. Krogmann-Nachlaß

(33) Aufzeichnung von Sir Robert Vansittart: "Germany: Communication to Sir Robert Vansittart", 13. Dezember 1938. DBFP-PRO

(34) Über Himmlers Germanenkult, siehe auch Maser, Werner: Hitler: Legend, Myth, and Reality. New York: Harper & Row, 1973

(35) Bestimmend für die "philosophes" der französischen Aufklärung war die Bewunderung des griechischen und römischen Zeitalters, gepaart mit einer beißenden Kritik am Christentum, siehe Herzberg, Arthur: The Jews and the French Revolution. New York: 1964

(36) Tagebuchnotiz vom 8. Juni 1941. Hewel-Nachlaß

(37) Vansittart-Aufzeichnung vom 13. Dezember 1938, siehe (3.33);– in der jüdischen Religion und im Judentum schlechthin das Grundübel zu sehen, war nicht Hitlers Prärogativ; in dieser Hinsicht verband ihn eine geistige Verwandtschaft mit der Ideenwelt der politisch-philosophischen Linken, siehe Herzberg, siehe (3.35), passim; – Lobkowicz, siehe (1.7), S. 286ff. (Bauer und Marx);– Schacht, Richard: Alienation. London: George Allen & Unwin, 1971, S. 110 (Marx);– Weyl, Nathaniel: Karl Marx – Racist. New Rochelle, N.Y.: Arlington House, 1980, passim;– Antisemitismus und Antizionismus bilden auch heute den Brückenschlag zwischen der extremen "Rechten" und der extremen "Linken", siehe Rubinstein, W.D.: The Left, the Right and the Jews. New York: Universe Books, 1982, passim

(38) Tagebuchnotizen vom 8. und 29. Juni 1941. Hewel-Nachlaß

(39) Unveröffentlichte Hitler-Rede vom 25. Januar 1939 in Berlin vor den höheren Befehlshabern der Wehrmacht;– ebenfalls Hitler-Rede am 11. März 1939 in Berlin vor der Kriegsakademie, beide Bundesarchiv Koblenz

(40) Tagebuchnotiz vom 15. März 1933. Krogmann-Nachlaß

(41) In seinem Buch verweist Maser, siehe (3.34), auf den obskuren Sozialdarwinisten Wilhelm Bölsche

(42) Tagebuchnotiz vom 11. Juli 1941. Hewel-Nachlaß; damit ist auch die These Masers widerlegt, Schopenhauer sei der spiritus rector der nationalsozialistischen Bewegung und Hitlers gewesen; Kants Schriften würden lediglich philosophische Rezepte für Staatsregierungen bieten; bei Kant handele es sich um "zweckgebundene, praktische Vernunft. Erster Schritt in die Freiheit der religionsgebundenen Gedankengänge. Aber Gebrauchsphilosoph für Landesregierungen", ebenda

(43) Unveröffentlichte Hitler-Rede am 18. Januar 1939 in Berlin vor den jüngsten Offiziersjahrgängen der Wehrmacht. Bundesarchiv Koblenz

(44) Hitler-Rede vom 25. Januar 1939, siehe (3.39)

(45) Hitler-Rede vom 10. Februar 1939, siehe (3.28)

(46) ebenda

(47) Sir Nevile Henderson an Sir O. Sargent. Berlin, 2. März 1938, "Germany's aims: meaning of 'Lebensraum'." DBFP-PRO

(48) Sir M. Palairet an Strang. Athen, 26. März 1940, "Conversation between Greek Minister and Herr von Ribbentrop. Von Ribbentrop's visit to Rome." DBFP-PRO

(49) Alexander-Aufzeichnung, November 1938, siehe (3.4)

(50) Kemsley-Aufzeichnung, Juli 1939, siehe (3.1)

(51) Tennant-Aufzeichnung, Juli 1939, siehe (3.2)

(52) ebenda; Ribbentrop, Hewel und Dr. Berber teilten Tennant mit, daß Hitler zu dieser Schlußfolgerung gekommen sei.

(53) Taylor, A.J.P.: The Origins of the Second World War. New York: Atheneum, 1962

(54) Historisches Reminiszieren führte Botschafter Dodd zu dieser Einsicht, siehe Dodd an Hull, Berlin, den 28. November 1936, "A Survey of the German Nationalist Foreign Policy and Its Development. Confidential";– ebenfalls US-Botschaftsbericht vom 24. Dezember 1936, "National Socialist Foreign Policy". dieser Globalbericht Dodds wurde von R. Walton Moore an Roosevelt weitergeleitet. Beide FDR-Nachlaß

(55) Sir G. Ogilvie-Forbes an Halifax. Berlin, den 14. April 1939. DBFP-PRO

(56) Ogilvie-Forbes ans Foreign Office. Berlin, den 11. April 1939. DBFP-PRO

(57) Brocket an Halifax. 24. April 1939. DBFP-PRO; Brocket hatte vom 16. bis zum 22. April 1939 Berlin besucht und dort mit zahlreichen Persönlichkeiten der Reichsregierung Gespräche geführt.

(58) Burckhardt, Carl J.: Meine Danziger Mission 1937-1939. München: Deutscher Taschenbuch-Verlag, 1962, S. 265;– diesem abfälligen Urteil über die Presse schlossen sich auch andere Zeitbeobachter an, siehe u.a. Henderson an Sir Alexander Cadogan. Berlin, den 27. April 1939. DBFP-PRO;– Young, Kenneth (Hrsg.): The Diaries of Sir Robert Bruce Lockhart. Bd. 1 (1915-1938). London: Macmillan Comp., 1973, Tagebuchnotiz vom 1. April 1937
(59) Tennant-Aufzeichnung vom Juli 1939, siehe (3.2)
(60) Tagebuchnotiz vom 5. Mai 1937. Krogmann-Nachlaß;– Tennant-Aufzeichnung, siehe (3.2)
(61) Hewel im Gespräch mit Ashton-Gwatkin, siehe (3.19)
(62) Kemsley-Aufzeichnung, siehe (3.1)
(63) Tagebuchnotiz vom 5. Mai 1937. Krogmann-Nachlaß
(64) Tagebuchnotiz vom 15. März 1933. Krogmann-Nachlaß
(65) Tagebuchnotiz vom 22. Juni 1935. Krogmann-Nachlaß
(66) "Niederschrift. Zur Rede des Führers am 10. XI. 38 vor der deutschen Presse im Führerbau zu München. München, 11. November 1938." Bei diesem Bericht handelt es sich um einen der unzähligen unveröffentlichten Berichte von Likus für die Dienststelle Ribbentrop; Likus war ein ehemaliger Schulkamerad von Ribbentrops und wählte nach der militärischen Niederlage des Reiches den Freitod; Likus schrieb fast täglich Kurzberichte für von Ribbentrop. DR-NA
(67) Im Mittelpunkt der orthodoxen Geschichtsschreibung steht die These von Hitler als dem Alexander des 20. Jahrhunderts, dem Meisterplaner und schließlich gescheiterten Welteroberer, siehe u.a. Trevor-Roper, Hugh R.: "A.J.P. Taylor, Hitler and the World", in "Encounter", Bd. 17. Juli 1961;– derselbe: "Hitlers Kriegsziele", in "Vierteljahreshefte für Zeitgeschichte", April 1962;– Hildebrand, Klaus: Vom Reich zum Weltreich. Hitler, NSDAP und koloniale Frage, 1919-1945. München: Wilhem Fink Verlag, 1969
(68) Hitler, Adolf: Mein Kampf. München: F. Eher-Verlag, 1933, S. 686-687
(69) ebenda
(70) Likus-Bericht vom 11. November 1938, siehe (3.66);– anschließend an seine Rede ging Hitler von Tisch zu Tisch, um sich mit den deutschen Presseberichterstattern zu unterhalten; seine Bemerkungen und Kommentare sind nicht wiedergegeben im veröffentlichten Text seiner Ansprache, siehe u.a. Treue, Wilhelm: "Rede Hitlers vor der Deutschen Presse, 10. November 1938", in "Vierteljahreshefte für Zeitgeschichte", Bd. 6, Nr. 2, April 1958
(71) Die Auszüge aus Hitlers Rede vom Jahre 1920 sind zitiert nach: Nazi Conspiracy and Aggression., 8 Bde., Washington, D.C.: G.P.O., 1948f., Bd. 4, S. 209 und Bd. 1, S. 184-88;– die verschiedenen Phasen der außenpolitischen Konzeption Hitlers hat einer gründlichen Analyse unterzogen: Kuhn, Axel: Hitlers außenpolitisches Programm. Entstehung und Entwicklung, 1919-1939. Stuttgart: Ernst Klett Verlag, 1970, passim
(72) Hitler, siehe (3.68), S. 691
(73) Hilger, Gustav: Wir und der Kreml. Deutsch-sowjetische Beziehungen 1918-1941. Erinnerungen eines deutschen Diplomaten. Frankfurt a.M.: Athenäum Verlag, 1964, S. 290;– aber schon bald nach der Unterzeichnung des Nichtangriffspaktes kamen Hitler die ersten Bedenken an Stalins Aufrichtigkeit; er sprach von der drohenden Gefahr einer militärischen Auseinandersetzung, siehe Hitler-Ansprache vor den Gauleitern vom 24. Oktober 1939; eine Photokopie der Rede liegt in den U.S. National Archives, Washington, D.C.
(74) Hitler, Adolf: Hitlers Zweites Buch: Ein Dokument aus dem Jahre 1928. Eingeleitet und kommentiert von Weinberg, Gerhard L. (Hrsg.) Stuttgart: Deutsche Verlagsanstalt, 1961
(75) Hitler, siehe (3.68), S. 659, S. 697, S. 699 und S. 743
(76) Hitler an Walter von Reichenau. Berlin, 4. Dezember 1932. ADAP-NA;– Robertson, E.M.: Hitler's Pre-War Policy and Military Plans, 1933-1939. New York: The Citadel Press, 1967, S. 2 und 4-6;– siehe auch den Artikel von Thilo Vogelsang

in: "Vierteljahreshefte für Zeitgeschichte", Bd. 8, Oktober 1959, S. 433ff.

(77) Tagebuchnotiz vom 8. Juli 1933. Krogmann-Nachlaß

(78) Tagebuchnotiz vom 15. März 1933. Krogmann-Nachlaß

(79) Über Ribbentrops Bestrebungen, einen deutsch-französischen Ausgleich herbei-zuführen, siehe Tagebuchnotiz vom 26. Juni 1933. Krogmann-Nachlaß;– diese Quelle bestätigt Ribbentrops Ausführungen in seinen Memoiren, siehe Ribbentrop, Joachim: Zwischen London und Moskau: Erinnerungen und letzte Aufzeichnungen. Aus dem Nachlaß herausgegeben von Annelies von Ribbentrop. Leoni a. Starnberger See: Druffel-Verlag, 1961, S. 58ff.

(80) Abetz, Otto: Das Offene Problem. Rückblick auf zwei Jahrzehnte deutscher Frankreichpolitik. Köln: Greven-Verlag, 1951, S. 50

(81) Memorandum der Deutschland-Abteilung des Auswärtigen Amtes. Berlin, den 18. Januar 1935. ADAP-NA

(82) Hitler anläßlich eines Gespräches mit dem Präsidenten der französischen Kriegs-veteranenorganisation, Jean Goy, Deutsche Legation in Brüssel ans AA, den 19. Januar 1935. ADAP-NA

(83) Hindenburg kritisierte Hitlers Werben um Italien, siehe Tagebuchnotiz vom 18. August 1934. Krogmann-Nachlaß

(84) Tagebuchnotiz vom 8. September 1941. Hewel-Nachlaß

(85) Tagebuchnotiz vom 17. August 1934. Krogmann-Nachlaß

(86) Gespräch Lord Kemsleys mit Dr. Bömer, Direktor der Auslandspresseabteilung der Reichsregierung, siehe (3.1)

(87) Tagebuchnotiz vom 8. Dezember 1941. Hewel-Nachlaß

(88) Tagebuchnotiz vom 16. Dezember 1941. Hewel-Nachlaß;– noch 1938 drückte Hitler seine große Befriedigung aus, in Japan das erste Mal einen Bündnispartner gefunden zu haben, der "wirklich mächtig" sei, siehe Tagebuchnotiz vom 11. Januar 1938. Krogmann-Nachlaß

(89) Ribbentrop riet Hitler ständig, das Gleichgewichtsprinzip als unverrückbaren Eckpfeiler der britischen Außenpolitik in seine Kalkulationen einzubeziehen; obwohl der Reichskanzler die Politik des Gleichgewichtes als anachronistisch oft zurückwies, vermutete er hinter dem französisch-sowjetischen Beistandspakt von 1935 die britische Absicht, "… das Gleichgewicht in Europa" herzustellen, siehe Ribbentrop-Aufzeichnung, siehe (3.18) und Tagebuchnotiz vom 28. März 1935. Krogmann-Nachlaß

(90) Tennant-Aufzeichnung vom Juli 1939, siehe (3.2)

(91) Hoßbach-Niederschrift vom November 1937, zitiert nach: Der Prozeß gegen die Hauptkriegsverbrecher vor dem Internationalen Militärgerichtshof in Nürnberg, 14. November 1945-1. Oktober 1946., 42 Bde., Nürnberg, 1948, Bd. 25, S. 402ff.; – ebenfalls Bußmann, Walter: "Hoßbach-Niederschrift", in "Vierteljahreshefte für Zeitgeschichte", Bd. 16, Nr. 4, 1968, S. 373ff.;– das Zitat ist der Tennant-Aufzeichnung vom Juli 1939 entnommen, siehe (3.2)

(92) Alexander-Aufzeichnung vom November 1938, siehe (3.4)

(93) Tagebuchnotiz vom 5. Mai 1937. Krogmann-Nachlaß

(94) Hitlers Reaktion auf den Besuch von Lord Halifax im November 1938, siehe Tagebuchnotiz vom 11. Januar 1938. Krogmann-Nachlaß

(95) Dülffer, Jost: Weimar, Hitler und die Marine. Reichspolitik und Flottenbau 1920 bis 1939. Düsseldorf: Droste Verlag, 1973;– Güth, Rolf: Die Marine des Deutschen Reiches 1919-1939. Frankfurt a. M.: Verlag Bernard & Graefe, 1972;– Henke, Josef: England in Hitlers politischem Kalkül 1935-1939. Boppard am Rhein: Boldt, 1973;– Hillgruber, Andreas: "England's place in Hitler's plans for world domination", in "Journal of Contemporary History", Bd. 9, Nr. 1, 1974, S. 5ff.

(96) Ribbentrop und Hewel im Gespräch mit Tennant, siehe Tennant-Aufzeichnung, siehe (3.2);– Ribbentrops Befürchtungen, daß Großbritannien, um das kontinentale Gleichgewicht zu erhalten, kriegerische Maßnahmen gegen das Reich ergreifen würde, verdichteten sich immer mehr, besonders nachdem er eine Zusammenstellung der erbeuteten tschechoslowakischen Akten gelesen hatte. Nach der Besetzung Prags gab er

Dr. Berber die Anweisung, die Akten des ehemaligen tschechoslowakischen Außenministeriums unter dem Gesichtspunkt britischer Machenschaften zu durchleuchten, siehe "Auswärtiges Amt. Politische Abteilung. Akten betr.: Archive des ehemaligen tschechoslowakischen Staats, Bd. 1, Forts. Bd. 2", ferner "Auswärtiges Amt. Politische Abteilung. Akten: Tschechoslowakische Dokumente, Bd. 1", beide CSR-NA

(97) Kemsley-Aufzeichnung, siehe (3.3)

(98) ebenda

(99) Während der spannungsgeladenen Septemberwochen hatten deutsche Abhörstellen die Unterhaltungen zwischen Benesch und seinen Gesandten in Paris (Osusky) und in London (Masaryk) abgefangen, siehe "Niederschrift. Zur Rede des Führers am 10. 11. 38 vor der deutschen Presse ...", siehe (3.66);– die seitenlangen Transkripte der abgehörten Telephongespräche liegen in deutscher Übersetzung vor, siehe "Reported telephone conversations between M. Benesch, M. Masaryk and M. Osusky";– Göring wies General von Bodenschatz an, diese inkriminierenden Berichte an den britischen Botschafter in Berlin weiterzuleiten, siehe G.W. Harrison an W. Strang. Eilt. Berlin, den 27. September 1938. DBFP-PRO

(100) Tagebuchnotiz vom 18. Juni 1940. "Kriegstagebuch-M. Part A, Folder 10, S. 186

(101) Tagebuchnotiz vom 8. September 1941. Hewel-Nachlaß

(102) Laqueur, Walter: Russia and Germany: A Century of Conflict. London: Weidenfeld and Nicolson, 1965, S. 21

(103) ebenda

(104) Laqueur, Walter: "Hitler and Russia, 1919-1923", in "Survey: A Journal of Soviet and East European Studies", Nr. 44/45, Oktober 1962, S. 92f.

(105) Laqueur, siehe (3.102), dort Kap. 4

(106) Lange Karl: "Der Terminus 'Lebensraum' in Hitlers 'Mein Kampf' ", in "Vierteljahreshefte für Zeitgeschichte", Bd. 13, Nr. 4, Oktober 1965, S. 426ff., bes. S. 430-431;– Maser, Werner: Hitlers Mein Kampf. Entstehung, Aufbau, Stil, Änderungen, Quellen, Quellenwert, kommentierte Auszüge. München-Esslingen: Bechtle-Verlag, 1962, 2. Auflage, S. 152;– siehe auch Ratzel, Friedrich: Politische Geographie oder die Geographie der Staaten, des Verkehrs und des Krieges. München: Oldenbourg, 1897

(107) Halford John Mackinder trug seine geopolitischen Thesen in einem Vortrag vor der Royal Geographic Society im Jahre 1904 vor, siehe "The Geographical Pivot of History", in "Geographical Journal", Bd. 23, 1904, S. 421ff.;– sein Konzept vom "Heartland" wurde weiterentwickelt in seinem Buch: Democratic Ideals and Reality: A Study in the Politics of Reconstruction. New York: Holt, 1919;– den Begriff "Geopolitik" prägte der schwedische Wissenschaftler Rudolf Kjellen, dessen Hauptwerk: Der Staat als Lebensform (1917) betitelt ist.

(108) Hitler, siehe (3.68), S. 728ff.;– über den Einfluß Mackinders auf die deutsche geopolitische Schule unter General Karl Haushofer, siehe Parker, W.H.: Mackinder: Geography as an Aid to Statecraft. Oxford: Clarendon Press, 1982, S. 176ff.;– im Jahre 1924 gründete Haushofer die "Zeitschrift für Geopolitik";– zu seinen wichtigsten Schriften zählen: Geopolitik des Pazifischen Ozeans. Berlin: Vowinckel, 1924; derselbe: "Der ost-eurasiatische Zukunftsblock", in "Zeitschrift für Geopolitik", Bd. 2, 1925, S. 81ff. und derselbe: Weltpolitik von heute. Berlin: Verlag und Vertriebsgesellschaft, 1936

(109) Hitler, siehe (3.68), S. 154f. und Hitler, siehe (2.74), S. 101

(110) Hitler, siehe (3.68), S. 743

(111) ebenda, S. 742f.

(112) Tagebuchnotiz vom 4. Juli 1941. Hewel-Nachlaß

(113) Weil Hitler lange Zeit davon überzeugt war, daß der sowjetische Koloß unter dem Druck der inneren Kräfte auseinanderbrechen würde, wurde die Möglichkeit einer eventuellen militärischen Verwicklung bis spät in die dreißiger Jahre nie ernsthaft erörtert, und Operationspläne, basierend auf "Weisungen für die Planungs- und Vorbereitungsarbeiten der Wehrmachtsteile", wurden nicht ausgearbeitet. Die für den

"Kriegsfall Ost" erstellten Pläne konzentrierten sich hauptsächlich auf Polen angesichts des gespannten Verhältnisses zwischen Berlin und Warschau. Erst mit der Weisung "Unternehmen Barbarossa" liefen im Jahre 1940 die Planungs- und Vorbereitungsarbeiten an, siehe " 'The Baltic Campaign – The War Against Poland'. Partial information in response to DNI request derived from competend ranking German ex-naval officers, treating Combinded Command problems of the German Wehrmacht." Intelligence Report. Serial 257 – C – 49, Oktober 1949. Monograph Index Guide No. 9520 (unveröffentlicht). U.S. Naval Archives, Washington, D.C.

(114) Alexander-Aufzeichnung, siehe (3.4)

(115) Laqueur, siehe (3.102), S. 157f.

(116) "Nationalsozialistische Monatshefte", Oktober 1932, S. 484

(117) Britischer Militärattache ans War Office (London). Paris, 14. Januar 1937. DBFP-PRO

(118) Tagebuchnotiz vom 28. März 1935. Krogmann-Nachlaß

(119) Hitler-Rede vor dem Industrieklub, 27. Januar 1932, in: Domarus, siehe (3.10), Bd. I (1), S. 77-78

(120) Tagebuchnotiz vom 4. Juli 1941. Hewel-Nachlaß

(121) Hitler an von Reichenau, siehe (3.76)

(122) Berg, Peter: Deutschland und Amerika, 1918-1929. Über das deutsche Amerikabild der zwanziger Jahre. Lübeck: Matthiesen-Verlag, 1963, S. 10-53

(123) ebenda;– ebenfalls Blumenthal, Henry: "The Image of the United States in the Zeitschrift für Geopolitik, 1924-1965", in "Southwestern Social Science Quarterly", Bad. 48, Nr. 1, 1967, S. 44ff.;– Ambrose, Lloyd Eugene: "The United States and the Weimar Republic, 1918-1923: From the Armistice to the Ruhr Occupation" (Unveröffentlichte Doktorarbeit, University of Illinois, 1967);– Spencer, Frank: "The United States and Germany in the Aftermath of War: 1918 to 1929", in "International Affairs", Oktober 1967, S. 693ff.

(124) Mahan, Alfred Thayer: The Influence of Seapower Upon History, 1660-1783. Boston: Little, Brown and Comp., 1897;– Sprout, Margaret T.: "Mahan: Evangelist of Sea Power," in Earle (Hrsg.), siehe (1.16), S. 415ff.;– über Mahans Einfluß auf Roosevelt; siehe Burns, siehe (2.38), S. 61

(125) Noch im September 1941 war Hitler durchaus bereit, mit einem Sowjetrußland unter Stalins Führung, jenseits des Urals territorial verankert, zusammenzuarbeiten. Sobald das europäische Rußland in den deutschen Kontrollbereich gelangt wäre und zu einem "Indien" Deutschlands aufstiege, dann "könne Amerika uns 'gestohlen bleiben' ". Solange Sowjetrußland seine expansionistische Politik in Richtung auf den Persischen Golf verfolgte, könnten das Reich und Sowjetrußland "friedlich zusammenleben". Noch drei Monate nach dem Ausbruch des deutsch-sowjetischen Krieges bezeichnete Hitler Stalin als einen der "größten lebenden Staatsmänner". "Äußerungen des Führers zu Botschafter Abetz, 16. September 1941", Etzdorf Leitzordner. ADAP-NA

(126) ebenda, Notiz vom 16. Juli 1941

(127) ebenda, Notiz vom 20. Februar 1942

(128) Oberkommando der Kriegsmarine. Seekriegsleitung. 2. Dezember 1941. Betrachtung über die Bedeutung Gibraltars", (Part C, Bd. 14). Kriegstagebuch – M;– die immer wieder von der Seekriegsleitung nachdrücklich aufgezeigten seestrategischen Dimensionen wollte und konnte Hitler, oft auch aus taktischen Überlegungen, nicht in seine militärische Gesamtplanung einbeziehen, siehe: Führer Conferences: On Matters Dealing with the German Navy, 1939-1941., 5 Bde., (in Maschinenschrift). Washington, D.C.: Office of Naval Intelligence, Navy Department, 1947;– Assmann, Kurt: The German Naval Staff and the Events Preceding the Campaign against Russia (Unveröffentlichter deutscher Text), U.S. Naval Archives, Washington, D.C.;– Kriegstagebuch des Oberkommandos der Wehrmacht (Wehrmachtführungsstab). Bd. I: 1. August 1940-31. Dezember 1941. Herausgegeben von Hans-Adolf Jacobsen. Frankfurt a.M.: Bernard & Graefe Verlag für Wehrwesen, 1965;– Hillgruber, Andreas: Hitlers Strategie: Politik und Kriegführung, 1940-1941. Frankfurt a.M.: Bernard

& Graefe Verlag für Wehrwesen, 1965;– Burdick, Charles B.: Germany's Military Strategy and Spain in World War II. Syracuse, N.Y.: Syracuse University Press, 1968

(129) Burns, siehe (2.38), S. 61

(130) Trevor-Roper, Hugh R. (Hrsg.): Hitler's Secret Conversations, 1941-1944. New York: A Signet Book – The New American Library, 1961, Eintragung vom 17. Februar 1942, S. 307

(131) Lüdecke, Kurt G.W.: I Knew Hitler. The Story of a Nazi Who Escaped the Blood Purges. London: Jarrolds, 1938, S. 553

(132) William L. Shirer erschien Hanfstaengl wie ein "Clown", siehe: "Berlin Diary: The Journal of a Foreign Correspondent, 1934-1941". New York: A. Knopf, 1941, S. 17;– ihre Notlage ausnutzend, versuchte Hanfstaengl deutsche Jüdinnen in amouröse Affären zu verstricken, Messersmith, "Memoir Notes", betitelt "Dr. Hanfstaengl". Messersmith-Nachlaß

(133) Hanfstaengl, Ernst: Zwischen Weißem Haus und Braunem Haus. Memoiren eines politischen Außenseiters. München: R. Piper & Co. Verlag, 1970, S. 45-46; – Weinberg (Hrsg.), siehe (3.74), S. 122-132;– Remak, Joachim: "Adolf Hitlers Amerika", in "Die Zeit", 24. Mai 1956;– Weinberg, Gerhard L.: "Hitler's Image of the United States", in "American Historical Review", Bd. 69, Nr. 4, 1964, S. 1010ff.

(134) Hanfstaengl, siehe (3.133), S. 45f.

(135) Kluke, Paul: "Hitler und das Volkswagenprojekt", in "Vierteljahreshefte für Zeitgeschichte", Bd. 8, Oktober 1960, S. 341ff.;– Trevor-Roper (Hrsg.), siehe (3.130), Eintragung vom 2. Februar 1942, S. 276-277

(136) Weinberg (Hrsg.) siehe (3.74), S. 123-132

(137) Lüdecke, siehe (3.131), S. 314-317

(138) Weinberg, siehe (3.133), S. 1010-1011

(139) Hitler-Reden vom 10. und 20. Februar 1939 und vom 11. März 1939. Bundesarchiv Koblenz

(140) Hitler-Rede vom 20. Februar 1939, ebenda

(141) ebenda

(142) Hitler-Reden vom 18. Januar und 10. Februar 1939, ebenda

(143) Tagebuchnotiz vom 28. Mai 1941. Hewel-Nachlaß;– White, Ralph K.: "Hitler, Roosevelt, and the Nature of War Propaganda", in "Journal of Abnormal and Social Psychology", Bd. 44, April 1949, S. 157ff.

(144) Tagebuchnotiz vom 22. Mai 1941. Hewel-Nachlaß

(145) "Confidential. GSAA/677. Report on conversation with an Officer of the German General Staff. July 7, 1939." DBFP-PRO

(146) Das Gespräch zwischen Hitler und Oberst Etherton fand entweder 1936 oder 1937 statt. Etherton hatte längere Zeit seiner Jugendjahre in Deutschland verbracht, die Äußerungen Hitlers flocht er in eine Rede ein, die er vor dem "American Luncheon Club" am 23. Oktober 1944 gehalten hatte. Anwesend war der Kommandant der 12. US-Flotte, der diese Bemerkungen an Roosevelt weitergab, siehe dessen Brief. New York, 23. Oktober 1944. FDR-Nachlaß

(147) Geist an Messersmith. Berlin, 12. Juni 1938. Persönlich und vertraulich. Messersmith leitete diesen Brief an Hull, Moffat, Flack und Welles weiter. Messersmith-Nachlaß

(148) Lipski, Josef: Diplomat in Berlin 1933-1939. New York: Columbia University Press, 1968, S. 541

(149) Kemsley-Aufzeichnung, siehe (3.1)

(150) Der schwedische Gesandte Richert gab den Inhalt der Aussprache an Stockholm weiter. Sein Bericht wurde abgefangen, siehe Reichssicherheitshauptamt. Berlin, den 3. Juli 1942. ADAP-NA

4. Kapitel: Hakenkreuz und Hammer und Sichel: 1933

(1) Tagebuchnotiz vom 15. März 1933. Krogmann-Nachlaß;– unmittelbar nach der

"Machtergreifung" machte Hitler die größten Anstrengungen, das deutsche Militär für sich und seine Regierung zu gewinnen; siehe seine Rede vor hohen Offizieren des Heeres und der Marine vom 3. Februar 1933, in: Vogelsang, Thilo: "Neue Dokumente zur Geschichte der Reichswehr 1930-1933", in "Vierteljahreshefte für Zeitgeschichte", Bd. 2, Nr. 4, Oktober 1954, Dok. No. 8, S. 397ff.;— in einer Ansprache vor hohen Militärs im September 1933 bekannte Hitler in Anwesenheit Generals vom Blomberg: "Wenn die Wehrmacht mich in den schicksalshaften Stunden im Januar 1933 nicht unterstützt hätte, dann stände ich heute nicht als Kanzler vor Ihnen ...", laut Konteradmiral Canaris, Chef der Abwehr, "Niederschrift des Vortrages von Konteradmiral Canaris bei der Besprechung im OKW am 3.3.1938", (Mikrofilmkopie), U.S. Naval Archives, Washington, D.C.

(2) Josef Kosak ans Außenministerium (Prag). Moskau, den 17. Februar 1933. Vertraulich. CSR-NA;— Budurowycz, Bohdan B.: Polish-Soviet Relations, 1932-1939. New York: Columbia University Press, 1963, Kap. 1 und 2

(3) Hitler äußerte diese Befürchtung in seinem Brief an von Reichenau, siehe (3.76); — zur unterschiedlichen Beurteilung der polnischen Präventivkriegspläne in der Literatur, siehe Bregmann, Alexander: "German Fears of Preventive War in 1933", in "Poland and Germany", Bd. 2, März 1958, 5ff.;— Roos, Hans: "Die 'Präventivkriegspläne' Pilsudskis von 1933", in "Vierteljahrshefte für Zeitgeschichte", Bd. 3, Nr. 4, 1955, S. 344ff.;— Jedrzejewicz, Waclaw: "The Polish Plan for 'Preventive War' Against Germany in 1933", in "Polish Review", Bd. 11, 1966, S. 62ff.;— Gasiorowski, Zygmunt J.: "Did Pilsudski Attempt to Initiate a Preventive War in 1933?", in "Journal of Modern History", Bd. 27, Nr. 2, 1955, S. 135ff.

(4) Moltke ans AA. Warschau, den 11. März 1933. In: Dokumente zur Vorgeschichte des Krieges. Auswärtiges Amt 1939, Nr. 2. Berlin: Reichsdruckerei, 1939, Dok. No. 24

(5) Roos, siehe (4.3), S. 360f.

(6) Dr. Schneider an die Reichskanzlei. "Bericht über Vorgang im österreichischen Ministerrat vom 4. Mai 1933" (NSDAP. Landes-Leitung für Österreich. Hauptabt. Außenpolitisches Amt), Wien, den 4. Mai 1933. ADAP-NA

(7) Staatssekretär in der Reichskanzlei an Neurath und Blomberg. Streng vertraulich. 10. Mai 1933. ADAP-NA;— Osusky ans Außenministerium (Prag). Paris, den 22. September 1933. CSR-NA;— Mutzherr (? Unterschrift unleserlich) an Göring. Berlin, den 30. August 1933. ADAP-NA

(8) Bülow an Dirksen. Berlin, den 6. Februar 1933 und "Minutes of Hitler-Neurath conversation", in: DGFP. Series C. Bd. I, S. 14 und S. 21-22

(9) Hilger, siehe (3.73), S. 242

(10) Blomberg an Hitler und Göring. Berlin, Juli 1933. ADAP-NA

(11) Kosek an Außenministerium (Prag). Moskau, den 14. März 1933. Vertraulich. CSR-NA

(12) Dirksen ans AA. Moskau, den 3. Mai 1933. Geheim! ADAP-NA

(13) Hilger, siehe (3.73), S. 246-247;— Speidel, Helm.: "Reichswehr und Rote Armee", in "Vierteljahreshefte für Zeitgeschichte", Bd. 1, Nr. 1, 1953, S. 9ff.

(14) Hilger, Gustav und Meyer Alfred G.: The Incompatible Allies. German-Soviet Relations, 1918-1941. New York: Macmillan Comp., 1950, S. 260

(15) Dr. V. Mastny ans Außenministerium (Prag). Berlin, den 11. Oktober 1933. CSR-NA

(16) Roberts, Henry L.: "Maxim Litvinov", in: Craig, Gordon A. und Gilbert, Felix (Hrsg.): The Diplomats, 1919-1939., 2 Bde., New York: Atheneum, 1963, Bd. II, S. 351-352;— siehe auch Kosek ans Außenministerium (Prag). Moskau, den 6. Juli 1933. Vertraulich. CSR-NA;— Budurowycz, siehe (4.2), S. 29

(17) Furnia, Arthur H.: The Diplomacy of Appeasement: Anglo-French Relations and the Prelude to World War II, 1931-1938. Washington, D.C.: The University Press, 1961, S. 80ff;— Newman, William J.: The Balance of Power in the Interwar Years, 1919-1939. New York: Random House, 1956, S. 170f.;— Zinner, Paul E.: "Czechoslovakia: The Diplomacy of Eduard Benes", in: Craig und Gilbert (Hrsg.), siehe

(4.16), Bd. I, S. 120;– Budurowycz, siehe (4.2), S. 50;– Weinberg, Gerhard '.: The Foreign Policy of Hitler's Germany: Diplomatic Revolution in Europe, 1933-36. Chicago: The University of Chicago Press, 1970, S. 50-52

(18) Smetana ans Außenministerium (Prag). Moskau, den 21. Juli 1933. CSR-NA

(19) Nadolny ans AA. Moskau, den 11. Dezember 1933. ADAP-NA;– Mastny ans Außenministerium (Prag). Berlin, den 11. Oktober 1933.– CSR-NA;– siehe auch die Dokumente für diesen Zeitabschnitt im Aktenband "Rußland, Bd. 1, 1. Februar 1933-21. Dezember 1935." ADAP-NA

(20) Osusky ans Außenministerium (Prag). Paris, den 21. Oktober 1933. CSR-NA; – siehe auch Bericht ans Außenministerium (Prag). Moskau, den 6. September 1933, wonach Oberst Burnett vom U.S. War Department Frankreich als größtes Hindernis für den Frieden bezeichnet. CSR-NA

(21) Jacobsen, siehe (3.128), S. 403ff.: Weinberg, siehe (4.17), S. 63ff.

(22) Einstein, Lewis: "Memorandum on the Austrian Situation", mit einer Randnotiz von Roosevelt, "Stammt dies von Louis Einstein 1933 ?" FDR-Nachlaß;– wie aus einem Brief von Einstein an Felix Frankfurter vom 29. Juni 1934 hervorgeht, wurde dieser Bericht im Jahre 1934 verfaßt. Frankfurter-Nachlaß

(23) Tagebuchnotiz vom 18. Januar 1937. Krogmann-Nachlaß

(24) Äußerung Friedrichs des Großen über die Teilungen Polens, zitiert nach Wheeler-Bennet, siehe (1.55), S. 127

(25) Johnson, Stephen H.: "An Introduction to the Role of Proxies in Soviet Strategic Planning", in "Phalanx", Bd. 1, Nr. 2, 1967

(26) Dyck (Artikel), siehe (1.61), S. 67ff; derselbe (Buch), siehe (1.61);– Rauch, Georg von: A History of Soviet Russia. New York: Frederick A. Praeger, 1965, S. 199ff.:– Laqueur, siehe (3.102), S. 217

(27) Possony, siehe (1.16), S. 192ff;– Rauch, Georg von: "Stalin und die Machtergreifung Hitlers", in: Markert, Werner (Hrsg): Deutsch-russische Beziehungen von Bismarck bis zur Gegenwart. Stuttgart: Deutsche Verlagsanstalt, 1964, S. 117ff.; – Millikan, Gordon William: "Soviet and Comintern Policy toward Germany, 1928-1933: A Case Study of Strategy and Tactics", unveröffentlichte Doktorarbeit, Columbia University, New York, 1970, passim;– über Stalins Revolutionierungspolitik in Asien, siehe Wittfogel, Karl A.: A Short History of Chinese Communism (A Reprint from Human Relations Area Files: A General Handbook of China, Bd. 2). Seattle: University of Washington, 1964;– Thorton, Richard: The Comintern and the Chinese Communists, 1928-1931. Seattle: University of Washington Press, 1969;– derselbe: "The Emergence of a New Comintern Policy for China: 1928", in: Drachkovitch und Lazitch (Hrsg.) siehe (1.53), S. 66ff.

(28) Treadgold, Donald W.: Twentieth Century Russia. Chicago: Rand McNally & Comp., 1968, S. 206ff.;– Seton-Watson, Hugh: From Lenin to Khrushchev: The History of World Communism. New York: Frederick A. Praeger, 7. Auflage, 1964, S. 107ff.;– Borkenau, siehe (0.21), Kap. 22;– Fischer, Ruth: Stalin and German Communism: A Study in the Origins of the State Party. Cambridge, Mass.: Harvard University Press, 1948, passim

(29) Possony, siehe (1.16), S. 199-200

(30) Laqueur, siehe (3.102), S. 204-205;– Schüddekopf, Ernst: Linke Leute von Rechts. Stuttgart: Deutsche Verlags-Anstalt, 1960, S. 141

(31) Laqueur, siehe (3.102), S. 62;– über die Rolle der Komintern als Steigbügelhalter bei der Machtergreifung Mussolinis, siehe Nolte, Ernst: Der Faschismus in seiner Epoche. München: R. Piper & Co., 1963, S. 270

(32) Robert P. Skinner an Außenminister (Washington). Riga, den 14. März 1932. FRUS-NA;– Skinner an Außenminister (Washington). Riga, den 5. Februar 1932. FRUS-NA;– als Erich Wollenberg im Jahre 1932 den sowjetischen Diktator bestürmte, das Kominternsperrfeuer nicht auf die Sozialdemokraten, sondern auf die Nationalsozialisten zu richten, weil die politische Entwicklung sonst unausweichlich auf den Ausbruch eines Krieges zueilen würde, antwortete Stalin: "Der Krieg ist unvermeidlich", siehe Aussage von Wollenberg, in "Plain Talk", Mai 1950, S. 59-64 und

Possony, siehe (1.16), S. 195-196;– Wettig, siehe (1.39), S. 78f.;– Kennan, George F.: Russia and the West under Lenin and Stalin. New York: Mentor Book, 1. Auflage, Oktober 1962, S. 270ff.;– Seton-Watson, siehe (4.28), S. 177

(33) Zeugenaussage von Karl A. Wittfogel, siehe Hearings before the Subcommittee to Investigate the Administration of the Internal Security Act and other Internal Security Laws of the Committee on the Judiciary: The Institute of Pacific Relations. Part I. U.S. Congress, 82nd, 1st Session, Senate. Washington, D.C.: G.P.O., 1951, S. 323ff;– in verschiedenen Gesprächen mit dem Verfasser im Laufe der vergangenen Jahre bekräftigte Prof. Dr. Karl A. Wittfogel diese Zielsetzungen der sowjetischen Strategie nachdrücklich, und in der jüngsten Ausgabe seiner großartigen Studie über den Oriental Despotism dokumentiert er in der neuverfaßten Einleitung diese Absichten Stalins;– über Hitlers unumstößliches Vorhaben, das "Versailler Diktat" zu revidieren, siehe Davis, John William: "Hitler and the Versailles Settlement", unveröffentlichte Doktorarbeit, University of Wisconsin, 1964;– siehe auch Quinn, Pearle L.: "The National Socialist Attack on the Foreign Policy of the German Republic, 1919-1933", unveröffentlichte Doktorarbeit, Stanford University, 1948.

(34) Possony, siehe (1.16), S. 198

(35) Theodor Wolff im "Berliner Tageblatt", Nr. 112, 6. März 1932

(36) Kosek ans Außenministerium (Prag). Moskau, den 4. Februar 1933. CSR-NA

(37) Kosek ans Außenministerium (Prag). Moskau, den 15. April 1933. CSR-NA

(38) Wheaton, Eliot Barcule: The Nazi Revolution 1933-1935: Prelude to Calamity. New York: Doubleday & Comp., 1969, S. 171

(39) Loy W. Henderson an Hull. Streng vertraulich. Moskau, den 16. November 1936. FRUS-NA

5. Kapitel: Die große Mächteumgruppierung: Stalins Glückstag – November 1933

(1) Sutton, siehe (1.21), Bd. 1 und 2

(2) Whiting, Allen S.: Soviet Politics in China. New York: Columbia University Press, 1954, S. 202-203;– Chiang Kai-Shek: Soviet Russia in China. New York: Farrar, Strauss and Cudahy, 1957, S. 15;– Pollard, Robert T.: China's Foreign Relations, 1917-1931. New York: Macmillan Comp., 1933, S. 391;– Brandt, Conrad: Stalin's Failure in China, 1924-1927. Cambridge, Mass.: Harvard University Press, 1958, passim;– Wittfogel, siehe (4.27), S. 11ff.

(3) Iriye, Akira: "Japanese Imperialism and Aggression: Reconsideration, II", in "Journal of Asian Studies", Bd. 23, 1963-64, abgedruckt in: Robertson (Hrsg.), siehe (3.6), S. 247ff.;– Coox, Alvin D.: "High Command and Field Army: The Kwantung Army and the Nomonhan Incident, 1939", in "Military Review", Bd. 33, Nr. 2, Oktober 1969, S. 302-303

(4) Joseph C. Grew and Hugh R. Wilson. Tokio, 11. Februar 1933. Wilson-Nachlaß;– dieser Brief ist auch dem Tagebuch von Joseph C. Grew beigefügt, siehe Tagebuchnotiz vom 27. Januar bis 10. Februar 1933. Grew-Nachlaß

(5) Bennett, Edward Moore: "Franklin D. Roosevelt and Russian-American Relations, 1933-1939", unveröffentlichte Doktorarbeit, University of Illinois, 1961, S. 32ff. und S. 45ff.; Martin, siehe (2.19), Bd. 1, S. 180-200

(6) Hull, siehe (2.17), Bd. 1, S. 292-293

(7) Morris, Robert L.: "A Reassessment of Russian Recognition", in "The Historian", Bd. 24, Nr. 4, August 1961, S. 479

(8) New York Times vom 26. Juli 1932;– zu jenem Zeitpunkt traf sich Roosevelt zu einem längeren Gespräch mit Walter Duranty, siehe Wehle, siehe (2.38), S. 109f.; Duranty, der Roosevelts Sowjetbild zweifelsohne mitprägte, war als Moskau-Korrespondent der New York Times für seine pro-sowjetische Einstellung bekannt. Obwohl er wahrscheinlich kein willfähriges Instrument der Sowjetregierung gewesen ist, übte Moskau über gewisse geldliche Zuwendungen Einfluß auf seine Berichterstattung aus (Gespräch des Verfassers mit Loy W. Henderson).

(9) Prittwitz ans AA. Washington, den 26. Mai 1932, "Verstärkte Agitation für Anerkennung Sowjetrußlands." ADAP-NA;– Martin, siehe (2.19), Bd. 1, S. 180ff.

(10) Schon während der zwanziger Jahre hatte Frankfurter sich in einflußreichen Kreisen für eine Anerkennung der Sowjetunion stark gemacht (Gespräch des Verfassers mit Loy W. Henderson)

(11) Levin, siehe (2.93), S. 220

(12) Über Bullitts Einfluß auf Roosevelt, siehe Wehle, siehe (2.38), S. 113-114;– Browder, siehe (1.48), S. 100;– Farnsworth, sieh (2.96), passim;– über Bullitts Informationsreise nach Europa, siehe Bowers, Robert E.: "Senator Arthur Robinson of Indiana Vindicated: William Bullitt's Secret Mission to Europe", in "Indiana Magazine of History", Bd. 61, September 1965, S. 189ff.;– über Bullitts Berichterstattung nach seiner Rückkehr aus Europa, siehe: "Papers of the Democratic National Committee" an Raymond Moley, den 21. Februar 1933. FDR-Nachlaß;– über die House-Roosevelt-Zusammenarbeit, siehe "Memoir Notes" betitelt "New York – Meeting with Colonel House." Messersmith-Nachlaß;– über die Bedeutung, die House der Sowjetunion als gewichtiger Faktor einer zukünftigen "Friedenspolitik" beimaß, siehe Tagebuchnotiz vom 5. April 1937. Davies-Nachlaß; laut Davies verband ihn eine "alte Freundschaft" mit House.

(13) Loy W. Henderson im Gespräch mit dem Verfasser

(14) Farley, James A.: Jim Farley's Story: The Roosevelt Years. New York: Whittlesey House, 1948, S. 39

(15) Tagebuchnotiz vom 2. Mai 1933. Moffat-Nachlaß;– hinsichtlich Deutschland bezog Bullitt eine "sehr extreme" Position, Tagebuchnotiz vom 26. Januar 1934. Moffat-Nachlaß

(16) Tagebuchnotiz vom 3. September 1933. Moffat-Nachlaß

(17) McClelland, Robert: "The Soviet Union in American Opinion", unveröffentlichte Doktorarbeit, University of West Virginia, Kap. 1

(18) Brief an Judge Julian Mack vom 14. September 1933. Messersmith-Nachlaß;– die Zusammenarbeit zwischen Mack und Frankfurter erstreckte sich über viele Jahre, siehe Tenzer, siehe (2.53), S. 293 und S. 309

(19) Brief an Mack, siehe (5.18)

(20) Morgenthau, Henry Jr.: "The Morgenthau Diaries" Teil III, "Colliers", 11. Oktober 1947, S. 20-21

(21) Hull, siehe (2.17), Bd. 1, S. 297

(22) Browder, siehe (1.48), S. 111

(23) Bowers, Robert E.: "American Diplomacy, the 1933 Wheat Conference, and Recognition of the Soviet Union", in "Agricultural History", Bd. 40, 1966, S. 39ff.

(24) Kelley-Memorandum. FRUS, 1933, Bd. 2, S. 782ff.

(25) "Memorandum on Problems Pertaining to Russian-American Relations: No. 4, Questions of 'Communist Propaganda'." FRUS-NA;– Bericht der US-Gesandtschaft in Riga an Hull vom 24. August 1933. FRUS-NA;– Bowers, Robert E.: "Hull, Russian Subversion in Cuba, and Recognition of the U.S.S.R.", in "Journal of American History", Bd. 53, Nr. 3, 1966, S. 542ff.

(26) Kelley-Memorandum vom 27. Juli 1933. FRUS-NA;– Bullitt-Memorandum vom 4. Oktober 1933. FRUS-NA

(27) Walter Duranty in der New York Times vom 27. Juli 1933

(28) Grew an Außenminister. FRUS, 1933, Bd. 3, S. 412-416

(29) "Izvestija" vom 17. April 1933

(30) Rosenberg ans AA. Stockholm, den 9. August 1933. "Gerüchte um den neuen Gesandten der Vereinigten Staaten in Schweden." ADAP-NA

(31) Morris, siehe (5.7), S. 480-481

(32) Roosevelt-Botschaft in Kalinin. FRUS, 1933, Bd. 2, S. 794f.

(33) Roosevelt neigte dazu, oft hinter dem Rücken seines Außenministers zu handeln, siehe Bowers, siehe (5.25), S. 543-544 und S. 548;– während eines Gespräches mit Edward Stettinius beklagte Hull sich bitterlich über die Tatsache, daß Roosevelt ihm wiederholt wichtige Informationen vorenthielte, siehe FRUS, 1944, Bd. 1, S. 811

(34) Browder, siehe (1.48), Kap. 6;– Bennett, Edward M.: Recognition of Russia: An American Foreign Policy Dilemma. Waltham, Mass.: Blaisdell Publishing Comp., 1970, S. 118

(35) Browder, siehe (1.48), Kap. 7

(36) Frankfurter an FDR, den 29. Oktober 1933, in: Freedmann (Hrsg.), siehe (2.49), S. 165-166

(37) Senator Key Pittman an FDR, den 2. November 1933. Pittman-Nachlaß

(38) Phillips, William: Ventures in Diplomacy. Portland, Ma.: The Anthoensen Press, 1952, S. 158

(39) Rosenman (Hrsg.), siehe (2.47), Bd. 2, S. 492

(40) FDR an Raymond Robins, den 8. Dezember 1933. FDR-Nachlaß

(41) Über Litwinows Jungfernrede vor dem Völkerbund, siehe Goodman, siehe (2.87), S. 174-175

6. Kapitel: Moskau – heiß und kalt: 1934 - 1937

(1) Mackintosh, J.M.: "The Red Army 1920-1936", in : Liddell Hart, B.H. (Hrsg.): The Red Army, 1918 to 1945: The Soviet Army: 1946 to the Present. Gloucester, Mass.: Peter Smith, 1968, S. 58ff.;– derselbe: Juggernaut: A History of the Soviet Armed Forces. New York: Macmillan Comp., 1967, Kap. 4;– Benoist-Mechin, J.: Wetterleuchten in der Weltpolitik 1937. Deutschland und die Weltmächte. Oldenburg: Gerhard Stalling-Verlag, 1966, S. 266ff.

(2) "Memorandum of Conversation with Litvinov. Norman Davis." Streng vertraulich, den 21. November 1934. Wilson-Nachlaß

(3) Über Bullitts Einschätzung der politischen Entwicklungen im Fernen Osten, basierend auf Gesprächen mit Litwinow und Woroschilow, siehe Tagebuchnotizen vom Oktober 1934. Phillips-Nachlaß; – Bullitt an FDR. Persönlich und vertraulich. Moskau, Ostern 1934. FDR-Nachlaß;– Foreign Relations of the United States: The Soviet Union, 1933-1939. Washington, D.C.: G.P.O., 1952, S. 54

(4) Bullitt an Hull. Moskau, den 22. April 1934. FDR-Nachlaß

(5) Bullitt an FDR. Persönlich und vertraulich. Moskau, den 22. Februar 1935. FDR-Nachlaß

(6) Aufklärungsausschuß Hamburg-Bremen. Dr. Johannsen, Hauptgeschäftsführer. Geheim. Hamburg, den 16. Juni 1936. ADAP-NA

(7) Twardowski ans AA. Moskau, den 28. Oktober 1935, "Grundlinien der sowjetischen Außenpolitik." ADAP-NA

(8) Prawda, den 3. April 1935, zitiert nach Bennett, siehe (5.5), S. 222

(9) FRUS, 1935, Bd. III;– über Großbritanniens Fernostpolitik, siehe Louis, William Roger: British Strategy in the Far East, 1919-1939. London: Oxford University Press, 1971

(10) Laut Aussage von Leon Helfand, einem ehemaligen Vertrauten Litwinows, siehe Nevile Butler and Sir Orme Sargent. Washington, den 13. September 1940. PRO-Nachlaß;– ebenfalls Krivitsky, W.G.: In Stalin's Secret Service. New York: Harper & Brothers, 1939, S. 3-4, S. 7-15 und S. 21-25

(11) Für den Zeitraum Mai-Oktober 1935 wurden Franz von Papen, Außerordentlicher Gesandter und Bevollmächtigter Minister in Besonderer Mission, laufend aus "bekannter", aber nicht ausdrücklich genannter Quelle die sogenannten "Weisungen des Politbüros der KPdSU (B)" zugetragen. Die deutsche Übersetzung der russischen Texte wurde umgehend durch "Sonderkurier" an Hitler weitergeleitet, der, wie die Unterstreichungen zeigen, die Dokumente mit größtem Interesse, aber sicher auch mit wachsender Besorgnis gelesen hat. Stalins unzweideutige Absicht, das Reich nach einer militärischen Niederlage in seinen Einflußbereich einzubeziehen, ging unmißverständlich aus diesen Weisungen hervor, die Gefahr einer großen Koalition gegen Deutschland zog drohend am politischen Horizont auf. Parallel zu den Weisungen, die ihn während dieser Monate erreichten, verschärfte sich auch Hitlers anti-bolschewi-

stische Rhetorik, die in die Verbalattacken auf dem Nürnberger Parteitag 1935 gipfelten;– Laqueurs Feststellung, daß Hitler den "Anti-Bolschewismus nach 1933 als Vorwand benutzte, um Westeuropa zu neutralisieren'., kann deshalb nur bedingt gelten, siehe (3.102), S. 158-159;– "Weisungen des Politbüros ...", Mai-August 1935. ADAP-NA;– siehe auch Kunert, Dirk: General Ljuschkows Geheimbericht. Bern: Schweizerisches Ost-Institut, 1977, S. 10f.

(12) Reichswehrministerium. Ausland. OKW/1103a. März 1934-19. Oktober 1935. Geheim. Betr. Komintern. Abw. Nr. 1194/10.34. Abw. Berlin, den 19. Oktober 1934. ADAP-NA

(13) Wittfogel, siehe (4.27), S. 50

(14) Thornton ("The Comintern ..."), siehe (4.27);– Kubek (Hrsg.). ("Amerasia ..."), siehe (1.50), Bd. 1, S. 2ff.

(15) Wittfogel, siehe (4.27), S. 45-48;– Mehnert, Klaus: Peking und Moskau. Stuttgart: Deutsche Verlags-Anstalt, 1962, S. 199f.

(16) Bullitt an Hull. Streng vertraulich. Moskau, den 17. Februar 1936. FRUS-NA

(17) Dirksen ans AA. Tokio, den 15. März 1936. "Militärputsch in Tokio." ADAP-NA

(18) Deakin, F.W. und Storry, G.R.: Richard Sorge: Die Geschichte eines großen Doppelspieles. Berlin: Deutsche Buchgemeinschaft, 1966, S. 193-197; dieses Buch erschien ursprünglich im R. Piper & Co. Verlag, München, 1965

(19) Bullitt an FDR. Persönlich und vertraulich. Moskau, den 4. März 1936. FDR-Nachlaß

(20) Aufzeichnung von Trautmann, "Deutschland und China", 10. Juni 1936 (Nachlaß Renthe-Fink). ADAP-NA

(21) ebenda

(22) Über den Sian-Zwischenfall, siehe Wittfogel, siehe (4.27), S. 49, und Mehnert, siehe (6.15), S. 202

(23) Trautmann ans AA. Nanking, den 27. Januar 1937. Geheim. "Politische Verhältnisse in Ostasien und die deutsche Ostasienpolitik." ADAP-NA

(24) Hosoya, Chihiro: "Characteristics of the Foreign Policy Decision-Making System in Japan", in "World Politics", Bd. 26, Nr. 3, April 1974, bes. S. 359f.

(25) Iriye, siehe (5.3), S. 264f.

(26) Henderson an Kelley. Persönlich und vertraulich. Moskau, den 27. April 1937. FRUS-NA

(27) Grew an Wilson. Vertraulich. Tokio, den 13. Mai 1937. Wilson-Nachlaß

(28) Trautmann ans AA. Nanking, den 21. Juli 1937. DGFP, Series D, Bd. 1, Dok. Nr. 465

(29) Kubek ("Amerasia ..."), siehe (1.50), Bd. 1, S. 9-17

(30) Dodd an Hull, Berlin, den 14. Juli 1937. FRUS-NA

(31) Mackensen an Deutsche Gesandtschaft in Lissabon, den 20. Juli 1937. ADAP-NA;– Dirksen ans AA. Geheim. Tokio, den 3. August 1937. DGFP, Series D, Bd. 1, Dok. Nr. 477;– Trautmann ans AA. Nanking, den 1. August 1937, ebenda, Dok. Nr. 476;– Trautmann ans AA. Streng Geheim. Nanking, den 13. Dezember 1937, ebenda, Dok. Nr. 539

(32) Henderson an Hull. Moskau, den 20. Dezember 1937. FRUS, 1937, Bd. 3, S. 627f.

(33) Laut Text einer Rede von Sun-Fo, Präsident der Legislativen Yuan, vom 7. Januar 1939, siehe "Der Reichsführer SS. Der Chef des Sicherheitshauptamtes III an Reichsaußenminister von Ribbentrop", den 17. Februar 1939. DR-NA

(34) Bullitt an Hull, den 22. Oktober 1937. FRUS, 1937, Bd. 3, S. 635-636 und S. 827-828;– Garthoff, Raymond L. (Hrsg.): Sino-Soviet Military Relations. New York, 1966, S. 54-56;– derselbe, in: Drachkovitch, Milorad M. (Hrsg.): Fifty Years of Communism in Russia. London: The Pennsylvania State University Press, 1968, S. 223

(35) Sir W. Seeds an Collier. Moscow, den 18. April 1939, "Interrogation of Lushkov, G. S. November 1938. Most Secret." DBFP-PRO;– siehe ebenfalls Kunert, siehe

(6.11), S. 17ff.

(36) ebenda

(37) Bullitt an FDR. Persönlich und streng vertraulich. Paris, den 8. April 1935. FDR-Nachlaß;– McSherry, siehe (1.49), S. 34

(38) Bullitt an FDR, siehe (6.37)

(39) Nadolny ans AA. Geheim! Moskau, den 11. Januar 1934. ADAP-NA

(40) Bullitt an FDR. Persönlich und vertraulich. Moskau, Juni 1935. FDR-Nachlaß

(41) Über Hitlers Lagebeurteilung, siehe Tagebuchnotiz vom 28. März 1935. Krogmann-Nachlaß

(42) Abwehr Nr. 738/34. Abw. Berlin, den 16. Juli 1934. Geheim. Abwehr-NA, Nr. 774/34g. "Tschechoslowakei-Rußland";– ebenfalls Abw. Nr. 737/34. Berlin, den 16. Juli 1934. Geheim. Reichskriegsministerium – Ausland. Nr. 773/34g. "Polen-Tschechoslowakei." ebenda

(43) Blomberg ans AA. Berlin, den 23. Mai 1935. ADAP-NA

(44) "Aufzeichnung über die militärpolitischen Rückwirkungen des französisch-sowjetischen und tschechoslowakisch-sowjetischen Beistandspaktes in der Tschechoslowakei und Rumänien." (Abschrift zu Pol. V. 959. Akten. Deutsche Gesandtschaft in Portugal betreffend Vertrauliche Angelegenheiten). ADAP-NA;– Schliep ans AA. Warschau, den 26. Juni 1936. ADAP-NA;– Schulenburg ans AA. Moskau, den 29. August 1936, wo der Botschafter folgende Feststellung trifft: "… Gefahr bolschewistischer Bedrohung Europas durch tschechoslowakisch-sowjetischen Pakt liegt insbesondere in sowjetisch-tschechoslowakischer Zusammenarbeit und in sowjetischer Aufrüstung." ADAP-NA;– W A Ausl. II. Nr. 224. Geheim. Berlin, November 1934, "Über Chef W A von Reichenau an den Herrn Reichswehrminister von Blomberg. Vortragsnotiz. Bericht des Marinegehilfen des Militärattaches Moskau vom 28.10. 1934 über marinepolitische Lage Deutschland-Sowjetunion." Abwehr-NA;– Bullitt an FDR. Persönlich und vertraulich. Moskau, den 4. März 1936. FDR-Nachlaß

(45) Aufzeichnung (gez. v. Stein). Prag, den 3. Juli 1936. ADAP-NA; diese Informationen über die sowjetisch-französischen Generalstabsbesprechungen basierten auf Aussagen eines französischen Offiziers im Gespräch mit dem polnischen Charge Chodacki;– Eisenlohr ans AA. Prag, den 22. September 1936, "Moskauer Rede des tschechischen Generals Luza." ADAP-NA;– Deutsches Generalkonsulat. Kiew, den 14. Oktober 1936, "Militärisches: Tschechische Fliegeroffiziere in Kiew." ADAP-NA

(46) Meinck, Gerhard: Hitler und die deutsche Aufrüstung, 1933-1937. Wiesbaden: Franz Steiner-Verlag, 1959, S. 125ff.;– Jacobsen, siehe (3.128), S. 421

(47) "Vertrauliche politische Meldungen." Abschrift. 16. April 1937. Geheime Staatspolizei. Berlin, den 4. Mai 1937. An das Ausw. Amt. z. Hd. Herrn Gesandtschaftsrat Altenburg. ADAP-NA

(48) Eubank, Keith: The Origins of World War II. New York: Thomas Y. Crowell Comp., 1969, S. 68

(49) Reichswehrministerium. Ausland. OKW/1103a. März 1934-April 1935. Abw. Nr. 1194/10. 34. Abw. Berlin, den 19. Oktober 1934. Geheim, "Komintern". Abwehr-NA; dieser Bericht, so ist vermerkt, "stammt aus besonders vertraulicher Quelle."

(50) Bullitt an Hull. Vertraulich. Moskau, den 14. August 1935, "Comintern Activities and the VII Congress." FRUS-NA;– Assistant Secretary of State R. Walton Moore war beeindruckt von Bullitts Analyse, siehe R. Walton Moore an Bullitt, den 15. Oktober 1935. FRUS-NA

(51) Bullitt ans Außenministerium. Streng vertraulich. Moskau, den 17. Februar 1936. FRUS-NA;– Bullitt an FDR. Persönlich und vertraulich. Moskau, den 4. März 1936. FDR-Nachlaß

(52) Hugh R. Wilson an James Clement Dunn (Department of State). Bern, den 16. November 1936. Wilson-Nachlaß

(53) Bullitt an R. Walton Moore. Persönlich und vertraulich. Moskau, den 30. März 1936. Moore-Nachlaß

(54) Twardowski ans AA. Moskau, den 28. Oktober 1935. "Politischer Bericht. In-

halt: Grundlinien der sowjetischen Außenpolitik." ADAP-NA

(55) Wolfe, Bernard: "30 Years After Stalin's Great Purge", in "New York Times Magazine", 18. September 1966, S. 138;– Tucker, siehe (1.2), S. 73ff.

(56) Bolin, Luis: Spain: The Vital Years. Philadelphia: J.B. Lippincott Comp., 1967, S. 144ff.;– Dahms, Helmuth Günther: Der Spanische Bürgerkrieg 1936-1939. Tübingen: Rainer Wunderlich-Verlag, 1962, S. 31-72;– Jackson, Gabriel: The Spanish Republic and the Civil War, 1931-1939. Princeton: Princeton University Press, 1965, passim

(57) Sutton, siehe (2.94), S. 39-40;– schon im April 1936 war Bullitt davon fest überzeugt, daß Stalin Spanien als seine nächste Zielscheibe ausgesucht hatte. Im Frühjahr trafen die ersten in Moskau ausgebildeten spanischen Kommunisten in ihrem Heimatland ein, siehe Bullitt an Hull. Streng vertraulich. 20. April 1936. FRUS-NA

(58) Dahms, siehe (6.56), S. 68f.;– Thomas, Hugh: The Spanish Civil War. New York: Harper & Row, 1961, S. 177;– Bolloten, Bunnett: The Grand Camouflage: The Communist Conspiracy in the Spanish Civil War. London: Hollis and Carter, 1961, S. 97

(59) Watt, D.C.: "Soviet Military Aid to the Spanish Republic in the Civil War 1936-1938", in "Slavonic and East European Review", Juni 1960, S. 536-541

(60) Kennan, siehe (4.32), S. 291

(61) Laut Aussage des spanischen Botschafters in Frankreich, siehe Bullitt an FDR. Persönlich und vertraulich. Paris, den 24. November 1936. FDR-Nachlaß

(62) Tagebuchnotiz vom 9. November 1937. Moffat-Nachlaß

(63) Friedlander, Robert A.: "Great Power Politics and Spain's Civil War: The First Phase", in "The Historian", Bd. 28, Nr. 1, November 1965, S. 78ff.;– über die Einstellung Roosevelts und des Außenministeriums zum Spanischen Bürgerkrieg, siehe Traina, Richard P.: American Diplomacy and the Spanish Civil. Bloomington: Indiana University Press, 1968, Kap. 11, S. 225;– über den Einfluß von Claude G. Bowers auf Roosevelt, siehe deren Briefwechsel, "PSF: Spain Folder." FDR-Nachlaß

(64) Hoßbach, Friedrich: Zwischen Wehrmacht und Hitler 1934-1938. Wolfenbüttel: Wolfenbütteler Verlagsanstalt, 1949, S. 191;– Tagebuchnotiz vom 3. März 1937 (Jodl Tagebuch), in: "Trial of the Major War Criminals ...", IMT. Bd. 28, S. 353;– Ribbentrop, siehe (3.79), S. 88;– "Ribbentrop-Aufzeichnung" (August 1945), siehe (3.18), S. 14

(65) Laut Aussage von Außenminister von Neurath, siehe Tagebuchnotiz vom 18. Januar 1937. Krogmann-Nachlaß

(66) Bemerkung Görings, siehe Tagebuchnotiz vom 15./16. Januar 1938. Moffat-Nachlaß; Görings Unterhaltung mit Behn, Moffats Informant, fand 1937 statt.

(67) Friedlander, siehe (6.63), S. 94

(68) Abwehr. Wehrmachtsamt Nr. 191/37 geh. Ausl. Berlin, den 12. Januar 1937. Geheim! Übersicht Nr. 43 über außenpolitische Vorgänge in der Zeit vom 20.12. 1936-12.1.1937. Abwehr-NA

(69) Henderson an Kelley. Persönlich und vertraulich. Moskau, den 27. April 1937. FRUS-NA

(70) Thayer an Hull. Moskau, den 19. August 1937, "Developments in Soviet Foreign Relations During the Period June 27-August 10, 1937." FRUS-NA

(71) Siehe (6.69) und (6.70);– Thayer an Hull. Moskau, den 17. September 1937, "Developments in Soviet Foreign Relations During the Period August 10-September 10, 1937." FRUS-NA

(72) Abschrift Pol. I 3863g. Oberkommando der Kriegsmarine. B. Nr. A Ic 7139/37 Sp. Geheim. Berlin, den 16. Juli 1937. An den Marineadjutant des Führers und Reichskanzlers, an den Marineadjutant des Reichskriegsministers, an das Auswärtige Amt, z. Hd. Herrn Geheimrat Dumont. Abwehr-NA; diese Information hatte Admiral Raeder vom U.S. Army Intelligence erhalten

(73) Thomas, siehe (6.57), S. 440-441

(74) Ribbentrop, Annelies von: Die Kriegsschuld des Widerstandes: Aus Britischen

Geheimdokumenten 1938/39. Leoni: Druffel-Verlag, 1974, S. 33f.
(75) Thomas, siehe (6.57), S. 441-442

7. Kapitel: Der Adler und das Hakenkreuz: 1933 - 1937

(1) Und Botschafter Biddle fuhr fort: "... die Verzweiflung über ihre Zukunft mag die Juden möglicherweise zu folgender Annahme verleiten: a) daß ein Krieg die Aufmerksamkeit von ihnen ablenkt und b) eine Neuverteilung der Karten bedingt, mit anderen Worten, daß alles besser ist als ihr gegenwärtiges Los ..." Biddle an Hull. Warschau, den 28. März 1938. FRUS-NA
(2) Weinberg, siehe (4.17), S. 34-35;– Schacht, Hanfstaengl, Hitlers Wirtschaftsberater Wilhelm Keppler und der Regierende Bürgermeister von Hamburg Krogmann waren einhelliger Meinung in ihrer negativen Beurteilung der Rosenbergschen London-Mission, siehe Tagebuchnotiz vom 12. Juni 1933. Krogmann-Nachlaß;– Hans-Adolf Jacobsen hingegen sieht Rosenbergs Besuch in London in einem positiveren Licht: Nationalsozialistische Außenpolitik 1933-1938. Frankfurt a.M.: Alfred Metzner Verlag, 1968, S. 73f.
(3) Tagebuchnotiz vom 4. Mai 1933. Krogmann-Nachlaß;– über Schachts Gespräche mit Roosevelt und dem State Department, siehe Memorandum für den Außenminister. Vertraulich. 6. Mai 1933. Weißes Haus. FDR-Nachlaß;– Tagebuchnotiz vom 12. Mai 1933. Moffat-Nachlaß
(4) Tagebuchnotiz vom 12. Mai 1933. Moffat-Nachlaß
(5) Tagebuchnotiz vom 17. Mai 1933. Moffat-Nachlaß;– zur Einschätzung der amerikanischen Europapolitik, siehe Bericht der tschechischen diplomatischen Mission an Prag. Paris, den 29. April 1933. CSR-NA
(6) Tagebuchnotiz vom 4. April 1933. Moffat-Nachlaß
(7) Norman Davis an Hull. Berlin, den 9. April 1933. FRUS-NA; eine Kopie des Berichtes ging ans Weiße Haus.
(8) ebenda
(9) Dodd an Hull. Berlin, den 12. März 1934. FRUS-NA
(10) Newman, William J.: The Balance of Power in the Interwar Years, 1919-1939. New York: Random House, 1968, S. 125-26;– zum Thema der deutschen Aufrüstung, siehe die unterschiedlichen Analysen von Klein, Burton H.: Germany's Economic Preparations for War. Cambridge, Mass.: Harvard University Press, 1959;– Milward, Alan S.: The German Economy at War. London: The Athlone Press, 1965;– Carroll, Bernice A.: Designs for Total War: Arms and Economics in the Third Reich. The Hague: Mouton, 1968
(11) Tagebuchnotiz vom 12. und 15. Mai 1933. Moffat-Nachlaß;– ebenfalls Moley, siehe (2.13), S. 214
(12) Tschechischer Gesandter ans Prager Außenministerium. Washington, den 16. Mai 1933. CSR-NA
(13) Außenminister Neurath riet Hitler, auf Roosevelts Botschaft zu antworten. DGFP, Series C, Bd. I, S. 447-51;– der Text der Hitler-Rede ist abgedruckt in Domarus, siehe (3.10), Bd. I, Teil 1, S. 270-78;– über die Reaktion des Auslandes auf die Rede Hitlers, siehe Moley, siehe (2.13), S. 214;– tschechische diplomatische Berichte ans Prager Außenministerium. Paris, den 19. Mai 1933. CSR-NA
(14) Moley, siehe (2.16), Kap. 35;– Moley, siehe (2.13), S. 217ff.;– zum Thema der Rooseveltschen Finanz- und Wirtschaftspolitik siehe Wicker, Klaus: "Roosevelt's 1933 Monetary Experiment", in "The Journal of American History", Bd. 57, Nr. 4, März 1971, S. 864ff.;– Moore, James R.: "Sources of New Deal Economic Policy: The International Dimension", in "Journal of American History", Bd. 61, Nr. 3, Dezember 1974, S. 728ff.;– Kindelberger, Charles P.: The World in Depression, 1929-1939. Berkeley, Cal.: University of California Press, 1973;– der ehemalige Reichskanzler Heinrich Brüning äußerte sich höchst kritisch über Roosevelts Finanzpolitik, siehe Brief an General Richardson. New York, den 23. Oktober 1952, und an

den ehemaligen US-Präsidenten Herbert Hoover, siehe Brief vom 25. März 1953.
Köln-Braunsfeld. Hoover-Nachlaß; in seinen Briefen aus der Nachkriegszeit vertrat
Hoover die Ansicht, daß Roosevelts Geldpolitik "Hitler vor dem Zusammenbruch gerettet und seine Aufrüstungspolitik möglich gemacht hat." Es sei die Abwertung des
Dollars gewesen, die es Hitler ermöglicht habe, Rohstoffe zu günstigen Preisen einzu-
kaufen und sein Aufrüstungsprogramm anzukurbeln; wäre er selbst "noch weitere
18 Monate an der Macht geblieben, dann hätten die USA und die Welt die Krise ohne
finanzielle und wirtschaftliche Maßnahmen durchstanden, die unweigerlich zum Krieg
führen mußten." Außenminister Hull setzte große Hoffnungen auf die Londoner
Weltwirtschaftskonferenz, siehe Hull, siehe (2.17), Bd. I. S. 250-51;– Roosevelt ließ
die "Bombe" in seinem Brief an Hull vom 2. Juli 1933 platzen. FRUS, 1933, Bd. I,
S. 673-74;– über die britische und französische Reaktion siehe Feiling, Keith: The
Life of Neville Chamberlain. London: Macmillan & Co., 1946, S. 224-225;– die
deutschen Vorahnungen, nicht allzu viel von der Weltwirtschaftskonferenz zu erwarten, hatten sich bestätigt, siehe Tagebuchnotiz vom 8. Juni 1933. Krogmann-Nachlaß;– Krogmann an Neurath, den 1. August 1933. DGFP, Series C, Bd. I, S. 712-14
(15) Dodd an FDR, den 30. Juli 1933. FDR-Nachlaß;– Dodd an FDR, den 12.
August 1933. FDR-Nachlaß
(16) Domarus, siehe (3.10), Bd. I, Teil 1, S. 308-14
(17) Tagebuchnotiz vom 14. November 1933. Moffat-Nachlaß;– über Messersmiths
Reaktion, siehe Tagebuchnotiz vom 15. Dezember 1933. Phillips-Nachlaß
(18) Tansill, siehe (2.13), 4. Auflage, S. 277ff.;– Offner, Arnold A.: American
Appeasement: United States Foreign Policy and Germany, 1933-1939. Cambridge,
Mass.: Harvard University Press, 1969, S. 65ff.;– Scroogs, William O.: The United
States in World Affairs, 1933. New York: Harper & Brothers, 1934, Kap. 6;– Gardner, siehe (2.15), S. 98ff
(19) Max Warburg an Felix Warburg. Hamburg, den 26. März 1933; Felix Warburg an
Max Warburg. New York, 27. März 1933; Erich Warburg an Felix Warburg. Hamburg,
den 29. März 1933; Erich Warburg an Marquis of Reading. Hamburg, den 28. März
1933. Krogmann-Nachlaß;– über die Boykott-Kampagne, siehe Gottlieb, Moshe:
"The Anti-Nazi Boycott Movement in the American Jewish Community, 1933-
1941", unveröffentlichte Doktorarbeit, Brandeis University, 1967;– als Folge des
zwischen Eichmann und der 'Jewish Agency for Palestine' ausgehandelten Transfer-
Abkommens wurde "Palästina mit allen möglichen Produkten 'made in Germany'
überschwemmt, genau zu dem Zeitpunkt, als das amerikanische Judentum zum Boy-
kott deutscher Waren aufrief," siehe Arendt, Hannah: Eichmann in Jerusalem: A
Report on the Banality of Evil. New York: The Viking Press, 1964, S. 60
(20) Samuel Dickstein an FDR, den 12. Januar 1934. FDR-Nachlaß
(21) Tagebuchnotiz vom 18. Januar 1934. Moffat-Nachlaß
(22) Feis an Hull, den 28. März 1934. FRUS-NA
(23) Tagebuchnotiz vom 25. April 1933. Krogmann-Nachlaß
(24) Dodd an Hull, den 26. August 1933 und Coar an FDR, den 12. September 1933.
FRUS-NA
(25) Coar an Louis M. Howe. Kingston, Mass., den 2. September 1933. FDR-Nachlaß;– Tagebuchnotiz vom 21. August 1933. Krogmann-Nachlaß
(26) Coar an FDR, den 21. September 1933. FDR-Nachlaß;– Hull an Coar, den 22.
September 1933. FRUS-NA
(27) Dodd und Dodd (Hrsg.), siehe (2.68), S. 183
(28) Militärattache General Bötticher ans Reichswehrministerium. Washington, den
1. August 1934; Chef des Wehrmacht-Amtes von Reichenau an Bötticher. Berlin, den
24. August 1934; Bötticher an Reichenau. Washington, den 10. September 1934.
Abwehr-NA
(29) General Bötticher ans Reichswehrministerium. Washington, den 14. März 1934,
"Militärpolitische Propaganda gegen Deutschland im Süden der Vereinigten Staaten,"
ebenda
(30) Tagebuchnotiz vom 15. Janaur 1934. Krogmann-Nachlaß

(31) Tagebuchnotiz vom 13. Oktober 1934. Moffat-Nachlaß; Tagebuchnotiz vom 10. September 1934. Phillips-Nachlaß
(32) Zum Thema der deutschen Aufrüstung, siehe Görlitz, Walter: History of the German General Staff, 1657-1945. New York: Praeger, 1959, 10. Auflage, S. 291;– Wheeler-Bennett, siehe (1.55), S. 346
(33) Breckinridge Long an FDR. Rom, den 2. Februar 1935. FDR-Nachlaß
(34) Eubank, siehe (6.48), S. 42;– McSherry, siehe (1.49), S. 41;– Scott, William E.: Alliance Against Hitler: The Origins of the Franco-Soviet Pact. Durham, N.C.: University of North Carolina Press, 1962
(35) Wilson an Hull. Genf, den 20. April 1935. Wilson-Nachlaß
(36) Long an FDR. Rom, den 19. April 1935. FDR-Nachlaß
(37) Wilson an Hull. Genf, den 20. April 1935. Wilson-Nachlaß
(38) Robertson, siehe (3.76), Kap. 7 und 9
(39) Bullitt an FDR. Moskau, den 1. Mai 1935. Persönlich und vertraulich. FDR-Nachlaß
(40) Offner, siehe (7.18), S. 105
(41) ebenda, S. 106
(42) FDR an Oberst House, den 10. April 1935, in: Roosevelt, E., siehe (2.104), Bd. I, S. 472-473
(43) House an FDR. New York, den 20. April 1935, in: Nixon, siehe (2.60), Bd. II, S. 488-89
(44) Dodd an Hull. Berlin, den 17. Juli 1935. Vertraulich. FRUS-NA
(45) Bullitt an FDR. Persönlich und vertraulich. Moskau, den 3. Juni 1935. FDR-Nachlaß
(46) R. Walton Moore an Bullitt, den 9. März 1936. Moore-Nachlaß
(47) Messersmith an den US-Gesandten Leland Harrison. Wien, den 16. März 1936. Persönlich und vertraulich. Harrison-Nachlaß; obwohl dieser Brief in der Akte "Unidentified – 1936. Personal and confidential letter – Report from Vienna" abgelegt ist, ergibt sich aus der Unterschrift und der handschriftlichen Beifügung "Personal and Confidential", daß dieser Brief von Messersmith stammt.
(48) Bullitt an Moore. Moskau, den 30. März 1936. Persönlich und vertraulich. Moore-Nachlaß
(49) Bullitt an Hull. Memorandum für den Außenminister. Streng vertraulich. Berlin, den 18. Mai 1936. FRUS-NA
(50) Luther ans AA. Washington, den 4. Juni 1936, "Wachsende Besorgnis in den Vereinigten Staaten vor einem Krieg in Europa"; Bismarck ans AA. London, den 6. Juli 1936, "Englisch-amerikanische Beziehungen"; Luther ans AA. Washington, den 16. September 1936; Botschaftsbericht vom 18. März 1937 (Washington), "Die amerikanische Presse über die außenpolitische Lage Deutschlands vom September 1936 bis Januar 1937." ADAP-NA
(51) Bullitt an FDR. Persönlich und vertraulich. Paris, den 9. November 1936. FDR-Nachlaß; kurz nachdem die amerikanischen Wahlergebnisse in Paris eintrafen, suchte Leon Blum Botschafter Bullitt auf und "umarmte und küßte mich stürmisch ... nachdem Stalin mich schon abgeküßt hat, bin ich immun gegen jegliche Anstekkung."
(52) Bullitt an FDR. Persönlich und vertraulich. Paris, den 7. Dezember 1936. FDR-Nachlaß;– mit der Ablösung Luthers durch Dieckhoff verfolgte Hitler die Absicht, die deutsch-amerikanischen Beziehungen zu verbessern, siehe Tagebuchnotiz vom 18. Januar 1937. Krogmann-Nachlaß
(53) Bullitt an FDR. Paris, den 24. November 1936 und Bullitt an FDR. Persönlich und vertraulich. Paris, den 20. Dezember 1936. FDR-Nachlaß
(54) Bullitt an FDR. Paris, den 24. November 1936. FDR-Nachlaß;– Bullitt an Moore. Persönlich und vertraulich. Paris, den 8. Januar 1937. Moore-Nachlaß; Sowjetagenten hatten bereits Kontakte mit den Korrespondenten der Zeitschriften "The Nation" und "The New Republic" hergestellt mit der Absicht, eine Verleumdungskampagne gegen Bullitt zu inszenieren, die synchronisiert werden sollte mit

einem Pressefeldzug unter dem Motto: "... enge Zusammenarbeit zwischen den "Demokraten" der Vereinigten Staaten und der Sowjetunion!"
(55) Dodd an Hull. Vertraulich. Berlin, den 28. November 1936; eine Zusammenfassung dieses Berichtes, datiert 24. Dezember 1936, ging an das State Department und wurde am 30. Dezember 1936 über R. Walton Moore an Roosevelt weitergeleitet. FDR-Nachlaß
(56) Cudahy an FDR. Persönlich und vertraulich. Warschau, den 26. Dezember 1936. FDR-Nachlaß
(57) FDR an Cudahy, den 15. Januar 1937; Cudahy an FDR. Persönlich und vertraulich. Warschau, den 6. Februar 1937; Bullitt an FDR. Persönlich und vertraulich. Paris, den 24. November 1936. FDR-Nachlaß
(58) Messersmith an Mrs. Sinclair Lewis (Dorothy Thompson). Wien, den 21. Juli 1936; Messersmith's Schreiben vom 23. September 1936. Messersmith-Nachlaß

8. Kapitel: Roosevelts Illusionen: Moskau und Washington 1934 - 1937

(1) Tagebuchnotiz vom 7. April 1934. Phillips-Nachlaß
(2) Bullitt an FDR. Persönlich und vertraulich. Ostern 1934; Bullitt an FDR. Moskau, den 8. September 1934. FDR-Nachlaß
(3) Bullitt an Hull, den 22. April 1934. FDR-Nachlaß
(4) Bullitt an Hull, den 19. Juli 1935. FRUS-SU, S. 227
(5) ebenda, S. 172-73
(6) ebenda, S. 208-09;— zum Thema der amerikanischen Handelspolitik, siehe Kottman, Richard N.: Reciprocity and the North Atlantic Triangle, 1932-1938. Ithaca: Cornell University Press, 1968
(7) Browder, siehe (1.48), S. 194-95
(8) Bullitt an Moore. Persönlich und vertraulich. Moskau, den 15. Juli 1935. Moore-Nachlaß;— Bennett, siehe (5.5), S. 202, sich auf das veröffentlichte Aktenmaterial stützend, argumentiert, daß Bullitt sich angeblich gegen einen Abbruch der diplomatischen Beziehungen aussprach.
(9) Bullitt an Hull. Moskau, den 31. August 1935, "Aktivities of the VII Congress of the Comintern in Moscow." FRUS-NA;— Possony, siehe (1.16), S. 206ff. und Niemeyer, Gerhart: Communists in Coalition Governments. Washington, D.C.: American Enterprise Institute, Juni 1963, S. 10-15
(10) "Prawda" vom 25. Juli 1935, "Unter dem Banner der Kommunistischen Internationale."
(11) "Prawda" vom 29. und 30. Juli 1935, vom 3., 6., 9. und 21. August 1935;— "Iswestija" vom 5. August 1935;— "Sibirskaja Prawda" vom 12. Juli 1935
(12) "Prawda" vom 21. August 1935
(13) Bullitt an Hull. Moskau, den 31. August 1935. FRUS-NA;— Bullitt an Hull. Moskau, den 19. Juli 1935. FRUS-SU, S. 224
(14) FRUS-SU, S. 250-53;— "Washington Post" vom 27. August 1935
(15) Ickes, siehe (2.33), Bd. I. S. 428-29
(16) Bullitt an Hull. Moskau, den 9. November 1935. FRUS-NA
(17) Rosenman, siehe (2.47), Bd. V, S. 9
(18) "Iswestija" vom 6. Januar 1936 und "Prawda" vom 6. Januar 1936
(19) Bullitt ans State Department. Streng vertraulich. Moskau, den 17. Februar 1936. FRUS-NA
(20) Henderson an Hull. Moskau, den 29. Juli 1937. FRUS-NA;— "Iswestija" vom 29. Juli 1937;— "Prawda" vom 29. Juli 1937;— die bolschewistische Führung hatte schon früh die Bedeutung der Presse als Kampfmittel in der politischen Auseinandersetzung erkannt, siehe Lenin, siehe (1.1), Bd. IV, S. 114;— Stalin, siehe (1.26), Bd. V, S. 206;— Inkeles, Alex: Public Opinion in Soviet Russia. Cambridge, Mass.: Harvard University Press, 1951
(21) Henderson an Hull. Streng vertraulich. Moskau, den 20. August 1937. FRUS-NA

(22) Tagebuchnotiz vom 28. Oktober 1937. Moffat-Nachlaß

(23) Tagebuchnotizen vom 9. November und 18. Dezember 1937. Moffat-Nachlaß

(24) Henderson an Hull. Streng vertraulich. Moskau, den 16. November 1936, "The First Three Years of American-Soviet Diplomatic Relations." FRUS-NA;– in den Vereinigten Staaten gab es "verschiedene politisch, ja sogar rassisch, organisierte Gruppierungen", die mehr interessiert schienen, die Belange "der einen oder anderen internationalen Bewegung" zu fördern als die Amerikas. Diese Gruppen traten äußerst lautstark" auf und inszenierten Rufmordkampagnen gegen jene US-Diplomaten, die der Sowjetunion kritisch gegenüberstanden, siehe Henderson an Hull. Streng vertraulich. Moskau, den 13. Juli 1938. FRUS-NA

(25) Kennan, siehe (2.46), S. 70-72 und S. 74

(26) Bullitt an Hull. Moskau, den 19. Juli 1935. FRUS-SU, S. 224-27

(27) Bullitt an Hull. Streng vertraulich, den 20. April 1936 FRUS-NA

(28) Geheim. W. A. Ausland. Nr. 227/341C. Berlin, den 8. November 1934. Über Chef W. A. dem Herrn Reichswehrminister von Blomberg vorzulegen. Vortragsnotiz eines V-Mannes; Bräutigam ans Auswärtige Amt. W IV Ru 5702. Berlin, den 8. November 1934; Abwehr 4721/34 Ia. Geheim. Berlin, den 20. Oktober 1934, "Zur Lage im Fernen Osten". Abwehr-NA

(29) Bötticher ans Reichswehrministerium. Washington, den 17. Juli 1934, "Bericht über die Reise des Generals von Bötticher nach dem mittleren und fernen Westen in der Zeit vom 9. Juni bis 10. Juli 1934." Abwehr-NA

(30) Luther ans AA. Washington, den 28. September 1936, "Die amerikanische Presse über Deutschland im August-September 1936." ADAP-NA

(31) Luther ans AA. Washington, den 24. November 1936, "Rolle des Kommunismus bei den letzten Wahlen in den Vereinigten Staaten"; Deutsches Generalkonsulat (San Francisco) ans AA. San Francisco, den 2. September 1937, "Lagebericht über die Betätigung der Komintern." ADAP-NA

(32) Luther ans AA. Washington, den 24. November 1936 und Luther ans AA. Washington, den 6. April 1937. ADAP-NA;– Memorandum, Wehrmachtamt. Nr. 1731/37 geh. Ausl. Berlin, den 7. April 1937. Geheime Übersicht Nr. 47 über außenpolitische Vorgänge in der Zeit vom 12.3.-7.4.37. Geheime Akten. Fremde Heere. Abwehr-NA

9. Kapitel: Die Aktivisten der "messianischen Schule"

(1) Moffat unterschied zwischen den Repräsentanten der "realistischen" und "messianischen Schule", siehe Tagebuchnotiz vom 31. Januar 1938. Moffat-Nachlaß;– über die einflußreiche Rolle, die Joseph E. Davies auf der sowjetisch-amerikanischen Bühne spielte, siehe Ullman, Richard H.: "The Davies Mission and the United States-Soviet Relations, 1937-1941", in "World Politics", IX, Januar 1957, S. 220ff.;– O'Connor, Joseph Edward: "Joseph E. Davies as United States Ambassador to the Soviet Union, 1937-1938", unveröffentlichte Magisterarbeit, University of Virginia, 1964 und derselbe: "Laurence A. Steinhardt and American Policy toward the Soviet Union, 1939-1941", unveröffentlichte Doktorarbeit, University of Virginia, 1968, S. 12-14;– Hanson, Betty Crump: "American Diplomatic Reporting from the Soviet Union, 1934-1941", unveröffentlichte Doktorarbeit, Columbia University, 1966, S. 284-87

(2) FDR an Dodd, den 16. März 1936. FDR-Nachlaß

(3) Dodd an FDR, den 29. Juni 1935. FDR-Nachlaß

(4) Dodd an FDR, den 15. Dezember 1935. FDR-Nachlaß;– Ickes, siehe (2.33), Bd. I, S. 494

(5) Dodd an Moore. Berlin, den 10. Februar 1936. Moore-Nachlaß;– deutsche Beobachter verfolgten mit Aufmerksamkeit die Bemühungen der potentiellen Gegnermächte, das Reich einzukreisen, siehe u.a. Aufklärungsausschuß Hamburg-Bremen. Hamburg, den 16. Juni 1936. AA Pol. II 566. Dr. Johannsen. ADAP-NA;– deutsche

Agenten, die über ihre Kontaktmänner Zugang zu Informationen im britischen Foreign Office hatten, lieferten weiteres Material, das die deutschen Befürchtungen verstärkte, siehe Auswärtiges Amt. Akten betreffend: Politische Beziehungen Englands zu Deutschland, 15. Mai 1935 bis 30. Juni 1936. ADAP-NA

(6) "New York – Meeting with Colonel House." Messersmith-Nachlaß

(7) Tagebuchnotiz vom 5. April 1937. Davies-Nachlaß

(8) Schacht-Davies Gespräch, "Germany Had To Deal From Military Strength", Tagebuchnotiz vom 15. April 1937. Davies-Nachlaß

(9) Davies, Joseph E.: Mission to Moscow. New York: Simon and Schuster, 1941, 4. Auflage, S. 368

(10) Kennan, siehe (2.46), S. 80-81;– über die politischen Differenzen zwischen Bullitt und FDR siehe "New York Times", 25. April 1970, S. 31

(11) Schulenburg ans AA. Streng vertraulich! "Versetzung des amerikanischen Botschafters nach Brüssel." Moskau, den 18. Juni 1938; zur deutschen Reaktion auf Bullitts Versetzung nach Paris und Davies Akkreditierung in Moskau siehe Schulenburg ans AA. "Persönlichkeit des nach Paris versetzten amerikanischen Botschafters Bullitt." Moskau, den 19. Oktober 1936; Memorandum des Staatssekretärs von Bülow. Berlin, den 15. Mai 1936; Luther ans AA. "Rede des amerikanischen Botschafters Bullitt." Washington, den 20. Juli 1936; in diesem Schreiben warnt Luther davor, Bullitt als pro-deutsch einzuschätzen. ADAP-NA

(12) Schulenburg ans AA. Moskau, den 18. Juni 1938. ADAP-NA

(13) Kennan, siehe (2.46), S. 82-83;– zur Rolle des Militärattaches Faymonville siehe Hanson, siehe (9.1), S. 20ff; in seiner Funktion als Militärattache war Faymonville in Moskau von 1934 bis 1939 stationiert. 1941 wurde er in das Office of Defense Air Reports berufen, im Herbst 1941 reiste er als Mitglied der Harriman-Mission nach Moskau.

(14) Davies an Hull, den 1. April 1938. FRUS-SU, S. 246

(15) Faymonville Memorandum vom 6. Juni 1938; FRUS-NA;– Davies an Marvin McIntyre, den 10. Juli 1937. FDR-Nachlaß

(16) Schulenburg ans AA. Streng vertraulich! Moskau, den 18. Juni 1938. ADAP-NA

(17) Kennan, siehe (2.46), S. 83-85;– in einem Gespräch mit dem Autor vertrat Loy W. Henderson die Meinung, daß die Ostabteilung im State Department auf ausdrückliche Weisung des Weißen Hauses, d.h. Roosevelts, aufgelöst wurde.

(18) ebenda;– Robert Kelley wurde nach Ankara versetzt und Henderson schließlich nach Bagdad, siehe Brown, siehe (2.51), S. 322

(19) Kennan, siehe (2.46), S. 86

(20) Davies an Hull. Streng vertraulich. Moskau, den 19. Februar 1937; Tagebuchnotiz vom 16. Februar 1937, "Litvinov on Neutrality, Italy and Armed Neutrality"; Tagebuchnotiz vom 4. Februar 1937, "Litvinov – First meeting"; Davies an FDR. Streng vertraulich. Moskau, den 25. Februar 1937. Davies-Nachlaß

(21) Tagebuchnotiz vom 19. Mai 1937. Morgenthau-Nachlaß

(22) Papen ans AA. Wien, den 14. Juli 1936, "Der amerikanische Gesandte Messersmith"; Dieckhoff ans AA. Washington, den 26. Januar 1938. ADAP-NA

(23) "Return to the Department – 1937 – To Assume Duties as Assistant Secretary of State." Messersmith-Nachlaß

(24) Messersmith an Frankfurter. Persönlich und vertraulich. Wien, den 23. Juni 1936. Frankfurter-Nachlaß

(25) Die linkslastigen, wenn nicht sogar pro-sowjetischen Tendenzen und auch die oft abstrusen Vorstellungen von Attlee und Laski sind nachgezeichnet von Thomas, siehe (6.58), S. 505;– Sulzberger, C.: Memoirs: A Long Row of Candles. New York: Macmillan, 1968, S. 24;– Laski, Harold: Faith, Reason and Civilization: An Essay in Historical Analysis. New York: Viking Press, 1944, S. 51; S. 143 und S. 184

(26) Frankfurter an FDR. "Paris en route nach Palestina, den 22. März 1934", siehe Freedman, siehe (2.49), S. 209; – Frankfurter zeigte sich hocherfreut über Messersmiths Ernennung zum US-Gesandten in Wien.

(27) Oswald Garrison Villard an Wilson, den 17. Mai 1938. Wilson-Nachlaß

(28) Frank Knox an Frau Knox, den 10. Dezember 1937. Knox-Nachlaß; 1940 wurde Knox auf den Posten des US-Marineministers berufen.
(29) Messersmith an Arthur Dean, den 22. Juli 1950. Messersmith-Nachlaß
(30) Messersmith Memorandum vom 11. Oktober 1937. FRUS, 1937, Bd. I, S. 140ff.; der veröffentlichte Text gibt nicht den vollen Inhalt der Messersmithschen Denkschrift wieder;– Messersmith an Hull. Vertraulich, den 11. Oktober 1937 (vollständiger Text). Messersmith-Nachlaß
(31) Messersmith an Dorothy Thompson Lewis. Wien, den 23. September 1936. Messersmith-Nachlaß
(32) Messersmith war davon überzeugt, daß es den Kommunismus im herkömmlichen Stil nicht mehr gäbe: "... die rabiatesten Kommunisten leben heute alle außerhalb Rußlands", siehe Messersmith an Hull, den 4. Januar 1944. Hull-Nachlaß

10. Kapitel: Putsch in Berlin durch wirtschaftlichen Druck

(1) FDR an Judge Julian Mack, den 4. Dezember 1935; laut Roosevelt war Messersmith "einer der besten Männer im diplomatischen Dienst." FDR-Nachlaß
(2) "Nach dem Tod von Louis Howe und der Flucht von Ray Moley aus Washington waren Frankfurter und sein Klüngel dem Präsidenten am nächsten", McIntire, siehe (250), S. 91;– Blum, John M.. siehe (2.79), hat auf die zentrale Bedeutung Morgenthaus in der amerikanischen Außenpolitik der dreißiger Jahre verwiesen;– der gewichtige Einfluß des Finanzministers auf Roosevelt geht auch eindeutig aus den sich auf mehrere hundert Bände belaufenden Tagebüchern hervor, siehe Morgenthau-Nachlaß;– "Innerlich aufgewühlt durch den Machtaufstieg Hitlers und dessen Judenverfolgung versuchte Morgenthau wiederholt, den Präsidenten zu veranlassen, dem State Department durch Handlungsweisen vorzugreifen oder unserem besseren Urteilsvermögen zuwiderzuhandeln. Oft mußten wir erkennen, daß er mit ausländischen Regierungen Verhandlungen führte, die eigentlich in den Bereich des State Department fielen ...," Hull, siehe (2.17), Bd. I, S. 207-08
(3) Die wirtschaftlichen Pressionsinstrumente, die die Roosevelt-Regierung einsetzte, um die Politik Großbritanniens und der mittel- und südamerikanischen Staaten zu beeinflussen, werden in den folgenden Kapiteln aufgezeigt.
(4) Wuescht, Johann: Jugoslawien und das Dritte Reich: Eine dokumentierte Geschichte der deutsch-jugoslawischen Beziehungen von 1933 bis 1945. Stuttgart: Seewald-Verlag, 1969, S. 79ff.; diese Studie ist ein Korrektiv der oft verzerrenden Darstellung von Treue, Wilhelm: "Das Dritte Reich und die Westmächte auf dem Balkan", in "Vierteljahreshefte für Zeitgeschichte", Januar 1953, S. 45ff.
(5) Lewis Einstein an FDR, "On the Austrian Situation", diese Denkschrift trägt Roosevelts handschriftliche Randbemerkung: "Stammt sie von Einstein 1933?"; aller Wahrscheinlichkeit nach hat Einstein dieses Memorandum erst im Jahre 1934 an FDR geschickt, siehe Einstein an Frankfurter, den 29. Juni 1934. FDR-Nachlaß und Frankfurter-Nachlaß;– Gelfand, Lawrence E. hat die persönlichen Aufzeichnungen von Lewis Einstein herausgegeben: A Diplomat Looks Back. New Haven, Conn.: Yale University Press, 1968
(6) Miller, siehe (2.63), S. 68-69, S. 104 und S. 161-62
(7) Wenn auch mit zeitlich begrenzten versuchsweisen Abweichungen haben die Sowjets seit 1917 systematisch eine Autarkiepolitik betrieben, siehe Smith, Alan H.: The Planned Economies of Eastern Europe. London: Croom Helm, 1983, bes. Teil 1; – Checinski, Michael: "Kriegs- und Kriegswirtschaftsdoktrin der Sowjetunion", in "Osteuropa", Bd. 34, Nr. 3, 1984, S. 177ff.;– Bjorkman, Thomas N. und Zamostny, Thomas J.: "Soviet Politics and Strategy toward the West: Three Cases", in "World Politics", Bd. 36, Nr. 2, Januar 1984, S. 191f.; die Schutzzollpolitik der Vereinigten Staaten während der zwanziger und Anfang der dreißiger Jahre und die sich daran anschließende Abwertung des US-Dollars durch die Roosevelt-Regierung wirkten sich hemmend auf die internationalen Handelsbeziehungen aus. Mit dem Ottawa-Abkommen zeichneten sich starke Autarkiebestrebungen innerhalb des Britischen

Commonwealth ab.

(8) Hitlers Wirtschaftsberater Wilhelm Keppler schien sich mit seiner liberaleren Aussenhandelspolitik gegen den Widerstand des Braunen Hauses in München vor 1933 durchgesetzt zu haben, siehe Keppler an Krogmann. Berlin-Charlottenburg, den 8. Oktober 1932; Erwin J. Merck an Emil Helfferich. Hamburg, den 17. Mai 1932. Streng vertraulich!; Keppler an Krogmann. München, den 20. Juli 1932; Keppler an Krogmann. München, den 6. August 1932; Keppler an Krogmann. München, den 24. August 1932. Krogmann-Nachlaß; in seinen Bestrebungen wurde Keppler hilfreich von dem späteren Regierenden Bürgermeister von Hamburg, Carl V. Krogmann, unterstützt.

(9) Tagebuchnotizen vom 19. Juni 1933, 23. April 1934, 15. Juni 1934, 18. Juni 1934, 13. Juli 1934, 27. Juli 1934, 6. August 1934, 4. Dezember 1934 und 20. Juni 1935. Krogmann-Nachlaß

(10) Die Aufzeichnungen von Krogmann vermitteln einen interessanten, wenn auch selektiven Überblick über die verschiedenen Sitzungen der Ausschüsse, die sich mit der Durchführung des Vierjahresplans befaßten, siehe Tagebuchnotizen vom 15. Mai 1936, 25. Mai 1936, 30. Juni 1936 und 12. November 1936. Krogmann-Nachlaß;– ebenfalls Petzina, Dieter: Autarkiepolitik des Dritten Reiches: Der national-sozialistische Vierjahresplan. Stuttgart: Deutsche Verlags-Anstalt, 1968, passim;– Funke, Manfred: Sanktionen und Kanonen: Hitler, Mussolini und der internationale Abessinienkonflikt. Düsseldorf: Droste Verlag, 1970, S. 62f

(11) Messersmith an Phillips, den 26. Juni 1933, in: Peace and War: United States Foreign Relations, 1931-1941. Washington, D.C.: GPO, 1943, S. 191-92;– Messersmith ans State Department. November 1933, ebenda, S. 194

(12) Roosevelt zitiert nach McIntire, siehe (2.50), S. 111

(13) Brief an Judge Julian Mack vom 14. September 1933. Messersmith-Nachlaß

(14) Herbert Feis an Moffat, September 1933. Moffat-Nachlaß

(15) Laut Aussage des rumänischen Gesandten in Washington, Davila, siehe Tagebuchnotiz vom 26. Mai 1934. Phillips-Nachlaß

(16) Tagebuchnotiz vom 26. Juni 1933. Moffat-Nachlaß

(17) Tagebuchnotiz vom Januar 1934. Moffat-Nachlaß

(18) Luther ans AA, den 3. März 1934. DGFP, Series C, Bd. 2, S. 537-39;– Memorandum des Ministerialdirektors Francis Sayre vom 12. April 1934. FRUS, 1934, Bd. II, S. 420-21

(19) Messersmith ans State Department, den 21. April 1934, siehe Peace and War …, siehe (10.11), S. 211-14;– Miller, siehe (2.63), S. 133-62 und S. 171-88

(20) Messersmith an Phillips, den 24. und 29. März 1934, und Messersmith an Phillips, den 13. April und 3. Mai 1934. FRUS-NA

(21) Messersmith an Dodd. Persönlich und vertraulich. Berlin, den 3. April 1934. Moore-Nachlaß

(22) Phillips an Messersmith, den 10. Mai 1934. FRUS-NA

(23) Tagebuchnotiz vom 1. Juni 1934. Phillips-Nachlaß

(24) Messersmith an Dodd. Persönlich und vertraulich. Berlin, den 3. April 1934. Moore-Nachlaß

(25) Dodd und Dodd (Hrsg.), siehe (2.68), S. 151;– Tagebuchnotizen vom 30. August und vom 14. und 17. September 1934. Moffat-Nachlaß

(26) Phillips an FDR, den 5. Juni 1934. FDR-Nachlaß;– Moffat an FDR, einen Brief Messersmiths vom 2. Juni 1934 beifügend; Tagebuchnotiz vom 1., 4. und 6. Juni 1934. Moffat-Nachlaß

(27) Denkschrift von Lewis Einstein "The Austrian Situation." FDR-Nachlaß

(28) Einstein an Frankfurter, den 29. Juni 1934. Frankfurter-Nachlaß

(29) Geist an Messersmith. Berlin, den 14. Juni 1934; während Geist als Nachfolger Messersmiths in Berlin weilte, hatte Messersmith inzwischen seine Tätigkeit als Generalkonsul in Wien aufgenommen. Messersmtih-Nachlaß

(30) Messersmith an Raymond Geist. Wien, den 28. Juni 1934. Messersmith-Nachlaß

(31) Aufzeichnung eines Gespräches zwischen Dr. F. Kubka und "Dr. Hildebrandt".

Deutsche Informationen. Prag, den 30. April 1934. CSR-NA

(32) Offner, sieh (7.18), S. 97

(33) Knox an Herbert Hoover ("My Dear Chief"), den 30. Juni 1934. Hoover-Nachlaß

(34) Aufzeichnung vom 12. Oktober 1934. FRUS, 1934, Bd. II, S. 448-53

(35) Gardner, siehe (2.18), S. 103

(36) Tagebuchnotiz vom 13. und 14. Oktober 1934. Moffat-Nachlaß

(37) Tagebuchnotiz vom 28. Dezember 1934. Moffat-Nachlaß

(38) Tagebuchnotiz vom 10. September 1934. Phillips-Nachlaß

(39) Fuller-Aufzeichnung an FDR. Vertraulich. New York, den 11. Oktober 1935, und FDR an Fuller, den 14. November 1935. FDR-Nachlaß

(40) Dodd an Moore. Berlin, den 25. November 1936. Moore-Nachlaß

(41) Tagebuchnotiz vom 24. April 1936. Carr-Nachlaß

(42) Messersmith an Käthe Stresemann. Wien, den 9. November 1936. Messersmith-Nachlaß; Frau Käthe Stresemann war erst kürzlich mit Roosevelt zusammengetroffen, und Messersmith brachte seine Hoffnung zum Ausdruck, daß sie im Laufe der Unterhaltung ihre Einschätzung der deutschen Lage unumwunden ausgesprochen habe.

(43) Messersmith an Oswald Garrison Villard, den 26. Januar 1937. Villard-Nachlaß

(44) Messersmith an Frankfurter. Wien, den 2. Februar 1937. Frankfurter-Nachlaß;– Ende 1937 war Messersmith davon überzeugt, daß seine Aussprache mit Hitler eine "Schockwirkung" auf Halifax hatte, siehe Messersmith an Daniel Heineman, den 21. Dezember 1937. Messersmith-Nachlaß

(45) Tagebuchnotiz vom 16. September 1937;– der US-Korrespondent Louis Lochner bestätigte "die Informationen, die ... wir auch aus anderen Quellen erhalten haben". Lochner mutmaßte, daß Fritsch zwar die deutsche Armee "in ein schlagkräftiges Kampfinstrument verwandeln wird, aber falls sie politisch zum Einsatz kommt, wird sie nicht unter der Führung von Fritsch ... sondern wahrscheinlich ... von General Beck handeln ..." Tagebuchnotizen vom 18. und 19. September 1937. Moffat-Nachlaß;– das Verhältnis zwischen Schacht und Göring war gespannt; laut Göring "wäre /es/ mit Schacht fürchterlich, ihm gegenüber täte er immer außerordentlich freundlich und erklärte sich zu allem bereit und dann würde hintenherum wieder alles verhindert", Tagebuchnotiz vom 27. Januar 1937; Himmler äußerte sich auch sehr abfällig über Schacht; im Sommer 1937 war es zu einem Zusammenstoß zwischen Schacht und Hitler gekommen. Laut Kranefuß hatte "Schacht ... einen Protest eingelegt ... und wieder Mal seinen Rücktritt angeboten ... Der Führer habe zum ersten Mal diesem Rücktrittsgesuch nicht widersprochen, sondern gesagt, er solle es sich überlegen", Tagebuchnotiz vom 24. August 1937. Krogmann-Nachlaß

(46) Aufzeichnung "Visit of Dr. Goerdeler of Germany, and Mr. Bronisch, a Friend of his in the United States, to Secretary Morgenthau on October 5, 1937"; außer Morgenthau, Bronisch and Goerdeler nahm auch White an den Gesprächen teil. Die Gesprächsaufzeichnungen tragen die Initialen "H.D.W." (Harry Dexter White). Morgenthau-Nachlaß;– Kubek, siehe (1.50), Bd. I (Einleitung zu den Morgenthau-Tagebüchern über Deutschland) hat die Spionagetätigkeit Whites voll dokumentiert;– siehe ebenfalls Toledano, Ralph de: Spies, Dupes & Diplomats. New Rochelle, N.Y.: Arlington House, 1967 und Rusher, William A.: Special Counsel: An inside report on the senate investigations into communism. New Rochelle, N.Y.: Arlington House, 1968;– die Rolle, die der Sowjetagent Alger Hiss während der Roosevelt-Ägide spielte, ist heute beweiskräftig untermauert, siehe Chambers, Whittaker: Witness. New York: Random House, 1952, 4. Auflage, passim;– Toledano, Ralph de und Lasky, Victor: The True Story of the Hiss-Chambers Tragedy: Seeds of Treason. New York: Funk & Wagnalls, 1950, 3. Auflage, passim;– Weinstein, Allen: Perjury: The Hiss-Chamber Case. New York: Alfred A. Knopf, 1978, passim;– Whittaker Chambers starb im Jahre 1961. Am 26. März 1984 verlieh Präsident Ronald Reagan Whittaker Chambers nachträglich die Presidential Medal of Freedom, die höchste Zivilauszeichnung, die ein amerikanischer Präsident an einen Bürger der Vereinigten Staaten verleihen kann, siehe Hart, Benjamin (Hrsg.): A Tribute to Whittaker Cham-

bers. Washington, D.C.: The Heritage Foundation, 1984;– nicht ahnend, für welche Auftraggeber Alger Hiss arbeitete, hatten Francis Sayre, der Schwiegersohn von Woodrow Wilson und Ministerialdirektor im US-Außenministerium unter Franklin D. Roosevelt, und Felix Frankfurter dem Sowjetagenten während der dreißiger Jahre den Weg ins State Department geebnet. Frankfurter verfolgte die Karriere von Alger Hiss mit Interesse, und in einem Brief vom 25. Oktober 1937 an Frankfurter machte Herbert Feis folgende Ausführungen: "A. H. /Alger Hiss/ betreffend: er ist ein Mensch von hoher geistiger Fähigkeit und in der Lage, Gedankengänge stierköpfig und einsatzfreudig zu verfolgen. Er neigt andererseits dazu, sich den Meinungen und Vorstellungen anderer zu verschließen und seine eigenen Ideen verbissen zu vertreten. In seiner geistigen Schaffenskraft steht er über dem Durchschnitt, zeigt aber wenig persönliche Sensitivität und Imagination." Frankfurter-Nachlaß;– auf die Untersuchungsergebnisse des amerikanischen Kongresses über die sowjetische Spionagetätigkeit und die kommunistischen Umtriebe in den Vereinigten Staaten der dreißiger und vierziger Jahre reagierte Messersmith höchst betroffen: Es ist eine Tatsache, daß "McCarthy und seine Methoden, die beinahe eine nationale Krisensituation auslösten, weniger auf das Konto von McCarthy gehen als auf das derjenigen, die McCarthy möglich gemacht haben", siehe "Request – President Roosevelt and Secretary of State Hull – Investigatin Agencies ..." Messersmith-Nachlaß;– Cohen, Roy, einstiger Mitarbeiter von Senator Joseph Raymond McCarthy, hat seine Eindrücke und Erlebnisse veröffentlicht in: McCarthy. New York: The New American Library, 1968;– Messersmith stand in ständigem Kontakt mit Bronisch, dem Freund von Carl Goerdeler, siehe Aufzeichnung von F. Ashton-Gwatkin vom 28. Juni 1938. DBFP-PRO;– über die Rolle Goerdelers siehe die Neuauflage von Ritter, Gerhard: Carl Goerdeler und die Deutsche Widerstandsbewegung. Stuttgart: Deutsche Verlags-Anstalt, 1984;– die dokumentarreichste Darstellung über Goerdeler als Verbindungsmann des Widerstandes zu ausländischen Regierungen stammt aus der Feder von Ribbentrop, siehe (6.74)

(47) Memorandum von John Wiley an den Ministerialdirektor (Assistant Secretary of State) Hugh R. Wilson, den 4. Dezember 1937. Wilson-Nachlaß

(48) Tagebuchnotiz vom 2. März 1938. Wilson-Nachlaß

(49) Wilson an Hull. Persönlich. Berlin, den 24. Mai 1938. Wilson-Nachlaß;– der britische Botschafter Nevile Henderson war nicht weniger emphatisch in seinen Warnungen, siehe Henderson an Halifax. Berlin, den 9. Mai 1938 und Henderson an Sir Alexander Cadogan, den 28. Juli 1938; ebenfalls Sir George Ogilvie-Forbes an Halifax. Berlin, den 3. Januar 1939. DBFP-PRO

(50) Tagebuchnotiz vom 22. September 1937. Carr-Nachlaß

(51) Weitere Ausführungen dazu siehe Kapitel 11

(52) Messersmith-Memorandum vom 11. Oktober 1937. Vertraulich. Messersmith-Nachlaß

(53) Auch die britische Regierung verknüpfte mit diesen möglichen Entwicklungen große Hoffnunge, die seitens der deutschen Widerstandsbewegung immer wieder neu genährt wurden, siehe Ribbentrop, siehe (6.74), passim

(54) Obwohl die Absichten und Planungen der deutschen Verschwörung, das Hitler-Regime zu stürzen, Roosevelts Beifall fanden, verabscheute er dennoch die Verschwörer, die sich zum großen Teil aus dem von ihm gehaßten preußischen Junkertum rekrutierten, siehe Kennan, siehe (2.46), S. 120-23;– Hoffmann, Peter hat eine umfangreiche Studie über die Umsturzpläne vorgelegt: Widerstand, Staatsstreich, Attentat: Der Kampf der Opposition gegen Hitler. München: R. Piper & Co. Verlag, 1969; – ebenfalls Deutsch, Harold C.: The Conspiracy Against Hitler. Minneapolis: The University of Minnesota Press, 1968

(55) Tagebuchnotizen vom 20. Mai 1939, 16. September 1939 und 19. Mai 1940, siehe Ickes, siehe (2.33), Bd. II. S. 636-37, und Bd. III. S. 9 und S. 182

(56) Sherwood, siehe (2.32), S. 125

(57) Diese Beobachtung findet volle Bestätigung in den Memoiren von Acheson, siehe (2.31)

(58) Kennan, siehe (2.46), S. 123
(59) Tansill, siehe (2.13), passim
(60) "Conversation between President Roosevelt and Sir Arthur Willert. March 25th and 26th, 1939." Cabinet, Foreign Policy Committee. No. F.P. (36) 80. Secret. April 20, 1939. DBFP-PRO

11. Kapitel: "Die Aggressoren unter Quarantäne stellen"

(1) Domarus, siehe (3.10), Bd. I, Teil 2, S. 664f.
(2) Roosevelt, Franklin D.: Roosevelt's Foreign Policy: Franklin D. Roosevelt's Unedited Speeches and Messages. New York: Wilfred Funk, 1942, S. 118
(3) ebenda, S. 118;– Memorandum vom 8. Februar 1937. FDR-Nachlaß
(4) FDR an Edward T. Raylor (Chairman of the House Appropriations Committee), siehe Roosevelt, siehe (11.2), S. 135;– Roosevelt-Pressekonferenz vom 23. Juli 1937 (Press Conferences, X, No. 383). FDR-Nachlaß
(5) Luther ans AA. Washington, den 15. Februar 1937, "Amerikanische Neutralitätspolitik und ihre Aussichten." ADAP-NA
(6) Deutsche Botschaft ans AA. Paris, den 25. Februar 1937, "Rede des Amerikanischen Botschafters in Paris"; ebenfalls Deutsches Nachrichtenbüro (DNB) vom 23. Februar 1937 und Presseverlautbarung des State Department (State Department Bulletin) vom 22. Februar 1937. ADAP-NA
(7) Luther ans AA. Washington, den 27. April 1937, "Reden von leitenden Männern des State Department." ADAP-NA
(8) Luther ans AA. Washington, den 26. April 1937. ADAP-NA;– über die Rolle der "revisionistischen" Schule und deren Hauptvertreter, siehe Cohen, Warren I.: The American Revisionists: The Lesson of Intervention in World War I. Chicago: University of Chicago Press, 1967, passim
(9) Woermann ans AA. London, den 8. Juli 1937. ADAP-NA
(10) Hull-Botschaft vom 16. Juli 1937. FRUS, 1937, Bd. I. S. 699f.
(11) ebenda, S. 791-797;– Dieckhoff ans AA. Washington, den 9. August 1937. ADAP-NA
(12) Dieckhoff ans AA. Washington, den 9. August 1937, "Hulls außenpolitische Erklärung vom 16. Juli." ADAP-NA
(13) Siehe vorausgegangene Ausführungen
(14) "Comparison – President Roosevelt-Winston Churchill." Messersmith-Nachlaß;– Arthur Krock von der "New York Times" hatte von diesen Absichten Wind bekommen, gibt aber irrtümlicherweise das Jahr 1938 an, siehe Krock, siehe (2.29), S. 184
(15) Dodd an FDR, den 26. August 1937. FDR-Nachlaß;– Dodd an Moore, den 25. November 1936, wo Dodd eine ähnliche Prognose stellt. Moore-Nachlaß
(16) Villari, Luigi: Italian Foreign Policy under Mussolini. New York: Devin Adair, 1956, S. 184;– FDR an Mussolini, den 19. Juli 1937, siehe Roosevelt (Hrsg.), siehe (2.104), Bd. III, S. 213-14;– Mussolini kritisierte den "arroganten, schulmeisterhaften Ton" des Präsidenten. DGFP, Series D, Bd. I, Dok. Nr. 94, 168;– Hull, siehe (2.17), Bd. I, S. 546
(17) Schatz, Arthur W.: "The Anglo-American Trade Agreement and Cordell Hull's Search for Peace 1936-1938", in "The Journal of American History", Bd. 57, Nr. 1, Juni 1970. S. 94-97
(18) Leo Pasvolsky an Hull, den 18. Januar 1938. Vertraulich, "The Situation in Europe and our Position with Respect Thereto"; eine Kopie dieses Memorandums ging an Hugh R. Wilson. Wilson-Nachlaß;– der Pasvolsky-Nachlaß ist für die historische Forschung enttäuschend.
(19) Feiling, siehe (7.14), S. 308;– über Chamberlain und die britische Außenpolitik der dreißiger Jahre siehe ebenfalls Macleod, Iain: Neville Chamberlain. London: Frederick Muller, 1961;– Dilks, David (Hrsg.): Retreat from Power: Studies in

Britain's Foreign Policy of the Twentieth Century, Bd. I: 1906-1939, London: Macmillan, 1981;– MacDonald, C.A.: The United States, Britain and Appeasement, 1936-1939. New York: St. Martin's Press, 1981;– Kaiser, David E.: Economic Diplomacy and the Origins of the Second World War: Germany, Britain, France, and Eastern Europe, 1930-1939. Princeton, N.J.: Princeton University Press, 1980;– die Rolle von Anthony Eden, besonders dessen Appeasement-Politik gegenüber der Sowjetunion, ist überzeugend dargestellt von Carlton, David: Anthony Eden: A Biography. London: Allen Lane, 1981

(20) Siehe vorausgegangene Ausführungen

(21) Frankfurter an Messersmith, den 23. Juni 1937. Frankfurter-Nachlaß

(22) FRUS, 1937, Bd. I, S. 113 und 131;– Davis-Memorandum. FDR-Nachlaß;– Norman Davis an Chamberlain, den 10. Juni 1937; Chamberlain an Davis, den 8. Juli 1937; FDR an Chamberlain, den 28. Juli 1937; Hull an Davis, den 9. August 1937. Davis-Nachlaß

(23) Memorandum von Clark Eichelberg vom Juli 1937; Eichelberg nimmt in dieser Aufzeichnung Bezug auf ein Gespräch mit Roosevelt von Anfang Juli. FDR-Nachlaß

(24) Welles, siehe (2.119), S. 13f.

(25) Tagebuchnotiz vom 13. Oktober 1937. Long-Nachlaß

(26) Joseph E. Davies an Eleanor Roosevelt. Villefranche, den 13. September 1937. Davies-Nachlaß

(27) ebenda

(28) Dodd an FDR, den 26. August 1937. FDR-Nachlaß

(29) Dodd an FDR, den 15. September 1937, "In Eile". FDR-Nachlaß

(30) Wilson an Bullitt. Persönlich, den 9. September 1937. Wilson-Nachlaß

(31) Peace and War, 1931-1941, siehe (10.11), S. 383-87, für den Text der Rooseveltschen "Quarantäne"-Rede

(32) Tully, Grace: My Boss. New York: Charles Scribner's Sons, 1949, S. 232

(33) FDR an Oberst House, den 19. Oktober 1937; Roosevelt-Memorandum an Sumner Welles vom 12. November 1937; die öffentliche Reaktion auf Roosevelts Rede, wie sie sich aus den zahlreichen Briefen herauslesen läßt, die im Weißen Haus eintrafen, war positiv (PPF 200B, Boxes 82-84). FDR-Nachlaß

(34) FDR an Justice John H. Clark, den 22. Oktober 1937. FDR-Nachlaß

(35) Roosevelt trug sich mit der Absicht, noch aktiver ins Geschehen einzugreifen, siehe Aufzeichnung eines Gespräches zwischen Norman Davis und Edens Privatsekretär, siehe Harvey, John (Hrsg.): The Diplomatic Diaries of Oliver Harvey, 1937-1940. London: Collins, 1970, Tagebuchnotiz vom 2. November 1937;– Roosevelt beabsichtigte, die Brüsseler Fernostkonferenz als Aufhänger zu benutzen, seine öffentliche Aufklärungskampagne anzukurbeln, siehe Eden, Anthony (Earl of Avon): Facing the Dictators, 1923-1938. London: Collins, 1970, S. 537;– während amerikanische Isolationisten eine aktivistische Fernostpolitik unterstützten, lehnten sie jegliche Einmischung in europäische Verhältnisse strikt ab, siehe Jacobs, Travis Beal: "Roosevelt's 'Quarantine' Speech", in "The Historian", Bd. 24, Nr. 4, August 1962, sich stützend auf Wickware, Francis: "What We Think About Foreign Affairs", in "Harper's Magazine", Bd. LCXXIX, September 1939, S. 483;– ebenfalls Haight, John McVickar, Jr.: "Roosevelt and the Aftermath of the Quarantine Speech", in "The Review of Politics", Bd. 24, Nr. 2, April 1962, S. 233ff.;– derselbe: "Franklin D. Roosevelt and a Naval Quarantine of Japan", in "Pacific Historical Review", Bd. 40, Nr. 2, Mai 1971, S. 203ff.

(36) Tagebuchnotizen vom 8., 9. und 10. Oktober 1937. Moffat-Nachlaß

(37) Tagebuchnotiz vom 13. Oktober 1937. Long-Nachlaß

(38) "Iswestija" vom 20. Dezember 1937 und "Prawda" vom 15. Dezember 1937

(39) Tagebuchnotiz vom 5. Oktober 1937. Davies-Nachlaß

(40) Tagebuchnotiz vom 11. November 1937. Davies-Nachlaß

(41) ebenda

(42) Laut Aussage von de la Croix, französischer Gesandter in Prag, siehe Tagebuchnotiz vom 9. Oktober 1937. Carr-Nachlaß

(43) Dieckhoff ans AA. Washington, den 7. Oktober 1937. DGFP, Series D, Bd. I, Dok. Nr. 412;– Dieckhoff ans AA, den 9. Oktober 1937, ebenda, Dok. Nr. 413;– Dieckhoff ans AA' den 15. Oktober 1937, ebenda, Dok. Nr. 415;– siehe ebenfalls Kimball, Warren F.: "Dieckhoff and America: A German's View of German-American Relations, 1937-1941", in "The Historian", Bd. 27, Nr. 2, Februar 1965, S. 218ff.;– "Is There Such A Thing As A Good German?" Messersmith-Nachlaß; für Messersmith gab es zumindest eine Ausnahme: Konrad Adenauer.
(44) Reichskriegsministerium. Geheime Kommandosache! Berlin, den 7. November 1937. Abwehr-NA
(45) Dodd an FDR, den 10. Oktober 1937. FDR-Nachlaß
(46) Messersmith an Daniel N. Heineman, den 21. Dezember 1937. Messersmith-Nachlaß
(47) Messersmith-Memorandum vom 11. Oktober 1937. Messersmith-Nachlaß
(48) Dieckhoff ans AA. Washington, den 21. Dezember 1937; Dieckhoff an Weizsäcker. Washington, den 20. Dezember 1937; Dieckhoff ans AA. Washington, den 7. Dezember 1937. ADAP-NA;– in einem Gespräch mit dem US-Generalkonsul General Hallett Johnson beklagte sich Botschafter Welczeck bitterlich darüber, daß Dieckhoff trotz aller Bemühungen bisher keinen Erfolg in seinen Anstrengungen hatte, die deutsch-amerikanischen Beziehungen zu verbessern. Die Hauptschuld dafür träfe die Roosevelt-Regierung, siehe Johnson an Wilson. Stockholm, den 10. November 1937. Wilson-Nachlaß
(49) Siehe vorausgegangene Ausführungen
(50) Siehe weitere Ausführungen dazu in Kap. 12

12. Kapitel: Hoffnungen schwinden – Sorgen wachsen: 1936 - 1937

(1) Sommer, Theo: Deutschland und Japan zwischen den Mächten 1935-1940: Vom Antikominternpakt zum Dreimächtepakt. Tübingen: J.C.B. Mohr (Paul Siebeck), 1962, S. 32;– DGFP, Series D, Bd. V, Dok. Nr. 362
(2) Zum Thema der deutsch-sowjetischen Beziehungen siehe Kapitel 13
(3) "Völkischer Beobachter" vom 26. April 1922, 24. Juni 1922, "Wenn zwei Blinde sich zusammentun, gibt es einen doppelt guten Sehenden, glauben unsere Politiker," kommentierte Hitler den Rapallo-Vertrag.
(4) Schubert, Günter: Anfänge Nationalsozialistischer Außenpolitik. Köln: Verlag Wissenschaft und Politik, 1963; Kuhn, siehe (3.71), Kap. 2 bis 5
(5) Tagebuchnotizen vom 28. März und 13. April 1935. Krogmann-Nachlaß;– Aufzeichnung des Gespräches Hitler-Simon. DGFP, Series C, Bd. III, S. 1043-80;– in seinem Gespräch mit dem japanischen Botschafter brachte Hitler seine Hoffnung zum Ausdruck, daß die bolschewistische Gefahr einen Umdenkungsprozeß bei britischen Staatsmännern auslösen werde. DGFP, Series C, Bd. V, Dok. Nr. 362
(6) Tagebuchnotiz vom 23. Juni 1935. Krogmann-Nachlaß
(7) Ingrim, Robert: Hitlers glücklichster Tag. London, am 18. Juni 1935. Stuttgart: Seewald Verlag, 1962
(8) Tagebuchnotiz vom 23. Juni 1935. Krogmann-Nachlaß
(9) "Niederschrift. Zur Rede des Führers am 10.XI.38 vor der deutschen Presse im Führerbau zu München." DR-NA
(10) Aus der Memoirenliteratur, den Tagebuchaufzeichnungen, den privaten und halb-offiziellen Nachlässen als auch dem umfangreichen Archivbeständen im britischen Public Record läßt sich mühelos die eingefleischt anti-deutsche Haltung weiter Kreise im britischen Foreign Office nachzeichnen; siehe u.a. die veröffentlichten Tagebücher von Oliver Harvey, in: Harvey (Hrsg.), siehe (11.35), passim;– Dilks, David (Hrsg.): The diaries of Sir Alexander Cadogan, 1938-1945. London: Cassell & Comp., 1971, passim; Sir Alexander selbst kann diesen Kreisen nicht zugezählt werden, aber seine Tagebücher vermitteln einen Einblick in die politische Mentalität der einflußreichen anti-deutschen Beamten des Foreign Office;– Vasittart, Sir Robert:

The Mist Procession. An Autobiography. London: Hutchinson, 1958;– Eden, siehe (11.35), passim; Edens doppelbödige Einstellung autoritären/totalitären Regimen gegenüber ist kontrastreich herausgestellt in der von Carlton verfaßten Biographie; Eden war der favorisierte Kandidat der Sowjets unter den britischen Staatsmännern, siehe Carlton, siehe (11.19), S. 246;– eine Zentralrolle spielten Sir Orme Sargent und Rex Leeper; beide arbeiteten engstens mit Sir Robert Vansittart zusammen. Der Einfluß, den Sir Orme auf die britische Deutschlandpolitik ausübte, ergibt sich unmißverständlich aus seiner Privatkorrespondenz, die seit Mitte der siebziger Jahre der Forschung zugänglich ist (Public Record Office). Leeper war nicht nur ein Sprachrohr Vansittarts, er bestimmte auch den anti-deutschen Tenor der Reden Edens und Halifax als 'ghostwriter'. Als Chef der Presseabteilung des Foreign Office manipulierte er geschickt und gezielt die anti-deutsche Berichterstattung der britischen Medien. Diese Schlußfolgerungen drängen sich dem Leser der voluminösen Foreign Office Archivbestände auf und werden auch durch die Memoirenliteratur und veröffentlichten Tagebücher aufgehellt, siehe Harvey (Hrsg.), siehe (11.35);– Dilks (Hrsg.), siehe und Young, siehe (3.58), u.a. Tagebuchnotizen vom 20. September 1935, 14. Oktober und 22. November 1937, 14. September 1938 und 1. April 1938

(11) Tagebuchnotiz vom 28. März 1935. Krogmann-Nachlaß;– Carlton, siehe (11.19)
(12) Tagebuchnotizen vom Dezember 1935 und Januar 1936; besonders vom 10. und 11. Januar 1936. Krogmann-Nachlaß; die Eindrücke, die Krogmann gesammelt hatte, wurden durch verschiedene andere Berichte, die Hitler erreichten, bestätigt.
(13) Dr. Johannsen. Hauptgeschäftsführer. Aufklärungsausschuß Hamburg-Bremen, ans AA. Hamburg, den 16. Juni 1936. Geheim! ADAP-NA; diese Informationen stammten von einem Bekannten von Sir Robert Vansittart, der sie einem deutschen Vertrauensmann zuspielte.
(14) Tagebuchnotiz vom 11. Januar 1936. Krogmann-Nachlaß
(15) Jones, Thomas: A Diary with Letters 1931-1950. London, 1954, S. 186, S. 194, S. 197, S. 201-202 und S. 205; Jones war ein Freund von Premierminister Baldwin;– Ribbentrop, siehe (3.79), S. 67
(16) Wiedemann, Fritz: Der Mann, der Feldherr werden wollte. Velbert: Blick und Bild Verlag, 1964, S. 150
(17) Hitler an Lloyd George, den 4. September 1936, in: Jones, siehe (12.15), S. 251;– Hans Frank an Mussolini, den 23. September 1936, siehe Ciano, Galeazzo: Diplomatic Papers, 12 June 1936-30 April 1942. London: Odhams, 1948, S. 44
(18) Tagebuchnotiz vom 23. Juni 1935. Krogmann-Nachlaß
(19) In seinem Buch L'esprit des Lois ging Montesquieu davon aus, daß die Exekutivgewalt in den Händen des Königs lag.
(20) Siehe (12.18);– Ribbentrop, siehe (3.79), S. 61f.
(21) David Wilsworth Fernsehinterview mit dem Duke of Windsor am 13. Januar 1970, siehe "Times" vom 17. Januar 1970
(22) "Conversation with Edward – After His Abdication." Messersmith-Nachlaß
(23) Für die Aufzeichnung der Gespräche des Herzogs Eduard von Sachsen-Coburg und Gotha mit Edward VIII., Eden, Neville Chamberlain, Lord Wigram, Duff Cooper, Lord Monsell und Lord Mount Temple, siehe: Der Stabsleiter des Herzogs von Coburg an den Generalreferenten des Preußischen Ministerpräsidenten, Herrn Ministerialrat Dr. Gritzbach, Mai 1936. ADAP-NA; ebenfalls DGFP, Series C, Bd. IV, Dok. Nr. 531;– nicht nur der britische Monarch äußerte sich abfällig über Botschafter von Hoesch, sondern auch Hitler, siehe Tagebuchnotizen vom 18. Januar 1936 und 20. März 1936. Krogmann-Nachlaß
(24) ebenda
(25) Hoesch verstarb am 10. April 1936. Für Hitlers Bemerkung über seinen einstigen Botschafter in London, siehe Tagebuchnotiz vom 11. April 1936. Krogmann-Nachlaß
(26) Hitlers Wirtschaftsberater Keppler über von Bülow, siehe Tagebuchnotiz vom 30. Juni 1936; Blomberg über Hitlers Absichten, Ribbentrop entweder zum Botschafter in London oder zum Staatssekretär im Auswärtigen Amt zu ernennen, Tagebuchnotiz vom 26. Juni 1936. Krogmann-Nachlaß

(27) Gespräch Krogmann-Kranefuß, Tagebuchnotiz vom 2. August 1936. Krogmann-Nachlaß

(28) Da Neurath 1937 die Altersgrenze erreichen würde, rechnete man mit der Berufung von Ribbentrops als Nachfolger, ebenda

(29) Ribbentrop, siehe (3.79), S. 100; siehe auch die unveröffentlichten "Aufzeichnungen von Joachim von Ribbentrop, 2. August 1945", siehe (3.18)

(30) U.S. Charge Herschel Johnson an Hull. London, den 8. Februar 1938. FRUS-NA

(31) Diesen Eindruck hatte der in Paris stationierte britische Militärattache aus zahlreichen Gesprächen mit seinem deutschen Kollegen gewonnen, siehe Bericht ans War Office. Paris, den 14. Januar 1937. DBFP-PRO

(32) Füt Hitlers Bemerkung über Stalin als "größten lebenden Staatsmann", siehe Tagebuchnotiz vom 22. September 1941 (Etzdorf Leitzordner) ADAP-NA; Hasso von Etzdorf war Vortragender Legationsrat im AA und Vertreter des AA beim OKH.

(33) Hitler in seinem Brief an Justizassessor Hepp: "... daß auch unser innerer Internationalismus zerbricht. Das wäre mehr wert, als aller Ländergewinn," siehe Kuhn, siehe (3.71), S. 28

(34) Ribbentrop, siehe (3.79), S. 93

(35) Sommer, siehe (12.1), S. 32

(36) Laut Aussage des Leiters der Presseabteilung des Außenpolitischen Amtes der NSDAP, siehe Dodd an Hull. Berlin, den 17. Juli 1935. Vertraulich. FRUS-NA; Börmer bemerkte: "... es steht fest, daß /Ribbentrop/ im frühen Herbst für seine Leistungen belohnt wird, und im Augenblick bietet sich nur die Position des Außenministers an."

(37) Funke, siehe (10.10), passim

(38) Botschafter Ulrich von Hassell in einem Vortrag vor geladenen Gästen, "Italien als Faktor in der internationalen Politik, 12. Dezember 1937". Krogmann-Nachlaß

(39) Funke, siehe (10.10), passim;– Marder, Arthur: "Royal Navy and the Ethiopian Crisis of 1935-1936," in "American Historical Review", Bd. 75, Nr. 5, Juni 1970, S. 1327ff.;– Toscano, Mario: "Eden's Mission to Rome on the Eve of the Italo-Ethiopian Conflict," in: Sarkissian, A.O. (Hrsg.): Studies in Diplomatic History and Historiography in Honor of G.P. Gooch. London, 1961;– Askew, William C.: "The Secret Agreement Between France and Italy on Ethiopia, January 1935," in "The Journal of Modern History", Bd. 25, März 1953;– Braddick, Henderson B.: "The Hoare-Laval Plan: A Study in International Politics," in "The Review of Politics", Bd. 24, Nr. 3, Juli 1962, S. 342ff.;– in einem vertraulichen Gespräch vom 9. Januar 1936 mit Hauptsturmbannführer Roland E. Strunk vom "Völkischen Beobachter" erklärte Mussolini, daß, obwohl er "seine Karten noch nicht auf den Tisch legen könne", Deutschland und Italien "ein gemeinsames Schicksal" verbinde, das "immer stärker" werden würde. Eines "Tages werden wir uns treffen, ob wir wollen oder nicht," siehe Whealey, Robert W.: "Mussolini's Ideological Diplomacy: An Unpublished Document," in "The Journal of Modern History", Bd. 39, Nr. 4, Dezember 1964, S. 432f.

(40) Bismarck ans AA. London, den 18. Mai 1936, "Zunehmend ernste Beurteilung der Rückwirkung der Annexion Abessiniens durch Italien auf englische Interessen." ADAP-NA; Ribbentrop hat diesen Bericht aufmerksam gelesen und die wichtigsten Passagen unterstrichen; Ribbentrop selbst, schon Jahre vor seiner Ernennung zum Botschafter, und auch die Dienststelle Ribbentrop hatten Zugang zu sämtlichen wichtigen diplomatischen Berichten, wie aus einer Notiz Weizsäckers an Staatssekretär von Mackensen hervorgeht (Büro des Staatssekretärs (I). Paket 83. Akten betr.: Aufzeichnungen des Herrn Staatssekretärs über interne Dienstanweisungen ...). ADAP-NA

(41) Bismarck ans AA. London, den 25. Juni 1936, "Die Rede des englischen Kriegsministers Duff Cooper in Frankreich." ADAP-NA

(42) Bismarck ans AA. London, den 26. Juni 1936. Dieser Bericht wurde über Lammers, Staatssekretär in der Reichskanzlei, an Hitler weitergeleitet, "Der Führer hat Kenntnis". ADAP-NA

(43) Tagebuchnotiz vom 19. Juni 1936, "...eine sehr erregte Unterhaltung ... zwischen Führer und Ribbentrop. Es scheint, daß Ribbentrop den Engländern zu große /Ver/ sprechungen in bezug auf den Fragebogen gemacht hat ..." Krogmann-Nachlaß
(44) Bismarck ans AA. London, den 26. Juni 1936. ADAP-NA
(45) Gespräch zwischen Edward VIII und Herzog von Coburg, siehe (12.23)
(46) Messersmith an Frankfurter. Persönlich und vertraulich. Wien, den 23. Juni 1936. Frankfurter-Nachlaß
(47) Tagebuchnotiz vom 28. Dezember 1936. Krogmann-Nachlaß;– Auszüge aus einer Aufzeichnung eines Gespräches zwischen Eden und Hugh R. Wilson vom 22. Januar 1936. Wilson-Nachlaß;– Biddle Memorandum "A Digest of Opinion of Norwegian Informed Observers Bearing on European Outlook and War Tendencies," insbesondere Bericht Biddles vom 11. Dezember 1936. FDR-Nachlaß
(48) Laut Mitteilung seitens "Augur"-Poljakow an den rumänischen Außenminister Titulescu vom 24. Juli 1936; dieser Bericht befand sich unter den erbeuteten Dokumenten des ehemaligen rumänischen Außenministers. ADAP-NA
(49) Robertson, siehe (3.76), S. 96ff;– Ciano, siehe (12.17), S. 46-52
(50) Diese taktisch bedingten britischen Überlegungen gehen aus den Tagebuchnotizen von Oliver Harvey für den Zeitraum Oktober-Dezember 1937, im Zusammenhang mit dem Deutschlandbesuch von Lord Halifax, klar hervor, siehe Harvey (Hrsg.), siehe (11.35)
(51) Ciano, siehe (12.17), S. 46ff
(52) Ribbentrop, siehe (3.79), S. 103-04
(53) Abendroth, Hans-Henning: Die deutsch-spanischen Beziehungen im Spannungsfeld der europäischen Interessenpolitik vom Ausbruch des Bürgerkrieges bis zum Ausbruch des Weltkrieges 1936-1939. Paderborn: Verlag Ferdinand Schöningh, 1973
(54) Siehe Aussagen von Ribbentrops vor dem Nürnberger Tribunal. IMT, Bd. X, S. 238
(55) "Vertraulicher Bericht". Berlin, den 15. Januar 1937. DR-NA; siehe auch Tagebuchnotizen vom 12. Dezember 1936 und 18. Januar 1937. Krogmann-Nachlaß
(56) Tagebuchnotiz vom 18. Januar 1937. Krogmann-Nachlaß
(57) ebenda;– Aufzeichnung eines Gespräches zwischen Eden und Ribbentrop. Streng vertraulich, den 13. März 1937. DBFP-PRO
(58) Bullitt an Moore. Persönlich und vertraulich. Paris, den 8. Januar 1937. Moore-Nachlaß
(59) Tagebuchnotiz vom 18. Januar 1937. Krogmann-Nachlaß
(60) Aufzeichnung eines Gespräches zwischen Schacht und Davies, "Germany Had To Deal From Military Strength," Tagebuchnotiz vom 15. April 1937. Davies-Nachlaß
(61) Ribbentrop an Hitler, "Krönungsbericht und derzeitige Lage." London, den 21. Mai 1937. ADAP-NA
(62) Ribbentrop an Hitler und Neurath. Ganz Geheim! London, den 18. Mai 1937. ADAP-NA
(63) Dieser Eindruck mußte sich in Berlin aufgrund abgefangener Nachrichten verstärken, siehe u.a. Geheime Staatspolizei. An das Auswärtige Amt. Altenburg. Berlin, den 4. Mai 1937. ADAP-NA;– siehe auch Wilson an Bullitt. London, den 11. August 1937. Wilson-Nachlaß
(64) Memorandum des Staatssekretärs von Mackensen. Berlin, den 17. August 1937. ADAP-NA
(65) Hitler-Krogmann Gespräch, Tagebuchnotiz vom 5. Mai 1937. Krogmann-Nachlaß
(66) Tagebuchnotizen vom 6. bis 14. September 1937. Krogmann-Nachlaß
(67) Tagebuchnotiz vom 16. Juni 1937, in: Young (Hrsg.), siehe (3.58)
(68) Tagebuchnotiz vom 18. Januar 1937. Krogmann-Nachlaß
(69) Hitler-Lothian Gespräch, Tagebuchnotiz vom 5. Mai 1937. Krogmann-Nachlaß
(70) Hildebrand, siehe (3.67), besonders Ribbentrop-Kapitel
(71) Smuts an Lord Lothian, den 14. Dezember 1934, in: Watt, Donald C.: Personali-

ties and Politics: Studies in the Formulation of British Foreign Policy in the Twentieth Century. London: Longmans, 1965, S. 99

(72) Über die Rolle der Dominions während der dreißiger Jahre, siehe u.a. Tagebuchnotizen vom 6. bis 14. September 1937. Krogmann-Nachlaß;– Tagebuchnotizen vom 27. und 28. September 1938, in: Harvey (Hrsg.), siehe (11.35);– Watt, siehe (12.71), S. 159ff;– Ovendale, Ritchie: 'Appeasement' and the English Speaking World: Britain, the United States, the Dominions, and the Policy of 'Appeasement', 1937-1939. Cardiff: University of Wales Press, 1975, passim

(73) Chamberlain an Morgenthau, März 1937, in: Blum, siehe (2.79), S. 458-59;– Morgenthau leitete dieses Schreiben an Roosevelt weiter. FDR-Nachlaß

(74) Watt, D.C.: "South Africa Attempts to Mediate between Britain and Germany", in: Bourne, K. und Watt, D.C. (Hrsg.): Studies in International History: Essays Presented to W. Norton Medlicott. London: Longmans, 1967, S. 402ff.;– Watt, D.C.: "Pirow's mission to Berlin in November 1938", in "Wiener Library Bulletin", Bd. 12, S. 1958

(75) Davies an Key Pittman (Chairman of the Senate Foreign Relations Committee), den 29. Juni 1937. Davies-Nachlaß;– MacLeod, siehe (11.19), S. 176-78 und S. 259-60;– Krieger, Leonard und Stern, Fritz (Hrsg.): The Responsibility of Power: Historical Essays in Honor of Hajo Holborn. New York: Doubleday & Comp., 1969, S. 389ff

(76) Knox an Hoover, den 17. Juli 1937. Hoover-Nachlaß

(77) Neurath-Krogmann-Gespräch, Tagebuchnotiz vom 16. Juli 1937. Krogmann-Nachlaß

(78) Blum, siehe (2.79), S. 458-59

(79) Messersmith an Heineman, den 21. Dezember 1937. Messersmith-Nachlaß

(80) Tagebuchnotiz vom 4. April 1938, in: Young (Hrsg.), siehe (3.58)

(81) Hitler-Halifax-Gespräch. DGFP, Series D, Bd. I, Dok. Nr. 31 und 33;– siehe auch Tagebuchnotiz vom 11. Januar 1938. Krogmann-Nachlaß

(82) Meissner an Neurath (Aufzeichnung des Hitler-Burckhardt Gespräches). Berlin, den 18. September 1937. DGFP, Series D, Bd. V, Dok. Nr. 4

(83) Ribbentrop an Hitler, siehe vorausgehende Ausführungen

(84) Tagebuchnotiz vom 11. Januar 1938. Krogmann-Nachlaß

(85) Aufzeichnung Ref./VLR von Stumm. Berlin, den 23. November 1937, "Gegenseitiger Besuch von Staatsmännern. Besuch von Lord Halifax." ADAP-NA; Ribbentrop hat diesen Bericht ebenfalls abgezeichnet.

(86) Dirksen ans AA. Ganz Geheim. Tokio, den 15. Januar 1938; Dirksen ans AA. Ganz Geheim. Für den Reichsaußenminister persönlich. Tokio, den 24. Januar 1938; "Aufzeichnung betr. Japan und der deutsche Kolonialanspruch." Berlin, Februar 1938. Für den Reichsaußenminister. ADAP-NA

(87) Dirksen ans AA. Tokio, den 14. Dezember 1937. ADAP-NA

(88) Ribbentrop an Hitler und Neurath. Ganz Geheim! London, den 14. Dezember 1937; Ribbentrop an Hitler und Neurath. London, den 14. Dezember 1937. ADAP-NA

(89) Aufzeichnung über ein Gespräch mit dem US-Charge Gilbert, der kürzlich London besucht hatte. Berlin, den 15. Dezember 1937. ADAP-NA

(90) Über die sowjetische Reaktion, siehe DGFP, Series D, Bd. I, Dok. Nr. 41, 43 und 45

(91) Schulenburg ans AA. Moskau, den 14. Dezember 1937, "Soviet attitude toward Delbos' trip to Warsaw", ebenda

(92) Bullitt an Hull. Paris, den 1. Februar 1938. FRUS, 1938, Bd. I;– Berlin erfuhr, daß die angeblich konziliante Haltung Delbos' dem Reich gegenüber den Sowjets Sorge bereitete, "Aufzeichnung. Von einem im allgemeinen zuverlässigen Vertrauensmann." London, den 30. November 1937; Bericht des Botschafters von Papen. Berlin, den 12. Dezember 1937. ADAP-NA

(93) Ribbentrop hatte schon seit geraumer Zeit erkannt, daß die deutschen revisionistischen Forderungen nur dann auf friedlichem Wege realisiert werden konnten,

falls es dem Reich gelang, gemeinsam mit Italien und Japan den störenden anglo-amerikanischen Einfluß zu neutralisieren. Neurath sah in Ribbentrop nicht nur einen persönlichen Rivalen, sondern auch einen Widerpart im außenpolitischen Entscheidungsprozeß. Er befürchtete, daß die deutsch-italienisch-japanische diplomatisch-politische Machtbildung Großbritannien und das Reich weiter einander entfremden würde, siehe Neurath Memorandum, RM 760. Berlin, den 22. September 1937. DGFP, Series D., Bd. I, Dok. Nr. 488;– Weizsäcker, obwohl abgewogener in seiner Einschätzung, stand der Formierung dieser Mächtekonstellation auch kritisch gegenüber: Italien war unzuverlässig, Japan ließ sich lediglich von einem "sacro egoismo" leiten und die deutsch-englischen Beziehungen hatten einen Nullpunkt erreicht. Aber es bestand noch die Hoffnung, daß England wieder zur Vernunft kommen könnte, siehe "Vortragsnotiz /für von Ribbentrop/. Beurteilung der außenpolitischen Abteilung des Auswärtigen Amtes über die außenpolitische Haltung Deutschlands." Berlin, den 25. Dezember 1937. DR-NA

(94) Diese Informationen basierten auf abgefangenen österreichischen diplomatischen Berichten, "Abschrift. Berlin, den 9. Juni 1937. Auswärtiges Amt. Staatspolizei. Österreich." ADAP-NA

(95) Grew an Hull, in: Papers Relating to the Foreign Relations of the United States: Japan, 1931-1941. Washington, D.C.: GPO, 1943, Bd. II, S. 159f.;– für eine ähnliche Einschätzung, siehe Eden, siehe (11.35), S. 494-95

(96) FDR an J. Drexel Biddle, Jr. Privat und vertraulich. 10. November 1937. FDR-Nachlaß

(97) Streng vertrauliche Notiz für den Botschafter /von Ribbentrop/. Berlin, den 19. November 1937. DR-NA;– Dieckhoff ans AA. "Reise des amerikanischen Botschafters Bullitt in Paris nach Warschau." Washington, den 22. November 1937. ADAP-NA

(98) Wühlisch ans AA. Warschau, den 23. November 1937. DGFP, Series D, Bd. I, Dok. Nr. 36

(99) Feis an Frankfurter, den 18. Januar 1938. Frankfurter-Nachlaß

(100) Messersmith an Heineman, siehe (12.79)

(101) Tagebuchnotiz vom 10. November 1937. Moffat-Nachlaß

(102) Schulenburg ans AA. Moskau, den 10. November 1937. ADAP-NA

(103) Woermann ans AA. London, den 8. November 1937. ADAP-NA;– siehe auch (12.95)

(104) Vertrauliche Meldung. Berlin, den 6. November 1937. DR-NA

(105) Smuts an Lord Lothian, den 14. Dezember 1934, in: Watt, siehe (12.71), S. 99

(106) Tagebuchnotiz vom 14. Februar 1938, in: Harvey (Hrsg.), siehe (11.35)

(107) Hassell ans AA. Politischer Bericht. Rom, den 10. November 1937. ADAP-NA;– der sowjetische Botschafter in Rom, Stein, vertrat die Ansicht, daß der Hauptstoß des Antikominternpaktes gegen Großbritannien gerichtet sei, ebenda

(108) Bei dem sogenannten Hoßbach-Protokoll, das Eingang in die offiziellen Akten gefunden hat, handelt es sich nicht um eine Originalfassung, sondern um eine Kopie einer Kopie, siehe DGFP, Series D, Bd. I, Dok. Nr. 19 und IMT, Bd. 25, S. 402-18;– siehe auch Nazi Conspiracy and Aggression. Washington, D.C.: GPO, Bd. III, S. 295-305;– die Aussagekraft dieses Dokumentes ist wiederholt in Frage gestellt worden, siehe Taylor, siehe (3.53), S. 131-34;– Koch, in: Robertson (Hrsg.), siehe (3.6), S. 168f.;– Robertson, siehe (3.6), S. 106f.;– Seraphim, Hans Günther: "Nachkriegsprozesse und zeitgeschichtliche Forschung", in: Festschrift für Herbert Kraus: Mensch und Staat in Recht und Geschichte. Kitzingen/Main, 1954;– Gehl, siehe (3.15), S. 162;– Brennecke, Gerhard: Die Nürnberger Geschichtsentstellung: Quellen zur Vorgeschichte und Geschichte des 2. Weltkrieges aus den Akten der deutschen Verteidigung. Tübingen: Verlag der Deutschen Hochschullehrer-Zeitung, 1970, 2. Auflage, S. 119ff.;– Ribbentrop, Annelies von: Verschwörung gegen den Frieden: Studien zur Vorgeschichte des Zweiten Weltkrieges. Leoni: Druffel-Verlag, 1962, S. 9-106;– Hoggan, David L.: Der Erzwungene Krieg: Die Ursachen und Urheber des

2. Weltkrieges. Tübingen: Verlag der Deutschen Hochschullehrer-Zeitung, 1961, S. 116f.;– Kluge, Dankwart: Das Hossbach-Protokoll: Die Zerstörung einer Legende. Leoni: Druffel-Verlag, 1980;– siehe ebenfalls Hoßbach, siehe (6.64), S. 219;– Eubank, siehe (6.48), S. 81f., und Bußmann, Walter: "Zur Entstehung und Überlieferung der 'Hoßbach-Niederschrift'" in "Vierteljahreshefte für Zeitgeschichte", Bd. 16, Nr. 4, Oktober 1968, S. 373ff.

(109) Tagebuchnotizen vom 24. August, 6. September und 10. Oktober 1937. Krogmann-Nachlaß

(110) Tagebuchnotizen vom 5. und 10. November 1937. Krogmann-Nachlaß; Krogmann hatte am Empfang im "Haus der Flieger" am 5. November 1937 in Berlin teilgenommen. Göring hatte Krogmann als einen möglichen Kandidaten für den Posten des Reichswirtschaftsministers in Erwägung gezogen.

(111) Offizielle deutsche Stellen beobachteten die politischen Entwicklungen in Zentral-, Ost- und Südosteuropa mit wachsender Besorgnis, siehe u.a. Papen ans AA. Geheim. Berlin, den 13. März 1937, "Memorandum über meinen mündlichen Vortrag beim Führer". ADAP, Serie D, Dok. Nr. 216;– Papen an Führer und Reichskanzler. Wien, den 26. Mai 1937, "Der Staatssekretär des Äußeren über seine Reisen nach London und Paris," ebenda, Dok. Nr. 225;– AA an deutsche diplomatische Vertreter. Streng Vertraulich! Berlin, den 5. Juni 1937, ebenda, Dok. Nr. 230;– Abschrift. 8. Juni 1937. Geheime Staatspolizei B. Berlin, den 16. Juni 1937. Geheim! (Akten betr.: Politische Lageberichte der Geheimen Staatspolizei und der SA-Sammelstelle, ... Bd. 3, Forts. Bd. 4). ADAP-NA;– Von Stein ans AA. Wien, den 7. Oktober 1937, "Einstellung der Regierung Schuschnigg unter besonderer Berücksichtigung der österreichischen Stellung im Donauraum." ADAP-NA; in den beiden letztgenannten Aktenbeständen befinden sich zahlreiche Berichte, die sich eingehend mit politischen Entwicklungen in diesem Raum befassen;– Stein ans AA. Wien, den 22. Oktober 1937. DGFP, Series D, Bd. I, Dok. Nr. 264;– Hassell ans AA. Rome, den 5. November 1937, ebenda, Dok. Nr. 268;– Likus-Bericht "Nur zur persönlichen Information! Abschrift," und Likus-Bericht über französisch-tschechische Unterhandlungen, über die Hauptmann Wiedemann Hitler bereits unterrichtet hatte, vom 6. November 1937; – über den Inhalt dieser Gespräche hatte Hitler bereits vor der Sitzung vom 5. November 1937 Kenntnis erhalten. DR-NA;– in seinen Gesprächen mit ungarischen Staatsmännern verwies Hitler auf die Risiken, die sich im Falle militärischer Kooperation unter den Donaustaaten ergeben würden, siehe Bericht von Mastny ans Prager Auswärtige Amt. Berlin, den 17. Dezember 1937, "Hitlers Gespräch mit Daranyi und Kanya," Geheim. CSR-NA

(112) Über Bullitts Gespräche mit Göring, Neurath und Schacht, siehe Bullitt an Hull. Paris, den 23. November 1937, "Visit of Ambassador Bullitt to Warsaw"; Abschriften dieses Berichtes wurden an alle Abteilungsleiter im State Department weitergeleitet. FRUS-NA

(113) Gehl, siehe (3.15), Kap. 7

(114) Über Görings Aussprache mit Guido Schmidt vom Ballhausplatz am 5. November 1937 siehe Tagebuchnotiz vom 5. November 1937. Krogmann-Nachlaß

(115) Diese Informationen hatte Messersmith durch einen "Freund" erhalten, der kürzlich mit Göring zusammengetroffen war. Messersmith an Heineman, den 21. Dezember 1937. Messersmith-Nachlaß

(116) Über Bullitts Gespräch mit Neurath, siehe (12.112);– siehe auch Foreign Office Memorandum vom November 1937, basierend auf Informationen, die Ernst Jäckh von Neurath und Weizsäcker erhalten hatte. DBFP-PRO

(117) ebenda

(118) Mitteilungen von Oberst N. von Below (Hitlers Luftwaffenadjutant) an den Verfasser

(119) Tagebuchnotizen vom 26. September 1937 und 26. Februar 1938, in: Tagebuch des Adjutanten des Führers (Rare Book Collection. Library of Congress, Washington, D.C.)

(120) Siehe (12.112)

(121) Dodd an FDR, den 10. Oktober 1937. FDR-Nachlaß
(122) Reichskriegsministerium. Geheime Kommandosache! Berlin, den 7. November 1937. Abwehr-NA
(123) Krogmann hörte ein Gespräch zwischen Hitler und seinem Marineadjutanten von Putkamer mit, siehe Tagebuchnotiz vom 15. März 1937. Krogmann-Nachlaß
(124) In einem längeren Gespräch mit dem Verfasser bestätigte Oberst von Below die Wechselwirkung zwischen Roosevelts Quarantäne-Rede vom Oktober 1937 und der Besprechung in der Reichskanzlei vom 5. November 1937
(125) Bielefeld ans AA. London, den 18. November 1937; die längere historische Analyse der deutsch-englischen Beziehungen vor dem Ausbruch des Ersten Weltkrieges, erarbeitet von dem Historischen Refereat des Auswärtigen Amtes, wurde unter dem Datum vom 3. Dezember 1937 an die Botschaft in London, d.h. an von Ribbentrop, der diese Studie angefordert hatte, abgeschickt. ADAP-NA
(126) Notiz für Brigadeführer Schaub. London, den 20. Dezember 1937. DR-NA
(127) Ribbentrop an Hitler und Neurath. Hauptbericht. A. 5522. Inhalt: Das deutsch-englische Verhältnis und die Weiterbehandlung der Initiative Chamberlains. Für Führer und Reichskanzler persönlich. Für den Reichsaußenminister persönlich. Berlin, den 28. Dezember 1937. (Kopie im Besitz des Verfassers);— siehe ebenfalls Ribbentrop, siehe (6.74), S. 61ff.; unmittelbar nachdem Ribbentrop seinen "Hauptbericht" abgeschlossen hatte, lief die vom deutschen Widerstand gesteuerte Rufmordkampagne auf Touren. Aber schon seit geraumer Zeit hatten verschiedene Angehörige, vorrangig die Brüder Erich und Theo Kordt, die zum unmittelbaren Ribbentrop-Stab gehörten, und einflußreiche Beamte im Auswärtigen Amt systematisch Verleumdungen über Ribbentrop ausgestreut, mit der Absicht ihn zu diskreditieren. Über Likus von der Dienststelle wußte Ribbentrop, daß seine deutschen Gegner im Anonymen gegen ihn arbeiteten, was ihn wiederum veranlaßt haben mag, im Beisein hoher Beamter der Wilhelmstraße die Rolle des starken Mannes zu spielen, siehe u.a. Streng Vertraulich. Notiz für den Herrn Botschafter. Berlin, den 22. Februar 1937;—Likus-Memorandum an Ribbentrop. Berlin, den 24. Februar 1937, und Abschrift. Nr. 123. Berlin, den 16. Februar 1937;— ebenfalls die Abschrift eines Berichtes an Ribbentrop vom 28. September 1938 über einen Vorfall, in den Dr. Albrecht Haushofer verwickelt war. Vor seiner offiziellen Antrittsrede vor den Beamten des Auswärtigen Amtes in seiner Funktion als neuernannter Außenminister wurde verschiedentlich die Hoffnung ausgesprochen, daß Ribbentrop einen denkbar ungünstigen Eindruck hinterlassen würde (Vertraulicher Bericht. Dienststelle Ribbentrop. 19/2. Ribbentrop. Privatkorrespondenz …). DR-NA; die Substanz des Ribbentropschen Hauptberichtes, der über die Brüder Kordt hohen Beamten des Foreign Office und State Department in die Hände gespielt wurde, war streckenweise bis zur Unkenntlichkeit verzerrt. Zentralaussagen wurden in ihr Gegenteil verfälscht: "Daß die Briten ein degenerierendes, aber hartgesottenes Volk seien. Daß sie sich weigerten, die Bedeutung der kommunistischen Bedrohung zu erkennen … Daß die Achse Paris-London nicht leicht gebrochen werden könne und sicherlich nicht am Londoner Ende, aber es seit der Mühe wert, es vom Pariser Ende her zu versuchen. Daß die Zeit auf Deutschlands Seite sei, und daß es zur Durchsetzung seiner Ziele und seiner historischen Bestimmung ungestört von der britischen Gegnerschaft schreiten solle, weil, …, 'ein Tritt in den Hintern der Engländer hie und da keinen Schaden anrichten könne' … Herr v. Ribbentrop von Englands Macht nicht beeindruckt ist, und zwar deshalb nicht, weil er, entmutigt über die Möglichkeit einer englisch-deutschen Verständigung – seine Art von Verständigung – jetzt der Meinung ist, daß England weitgehendst außer acht gelassen werden könne … Als ausgesprochener Gegner des Besuches von Lord Halifax in Berlin wird auch erwartete, daß er kein Fürsprecher jener Generation sein wird, die die britische Regierung als unerläßlich für den Abschluß einer westeuropäischen Regelung ansieht …" Charge ad interim Herschel Johnson an Hull. Streng vertraulich. London, den 8. Februar 1938. FRUS-NA;— im Jahre 1939 hatte die Verleumdungskampagne gegen Ribbentrop, durch Zweckinformationen britischer Kreise und des deutschen Widerstandes genährt, solche Ausmaße angenommen und einen Wirkungsgrad er-

reicht, daß Ian Colvin, einer von zahlreichen Verbindungsmännern zum deutschen Widerstand, in einer für das Foreign Office bestimmten Aufzeichnung, folgende Beobachtung glaubte machen zu können: "Könnte einer der meistgehaßten Minister – Goebbels, Ribbentrop oder vielleicht Himmler – durch eine Verleumdungspropaganda ausgeschaltet werden, die ihn zur Zielscheibe aller außenpolitischen Ärgernisse stempelt, so würden sich vielleicht die intelligenten Männer und Göring gegen den besagten entlassenen Mann zusammentun, so daß es bald zu einem Erdrutsch käme." Colvin Memorandum vom 17. Juli 1939; eine Woche später machte Colvin den Vorschlag, den Verleumdungsfeldzug gegen Ribbentrop anzukurbeln, um die "gemäßigten Elemente" zu ermuntern, gegen den Außenminister aufzutreten. Innerhalb der Hitler-Regierung könnte auf diese Weise "ein entscheidender Bruch" herbeigeführt werden, siehe handschriftlichen Kommentar von Colvin vom 25. Juli 1939. DBFP-PRO;– die Nürnberger Anklageschrift gegen Ribbentrop war somit in erster Fassung von Mitgliedern des deutschen Widerstandes und deren britischen Kollaborateuren bereits 1938/39 konzipiert worden. Der "Hauptbericht", der als bedeutendes Entlastungsdokument im Nürnberger Prozeß gedient hätte, wurde Ribbentrop und seinen Verteidigern vorenthalten und verschwand auf Jahrzehnte im britischen Public Record Office. Der Vorwurf gegen Ribbentrop, Hitler bezüglich England systematisch falsch beraten zu haben, hätte sich in ein Nichts aufgelöst.

(128) Ribbentrop. "Schlußfolgerungen." Notiz für den Führer. Ganz Vertraulich! Nur persönlich. Berlin, den 2. Januar 1938. ADAP, Serie D, Bd. I, Dok. Nr. 93

(129) Tagebuchnotiz vom 11. Januar 1938. Krogmann-Nachlaß

(130) Campbell an Cadogan. Belgrad, den 11. März 1940. DBFP-PRO; diese Information basiert auf einem Bericht, den die jugoslawische Botschaft in Berlin über ein Gespräch zwischen Ribbentrop und dem jugoslawischen Handelsminister Andresh nach Belgrad weitergeleitet hatte.

(131) Sir M. Palairet an Strang. Athen, den 26. März 1940; diesem Bericht ist eine Depesche der griechischen Gesandtschaft in Berlin vom 24. Februar 1940 beigefügt. DBFP-PRO

(132) ebenda

(133) T.C.P. Catchpool an Halifax. Vertraulich. 30. November 1938 "Transcript of Conversation between Dr. Friedrich Berber and H.G. Alexander in Berlin, 12th & 17th November 1938." DBFP-PRO

(134) Ribbentrop-Aufzeichnung vom 2. August 1945, siehe (3.18), S. 18-19

(135) Siehe Berichte und Memoranda: Berlin, den 20. März 1939; Prag, den 24. März 1939; Berlin, den 27. März 1939 und Berlin, den 12. Juni 1939 (Auswärtiges Amt. Politische Abteilung. Akten betr.: Archive des ehemaligen tschechoslowakischen Staats. P. A. 45. Bd. 1, Forts. Bd. 2 ...). ADAP-NA

(136) Siehe (3.2)

(137) In einem Gespräch mit Ribbentrop nach dessen Ernennung zum Außenminister sprach Hitler von den Problemen, die auf diplomatischem Wege gelöst werden müßten: Österreich, Sudetenland, Memel, Danzig und Korridor. Dazu meinte Ribbentrop: "Dieses Programm war nach meiner Auffassung ein großes Programm, das aber bei ruhiger Handhabung im Laufe der Zeit nicht ganz undurchführbar schien. Meine Aufgabe sei es, meinte der Führer, ihm hierbei auf diplomatischem Gebiete zu helfen." Ribbentrop-Aufzeichnung, siehe (3.18), S. 8

(138) Weil er das deutsch-tschechische Verhältnis, spätestens seit 1937, als spannungsgeladen, wenn nicht explosiv ausgemacht hatte, griff Ribbentrop wiederholt vermittelnd in den Verhandlungsprozeß anläßlich der Münchner Konferenz im Herbst 1938 ein. Er selbst spielte "die Rolle eines ausgesprochenen appeasers". Die Konfrontation zwischen Hitler und Chamberlain schaffte eine "sehr unangenehme Situation, in der in diesem Augenblick der ganze Erfolg des Zusammentreffens auf dem Spiel stand, /ich habe/ eingegriffen und erst kurz mit dem Führer gesprochen und dann, mich an Mr. Chamberlain wendend, vor allen vorgeschlagen, daß der Dolmetscher erst einmal das vorlesen oder übersetzen sollte, was noch nicht geschehen war. Ich glaube, es waren bestimmte Vorschläge, ... Ich wollte mit diesem Vorschlag zunächst einmal

erreichen, daß das Gespräch wieder in Gang komme und die Gemüter sich beruhigen, denn der Führer war, dessen entsinne ich mich genau, drauf und dran, die Besprechung abzubrechen. Tatsächlich wurde die Beruhigung auch erreicht ... Nachdem Mr. Chamberlain uns verlassen hatte, saß ich übrigens noch mit dem Führer im Garten des Hotels Dreesen, als der Führer zu mir sagte: 'Ich danke Ihnen, Sie haben heute die Situation gerettet ..."'. Ribbentrop-Aufzeichnung vom 2. August 1945, siehe (3.18), S. 8-9

13. Kapitel: Die Moskau-Berlin-Front: Ein neuer Geist von Rapallo

(1) Tucker, Robert C.: "The Emergence of Stalin's Foreign Policy", in "Slavic Review", Bd. 36, Nr. 4, Dezember 1977, S. 563ff.;– Kunert, Dirk: National Socialism and Soviet 'Peace' Policy: On the Origins of the Cold War: The Interwar Period. Edinburgh: Defense Studies, Edinburgh University, 1979;– Memorandum von George F. Kennan. Washington, den 24. November 1937. FRUS-SU, S. 398ff. und Kennans Aufzeichnung "The Position of an American Ambassador in Moscow", ebenda, S. 466ff.

(2) Tippelskirch ans AA. Moskau, den 29. November 1937, "Revirement in der Sowjet-Diplomatie." ADAP-NA;– Uldricks, Teddy J.: "The Impact of the Great Purge on the People's Commissariat of Foreign Affairs", in "Slavic Review", Bd. 36, Nr. 2, Juni 1977, S. 187ff.

(3) Hollander, Paul: Political Pilgrims: Travels of Western Intellectuals to the Soviet Union, China, and Cuba. New York: Oxford University Press, 1981, besonders Kap. 3 und 4

(4) Henderson ans State Department. Moskau, den 18. Februar 1938. FRUS-NA

(5) Engels, siehe (1.20)

(6) Davies an Hull, den 19. Februar 1937. Streng vertraulich;– Davies an FDR. Streng vertraulich. Moskau, den 25. Februar 1937; Tagebuchnotiz vom 16. Februar 1937, "Litvinov on Neutrality, Italy and Armed Neutrality." Davies-Nachlaß

(7) Henderson ans State Department. Moskau, den 18. Februar 1938, "Recent Trends in Soviet Foreign Policy." FRUS-NA

(8) Tagebuchnotiz vom 20. Dezember 1937. Moffat-Nachlaß

(9) Henderson ans State Department. Moskau, den 19. Februar 1938, "Letter of M. Stalin." FRUS-NA;– "Prawda" vom 14. Februar 1938; für Stalins Leninzitate, siehe Lenin, siehe (1.31), Bd. XXIV, S. 122 und Bd. XXVII, S. 117;– ebenfalls Stalin, J.: Questions of Leninism. Moskau: Foreign Language Publishing House, 1937, S. 134

(10) North Winship ans State Department. Warschau, den 18. Februar 1938, "Reaction in Poland to Stalin's declaration of February 14, 1938, on Communist activity abroad." FRUS-NA

(11) Siehe (1.25)

(12) Messersmith-Memorandum vom 3. Januar 1938;– Messersmith an Hull, den 3. Januar 1938. Vertraulich. Messersmith-Nachlaß; das Memorandum ist unvollständig abgedruckt, in: FRUS-SU, S. 504-05

(13) Kennan, siehe (2.46), Bd. I, S. 86

(14) Davies an Hull. Streng vertraulich. Brüssel, den 17. Januar 1939;– Davies an FDR ("Dear Chief"). Persönlich und vertraulich. Brüssel, den 18. Januar 1939. Davies-Nachlaß; in diesen Schreiben schildert Davies noch einmal die wichtigsten Phasen seiner Gespräche und Verhandlungen mit sowjetischen Führern.

(15) Davies-Memorandum vom 17. Januar 1939. FRUS-NA

(16) Tagebuchnotiz vom 30. März 1938. Davies-Nachlaß

(17) Tagebuchnotiz vom 1. April 1938. Davies-Nachlaß

(18) Davies an Marvin H. McIntyre ("Dear Mac"). Sekretär des Präsidenten. Persönlich. Moskau, den 4. April 1938. Davies-Nachlaß

(19) Laut Aussage von Leon Helfand, dem engsten Vertrauten des ehemaligen sowjetischen Volkskommissars für Auswärtige Angelegenheiten, nach seiner Flucht in die

Vereinigten Staaten, siehe Botschaftsbericht von Nevile Butler an Sir Orme Sargent, Foreign Office. Washington, den 13. September 1940. DBFP-PRO;– siehe auch Krivitsky, siehe (6.10), S. 3-4, S. 7-15, und S. 21-25

(20) Degras, Jane (Hrsg.): The Communist International 1919-1943: Documents., 3 Bde., London: Oxford University Press, 1956-65, Bd. III, S. 70

(21) ebenda, S. 111

(22) Wiley an Hull, den 15. November 1934. FRUS-NA

(23) Aufzeichnung eines Gespräches zwischen Benesch und Eden in Gegenwart von Sir Joseph Addison, Strang, Jan G. Masaryk und Dr. Kucera. Prag, den 4. April 1935. CSR-NA

(24) Molotows Bericht vom 10. Januar 1936, zitiert nach Degras, siehe (13.20), Bd. III, S. 151f.

(25) Hilger und Meyer, siehe (4.14), S. 284

(26) Degras, siehe (13.20), Bd. III, S. 153-55;– ebenfalls Fabry, Phillip W.: Der Hitler-Stalin Pakt 1939-1941. Ein Beitrag zur Methode sowjetischer Außenpolitik. Darmstadt: Fundus Verlag, 1962, S. 10

(27) McSherry, siehe (1.49), S. 50-52

(28) Tagebuchnotiz. Krogmann-Nachlaß

(29) Über die deutsch-polnischen Beziehungen während der dreißiger Jahre siehe den ausführlichen Bericht Anthony Biddles, besonders den Abschnitt betitelt "Russian Aspects." FDR-Nachlaß;– siehe auch Jacobsen, siehe (7.2), S. 360-61

(30) Tucker, Robert C.: "Stalin, Bucharin, and History as Conspiracy", in: Tucker, siehe (1.2), S. 71ff.;– Beck, F. und Godwin, W.: Russian Purges and the Extraction of Confessions. New York: Viking Press, 1951, S. 234;– Slusser, Robert M.: "The Role of the Foreign Ministry", in: Lederer, Ivo J. (Hrsg.): Russian Foreign Policy: Essays in Historical Perspective. New Haven: Yale University Press, 1962

(31) Arthur Bliss Lane an FDR. Riga, den 8. Oktober 1936. FDR-Nachlaß;– zur Rolle Arthur Bliss Lanes siehe auch Petrov, Vladimir: A Study in Diplomacy: The Story of Arthur Bliss Lane. Chicago: Henry Regnery Company, 1971, Kap. 3

(32) Biddle-Bericht, siehe (13.29)

(33) Davies an Hull. Streng vertraulich. Moskau, den 19. Februar 1937;– Davies an FDR. Streng vertraulich. Moskau, den 25. Februar 1937; Tagebuchnotiz vom 16. Februar 1937. Davies-Nachlaß

(34) Henderson an Robert F. Kelley. Persönlich und vertraulich. Moskau, den 27. April 1937. FRUS-NA

(35) Welzeck ans AA. Paris, den 8. April 1937, "Berufung des Sowjetbotschafters Potemkin nach Moskau." ADAP-NA

(36) Henderson an Arthur Bliss Lane. Moskau, den 19. Mai 1937. Lane-Nachlaß

(37) Memorandum von A.J. Drexel Biddle, Jr., "A Digest of Opinion of Norwegian Informed Observers Bearing on European Outlook and War Tendencies. FDR-Nachlaß;– ähnliche Informationen erreichten auch die österreichische Botschaft, siehe Abschrift. Streng vertraulich. Bundeskanzleramt, "Das Verhältnis Deutschland-Rußland" vom 10. April 1937. Seiner Exzellenz dem Herrn Bundeskanzler Dr. Kurt von Schuschnigg; dieses Dokument wurde am 13. Mai 1937 durch die Geheime Staatspolizei ans AA geleitet. ADAP-NA

(38) Messersmith an Orsen Nielson, den 4. April 1937; eine Kopie dieses Briefes, Berlin, den 15. April 1937, schickte Messersmith ans State Department. Messersmith befand sich zu diesem Zeitpunkt in der Reichshauptstadt auf der Durchreise von Wien nach Washington, um seine neue Position als Ministerialdirektor im State Department anzutreten. Messersmith-Nachlaß

(39) Jacobsen, siehe (7.2), S. 460

(40) Tagebuchnotiz vom 11. Februar 1937. Davies-Nachlaß

(41) Kennan an Hull. Streng vertraulich. Moskau, den 17. Juni 1937. FRUS-NA; Stalin machte diese abfällige Bemerkung im Zusammenhang mit der Ernennung Naggarts als Nachfolger Botschafter Coulondres. Naggart war französischer Jude.

(42) ebenda

(43) Bullitt an FDR. Persönlich und vertraulich. Moskau, den 4. März 1936. FDR-Nachlaß

(44) Die Absetzung Litwinows wirkte wie eine "Bombe" in Berlin, siehe Niederschrift von Admiral Böhm. Exhibit Raeder No. 27. IMT, Bd. XII, S. 23;– im Nürnberger Prozeß kommentierte von Ribbentrop dieses Ereignis folgendermaßen: "... damit waren alle hohen Positionen von Juden gesäubert," ebenda, Bd. XXXI, S. 212;– nach der Ernennung Molotows als Nachfolger Litwinows im Amt des Volkskommissars für Auswärtige Angelegenheiten unterstrich Tippelskirch: "... er ist kein Jude." DGFP, Series D, Bd. VI, Dok. Nr. 325

(45) Henderson ans State Department. Moskau, den 26. Januar 1938, und Moffats Zusammenfassung des Berichtes vom 26. Februar 1938. FRUS-NA;– Coulondres Beurteilung Stalins glich in vielem der naiven Interpretation sowjetischer Absichten seitens Davies, siehe Coulondre, Robert: De Staline a Hitler: Souvenire de deux ambassases, 1936-1939. Paris: Hachette, 1950, S. 138-40

(46) Kennan an Hull. Streng vertraulich. Moskau, den 17. April 1937, "Statements made by a Soviet official relating to certain Soviet external and internal developments." FRUS-NA

(47) Sir Nevile Henderson ans Foreign Office. Berlin, den 2. März 1938. DBFP-PRO

(48) Prag. Außenministerium, geh. 20.6.1937. Referent Srom. Betr.: Knickerbocker über das deutsch-sowjetische Verhältnis. CSR-NA

(49) Tagebuchnotiz vom 19. August 1937 (Gespräch Hull-Carr). Carr-Nachlaß

(50) Kunert, siehe (13.1)

14. Kapitel: Roosevelt auf der Suche nach neuen Partnern

(1) Tagebuchnotiz vom 2. November 1937, in: Harvey (Hrsg.), siehe (11.35)

(2) Blum, siehe (2.79), S. 486-87;– Ickes, siehe (2.33), Bd. II, S. 274-75;– Dieckhoff ans AA. Washington, den 3. Januar 1938. DGFP, Serie D, Dok. Nr. 429;– Rosenman(Hrsg.), siehe (2.47), Bd. 1938, S. 1

(3) "Roosevelt spricht von faschistischen Aggressoren – Washington Kommentar", in "Prawda", den 5. Januar 1938

(4) FDR an Sumner Welles, den 7. Januar 1938. FDR-Nachlaß;– Rosenman (Hrsg.), siehe (2.47), Bd. 1938, S. 69;– "Roosevelts Kongreßbotschaft", in "Prawda", den 1. Februar 1938;– Woermann ans AA. London, den 7. Februar 1938, "Die britische Presse zu der amerikanischen Aufrüstung zu See." ADAP-NA

(5) Arthur Murray an FDR, den 24. Januar 1938. FDR-Nachlaß;– Roosevelt, siehe (2.104), S. 757; FDR an Arthur Murray, den 10. Februar 1938; Tagebuchnotiz vom 4. März 1938. Moffat-Nachlaß

(6) Feis an Felix Frankfurter, den 11. Februar 1938. Frankfurter-Nachlaß

(7) Dieckhoff ans AA. Washington, den 28. Januar 1938; Dieckhoff ans AA, den 2. Februar 1938, "Außenpolitische Debatte im Senat"; Dieckhoff ans AA. Washington, den 18. November 1937; Dieckhoff ans AA. Washington, den 9. Februar 1938, "Amerikanische Außenpolitik". ADAP-NA;– Johnson an Hull. London, den 4. Februar 1938. FRUS 1938, Bd. I, S. 136

(8) Lindsay an Eden (Tel. Rn. 481-83), Dezember 1937; Cabinet Conclusions, 22. Dezember 1937. Cab. 23/90; Eden an Chamberlain, 31. Dezember 1937. Premier 1/314; Lindsay ans Foreign Office, den 10. Januar 1938. DBFP-PRO;– Blum, siehe (2.79), S. 486-87;– Ickes, siehe (2.33), Bd. II, S. 274-75;– Tagebuchnotizen vom 19. und 23. Dezember 1937 und vom 1. bis zum 13. Januar 1938, in: Harvey (Hrsg.), siehe (11.35);– Lawrence, Pratt: "The Anglo-American Naval Conversations on the Far East of January 1938", in "International Affairs", Bd. 47, Nr. 4, Oktober 1971, S. 745-63;– unveröffentlichte Studie von Kittredge über amerikanische Seestrategie (Washington, D.C.: U.S. Naval Archives)

(9) Eden, siehe (11.35), S. 547-568;– Welles, Sumner: The Time for Decision. New

York: Harper & Brothers, 1944, S. 55-58;– Welles, siehe (2.119), S. 19-44;– Churchill, Winston F.: The Gathering Storm. Boston: Houghton Misslin, 1948, S. 196-198;– Langer und Gleason, siehe (2.32), S. 19-27;– Tagebuchnotizen vom Januar und Februar 1938, in: Harvey, siehe (11.35);– Tagebuchnotizen vom Januar und Februar 1938, in: Dilks, siehe (12.10);– Haight, siehe (11.35)

(10) Haight, John McVickar: "France and the Aftermath of Roosevelt's Quarantine Speech", in "World Politcs, Bd. 14, Nr. 2, Januar 1962, S. 283-306

(11) Tagebuchnotiz vom 19. Januar 1938. Moffat-Nachlaß;– Haight, John McVickar: "Roosevelt as Friend of France", in: Divine, Robert A. (Hrsg.): Causes and Consequences of World War II. Chicago: Quadrangle Books, 1969, S. 89-91

(12) Memorandum von George S. Messersmith, den 3. Januar 1938. Messersmith-Nachlaß und FRUS-NA

(13) Davies an Hull. Brüssel, den 17. Januar 1939; ein zusammenfassender Bericht von Davies über seine Tätigkeit in Moskau und seine Gespräche mit Stalin und Molotow. Davies-Nachlaß;– Davies an Hull. Streng vertraulich. Moskau, den 1. April 1938. FRUS-NA;– als einer der engsten Berater Roosevelts setzte sich Morgenthau mit Nachdruck für die Gewährung von Krediten für die sowjetische Regierung ein, nähere Ausführungen dazu siehe Kap. 13;– Morgenthau war sich seines Einflusses auf den Präsidenten durchaus bewußt. In einem Gespräch mit Harry Dexter White, der später als Sowjetagent entlarvt wurde, bemerkte er einmal: "... jedes Mal, wenn ich /Roosevelt/ etwas sage, ... dann macht er sofort davon Gebrauch ...," siehe Tagebuchnotiz vom 28. August 1944. Morgenthau-Nachlaß

(14) Dieckhoff ans AA. Washington, den 9. Februar 1938. ADAP-NA;– Welles-Memorandum vom 8. Februar 1938. Vertraulich, "Recent developments in Germany". FRUS-NA

(15) Auswärtiges Amt. Berlin, den 21. Februar 1938, Aufzeichnung von Paul Scheffer, den 2. Februar 1938. ADAP-NA;– die Stärke des sowjetisch-französischen Paktsystems und die Möglichkeit einer Verständigung zwischen Berlin und Moskau beschäftigten stark die Gemüter im britischen Foreign Office, siehe Foreign Office Memorandum vom 5. März 1938; eine Kopie wurde an den US-Charge Johnson weitergeleitet am 1. April 1938. DBFP-PRO

(16) Dieckhoff ans AA. Washington, den 5. Februar 1938. Vertraulich. "Deutsch-amerikanische Handelsbeziehungen"; Dieckhoff ans AA. Washington, den 25. Juni 1938. "Deutsch-amerikanische Handelsbeziehungen." ADAP-NA;– /Likus/-Notiz. Berlin, den 3. März 1938. DR-NA

(17) Tagebuchnotizen vom 22., 23. und 24. Januar 1938. Moffat-Nachlaß;– Messersmith an Hull. Vertraulich, den 22. Januar 1938; handschriftlicher Vermerk: "Weiterleiten an Sayre, Feis, Moffat und Welles, GSM"; Gesprächsaufzeichnung. State Department, den 31. Januar 1938; handschriftlicher Vermerk: "Streng vertraulich. Betr.: Allgemeine Situation in Europa mit besonderem Verweis auf Deutschland. Teilnehmer: Ex-Reichskanzler Brüning und Messersmith. Kopien an: Außenminister, Unterstaatssekretär, Herrn Dunn, Herrn Moffat"; Moffats handschriftliche Notiz: "Mit größtem Interesse gelesen"; Memorandum. State Department, den 1. Februar 1938. Ministerialdirektor Messersmith. Messersmith-Nachlaß;– Messersmith an FDR, den 6. Januar 1938. FDR-Nachlaß;– Aufzeichnung eines Gespräches zwischen Messersmith und Ex-Reichskanzler Brüning. Streng vertraulich, den 27. Dezember 1937; dieses Memorandum wurde an Hull, Welles, Wilson, Dunn und Moffat weitergeleitet; handschriftlicher Vermerk Hulls: "Weiterleiten an Feis & Pasvolsky – CH". FRUS-NA

(18) Messersmith an Hull und Welles, den 17. Februar 1938. Messersmith-Nachlaß;– weil die Aktivitäten des Deutsch-Amerikanischen Bundes die Beziehungen zwischen Berlin und Washington belasteten, distanzierte sich die Reichsregierung von dieser Organisation, siehe DGFP, Serie D, Dok. Nr. 430, 437, 438, 441, 442, 455;– ebenfalls Gilbert an Hull. Berlin, den 28. Februar 1938. FRUS 1938, S. 461f.;– Aufzeichnung eines Gespräches zwischen Hull und Dieckhoff. Washington, den 28. Februar 1938, ebenda, S. 463f.;– Messersmith an Wilson, den 4. März 1938. Messersmith-

Nachlaß; siehe auch die Aussage vor dem Nürnberger Tribunal von Bohle, dem Leiter der Auslands-Organisation. IMT, Bd. X, S. 40ff.

(19) Langmann (Montevideo) ans AA, den 21. April 1938; Von Schoen (Santiago) ans AA, den 7. Mai 1938; Ritter (Rio de Janeiro) ans AA, den 30. März 1938. DGFP, Serie D, Bd. V, S. 831, S. 835-836 und S. 824-826;– Von Schoen ans AA. Santiago, den 8. März 1938, "Deutschland, Chile und die Vereinigten Staaten." ADAP-NA;– Depesche des AA an sämtliche deutsche Missionen in Lateinamerika. Berlin, den 15. Februar 1938 und Berlin, den 24. Februar 1938; Aufzeichnung, Berlin, den 11. März 1938 (Ausw. Amt. Ha. Pol. Wiehl). ADAP-NA

15. Kapitel: Washingtons Januskopf

(1) Schreiben der Minister Hull, Woodring, Swanson, Roper und Ickes an FDR vom 25. Mai 1937. FRUS-NA;– Hull leitete Greens Memorandum am 22. März 1938 an FDR weiter. FRUS-NA;– Green an Hull. Vertraulich, den 13. Mai 1938. Wilson-Nachlaß

(2) Green-Memorandum vom 22. März 1938; Green an Hull, vom 13. Mai 1938; Congressional Record vom 24. Februar 1938; Tagebuchnotizen vom 23. Februar 1938; 12. und 15. Mai 1938, in: Ickes, siehe (2.33), Bd. II, S. 324, S. 393 und S. 397;– Green an Wilson, den 19. April 1938. Wilson-Nachlaß

(3) ebenda; Tagebuchnotizen vom 19. und 25. März 1938; 17. und 21. April 1938, in: Ickes, siehe (2.33), Bd. II. S. 344, S. 346f., S. 368-369, S. 373;– Green an Wilson, den 17. Mai 1938. Wilson-Nachlaß; Tagebuchnotiz vom 12. Mai 1938. Wilson-Nachlaß

(4) Wilson an Hull. Berlin, den 13. April 1938. FRUS 1938, II, S. 458;– Wilson an Hull. Berlin, den 21. April 1938, ebenda, S. 459;– Wilson an Hull. Berlin, den 29. April 1938, ebenda, S. 459-60;– Wilson an Green, den 19. Mai 1938. Wilson-Nachlaß;– Wilson an Hull. Berlin, den 14. Mai 1938. FRUS 1938, II, S. 461;– Ickes obstruktives Verhalten erschwerte es der US-Botschaft in Berlin, amerikanische Interessen wahrzunehmen, siehe diplomatische Berichterstattung für die Monate März-April 1938, ebenda, S. 509ff.

(5) Green an Wilson, den 3. Mai 1938; Green an Wilson, den 17. Mai 1938; undatierter Brief Wilsons an Green, der wahrscheinlich Ende Mai oder Anfang Juni 1938 abgesandt wurde. Wilson-Nachlaß; Godwin, Earl: "Ickes' Opposition on Helium Saôe Due to Be Major Issues. Roosevelt May Be Asked to Compromise with Secretary on Germany's Plea", in "Washington Times", den 6. Mai 1938

(6) Tagebuchnotizen vom 12. und 15. Mai 1938, in: Ickes, siehe (2.33), Bd. II, S. 381 und S. 399;– Green an Wilson, den 17. Mai 1938. Wilson-Nachlaß

(7) Tagebuchnotizen vom 12. Mai und 26. Juni 1938, in: Ickes, siehe (2.33), Bd. II, S. 391-393 und S. 402f.;– Green an Wilson, den 17. Mai 1938; Green an Wilson, den 25. Mai 1938; Wilson an Green. Berlin, den 6. Juni 1938; Green an Wilson, den 15. Juni 1938; Green an Wilson, den 29. Juni 1938. Wilson-Nachlaß

(8) Tagebuchnotizen vom 9. und 16. Juni 1938, in: Ickes, siehe (2.33), Bd. II, S. 419 und S. 421; Wilson an Green, den 19. Mai 1938; Wilson an Green. Berlin, den 7. Juni 1938; diesem Brief ist ein vertrauliches Schreiben von Sauer vom 1. Juni 1938 beigefügt; Wilson an Sumner Welles. Berlin, den 14. Juli 1938; Welles an Wilson, den 27. Juli 1938. Persönlich und vertraulich. Wilson-Nachlaß;– Dieckhoff ans AA. Vertraulich. Washington, den 21. Mai 1938. DGFP, Serie D, Bd. I, Dok. Nr. 452

(9) Davies an Hull. Streng vertraulich. Moskau, den 1. April 1938, "General Review of Conditions in the Soviet Union." FRUS-NA;– Green to Wilson, den 5. Mai 1938. Wilson-Nachlaß;– Hull und Edison an FDR. Washington, den 8. Juni 1938. FRUS-SU, S. 694-95;– Hull an den Vizepräsidenten von Gibbs und Cox, Inc. Washington, den 17. Juni 1938, ebenda, S. 699f.;– Tagebuchnotiz vom 3. April 1937, in: Ickes, siehe (2.33), Bd. II, S. 111

(10) Tagebuchnotizen vom 18. und 21./22. Mai 1938. Moffat-Nachlaß

(11) Tagebuchnotiz vom 23. Mai 1938. Moffat-Nachlaß;– Hull und Edison an FDR. Washington, den 8. Juni 1938. FRUS-SU, S. 694ff.

(12) Davies an Hull. Moskau, den 9. Juni 1938. FRUS-SU, S. 568;– Fierlinger an Außenministerium in Prag. Moskau, den 7. Juni 1938. CSR-NA;– Hulls Aufzeichnung vom 7. Juni 1938 über sein Gespräch mit dem sowjetischen Botschafter. Hull-Nachlaß;– Tagebuchnotiz vom 8. Juni 1938. Moffat-Nachlaß;– Memorandum von George S. Messersmith vom 3. Januar 1938; Messersmith an Hull, den 3. Januar 1938. Vertraulich. Messersmith-Nachlaß und FRUS-NA

(13) Davies an Hull. Streng vertraulich. Brüssel, den 17. Januar 1939, "Supplementary and final report on discussions had with Messrs. Stalin and Molotwo prior to my departure from the Sovie Union." Davies-Nachlaß;– Davies an Hull. Streng vertraulich. Moskau, den 1. April 1938. FRUS-NA;– über den geplanten Austausch von Informationen mit Moskau, siehe Davies an Hull. Moskau, den 9. Juni 1938. FRUS-SU, S. 572

Verzeichnis
der zitierten Autoren

Macdonald, C.A. (11.19)
Mack, Judge, Julian (5.18)
Mackensen (6.31)
Mackinder, Halford John (3.107)
Mackintosh, J.M. (6.1)
Macleod, Iain (11.19)
Mahan, Alfred Thayer (3.124)
Marder, Arthur (12.39)
Markert, Werner (Hrsg.) (4.27)
Martin, James J. (2.19)
Marx, Karl (1.3)
Marx, Karl und Engels, Friedrich (1.3)
Maser, Werner (3.34), (3.106)
Mastny, Dr. V. (4.15), (4.19)
May, Henry F. (2.87)
Mayall, James (0.8)
Mayer, Arno J. (2.82)
Mehnert, Klaus (6.15)
Meinck, Gerhard (6.46)
Meissner, Boris (0.21), (1.14)
Meissner, Boris und Rhode, Gotthold
    (Hrsg.) (1.39)
Merk, Frederick (0.15)
Messersmith, George S. (2.63)
Meyer, Alfred (1.7)
Miller, Douglas F. (2.63)
Millikan, Gordon William (4.27)
Milward, Alan S. (7.10)
Mitchell, R. Judson (0.14)
Modelski, George (0.7)
Moffat, J. Pierrepont (2.26)
Moley, Raymond (2.13), (2.16), (5.12),
    (7.11)
Moltke (4.4)
Molnar, Thomas (0.24), (1.2)
Moore, James R. (7.14)
Morgan, George A. (1.23)
Morgenthau, Hans J. (0.6)
Morgenthau, Henry Jr. (5.20)
Morris, Robert L. (5.7)
Mutzherr (4.7)

Nadolny (4.19)
Neumann, Sigmund (1.16)
Nevis, Allan (2.14)
Newman, William J. (4.17), (7.10)
Niel, Mathilde (1.2)
Niemeyer, Gerhart (1.2), (1.11), (8.9)
Nisbet, Robert A. (0.3)
Nixon, Edgar B. (Hrsg.) (2.60)
Noble, David W. (2.87)
Nollau, Günther (0.21)
Nolte, Ernst (4.31)

O'Connor, Joseph Edward (9.1)
Offner, Arnold A. (2.57), (7.18)

O'Grady, Joseph P. (2.53)
Osusky (4.7), (4.20)
Ovendale, Ritchie (12.72)

Page, Stanley W. (1.32)
Papen, Franz von (6.11)
Parker, H.W. (3.108)
Pasvolsky, Leo (11.18)
Peace and war (10.11)
Perkius, Dexter (0.16)
Petrov, Vladimir (13.31)
Petzina, Dieter (10.10)
Phillips, William (2.70), (5.38), (6.3)
Pickers, Henry (3.5)
Pipes, Richard (Hrsg.) (1.65)
Pittman, Key (5.37)
Pogue, Forrest C. (2.27)
Pollard, Robert T. (5.2)
Pomeroy, William J. (Hrsg.) (1.20)
Prittwitz (5.9)
Possony, Stefan T. (1.3), (1.16), (1.58)
Possony, Stefan T. und Kulski, W.W.
    (1.11)

Quinn, Pearle L. (4.33)

Ramundo, Bernard A. (0.14)
Range, Willard (2.24)
Ratzel, Friedrich (3.106)
Rauch, Georg von (4.26), (4.27)
Reitzes, Robert (1.48)
Renthe-Fink (6.20)
Reshetar Jr., John S., Possony, Stefan
    T. und Kulski, W.W. (1.11)
Rhode, Gotthold (Hrsg.) (1.39)
Ribbentrop, Annelies von (Hrsg.) (3.79),
    (6.74), (12.108)
Ribbentrop, Joachim von (3.18), (3.79)
Ritter, Gerhard (10.46)
Roberts, Henry L. (4.16)
Robertson, E.M. (3.76)
Robertson, Esmonde M. (Hrsg.) (3.6)
Roos, Hans (4.3)
Roosevelt, Eleanor (2.113)
Roosevelt, Elliott (Hrsg.) (2.104)
Roosevelt, Franklin D. (2.39), (11.2)
Rosenberg (5.30)
Rosenman, Samuel I. (Hrsg.) (2.47)
Roth, Jack J. (Hrsg.) (0.22)
Roy, M.N. (1.25)
Rubinstein, W.D. (3.37)
Rusher, William A. (10.46)
Rutman, Darrett B. (2.3)

Sanborn, Frederic R. (2.12)
Sargent, Sir Orme (6.10)

Personenregister

BERNARD M. BARUCH
597 MADISON AVENUE
NEW YORK   September 30, 1938.

My dear Mr. Ambassador:

       Thank you so much for your letter
of September 16th.

       The State Department is wiring you
today regarding a friend of mine, Mr. Emil Winter.

       I do hope we will now see a better
era in the world.   No one who has any intelligence
can think other than that the Treaty of Versailles
visited cruel hardships upon the Germans.   I did my
best to soften them.   In the reparations I received
the worst beating I have ever received.   I wanted to
exclude pension and separation allowences and settle
upon a fixed sum which the German people could have
paid.   Much of what has developed since has been
entirely unnecessary.

       If it had not been for Hitler's
activities against some of the unfortunate people
in his realm, I might have found myself going along
with him.

       With kindest regards, I am

       Sincerely yours,

       Bernard M. Baruch

Hon. Hugh R. Wilson,
United States Ambassador,
Berlin, Germany.

Bernard M. Baruch an Hugh R. Wilson (US-Botschafter in Berlin)
— Wilson-Nachlaß

THE FOREIGN SERVICE
OF THE
UNITED STATES OF AMERICA

AMERICAN LEGATION

Vienna, March 16, 1936.

Dear Harrison:

I appreciate very much your sending me a copy
of your No. 57 of February 23 on the London-Paris
conversations and proposed Danubian Pact. It is
very interesting and helpful. I regret that the
number of copies which we can make here of despatches and the required distribution do not make
it possible to send you from time to time despatches
from here. The courier passed through here yester-
day to Bucharest, and I wanted to send you a letter,
but the pressure on me here made it impossible to
get anything out in time. I am writing you a rough
summary of the situation as we see it from here
and shall have to trust it to the open mail.

The German action of March 7 in some respects
was, of course, not unwelcome to some of the people
here outside of the Government, for, after all, we
must recognize that in Austria as well as in some
other countries in this part of the world, Versailles
and the other post-war treaties have not been popu-
lar. Whatever satisfaction these people have felt
has been, I believe, entirely counteracted by the
manner in which the German action was taken and
the dangers which it holds, not only for Austria
but for the other countries of South-Eastern Europe.
It is recognized here that the real object of the
action on March 7 was not to proclaim German equality
or to send troops into the Rhineland, but to prepare
the way for the remilitarization of the frontier, to
bring about an equalisation of force there, to
destroy the French freedom of movement and striking
power and to give Germany consequent freedom for

The Honorable
    Leland Harrison,
        American Minister,
            Bucharest.

*George S. Messersmith (deutschlandpolitischer Berater Roosevelts) an
Leland Harrison (US-Berufsdiplomat) – Harrison-Nachlaß*

Paris, December 20, 1936.

Dear Mr. President:

It was grand to hear your voice over the telephone. I heard you as clearly as if you had been
in the next room and it took me exactly two minutes
to get through from the Embassy to the White House.
That is the result of the installation of direct
telephone communication between Paris and New York.
If by any chance you should ever wish to call me,
tell the telephone operator at the White House to
put the call through to France direct, not via England.

I have written you so often in the past few weeks
that, in spite of the fact that you said you still
liked to get letters from me, I hesitate to keep on
writing; but I should like to make one suggestion to
you which may possibly prove to be important.

                                        I

The Honorable
        Franklin D. Roosevelt,
                President of the United States of America,
                        The White House.

*William C. Bullitt (US-Botschafter in Moskau) an Franklin D. Roosevelt
— Roosevelt-Nachlaß*

Inhalt

Werner Filmer / Heribert Schwan

Was von Hitler blieb

50 Jahre nach der
Machtergreifung

Ullstein Buch 33026

Fünfzig Jahre nach der
Machtergreifung durch die
Nazis: Was ist nach einem
halben Jahrhundert ge-
blieben? Die Autoren legen
eine Bestandsaufnahme zum
Thema Rechtsradikalismus
vor. Dabei werden historische
Verläufe nachgezeichnet.
Die Auseinandersetzung
mit den gesellschaftlichen
und politischen Verhält-
nissen zu Beginn des Dritten
Reichs dient jedoch nicht
nur der Erinnerung, sie stellt
eine Beziehung zur Gegen-
wart her, ermöglicht eine
kritisch-analytische
Beschäftigung mit den rechts-
radikalen und neofaschisti-
schen Tendenzen unserer
Zeit.
Das Buch zeigt, wo und in
welcher Weise Hitler und der
Geist des Nationalsozialismus
noch heute wirksam sind.
Die Auseinandersetzung mit
diesen Tatsachen ist ein wichtiger Schritt, der Gefahr
von rechts wirkungsvoll zu
begegnen.

Zeitgeschichte

Joseph Wulf

**Presse und Funk
im Dritten Reich**
Ullstein Buch 33028

**Literatur und Dichtung
im Dritten Reich**
Ullstein Buch 33029

**Die bildenden Künste
im Dritten Reich**
Ullstein Buch 33030

**Theater und Film
im Dritten Reich**
Ullstein Buch 33031

Musik im Dritten Reich
Ullstein Buch 33032

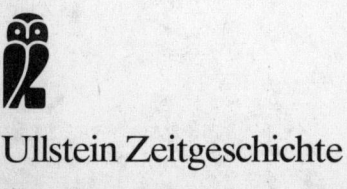

Ullstein Zeitgeschichte

Robert M. W. Kempner

Ankläger einer Epoche

Erinnerungen

Ullstein Buch 33076

Robert M. W. Kempner (geb. 1899), stellvertretender Hauptankläger der Nürnberger Prozesse, erzählt die Geschichte dieses Jahrhunderts, wie er es erlebte – als Jahrhundert der politischen Verbrecher. Es entstand das Wortprotokoll eines Lebens für die Anklage der Mörder im Staatsauftrag. Zugleich ist es die Odyssee eines deutschen Republikaners, der Amerikaner werden mußte, um Nationalsozialisten vor Gericht zu bringen.

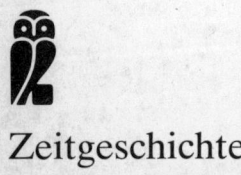

Zeitgeschichte

David Ritchie
Space War

Der Krieg im
Weltraum hat
begonnen

Ullstein Buch 34285

»In der gegenwärtigen
sicherheitspolitischen Aus-
einandersetzung um
konventionelle und atomare
Systeme werden in der Regel
nicht die Gefahren erörtert,
die aus dem All drohen …
In seiner jüngsten Beschrei-
bung der ›Raumkriegs-
systeme‹ und des ›neuen
Zeitalters postnuklearer
Kriegsführung‹ bemüht sich
David Ritchie, diese Lücke
mit ernsthafter, auch dem
Laien verständlicher
Argumentation zu schließen.
Ein rundum geglücktes
Vorhaben! …«
Münchner Merkur

Ullstein Sachbuch

Zeitgeschichte